◎ 中国海洋大学中央高校基本科研业务费人文社科项目"出版形态演变与版权保护创新研究"（项目编号：8619010131291）

版权战争

跨越大西洋
三个世纪的争斗

[美]彼得·鲍德温（Peter Baldwin）著
王志刚 译

**THE
COPYRIGHT
WARS**
Three Centuries of Trans-Atlantic Battle

中国传媒大学出版社
·北京·

致：
汤姆
杰米玛
丹尼尔
萨姆
斯基
露茜
本
以及我无法预知的下一代

目 录

导　论　作者和受众的争斗　　　　　　　　　　　　　　　　　1

第一章　英美版权与欧洲作者权之争　　　　　　　　　　　　15
　　　　至关重要　　　　　　　　　　　　　　　　　　　　21
　　　　加入战斗　　　　　　　　　　　　　　　　　　　　23
　　　　版权与作者权差异解析　　　　　　　　　　　　　　25
　　　　精神权利思想　　　　　　　　　　　　　　　　　　32
　　　　长期的精神权利　　　　　　　　　　　　　　　　　42
　　　　过去的死亡之手　　　　　　　　　　　　　　　　　47
　　　　战线　　　　　　　　　　　　　　　　　　　　　　51
　　　　彩色之罪　　　　　　　　　　　　　　　　　　　　54
　　　　什么是公共利益？　　　　　　　　　　　　　　　　57

第二章　从皇家特权到文学产权
　　　　——版权制度在18世纪的共同开端　　　　　　　　　61
　　　　书商之战　　　　　　　　　　　　　　　　　　　　64
　　　　文学财产的模糊性　　　　　　　　　　　　　　　　67

英美版权的功利主义渊源 73
《安妮法》在美国 77
法国革命者殿后 81
德国预示着作者权利 84

第三章 分离之路
——19 世纪的版权和作者权 91

无形财产 95
"不仅被抢劫，而且被谋杀"：版权的所有权和控制权 98
法国文学财产精神下作家权利的诞生 103
拉马丁辩论 106
从议会到判例法 110
在德国的财产与人格之间 113
在英国麦考利击败塔尔福德 115
天堂的阳光：美国的版权和民粹民主 118
欧洲的微弱回声？ 128

第四章 大陆漂移
——世纪之交欧洲版权从财产到人格的转变 133

为财产加入人格 135
浪漫主义发挥作用 139
拓宽（和限制）文学财产的概念 140
合理使用 144
强制许可 148
录音作品 151
版权与作者权分道扬镳 155
伯尔尼联盟与作者的崛起 164
伯尔尼先锋中的德国 166
"文学巴士底狱"与"非共和国"：英语国家对《伯尔尼公约》的抵抗 169

第五章　精神权利在法西斯欧洲的奇异诞生　　173
　　1928年伯尔尼会议上的精神权利　　177
　　精神权利思想　　180
　　纳粹德国的精神权利　　182
　　纳粹会做什么　　191
　　纳粹分子做了什么　　196
　　纳粹主义下的电影　　202
　　英雄发明者　　207
　　法西斯的作者有权利吗？　　208

第六章　战后作者权利的崛起　　215
　　战后的伯尔尼　　219
　　作者权利在法国的胜利　　221
　　作者权利在德国的胜利　　226
　　伯尔尼世界中的英语圈　　231
　　雇佣作品　　235
　　电影使欧洲和盎格鲁世界更加接近　　238
　　英语世界中的精神权利　　242
　　迫不得已，英美世界采纳精神权利　　248
　　美国随后效仿　　253
　　永恒性及其不满　　258
　　版权期限　　261
　　谁将受益？桑尼·博诺：美国采用欧洲规范　　267
　　家庭和继承人的权利　　272
　　正式手续　　278

第七章　美国转向欧洲
　　——20世纪90年代的书商复仇之战　　283
　　数字混合　　286

数字化的美学后果　　291
知识产权全球化　　296
对贸易的版权保护　　302
美国在日内瓦发起倡议　　303
重新挑起争端　　306
利益重组　　310
加州内战　　313
人民的心声　　319
欧洲胜利的果实　　322
数字例外　　332
精神权利与数字化　　337

第八章　数字公众的兴起

——版权战争在新千年的继续　　341

不像我们想象的那样独特　　344
战斗升温　　349
数字时代的创造力　　350
改革派重新组合　　354
在象牙塔里　　357
在数字街上　　358
数字原生代　　360
欧洲的辩论一触即发　　363
盗版的扩张　　366
欧洲加入战斗　　370
法国有其麦考利时刻　　373
亚历山大重生？谷歌做图书　　384
喋喋不休的阶级分化　　394
欧洲霸权？　　402

结　论	重塑版权精神	407
	为什么会有差异？	410
	作者、受众、传播者：谁是行动者？	412
	版权是一个政治问题吗？	417
	从一种财产到另一种财产	419
	意识形态进口商	426
	作者及其财产	427

致　谢	431
索　引	435

导 论
作者和受众的争斗

1948年，包括德米特里·肖斯塔科维奇（Dmitri Shostakovich）在内的几位苏联作曲家，反对美国间谍电影《铁幕》（The Iron Curtain）使用他们的音乐，因为这部电影明显反对共产主义。显然我们可以理解，出于对古拉格（gulag，在西方指苏联的劳改营和所有形式的政治迫害——译注）的恐惧，这些苏联作曲家担心他们的作品被好莱坞用于冷战。① 因此尽管音乐没有任何篡改，他们依然抗议其政治用途。然而在与美国政府的诉讼中，肖斯塔科维奇却败下阵来。在美国人看来，这件音乐作品处于任何人可以自由使用的公共领域，电影中的音乐标注了作曲家的身份，也没有声称作曲家认同影片观点，音乐旋律更没有被歪曲。因此，美国法院不理解，这种情况下到底侵害了艺术家的哪些权利呢？"是品味、艺术价值、政治信仰、道德观念还是其他什么？"② 但在法国，法院认为电影《铁幕》存在"精神损害"，因此该片被禁止在法国上映并被要求赔偿作曲家的损失。

　　1988年，美国导演约翰·休斯敦（John Huston）提起诉讼，要求禁止电视上映他在1950年拍摄的黑白影片《夜阑人未静》（The Asphalt Jungle）的彩色版本。在美国，根据雇佣作品原则，电影版权归制作公司所有而非其雇佣的导演。但在法国，休斯敦的孩子和编剧在他死后提出了持续的美学主张或者所谓的"精神权利"主张，法国法律规定这一权利即使作品被售出也始终归属于作者。在接下来的六年中，法国五个不同法庭先是阻止了该影片的电视放映，然后裁定只有当导演的异议被公布后电影才允许播放，最后对这部电影的着色者——特纳娱乐公司（Turner Entertainment）征收了巨额罚款。③

　　希腊王子迈克尔（Prince Michael of Greece）——一位通过其母亲的关系与一个自称已被废除法国王位的家族相连的作者，经常撰写历史和历史小说。其作品

---

① Peter Decherney, *Hollywood's Copyright Wars: From Edison to the Internet* (New York, 2012), pp. 116-17.
② *Shostakovich v. Twentieth Century Fox Film Corp*, 80 NYS 2d 575 (1948), p. 579. Discussed in William Strauss, "The Moral Right of the Author," *American Journal of Comparative Law* 4, 4 (1955): 533-35; Michael Rushton, "The Moral Rights of Artists: Droit Moral ou Droit Pecuniaire?" *Journal of Cultural Economics* 22, 1 (1998): 23.
③ André Bertrand, "Shostakovich and John Huston: The French Supreme Court on Copyright, Contracts and Moral Rights," in Christopher Heath and Anselm Kamperman Sanders, eds., *Landmark Intellectual Property Cases and Their Legacy* (Alphen aan den Rijn, 2011): 7-10.

《后宫之夜》(La Nuit du sérail, 1982) 由安妮·布拉甘思 (Anne Bragance) 代笔，二人曾在纽约州法律框架下签署了一份雇佣作品合同，约定布拉甘思放弃她对作品的精神权利，包括被命名为合作作者。① 然而图书开始销售时，布拉甘思不仅要求得到更多收益，还要求联合署名——并且其名字的字号要比假定的作者希腊王子迈克尔的更大。因为根据法国法律，作者精神权利不能转让，一家法国法院认为她的合同义务无效，最终支持她在该书法语版封面上原作者"王子"旁边赢得了一个位置，虽然没有更多的版税收入，也没有更大的字号体现。②

作为剧作家，塞缪尔·贝克特 (Samuel Beckett) 对于舞台导演的要求近乎苛刻。例如，他反对导演使用女性、非白人演员或者配乐表演他的剧作。③ 他在剑桥起诉美国话剧团，因为被告在一个废弃的波士顿地铁站演出了他的剧作《终局》(Endgame)。他起诉法兰西喜剧院，因为《终局》的演出沐浴在粉色灯光下。④ 女版的弗拉迪米尔 (Vladimirs) 和爱斯特拉贡 (Estragons) 在巴黎、荷兰、纳什维尔和蓬泰代拉受到热捧，贝克特对于《等待戈多》(Waiting for Godot) 在都柏林、伦敦、萨尔茨堡、柏林和迈阿密的演出也有颇多不满。⑤ 1991年在法国的阿维尼翁，《等待戈多》被允许由女性演出，前提是必须在每一场演出前高声朗读作者的异议信。⑥ "女人没有前列腺"，贝克特坚持说。他暗指剧中弗拉迪米尔经常排尿。⑦ 在纳什维尔、阿维尼翁和蓬泰代拉，剧院胆怯地抗争着，剧作尽管由女性出演，但剧

---

① "Kersauson n'a pas écrit Océan's songs—Retour sur un best seller," *La Lettrine* 26 (February 2010).
② Anne Bragance c. Olivier Orban et Michel de Grèce, Cour d'appel (1st chamber), Paris, 1 February 1989, Revue internationale du droit d'auteur 142 (1989): 301-7.
③ 影响贝克特所有作品的标准附加条款规定："不得增加、遗漏或改变文本中角色的性别，或者在戏剧的剧本或演出中有任何性质的改动。"引自 Leonard Jacobs, "Beckett Estate Ends 'Godot,' Cites Casting Concerns," *Backstage* 29 (November 2002). Deirdre Bair, *Samuel Beckett* (New York, 1978), p. 632.
④ Justin Hughes, "The Philosophy of Intellectual Property," *Georgetown Law Journal* 77, 2 (1988): 294-95.
⑤ Cobi Bordewijk, "The Integrity of the Playtext: Disputed Performances of *Waiting for Godot*," in Marius Buning et al., eds., *Samuel Beckett* 1970-1989 (Amsterdam, 1992), pp. 145-46.
⑥ "Judge Authorizes All-Female 'Godot,'" *New York Times*, 6 July 1991.
⑦ Linda Ben-Zvi, ed., *Women in Beckett: Performance and Critical Perspectives* (Urbana, 1990), p. x.

中角色仍为男性。① 在澳大利亚，关于演出时音乐使用的争论，导演激烈回击道："剧本带着限制条款来到这里，死死地控制着，贝克特的作品对我而言是艺术的敌人。"②

这些事件都算不上惊天动地，然而每件事都涉及了作者的社会地位——他们在作品中的权利，他们与其作品翻译者、表演者和受众的关系，以及他们强制执行其主张的权力。1987 年，由于美国国会考虑给予美国作者以类似的精神权利，西德尼·波拉克（Sydney Pollack）——《窈窕淑男》（*Tootsie*）、《走出非洲》（*Out of Africa*）等热映电影的导演——在国会做证说："这是一场关于尊严的争论，它涉及社会对艺术家的态度，以及价值社会对艺术创作完整性的关注。"③

更普遍地说，这种争议构成了知识产权的基本困境。智慧作品既是创作者的财产也是社会文化的遗产，如何解决这个固有的紧张局势？作者寻求名利、认可和奖赏，受众想要容易、便宜并快速地访问一个个珍贵的文化聚宝盆。奖赏太少会打击作者，高价文化或者限制访问则会阻碍受众获取知识，作者、受众以及传播者之间的"三人舞"关系非常微妙。终究而言，使受众享受文化成果是作者创作的初衷，那么又如何在奖励作者保持生产力和让受众参与文化活动之间找到平衡呢？双方权益都需要衡量，但在不同国家以及版权发展的整个历程中，总是听到要求权益向作者或受众一方倾斜的声音。

这些轶事说明了两点。首先，从 18 世纪到现在，权利持有者——无论是作者还是传播者——赢得了越来越多的作品权益，有些国家甚至主张作品财产永远归属于作者。其次，我们也可以看到所有国家都在不断扩张版权所有者权益。第一部英国版权法（1710 年）和美国版权法（1790 年）给予作者作品发表后 14 年的专有印制权利，而欧盟（1993 年）和美国（1998 年）已经将版权保护期扩展为作者死后的

---

① Guardian, 4 February 2006; Jacobs, "Beckett Estate Ends 'Godot' "; Jerôme Lindon et SACD c. La Compagnie Brut de Breton et Bruno Boussagol, Tribunal de Grande Instance de Paris, 3rd chamber, 15 October 1992, Revue internationale du droit d'auteur 155 (1993): 227.

② Matthew Rimmer, "Damned to Fame: The Moral Rights of the Beckett Estate," *Australian Library and Information Association* 5 (2003), http://archive.alia.org.au/incite/2003/05/beckett.html. 在 2000 年纽约艺穗节上，一家公司故意无视贝克特家族与艺术导演之间的持续冲突，将作品命名为《装有塞缪尔·贝克特全部丢失作品的信封（部分烧毁）在巴黎一个垃圾箱里被发现，上面标签显示：永不表演，绝不可能表演。永远不要，永远不要！否则我将起诉！我将从坟墓中起诉！》。这一作品涉及三个制片人与贝克特家族的争斗。

③ "Berne Convention Implementation Act of 1987: Hearings before the ... Committee on the Judiciary, House of Representatives,... June 17, July 23, September 16 and 30, 1987, February 9 and 10, 1988," Serial No. 50, p. 413.

70年，保护对象包括原创作品及其衍生的各种演绎作品。假设作者寿命为79岁等同于美国平均寿命，那么作者、其继承人以及他们的受让人（这类人最多）——掌控作品的时间通常超过一个世纪。

在过去的三个世纪里，作者在保护其特权方面最常见的是指控传统财产永久归属于业主，而创意作品的作者及其继承人只能在作品进入公共领域之前得到有限时间保护。无数作者要求知道，为什么他们不能永久拥有他们的作品，作品的权利为什么不能像别人的房子、工厂或者农场一样传递给他们后代？① 但这是作者的无故抱怨。事实上知识产权比其他类型权利得到更多照顾，尤其是相较于实体产权而言。因为与其他不动财产不同，知识产权不需要缴纳版权税。② 例如，美国加利福尼亚州按照不动产价格的1％评估年度财产税，因此政府每一世纪都会取得你的房产（至少其现金价值）。③ 在欧盟和美国，作品版权在作者死亡70年后进入公共领域。除了偶尔出现的意外，如莫扎特（Mozart）早早在35岁就去世，作者拥有创意作品的时间远远长于他们拥有房产的时间。在19世纪，一个权衡利弊后的理性建议被提出：如果文学财产像很多人要求的那样得到永久保护，那么也应该像实体财产一样纳税。④ 但事实并非如此，因此也就很难说版权的"截断性保护"不够公平。相比之下，开放获取以及扩张公共领域的社会效益却很容易被认可。

现在版权保护不仅时间长久，而且版权获得也十分容易，事实上是自动取得。人类历史上第一部正式的版权法要求作者通过申请、登记、存储等烦琐的官方程序来证明他们的权利主张。然而在1908年，所有《伯尔尼公约》（Bern Convention，第一个国际版权公约）的成员国都有义务在没有任何版权手续的情况下授予版权。

---

① 极为少数的例子：Simon Linguet in "Opinion de Linguet touchant l'arrêt sur les privilèges," （1777），40（BK）；Cochu，"Requête au Roi," in Ed. Laboulaye and G. Guiffrey, eds., *La Propriété littéraire au XVIIIe siècle*（Paris，1859），169；Commission de la propriete litteraire, *Collection des proces-verbaux*（Paris，1826），pp. 33-34；*Hansard* 3，45（27 February 1839）：935；Mark Helprin，*Digital Barbarians：A Writer's Manifesto*（New York，2009），pp. 27-31.

② 参见 "Report on H. R. 10881，"（1890），51st Cong.，1st sess.，1890，House Report 2401, p. 7（BK）；Lawrence Lessig，"The Solipsist and the Internet," pp. 9-10，athttp：//www.lessig.org/blog/2009/05/the_solipsist_and_the_internet.html.

③ 在计算转让税和遗产税时，征收情况更多，至少美国如此。但评估价值是一个比较模糊的企业概念。Bridget J. Crawford and Mitchell M. Gans, "Sticky Copyrights：DiscriminatoryTax Restraints on the Transfer of Intellectual Property," *Washington and Lee Law Review* 67（2010）：52-53. 当然，通货膨胀和不断升值的财产价值也会影响这些计算，但不会超过版权的价值。

④ Pierre-Jules Hetzel, quoted in P.-J. Proudhon, *Les majorats littéraires*（Paris，1868），p. 105.

每一个潦草的书写、胡乱的涂鸦以及浴缸里产生的咏叹调都会因其创造活动而受到保护,冰箱上的购物清单和丹·布朗(Dan Brown)的最新大片一样受版权保护。以前,除了极少数人认为他们的作品值得采取麻烦的措施予以版权保护外,几乎所有的作品都诞生在公共领域。而今天,每一个可能的创造,无论多么平凡,都作为创造者的私有财产受到法律保护。

我们谈论的不只是金钱。在过去的三个世纪中,作者日益控制其作品的各种形式。在18世纪,作品的翻译、缩编以及其他衍生形式的使用都不被认为是侵犯了作者权益。例如,翻译作品不被视为同一作品,同时由于语言差异的存在也不认为存在市场竞争,因此无须考虑原作者意见。缩编本比冗长的原著更为有效地启发受众而使社会受益,因此当其他人缩编作者作品时,没有人认为作家受到伤害。

与此同时,作者已经对不同类型的作品实现了广泛控制,包括几乎所有的衍生产品使用权利。以1878年的英国皇家版权委员会(Royal Copyright Commission, 1878)一位作证者的证词来说,作者现在被赋予了"艺术作品可能获得的所有好处,即使一些间接的权利也能够独立行使"①。整个19世纪,德国作曲家可以自由地将诗歌谱上音乐。② 然而在1965年,诗人游说团取得胜利,结束了作曲家为诗歌伴奏的权利,作曲家们再也不能转载配乐的诗作文本。③ 这或许不能归咎于曾经的德国经典音乐艺术形式——"德国民谣"(Lieder,一种由一位歌唱者与钢琴伴奏一起演出的典型表演形式——译注)——的衰落,但是今天,任何一位想成为舒伯特(Shubert)的人,必须同那些已经获得歌德(Goethe)诗作《魔王》(Erlkönig)版权的作曲家进行斗争,也必须和威廉·米勒(Wilhelm Müller)——《美丽的磨坊女》(Die schöne Mullerin)、《冬之旅》(Die Winterreise)的诗作者——进行协商。

从美学角度来看,美国尤其是欧洲作家在过去两个世纪也获得了更大的权力。他们可以决定其作品如何发表,可以决定其他人是否可以利用这些作品创作衍生作品,如果可以使用也会决定其限定条件。他们能够阻止任何不满意的改编,在一些国家他们可以针对不满意的作品撤回他们的许可权。在某些情况下,审美控制权力永远持续。无论是永久还是仅仅为作者死后的70年,作者及其文化遗产继承人从没有为强调作品使用需要得到他们的许可而感到羞愧。贝克特及其继承人阻止女性演出《等待戈多》,格什温(George Gershwin)遗嘱要求歌剧《波吉与贝丝》(Porgy

---

① Copyright Commission, *The Royal Commissions and the Report of the Commissioners*, c. 2036 (London, 1878), p. lvii.
② 英国一位音乐爱好者的痛苦哀叹,事实并非如此。参见 A. R. C., "Musical Settings of Poems: An Abuse of the Copyright," *Spectator*, 21 August 1931, p. 17, and in Charles V. Stanford's letter, *Times* (London), 3 March 1908, p. 4.
③ 1965 law, §24, which ended the *Vertonungsfreiheit* of the 1901 law, §20.

and Bess）只能由黑人出演。与此同时，法国禁止上映奥托·普雷明格（Otto Preminger）根据歌剧《卡门》（Carmen）改编的歌舞电影《卡门·琼斯》（Carmen Jones，1954），因为比才（Georges Bizet）的继承人认为电影选用的美国黑人演员不配担任主角。① 《悲惨世界》（Les Miserables）在1862年出版一个半世纪后，维克多·雨果（Victor Hugo）的玄孙多年来使法国司法系统甚至最高法院（Supreme Court）陷入困境，他一直要求禁止续写《悲惨世界》。

爱德华·埃里克森（Edward Eriksen）1913年创作的雕塑《小美人鱼》（Little Mermaid），充分展现了安徒生（Andersen）童话的主角，更与如画的港口风景相得益彰，成为丹麦哥本哈根最为著名的旅游胜地。但这并没有缓和雕塑家后嗣对其权益的追求，他们已经起诉，或者扬言起诉那些擅自树立《小美人鱼》雕像的城市，要求使用雕塑家继承人提供的授权版本复制品（约1.5米版雕像售价101,741美元）。② 这些继承人对其伟大祖父的雕像作品施以坚定的审美控制，2008年，他们反对斯堪的纳维亚（Scandinavia）艺术家埃尔姆林（Elmgreen）和德拉塞特（Dragset）的作品《当一个国家爱上自己》（When a Country Falls in Love with Itself）。这件作品在《小美人鱼》雕像前放置一面镜子，因为美人鱼不再是失去王子后惆怅地盯着大海，而是在成群游客面前摆着姿势欣赏自己的映像。③

作者和版权所有人对其知识财产的所有权大大扩张，最显著的表现或许就是它逆转了同一时期传统产权的发展走向。中世纪神学家所提出的私有财产是人类堕落的标志的观点遭到怀疑，在启蒙运动（Enlightenment）中财产权更是被提升至人权层面。④ 1765年，伟大的英国法学家威廉·布莱克斯通（William Blackstone）给财产权做出定义，即所有者对其财产所施加的"唯一和专制的统治权，完全排除了宇宙中其他任何人的权利"⑤。1804年，《拿破仑法典》（Napoleonic Code）将这一观点纳入法案，将财产权描述为"以最绝对的方式享有和处置事物的权利"⑥。

尽管立法者勇气可嘉，但在接下来的两个世纪里，欧洲、英国和美国的法律还是滤除了使传统财产所有者开心的绝对支配权。来自最终监管机构——政府——的

---

① Ferdinand Roger, "The 'Carmen Jones Affair,'" *Revue internationale du droit d'auteur* 8 (1955): 10-12; Christopher L. Miller, *The French Atlantic Triangle: Literature and Culture of the Slave Trade* (Durham NC, 2008), p. 477.

② http://www.mermaidsculpture.dk/productsandprices.php.

③ http://www.louisiana.dk/dk/Menu/Undervisning/Undervisningstilbud/Skoler/Samtidskunst+%232/Michael+Elmgreen+%26+Ingar+Dragset.

④ Peter Garnsey, *Thinking about Property: From Antiquity to the Age of Revolution* (Cambridge, 2007), pp. 204-5.

⑤ William Blackstone, *Commentaries on the Laws of England*, Bk. 2, ch. 1.

⑥ Art. 544.

财产限制无处不在：从滋扰法到租赁法规，从分区规范到卫生安全规则，从税收到直接征收，只有私有制与更为广泛的社会目标相一致时，国家明确规定的传统财产拥有权利才被社会所认可。私有财产的社会决定因素变得越来越突出。

相比之下，知识产权却走向了相反的发展方向。权利所有者——无论是作者自己还是他们的受让人——对作品取得了越来越强的控制，他们的所有权近似并在很多方面超越了传统产权。在一定程度上，无形产权所有者权益主张的不断放大在产权历史发展中显得更为普遍。土地在中世纪是权力和威望的最终来源，但法国大革命（French Revolution）时期的征用表明，不动产无法隐藏，且在政局动荡中容易遭受损失。一段时间里，城市房产取代了土地的重要地位，因为日益增长的城市将财富集中在新地主资产阶级手中。而新的民主政府在20世纪初面临住房短缺的情况下，对他们的选民做出了回应：实行房产租金暂停管理以及其他房产管控措施，城市房产业主也遭遇了对自己财产自由控制的限制。①

相反，无形财产成为投资的优先选择。查尔斯·狄更斯（Charles Dickens）的名作《远大前程》（*Great Expectations*）中的书记员约翰·威米克（John Wemmick）就痴迷于"便携式财产"，十分欣赏其灵活性，因为有价值的小物体更容易兑换成现金。无形财产使这种优势进一步提升。19世纪后期政府债务就开始进入市场，债券、股票、有价证券以及其他金融工具也都不是最近的发明。近几个世纪以来，与房地产相比，它们的重要性已经飙升。无形财产更具流动性和替代性——正如德国诗人海因里希·海涅（Heinrich Heine）所言，它"比水更流畅，比空气更不稳定"——以至于很难被政府压制。② 在我们生存的时代，随着金融市场的全球化，资本的跨国流动以及策略性纳税已经成为主旋律。

因此，知识产权概念的不断变化是它从不动产到动产、从有形资产到无形资产等所有权形式和内容长期变化的一部分。知识产权和其他非实体产权已经成为现代经济越来越重要的元素。在1863年，苏格兰经济学家亨利·邓宁·麦克劳德（Henry Dunning Macleod）已经将大部分无形财富进行分类，包括渡轮、铁路、电话和电报的专营权，以及专利、商标、商誉和养老金等。③ 在美国宾夕法尼亚州的

---

① Hélène Michel, *La cause des propriétaires：État et propriété en France, fin XIXe-XXe siècle* (Paris, 2006), pp. 52-55; Karl Christian Fuhrer, "Die Rechte von Hausbesitzern und Mietern im Ersten Weltkrieg und in derZwischenkriegszeit," in Hannes Siegrist and David Sugarman, eds., *Eigentum im internationalen Vergleich* (Göttingen, 1999).

② 引自 Niall Ferguson, The Ascent of Money (New York, 2008), p. 89.

③ Henry Dunning Macleod, *A Dictionary of Political Economy* (London, 1863, 1: 552

一个县，遗产中的无形资产比例从殖民地时期的 10% 增长到了 19 世纪末的 2/3 以上。① 同时，财产的概念大大扩张，几乎涵盖从土地、动产到阳光下所有的东西，包括商誉、商业秘密以及人格等所有完全非物质化的"事物"。② 早在 1873 年，美国最高法院大法官诺亚·海恩斯·斯韦恩（Noah H. Swayne）就已宣布，"财产是一切具有可交换价值的事物"③。而今天，美国公司市场价值的 40% 以上体现为智力资本。④

然而仍然有很多人展开攻击，认为法院对大篷车里浪漫主义艺术家（Romantic artists）的社会地位理解有误，使作家在经济和社会各个方面获得更多权力。创作行为在过去仅仅是那些重视超物质奖励者的精神追求，现在已经变成同其他工作毫无区别的职业。大多数作者今天只是领薪水的员工，并没有成为版权和专利制度设计者最初期望的独立知识产权企业家，他们的权利经常交给公司老板以换来工资、健康保险、假期和退休金。不过，作者的数量超越以往，他们的产出也支撑着现代经济。

然而，这只是故事的一半。我们接下来开始讲述第二种版权事实。虽然知识产权在全球范围内变得越来越重要，但各国态度也存在差异，一些国家比另外一些国家更加坚持强调作者对其作品的知识产权控制。很明显，相比英语世界，欧洲大陆作者拥有更高的法律地位。英美版权制度在作者和版权拥有者之间有着清晰的界定：二者有可能重叠，但若作者将其作品版权出让，则会出现作品作者和版权拥有者分离的情况。当英语世界的作者把作品权利售卖给出版商、制片人以及其他发行商，他们几乎失去了对作品的控制权，而新的版权拥有者则在很大程度上可以随心所欲地使用作品。英美版权制度的"雇佣作品"原则，使雇主不仅变成作品版权拥有者，而且变成其雇员作品的合法作者。

相反，在欧洲大陆，即使在作品的经济权利被转让后，作者与其作品之间的个人联系也依然受到尊重。这就是所谓的"精神权利"，它使作者即使在作品销售后也

---

① Carole Shammas et al., *Inheritance in America: From Colonial Times to the Present* (New Brunswick, 1987), p. 103.
② Kenneth J. Vandevelde, "The New Property of the Nineteenth Century: The Development of the Modern Concept of Property," *Buffalo Law Review* 29 (1980): 333-37.
③ Morton J. Horwitz, *The Transformation of American Law*, 1870-1960 (New York, 1992), p. 145.
④ Kevin A. Hassett and Robert J. Shapiro, "What Are Ideas Worth? The Value of Intellectual Capital and Intangible Assets in the American Economy," p. 3, Sonecon, http://www.sonecon.com/studies.php.

能够持续地控制其作品，以保证他们的创作意志不被违背。较于英美国家，欧洲作者即使放弃经济权利也保持着对作品的审美控制。他们虽然不再是版权拥有者，但仍然作为作者保持对作品的影响。英美版权和欧洲大陆作者权利体系两种截然不同的做法，反映了有关知识产权的不同观点。英美版权制度体系的目的是给予作家足够的鼓励以促进创作，从而丰富公共领域，实现启蒙、娱乐、教育等社会功能。相反，在欧洲作者权利体系下，制度的保护核心是创造者，而非公共领域或受众。由于劳动和创造性活动的付出，作者像占据其他形式财产一样拥有其作品。欧洲大陆的做法，像是在作品销售后保证作者享有合法餐后甜点的权利。

知识产权拥有者是如何在过去三个世纪大大加强自己权利的？作者的作品主张权利以及受众要求获取文化遗产权利的跨大西洋差异又是如何产生的？这些是本书探求的问题。正如我们将看到的那样，两种知识产权观点之间的基本争议——一个作者优先而另一个则受众优先——已经与我们一起度过了近三个世纪，并在数字时代持续存在。早在18世纪初被采取的保护立场，今天依然惊人地维持着。

当作者在三个世纪以前首次获得其作品的法定权利时，法国、德国等大陆法（civil law）国家和英美普通法（common law）国家都力求找到作者新权利和公众访问需求之间的平衡。从18世纪开始，作者只是其作品的临时主人。当这些权利期满，他们的作品很快进入公共领域，成为文化常识的社会积累。19世纪，作者权利在欧洲和英美国家都得到扩张，出现了超越图书、戏剧、雕刻的新作品形式，权利保护期也更长。此外，在欧洲出现的一种新的作者权利意识超越了有限的版权范围。起初它只是围绕自然财产权所创设的权利主张，现在扩展到包括文学财产在内。而在19世纪，这种权利意识得到进一步发展：既然作品固有地表达了作者的人格，那么作品和作者永远不可能完全分离。

欧洲作者权利意识——自然权利（natural rights）包括财产和人格——强化了创造者的影响力，他们在损害传播者、其他作者和受众利益的情况下紧紧控制作品。传播者不再能够买断作品从而随心所欲地翻译和表演——他们发现艺术自由被原作者限制，受众对灿烂文化的获取也被限制，因为作者对作品的使用方式实施了控制。

19世纪后期，德国和法国作者们被授予了强大的新权利，包括即使作品售出后仍然持续实施审美控制的精神权利。出人意料的是，作为一个如此支持作者的改革，精神权利主张在两次世界大战期间的法西斯主义政权下得到强化——该政权声称尊敬作者，即使他们使作者们残酷地屈从于所谓的人民意愿。但是，作者权利的大陆思想意识的高潮随着19世纪50年代和60年代的精神权利立法而到来。这一时期，法国和德国力图将新生的战后民主国家与他们的集权主义前辈相区分，也在试图与英语世界的文化商业化行为（当代德国、法国及其法西斯前辈都视此为粗鲁行为）

相区分。

相比之下，19世纪的英美，尤其是美国，维护了广泛公共领域的启蒙运动理想。在英美国家，作者被授予权利，不是因为他们是作品的主人而值得奖赏，仅仅是因为他们的创造成果丰富了公共领域。当谈及保护作者时，其目的是为了提升公共文化产品的社会效用，而不是为了保护作品的自然财产权，更不是为了保护人格权。英语国家的作者很少能够收到他们欧洲同行所被授予的额外福利，权利保护期勉强有所延长，审美控制权被视为狂热艺术家的幻想和不必要的让步而被忽略。雇主保留了对其雇员的创造性产品的优势地位。

1886年，经过写作者和其他创作者数十年的游说，在法国和其他主要欧洲大国的支持下，协调作者国际版权利益的组织伯尔尼联盟（Berne Union）成立。随之而来的、给予作者长期而强大保护的大陆权利思想开始了它的全球征程。由于担心被孤立，英国从一开始就选择加入《伯尔尼公约》，但是后来又从其内部捍卫自己的版权制度方式。而美国直到1891年才开始承认外国作者的版权，此后的100年里也谨慎地与伯尔尼联盟保持距离。直到1989年，美国决策者转换阵营后才最终加入《伯尔尼公约》。美国曾经是一个文化进口国，也是一个版权盗版者，此后则成为世界上最大的内容出口国。在以好莱坞为代表的内容产业的推动下，现在的美国版权制度悄悄转向《伯尔尼公约》的版权保护意识形态。虽然它从未放弃"雇佣作品"原则，拒绝以任何形式的方式实施精神权利，但它放弃了传统的版权观，不再认为版权只是用以鼓励作者的一种暂时性垄断权利。相反，它开始采用将作品视为一种财产的欧洲观点，赋予作品长期而强大的自然权利保护。现在，即使在美国，作者及其受让人对公众而言也是至高无上的。

20世纪后期文学和艺术产权的大规模扩张，常常被归咎于好莱坞，特别是大家最喜欢的替罪羊——迪士尼。无疑，美国内容产业立足于其强大的作者授权支持，这些权利由创造者转让给他们的公司雇主。但从长远来看，作为跨国经营者，好莱坞只是发现了它的市场利益，而作为一个内容出口商，好莱坞现在恰恰与欧洲文化民族主义（Kulturnationen）的立场相一致。在这方面，欧洲主导，而好莱坞紧随其后。

然而在我们自己的时代，数字革命已经破坏了一个发展中的国际共识——《伯尔尼公约》要求赋予作者及其受让人强大权利的原则。数字技术在承诺知识产权普遍可及性的同时也威胁对其进行全面锁定，由此引发了18、19世纪版权战争的新版本。美国的英美版权传统（copyright tradition, Anglo-American）支持者更加关注公众，试图重申传统版权主张，抵制那些来自欧化内容产业的第五纵队分子（fifth columnists，指文化产品带来的意识形态渗透——译注）。在20世纪90年代，电影和音乐公司通过开放存取、点对点下载和数字版权管理与消费者进行了斗争，这些斗争的主题在早期辩论中人们耳熟能详。与此同时,消费类电子产品、互联网和新媒体企业纷纷发起网页内容的自由流通,为以前的边缘电脑黑客和开放获取社区增添经济效益,他们一起开始对抗内容产业的数字控制要求。2012年1月,美国国会(Congress,US)试图通过新法迫使互联网供应商在其网络上屏蔽侵权内容,维基百科通过关闭一天的方式予以声援抵制,影响了全世界的家庭作业。

即使是自19世纪以来就一直在教条地坚持强烈保护作者的欧洲,数字时代也颠覆了代代相传的假设。迄今为止,作者和权利人保留了他们的法律支配地位。但是,接近两个世纪以来,欧洲大陆版权制度的怀疑论者首次询问作者特权是否还没有达到目标,并且怀疑目前的制度可能已经突破了权利保护的必要上限。新千年初期,瑞典和德国秉持无政府主义的海盗们对当局的作者至上原则提出质疑。他们在前东方集团国家(East Bloc)的公民中找到了灵魂伴侣,这些公民也对西欧高等文化遗产版权保护风格的虔诚传承十分反感。

历史书明智地回避预言,最近出现的这种长期争斗形式最终将如何结束不可预见。但我们可以注意到,今天的斗争对于19世纪那些努力扩大作者权利的改革者而言十分易于理解,对于18世纪的版权制度争论者也是如此。我们这个时代的版权战争仅仅是长期斗争的最新重述,因此,不了解历史,就不能掌握它们。我们都是狭隘地去理解时间的先后发展,数字一代认为正在发生的争斗是第一次版权战争,事实上,它已经延续了三个世纪。

第一章
英美版权与欧洲作者权之争

作品由作者创作，然后由传播者复制与发行，最终为受众所欣赏。作者、传播者与受众犹如三个演员，都有自己的关切点，却一直在努力协商打造一个效果微妙的舞蹈。一般而言，这一美好目标的实现必须保证以下几点：作者富有生产力、传播者获得利润和受众有启发性收获。如果三者之间的平衡出现偏差，事情就会变得不协调。如果作者过于严苛，受众就会受到影响。如果传播者贪婪或者受众吝啬，文化最终将走向贫瘠。但这些极端情况仍有较大的调整空间。版权法是否应将保护作者作为首要任务，或者认为受众（audience）和公共领域同等重要？从历史上看，这是英美世界和德法等欧洲大陆国家在版权发展过程中所面临的基本选择。每一种选择都有可取之处：一种有利于大众的启蒙，另一种则有利于优质文化的培育。两种选择从未单独存在，它们之间也从来不是非此即彼，而是重点强调其中的某个方面。这些观点之间的争斗也一直被德国人称为"文化斗争"——一种已经延续两百多年的意识形态与基本假设的冲突。

在英文中，法律所调整的艺术家、作家、音乐家、编舞家、导演以及其他创作人对其作品的权利关系，通常被称为"版权"（copyright）。但"版权"一词实际上包含两种不同的法律规制方法。版权这一术语听起来更具包容性，因而被用作欧洲"作者权利"的指代，用来代替德国的作者权（urheberrecht）和法国的著作权（droit d'auteur）。为研究这两种版权规制方法的产生和演变，本书始终将英美版权规制方式称为"版权"体系，而将欧洲大陆版权观点称为"作者权利"（authors' rights）体系。①

对于作者及其社会角色，版权方式和作者权利方式采取了截然不同的做法。从长期发展的历史看，版权重视受众利益并热衷于公共领域扩张。相比之下，作者权利强调创造者权益，主张确保作品表达了作者的真实意图。对版权方式的捍卫者来说，版权制度体系充满了共同利益（common good）精神，版权制度促进作者的创造性，使公共领域受益，使版权所有者（rights owners）能够有效地利用作品。而对贬低者而言，版权方式充满市侩和商业化，将高尚的创作物视为纯粹的商品（commodity），把创作者视为企业家，把作品视为一种产品。②

---

① 两种版权体系的权威调查方式：见 Alain Strowel, *Droit d'auteur et copyright: Divergences et convergences* (Brussels, 1993).

② Pierre Sirinelli, quoted in Alain Salles, "Les auteurs veulent garder leur droit," *Le Monde*, 2 May 2003; Strowel, *Droit d'auteur et copyright*, 538; Bernard Edelman, *Le sacre de l'auteur* (Paris, 2004), p. 225.

相反，作者权利体系勇敢地保护了创作者的想象力，使其免受商业化开发影响。它声称自己是基于自然权利的永恒真理，版权体系是功利主义的人为制定法。① 在贬低者看来，作者权利体系的保护方式是以牺牲公众利益为代价来放纵看似异想天开的"艺术家"②。作者权利体系从文化保守主义（cultural conservatism）的角度出发，坚持创作者对其作品形式保有最终发言权，阻碍了集体协作的努力，也不承认受众在确定作品意义层面的积极作用。作者权利体系的这种坚持，把一种过时的浪漫主义（romanticism）观念写入了法规，犹如一位独自关在阁楼的所谓"艺术家"，大声宣讲其天才应该如何被尊崇。版权体系鼓励创新并促进传播，而作者权利体系限制传播，禁止作品试用和公开展出。作者权利观为创造者发声，而版权体系则支持传播者、翻译者以及最终的受众。③

版权体系将文化产品视为商品（copyright as commodity），它在很大程度上和其他财产一样可以出售和交换。但作者权利体系，尤其是它的"精神权利"观，与市场交易背道而驰。即使同权利拥有者的商业愿望相冲突，"精神权利"也不可分割，始终归属于创作者或其代理人。作者权利思想认为自己代表着高等文化（high culture），提倡权利的精英专属，而版权体系则坚持权利的民主平等。④ 版权体系赋予作者对其作品的有限经济垄断以激发其创造性，最终丰富公共领域，从而为公共

---

① F. Pollaud-Dulian, "Moral Rights in France through Recent Case Law," *Revue internationale du droit d'auteur* 145 (1990): 128; P. Bernt Hugenholtz, "Copyright and Freedom of Expression in Europe," in Rochelle Cooper Dreyfuss et al., eds., *Expanding the Boundaries of Intellectual Property* (Oxford, 2001), pp. 343-44; Jacqueline M. B. Seignette, *Challenges to the Creator Doctrine: Authorship, Copyright Ownership and the Exploitation of Creative Works in the Netherlands, Germany and the United States* (Deventer, 1994), pp. 21-22.

② Alfred C. Yen, "Restoring the Natural Law: Copyright as Labor and Possession," *Ohio State Law Journal* 51 (1990): 546.

③ Jon Baumgarten et al., "Preserving the Genius of the System: A Critical Examination of the Introduction of Moral Rights into United States Law," *Copyright Reporter: Journal of the Copyright Society of Australia* 8, 3 (1990): 3, 6; Jon A. Baumgarten, "On the Case against Moral Rights," in Peter Anderson and David Saunders, eds., *Moral Rights Protection in a Copyright System* (Brisbane, 1992), p. 88; Martin A. Roeder, "The Doctrine of Moral Right: A Study in the Law of Artists, Authors and Creators," *Harvard Law Review* 53, 4 (1940): 577-78; Ulrich Möller, *Die Unübertragbarkeit des Urheberrechts in Deutschland: Eine überschiessende Reaktion auf Savignys subjektives Recht* (Berlin, 2007), p. 4; Neil Turkewitz, "Authors' Rights are Dead," *Journal of the Copyright Society of the USA* 38, 1 (1990): 41.

④ Helle Porsdam, "On European Narratives of Human Rights and Their Possible Implications for Copyright," in Fiona Macmillan, ed., *New Directions in Copyright Law* (2007), 6: 335-58.

利益服务,因此私人利益服从于公共利益。而作者权利体系从未试图为公共利益服务,当然它坚持认为让作者开心有益于社会这一点除外。

大陆法系认为作者和受众的利益并非直接对立,作者被善待使得公众最终受益。但版权体系的拥护者则看到作者与受众之间的紧张关系。在版利体系的功利性计算中,保护作者是为了作者满意并保持创造力,以实现公共利益。奖励作者不是目标,而仅仅是提升其生产力的手段。社会目标永远至上,作者和受众的主张也并不总是一致。一位法国观察家认为,"这在某种程度上是美国关于版权的典型推理,使消费者利益与作者、表演者利益相对"①。

相比之下,作者权利观念源于自然权利思想。大陆立法体系保护创造者及其作品,从某种意义而言,并没有追求公共利益或其他利益。一位著名的法国法学家指出,作者权利是为保护作者而非整个社会。② 一位法国法律教授也撰文指出,作者权利体系坚持作者优先原则,版权制度模式追求利益平衡(balancing interests)与法国传统相违背。③ 用一本标准的法国法律教科书中的话来说:"作者不欠社会任何东西,他也无须承担比泥瓦匠或者农夫更多的社会义务。恰恰相反,社会亏欠作者的。"④

版权和作者权利的鲜明对比经常升级为英语世界和欧洲大陆之间的"文明冲突"。⑤ 一位观察家最近指出,欧洲的立场,尤其是法国的立场,几乎在所有方面都与美国直接对立。⑥ 正如大陆法学家在1990年所言,版权仅仅是管理娱乐产业(entertainment industry)事务的法律规定,它无视作者人格(author personality),而作者人格保护正是文明的本质所在。"人格是一条将作品与作者紧密联系的神秘纽带,法国法律努力保护的正是这种内在联系,而美国法律甚至没有意识到它的存在。"⑦

从18世纪末开始,版权和作者权利之间跨越海峡尤其是跨越大西洋的争斗一直

---

① François Dessemontet, "Copyright and Human Rights," in Jan J. C. Kabel and Gerard J. H. M. Mom, eds., *Intellectual Property and Information Law* (The Hague, 1998), p. 117.

② Henri Desbois, "Le droit moral," *Revue internationale du droit d'auteur* 19 (1958): 127.

③ André Lucas, Droit d'auteur et numérique (Paris, 1998), pp. 14-15. 相似的还有Séverine Dusollier, *Droit d'auteur et protection des œuvres dans l'univers numérique* (Brussels, 2005), pp. 232-33.

④ Frédéric Pollaud-Dulian, *Le Droit d'auteur* (Paris, 2005), pp. 47-48.

⑤ *Soc. Turner Entertainment c. Consorts Huston*, Cour d'appel de Paris, 6 July 1989, note Bernard Audit, *Recueil Dalloz Sirey*, Jurisprudence (1990): 156.

⑥ Serge Regourd, *L'exception culturelle*, 2nd ed. (Paris, 2004), pp. 17-18.

⑦ Jules-Marc Baudel, *La législation des États-unis sur le droit d'auteur* (Brussels, 1990), p. 104.

在进行，这种暧昧的文化对抗越来越根植于法规。版权体系主要用于内容产业，这是欧洲的老生常谈。一位德国观察家将英美版权称为"生产者版权"，认为它是一种符合美国人竞争（competition）偏好特征的产业政策工具。① 另一位德国人坚持认为，欧洲人保护作者的"基本人权"，而英美世界只着眼于"简单保护商业和技术利益"②。在英国和美国，无法想象商业行为会考虑作者的顾虑。③ 正如一本法律教科书所指出的，法国法律拒绝接受保护知识产权是为了激发创造力的观点，相反，它认为保护知识产权是尊敬精神作品及其创造者的标志。④

欧洲人常常坚持认为，与欧洲经过改良的保护体系相比，版权体系原始落后。⑤ 对创意的认可和"作家权利的确立是欧洲文化的基本特征之一"⑥。但法国评论员警告说，让盎格鲁-撒克逊人占上风有其危险性，这种危险性体现在"作者权利相对版权影响力的缓慢下降"，以及建立在"人文欧洲废墟"（ruins of humanistic Europe）之上的"重商主义欧洲"（mercantilistic Europe）的崛起。⑦

1957年，法国通过了自1789年大革命以来关于这一问题的第一部全面的《法国版权法案》（Copyright Act，1957），它引入了作者精神权利的思想来区别于商业化的盎格鲁-撒克逊人的主张。⑧ 直到今天，法国也在为它们的"文化例外主义"

---

① Artur Wandtke, "Zur kulturellen und sozialen Dimension des Urheberrechts," *Archiv für Urheber-Film-Funk-und Theaterrecht* 123 (1993): 6; Markus A. Frey, "Die internationale Vereinheitlichung des Urheberrechts und das Schöpferprinzip," *Archiv für Urheber-Film-Funkund Theaterrecht* 98 (1984): 62-63; Joëlle Farchy and Fabrice Rochelandet, "La Propriété littéraire et artistique," in Jean-Pierre Faugère et al., eds., *Politiques publiques européennes* (Paris, 2002), p. 82.

② Thomas Oppermann, "Geistiges Eigentum: Ein 'Basic Human Right' des Allgemeinen Völkerrechts," in Albrecht Weber, ed., *Währung und Wirtschaft: Das Geld im Recht* (Baden-Baden, 1997), pp. 458, 463.

③ Gérard Gavin, *Le Droit moral de l'auteur dans la jurisprudence et la législation françaises* (Paris, 1960), p. 300.

④ Henri Desbois, *Le Droit d'auteur en France*, 3rd ed. (Paris, 1978), p. 7, p. 539.

⑤ Bernard Edelman, "Entre copyright et droit d'auteur: L'intégrité de l'œuvre de l'esprit," *Recueil Dalloz Sirey* 40 (1990): 296; Michel Vivant, "Authors' Rights, Human Rights?" *Revue internationale du droit d'auteur* 174 (1997): 96.

⑥ Palacio Vallelersundi, European Parliament, 8 April 1997, *Official Journal of the European Communities* (1997/98): 4-498/99.

⑦ Bernard Edelman, "Applicable Legislation Regarding Exploitation of Colourized US Films in France: The 'John Huston' Case," *International Review of Industrial Property and Copyright Law* 23 (1992): 639, 642; Dessemontet, "Copyright and Human Rights," 114.

⑧ *Journal Officiel*, Assemblée, Documents, Annexe 8612, 9 June 1954, pp. 985-87; Annexe 10681, 6 May 1955, p. 836.

(cultural exceptionalism)而战斗。2004年,法国政府的一份报告赞扬了该国法规制定的作者人身权利原则,而盎格鲁-撒克逊人只保护了商业投资者。① 正如在2014年所报道的那样,欧盟(EU)和美国之间的贸易谈判(trade negotiations)能否成功,取决于法国文化产业自由贸易例外是否被允许。无论是激进分子还是保守主义者,在这些问题上都意见一致。在最近的议会辩论中,共产党(Communists)和社会党(Socialists)的参议员们为了支持法国的精神权利传统而竞相争辩,抨击"美式版权法的简单逻辑"②。

这不仅是两种法律制度的冲突,更是不同哲学观念的相互对立。③ 法国人理所当然地认为,大西洋两岸存在反差,甚至是辩论和对抗。④ 2005年,一本标准的法国法律教科书坚持认为,崇尚作者个人主义的法国做法,与共产党、纳粹(Nazis)以及美国人所坚持的崇尚公共利益的社群主义路线截然不同。⑤

至关重要

我们为什么要关心作者权利以及创造性的社会功能之间的愚蠢争论呢?利害攸关的不仅仅是创意阶层的自尊。充满现代意义的争斗持续了两个多世纪,而由于知识产权在现代经济中越来越重要,这场争论最近又重新爆发。互联网幻想家约翰·佩里·巴洛(John Perry Barlow)声称,人类的头脑"正在取代阳光和矿藏,成为

---

① Assemblée Nationale,Rapport 2349,7 June 2005,p. 37.
② *Journal Officiel*,Sénat,29 October 2008,pp. 6356,6361;8 July 2009,p. 6813.
③ J. B. Laydu, "Droit moral et copyright: Les nouveaux frères ennemis?" *Les petites affiches* 87 (25 July 1994),引自 Frédéric Rideau, *La Formation du droit de la propriété littéraire en France et en Grande-Bretagne: Une convergence oubliée* (Aix-en-Provence, 2004), 18; Dusollier, *Droit d'auteur et protection des œuvres dans l'univers numérique*, 296; Rudolf Monta, "The Concept of 'Copyright' versus the 'Droit d'Auteur,'" *Southern California Law Review* 32 (1959): 185; Strowel, *Droit d'auteur et copyright*, 6-7.
④ Christophe Geiger, "Constitutionalising Intellectual Property Law? The Influence of Fundamental Rights on Intellectual Property in the European Union," *International Review of Intellectual Property and Competition Law* 37, 4 (2006): 372. 在其他地方,盖格试图在这两种方法之间找到共同点,尽管他承认每一种方法的重点仍然不同。见 Christophe Geiger, *Droit d'auteur et droit du public à l'information* (Paris, 2004), pp. 36, 42-43.
⑤ Pollaud-Dulian, *Le Droit d'auteur*, 47-48.

新财富的主要来源"①。制造一双耐克鞋的物资成本是其零售价的4%，其余的投入是专利、商标、品牌形象、商业秘密等无形资产。② 2010年，以知识产权为重要基础的行业为美国提供了27%的就业机会。③

版权所有权及其实施问题已超出电影、音乐、出版和软件等显而易见的行业范围，也涉及计算机、药品、农用化学物品、汽车零部件和火灾报警等制造商。盗版数码产品远比伪造实物有利可图。一个仿冒的古驰手袋的原材料价格与正品大致相同，但它背后却没有任何设计方面的投入。开发一个半导体芯片要花费1亿美元，同样投入可以生产1,000个这种盗版芯片。④ 软件的差距更为明显，数字化使盗版软件、歌曲或电影的边际成本趋零。最初为作家、艺术家、作曲家和出版商制定的法律已成为严肃的商业行为，全球化经济背景下的现代经济结构，需要在法律层面规定明确且可执行的知识产权。

国际贸易也越来越注重知识产权。20世纪90年代，美国、欧洲和日本面临与发展中国家以及正在崛起的亚洲国家在版权和专利方面的纠纷。不发达国家在农产品和商品出口方面遭遇被切断进入第一世界市场的威胁，因此现在不得不强制实施在华盛顿特区和布鲁塞尔制定的反假冒和侵权的相应法规。⑤ 可以说，20世纪末知识产权标准在全球范围内的严格执行，阻止了新兴国家走上目前工业化国家在过去两个世纪所走过的海盗之路。而在通过盗版成为工业化国家这方面，没有谁比美国更加无耻。⑥ 今天，美国对中国盗版行为挥动拳头，就像一个世纪前欧洲对美国一样。但中国已经是世界上第三大专利国，仅次于美国和日本，它于1992年

---

① John Perry Barlow, "Selling Wine without Bottles: The Economy of Mind on the GlobalNet," in Peter Ludlow, ed., *High Noon on the Electronic Frontier: Conceptual Issues in Cyberspace* (Cambridge MA, 1996), 12. 类似的见, Peter Drahos, "Intellectual Property and Human Rights," *Intellectual Property Quarterly* 3 (1999): 368.

② Maurice Lévy and Jean-Pierre Jouyet, "L'économie de l'immatériel: La croissance dedemain: Rapport de la Commission sur l'économie de l'immatériel," December 2006, p. 12.

③ Economics and Statistics Administration, "Intellectual Property and the US Economy: Industries in Focus" (US Department of Commerce, March 2012), vi.

④ Commission of the European Communities, "Green Paper on Copyright and the Chal-lenge of Technology: Copyright Issues Requiring Immediate Action," COM (88) 72 final, 7 June1988, p. 3.

⑤ Duncan Matthews, *Globalizing Intellectual Property Rights: The TRIPs Agreement* (London, 2002), pp. 31-33, passim.

⑥ Susan K. Sell, Private Power, *Public Law: The Globalization of Intellectual Property Rights* (Cambridge, 2003), p. 9.

加入了《伯尔尼公约》，仅仅比美国加入晚了三年。① 在不久的将来（如果还没有发生），中国也会像 20 世纪 80 年代和 90 年代的美国一样，从知识产权"海盗"转变为警察。

加入战斗

版权与作者权利观点冲突的内在根源，在于两者对文化的创造与传播，创作者和社会的相互义务与利益，艺术、文学、音乐的性质及社会功能（social function）存在着明显不同的态度。虽然作者权利观点在英语世界中有许多捍卫者，但很少有欧洲人相信盎格鲁-撒克逊体系，因此欧洲关于版权体系是在商品祭坛上牺牲文化的行为的评判，大西洋两岸众所周知。版权体系捍卫者在欧洲大陆十分少见，欧洲人不知道版权观念可能不仅仅是为了支持内容产业自身利益，而关于传统版权制度对公共利益以及作者和受众之间竞争平衡的维护作用，在欧洲也很少被提及。但是在英语世界中，版权的社会目的一直是争论的焦点，直到 20 世纪末，美国改变了路线，并在很大程度上采用了欧洲大陆的强大知识产权立场。

两种思想体系之间的分歧并非总是同样明显。18 世纪初，盎格鲁-撒克逊和大陆国家都剥夺了出版商的皇家出版特权，取而代之的是在自然权利的基础上赋予作者产权。但在 19 世纪，大西洋两岸开始出现差异。在英国和美国，对作品权利的虚构大部分被放弃，取而代之的是仅仅基于法规的权利主张。然而在欧洲大陆，作者以自然权利为基础的财产主张继续存在。19 世纪后期，作者权利被一种等同于自然权利主张的学说所加强。这一理论的提出不再是基于财产而是人格，作品不仅仅是作者的财产，还是作者自身的一部分。英语国家对这一观点持怀疑态度。

成立于 1886 年的伯尔尼联盟，长期以来一直是国际上宣传作家权利思想最为重要的场所。英国从一开始就加入，但并不情愿，迄今为止它充其量不过是部分遵守了《伯尔尼公约》的关键原则。作为版权传统最激进的诠释者，美国长期抵制《伯尔尼公约》，直到 1989 年才加入。但在 20 世纪 90 年代，美国突然转向，这位昔日的版权不法分子摇身一变成了知识产权的国际警察。在内容出口商的强力推动下，美国开始捍卫作者及其代理人的强大财产权。对于大陆法系思想的其他方面，尤其是令人生厌的作者精神权利，美国和英国最终不得不披上法律的外衣，其规定只是对作者权利略表谦逊。

数字时代关于知识产权的争论与过去两个世纪的斗争如出一辙。互联网会成

---

① WIPO，2011 World Intellectual Property Indicators，fig. A. 3.1.2，p. 52.

为一个自由开放的论坛吗？或者虽然有涡轮增压式的技术突破，但传播形式仍然会因为产权思想限制而保持传统吗？20世纪90年代，因唱片业起诉，网站被其下载客户要求7位数金额的赔偿，立法者被愤怒的音乐迷的电子邮件所淹没，一时舆论沸沸扬扬，神秘的数字黑客集团关闭了企业网站。当前的纠纷深受不同权利立场传承的影响。美国显赫的数字千禧一代，梦想着一个急剧扩大的公共领域，他们制定了一个可以说是陷入困境的美国版权传统的现代版本。相比之下，在欧洲，继承而来的知识产权理念依然占据主导地位。互联网更多地被看作对作者的威胁，而不是对公众的承诺。直到最近，数字幻想家们才被边缘化，其观点主要由瑞典和德国等国家激进的盗版党所倡导，而各国执政者对这一群体唯恐避之而不及。

　　版权体系与作者权利体系的分歧忽高忽低。18世纪比较温和，19世纪变得突出，战后美国强大知识产权的转变再次缓和了这种局面，但近年来紧张局势又重新爆发。当盎格鲁-撒克逊的文化重商主义被攻击时，支持作者权利的论战报告往往强调这两种方法之间的区别，因为他们彻底调查了长期的历史记录，而历史记录证明事实如此。但为今天从业者写作的法律学者，有时会淡化其区别。① 有些差异仍然很明显：在版权制度中，雇佣作品（雇主获得作者的权利）和合理使用（fair use，作者专属权利的例外）的角色重要性比欧洲大陆更大。但随着知识产权规则的全球化（globalization）发展，其他差异逐渐消失。大多数《伯尔尼公约》成员国现在都在简化一些确定作者主张的手续，而这些手续一度是必须履行的重要形式。现今，美国和欧盟都把著作权保护的时间定为作者死后70年。鉴于知识产权立法的国际化，

---

① L. Bently and B. Sherman, *Intellectual Property Law*, 3rd ed. (Oxford, 2009), 32; Leslie Kim Treiger-Bar-Am, "Authors' Rights as Limits to Copyright Control," in Macmillan, *New Directionsin Copyright Law*, 6: 360-61. 斯特劳尔用大量调查对这两种方法的不同之处进行了详细的分析，最后奇怪地猜测这两种方法之间的距离并不太大。见 Strowel, *Droit d'auteur et copyright*. 在后来的一篇文章中，他的和解例子是如此微不足道，以至于看起来他似乎心不在焉。见 Alain Strowel, "Droit d'auteur and Copyright: Between Nature and History," in Brad Sherman and Alain Strowel, eds., *Of Authors and Origins* (Oxford, 1994). 国际版权大师之一戈斯汀认为，有关版权的国家法律比起二者体系的不同显得更为类似，这在很大程度上归因于国际协定的影响。Paul Goldstein, *International Copyright* (New York, 2001), pp. vii, 4, 10. Similar arguments in Stephen Stewart, *International Copyright and Neighbouring Rights* (London, 1983), pp. vi, 9; Gillian Davies, *Copyright and the Public Interest* (Weinheim, 1994). 然而，戈斯汀也坚持认为，对于电影而言，美国和法国对版权的看法有"很大不同"，并且他还雄辩地阐述了大西洋两岸的"两种版权文化"。见 Paul Goldstein, *Copyright's Highway: From Gutenberg to the Celestial Jukebox* (Stanford, 2003), chap. 5.

最好通过历史分析确定这两种做法之间的差异。譬如从长远来看，保护期限总是不可避免地被延长，而且欧洲大陆比英语圈更早。

尽管这两种制度之间存在着消长关系，但直到今天其区别仍然存在。2006 年，法国人就作者或受众谁应优先的问题进行了一场广泛辩论，他们发现了欧洲风格的作者权利和英语国家版权之间差异的根源不是世界上第一部现代版权法——英国 1710 年的《安妮法》（Statute of Anne），相反，他们认为 1790 年第一部《美国版权法案》（Copyright Act，1790）是更危险的先例。① 当前欧洲的敌人已经在英语圈内向西转移，但是根本分歧依然存在。因此，对作者权利的跨大西洋争执是一场更广泛的争论的一部分。长期以来，它存在于欧洲大陆与盎格鲁-撒克逊世界之间，或者更狭隘地说，存在于法国与美国之间。

版权与作者权差异解析

版权和作者权利的区别在一般原则和哲学层面上都是清楚的，但在执行和管理中，它们经常被日常的实际考虑所掩盖。结果往往取决于功能的必要性，而不是哲学上的分歧。② 大西洋两岸的法院有时会得出类似的结论，但理由各不相同。③ 因此，我们来澄清这两种制度之间的具体区别。意识形态差异会在法律和法学中如何表达呢？

版权和作者权利之间的差异主要有以下几个方面：

1. 保护期限。大陆体系在历史上对作者有更长的保护期限。事实上，三个多世纪以来，美国的保护期一直比法国或德国短，而且直到 1998 年它们才基本相同。④ 英国情况大致类似，不过在 1911 年至 1934 年间，英国在德国之前采用了《伯尔尼公约》的作者死后 50 年的保护期，1995 年至 1997 年的两年，英国法规更早实施了欧盟版权的 70 年保护期规定。英语世界的保护期延伸无一例外地遵循欧洲大陆的先例。自然权利思想用传统财产来类比，本能地规定知识产权（intellectual property

---

① Sénat，Report 308（12 April 2006），p. 13；*Journal Officiel*，Sénat，4 May 2006，p. 3508.
② Cyrill P. Rigamonti, "The Conceptual Transformation of Moral Rights," *American Journal of Comparative Law* 55（2007）：68-69，72-73；Cyrill P. Rigamonti, "Deconstructing Moral Rights," *Harvard International Law Journal* 47, 2（2006）：379-80 and passim；Cyrill P. Rigamonti, *Geistiges Eigentum als Begriff und Theorie des Urheberrechts*（Baden-Baden, 2001），pp. 80-84.
③ Pamela Samuelson, "Economic and Constitutional Influences on Copyright Law in the United States," *European Intellectual Property Review* 9（2001）：409-10.
④ The only exceptions are the current terms for work-for-hire and sound recordings, discussed in chapter 7.

rights）的永久权利（*perpetual*）。① 关于版权的永久权利于1780年在威尼斯，1814年在荷兰，19世纪末在墨西哥、委内瑞拉（Venezuela）和危地马拉，1927年在葡萄牙（Portugal）成为成文法。不过总的来说，还没有证据证明这种权利可以实现。但直到今天，永久性仍然是崇尚强大作者权利的欧洲大陆的不变理想。最近，标准的法国法律教科书提倡永久权利的方式，而这种情况在英语世界无法想象。② 相比之下，美国宪法（Constitution, US）禁止永久性版权的存在，特别强调将版权保护严格限制在有限的时间内。永久英语版权仅存在于一些罕见的特殊情况中，如英国王室所拥有的詹姆斯国王（King James）译本的《圣经》（Bible）；牛津大学（Oxford University）和剑桥大学（Cambridge University）所拥有的作者赠送作品；大奥蒙德街儿童医院（Great Ormond Street Hospital for Children）所拥有的詹姆斯·马修·巴里（J. M. Barrie）名作《彼得·潘》（*Peter Pan*）。③

欧洲舆论几乎一致认为，长期保护有益无害。正如一位观察家所言，只有最大限度地保护才能促进文化的全面发展。④ 相反，英语世界更加担心公共领域会因此受到限制。2003年的Eldred v. Ashcroft诉讼案对延长现有作品的期限是否符合宪法提出质疑，因为美国将现有作品保护期限从作者死后50年延长到欧盟标准的70年。⑤ 然而，最高法院裁定，保护期又一次可追溯性的延长并没有使它无限，因而没有违反宪法。尽管原告失败，但该案凸显了一个基本的跨大西洋差异。他们的律师劳伦斯·莱西格（Lawrence Lessig）质疑美国人模仿欧洲人的行为是否有宪法限制，"因为他们根据自己对版权的看法不断扩大这个期限"⑥。而欧洲的法律观点没

---

① Sam Ricketson, "The Copyright Term," *International Review of Industrial Property and Copyright Law* 23 (1992): 754-56.

② Pollaud-Dulian, *Le Droit d'auteur*, 299-300; Desbois, *Le Droit d'auteur en France*, 416.

③ 《英国版权法案》（1988年）第301条，后一种情况下权利永久归属皇室。见Catherine Seville, "Peter Pan's Rights: 'To Die Will Be an Awfully Big Adventure,'" *Journal of the Copyright Society of the USA* 51 (2003-4): 5.《彼得·潘》权利有时会被法国人与维尼熊的权利混为一谈。见Joëlle Farchy, *Internet et le droit d'auteur: La culture Napster* (Paris, 2003), p.158.

④ Claude Masouyé, "Vers une prolongation de la durée générale de protection," *Revue internationale du droit d'auteur* 24 (1959): 101.

⑤ *Eldred v. Ashcroft*, 537 U. S. 186 (2003). 此外还有一个决心不足的尝试，企图在2001年质疑《数字千年版权法》的合宪性，认为它允许版权所有者通过将公共领域作品与版权材料混合起来，并将两者与技术保护措施相结合，从而有效地确保永久保护。见*Universal City Studios, Inc. v. Corley*, 273 F. 3d 429 (2nd Cir. 2001), p.430, 436.

⑥ *Eldred v. Ashcroft*，最高法院口头辩论记录，见No. 01-618, 9 October 2002, p.23.

有出现类似在美国发生的批评版权持续时间无限延长的倾向。①

知识产权规则的全球化已经抹去版权和作者权利之间的许多实际差异,现在大多数国家的权利保护期大致相同。但是国家偏好已经被实际行动所揭示:有的国家积极拥护长保护期,而有的国家只是在压力下进行不断讨论和拖拖拉拉的改革。从历史上看,作者权利国家偏爱更长的保护期,而版权国家则抵制这一点。

2. 保护手续。基于作者对其作品的固有主张,大陆法系不重视保护作品所需要的传统手续,如对作品进行登记、给作品贴上标识并交存、更新权利等等。保护由纯粹的创造事实所触发,为什么作者会因为忽略了一些文书工作而失去他们的主张呢?事实上一些甚至没有固定载体的表达也属于作品范畴,如演讲、即兴创作等。②在大陆体系要求办理手续的少数情况下,忽略这些手续通常只是拖延或限制了保护。③

在欧洲大陆看来,版权手续是对作者自然财产权利人为设置的障碍。但从版权体系角度来看,手续的目的是确保只有那些值得保护的作品才被努力私有化而不属于公共领域。1975 年美国参议院的一份报告首次提出支持正式手续的理由,他们把大量出版的资料放在公共领域,没有一份产生版权纠纷。④ 两种制度之间的对立可以概括为:在作者权利体系中,作品作为私有财产出现;但在版权体系方面,它们自动属于公共领域,除非作者费尽心思对它们进行注册,"无注册没版权"⑤。因此,手续形式强调了版权体系的论点,即知识产权不是基于自然权利,而是人为创造的法定权利。

在权利手续这一点上,两种体系已经彼此接近,然而这种对立并没有完全消失。英国已经在 1911 年按照《伯尔尼公约》的要求废除了手续要求,但现在它也要求作者正式提出他们的精神权利——这才是真正的混乱之处。虽然美国在 1976 年淘汰版权登记手续慢慢走向《伯尔尼公约》,但美国的批评者至今仍在哀叹这种牺牲,并试

---

① Geiger, *Droit d'auteur et droit du public à l'information*, 336-38, 294-95; André Lucas, "L'Intérêt general dans l'évolution du droit d'auteur," in *L'Intérêt général et l'accès à l'informationen propriété intellectuelle* (Brussels, 2008), pp. 86-87.

② Pollaud-Dulian, *Le Droit d'auteur*, 22; Ysolde Gendreau, "The Criterion of Fixation in Copyright Law," *Revue internationale du droit d'auteur* 159 (1994): 112-26.

③ 正如 1793 年 7 月 19 日法国大革命法令第 6 条规定。

④ "Copyright Law Revision," Senate Report 94-473 (1975), p. 126; "Copyright Law Revision: Report of the Register of Copyrights on the General Revision of the US Copyright Law," 87th Congress, 1st sess., House Committee Print, July 1961, p. 6.

⑤ Jane C. Ginsburg, "'Une Chose Publique'? The Author's Domain and the Public Domain in Early British, French and US Copyright Law," *Cambridge Law Journal* 65 (2006): 645.

图挑战其合宪性,认为自动保护大多数作品阻碍了科学和实用艺术的进步。①

3. 权利让与(alienability)。18 世纪的改革旨在为作者赋予其作品的产权,以便在市场上销售,除非这些作品完全让与,否则它们的价值将低于全部价值。② 在这方面,版权体系认为作品类似于其他财产形式,转让后作者与作品已经分离。而在作者权利体系下,作品从不会彻底与创作者相分离。他们保留了重要的控制权,即使经济权利已经转让。一个自由人不能买自己为奴隶(slavery),因此作者也不能完全转让他的作品。德国法律规定作者不能让与或者转让其作品,转让的仅是有限的使用权。在今天的法国,固有的精神权利(我们很快谈及)不可剥夺。正如导论中讨论的希腊王子迈克尔的案例所表明的,即使通过合同让与,精神权利仍然属于作者。相比之下,在英语世界,权利(包括成文法中承认的精神权利)基本上是可以转让的。事实上,正如我们将看到的"雇佣作品"原则,在法律上所有者被英语国家视为作者。

4. 合同(contracts)。由于版权体系允许作品更充分的权利转让,所以英美领域的合同通常比作者权利国家的合同更自由。③ 大陆法系国家经常规定作者如何转让未来的作品权利。④ 例如 1957 年的法国法律禁止对未来作品所有权的全面转让,而允许转让的细节规定令人头皮发麻:在未来五年内,任何一种类型的作品中只有五部合法;出版商必须在投稿后的三个月内决定是否接受作品;如果出版商在一种类型中拒绝了两部系列作品,作者可以撤销该协议;等等。作者被视为弱势群体,需要予以保护以免受贪婪的传播者之害。⑤ 20 世纪 30 年代末法国人民阵线政府

---

① Kevin Kelly,"Scan This Book!" *New York Times Magazine*,14 May 2006;*Kahle v. Ashcroft* (2004), discussed in Dotan Oliar, "Making Sense of the Intellectual Property Clause: Promotion of Progress as a Limitation on Congress's Intellectual Property Power," *Georgetown Law Journal* 94 (2006):1832-33.

② "Lettres à un ami par l'abbé Pluquet," (1778-1779) in Ed. Laboulaye and G. Guiffrey, eds., *La Propriété littéraire au XVIIIe siècle* (Paris, 1859), p. 283.

③ Julia Ellins, Copyright Law, *Urheberrecht und ihre Harmonisierung in der Europäischen Gemeinschaft* (Berlin, 1997), 80-82; André R. Bertrand, "Multimedia: Stretching the Limits of Author's Rights in Europe," *Journal of Proprietary Rights* 7, 11 (1995):4-5. 戈斯汀认为两种版权体系在每个领域内的差异都几乎一致的大,但根据他自己的证据,这一结论并不令人信服,显然大陆国家普遍比英语国家更多地予以规范合同。见 Goldstein, *International Copyright*, 217-25.

④ 例如,欧盟版权中的租赁和出借权,1992 年理事会第 92/100 号指令第 4 条规定,作者或表演者不可放弃租用其音像或电影的公平报酬要求。

⑤ Arts. 31-37. *Journal Officiel*, Assemblée, Documents, Annexe 8612, 9 June 1954, p. 986. 类似的态度参见 European Parliament, 9 February 1999, *Official Journal*, 1999, p. 4-533/65-66.

（Popular Front government，France）的教育部长让·扎伊（Jean Zay）解释说，我们想保护作者以免其受到自我伤害。① 作者是无助的、不谙世故的空想家（luftmenschen），无法保护自己——法国人在 1948 年的《联合国人权宣言》中加入了强大的作家权利。②

另一方面，版权体系国家普遍认为作者能够管理自己的事务。作者被视为市场上的自由代理人，他们知道自己作品的价值，只以公平的价格出售它们。但即使是市场体制有时也会纵容他们。1976 年的《美国版权法案》（Copyright Act，1976）允许作者二次获利：35 年后，他们可以就条款重新谈判，此时转让终止（termination of transfer），因为"作者的不平等谈判地位"意味着他们无法知道其价值，直到其作品被开发。③ 但美国法律很少允许版权法凌驾于合同之上。

5. 作者身份和雇佣作品。为雇主创作的作品或由公司、集体实体创作的作品，涉及让与问题。大陆体系主要承认血肉创造者（creator，flesh-and-blood）而不是法律实体，也不是其他任何人，只有实际作者。这一原则也有例外，对于有许多个人贡献者的集体作品（collective works），作者身份有时属于公司实体。④ 1985 年的《法国版权法案》（Copyright Act，1985）将软件著作权授予程序员的雇主。但是，作为一项规则，即使是在德国或者法国体系下完成的雇佣作品，雇员作者也有权在其作品中享有与他们自雇型同行相似的权利。

与之相反，版权制度通常将著作权归属于公司实体，将雇佣作品版权授予赞助实体，并通过合同解决了围绕集体协作和公司作品的权利归属问题。⑤ 作品背后的公司实体不仅是版权的第一所有者，而且也常常被认为是作者。⑥ 谁是《公民凯恩》

---

① Jean Zay, *Souvenirs et solitude* (Le Rœulx, 1987), 219; *Journal Officiel*, Chambre, Documents, Annexe 3222, 6 December 1937, p. 238.
② "Copyright and the Declaration of Human Rights," *Copyright Bulletin* 2, 1 (1949): 46.
③ 即使在这里，分歧也依然存在。虽然法国法律的动机是帮助作者，但作者却无法追求自己的最佳利益，因此他需要国家的帮助。但在美国的推理中，作者只是处于客观和结构上的弱势地位——这并不比出版商更糟糕，只是更不可能经受住市场的不可预测性。见"Copyright Law Revision," House of Representatives, Report 94-1476 (1976), p. 124.
④ Thus the German laws of 1901 and 1907.
⑤ Jane C. Ginsburg, "The Concept of Authorship in Comparative Copyright Law," *De Paul Law Review* 52 (2003): 1088-90.
⑥ 有人试图争辩说，雇佣作品原则实际上是对作者权利的宣扬，只不过对象换成了企业，但这并不能让人信服。显然，雇佣作品原则违反了大陆意识形态中血肉之躯的基本原则，这也是区分这两种方法的要素之一。Peter Jaszi, "On the Author Effect: Contemporary Copyright and Collective Creativity," in Martha Woodmansee and Peter Jaszi, eds., *The Construction of Authorship: Textual Appropriation in Law and Literature* (Durham NC, 1994), p. 34.

（*Citizen Kane*）的作者？米洛斯·福曼（Milos Forman）在 1994 年发出反问。今天又该是谁呢？在他眼中，如果说作者是 1941 年的雷电华电影公司（Radio Keith Orpheum Pictures）或现在的特纳广播公司（Turner Broadcasting System）则是可笑的答案。① 1909 年的《美国版权法案》创立了雇主作为雇佣作品企业作者（corporate authorship）的制度。1911 年的《英国版权法案》（Copyright Act，1911）也引入了"雇佣作品"原则，将图片和音乐唱片的作者权利授予公司所有者。1976 年的《美国版权法案》认为创作者的雇主不仅是"作品所有权利"的所有者，而且也是作品的作者。② 雇佣作品原则证明了版权制度是如何抵制个人创作的浪漫想法的，尽管大陆体系仍然将其奉为圭臬。③ 这也许是这两个体系之间仍然存在的最重要分歧，特别是考虑到在盎格鲁-撒克逊国家，所有内容中有很大部分是以雇佣作品方式产生的。

6. 作者专有权例外（exceptions to author's exclusive rights）。正如我们所预期的那样，英语国家普遍接受更广泛的作者权利例外，允许其他作者、译者和受众未经版权持有人的许可而直接使用作品。美国的"合理使用"原则允许未经许可或支付补偿而使用受保护的作品，以达到广泛的、有益于社会的目的。美国的做法比其他国家的"公平交易"更为广泛，由于其具体例外用途已在法规中列举，这往往比大陆法系的相应规定更具包容性。在这里，国际标准化也消除了明显的差异。但正如我们将要看到的，这个问题在最近几年会再次出现，因为法国和德国被要求扩大它们对版权相对吝啬的例外。

7. 强制许可（compulsory licensing）。强制许可（有时称为公平报酬）允许未经作者许可复制作品，只要符合某些标准（通常是支付版权费）。在付费前提下，它已被用来有效地为公众带来作品而不考虑作者的权利。比起欧洲大陆的做法，强制许可更自然地融入了版权实践，因此在英语世界中被采用得较早，人们也更加习以为常。④ 这种许可违反了作者专有权（exclusive rights）的核心大陆法系原则，因为实际上，它以自动支付的罚款使侵权行为（infringement）合法化。1909 年萧伯

---

① *Le Monde*，3 May 1994，quoted in Joëlle Farchy，*La Fin de l'exception culturelle*？（Paris，1999），p. 222.

② Section 201（b）。这也就是所谓的作者身份，不同于仅仅将作者权利授予不是作者的人。这一现象在电影中表现突出。

③ Oren Bracha，"The Ideology of Authorship Revisited：Authors，Markets，and Liberal Values in Early American Copyright，" *Yale Law Journal* 118（2008）：248ff.

④ André Françon，"Authors' Rights beyond Frontiers：A Comparison of Civil Law and Common Law Conceptions，" *Revue internationale du droit d'auteur* 149（1991）：14；Farchy，*Internetet le droit d'auteur*，87.

纳向一个议会委员会抱怨说，强制许可制度破坏了他讨价还价的能力。如果竞争对手能够按法律规定的价格发行自己的版本，那么第一家出版商的报价将低于独家版权的应然价值。① 因此，强制发放许可证符合公众和传播者的利益。一些拥护者认为，这是解决作者权益与公众权益之间长期存在的冲突的一种方法。实际上这一目标很难实现，因为给作者金钱就能获得强制许可，犹如向任何愿意支付版税（royalties）的传播者永远敞开方便之门。由于受到强制许可重印的影响，马克·吐温（Mark Twain）和埃兹拉·庞德（Ezra Pound）都建议设立永久版权制度。②

强制许可也被用来推翻作者禁止作品发表的企图。大多数国家都允许发行新版本，甚至违背版权持有人的意愿。1930 年《英国版权法案》（Copyright Act，1930）允许枢密院（Privy Council）颁发强制许可证。20 世纪初的美国和英国作曲家被迫接受强制许可，作为回报，他们获得作品录音权利。最近，发展中国家更倾向于强制许可，以获得比传统专有权制度许可更为优惠的条件。一些开放存取倡导者（open access activists）支持强制许可以打破"网络霸主"的信息垄断。③

8. 独创性（originality）。按我们的推测，由于大陆国家强调作者与作品之间的内在联系，作品权利国家会比版权国家有着更高的独创性标准。然而事实上，这种反差并不显著。英语国家实施了一种"额头流汗"（sweat of the brow）的理论，强调创作是一种努力行为但不一定具有创造力。但美国也需要一个最低限度的创意水平，这在 1991 年费斯特出版公司诉乡村电话公司案中得到了证实，当时最高法院拒绝保护仅仅是从另一个电话簿复制而来的电话簿。④ 与此同时，欧洲大陆的独创性标准一直不是很高，尽管德国相关规定比法国更为严格。例如在 1991 年，《欧盟软件指令》（EU Software Directive）按照英美国家水平大体上同意了电脑程序的独创

---

① *Minutes of Evidence Taken before the Law of Copyright Committee* (Cd 5051, 1910), p. 33.
② Robert Spoo, "Ezra Pound, Legislator," in Paul K. Saint-Amour, ed., *Modernism and Copyright* (Oxford, 2011), pp. 49-50; Siva Vaidhyanathan, *Copyrights and Copywrongs: The Rise of Intellectual Property and How It Threatens Creativity* (New York, 2001), p. 76.
③ Roberto Verzola, "Cyberlords: The Rentier Class of the Information Sector," in Josephine Bosma et al., eds., *Readme! Filtered by Nettime: ASCII Culture and the Revenge of Knowledge* (Williamsburgh Station, 1999), p. 95.
④ *Feist Publications v. Rural Telephone Service Co.*, 499 U. S. 340 (1991), discussed in Ginsburg, "Concept of Authorship in Comparative Copyright Law," 1078ff.

性标准。这些作品必须是作者自己的知识创造，仅此而已。①

9. 精神权利。欧洲作者权利思想的基本前提，是把作品视为一种由自然权利神圣化而来的财产形式。在 19 世纪，这一范围扩大到包括一种基于自然的个人联系，它加强了作者与作品之间的联系。精神权利寻求在法律上保护作者人格的投资，以牺牲传播者、翻译者（interpreters）和受众利益为代价给创造者以特权，即使作品经济权利已经出售，作者仍然被赋予权力去控制作品。而在英美版权中，精神权利作用要小得多，就算真的有类似的保护，也只是偶然出现或者来自版权法规之外。

精神权利思想

精神权利允许作者决定何时和如何公布其作品（即披露权，disclosure right），能够确保其被承认为作者（即归属权，attribution right），能够阻止其作品未经批准而被修改（即完整权，integrity right）。除了这三项主要的精神权利之外，作者还有撤回权（withdrawal right），即在改变主意时停止其作品的传播。最后还有转售权（通常被称为追续权，droit de suite），是保证艺术家们每次转售作品时都会获得利益的常见权利。追续权显然不是精神权利，在欧洲大陆国家却常常被用来证明作者的强大地位。一位意大利评论员曾在法西斯时代热烈宣扬，这一权利是艺术家法律地位的进一步巩固。② 1920 年，法国成为第一个实行转售权的国家，1921 年的比利时和 1941 年的意大利紧随其后。③

精神权利术语翻译自法语道德权利（droit moral），这实际上是一个误译。它与道德无关，但可以将这种权利与能够开发的经济权利相区分。通常而言，这一成绩归功于 1870 年左右的法国法律作家安德烈·莫里洛（André Morillot），但事实上这

---

① Herman Cohen Jehoram, "The EC Copyright Directives, Economics and Authors' Rights," *International Review of Industrial Property and Copyright Law* 6 (1994): 828-29; Daniel J. Gervais, "Feist Goes Global: A Comparative Analysis of the Notion of Originality in Copyright Law," *Journal of the Copyright Society of the USA* 49 (2002): 974.

② Luigi di Franco, "Der soziale Gehalt des Urheberrechts im neuen italienischen Gesetz," *Archiv für Urheber-Film-und Theaterrecht* 15 (1942): 111.

③ Accounts in Walter Bentivoglio, "Bemerkungen zum Filmrecht im neuen italienischen Urheberrechtsgesetz," *Archiv für Urheber-Film-und Theaterrecht* 15 (1942): 94-96; Willy Hoffmann, "Die filmrechtlichen Bestimmungen des neuen italienischen Urheberrechtsgesetzes in rechtsvergleichender Betrachtung," *Archiv für Urheber-Film-und Theaterrecht* 15 (1942): 122-38.

个词早在19世纪40年代就在法国被使用过。① 作为反对市场化的壁垒，精神权利是反版权的，它使私法——合同、财产、离婚（divorce）、遗产继承（inheritance）、破产（bankruptcy）——从属于作者的美学权益。② 但作者从法律上得到的却可能从钱袋中失去，因为传播者会根据作者所持续施加的控制给予作品价格折扣。③ 从欧洲大陆观点来看，这种异议没有任何意义，因为精神权利的行使维护了作者的理想抱负，即使它损害了他们的经济野心也在所不惜。

从版权体系观点来看，反对精神权利的更为尖锐的论点不是来自经济方面，而是来自社会和美学方面。精神权利不仅遏制了传播者的影响力，也剥夺了相应的公众权益（public interest in works）。通过加强作者及其后代对作品权益（descendants' interest in works）的控制——有时是永久性的——实际上阻止了作品完全落入公共领域。④ 更广泛地说，精神权利制约了艺术创造的可能性，受到影响的不只是传播者和受众，还有翻译者和演员，因为精神权利给作家以美学否决权。⑤

版权可以自由转让，但精神权利不可自由转让。在版权体系方面，作者将作品权利转让，几乎不保留任何利益。事实上，版权的目的是给创作者一些回报，让他们的作品进入市场。在18世纪的第一次版权立法中，剥夺书商的特权而有利于作者的目的，是让作家出售他们的作品。相比之下，作为人格权的一种，精神权利使得无论作品遇到什么情况，都要由作者来决定。任何时候作者都能改变他们的想法，即使签字转让了完整权和署名权，他们仍然可以通过欧洲大陆法院强制执行这些权利。正如我们所看到的，代笔者（ghostwriters）——法国人称之为"黑人"（Negroes），他们自愿签订了令自己隐身的契约，却通过精神权利法令使自己得以再次

---

① Pollaud-Dulian, Le Droit d'auteur, 373. It was used, for example, in *Simonin c. Syonnet etsyndics Dieudonné*, 14 June 1844, Dalloz, 2 (1846): 41.

② David Saunders, "Approaches to the Historical Relations of the Legal and the Aesthetic," *New Literary History* 23, 3 (1992): 508-9; Desbois, "Le droit moral," 123-25.

③ William M. Landes and Richard A. Posner, "An Economic Analysis of Copyright Law," *Journal of Legal Studies* 18, 2 (1989): 327.

④ Office Professionnel des Industries et Métiers d'Art et de Creation, *Travaux de la Commission de la propriété intellectuelle* (n. p., 1944-45), p. 71.

⑤ Baumgarten, "Preserving the Genius of the System," 4; Baumgarten, "On the Case against Moral Rights," 90. Generally in the same spirit: Robert A. Gorman "Federal Moral Rights Legislation: The Need for Caution," *Nova Law Review* 14 (1990): 423-24.

署名。①

精神权利涉及的范围很广，欧洲文献中没有一个规范的定义。较为一致的观点是认为精神权利主要包括三个方面：披露权、归属权和完整权。

披露权是作者决定其作品何时和如何出版的权利。它是最不言而喻的精神权利，类似于版权的基本前提，也即出版权。② 1914 年，法国画家查尔斯·卡蒙尼（Charles Camoin）把一些画作切碎并扔掉后，发现这些画被取回、修复并卖给收藏家。当画作被拍卖时，他提出控告要求归还作品并赔偿损失。法院裁决，画家通过抛弃画作可能已经放弃了实体权利主张，但决定他的作品是否出版的精神权利仍然存在。③

其他案件在道义上则不那么清晰。1843 年，海德堡神学家海因里希·保卢斯（Heinrich Paulus）出版了哲学家弗里德里希·谢林（Friedrich Schelling）的讲课笔记，并增加了四倍长的批判性评论。谢林起诉阻止出版时，却在上诉中败诉。下级法院支持哲学家的权利，认为他有权确定作品何时以及如何出版，但一个更高级别的裁决认为，评论的篇幅使得出版的作品不仅仅是谢林的作品，公众有权了解保卢斯的观点。④ 保卢斯指责谢林为"使自己不可争辩的警察"⑤。

---

① 在一个类似于布拉甘思事件的案例中，几部自传幽灵写手（包括 Patrick Segal，一位残疾运动员）被允许以合作作者身份署名。*Etienne de Montpezat c. Editions Flammarion*, *Cour d'appel de Paris* (1st Chamber), 10 June 1986, *Revue internationale du droit d'auteur* 133 (1987): 193-99.

② 尽管关系密切，但复制权或出版权和披露权并不完全相同。在这两种情况下，作者都控制着作品出现的条件。出版权是一项经济权利，披露权是一项精神权利。一些国家，如法国和德国，将两者结合在一起。披露所带来的是一些额外的保护未发表的作品，使它们免受可能使用的豁免例外。此外，它还可以将权利扩大到作品的作者，否则就会将其排除在外。在美国，受委托作者无法控制他们作品出现的时间和方式。但对于主要作者来说，披露权在很大程度上被纳入了控制作品的首次出版权。

③ Stig Strömholm, *Le droit moral de l'auteur en droit allemand, français et scandinave* (Stockholm, n. d. [1966]), pp. 292-93; Laurent Pfister, "L'auteur, propriétaire de son œuvre? La formation du droit d'auteur du XVIe siecle à la loi de 1957," (diss., Strasbourg, 1999), pp. 809-13.

④ 一个类似的问题也出现：马萨诸塞当代艺术博物馆试图展示艺术家克里斯多夫·比切尔（Christoph Büchel）的大量未完成作品时，法官将博物馆工作人员花费几个月的劳动与艺术家自己花费几个星期的作品进行了比较，并宣布最终展示的是一种协作作品。Amy M. Adler, "Against Moral Rights," *California Law Review* 97 (2009): 277.

⑤ Ludwig Gieseke, *Die geschichtliche Entwicklung des deutschen Urheberrechts* (Göttingen, 1957), pp.142-44; Elizabeth Adeney, *The Moral Rights of Authors and Performers* (Oxford, 2006), pp. 38-39.

无论其内在的优点是什么,披露权都会对受众和文化产生更广泛的影响。如果我们认真对待作者(包括其家族和财产继承者)的主张,以决定作品是否、何时和如何出版,我们会失去维吉尔(Virgil)的《埃涅阿斯纪》(*Aeneid*),也可能失去奥维德(Ovid)的《变形记》(*Metamorphoses*),卡夫卡(Kafka)的大部分作品,福柯(Foucault)死后的所有作品,菲利普·拉金(Philip Larkin)、圣贝夫(Sainte-Beuve)、T. S. 艾略特(T. S. Eliot)、阿纳托尔·法朗士(Anatole France)、乔治·桑(George Sand)、莫里斯·巴雷斯(Maurice Barrès)、安东宁·阿托德(Antonin Artaud)、托马斯·哈代(Thomas Hardy)的部分作品,以及凯瑟琳·曼斯菲尔德(Katherine Mansfield)的大部分作品。① 而艾米莉·狄金森(Emily Dickinson)的诗歌,也只有在她家族精心编辑的版本中才会被人所知。②

归属权或父子关系(paternity)使作者有权被承认为其作品的创作者(即使使用化名),也有权不被错误地认定为非他们作品的作者。这在很大程度上没有争议。尽管美国版权法中没有明确规定署名权,但版权制度中它以各种形式实际上存在。③ 版权归属中的主要例外,在于将雇佣作品的所有者和作者身份给予雇主。在大陆法系中,无论合同细节如何,雇员作者会完全保留他们的精神权利,而企业作者资格则被完全排除在法庭之外。

作者能拒绝承认自己为作品的创造者吗?包括《鹿脚系列》(*Deer foot*)在内的许多小说的作者爱德华·S. 埃利斯(Edward S. Ellis),最初一些著作使用了笔名(pseudonym),后来未能阻止出版商用他的真名重印作品以兑现其声誉(reputation)。④ 相反,画家德奇里科(de Chirico)否认自己是一幅画的作者,而画上有他的签名并证明是他本人所写,由于他的否认降低了画作价值,他不得不为此支付赔偿金。⑤ 好莱坞巧妙地撤回了作品的署名时,也避免了作者与他们厌恶的东西联系在一起的痛苦。从1969年开始,当导演们对电影剪辑感到震惊时,他们可以要求将其名字换成"艾伦·史密斯"("Allen Smithee"),因此他成为我们最多才多艺、

---

① 卡夫卡可能还包括他做保险职员时期的作品,见 Franz Kafka, *Amtliche Schriften* (Frankfurt, 2004).
② Thomas H. Johnson, ed., *The Poems of Emily Dickinson* (Cambridge MA, 1955), l: xxx-ixff; Daniel B. Smith, "What Is Art For?" *New York Times Magazine*, 16 November 2008, p. 40.
③ Jane C. Ginsburg, "The Right to Claim Authorship in US Copyright and Trademarks Law," *Houston Law Review* 41 (2004): 265-66. The Visual Artists Rights Act of 1990 did have an attribution right but only during the author's lifetime.
④ Ellis v. Hurst, 128 N. Y. S. 144 (1910).
⑤ Henry Hansmann and Marina Santilli, "Authors' and Artists' Moral Rights: A Comparative Legal and Economic Analysis," *Journal of Legal Studies* 26 (1997): 132.

风格多变的匿名作家之一。①

完整权有时被称为"尊重权"("right of respect"),保护作品不受未经作者批准的变更。即使作者可能已经转让了经济权利(exploitation rights),但他们仍然可以否决作品的使用或修改。完整权是精神权利的核心,但在英语国家体系中,这一权利体现最不对等。完整权也是最为棘手的法律主张,它根据艺术形式而变化。唯一性作品(singular works)——主要是绘画和雕塑——受到保护以免实体改变和污损,然而在表演艺术(performing arts)方面,作者和表演者或翻译者更平等地相互依赖,类似的如剧作家和导演、作曲家和指挥家、编剧和导演、编舞和舞蹈演员等等。对于作品的完整权而言,在妓院里上演莫扎特的歌剧《后宫诱逃》(*Seraglio*),与用小胡子装饰《蒙娜丽莎》(*Mona Lisa*)是不一样的。

完整权至少有两个变体。法国和比利时曾出现了一个强大的版本,法律禁止他人对作品做出未经作者明确允许的任何改动。早在1932年,法国法院就决定"由作者来保证他的作品在形式或精神上不被改变或丑化"②。在最极端的解释中,即使修复艺术品(restoration of artwork)也可能违反完整权,因为它是取代了原作的新作品,并在原作上强加了不必要的合作行为。③ 其他国家,像德国、丹麦和意大利等,仅仅保护对作者名誉或荣誉(honor)造成明显损害的改动。例如,作者不能反对未曾公布于众的更改,也不能反对可能改进作品的更改。在这种对完整权的解释中,作者不能决定是否可以控告关于其作品的修改。要判断一种改变如何影响作者的名誉或荣誉,需要了解他的社会地位,社会对什么是违法行为的认识,以及伤害已经发生的证据——这一点作者自己无法评估。

精神权利通常被描绘为经济权利的对立面,但事实上卫道士和图利者难分你我,人格权也是经济权利。④ 一些观察家甚至认为,精神权利是一种新的财产形式,

---

① Peter Decherney, *Hollywood's Copyright Wars: From Edison to the Internet* (New York, 2012), pp. 128-29.

② *Chaliapine c. URSS et Soc. Brenner*, Cour d'appel, Paris, 28 July 1932, Dalloz, 2 (1934): 143.

③ Stanislas de Gorguette d'Argœuves, *Le Droit moral de l'auteur sur son œuvre artistique ou litteraire* (Paris, 1926), pp. 187-88.

④ Alphons Melliger, *Das Verhältnis des Urheberrechts zu den Persönlichkeitsrechten* (Berne, 1929), p. 5.

因为作者对作品的控制具有经济价值，就像租管公寓的权利是一种所有权形式一样。① 只要作者的声誉和作品的真实意图影响到他的市场价值，他在其归属和完整性权利方面就有经济利益。"通过保护作品的作者身份和真实意图，精神权利也服务于消费者的利益"，1996 年欧盟报告给出了毫不妥协的结论。② 因此，精神权利类似于商标保护，提供品牌保证。③

然而，损害作品（destruction of work）的完整权并不一定会损害作者的声誉，事实上可能会改善它。第一代费莫伊勋爵（Lord Fermoy）在讨论 1862 年的《英国美术版权法案》（Fine Art Copyright Act，1862）时争辩说，一位画家不会因为他的作品被拍照或雕刻而受到伤害。而这样的事情发生得越多，艺术家的声誉就越高。④ "编辑们知道，有时修改工作实际上已经改善了一篇文章"，《新共和》（*New Republic*）编辑在一个世纪后的 1988 年尖锐地指出。⑤ 为应对艺术家的反对之声，著名的艺术评论家克莱门特·格林伯格（Clement Greenberg）——汤姆·沃尔夫（Tom Wolfe）的文化三山（kings of Cultureburg）之一——声称从大卫·史密斯（David Smith）的几个金属雕塑上剥去油漆，能在美学和经济上提高这些雕塑的质量。它们最终确实得到了更高的价格，不过很难说这种结果究竟是由于内在的改善，还是格林伯格有影响力的观点。⑥

如果作者可以禁止他们的作品被修改，难道就不能允许他们阻止作品被破坏吗？这似乎是完整权的逻辑推论，也可以说是终极精神权利，但它很少被立法。⑦ 在 20 世纪 20 年代初，法国议会考虑允许艺术家从想要摧毁其作品的所有者那里买回他们

---

① R. Besnier，"De la loi des douze tables à la législation de l'après-guerre：Quelques observations sur les vicissitudes de la notion romaine de la propriété，" *Annales d'histoire économique et sociale* 46（1937）：338；Pierre Recht，*Le Droit d'auteur，une nouvelle forme de propriété*（Paris，1969），9 and passim；Agnès Lucas-Schloetter，*Droit moral et droits de la personnalité：Étude de droit comparé français et allemand*（Aix-en-Provence，2002），1：22.

② Commission of the European Communities，"Follow-Up to the Green Paper on Copyright and Related Rights in the Information Society，" COM（96）568 final，20 November 1996，p. 27.

③ Marjut Salokannel and Alain Strowel，"Study Contract Concerning Moral Rights in the Context of the Exploitation of Works through Digital Technology，" ETD/99/B5-3000/E° 28，April 2000，p. 208.

④ Hansard，6 May 1861，p. 1635（BK）.

⑤ "Spielberg's Lament，" *New Republic* 3818（21 March 1988）：7.

⑥ John Henry Merryman，"The Refrigerator of Bernard Buffet，" *Hastings Law Journal* 27，5（1976）：1040；Hansmann and Santilli，"Authors' and Artists' Moral Rights，" 103. Tom Wolfe，*The Painted Word*（New York，1975）.

⑦ Gorguette d'Argœuves，*Le Droit moral de l'auteur*，159-61.

的作品。① 1992年《瑞士版权法案》（Copyright Act，1992）允许作者从将要毁坏作品的所有者处进行艺术品回购（repurchase of artworks），但幸运的是，这并不适用于建筑物。② 法国的一些案例惩罚了对公共喷泉（fountains）的怠慢和破坏。③ 但总的来说，所有者的财产权超过了作者的主张。虽然修改可能会影响到作者的名誉或声誉，但没有彻底破坏作品。④ 1981年德国艺术家奥托·赫伯特·哈耶克（Otto Herbert Hajek）的案例中，出现了一个不合逻辑的结果。他用雕塑、彩色条带、纹理区域和绘画装饰了一个公司大楼，当建筑物被改建时，这些装饰部分被拆除，哈耶克起诉业主侵犯了其作品的完整权。慕尼黑法院给出了一个充满智慧的裁决（solomonic judgment）：业主可以通过恢复到其原始状态，或者删除整个建筑物的方式结束对作者完整权的侵犯。⑤ 销毁战胜完整权。

在琐碎的日常生活中工作的当代艺术家，无意中遭受破坏的风险特别高。古斯塔夫·梅茨格（Gustav Metzger）的塑料垃圾袋被丢弃了，尽管这是2004年《重生的自毁艺术首次公展》（*Recreation of First Public Demonstration of Auto-Destructive Art*）中令人自豪的一部分。2011年，马丁·基彭贝尔格（Martin Klippenberger）作品《当它开始从天花板滴下》（*When It Starts Dripping from the Ceiling*）中用米黄色涂料装饰斑点图案，结果被一位好心的清洁工给错误地擦掉了。摄影师阿尔弗雷德·斯蒂格里茨（Alfred Stieglitz）被认为把杜尚（Duchamp）名作《泉》

---

① Abdel-Moneim El-Tanamli, *Du droit moral de l'auteur sur son œuvre littéraire et artistique* (Paris, 1943), pp. 85-91; "Le premier projet de loi concernant la protection du droit moral de l'auteur," *Droit d'auteur* 34 (1921): 59.
② Art. 15. Adolf Dietz, "The Moral Right of the Author: Moral Rights and the Civil Law Countries," *Columbia-VLA Journal of Law and the Arts* 19 (1995): 224.
③ Salokannel and Strowel, "Study Contract Concerning Moral Rights," 36.
④ 在英国法律中，只有在作品被证明构成诽谤的情况下才可对作品的销毁提起诉讼，见Gerald Dworkin, "The Moral Right and English Copyright Law," *IIC: International Review of Industrial Property and Copyright Law* 12 (1981): 484. 另一方面，严格的遗产法至少为实物提供了一些保护，使其免受破坏。可以说，毁灭影响了作者的个性表达，因为他实际上是哑巴。因此，法律可以通过对精神权利的强烈解释（无论作者出于何种理由都不能改变）来禁止作品被毁灭，而不是软弱地阻止破坏（只有在影响到他的荣誉或名誉的情况下才禁止改变）。见Leslie Kim Treiger-Bar-Am, "Adaptions with Integrity," in Helle Porsdam, ed., *Copyright and Other Fairy Tales: Hans Christian Andersen and the Commodification of Creativity* (Cheltenham, 2006), pp. 70-73.
⑤ Adolf Dietz, "The Artist's Right of Integrity under Copyright Law: A Comparative Approach," *IIC: International Review of Industrial Property and Copyright Law* 25, 2 (1994): 190.

(Fountain)的原件（一个陶瓷小便斗——译注）和垃圾一起扔掉了。① 约瑟夫·博伊斯（Joseph Beuys）最喜欢的材料是毛毡和油脂，他曾两次遭受这种侮辱：20世纪70年代，他的作品，一个装满垃圾的儿童浴缸被错误地清理干净，后来则对艺术家形成侮辱性伤害——浴缸被西德的勒沃库森社会民主党（Social Democratic Party）用来冷却啤酒；而在1986年，一个博物馆管理员将博伊斯作品上的油垢擦去。② 要是这些作品哭求被作者污染又怎样呢？杜尚的现成品艺术（ready-mades）要求使用日常用品，其艺术要点之一就是要破坏艺术的传统规则，这是什么样的完整权利呢？那五位艺术家的主张又怎样呢？他们接受了尊敬的杜尚的挑战，在八个《泉》的复制品中选择一个进行小便。

除了精神权利的经典三位一体（披露权、归属权和完整权），有些国家也拓展了其他权利。

在其他精神权利中，悔改权（repenting）或撤回权（withdrawal）是最有争议和最不适用的权利。这一权利规定，如果作品在流通环节不再表达作者的创作意图，他们可以收回作品。作者的理想利益超过了他们的契约义务，从版权的角度来看，契约责任是撤回权的最低限度。从知识的共同储存中减去一件作品，违反了公共领域的首要地位。在基础性版权案例米勒诉泰勒案（Millar v. Taylor，1769）中，雅茨法官（Justice Yates）有力地指出这一点："但当作者印刷和出版他的作品时，他把它完全向公众开放……这本书和它所包含的感情，都不可能事后被作者收回。"③

纳粹德国提出一个有限的悔改权利，但没有实施。④ 在第二次世界大战期间，法西斯意大利提出了一个适当的版本，允许作者在不再愿意出版的情况下撤回他们的作品。⑤ 法国在1957年引入撤回权，而德国是在1965年《德国版权法案》（Copyright Act，1965）中引入的。⑥ 作为最极端的精神权利，撤回权也很少被引用。因为作者必须赔偿受让人（assignees）的损失，而且实际上他们的悔改不太可能对已经出版的作品产生很大影响。⑦ 然而，无论在实践中多么无关紧要，撤回权是以精

---

① Calvin Tomkins, Duchamp (New York, 1998), pp. 185-86.

② Wolfram Hamann, "Urheberrechtsprobleme um Beuys-Badewanne: Schadensbemessung für Beschädigung des Werkoriginals," *Film und Recht* 3 (1976): 166.

③ *Millar v. Taylor* (1769), Easter Term 9. Geo. 3. B. R., p. 2364 (BK).

④ "Entwurf eines Urhebergesetzes," *Gewerblicher Rechtsschutz und Urheberrecht* 44, 4/5 (1939), §§10, 28.

⑤ 22 April 1941 law, arts. 142-43.

⑥ 1957 law, art. 32; 1965 law, §42.

⑦ Raymond Sarraute, "Current Theory on the Moral Right of Authors and Artists under French Law," *American Journal of Comparative Law* 16, 4 (1968): 476-77; Rigamonti, "Deconstructing Moral Rights," 363.

神权利的核心难题——个人权利（personal rights）如何存续——为基础。其他精神权利可以转让和继承，由配偶、后裔、继承人、代表，有时甚至国家本身来行使，他们也应维护他们所理解的作者的意图。相反，撤回权本质上与作者一起死亡，一般情况下它不能被其他人所行使。①

通过假设虚构出来的一个连贯的终身作家人格，撤回权含蓄地允许作者重写自己的历史。1878年的巴黎国际文学大会（International Literary Congress in Paris）上，一位代表坚持说，根据作者权利思想，作者在垂暮之年应该能够收回一个使他难堪的作品。② 法国2012年《绝版作品数字化法案》（Law on the Digitization of Out-of-Print Works），特别允许作者阻止那些有损其名誉或声誉的作品再现。作者对于自己在第二次世界大战纳粹占领期间创作的作品感到懊悔，它的存在显然令人不安，作为作者，他可以悄悄埋葬这段不光彩的历史。③ 撤回权给老龄作家赎回他们不堪回首的青春冒进和年少轻狂提供了一个可能。

塞利纳（Louis-Ferdinand Céline）能否像他遗孀要求的那样，被允许删除他的反犹太主义（anti-Semitism）写作内容呢？瓦格纳（Wagner）年轻时的政治激进主义作品呢？圣奥古斯丁（Saint Augustine）早期的异教作品呢？曼佐尼（Manzoni）的无神论以及雨果或拉梅内（Lamennais）早期的天主教作品呢？在1740年登上普鲁士王位前不久，腓特烈大帝（Frederick the Great）在《反马基雅维利主义》（*Anti-Machiavel*）中批评了波兰和瑞典国王，但却徒劳地恳求伏尔泰（Voltaire）说服他的荷兰出版商让它消失。④ 伏尔泰反过来也后悔他年轻时讽刺圣女贞德（Joan of Arc）的作品《奥尔良少女》（*La Pucelle d'Orleans*），并在30年后，即1762年出版了一本经过大量编辑的版本。

尽管维克多·雨果是作家权利的狂热拥护者，但他还是提出了一个温和的撤回权版本。作品仅在创作之时与作者的人格紧密相关，因此作者可以纠正早期作品的风格，但不能改变其创作意图。为什么？因为现在"另一个人"——公众，已经接

---

① Pollaud-Dulian, "Moral Rights in France through Recent Case Law," 178-80. 1965年德国法（§§41-42）允许继承人收回作品，但只是在作者有生之年有权这样做却因为某种原因未能这样做的情况下才能行使。

② *Congrès littéraire international de Paris* 1878: *Comptes rendus in extenso et documents* (Paris, 1879), pp. 148, 180, 212-13.

③ *Journal Officiel*, Sénat, 9 December 2011, p. 9642.

④ Moniteur Universel, 23 March 1841, p. 715; Alcide Darras, *Du droit des auteurs et des artistes dans les rapports internationaux* (Paris, 1887), p. 147.

管并占有了这件作品。① 雨果认为，即使是作者，也不应该被允许重写他的作品。想象会发生什么：年老的拉辛（Racine）不喜欢他成熟的悲剧，② 歌德远离他的维特（Werther）。虽然马勒（Mahler）的第一交响曲最初有五个乐章，但作曲家删除了一个乐章，后来小泽征尔（Seiji Ozawa）的唱片又重新引入了这个乐章。③ 在逃离柏林流亡到斯德哥尔摩后，内莉·萨克斯（Nelly Sachs）拒绝重印她战前的德国作品。④

但如果作品仅在其诞生时是作者个性的一部分，那为什么会有整体的撤回权？事实上，作者的撤回权与作品的完整权相悖。可以说对作品的保护甚至抵制了作者本身。法国某个剧团的成员在捍卫他们与女演员一起演出《等待戈多》的权利时认为，"过度尊重作者的意愿可能有悖于他的作品利益"⑤。

在盎格鲁-撒克逊世界里，人们一直担心的是撤回权可以让作者重写他们的历史。在1878年的英国皇家版权委员会之前，英国贸易委员会（Board of Trade, England）常务秘书托马斯·法雷尔（Thomas Farrer）认为，延长版权期限可以让作者否决新版本，从而控制他们早先的观点。"我认为版权不存在也不应该存在使作者能够收回他曾经给公众的东西"⑥，法雷尔切入了这件事的核心。撤回权与完整权有着潜在的冲突。完整权是否保护作品本身的不可侵犯性或作者的人格？如果作品表达了作者的人格，那么他就决定了完整性，并能做他喜欢做的事。但是如果作品本身受到保护，那么它的创造者可能不允许任何人有权利去侵犯它。奥地利表现主

---

① *Congrès littéraire international de Paris* 1878：*Comptes rendus*，214-15. See also Georges Michaélidès-Nouaros, *Le Droit moral de l'auteur*（Paris，1935），43-44；Josef Kohler, *Urheberrecht an Schriftwerken und Verlagsrecht*（Stuttgart，1907），p. 6；J. Kohler, *Das Autorrecht，eine zivilistische Abhandlung*（Jena，1880），p. 139.

② *Minutes of the Evidence Taken before the Royal Commission on Copyright*，c. 2036-I,（London，1878），p. 149.

③ Thomas F. Cotter, "Pragmatism, Economics and the Droit Moral," *North Carolina Law Review* 76（1997）：3.

④ 这是她的愿望，由她的权利受让人汉斯·马格纳斯·恩赞斯伯格（Hans Magnus Enzensberger）实现，他拒绝在她收藏的作品中重印。信息见 Aris Fioretos, author of *Nelly Sachs：Flight and Metamorphosis*（Stanford，2012）. 更多例子见 Jean-Paul Sartre 和瑞典作家 Lars Norén：*Jean-Paul Sartre c. Editions Nagel*，Tribunal de Grande Instance de la Seine，27 October 1969，*Revue du droit d'auteur* 63（1970）：238；Lars Norén, *Kung Mejoch andra dikter*（Stockholm，1973），p. 120. 当然，也有以前被称为王子的艺术家。

⑤ Jerôme Lindon et SACD c. *La Compagnie Brut de Breton et Bruno Boussagol*，Tribunal de Grande Instance de Paris，3rd chamber，15 October 1992，*Revue internationale du droit d'auteur* 155（1993）：227.

⑥ *Minutes of the Evidence Taken before the Royal Commission*，c. 2036-I，p. 148.

义作家赫尔曼·巴尔（Hermann Bahr）接受了后一种做法，他通过寻求人身保护令的形式保护作品免受以后的残害，包括来自作者本人的行为。①

谁说作者的意图总是纯洁的？如果作者因为贪心和报复针对严厉的债权人或前配偶使用撤回权怎么办？或者，为了挫败盗版？鲁迪亚德·吉卜林（Rudyard Kipling）改写了《消失的光线》（*The Light that Failed*），希望能毁掉盗版，加布里埃尔·加西亚·马尔克斯（Gabriel Garcia Marquez）的《苦妓回忆录》（*Memories of My Melancholy Whores*）也是如此。② 这在美学上是一个有效动机吗？

如果作者坚持新版本和修订版主要是为了延长他们的经济权利呢？③ 这是一种值得尊敬的策略。18世纪初，雅各布·汤森（Jacob Tonson）就这样延长了他对莎士比亚作品（Shakespeare）的控制。④ 晚年，沃尔特·司各特（Walter Scott）通过推出其作品的新版本来应付债主。⑤ 正如现代教科书作者发行新版本一样，斯特拉文斯基（Stravinsky）修改了他的作品，以扩大他的主张。在革命前和革命后的俄罗斯以及在美国流亡期间，他售出了至少三个版本的《火鸟》（*Firebird*）。当利兹音乐公司（Leeds Music Corporation）——其第三个版本的拥有者——发布了一个狐步舞表演时，斯特拉文斯基被激怒了。但通常他不那么挑剔，在战争期间的好莱坞，他允许迪士尼大幅削减《春之祭》（*Rite of Spring*），将之改为《幻想曲》（*Fantasia*）。⑥ 这位作家一直都是他作品最好的管家吗？

长期的精神权利

精神权利通过坚持作品表达作者意图将作者与作品联系起来。由于作品表达了

---

① Wilhelm Freiherrn v. Weckbecker, "Richard Wagner, Johann Strauss und die Schutzfrist," Archiv für Urheber-Film-und Theaterrecht 3 (1930)：470.

② Catherine Seville, *The Internationalisation of Copyright Law：Books, Buccaneers and the Black Flag in the Nineteenth Century* (Cambridge, 2006), pp. 298-99.

③ 詹姆斯·托马斯的《四季》（争议作品）就是一例。

④ James J. Marino, *Owning William Shakespeare：The King's Men and Their Intellectual Property* (Philadelphia, 2011), p. 1.

⑤ Catherine Seville, *Literary Copyright Reform in Early Victorian England：The Framing of the 1842 Copyright Act* (Cambridge, 1999), pp. 193-95.

⑥ Joanna Demers, "Melody, Theft, and High Culture," in Saint-Amour, *Modernism and Copyright*, 114-15; Dorothy Lamb Crawford, *A Windfall of Musicians：Hitler's Emigrés and Exiles in Southern California* (New Haven, 2009), p. 224.

作者的人格，因此即使在转让之后，他的控制也必须继续下去。① 但他死后会发生什么？许多人格权随人的死亡而终止。在英语国家，中伤（defamation）和诽谤（libel）法只保护活着的人。但是大陆国家不得不努力解决比人身还长久的人格权悖论。

虽然精神权利一般只在经济权利要求的时间内存在，但在一些国家，比如法国，它们会永远持续下去。这就提出了由谁作为作者意志看管人的问题。无论作者的家庭和他的指示具体情况如何，从长远来看，作品会落入后人手中。精神权利被继承时，要求什么样的条件？他们的接受者是作者意图的看护者还是自己的行为者？作为可能的继承人，作者的家族是否是他们利益的最佳保障？

萨德侯爵（Marquis de Sade）的家人烧毁了他未出版的手稿，当他已出版作品在 1814 年他去世后被宣布为非法时，其家人也没有付出更多的努力。塞缪尔·理查森（Samuel Richardson）的孙子非常不喜欢小说，包括《帕米拉》（*Pamela*）和《克拉丽莎》（*Clarissa*）。博斯韦尔（Boswell）的长子认为他父亲的《约翰逊传》（*Life of Johnson*）是"家族徽章上的一个污点"②。作为一个虔诚的基督徒，波德莱尔（Baudelaire）的母亲奥皮克夫人（Madame Aupick），试图把一首诗从《恶之花》（*Les Fleurs du Mal*）的作者死后出版的版本中去掉。③ 阿瑟·兰波（Arthur Rimbaud）的妹妹伊莎贝拉，试图在其死后阻止他的作品在 1891 年出版。④

即使作者有一个理解他的死后代表，他们有义务遵循死者的意图吗？儒勒·凡尔纳（Jules Verne）死后出版的五部小说被他的儿子大量修改，然后由他的孙子修

---

① Manfred Rehbinder, "Die Beschränkungen des Urheberrechts zugunsten der Allgemeinheit," in Schweizerische Vereinigung für Urheberrecht, ed., 100 *Jahre URG：Festschrift zum einhundertjährigen Bestehen eines eidgenössischen Urheberrechtsgesetzes* （Berne，1983），pp. 373-74.

② *Hansard*，Commons，5 February 1841，p. 355，Macauley

③ 在她让步之前。见 Joanna Richardson，*Baudelaire*（London，1994），p. 498.

④ Pierre Petitfils, Rimbaud（Charlottesville，1987），p. 337；Graham Robb，*Rimbaud*（London，2000），pp. 444-43. 类似例子见 Jules Michelet 第二任妻子和 Lilian Hellman：Oscar A. Haac, "A Spiritual Journey：Michelet in Germany，1842," *Proceedings of the American Philosophical Society* 94，5（1950）：503；Lionel Gossman, "Michelet and Natural History," Proceedings of the American Philosophical Society 145，3（2001）：330-33；Roland Barthes, Michelet（Berkeley，1992），p. 7；Lillian Hellman, ed., The Dashiell Hammett Story Omnibus（London，1966），p. viii. More examples in Alfred Wicher, "Schutz des Urhebers gegen seine Erben," *Börsenblatt für den Deutschen Buchhandel*（Frankfurter Ausgabe）18，79（2 October 1962）：1694-95.

复。① 尼采（Friedrich Nietzsche）死后出版的《权力意志》（*Will to Power*）是他未发表作品的碎片混合物，由其妹妹伊丽莎白·弗斯特-尼采（Elisabeth Förster-Nietzsche）为他量身定做，使他听起来像希特勒的宫廷哲学家。1964 年，第一版海明威（Hemingway）回忆录问世，名为《流动的盛宴》（*A Moveable Feast*）。这份手稿在其 1961 年自杀时未完成，由他的第四任妻子玛丽编辑和作序，并尖刻地描绘了他的第二任妻子波琳·费弗（Pauline Pfeiffer）。2009 年，海明威的儿子塞恩（Seán）出版了一部新的版本，对其母亲波琳的形象进行了淡化处理。② 精神权利该在哪里结束？人格权可以与人一起死亡，也可以是永久的和可继承的，这两者可以并存吗？③

正如版权世界中许多例子所证明的那样，故意阻碍出版的继承人或代表不能仅凭精神权利而获得权利，传统的开发权也经常被用来维护个人控制权。但在那些被强制执行的国家，如法国和德国，精神权利给子孙后代提供了特别有力的工具。莫里斯·乌特洛（Maurice Utrillo）遗孀的秘书继承了画家的归属权，因此有权鉴定或质疑一些被称为画家作品的出处，他在巴黎和伦敦的艺术市场（art market）上使用这个方法取得了很好的效果。④ 1984 年，阿尔伯特·卡穆斯（Albert Camus）的孩子们成功地对他的英国出版商哈米什·汉密尔顿（Hamish Hamilton）援引了作家的精神权利，并坚持认为帕特里克·麦卡锡（Patrick MacCarthy）的一本批评传记损害了作家的声誉。⑤

继承人为了实现自己的经济目标，运用了美学动机。格什温家族的继承人——大多是乔治（George）和艾拉（Ira）的侄子侄孙——都非常商业化。"我们的责任是不让《波吉和贝丝》（*Porgy and Bess*）被困在阁楼里，应该向年轻一代开放财产，并为家族赚钱"，数码媒体高管乔纳森·基丹（Jonathan Keidan）说。他的祖母是乔治和艾拉的妹妹。⑥ 谁说继承人主要关心的是维护他们作家祖先的艺术视野？毕加索（Picasso）的后代一直在追究未经授权使用其祖先名字和图片的咖啡杯、T恤、盘子和化妆品生产商的责任，相对好一些的做法是授权其名字和图片用于眼镜、

---

① Dominique Eril, "D'Artaud à Zorn：26 histoires d'héritage," *Lire* 138 (1987)：44-45.

② Matthew Shaer, "Fitzgerald and Hemingway," *Los Angeles Times*, 26 July 2009.

③ *Recht*, *Le Droit d'auteur*, 142-43；Louis Vaunois, "Correspondance," *Le Droit d'auteur* 59 (1946)：31.

④ John Henry Merryman, "The Moral Right of Maurice Utrillo," *American Journal of Comparative Law* 43，3 (1995)：449-52.

⑤ *Editions Gallimard v. Hamish Hamilton，Ltd.*，Tribunal de Grande Instance，Paris，15 February 1984，*European Commercial Cases* 8 (1985)：574-79.

⑥ *New York Times*，9 January 2012.

钟表、纺织品、文具、海报、购物袋、围巾、壁纸甚至是雪铁龙（Citroën）汽车的生产。①

即使没有把钱作为动机，继承者们也承担了繁重的监护责任。斯蒂芬·乔伊斯（Stephen Joyce）在控制他祖父财产方面臭名昭著。像大多数作家一样，乔伊斯本人相信知识产权的自然权利，这种精神似乎渗透了整个家庭。② 直到 2011 年版权失效以前，乔伊斯拒绝对其祖父作品的新的印刷版本和数字版本进行出版授权；在公共阅读方面，对其翻译作品和文集采用了过高的收费标准。至于其作品的音乐改编则完全被禁止。③ 贝尔托特·布莱希特（Bertolt Brecht）试图确定其剧本是否忠实上演，他的女儿在他死后继续这样做。④ 约翰·凯奇（John Cage）的出版商已经在为他的无声作品《4 分 33 秒》收取版税，并威胁说其他无声作品的表演者侵犯了他的沉默表演。⑤

理查德·瓦格纳（Richard Wagner）阐释了在给予主要作者及其继承人对作品的充分控制权和给予其他作者及其受众对其作品自由使用的权利之间实现适当平衡的困境。纳粹担心他的音乐在轻喜剧中被淡化。⑥ 与此同时，我们走到了另一个极端。许多电

---

① 当然，艺术家自己在世时也曾做过类似许可，但并未涉及各种各样的商品。见 Alan Riding, "Moral Rights or the Outraged Heir: Real-Life Drama at House of Molière," *New York Times*, 29 May 2007, p. B3; Deborah Trustman, "The Ordeal of Picasso's Heirs," *New York Times Sunday Magazine*, 20 April 1980; Tim Jensen, "The Selling of Picasso: A Look at the Artist's Rights in Protecting the Reputation of His Name," *Art & the Law* 6, 3 (1981): 77-78.

② "Communication de M. James Joyce sur le droit moral des écrivains," in James Joyce, *Occasional, Critical, and Political Writing* (Oxford, 2000), p. 288.

③ Paul K. Saint-Amour, T*he Copywrights: Intellectual Property and the Literary Imagination* (Ithaca NY, 2003), pp. 156-57; D. T. Max, "The Injustice Collector: Is James Joyce's Grandson Suppressing Scholarship?" *New Yorker*, 19 June 2006; Matthew Rimmer, *Digital Copyright and the Consumer Revolution: Hands Off My iPod* (Cheltenham, 2007), p. 38; Robert Spoo, "Copyright Protectionism and Its Discontents: The Case of James Joyce's Ulysses in America," *Yale Law Journal* 108 (1998): 656.

④ Heinz Püschel, "Rechte des Bühnenautors und Urheberrechtsschutzfrist aus historischer Sicht," in Robert Dittrich, ed., *Die Notwendigkeit des Urheberrechtsschutzes im Lichte seiner Geschichte* (Vienna, 1991): 236-37.

⑤ Paul K. Saint-Amour, "Modernism and the Lives of Copyright," in Saint-Amour, *Modernism and Copyright*, 13; Lewis Hyde, *Common as Air: Revolution, Art and Ownership* (New York, 2010), pp. 71-75.

⑥ Walter Becker-Bender, *Das Urheberpersönlichkeitsrecht im musikalischen Urheberrecht* (Heidelberg, 1940), p. 132.

影都用他的音乐——通常是《女武神的骑行》（*Ride of the Valkyries*）——来暗示纳粹主义或更普遍的邪恶。在 D. W. 格里菲斯（Griffith）的《一个国家的诞生》（*Birth of a Nation*）中，它伴随着三 K 党（KKK）对抗奴隶解放的骑行。在弗朗西斯·福特·科波拉（Francis Ford Coppola）的《现代启示录》（*Apocalypse Now*）中，它烘托了直升机对越南村庄的袭击，就像纳粹新闻片报道德国空军空袭时一样。它出现在卓别林（Chaplin）的《大独裁者》（*Great Dictator*）、库布里克（Kubrick）的《全金属外壳》（*Full Metal Jacket*）、尼古拉斯·雷（Nicholas Ray）的《无因的反叛》（*Rebel without a Cause*）以及费里尼（Fellini）的《8½》中。① 因为瓦格纳的继承人可以像肖斯塔科维奇那样禁止使用创作者的音乐，所以他在法国模式上有精神权利，以上这些使用都可以被禁止。但我们是否希望瓦格纳的财产继承人行使这样的权力？

对于每一位合理关切世俗开发者的作者而言，其他人都在热切寻求他们对作品个人控制的影响力。亚历山大·卡尔德（Alexander Calder）理所当然地抱怨说，一辆购买并捐赠给匹兹堡机场的巨大移动作品被重新粉刷，从黑白变为阿勒格尼县绚烂的绿色和金色，并且它的组件被焊接，从而变得固定不可移动。② 迈克尔·斯诺（Michael Snow）的飞鹅雕塑《飞行停止》（*Flight stop*）是多伦多伊顿中心（Eaton Centre）中庭的委托雕塑，1981 年，他成功地阻止了雕塑飞鹅的脖子被挂上圣诞丝带。③

但是另一方面，作者的虚荣心也不容小觑。弗尔南·莱热（Fernand Léger）为一场歌剧的现场剪裁而生气，作为剧团的背景和服装设计师，他试图让这个节目组解释他的"跨越安第斯山脉"场景为什么没有出现。④ 比利时心理学家和哲学家乔

---

① Jon Burlingame, "Underscoring Richard Wagner's Influence on Film Music," *Los Angeles Times*, 17 June 2010; Scott D. Paulin, "Piercing Wagner: The *Ring* in Golden Earrings," in Jeongwon Joe and Sander L. Gilman, eds, *Wagner and Cinema* (Bloomington, 2010), 228. T*he Internet Movie Database* lists over 700 films and TV shows using Wagner's music, and that does not seem to include most non-English language ones: http://www.imdb.com/name/nm0003471/. A more useful listing is in the Joe and Gilman volume.

② Hansmann and Santilli, "Authors' and Artists' Moral Rights," 100.

③ Snow v. The Eaton Centre Ltd., 70 C. P. R. (2d) 105 (1983). A similar case: "Visual Artists Rights Amendment of 1986: Hearing Before the Subcommittee ... of the Committee of the Judiciary ... on S. 2796," Senate Hearing 99-1071, p. 22.

④ *Leger c. Reunion des Theatres Lyriques Nationaux*, Cour de Paris, 15 October 1954, discussed in Charles A. Marvin, "The Author's Status in the United Kingdom and France: Common Law and the Moral Right Doctrine," *International and Comparative Law Quarterly* 20, 4 (1971): 695; Salokannel and Strowel, "Study Contract Concerning Moral Rights," 37.

治·德韦尔肖弗斯（Georges Dwelshauvers）的遗孀，当她丈夫的一本新书没有列出他的所有职位和其他出版物时，她感到作者被诋毁。① 大提琴家马斯斯塔夫·罗斯特罗波维奇（Mstislav Rostropovich）反对将《鲍里斯·戈都诺夫》（*Boris Godunov*）的录音作为安杰伊·茹瓦夫斯基（Andrzej Żuławski）的歌剧电影版本的配乐，因为在某些时刻，电影噪音（咳痰、小便、喘息）干扰了他对作品的欣赏。② 类似事件不断发生，艺术的皮肤吹弹可破。

过去的死亡之手

作家和他们的继承人常常希望能保存作品的最初状态，法国和德国等国为此目的争取了自己的精神权利。但是，表演者和翻译人员也想要将作品化为己用，因此艰难的选择不可避免，尤其是在精神权利永久存在且继承人活跃的情况下。没有《西区故事》（*West Side Story*）？没有马奈（Manet）对提香（Titian）的再现？没有沃霍尔（Warhol）的《蒙娜丽莎》？为什么约翰·塞巴斯蒂安（Johann Sebastian）的继承人去世后可以允许温迪·卡洛斯（Wendy Carlos）使用电子乐器演奏《巴赫也酷炫》（*switch-on Bach*），而古斯塔夫·霍尔斯特（Gustav Holst）的遗产继承人可以阻碍富田勋（Tomita）电子化演奏《行星》（*Planets*）组曲？如果格林兄弟（Grimm brothers）不想其作品成为迪士尼的动画片，或者罗杰斯（Rodgers）和哈默斯坦（Hammerstein）拒绝了音乐家约翰·科特兰（John Coltrane），那该怎么办？我们会永久谴责用原始乐器演奏巴赫的作品吗？

当决定权传递给后代和代表时，谁来管理这些警察？在法国和意大利，精神权利永久存在，而永久是一个很长的时间。强制执行作者精神权利——作者去世后几十年间，有时是几个世纪间——其后果往往很奇怪。1988年，1857年去世的画家阿齐勒·德维利亚（Achille Deveria）的唯一直系后裔获得了法院支持，法院判决法国杂志 *L'Express* 败诉，因为它从1832年开始印刷弗朗茨·李斯特（Franz Liszt）的肖像，但去掉了底端并增加了一些色彩。③ 索福克勒斯（Sophocles）的继承人应该对他的作品拥有完整的权利吗？也许会是一个有趣的例子，但请考虑一下1989年

---

① *Veuve Dwelshauvers c. Editions Payot*, Trib. Commerce Seine, 2 April 1951, discussed in Louis Vaunois, "Le Droit moral: Son évolution en France," *Le Droit d'auteur* 65 (1952): 66-67.

② Edelman, "Entre copyright et droit d'auteur," 299.

③ Paris Court of Appeal, 31 October 1988, cited in Pollaud-Dulian, "Moral Rights in France through Recent Case Law," 232. Similar examples: Elisabeth Logeais, "Post-Mortem Exercise of Copyright in French Law," *Entertainment Law Review* 2 (1991): 187-88.

发生的丹麦导演延斯·尤根·索森（Jens Jørgen Thorsen）的案件。20 世纪 70 年代初，索森拍摄的关于耶稣基督（Christ）生活的电影，用妓院和狂欢、山姆大叔（Uncle Sam）等无聊的挑衅方法进行炒作。丹麦议会和公众询问该项目是否亵渎神明，是否侵犯了《马太福音》、《马可福音》、《路加福音》和《约翰福音》（Gospels of Matthew, Mark, Luke, and Joh）作者（无论是谁）的精神权利。当丹麦电影学院（Danish Film Institute）撤回其财政支持时，索森提起诉讼。法庭从拉尔斯·提尔（Lars Trier）那里获得了专家证词，他后来成为丹麦 20 世纪 90 年代道格玛电影共同体（Dogme school of filmmaking）的导演（当时还没有曝光他的伪贵族姓氏"von"）。法庭裁定，电影学院收回其支持是错误的，但它不再有义务为这个项目提供资金。① 与批评精神权利的法国人路易·瓦诺瓦（Louis Vaunois）一样，我们很可能会问：谁是《诗篇》（The Psalms）作者大卫王（King David）的继承人？②

如果精神权利是永久的，那么最终它们就必须被委托给一个机构，大概是某种政府权力机构。然后，精神权利转变为文化遗产被看护——就像保护性法规一样，不带争议地去保护建筑物、纪念碑和景观。③ 1913 年，瓦格纳的版权被终止。瓦格纳坚持把《帕西法尔》（Parsifal）的表演限制在他个人的目的之上——在拜罗伊特建造专门剧院演出的时代也随之而去。瓦格纳的家人和追随者建议妥协，允许该剧在其他地方上演，但前提是政府当局必须密切监督——实际上是一个帝国专员式（reichsparsifalkommissar）的管控。④ 后来，推崇集体主义的纳粹给出最终答案，作者的作品不可避免地落入政府之手。由于作者在他们看来是人民的喉舌，集体可以阻止他或他的继承人残害或亵渎他的作品。⑤ 法律保护的重点是作品，而不是作者。

从长远来看，随着作者权利的保护转向对创作者本人的保护，永久性人格权的最终矛盾出现在那些具有类似立法的国家。在任何作品创作的开始阶段，精神

---

① Østre Landsret，*Ugeskrift for Retsvæsen* 124（1990）：856-66.

② Vaunois, "Correspondance," 31. The great German jurist Savigny asked what sense it made to grant the descendants of the sixteenth-century Meistersinger Hans Sachs perpetual property rights to his works when everything else he might have owned had long vanished. Elmar Wadle, "Savignys Beitrag zum Urheberrecht," in Gerhard Lüke, ed., *Grundfragen des Privatrechts* (Cologne, 1989), p. 132.

③ Peter Ruzicka, *Die Problematik eines "ewigen Urheberpersönlichkeitsrechts" unter besonderer Berücksichtigung des Schutzes musikalischer Werke* (Berlin, 1979), chap. 3.

④ Püschel, "Rechte des Bühnenautors," 228.

⑤ Peter Gast, "Grundsätzliches zur Stellung der Reichskulturkammer im Urheberrecht," *Archiv für Urheber-Film-und Theaterrecht* 8 (1935): 340-41; Julius Kopsch, "Der Schutz der Urheberehre," *Zeitschrift der Akademie für Deutsches Recht* 3 (1936): 377-78.

权利都是高度个人主义的。它们支持了作者的主张，即使在他死后也要强制执行他的奇特想象力，但是时间的流逝却在吞噬着这条人格纽带。作者的后代和继承人都听从了他的命令，但当他不复存在时，后裔听从的动力就减弱了。最终，如果作者仍有权益，集体必然会介入予以保护。在这一点上，文化部门保护的不是他的个人愿景，而是对他伟大贡献的一种社会化理解。①

这种控制可以采取无害的形式防止对有价值的作品造成破坏。第一个国家使用精神权利的例子，由意大利法西斯在1925年引入。广受欢迎的剧作家马尔科·普拉加（Marco Praga）去世4年后，他的遗嘱要求销毁他的手稿，但教育部长却另有规定。至今，普拉加的作品和书信仍留在米兰布拉拉学院（Brera Academy of Milan）。②

但是当动机更个人化的时候会发生什么呢？即使是狂热的精神权利分子——法国人也意识到了这个问题。1959年，法国作家协会（Société des Gens de Lettres）要求禁止使用《危险关系》（*Les liaisons dangereuses*）作为影片名称，这是一部以18世纪皮埃尔·肖代洛·德拉克洛（Pierre Choderlos de Laclos）的小说为基础改编的电影。影片由罗杰·瓦迪姆（Roger Vadim）执导，他推出了碧姬·芭铎（Brigitte Bardot），并使简·方达（Jane Fonda）成为芭芭拉（Barbarella）。虽然这部电影也许没有原著那么色情化，但它以当代的黑社会为背景，而不是以洛可可（rococo）式的宫廷为背景。下层法院对这部电影所发布的禁令受到批评，因为法国作协为肖代洛的精神利益而发言。事实上这个机构作者（society as the author）在原作者有生之年根本就不存在，肖代洛的意图没有被提及，因为很难说一个1803年去世的作家是否会欢迎他的小说被拍摄为电影。最终，理性占了上风，法国作家的意见没有被采纳。法院驳回法国作协妄称代表作者是其任务的主张，认为这一行为没有理由，不能依法产生。③

创立于1946年的法国国家文学基金会（French National Literary Fund），以捍卫公共领域作品的完整权为目标。1964年，该基金会试图阻止发行维克多·雨果《悲惨世界》（1862年）的缩略版。但法院拒绝了，理由是雨果的在世继承人——两个曾孙，让和玛格丽特·雨果（Jean and Marguerite Hugo）——才是维护他精神权

---

① Adolf Dietz, *Das Droit Moral des Urhebers im neuen französischen und deutschen Urheberrecht* (Munich, 1968), p. 174.
② Ferruccio Foà, *Manuale del diritto d'autore* (Milan, 1931), 151-52. Another case involved the manuscripts of Leopardi. Eduardo Piola Caselli, *Codice del diritto di autore* (Turin, 1943), p. 540.
③ Société des Gens de Lettres c. Société "Les Films Marceau" et Roger Vadim, 10 November 1961, Recueil Dalloz (1962): 113-16.

利的人。① 37年后的2001年,一位作家受托为《悲惨世界》写了两部续集。雨果的一个玄孙皮埃尔·雨果(Pierre Hugo)——普罗旺斯艾克斯市的一名金匠,走上法庭要求尊重他祖先的作品。第一个实例中,法院证明作家的自己人(后代)能比立法者更明智地管理法国文化遗产。而在后一案例中,由于雨果生活在精神权利立法之前,法院选择通过分析著作和演讲来推测他的意图。鉴于在1878年的国际文学大会上,雨果坚决反对继承人控制他们祖先的作品,法院认为雨果的愿望在本案中也应得到尊重。②

然而,在2004年的上诉中,这位雨果玄孙得到支持并获得实质上的胜利,《悲惨世界》续集被认定侵犯了雨果的精神权利,但是,精神权利只是部分地得到维护。法庭只是象征性地对出版商处以2欧元的罚款,同时没有阻止续集的销售。③ 好的结果是,最高法院在2007年推翻了这一裁决,宣布尽管出版商们不能侵犯原作的精神权利,但作品一旦进入公共领域,续集就拥有了被改编的权力(adaptation rights)。④

令人失望的是,皮埃尔·雨果猛烈抨击那些靠成名作家来赚钱的人。他声称:"我不仅仅是为我自己、为我的家族和为维克托·雨果而战,还是为所有作家、画家和作曲家的后代而战,这些人的权利应该受到保护,以免他人利用名人和名著去赚钱。"⑤ 唉,因为他的控诉所传达的信念,致使他的后裔援引其精神权利,在网上兜售他的豪华钢笔。这位雨果后裔将这些钢笔描述为"真正的艺术作品",现在这些作品已经"在波道夫·古德曼(Bergdorf Goodman)被推出"。在全手工雕刻的Bois d'Epave系列(同样适用于圆珠笔技术)中,最为"著名"的是"献给他的高曾祖父维克多·雨果"⑥。

---

① *Caisse nationale des Lettres c. Soc. d'Editions et de Diffusion artistiques*, *Agence parisienne de distribution et Marcireau*, 15 April 1964, Recueil Dalloz (1964): 746-48.

② "Propriété intellectuelle: De la transmission du droit moral aux héritiers," *Le Dalloz* 117, 38 (1 November 2001): 3123.

③ 尽管出版商还必须支付10,000欧元的赔偿金,并承担公布法院裁决的费用。*Pierre Hugo et Société des gens de lettres de France c. Éditions Plon et François Cérésa*, Cour d'appel de Paris, 4e ch., 31 March 2004, Revue internationale du droit d'auteur 202 (2004): 292-300; Sylvia Nérisson, "Perpetual Moral Rights: A Troubling Justification for a Fair Result," *International Review of Intellectual Property and Competition Law* 36, 8 (2005): 959-60.

④ Cour de cassation, Première chambre civile, Arrêt 125, 30 January 2007, at http://www.courdecassation.fr/jurisprudence_2/premiere_chambre_civile_568/arret_n_9850.html.

⑤ 见 the Guardian, 31 January 2007.

⑥ http://phugo.wtpromotions.com/.

战线

精神权利是一个裹挟文化外衣的政治问题。它所包含的不仅仅是赋予作者与传播者、受让人、口译员、表演者以及与公众打交道的合法影响力。在谈到作者与社会之间的隐性社会契约时，精神权利证明了一种文化的优先次序。作者和受众谁更重要？作者这个独特的个体应该永远不受侵犯吗？或者甚至是作者拥有公有领域是为了回应他们的法定权利以及社会对其才能的认可吗？

因此，精神权利是英美版权与欧洲作家权利之间更广泛的文化冲突的缩影。不同体系看待作者的角色都不同。大陆体系希望将文化与市场（market）隔离开来，并保护作者不受传播者、翻译者和受众的影响。精神权利是一项"基本人权"，而版权仅仅是一种"社会有用的权利"，它被用以鼓励作者和造福社会。① 大陆体系最崇高的作者权利——尤其是精神权利——被认为是人权（human rights），是启蒙运动和法国大革命的遗产。②

法国人如此普遍地认同精神权利，以至于外国人可以在法国法院提出自己的主张，而不管他们在国内的地位如何。③ 在布拉甘思关于小说作者荣誉的案例中，最终法国法律否定了根据纽约州法律签订的合同。④ 休斯敦影片《夜阑人未静》彩色化一案，法国法院使美国原告获得曾在家里没有得到的满足。⑤ 在法国人赞许地称颂为以法国法律的合法帝国主义对抗美国经济霸权的行为中，休斯敦在法国法律中

---

① Vincent Porter, "The Copyright Designs and Patents Act 1988: The Triumph of Expediency over Principle," *Journal of Law and Society* 16, 3 (1989): 342. 同样的区别参见 André Kéréver, "Authors' Rights are Human Rights," *Copyright Bulletin* 32, 3 (1998): 18-19.

② Michel Vivant, "Le Droit d'auteur, un droit de l'homme?" *Revue internationale du droit d'auteur* 174 (1997): 62.

③ Pollaud-Dulian, Le Droit d'auteur, 834-36; Pollaud-Dulian, "Moral Rights in France through Recent Case Law," 154.

④ Recueil Dalloz Sirey 1 (1990): 52-53; Ysolde Gendreau, "Colourizing Movies: Some International Ramifications," *Intellectual Property Journal* 5 (1990): 307.

⑤ Ysolde Gendreau, "The Continuing Saga of Colourization in France," *Intellectual Property Journal* 7 (1992-93): 342; Stephen Fraser, "The Copyright Battle: Emerging International Rules and Roadblocks on the Global Information Infrastructure," John Marshall Journal of Computer and Information Law 15 (1997): 803-4; Emmanuel Pierrat, *La Guerre des copyrights* (Paris, 2006), p. 64.

的精神权利超过了他在加州签署合同并承担义务的范围。① 法国法院认为，就精神权利而言，外国当地法违反了法国法规所遵循的国际法原则。② 正如布拉甘思案的一位观察员所说，这是"滑向承认一项普遍原则或一项自然权利"③。显然，这无疑是一种令人震惊的文化和法律上的狂妄自大。

在大陆意识形态最大胆的表述中，作者权利甚至超越了财产主张，成为人权。精神权利的不可剥夺性最清楚地体现了精神权利与作品的密切关系。一位观察家声称："你不能在你创造的东西上出卖作者权利，就像不能出卖自己的灵魂。"④ 法国法学家伯纳德·埃德尔曼（Bernard Edelman）于1987年以最具救世主特征的方式为大陆意识形态发声。他坚持说因为作品体现了作者的个性，所以伤害作品也就攻击了创作者。正如一个工人不能在不是奴隶的情况下永久地出租他的劳动一样，作者也不能在不转让自己的情况下转让他的作品。从法律上讲，作品与人是等同的，而作品永久存在，因此它几乎是神圣的。⑤ 另一个观察家也同意作者不能转让他的精神权利，认为放弃对他人格的辩护是一种"精神自杀"。⑥ 另一位法国评论员在20世纪30年代写道，"精神权利是绝对的，作为自然权利，它们永远存在，已经超越了相对论（Hors de la relativité）"⑦。当法学教授（law professors）和法学家表面上讨论类似与版权一样平淡无奇的话题时，他们经常转而谈到奴隶制、灵魂售卖、无条件限制、准神性和精神自杀，有些奇怪的事情正在发生。

直到最近，作者权利已经在欧洲大陆得到了几乎没有异议的正统地位。然而在英语世界，这个问题一直有两个方面。许多人赞成大陆做法，同意对版权的批评，

---

① Edelman, "Applicable Legislation Regarding Exploitation of Colourized US Films in France," 638. 在一个更严格的评价中，这被称为"司法帝国主义"。见 Jane C. Ginsburg and Pierre Sirinelli, "Authors and Exploitations in International Private Law: The French Supreme Court and the Huston Film Colorization Controversy," *Columbia-VLA Journal of Law and Arts* 15, 2 (1991): 141.

② *Shostakovich v. Twentieth Century Fox Film Corp*, 80 N. Y. S. 2d 575 (1948), p. 579. 1932年，因为一家苏联出版社发行当时居住在法国的俄罗斯歌剧歌唱家费奥多·查利平（Feodor Chaliapin）的一本修改后的回忆录，从而使其在苏联获得精神权利。见 *Chaliapine c. URSS et Soc. Brenner*, Cour d'appel, Paris, 28 July 1932, *Dalloz* 2 (1934): 139.

③ Pierre Sirinelli, "Note," *Revue internationale du droit d'auteur* 142 (1989): 319.

④ Mike Holderness, quoted in Porsdam, "On European Narratives of Human Rights," 347.

⑤ Bernard Edelman, "Une loi substantiellement internationale: La loi du 3 juillet 1985 sur les droits d'auteur et droits voisins," *Journal du droit international* 3 (1987): 562.

⑥ Desbois, *Le Droit d'auteur en France*, 470.

⑦ Gorguette d'Argœuves, *Le Droit moral de l'auteur*, 50.

而另一些人则认为英美版权法不仅代表了内容产业有限的自身利益,而且体现了公共获取、广泛传播、灵活使用作品、有效激发创造性的原则。从这个角度来看,版权的社会动机是一致的,在这个意义上版权体系和欧洲大陆作家权利体系捍卫着同样的意识形态。差异在于每种制度所捍卫的更为广泛的社会价值观(social values):一种是艺术品质(artistic quality)和作者真实意图,另一种是公共启蒙运动和民主(democracy)准入。

精神权利赋予作者创作的意义。对作品其他可能的阐释受到作者权利限制(这些含义并不显见),只有在新的背景下才能被揭示,由翻译人员和其他创作者探究,或者是在作者表达的目标之外。一本标准的法语知识产权教科书的作者写道:"作品在他死后仍然存在,并使他的精神永恒。"他说:"那些负责确保作品被尊重的人,并不是为了自己的利益,而是……应该设法让自己站在他的立场上,或采纳他的观点。"① 在实际应用中作者权利思想的支持者列出了保护结果的例子:没有缩写莎士比亚、莫里哀(Molière)或巴尔扎克(Balzac)作品,也没有用现代法语翻译拉伯雷(Rabelais)作品。没有经典戏剧的现代服饰版本,没有在咖啡屋里演奏莫扎特的《圣体颂》(*Ave Verum*),没有老施特劳斯(Johann Strauss)爵士乐版本的《华尔兹》(*Strauss waltzes*),没有在剧院的风琴上表演肖邦(Chopin)的《葬礼进行曲》(*Funeral*)。②

在格里格基金(Grieg Fund)的推动下,挪威音乐学院(Norwegian Academy of Music)维护了法式风格(à la française)的文化标准,它曾经表示艾灵顿公爵(Duke Ellington)版本的《皮尔金组曲》(*Peer Gynt Suites*)侵犯了精神权利,由于违规录音其自愿从挪威市场撤出,因此不需要采取任何法律行动。③ 挪威评论家谴责了以格里格的生活和音乐为基础的歌剧《挪威之歌》(*Song of Norway*, 1944),说它充满了美国人"缺乏虔诚"的思想,批评它是"破坏大师音乐的行为"和"商业化灵魂"。④ 1987年,美国国会议员理查德·格普哈特(Richard Gephardt)提出了一项禁止电影彩色化的法案。作为他寻求避免出现全国性艺术亵渎现象的说

---

① F. Pollaud-Dulian, "Moral Rights in France through Recent Case Law," *Revue internationale du droit d'auteur* 145 (1990): 216-18.

② "Le premier projet de loi concernant la protection du droit moral de l'auteur," 59; Willy Hoffmann, "Das neue österreichische Urheberrechtsgesetz," *Archiv für Urheber-Film-und Theaterrecht* 9 (1936): 249; Becker-Bender, *Das Urheberpersönlichkeitsrecht im musikalischen Urheberrecht*, 102, 127.

③ Stig Strömholm, "Droit Moral—The International and Comparative Scene from a Scandinavian Viewpoint," *IIC*: *International Review of Industrial Property and Copyright Law* 14 (1983): 39.

④ Olav Lid, "Classiques au crepuscule," *Revue internationale du droit d'auteur* 8 (1955): 87.

明，他以路易斯·阿姆斯特朗（Louis Armstrong）的作品加以迪斯科音乐（disco music）节拍为例。① 要知道——更不用说维护——原作者意图的纯洁性是多么困难！在任何时候，我们都不会比在文明和野蛮之间划清界限更难以抉择。艺术性滥用正在破坏孩子们的经典。

精神权利的捍卫者通常把自己描绘成进步主义者，从而保护艺术家不受市场的折磨。但也有人认为作者权利的这种巩固是文化上的保守，扼杀了实验和变革的力量。② 想想瓦格纳一家是如何为歌剧公开发行进行争论的。他的版权将在 1913 年到期，目前问题只是他版权的终结，但令人广泛担忧的是精神权利旨在为作者及其继承人提供某种审美控制。瓦格纳认为，《帕西法尔》是一种宗教表达方式，并坚持认为除了在拜罗伊特建造的剧院外，任何剧院的表演都会降低《帕西法尔》的地位。他的追随者也深深认同这一点。③《帕西法尔》出现在另一个舞台上，就像从妓女口里听到"圣母马利亚"（Ave Maria）一样，拜罗伊特节的第一指挥汉斯·里希特（Hans Richter）警告说。随着 1913 年的临近，他的支持者们试图延长瓦格纳作品的保护期，或者至少保证《帕西法尔》的表演只限于拜罗伊特。他们没能得逞。很少有作品进入公共领域时引人注目到可以和 1913 年年底被压抑的《帕西法尔》走出拜罗伊特相比。在巴塞罗那，帷幕在 1914 年 1 月 1 日午夜后几秒钟升起。当天晚些时候，一场演出在柏林举行，第二天在法兰克福和美茵茨举行。1 月 3 日在圣彼得堡举行，1 月 5 日又在柏林举行了一系列新的活动，随后在德累斯顿也有一系列活动举行。从 1914 年 1 月到 8 月，在挖掘战壕之前，《帕西法尔》在 50 多个欧洲城市上演，掀起了一股欧洲高雅文化的高潮。④

彩色之罪

最近，关于电影彩色化的争论已经证明了版权和作者权利的相互不理解。如今，彩色化已不再有争议。但是在 20 世纪 80 年代末，美国导演们试图维护他们的精神

---

① Lawrence Adam Beyer, "Intentionalism, Art, and the Suppression of Innovation: Film Colorization and the Philosophy of Moral Rights," *Northwestern University Law Review* 82, 4 (1988): 1033.

② Neil Weinstock Netanel, "Copyright and a Democratic Civil Society," *Yale Law Journal* 106, 2 (1996): 296.

③ Sebastian Wündisch, t*Richard Wagner und das Urheberrecht* (Berlin, 2004), pp. 92-100; Joachim Köhler, *Wagner's Hitler: The Prophet and His Disciple* (Cambridge, 2000), pp. 112-13.

④ Püschel, "Rechte des Bühnenautors und Urheberrechtsschutzfrist," 223-35; Lucy Beckett, *Richard Wagner Parsifal* (Cambridge, 1981), p. 94.

权利，使黑白作品免受彩色操纵，在美国和大西洋彼岸都发生了激烈的争斗。什么时候对一个作品老版本的改变是一种技术创新？什么时候才是美学的改变？很少有艺术家反对用立体声重制单声道的表演。但是一些作家反对西文粗体字（Antiqua）取代德文黑体字（Fraktur）作为19世纪晚期德国出版的主导字体，关于在钢琴上演奏斯卡拉蒂（Scarlatti）而不是用竖琴演奏的意见并不统一，无声电影是否能被配音已经引起了讨论。① 传统电影能否在3D中重新被制作也许是一个有待我们解决的问题，现在的问题是彩色化是一种改进还是破坏。

盎格鲁-撒克逊世界的电影彩色化比欧洲大陆更容易，因为电影版权所有者往往是公司，而不是导演。一些电影导演（film director）如奥森·威尔斯（Orson Welles）的《公民凯恩》、沃伦·比蒂（Warren Beatty）的《赤色分子》（*Reds*），以及伍迪·艾伦（Woody Allen）的大部分作品有意保留了权利。但通常情况下，制片人拥有改编权，包括着色权。一部黑白电影在十年内可能会赚到十万美元，彩色电影每年能赚一百万美元。② 难怪媒体大亨特德·特纳（Ted Turner）打算给几千部电影上色。正如我们所看到的那样，这场争论的高潮是法国关于休斯敦《夜阑人未静》彩色版本的案件。1991年，休斯敦在死后赢得胜利：如果作者反对，彩色电影在法国无法播放。

美国的回应是敷衍地模仿欧洲的标准，同时也保护所有者的经济开发权。1987年，议员理查德·盖法特（Richard Gephardt）提出了一项电影完整权法案，以使电影的"艺术作者"（主要是导演和编剧）有权禁止作品的彩色化或其他"物质化"，不论版权归属。其结果是1988年的《美国电影保护法案》（National Film Preservation Act）列出了一份具有文化意义的电影清单，并禁止放映清单上那些彩色化或做了其他改动而不透露事实的作品。③

有趣的是，只有美国人才争论彩色化。欧洲人似乎只是简单地认为彩色化难以立足。有些美国人维护作者权利，因此反对彩色化，就像任何欧洲人一样大声喧哗。著名导演西德尼·波拉克震惊不已，他在国会做证说，美国电影名著"正在被修改，然后被展出或出售给大众市场"。但商业化不是这位好莱坞导演唯一的指责，着色剂也在试图改写历史，"以奥威尔（Orwellian）式的方式，机器修改了电影史，践踏

---

① Engelsing, "Kann ein Schauspieler die Nachsynchronisierung eines alten Filmes, in welchem er die Hauptrolle gespielt hat, verhindern?" *Archiv für Urheber-Film-und Theaterrecht* 8 (1935): 157-60.
② Pollaud-Dulian, "Moral Rights in France through Recent Case Law," 292.
③ Public Law 100-446.

了创作这些作品的伟大导演的荣誉和声誉"①。伍迪·艾伦依然坚定地扮演着美国导演的角色,并带头抗击来自世俗的指责,尽管他彩色化了《子弹横飞百老汇》(*Bullets over Broadway*) 中的一段新闻短片,并把自己插入《西力传》(*Zelig*) 的老新闻片段中,更别提他在 1966 年的导演处女作《野猫嬉春》(*What's Up, Tiger Lily?*) 中剪辑、改编和重新配音了两部日本间谍电影。

导演反对彩色化是可以预见的,更有趣的是其他人如何为它辩护——商业利益披上民粹主义(populism)和民主的外衣。其中一家着色公司的一位高管表示:"如何选择取决于公众,而公众大声而清晰地表示对颜色的偏爱。"② 观众表达的愿望,被追求利益最大化的公司鼓吹,与好莱坞大师们毫不掩饰的精英主义相冲突。③ 史蒂文·斯皮尔伯格(Steven Spielberg)在国会上宣誓:"艺术的创造不是一个民主的过程,公众无权投票决定一部黑白电影是否要被着色,就像无权就场景的写法进行投票一样。"④

其他人会问,为什么这么大惊小怪?只要单色原稿保留,"让一千丛臭鼬杂草盛开吧"⑤。理想化的支持着色者在这场争论中没有经济利益的考虑,也不一定认为彩色化是一项有价值的事业,相反,他们问询什么对公共领域和文化创新最有利。不论是历史戏剧的现代服饰版本,用浪漫主义乐器演奏的巴洛克音乐,还是小说的翻译,色彩化与这些旨在扩展受众的作品的变化有何不同?一旦作品的表现与首次发布时的表现不同,人们会持有怎样的真实思想呢?⑥ 电影制作人往往是第一个盗用、改变甚至残害他人作品的人,为什么在电影中突然偏重作者的真实意图?⑦

在欧洲,没有任何争议破坏共识,所有人都团结一致地支持作者。在 20 世纪 80 年代和 90 年代的数字化革命中,不仅是着色,大多数关于作者权利的争议都是如此。对于欧洲大陆人来说,盎格鲁-撒克逊人似乎无法理解。一位法国法学家坚称,美国法院根本没有理解精神权利的本质。⑧ 大陆观察家们可能很少想到这个故事的另一面,在数字时代之前,欧洲人只有一次认真辩论了作者的杰出作用及其与

---

① "Berne Convention Implementation Act of 1987: Hearings before the ... Committee on the Judiciary," Serial No. 50, p. 418.
② Jack Matthews, "Film Directors See Red over Ted Turner's Movie Tinting," *Los Angeles Times*, 12 September 1986.
③ "Sinful to Color Old Movies, Woody Tells Senators," *Los Angeles Times*, 12 May 1987
④ Washington Post, 28 February 1988.
⑤ Jane C. Ginsburg, "Moral Rights in a Common Law System," *Entertainment Law Review* 4 (1990): 128.
⑥ Michael Schudson, "Colorization and Authenticity," *Society* 24, 2 (1987): 18-19.
⑦ Beyer, "Intentionalism, Art, and the Suppression of Innovation," 1025-30.
⑧ Edelman, "Entre copyright et droit d'auteur," 300.

公共利益的关系。正如我们所看到的，那是在法西斯时代。20世纪二三十年代，作者在欧洲大陆的霸权首次受到持续挑战，但同时也夹杂着表现出强烈的创造性人格的文化姿态。然而在1945年之后，欧洲的立场又恢复了原意，战争期间欧洲扭曲的集体主义观点使得其战后不可能对作者的卓越地位提出任何挑战。作为对德国巴伯尔斯堡和美国好莱坞大众文化的还击，作者的权利思想在冷战时期享有神化地位。就像在许多其他方面一样，战后的欧洲放弃了自己过去的邪念，避免了任何被极权主义所玷污的东西。

什么是公共利益？

从历史上看，版权的目的是直接为公众利益服务。大陆意识形态也声称这样做，不过强调只有保护作者才能有利于他们的受众。欧盟委员会（European Commission）在1991年指出，高水平的保护有助于激发创造力，"有利于作者、文化产业、消费者，并最终有利于整个社会"，这违背了它的优先次序。① 这两种制度都符合公共利益，都认为自己考虑到了作者、传播者和受众的利益。但这在很大程度上取决于公共利益如何界定，其目标是忠实地坚持作者的愿望和愿景以产生高质量的文化，还是追求成本低廉通用性强的多样化文化？

公众的利益并没有得到满足。人们可能会愤世嫉俗地说，每个版权利益群体（interest groups）——作者、传播者、公众——都有自己的定义。我们想要激发新的创造力还是传播现有的内容？这个目标是最好的、最多的还是最便宜的文化产品？盗版者梦想着廉价、现成、快捷地获得作品。瑞典盗版党（Swedish Pirate Party）在其2010年选举纲领中，主张五年后开放数字访问作品。② 但如果激励措施不够呢？对公众来说，短期的利益可能会变为一场长期的文化灾难。一个被广泛开放的公共领域可能会降低创造力，并最终发展为小于现在版权制度所限制的范围。

公共利益也意味着不仅要强调可得性，而且要强调文化创造的丰富性、多样性和优质性。一位法国观察家坚称，精神权利符合公众利益。③ 强有力的保护鼓励真

---

① Commission of the European Communities, "Follow-up to the Green Paper: Working Programme of the Commission in the Field of Copyright and Neighbouring Rights," COM (90) 584 Final, Brussels, 17 January 1991, p. 2.
② http://www.piratpartiet.se/kultur.
③ Philippe Gaudrat, "Droits des auteurs—Droits moraux," in Juris-Classeur, Civil, Annexe, Propriété littéraire et artistique, Fasc. 1210, no. 60. The public's—not just creators'—interest in authors' rights is advanced in a sustained argument by Stéphanie Carre, "L'Intérêt du public en droit d'auteur," (diss. Montpellier 1, 2004).

实意图和质量，甚至因为它限制了观众的访问。这就是"金鹅"（golden-goose）问题：糟糕的筑巢条件意味着产蛋业停止。换句话说，彼公共利益并不一定与此公共利益相一致。① 消费者的需求可能与公民的更高目标相矛盾，这就是民主问题：公众认为这些是他想要的东西，而其他人认为那些不一定对他最为有利。②

以约翰·罗斯金（John Ruskin）为例，他提倡传统的工艺并自称是劳动阶级的朋友。按照 19 世纪英国的惯例，他出版的作品对穷人来说太贵了。而在美国，出版商盗版外国作品，不支付版税，廉价版使罗斯金几乎和狄更斯一样受欢迎。一位美国评论员说，或许英国出版商该为美国市场发行价格合理的版本。但是，当销量低而高价出售就能获得同等的金钱回报时，为什么英国出版商"会对低价而大量销售感兴趣"？③ 法学家兼统计学家莱维（Leone Levi）认为，英国出版商"还没有学会政治经济学中关于供求的第一课"。由于他们忽视了"便士报（penny press）的奇迹"，并保持小销量和高价格，只有图书馆订阅和零售竞争允许书籍"超越社会上层阶级"。④ 市场逻辑无法解决问题，用其他方式也可以获得同样的利益。还需要其他的理由来促使作者和出版商选择究竟是在少数人中推荐奢华的版本，还是在阅读的公众中广泛使用物美价廉的版本吗？

作者应该得到保护，但是要保护到什么程度？19 世纪的法国观察家主张作家对作品的永久财产权。他们坚持认为，伟大作家的继承人以祖先的作品为生是一种好现象，能够刺激其他人来发挥他们的才能。⑤ 在英国辩论延长保护期的 20 世纪 30 年代，诗人华兹华斯（Wordsworth）认为，广泛的保护最有助于高艺术品质的文学

---

① Strowel, Droit d'auteur et copyright, 274；Carre, "L'Intérêt du public en droit d'auteur," 42-43.
② 有人认为版权制度体系下的公共利益观念，虽然看似有集体主义和社会性，但实际上是一种伪装的功利性个人主义。换言之，版权对公共利益的定义，只不过是全体公民个人利益的集体化。在更模糊的黑格尔或海德格尔意义上，没有公共利益的定义指向国家或其他更高的实体。Mireille Buydens, "L'Intérêt général, une notion protéiforme," in L'Intérêt général et l'accès à l'information en propriété intellectuelle, 30-33. 类似的反对见 the Conseil d'État's musings on the nature of the general interest：Le Conseil d'État, "Réflexions sur l'intérêt general：Rapport public 1999," http：//www. conseil-etat. fr/fr/rapports-et-etudes/linteret-general-une-notion-centrale-de-la. html.
③ S. Conant, "International Copyright：An American View," *MacMillan's Magazine* 40 1879)：158.
④ Leone Levi, "Copyrights and Patents," Princeton Review (1878)：751. 这一课在德国已经深入人心，因为有时降价一半并不仅仅带来读者数量的二倍，而是增加了十倍。见 Constantin Wrangell, *Die Prinzipien des literarischen Eigenthums* (Dorpat, 1866), p. 56.
⑤ Édouard Laboulaye, *Études sur la propriété littéraire en France et en Angleterre* (Paris, 1858), p. xliv.

创作，这一认识不太受欢迎，需要更长的时间被认同。因为这样做不仅作家获得了利益，社会也能从更好的文学中受益。① 但在版权制度中，作者的奖励只有在激发创造力和丰富公共领域时才是合理的。华兹华斯的宿敌，历史学家托马斯·巴宾顿·麦考利（Thomas Babington Macaulay）认为，版权"不应比为确保鼓励作者的利益而需要的时间长一天"②。任何作者奖赏的扩张都必须以更高的社会目标为理由。

在英国、法国、德国和美国，这样的战斗持续了近三个世纪。这些国家都属于更大的立法团体。今天，一切都是混合的，越来越相似。然而，在主要关注作者还是受众问题上的根本分歧仍然体现在立法中，并在辩论中时时发声。由于程度和重点不同，这些争议甚至一直持续到今天。欧洲大陆和版权体系国家都在寻找作者和受众的利益平衡，但他们从不同的角度去实践。正是由于这种强调的分歧及其深刻的文化影响，我们现在才转向历史进行探寻。

---

① Paul M. Zall，"Wordsworth and the Copyright Act of 1842," *Proceedings of the ModernLanguage Association* 70（1955）：133；Susan Eilenberg，"Mortal Pages：Wordsworth and the Reform of Copyright," *English Literary History* 56，2（1989）：353；Edward Earle，"The Effect of Romanticism on the 19th Century Development of Copyright Law," *Intellectual Property Journal* 6（1991）：286；Chris R. Vanden Bossche，"The Value of Literature：Representations of Print Culture in the Copyright Debate of 1837-1842," *Victorian Studies* 38，1（1994）：50-51.

② *Hansard*，Commons，5 February 1841，p. 348.

第二章
从皇家特权到文学产权
——版权制度在18世纪的共同开端

19世纪中叶，版权和作者权利开始出现分歧。但在18世纪，英国、美国、法国和德国（它们按照这样的先后顺序通过了版权法律）有着相同的目标：在任何地方，立法者都试图限制出版商的特权，并将作品的权利赋予作者。由于作者的劳动，所有作品都被视为自然权利所支持的财产，都认为当作家把作品卖给出版商时有权受益。为了避免皇室特权被剥夺而受到威胁，出版商提出了同样的自然权利逻辑：由于作者拥有自己的作品，他们也可以将作品完全转让给出版商。正如以前出版商所看到的一样，他们是其所买手稿的绝对主人，永远拥有它们。但其实这只是一种幻想，因为与传统有形财产不同，文学财产本身就不愿从一而终。从本质上讲，它渴望被许多人使用。当作品出版后，只有制定的版权法而不是自然权利才能阻止它被随意复制。要求永久享有从作者那里买来的作品的权利，出版商有些大言不惭，因为他们唯一可执行的控制权来源于法律规定，而法律也决定了他们拥有文学财产的期限。

18世纪出现的新版权法有两个要点：首先通过授予所有权刺激作者提高生产力；但同样重要的是，它们的目的是确保迅速和有效地将作品转移到公共领域。其结果是赋予作者的权利（他们也可以据此转让给出版商）受到限制：英国和美国的保护期为出版后的14年，而法国的保护期则为作者终身加死后的5年和10年。然而，出版商希望援引自然权利或普通法来证实自己永恒的利益。虽然作者和出版商都声称作品是一种财产形式，但实际上他们的目的相互矛盾，这种对抗在所谓的书商之战（Battle of the Booksellers）中爆发。到了19世纪初，英国和美国的法院已经在本国解决了这个问题，版权被宣布为是一种紧密建立在人造法之上的法定权利，只是抽象地涉及了自然权利或普通法。因此，无论是作者还是出版商，所有权只有在版权法规定的情况下才能持续。相反，在欧洲，另一种观点支持的保护期持续的时间更长。他们认为作品是直接建立在自然权利基础上的财产（如成文法所规定的），因此至少在理论上永久拥有。这推动法国和德国在不久之后就走上了一条与英美分道扬镳的版权道路。

15世纪德国发明的金属活字印刷术（invention of printing）使作品第一次易于复制。为了减少手工复制的体力劳动，印刷也允许任何人——不仅仅是他们的合法所有者——复制印刷材料。就在大规模复制承诺给作者一个市场的时候，它也威胁着作者和被授权的出版商，要从他们那里抢走利益（出版商在18世纪也被称为书商）。

早些时候，作者通常是神职人员，受赞助（patronage）人、法庭或教会的支持，他们不指望物质奖励，因此谁拥有作品并攫取他们的利益并不是迫切性的问题。但是，当印刷机为作品创造了新的市场时，所有权就成了一个问题。该作品是属于作者或者经他授权传播的出版商，还是盗版出版商？这些是版权寻求解答的问题。

在版权制度创设之前，这种权利以特权形式存在，起源于15世纪的威尼斯、德国和其他地方。它们是专有但时间有限的发行和开发权利，由皇家授予出版商和像伦敦书商公会（London Stationers' Company）这样的行业组织。出版商被允许以垄断的方式制作和出售特定的书籍、图片或小册子，但特权最多只能在本地强制执行。在支离破碎的现代欧洲早期，热门著作被转载到其他地方，并通过边境走私。最有名的是德国西南部的奥地利公国，它是那个时代最臭名昭著的出版海盗。① 像英国和法国这样出版比较集中的国家，出版特权使巴黎和伦敦的出版商们在王室同意下印刷并以廉价的折扣来对付各省的竞争对手。而苏格兰重印出版商纠缠伦敦出版商，法国各省的出版商例如里昂与他们的巴黎同行也进行了斗争。② 瑞士出版商则逃避了法国君主制的审查和特权授予的影响。③

出版商也和他们的作者争斗。特许权利通常被授予出版商，而出版商为作者手稿（manuscripts）支付报酬。但是作品使用授权只是短期的，因此需要重新续签。在17世纪底，作者及其继承人开始坚持认为出版商特权的更新取决于他们的意见。他们争辩说，将原稿转让给出版商后，他出版第一版的权利不应包括将来图书版本（editions）的权利。出版商和作者都开始声称作品的权利不是来自皇室的青睐，而是来自自然本身。

书商之战

18世纪，作者和出版商都重新提出了财产的自然权利概念。约翰·洛克（John Locke）的财产理论被人援引。他的《政府论（下篇）》（*Second Treatise on Government*，1690）中将财产描绘为由业主的劳动从自然中夺去的东西。因此，它是

---

① Eckhard Höffner, *Geschichte und Wesen des Urheberrechts*（Munich，2010），1：310-23；Martha Woodmansee, "Publishers, Privateers, Pirates: Eighteenth-Century German Book Piracy Revisited," in Mario Biagioli et al., eds., *Making and Unmaking Intellectual Property*（Chicago，2011）.

② Robert Darnton, *The Literary Underground of the Old Regime*（Cambridge MA，1982），pp. 187-95.

③ Robert Darnton, "The Science of Piracy: A Crucial Ingredient in Eighteenth-Century Publishing," *Studies on Voltaire and the Eighteenth Century* 12（2003）：3-4.

一种与生俱来的权利，而不是一种社会惯例，它在社会及其法律之前自然地存在，并且独立存在。① 洛克自己并不认为实物中的财产可以简单地扩展到智力作品。他支持有限的版权保护期，认为书籍上的永久产权可能会损害知识的传播。② 他嘲笑出版商们，认为他们装腔作势地主张其拥有古典文学作品"荒谬可笑"，因为这些古典文学的作者已经死了好几个世纪。③ 但其他思想家试图忽略物质财产的自然权利和作者对其作品主张之间的差异。从罗马法（Roman law）继承下来的财产概念以财产的实体性为基础，通过占有而不是劳动来确认所有权，它对新出现的非物质文学财产概念几乎没有说明，而洛克用劳动来证明财产的正当性理论恰恰填补了这个空白。④

"书商之战"是指 18 世纪出版商为文学作品的财产权而进行的斗争。最终，这场争端使出版商与作者发生争执。但是，这增进了首都出版商（他们受到皇室特权的青睐）和他们的省级竞争对手（没有得到皇家特许）之间的关系。出版商首先认识到劳动财产理论（labor theory of property）对其事业的好处。他们使用了一个法律概念——普通法权利（英国）或自然权利（欧洲大陆），这个概念先于并超越了单纯的成文法。有了它，他们希望对先前被皇家法令暂时授予的特权享有永久所有权。出版商认为，作者对其作品拥有永久的自然权利要求，独立于法令所赋予的任何权利，因此可以随意处置这些财产。出版商声称支持作者享有公正和自然的财产权，但事实上，他们的目的是使自己接受大自然所赋予客户的东西。

这是对产权的一种杜鹃式的捍卫——出版商援引作者的权利以实现自身利益，就像杜鹃鸟把自己的蛋塞进其他鸟的巢中。这种战术最早的例子之一发生在 1586 年，当时法学家西蒙·马里昂（Simon Marion）就提出了类似观点。马里昂代表塞涅卡（Seneca）的注释者马克·安托万·德·莫雷特（Marc Antoine de Muret），在法国巴黎最高法院（Parlement of Paris）提起他的诉讼。莫雷特的版本最初在罗马出版，没有任何限制。两家巴黎出版商现在正为他们中的哪一家获得新版本特权而争吵。马里昂认为，作者有权决定他发表作品的条件，包括不要求任何回报。这位

---

① 关于洛克在财产概念史上革命性地位的最佳全面调查见 Manfred Brocker, *Arbeit und Eigentum: Der Paradigmenwechsel in der neuzeitlichen Eigentumstheorie* (Darmstadt, 1992).
② Jonathan Peterson, "Lockean Property and Literary Works," *Legal Theory* 14 (2008): 272-73.
③ E. S. de Beer, ed., *Correspondence of John Locke* (Oxford, 1979), 5: 791.
④ Brad Sherman and Lionel Bently, *The Making of Modern Intellectual Property Law: The British Experience*, 1760-1911 (Cambridge, 1999), 20-23; Robert M. Reuss, *Naturrecht oder positiv-istisches Konzept: Die Entstehung des Urheberrechts im 18. Jahrhundert in England und den Vereinig-ten Staaten von Amerika* (Baden-Baden, 2010), pp. 225-28.

法学家坚持说，人们凭"共同的本能"认识到他人是其所创造财产的主人，正如上帝（God）是世界的主人，作者之于书也是如此。① 马里昂赢了他的案子，被告出版商的特权被取消了，而且根据作者的意愿，这卷书被保留在公共领域，任何人都可以自由转载。马里昂的花言巧语似乎是无私的，但事实上他并没有代表作者利益进行辩论。莫雷特早就死了，这起案件是一个出版商针对另一个出版商提起的，目的是出版一本相互竞争的版本作品，作者的权利是代表传播者而不是创作者被援引的。

虽然可能会争论谁有权处置作品，但至少作者和他们选择的出版商联合起来，提出反对盗版的自然权利论点。作者及其合法出版商对基于自然权利的新知识产权理论有着共同的兴趣，因此，书商之战在两条战线上进行。它使出版商享有特权，对抗省级竞争对手。但从长远来看，它也让那些天生喜欢这些新权利的作者与他们的出版商对抗，后者只是从派生的角度获得了这样的权利。特权仍然需要更新，仍然取决于皇室的一时兴起。如果出版商能够说服法院，特权不是源于皇室而仅仅是基本自然财产权的反映，那么他们就可以确保对其出版物名单的垄断。这种对自然权利的诉求分为两个层次，出版商的权利来源于作者对其作品的优先主张，与出版商从作者那里通过获得契约关系获得的权力相比，作者的创作行为所产生的权利是自然的和首要的。出版商的主张越有说服力，作者的权利就越大。

在 18 世纪，文学财产的自然权利理论在英国和法国被广泛运用，因为获得授权的出版商（authorized publishers）试图对他们的书提出权利主张。在 1690 年，即洛克《政府论（下篇）》发表之年，一份匿名简报陈述了巴黎出版商的立场。它认为，出版商冒着资源风险并投入精力从事出版活动，因此他们的主张是公正的。出版商特权承认了这一点，他们应该永远坚持这个厚颜无耻的建议。② 几十年后的 1725 年，路易斯·赫里科特（Louis d'Héricourt）同意了这一观点。他坚持认为，巴黎出版商拥有的书不是来自国王特权，而是来自作者授予的版权。从作者处购买的手稿中的权利是与土地、房屋或动产相同类型的真正财产。作者在出售手稿时转让了所有权利，因此，出版商及其后代永久拥有这份手稿，以便随心所欲地处置。③

但是作者也诉诸自然权利。当出版商的特权出现更新时，作者加强其权利以克服出版商对其扩展的要求。1761 年，拉·封丹（La Fontaine）的孙女们在将近一个世纪之后，从巴黎出版商手中夺回了他的《寓言》（*Fables*）。她们的论点和出版商

---

① Simon Marion, "Plaidoyé second sur l'impression des Œuvres de Seneque," p. 11 (BK).
② "Mémoire sur la contestation qui est entre les libraires de Paris et ceux de Lyon au sujet des privilèges et des Continuations que le Roy accorde pour l'impression des livres," 1690, p. 2 (BK).
③ "Mémoire de Louis d'Héricourt à Monseigneur le Garde des Sceaux," 1725, pp. 2, 4-6 (BK).

的观点一样，两者都援引了财产权，但目标却相反。①

文学财产的模糊性

自然权利的论点简单直观，它承诺给予作者一定权益，并使其文学作品脱离皇室特权的独裁任命、期限规定以及它的审查制度。作者寻求成为知识企业家，从而摆脱赞助人、薪酬和慈善机构的束缚。一场激烈的辩论随之而来：谁拥有文学财产？知识财产（intellectual property）能完全转让给其他人吗？最重要的是，知识产权像传统的有形财产吗？

作者和出版商都推进了自然财产权，但从根本上而言并不对称。在作者看来，他们的权利应该是天生的。出版商的主张源自合同或成文法，他们绝不能希望模仿作者与其作品的关系，除非作者的权利可完全转让给他们。由于自然财产权来源于劳动成果，文学财产不仅等同于其他种类的财产，而且可以说是财产的主要形式。体力劳动者需要工具、土地、原材料，有时还需要帮手。但是精神工作本质上是一种个人的孤独努力，狄德罗（Diderot）在1763年强有力地论证了这一点。什么能比思想产品更能属于人类？最纯粹的财产是智力的，而不是物质的。大自然为所有的人类提供了田野、树木或藤蔓，但作者的思想却是源自他们的内心与灵魂深处。②

法国革命家艾萨克·勒·沙普利埃（Isaac le Chapelier）因1791年6月14日以其名字命名的法律而被人们铭记，该法律废除了旧政权在公民和国家之间的许多中间机构。它扫除了社团主义（corporatism）的基础，特别是工会（guild）和工人兄弟会，从而使个人赤裸裸地表达，不受任何中间机构的影响，直接面对一个更加强大的国家。③ 作为一个不那么具有世界历史意义的角色，艾萨克勒·沙普利埃是国民议会（National Assembly）关于作者权利的发言人，他于1791推出了《法国版权法案》（France Copyright Act，1791）。在解释为什么一出戏属于作者而不是剧院的主人时，他用一个经常被引用的短语声称，这部作品是作家思想的成果，"在所有

---

① 关于这一案例的评议见 Frédéric Rideau in BK。所有背景参见 Laurent Pfister, "L'auteur, propriétaire de son œuvre? La formation du droit d'auteur du XVIe siecle à la loi de 1957," (diss., Strasbourg, 1999), pp. 206ff.

② Denis Diderot, "Lettre historique et politique sur le commerce de la librairie" (1763) in his Œuvres complètes (Paris, 1876), 18: 30.

③ William H. Sewell, Jr., Work and Revolution in France: The Language of Labor from the Old Regime to 1848 (Cambridge, 1980), pp. 90-91.

财产中是一种最神圣、最合法、最可靠、最个人化的财产"①。1793 年,他的同事约瑟夫·拉卡纳尔(Joseph Lakanal)在国民大会(National Convention)上介绍关于作家权利的第二部革命性的《法国版权法案》(Copyright Act,1793)时,同样有力地指出,文学财产源于个人,与其他形式的所有权不同,因此不违背对平等或自由的革命追求。② 因为个人自己生产的东西属于他自己,与社会无关。

在英国,1735 年的一本匿名小册子声称,文学财产比任何其他财产更明显地植根于自然。"一个父亲称呼他的孩子,并不比作家称呼自己的作品更为合理。"③ 1769 年阿斯顿法官(Justice Aston)说:"我不知道,也不能理解一个人的任何其他财产比文学产权更为明显地属于他自己,不,文学产权是更加不能被误解的东西。"④ 美国各州版权法都同意这一观点。1783 年的《马萨诸塞州版权法案》(Massachusetts Copyright Act of 1783)的序言被其他州复制或转述,其中指出,作者有权使用他的作品,因为没有比"一个人思想劳动所产生的财产更特别"的财产了。⑤ 从一开始,作者与作品之间的个人联系就是一个主题,也是知识产权新理念的基础。

作者们主张建立在自然基础上的财产权,因为这样不仅能保护自己的财产不受盗版的侵害,而且也免于遭受来自他们自己授权的出版商侵害。出版商出于自己的考虑同意这一主张。作者只能出售他无可争辩的财产,正如狄德罗在 1763 年所言,"所有人的权利是对买受人权利的真正衡量"⑥。但出版商的主张取决于作者能转让多少,是转让全部权利还是部分?出版商怎么能像作家一样绝对拥有这种所谓人格的财产呢?

---

① Assemblée nationale,13 January 1791,in *Archives Parlementaires de 1787 à 1860*,1 series,22:212,or *Réimpression de l'ancien Moniteur* (Paris,1847-1854),7:117. He was invoked as recently as 2005: *Journal Officiel*,Assemblée,20 December 2005,p. 8551.

② *Archives Parlementaires de 1787 à 1860*,Convention nationale,19 July 1793,69:186.

③ 引自 Mark Rose,*Authors and Owners: The Invention of Copyright* (Cambridge MA,1993),p. 55.

④ *Millar v. Taylor* (1769),4 Burr. 2303,pp. 2345-46 (BK). 类似见 William Enfield,*Observations on Literary Property* (London,1774),p. 21;William Warburton,"A Letter from an Author to A Member of Parliament,Concerning Literary Property," in R. Hurd,ed.,*The Works of the Right William Warburton* (London,1811),12:405 (BK). Works,Disraeli said in 1838,"constituted a species of property better than any other." *Hansard*,Commons,25 April 1838,p. 575.

⑤ *The Perpetual Laws of the Commonwealth of Massachusetts* (Boston,1789),p. 369 (BK). 后来霍尔(Hoar)参议员也表达了类似的看法。见 *Congressional Record*,50th Congress,1st sess.,vol. 19,pt. 4,Senate,24 April 1888,p. 3273.

⑥ Diderot,"Lettre," 30.

不出所料，出版商认为他们承接了作者的全部利益。这就是为什么路易斯·赫里科特称它们为名副其实的财产的原因。因此，出版商声称永久拥有他们购买的手稿，就像其他形式的不动产或动产一样。事后看来，作者和出版商坚持认为文学作品的权利主张比其他形式的财产更自然、更内在，这似乎预示着19世纪以人格为基础的作家权利理论的诞生。① 但事实恰恰相反。18世纪出版商论点的主旨是，作者有权完全转让他们的作品，破坏他们与作品的经济和人格联系的是所有者身份而不是创作者身份。

因此，出版商认为作者和作品有着内在的联系。1778年法国律师克楚（Cochu）代表巴黎的出版商争辩道："如果说有什么财产是神圣的、显而易见的、无可争辩的，那么就是作品中作者的财产。"他继续说："文学作品是他们才能的孩子。"因此，作者更加有权主张其作品权利。② 出版商承认，这并不适用于知识产权的所有形式，发明主张是一种特权（privileges, for inventions），而不是一种自然权利。因为发明是由其他人提供的要素组合而成，所以发明者的主张不可能永久。③ 但是，正如出版商莱克（Leclerc）在1778年所言，作者们并不是在要求他们思想的权利，而是要求他们表达的权利。思想是共同的东西，但表达是独特的。④ 从本质上说，发明是共同的。1777年，巴黎出版商的律师兼发言人西蒙·林格特（Simon Linguet）认为，未来发明家还会对目前的发明进行补充和改进，因此目前发明者的权利只能是暂时的。⑤ 相反，文学作品从作者的头脑中充分而完美地形成，它们可

---

① 这就是埃德尔曼（Edelman）的立场。埃德尔曼拒绝接受狄德罗的观点，狄德罗认为提倡作者和作品之间存在个人联系的观点只是为了卖掉它，埃德尔曼声称已经在这里看到了一种沉睡的权利，这种权利最终将成为作者和作品之间的个性化联系。当然，实际情况是关于财产的自然权利及其完全可让与性，英国和法国理论家的观点十分相似。见 Bernard Edelman, *Le sacre de l'auteur* (Paris, 2004), p.255. 他的观点大部分基于 Pfister, "L'auteur, propriétaire de son œuvre?" 同样也基于 Frédéric Rideau's "Commentary on Linguet's opinion on the Decree of 30 August 1777 regarding privileges," in BK. 彭贡潘（Boncompain）也提供了一个类似的不合时宜的解读，认为作者财产权的个人性质"创造了他们的精神权利"，这个词当然在18世纪90年代没有被使用过。Jacques Boncompain, *La Révolution des auteurs* (1773-1815) (n.p., 2001), pp. 278, 329, 419-20.

② Cochu, "Requête au Roi," in Ed. Laboulaye and G. Guiffrey, eds., *La Propriété littéraire au XVIIIe siècle* (Paris, 1859), pp. 160-63.

③ See also Roger Chartier, *The Order of Books: Readers, Authors and Libraries in Europe between the 14th and 18th Centuries* (Stanford, 1994), pp. 33-35.

④ "Lettre du libraire Leclerc à M. de Néville, Directeur de la librairie" (1778), in Laboulaye and Guiffrey, *La Propriété littéraire au XVIIIe siècle*, 406-7.

⑤ "Opinion de Linguet touchant l'arrêt sur les privilèges" (1777), in Laboulaye and Guiffrey, *La Propriété littéraire au XVIIIe siècle*, 239-40.

能会得到改进，但只能由作者来改进。神学家和哲学家普鲁奎特神父（abbé Pluquet）在1778年的信中，断然否认两位作者能写出完全相同的书，认为一篇文章"总是而且完全是我的"，因此作者应享有无条件的财产权。①

18世纪，作者作品的个人主义观点的要点是切断而不是巩固创造者与创造之间不可分割的所有权纽带。是的，这部作品是作者个人创作的，但正是这种对作品的亲密诉求也让作者有权完全转让它。作品完全是作者意图的体现。支持巴黎出版商争取永久作品权利的普鲁奎特神父认为，如果作者不能将他的财产权传给他人，那么他就没有拥有自己的作品。在出售作品时，作者把出版商"放在本人的位置"（il le Met à son Lieu et place）。②狄德罗同意，"如果作者不是他作品的主人，那么社会上将没有人能拥有他作品的财产。出版商与作者以同样的方式拥有这部作品"。狄德罗告诫自己的孩子们不要像拉封丹的孙女们那样，收回《寓言》版权成为坏榜样。狄德罗免费地放弃了作品权利，他的孩子们对其作品权利也没有什么要求，他只是为了支付他们的教育费用而卖掉一块土地。③

相较于皇室特权，自然权利承诺出版商能更加坚定地掌握他们的书籍。当出版商主张作者与作品之间建立洛克式的人格关系时，他们希望认定文学财产是真正的财产，因而也可转让。但是，正是这种作者与其作品联系的人格主义威胁到了出版商完全拥有它的主张。鉴于作者与作品之间的特殊联系，作者是否能够完全转让？毕竟，作者对十四行诗（sonnet）或奏鸣曲（sonata）的投入，比车床工对桌腿、农夫对萝卜和牧羊人对羊毛的投入更有内在价值。人格方面从一开始就潜入了劳动财产的主题，尽管出版商们仍然认为他们可以引导这个论点达到他们自己的目的。他们尚未认识到，即使作者的权利是可让与的，受让人永远也不能假装与作品有着同样的难以言喻的人格联系。

自然财产权的第二个模糊之处在于传统财产和文学财产之间的相似性。1791年，勒·沙普利埃提出的著名主张，在创造者和创作物之间建立了一种内在联系，这是那个时代的常识。在一段不太被人记住的段落中，他实际上对自然权利产生了怀疑，因为他接下来强调了文学财产和传统财产之间的区别。沙普利埃同意戏剧本质上属于作者，而不是剧院的所有者。他警告说，文学财产不像其他形式的财产，一旦作品公开，作者实际上就把它给予了公共领域。作者（以及他们的继承人）控

---

① "Lettres à un ami par l'abbé Pluquet"（1778-1779），in Laboulaye and Guiffrey, *La Propriété littéraire au XVIIIe siècle*, 315.
② "Lettres à un ami par l'abbé Pluquet," 281-82，also 309.
③ Diderot, "Lettre," 30，27.

制他们的作品是公平的,然而,此后这些作品属于公共领域,因此对所有人都免费。① 沙普利埃指出了作者的自然权利是如何不可避免地受到限制。② 自然权利可能会把作者和他的作品紧密地联系在一起,但一旦他的作品公开,作者只能通过积极的人造法律控制它。

正如我们所看到的,自然权利首先由具有皇室特权的出版商提出,他们希望获得对出版物的永久垄断(publishing monopolies),然后由作者提出,他们要求出版商提供更好的条件。在英国,普通法与欧洲大陆的自然权利有着相同的目的。它也允许诉诸直觉的正义原则作为文学财产权利的基础,就像传统所有权一样。但是,那些没有享受特权的出版商呢?这些盗版出版商发行的版本以低廉的价格传播知识和乐趣。正版出版商视盗版者为贼,盗版者回击他们是垄断者,正如转载出版商所看到的,作者的权利来源于社会,而不是自然。作家和出版商是否应该和其他人一样享有垄断权,这是一场政治纠纷,但这并不是要搞清宇宙不可捉摸的意图之类的问题。在唐森诉柯林斯(Tonson v. Collins,1762)一案中,被告转载了艾迪森(Addison)和斯蒂尔(Steele)的期刊《旁观者》(*Spectator*),而被告律师在这方面进行了辩论。文学作品中没有普通法授予的永久财产权,只有国家在成文法中给予的东西。一旦出版,出现在公共领域后,一部作品就被"置于一个普遍的交流状态"。这件作品"像在公路上的土地,已经变成了给公众的一个礼物"③。版权就像专利、授予作者和发明人的临时垄断,目的是刺激他们的积极性。④

1776年,启蒙运动哲学家孔多塞(Condorcet)就这些问题与狄德罗展开对抗。正如我们所看到的,狄德罗代表巴黎出版商声称他们的书籍具有天然的永久权利。相反,孔多塞为法国财政部长图戈(Turgot)的改革雄心提供了弹药,而后者试图压制行业垄断,也允许省级出版商在巴黎图书市场上竞争。孔多塞反对作者及其授权出版商永远拥有作品的主张。他坚持认为创意不是个人思想的产物,其形成者不能拥有它,一个创造者至多可以拥有他思想的表达,而不是它的实质。因此,对文

---

① *Archives Parlementaires de 1787 à 1860*,Assemblée nationale,13 January 1791,1 series,22:212.
② Jane C. Ginsburg,"A Tale of Two Copyrights:Literary Property in Revolutionary France and America," *Tulane Law Review* 64,5(1990):1006-7. 对金斯伯格一次不成功的反驳,见André Lucas,"L'Intérêt général dans l'évolution du droit d'auteur," in *L'Intérêt général et l'accès à l'information en propriété intellectuelle*(Brussels,2008),pp. 82-83.
③ Mich. 2 Geo. 3,pp. 333-34(BK).
④ "因此,书籍和机器上的财产权是相同的。两者都源于国家的特殊行为。"唐森诉柯林斯案。*Tonsor v. Collins*(1762),Trin. 1 Geo. 3,p. 308(BK).

学作品的主张依赖于社会的保护，这种权利是传统产权而非自然权利。① 1776 年，省级出版商也得到了法学家让-弗朗索瓦·高卢蒂埃·德比奥扎特（Jean-François Gaultier de Biauzat）的支持。为了击败巴黎的出版商特权，他认为文学作品就像发明一样，一旦公开，任何人都可以复制它们。无论如何，如果这种复制受到限制，那么它只能来自版权法规所体现的政府权力，而不是至高无上的自然权利。②

在这种观点下，文学财产不像传统财产那样牢固。地主的财富被所有路人认可，然而十分矛盾的是，发明家或诗人一直是个穷光蛋，直到他的遗产得以传播。正如阿斯顿大法官在英国基础版权案米勒诉泰勒案中所说的那样，"没有使用和处置权力的财产，是一种空洞的声音"③。普鲁奎特神父在 1777 年坚持认为，一位作者写作只是为了出版，只要他的作品还在公文包里，那就没用了。④ 文学作品的意义并不是独占的（就像传统财产一样），实际上恰恰相反。正如 1825 年法国波旁王朝复辟（Bourbon Restoration）时期成立的一个委员会所指出的那样，作品"本质上注定"给受众。那么，作者如何才能在他所发表的作品中收回一项财产权，从而有效地给予社会？⑤

此外，一旦一部作品被公之于众，无论它现在被如何广泛分发，创作者都不会失去更多的东西。即使盗版出版商未向他支付版税，这些人出售未经授权的复制品的行为也使作者的声望得到增长。大多数有形财产一个时间只能由一人拥有，我们在忽略掉一些特殊的单一作品（如绘画）后，会发现文学财产可以被许多人同时拥有。正如经济学家所说，这是非竞争性财产（nonrivalrous property）。那么，为什么要限制观众呢？正如托马斯·杰斐逊（Thomas Jefferson）所言，一个创意具有

---

① Marquis de Condorcet, *Fragments sur la liberté de la presse* (1776), in his *Œuvres* (Paris, 1847), 2: 308-11 (BK). For background, Carla Hesse, "Enlightenment Epistemology and the Laws of Authorship in Revolutionary France, 1777-1793," Representations 30 (1990): 115-16; Carla Hesse, *Publishing and Cultural Politics in Revolutionary Paris*, 1789-1810 (Berkeley, 1991), chap. 2, pp. 97-114.

② [Jean-François Gaultier de Biauzat], *Mémoire a consulter, pour les libraires et imprimeurs de Lyon, Rouen, Toulouse, Marseille et Nimes, concernant les privileges de librairie et continuationsd'iceux* (1776), pp. 31-36 (BK).

③ *Millar v. Taylor* (1769), 4 Burr. 2303, p. 2341 (BK)

④ "Lettres à un ami par l'abbé Pluquet," 309, 332-33.

⑤ Commission de la propriété littéraire, *Collection des procès-verbaux* (Paris, 1826), 34 (BK). Similar ideas in Johann Caspar Bluntschli, *Deutsches Privatrecht* (Berlin, 1853), 1: 187-89 (BK).

这样的品质："没有人拥有更少，因为每个人都拥有它的全部。"①

甚至对有形财产的权利主张也最终是由社会创造的，而不是至高无上的自然权利的结果。没有法律、法院和警察，甚至高墙的财产都不属于个人。当然，文学财产对法令的人为保护依赖甚至更加明显。文学作品一经传播，就属于所有人，可以随意复制，除非法律赋予作者对其的控制权。从这个意义上说，精神创造并不是财产，除非——显然微不足道——当作者把它们留给自己时。法国七月王朝（France's July Monarchy）时期的教育部长阿贝尔-弗朗索瓦·维莱曼（Abel-François Villemain）后来探讨了这个问题。他在1841年指出，精神作品乍一看可能是最私人的财产，但实际上它们需要特别的保护，因为它们只存在于被传播的行为中——而这也部分地转让了它们。②

虽然自然权利可能承认有形物品的个人财产权，但涉及心灵的果实时，却体现出社会主义知识财产（socialism and intellectual property）特征。因此，文学财产的概念在术语上是一种扭曲吗？在接下来的三个世纪里，贯穿版权战争的根本争议很早就出现了。作者对作品的要求中是否有某种自然和内在的东西？作者及其授权的出版商能否像房主控制房子一样要求永久的权利或广泛的保护呢？还是文学产权仅仅是一种暂时的垄断，取决于社会对作者应得的判断？

英美版权的功利主义渊源

从18世纪开始，英语国家提供了一种可能的文学财产解决途径。英国是第一个将出版业从特权和皇室恩惠转变为在市场上交易并受法律管制权利的国家。在北美殖民地统一期间，英国作为榜样被其他国家紧密跟随。为了了解英国和美国的争端，我们需要作出基本的区分。普通法版权，或作者保留在未出版的手稿中的权利，是基于自然权利的财产观念。在作者把作品公开之前，创造者保留了他作品的自然权利和永久权利。相比之下，法定版权（statutory copyright）是法定垄断，使作者在作品出版后对其作品拥有有限的控制权。但是，普通法版权在出版后是否也继续存在？自然权利倡导者以普通法为基础为作者提出了永久的出版后的权利，认为作品的权利不是由版权法规创造的。他们的反对者将出版视为作者将作品自愿赠予受众，从而终止了普通法的保护，并开始限制版权法规的范围和期限。如何解决这一冲突对英语版权传统至关重要。

---

① Jefferson to Isaac McPherson, 13 August 1813, in Andrew A. Lipscomb and Albert Ellery Bergh, eds., *Writings of Thomas Jefferson* (Washington DC, 1905), 13: 333-35.

② *Annales du Parlement français*, 18 January 1841, 3: 684.

版权法最早于 1710 年在英国被制定出来并以英国君主的名义被命名为《安妮法》。大约 80 年后，美国出现第一部州版权法律，然后是 1790 年的联邦版权法。英国和美国推出第一部版权法规赋予作者暂时的垄断权，但它们也迅速将权利转移到公共领域，即出版后只保护 14 年（可续期至 28 年）。事实上，通过限制开发权利的期限，《安妮法》首先建立了公共领域。① 在这两个国家，版权授予了创造者权利，但最终目的是促进公共利益。《安妮法》鼓励"有学问的人写有用的书"，就像美国宪法试图促进"科学和有用艺术的进步"一样。

在伦敦，1557 年成立的书商公会代表了包括装订商、印刷商、销售商的利益，但是没有作者。它向其成员颁发书商版权，并实行政府的宗教审查制度。1662 年的《英国出版许可法案》于 1695 年失效，出版商失去了他们的审查（censorship）职能和对出版的垄断。当《安妮法》于 1710 生效时，出版商们希望重新获得权力。但政府试图保持市场发展，因此向公会以外的出版商开放。②

《安妮法》与旧的皇室特权制度有两个主要区别。首先，保护有明确的期限。洛克曾建议，以出版之日或死亡后 50 年或 70 年作为版权保护期的适当长度。③ 但是，议会（parliament）赋予作者及其受让人（通常是出版商）出版和重印作品的权利期限仅为 14 年，作者（如果还活着）可以延长一次期限。因此，《安妮法》放弃了将版权视为永久财产权的普通法拟制。另一个重要区别，在于任何人都可以注册版权，从而打破了出版商的垄断。

《安妮法》的主要任务不是关注作者的权利，但与以前的情况和其他地方的情况相比，它确实维护了作者的一些利益。作者可以在作品中拥有版权，只有他们可以更新版权。不过，该法令没有赋予作者任何专属优势。它只是授予了作者可以拥有有限的文学作品产权，但同样的，这些权利（除了续约）也可以被购买他们权利的任何人使用。该法规是基于洛克观点，即作者的权利来源于创作，但他们并不能像传统财产那样拥有它，当然也不会永远拥有它。

---

① L. Ray Patterson and Stanley W. Lindberg, *The Nature of Copyright* (Athens GA, 1991), pp. 29-30.

② 8 Anne, c. 19 (1710). 标准描述报告包括 Lyman Ray Patterson, *Copyright in Historical Perspective* (Nashville, 1968), and Rose, *Authors and Owners*. These have recently been supplemented by Oren Bracha, *Owning Ideas: A History of Anglo-American Intellectual Property* (http://www.obracha.net/), Ronan Deazley, *On the Origin of the Right to Copy: Charting the Movement of Copyright Law in Eighteenth-Century Britain* (1695-1775) (Oxford, 2004), Isabella Alexander, *Copyright Law and the Public Interest in the Nineteenth Century* (Oxford, 2010), chaps. 1-3, Reuss, *Naturrecht oder positivistisches Konzept*.

③ *Correspondence of John Locke*, 5: 791.

《安妮法》出台后，出版商并不是两手空空，现有的专有权利延续了 21 年的过渡期。在此期间，出版商希望说服议会或法院，主张普通法版权——也就是推定自然权利永久存在的英国版本，不被《安妮法》中的新法定权利所取代。他们认为出版商与作者和谐一致，作者拥有源自普通法的永久版权，而作者的转让权利，不受仅仅在法规中所规定的版权影响。因此，当出版商从作者那里获得作品的版权时，获得的权利也是永远的。① 如果法院接受普通法版权甚至在出版后其仍然继续存在，那么出版商将因此通过法律骗术恢复其垄断。

1769 年，出版商们赢得了短暂的胜利。尽管《安妮法》规定了作者短暂的版权保护期，但在米勒诉泰勒一案中，出版商们说服王座法庭（Court of King's Bench）承认作者的永久普通法版权继续存在。② 值得注意的是，虽然作者的普通法版权是案件的问题所在，但没有涉及任何作者。原告出版商拥有一部作品的版权，在《安妮法》规定的 14 年保护期届满后，另一家出版商可以再版。尽管如此，原告辩称，作者的永久普通法权利仍继续存在，因此他作为出版商也拥有自己永久的普通法权利。虽然原告米勒的观点很快被推翻，但这一案件使版权是作者权利这一认识更加坚定。③ 但是，一旦创作者出售他的版权，作者权利就很快地被转让给了其他权利人（通常是出版商），而《安妮法》赋予"这类副本的作者或购买者"权利，即出版商作为权利持有人的权利。因此，这里的关键是作者永久的普通法版权在出版后是否继续存在，如果是的话，出版商在接受权利转让时是否一并接受了有限的法定版权？

五年后，上议院（House of Lords）在 1774 年的唐森诉贝克特（*Donaldson v. Beckett*）一案中做出了理智的细分（Solomonic partitioning），终止了出版商对作者永久拥有普通法版权的主张。普通法版权被公认为作者的自然权利，但只持续到他出版作品进入世界的那一刻，此后，作者仅受法定版权的保护。一个永恒自然权利的伊甸园被印刷商、出版商、销售商和公众组成的堕落世界（postlapsarian world）的突然驱逐打破。从作者那里得到的快乐同样也从出版商这里被抢走，上议院现在驳回了出版商们对他们作品的永久产权主张，留给他们《安妮法》所规定的 14 年保护期限。

上议院关注的重点是传播知识的社会利益。虽然为众议院提供建议的法官似乎

---

① John Feather, "The Book Trade in Politics: The Making of the Copyright Act of 1710," *Publishing History* 8 (1980): 35; W. R. Cornish, "Authors in Law," *Modern Law Review* 58, 1 (1995): 3.

② *Millar v. Taylor* (1769), 4 Burr. 2303, p. 2399.

③ Howard B. Abrams, "The Historic Foundation of American Copyright Law: Exploding the Myth of Common Law Copyright," *Wayne Law Review* 29, 3 (1983): 1156.

支持永久普通法版权，但上议院却投了反对票，这表明了他们对允许公众容易获得那些超出法定保护作品的关注。很少有人像查尔斯·普拉特（Charles Pratt）那样热情地赞扬公共领域，他是卡姆登第一伯爵（first Earl Camden），也是其他公民权利的热心倡导者之一，更是谴责文学财产普通法权利的最有活力者之一。他坚持认为，科学和学习本质上是公开的，它们应该像空气或水一样自由和普遍；社会的目标是启迪人心，改善共同福利；上帝（Providence）打算让天才们与所有人分享他们的学习；知识——对孤独的主人来说毫无价值——必须被传播才能被使用；伟人为荣耀而工作，而不是为出版商微薄的报酬而工作。知识不应该一直锁在出版商的手中，他轻蔑地将坚持永久版权的两个出版商称为"那个时代的唐森们（Tonsons）和林顿们（Lintons）"①。

经历了一些动荡之后，英国的版权在1774年被确定为法规的一种创造。一旦作品出版，作者只受人为法律的保护。作者拥有他们作品的某些自然权利，因为作品是作者创造出来的，但它不像那些传统财产的权利主张，尤其是永久所有权。②版权只是在有限的时间内保护作者及其受让人抵制逐字复制（verbatim copies），只给予他们出版和出售的专属权利。在唐森事件之后的一年里，当局关于版权独立于自然之外的定义得到了自信的展示，以创纪录的时间通过的1775年的《英国大学法案》（Universities Act of 1775），授予了牛津大学和剑桥大学所有作者赠予它们的作品的永久版权。③拒绝给予出版商们的东西被交给了大学，但大学的永久所有权建立在议会权力的基础之上，正如《安妮法》中有限的版权一样。议会可以采取一些措施剥夺它，也可以给予它。④

通过唐森案和《大学法案》，议会既没有帮助出版商，也没有帮助作者，它为公共利益而奋斗。⑤版权在英国，后来在美国，起源于功利主义的愿景，通过公正但

---

① *Hansard*, 1, 17 (1774), pp. 999-1000 (BK).
② Reuss, *Naturrecht oder positivistisches Konzept*, pp. 355-57.
③ Deazley, *Origin of the Right to Copy*, chap. 9; Ronan Deazley, *Rethinking Copyright: History, Theory, Language* (Cheltenham, 2006), pp. 22-23.
④ 事实上，1878年版权委员会发现这项权利的价值微乎其微，牛津大学拥有6项这样的版权，剑桥则没有。Copyright Commission, *The Royal Commissions and the Report of the Commissioners*, c. 2036 (London, 1878), p. xii.
⑤ 迪兹利坚持英国早期版权法的广泛社会抱负，见 Deazley, *Origin of the Right to Copy*, 46, 226; Deazley, Rethinking Copyright, pp. 22-23.

暂时地奖励创造者来促进学习和启蒙的共同利益。①

《安妮法》在美国

当欧洲大陆那些权贵出版商仍在普遍享受特权和垄断时，英国法律赋予作者关于其作品的实质性财产权。美国独立革命（American Revolution，1776）后，这种新奇现象在刚刚起步的美国得到了热烈效仿。除特拉华州外，所有初始州都通过了版权法规，大致上是以较短保护期限的《安妮法》为模板。就像英国一样，这被认为是为了促进知识进步和公共利益。1787年，宪法授权联邦政府就专利和版权立法。托马斯·杰斐逊认为，代际正义阻止了下一代人承担上一代人债务。根据"自然法则"（law of nature）和布丰（Buffon）的死亡率统计（mortality statistics）数据，他得出结论，代际关系与独立国家的关系相同，任何债务都不应超过19年。因此，这是版权和专利的期限。② 从大自然所谓的最初原则中得出的同样道理，在欧洲成为永久作品权利的观点的基础，而在新世界中起到了相反作用。宪法紧随杰斐逊，拒绝无限所有权，它赋予国会权力，通过保证作者和发明者对他们的作品和发明的"有限时间"专有权，来促进科学和有用艺术的进步。③

三年后的1790年，联邦版权法通过，采用了这种推理结论。各州的版权法都基于自然权利的信念，即作者对作品拥有某种天生的主张。这些版权法的基本前提是，个人和公共利益恰好一致。作者的权利越多，公众受益越多。1783年的《新泽西州版权法案》（Copyright Act，New Jersey，1873）证明赋予作者权利是正当的，因为它带来了不言自明的公共利益，这些利益有利于知识的积累、国家荣誉和人类更大的利益。④ 但是在1790年，联邦法案将科学和有用艺术的进步提升到了第一位，并将作者的权利变成了实现这一目标的一种手段。⑤ 正如我们将在下一章中看到的，19世纪的美国作家和他们的权利让位于广泛、易接近和廉价的公众启蒙目标。

---

① 亚历山大警告，这是合理的附加条款，但对于如何确切界定所服务的公共利益仍不清楚。她认为迪兹利对唐森过于强调的解释是在支持公众利益。Alexander，*Copyright Law and the Public Interest*，36.

② Thomas Jefferson to James Madison，6 September 1789，in Julian P. Boyd，ed.，*The Papers of Thomas Jefferson*（Princeton，1958），15：392-97.

③ US Constitution，art. I，§ 8，cl. 8.

④ "An Act for the Promotion and Encouragement of Literature，" 27 May 1783，*Acts of the General Assembly of the State of New Jersey*（Trenton，1784），chap. 351，p. 325（BK）.

⑤ Abrams，"Historic Foundation of American Copyright Law，" p. 1175.

仿照《安妮法》,1790年的《美国版权法案》废除了关于自然权利的任何诉求,它将版权视为法规的制定和政府的给予,而不是一项固有的权利。① 宪法版权条款将作者和发明家结合在一起,保证他们对自己的作品和发明都拥有专属权利。《美国版权法案》第一稿草案也将专利和版权一并处理,尽管两者在法案最终版中是分开的。② 英国人和美国人都理所当然地认为发明者的专利权是法定授予的有限垄断,而不是普通法中存在的东西,也不是一种自然权利。即使那些支持版权的自然权利基础的人也认为专利是不同的,美国人把它们结合在一起,这表明他们认为专利和版权都是法规的产物。

　　通过"确保"(secure)作者和发明人对他们的作品和发明拥有专有权,宪法赋予国会促进科学和艺术进步的权力。这是否意味着这些权利是预先存在的自然权利而不是由法规所承认的?或者说它们现在是由法律主动创造出来的?"确保"一词本质上模棱两可。③ 有些人争辩,开国元勋们试图通过法令来执行本质上已经存在的权利,但大多数历史学家都认为他们打算创造一种新的法定权利。④ 如果永久权利在普通法中已经存在,而联邦法案现在限制了它们的期限,那么很明显,成文法和自然权利有区别。⑤ 如果权利来源于作者和作品之间的自然联系,为什么联邦法案

---

① 这一变化可能源于版权法案起草者的误解,他们未能理解《安妮法》的一些条款,而这些条款被引入美国法。见 Patterson, *Copyright in Historical Perspective*, 200-201. 但是很明显,起草者们是出于对版权的功利主义理解,将版权置于成文法而非自然法的基础上。见 Tyler T. Ochoa and Mark Rose, "The Anti-Monopoly Origins of the Patent and Copyright Clause," *Journal of the Copyright Society of the USA* 49 (2001-2): 691-95.

② Oren Bracha, Commentary on the Copyright Act 1790, in BK.

③ 关于"确保(secure)"一词的用途和含义的讨论见 Edward G. Walterscheid, "Understanding the Copyright Act of 1790: The Issue of Common Law Copyright in America and the Modern Interpretation of the Copyright Power," *Journal of the Copyright Society of the USA* 53, 1-2 (2005-6): 324-32; Edward C. Walterscheid, *The Nature of the Intellectual Property Clause: A Study in Historical Perspective* (Buffalo, 2002), pp. 212-26. 专利史关于这一问题见 Jane C. Ginsburg, "'Une Chose Publique'? The Author's Domain and the Public Domain in Early British, French and US Copyright Law," *Cambridge Law Journal* 65 (2006): 663-66.

④ 例子参见 Report 2401, 10 June 1890, *The Reports of Committees of the House of Representatives* (1889-90) (Washington DC, 1891), p. 7.

⑤ 这些是最高法院在惠顿诉皮特斯案(1834年)中提出的论点,见 Richard Peters, *Reports of Cases Argued and Adjudged in the Supreme Court* (Philadelphia, n. d.; 1834), 8: 592, 661, 629, 641 (BK).

能限制美国公民和居民？① 事实上，在整个19世纪关于是否将版权争斗的范围扩大到外国作家（接下来我们将谈及），证明了在美国享有这些权利的所谓自然基础是多么的不可信。

所有形式的财产，特别是文学，都是人为的社会创造，而不是绝对的自然主张：这是美国的财产观（American views of property）。19世纪后期，参议员詹姆斯·贝克（James Beck）指出，开国元勋们认为作者和发明家"永远都不是他作品的绝对主人"，一旦他卖掉了这些作品，新主人就可以做他们想做的事了，"要不是宪法授权国会给他一个保护圈，他的头衔在他出售的那一刻就消失了"②。出版商和历史学家亨利·查尔斯·利亚（Henry Charles Lea）更是强调类似观点。1888年，他强烈地向参议院专利委员会（Committee on Patents）提出："社会不承认任何财产的绝对和无限所有权。个人所生产、赚取或继承的一切，都在社会所认为的适当限制之下，以换取社会契约所提供的保护和个人聚集在社区中而被赋予的所有权价值。"这更加强调了"纯粹是人为创造的版权"③。

诺亚·韦伯斯特（Noah Webster）是不知疲倦的永久版权倡导者，他认为作者对作品的主张和农民对产品的主张一样自然。他的表弟政治家丹尼尔·韦伯斯特（Daniel Webster）回答说："但毕竟，在社会状态下，财产必须是法律的产物；作者权利如何以及在多大程度上得到保护……这是一个权宜之计的问题。"④ 丹尼尔阐述了美国版权观的本质。正如杰斐逊在1813年所说的，"稳定的所有权是社会法的恩赐，是在社会进步的后期给予的"⑤。美国政治文化（American political culture）

---

① Patterson, Copyright in Historical Perspective, 199. 当时英国立法没有明确区分本国人和外国人，见. Eaton S. Drone, *A Treatise on the Law of Property in Intellectual Productions in Great Britain and the United States* (Boston, 1879), 86; Catherine Seville, "Nineteenth-Century Anglo-US Copyright Relations: The Language of Piracy versus the Moral High Ground," in Lionel Bently et al., eds., *Copyright and Piracy* (Cambridge, 2010), pp.30-33. 法国在1852年第一次将保护范围扩大到在法国境外出版的非居民外国人，到1890年，正如美国国会所承认的，美国是唯一拒绝给予外国人版权的国家。见 House Report 2401, 10 June 1890, *The Reports of Committees of the House of Representatives* (1889-90), p.2.

② 宪法赋予有限时间权利"是承认'写作或发明'不是普通法中的绝对合法财产"，见 *Congressional Record*, 50th Congress, 1st sess., vol.19, pt.4, Senate, 24 April 1888, p.3507. See also *Congressional Record*, 51st Congress, 2nd sess., vol.22, Senate, 13 February 1891, p.2608, Senator Daniel.

③ Report 1188, 21 May 1886, *Reports of Committees of the Senate* (1885-86), pp.68-69.

④ Noah Webster, *A Collection of Papers on Political, Literary, and Moral Subjects* (New York, 1843), 176 (BK).

⑤ Jefferson to Isaac McPherson, 13 August 1813, in Lipscomb and Bergh, *Writings of Thomas Jefferson*, 13: 333-35.

中，通常把财产作为一项基本权利和绝对权利，但在19世纪，一个司空见惯的事实是，财产最终取决于社会的认同，而不是取决于自然法令。①

1834年的惠顿诉彼得斯案（Wheaton v. Peters）阐述了这一方法的含义。这个案例相当于60年前英国唐森案，该案件结束了已出版作品的普通法版权。最高法院的书记员理查德·彼得斯（Richard Peters）能摘要发表由早先的书记员亨利·惠顿（Henry Wheaton）报道的庭审记录（court records）吗？作者控制自己作品的权利和公众在广泛而有效的信息传播中的公共利益谁更应该占据上风？从某种意义上说，惠顿一案的结局比唐森案更有预见性。唐森声称拥有一部文学作品的永久财产权，但并没有涉及公共利益的紧迫问题。相反，法院书记员惠顿则声称自己在公共文件中拥有私人权益，这是最高法院法官裁决赋予的权利。② 无论是英国还是美国，都没有充分发展出公共和私人记录之间的现代区别。法院仍然严格依赖法官发表的口头意见，并由与会者抄录。③ 惠顿声称，最高法院及其听证会没有发布任何公开文件。彼得斯坚持认为，法院开庭的报告本身就是传播司法裁决，也就是国家的法律。④ 因此，它们本身就是公开的。在惠顿事件中，有两个单独的问题交织在一起，即声称拥有私人版权的政府文件的公开性质和即使在作品出版后仍持续存在的永久普通法版权。

法院关于一个问题的裁决同时阐明了另一个问题。大多数法官很容易就认定惠顿对他的书没有永久的权利，因为他声称的财产显然是公开的。⑤ 但是，法庭书记员自己的注解和由普通法或法规保护的其他文书是否有版权？法庭的结论与丹尼尔·韦伯斯特对诺亚的说法相呼应。法院承认，一个人有权享受劳动成果，但"除非有法律规定，他只能在规范社会和界定一般事物权利的财产规则下享受这些权利"⑥。作者对作品权利的哲学辩护可能是自然的，也可能是普通法的，但在惠顿案之后，版权被判定为法定权利。⑦

英美版权建立在创作者与作品之间存在着内在联系这一自然权利观点的抽象意识上，它将这些权利限制在依法规定的范围之内，文学财产的持续时间受到公共领

---

① Stuart Banner, *American Property*（Cambridge MA, 2011），chap. 5.
② 惠顿的律师认为，政府有义务公布和制定公共法律，但不是法院裁决。Peters, *Reports of Cases Argued*，8：616.
③ Craig Joyce, "'A Curious Chapter in the History of Judicature': Wheaton v. Peters and theRest of the Story (of Copyright in the New Republic),"*Houston Law Review* 42, 2（2005）：383.
④ Peters, *Reports of Cases Argued*，8：615, 619-20.
⑤ Joyce, "Curious Chapter," 389.
⑥ Peters, *Reports of Cases Argued*，8：591.
⑦ Abrams, "Historic Foundation of American Copyright Law," 1126, 1185-86.

域一般社会利益的限制。然而，文学财产与其他形式的财产一样，完全可转让。作者的销售经济权以及出版物都可以全部转让。除了延长续约期限的个人权利外——《安妮法》仅赋予作者而不是授予其受让人——所有版权人，不论是否作者，都享有相同的法律地位。版权由此开始接受作者和作品统一的自然权利论证的直觉合理性，但是它立即违背了这个前提，使作者的权利完全可转让。这可能是因为它所谈及的唯一权利是狭隘的经济权：印刷、重印和销售，而作者可能拥有的任何创作权益——比如在维护作品的完整性或保护他的名誉——都不是版权的组成部分。在英美法系国家，它们并没有完全被忽视，但在保护程度上，则是在法律和其他法规的约束之下。

英美主要关注的是通过刺激作品的生产和有效地将作品推向公共领域来促进公共利益。塞缪尔·约翰逊（Samuel Johnson）在1773年提出了这样的论点：作家可能永远主张他们对作品的一种"形而上学的权利"（metaphysical right）。但理性认识和学术探索反对这一观点。在权利永远存在的背景下，如果作者不愿意，任何书都不可能被广泛传播，任何一本书都不能通过别人的注释和编辑来改进。虽然作者应该得到奖励，但一旦他的作品出版，"应该被理解为不再是他的权力范围，而是属于公众"①。

法国革命者殿后

欧洲大陆和英美世界后来会产生分歧，但在18世纪，法国人和德国人也认可作者对其文学财产的自然权利。欧洲大陆上的人和盎格鲁人都诉诸自然权利，但是，尽管有出版商和作家的抨击，他们都不认为文学财产与传统财产是从同一块布上剪下来的。一开始他们的观点相似多于差别。② 法国革命者虽然自觉地重构规则，但也同旧政权中的开明改革者一样担心出版商。垄断权是否应从出版商手中夺走？如果是的话，他们是否应该转移到作者身上呢？或者这仅仅是将垄断权从一类奸商转移到另一类奸商手中呢？

1777年8月30日，几项改革旧政权皇家出版特权的法令姗姗来迟。③ 由于尊重自然的财产权，作家被赋予永久和可继承的作品所有权——但前提是他们自己出版

---

① James Boswell, *The Life of Samuel Johnson, LL. D.* (London, 1791), 1: 421-22.
② 英国和法国关于这一主题的认识见 Frédéric Rideau, *La Formation du droit de la propriété littéraire en France et en Grande-Bretagne: Une convergence oubliée* (Aix enProvence, 2004).
③ "Arrest du Conseil d'Etat du Roi, Portant Règlement sur la durée des Privilèges en Librairie. Du 30 août 1777" (BK). 其他法令见 Laboulaye and Guiffrey, *La Propriété littéraire au XVIIe siècle*, 127-50.

了自己的作品。如果——就像平常一样——作者把它们卖给出版商，那么他们只能得到有限的权利。因此，作者的权利要么是永久的，要么是可以转让的，但两者不可兼得。尽管出版商发出抗议，认为当作品转让给他们时，作者及其继承人的永久权利不能缩短，但他们的要求只能在作者有生之年持续，或十年，或者更长。①

通过区分各种所谓的自然财产权利，当局强烈暗示，是法令而不是自然赋予作品权利。他们的目标是帮助省级出版商打破巴黎出版商的垄断。一旦特权到期，任何出版商都可以出版这本书。只有在大幅度扩展版即将出版的情况下，作品的权利才能得到延续，其权利也仅仅能延续到这个新的版本上，而旧版本则进入公共领域。作者的权利由此被载入法律，但他在实践中的主张受到严格限制，正如那些出版商一样，改革政府鼓励推出多种版本并以更低价格销售。

革命者们也以同样的精神跟随。在就此问题立法的尝试失败后，1791年和1793年的两部《法国版权法案》一直到20世纪都在法国统治着作家的权利。当出版商协会在1791年被废除后，特权几乎没有捍卫者，作品中自然权利的最有力的代言人也被削弱了。其结果类似于英国1774年唐森案件解决方案和随后的1777年《法国版权法案》（Copyright Act，1777）的例子。作者获得了权利，但与其他形式的财产权相比，这些权利受到严格限制。在他们的一生中，作家（最初只有剧作家）被赋予决定他们的作品如何上演和何时上演的权利。死后，这些权利会传给他们的继承人享用五年。

该法案由革命者勒·沙普利埃提出，他在1789年8月4日的神奇一夜主持了制宪会议（Constituent Assembly），当时旧政权在一次会议中基本上被推翻。他将这些问题牢牢地置于革命的志向之下——从旧政权改革派中继承的——打破垄断和解放人才。他确信剧作家热心公益，他们不寻求死亡后长期控制他们的作品。他们被允许在有生之年出售其作品，他们也乐于看到作品很快进入公共领域。当局的目标是打破垄断，允许法国公社和另外两家巴黎官方剧院上演拉辛、莫里哀、博马舍（Beaumarchais）、勒格朗（Legrand）等人的经典作品。为什么剧院不应该像其他行业那样对才华和抱负开放呢？在作家权利方面，英国被认为是值得效仿的典范。② 两年后的1793年，一项后续法律保护了作家、作曲家、画家（painters）

---

① Protests from Simon Linguet in "Opinion de Linguet touchant l'arrêt sur les privilèges" (1777), pp. 29-30（BK）, and Cochu, "Requête au Roi," in Laboulaye and Guiffrey, *La Propriété littéraire au XVIIIe siècle*, 160-63, 217.

② Decree 13-19 January 1791. *Archives Parlementaires de 1787 à 1860*, Assemblée nationale, 13 January 1791, 1 series, 22: 210-14.

等剧作家以外的创作者,并把继承人的权利(descendants' rights)延长到作者死后 10 年。①

这些法国大革命法律是那个时代海峡两岸和大西洋两岸对受限制的自然权利的讨论的一部分。英国、美国和法国都同样关心它们自己国家的公共领域和作家权利。② 类似于《安妮法》,法国大革命时的法律要点是给作者一些他们可以转让的权利,使他们成为与出版商、剧院老板平等的合作伙伴,消除特权、垄断和源于恩惠的奴性。③ 半个世纪后的 1842 年,法国司法部长安德烈·杜宾(André Dupin)这样说:1793 年法律的要点不是给艺术一个灵魂,因为它已经存在。这部法律是给艺术一个身体,使它实体化,让它进入市场。④ 早先皇家法令给予出版商的东西,现在他们不得不与作者讨价还价。

正如沙普利埃在 1791 年向国民议会解释的那样,文学财产完全可以转让,任何人都可以取代作者的位置,成为其合法的所有者。⑤ 一个世纪后,维克多·雨果评价了革命法律的重大意义:旧政权只给予出版商特权,使作者屈从,但文学财产解放了他们。"作家成为财产主人,这是作家的自由。"⑥ 一个世纪之后,2008 年,一位社会党参议员和一位法国中右翼政府文化部部长达成共识,财产权是作者作为正式公民而非奴才或妓女的社会地位的基础。⑦ 财产使作者成为与其他独立所有者平等的公民,在法国社会中,这些所有者构成了社会的支柱。就像在英国和美国一样,唯一有待讨论的权利是出版、销售和发行的经济权利。审美控制权将在以后出现。

---

① Law of 19 July 1793, *Archives Parlementaires de 1787 à 1860*, Convention nationale, 19 July1793, 69: 186-87.
② Anne Latournerie, "Droits d'auteur, droits de public: Une approche historique," *L'économie politique* 22, 2 (2004): 22-23.
③ André Kerever, "The French Revolution and Authors' Rights," *Revue internationale du droit d'auteur* 141 (1989): 9-10.
④ "[U]ne chose qui pût entrer dans le commerce." *Dalloz* 1, Cour de Cassation, 27 May 1842, p. 303 (BK).
⑤ Assemblée nationale, 13 January 1791, *Réimpression de l'ancien Moniteur* (Paris, 1847-54), 7: 118. 1791 年法第 5 条认为继承者和受让者在权利保护期内是他们作品的所有者,1793 年法第 2 条认为继承者和受让者享有与作者同样的权利(销售和发行),同样说法可见 "Droit de copie," *Encyclopédie, ou dictionnaire raisonné des sciences, des arts et des métiers* (Paris, 1755), 5: 146-47.
⑥ *Congrès littéraire international de Paris 1878: Comptes rendus in extenso et documents* (Paris, n. d.), 106.
⑦ *Journal Officiel*, Sénat, 29 October 2008, p. 6360; Assemblée nationale, 29 April 2009, p. 3739.

德国预示着作者权利

德国经常被描绘成一个版权落后的国家，尤其是在法国的报告中。的确，未来德意志帝国支离破碎和分散的状态阻止了在大片领土上的统一立法，加剧了盗版问题，出版商的特权也直到 19 世纪才被废除。① 尽管如此，和法国人、英国人、美国人相比，德国思想家们还是取得了新的进展。到了 19 世纪初，德国的法律在某些方面比其他地方的法律更为复杂。

在 17 世纪末和 18 世纪初，许多德国法律理论家和他们的法国、英国同行一样，从类似的自然权利原则出发进行辩论。② 同时，罗马法以有形财产及其绝对和永久性质为重点的持续影响，为有形财产和文学财产之间的任何简单概念的区别都设置了障碍。在自然权利学说的影响正在减弱之际，较为宽松的、在概念上不那么严格的洛克财产概念后来到达德国。③ 洛克认为财产是个人自主的基础：主要财产是个人的所有权，是对自己的主权。④ 相比之下，伟大的法学家弗里德里希·萨维尼（Friedrich Savigny）拒绝接受这一观点，认为这会导致不道德的后果：自己的财产意味着自杀（suicide）是在行使合法的所有权。⑤ 两位最重要的、思考作家权利的德国思想家伊曼纽尔·康德（Immanuel Kant）和约翰·戈特利布·费希特（Johann Gottlieb Fichte），则完全否定了传统财产和文学财产之间的类比。虽然他们最

---

① Höffner, *Geschichte und Wesen des Urheberrechts*, 1: chap. 4.
② J. A. Schlettwein, *Grundfeste der Staaten oder die politische Oekonomie* (1779), §52, for example, 引自 Diethelm Klippel, "Historische Wurzeln und Funktionen von Immaterialgüter- und Persönlichkeitsrechten im 19. Jahrhundert," *Zeitschrift für neuere Rechtsgeschichte* 3/4 (1982): 137; Ludwig Gieseke, *Die geschichtliche Entwicklung des deutschen Urheberrechts* (Göttingen, 1957), pp. 76-80.
③ Friedemann Kawohl, "Commentary on Kant's Essay, 'On the Injustice of Reprinting Books' (1785)," p. 2 and passim for other ideas that have been helpful here (BK).
④ *Two Treatises of Government*, bk. 2, chap. 2, §6, chap. 5, §27.
⑤ Helmut Coing, "Die Entwicklung der Persönlichkeitsrecht im 19. Jahrhundert," in Arthur Kaufmann, et al., eds., *Rechtsstaat und Menschenwürde: Festschrift für Werner Maihofer zum 70. Geburtstag* (Frankfurt, 1988), p. 80; Agnès Lucas-Schloetter, *Droit moral et droits de la personnalité: Étude de droit comparé français et allemand* (Aix-en-Provence, 2002), 1: 59-60.

初对立法的影响有限,但他们的时代即将到来。①

康德认为文本不如思想那么重要,因为思想不可能从他们的思想家那里获得。这为不以财产为基础的作者权利概念的产生做好了准备。他在1785年的一篇论文《关于未经授权的版本的非法性》(On the Illegality of Unauthorized Editions)中指出,印刷品不是作为一件东西,而是作为一种行为而具有重要性。② 一本书实质上是一篇演讲,印刷的那一页只是它的传播媒介。由于出版商只是为这一行为提供便利,他的主张取决于作者的许可。盗版是非法的,不是因为它侵犯了财产权,而是因为盗版者虚假地声称代表作者行事。

虽然受到自然权利的严重影响,但康德并没有将这种观念延伸到有关财产的问题上。他接受了罗马人关于财产的观念,认为财产是对有形事物的绝对控制。从这个意义上说,艺术品是财产,因为它们是作品,所以是东西而不是行为,一个所有者可以以他自己的名义用它们做他想做的事情,包括复制和出售它们。但作为实体化的演讲,书籍是一种行为而不是一件东西。从本质上说,它不能由其他任何人发表,作者有权以他的名义并按他的意愿发表讲话,出版商不过是个传递者。如果作品是一件东西,那么它就可以被它的创造者完全转让。但由于作品是一种行为,作者只能部分让步,而不能完全转让它。③

许多学者认为,康德并没有将作者的权利表述为人格权,他所提到的人格权是出版者向其听众传播作者讲话的权利。④ 没错,康德也谈到了出版商的个人权利。⑤ 但最重要的是,康德认为作者有权以他的名义和他选择的方式向听众发表讲话。因为出版商只是按照作者的要求行事,他们不是作品的主人,他们不能为所欲为,必须为作者代言。在这里,康德授予作者对其作品的控制权,即使在让与作品之后也

---

① 埃德尔曼试图在西蒙·林格特(1768年)之前几年里,去探寻康德哲学关于作品作为财产和作为作者人格发扬光大的结果这两种观点之间存在的区别,见 Edelman, Le sacre de l'auteur, 257-64. 他的观点是基于一篇关于林格特缺乏说服力的文献,见 Pfister, "L'auteur, propriétaire de son œuvre?" 326-39.

② Immanuel Kant, "Von der Unrechtmäßigkeit des Büchernachdrucks," *Berlinische Monatsschrift* 5 (1785) (BK). The same ideas appeared more succinctly in his *Metaphysische Anfangsgründe der Rechtslehre* (Königsberg, 1797), pp. 127-29.

③ Kant, "Unrechtmäßigkeit des Büchernachdrucks," 414-16, 406.

④ Gieseke, *Die geschichtliche Entwicklung*, 98; David Saunders, "Approaches to the Historical Relations of the Legal and the Aesthetic," New Literary History 23, 3, (1992): 506-7; Heinrich Hubmann, "Immanuel Kants Urheberrechtstheorie," UFITA 106 (1987): 151; Pascal Oberndörfer, *Die philosophische Grundlage des Urheberrechts* (Baden-Baden, 2005), pp. 97-98.

⑤ Kant, "Unrechtmäßigkeit des Büchernachdrucks," 411.

是如此，这在英语或法语世界的讨论中还未曾被预见过。

我们可能会说，康德冒着超越时代的风险，预示了后来被称为归属权和完整权的精神权利的到来——作者被承认为创造者并拥有控制作品变化的权利。但他对这些权利的制定非常严格，只限于一个作家对他听众的讲话和艺术家们所创作但没有传达出任何意义的东西。康德狭隘的标准也表明了他的结论：如果一篇文本被修改，并有效地成为一部新的作品，那么原作者就失去了他的主张。作者也不能阻止翻译，因为它们不再是同一个表达，即使这些想法仍然与原文相同。①尽管这些作者的权利可能是有限的，但是康德已经提出了未来最有争议的问题，一个在其他地方几乎没有人注意到的关键点：艺术控制。如果作品是一种财产，那么转让就给了新的所有者充分的权利，包括审美控制。如果没有，那么转让是有条件的，被转让的产权不再完整。康德完全拒绝了财产类比，并将作品定义为行为，从而避开了困扰那些坚持将作品依附于财产的理论家、法学家和立法者们的问题。

理想主义哲学家费希特紧紧跟随康德，但因为他对财产概念的理解比较宽泛，所以他能够保留财产作为作者权利的概念基础。康德对财产的理解仍然是绝对的，他认为财产完全可转让，因此不适合作为作者主张的基础。费希特却限制了作者的主张。他认为，创造者既不控制作品的物理对象，也不控制其中所包含的思想，而仅仅控制表达这些思想的形式。因此，费希特确定了创作者的两项主要权利：他们的作者身份必须得到承认，他们的思想形式不能被窃取，即禁止盗版也禁止抄袭（plagiarism）。②

对作品的完整权，费希特不如康德关切。相反，他强调购买者对实体作品的绝对权利。他还辩称，读者在自己脑海中，通过用自己的语言和概念重新构思它的观点来改编和理解一件作品。这两种观念都夸大了受众对创作者的主张。由于作者只控制了他给出的思想的特定形式，而且由于他的受众接受并使其成为自己的想法，这种形式发生了变化，因此作品本身就具有可塑性，完整性也就不重要了。

费希特对出版商的限制甚至超过了康德。他们没有得到任何财产，最多只能获得用益权（Nieβrauch）或使用权（use rights）。③ 事实上，出版商只获得了一种权

---

① Ibid.，416-17.

② J. G. Fichte, "Beweis der Unrechtmäßigkeit des Büchernachdrucks," *Berlinische Monatsschrift* 21 (1793): 451-52 (BK).

③ 莱辛在17世纪70年代也曾做过类似的区分：所有权和使用权是两回事。他怀疑出版商是否对作品拥有所有权。Gotthold Ephraim Lessing, "Leben und Leben Lassen: Ein Projekt für Schriftsteller und Buchhändler," in Herbert G. Göpfert et al., eds., *Werke* (Munich, 1973), 5: 783.

利——向读者出售将作者想法变成自己观点的机会，但他们不是以自己的名义行事，而是以作者的名义行事。费希特承认出版商可能拥有这一使用权，毕竟，盗版是违背法律的偷窃行为。① 他的论点以自然权利为基础，但他超越了英美法律和法国法律赋予作者的纯粹经济权利。作者拥有财产权——不是对思想，而是对他表达思想所采用的形式，他有权控制和保护这种形式。这意味着，即使作者可能已经出售了使用权，但他保留了支配其作品如何出现的权利。②

康德和费希特都没有立即影响到18世纪末的德国立法。即使如此，德国早期的法律有趣地不同于其他国家。尽管1794年的普鲁士民法典《普鲁士普通邦法》（Allgemeines Landrecht）紧随法国大革命法之后制定，但它却涉及了一些新颖的内容。出版商的权利与简单或完整的产权首次区分开，并被确定为单独的出版权（publication right, Verlagsrecht）。法典允许作者发行和销售作品，作品没有被视为文学财产的一种形式。③ 卡尔·戈特利布·斯瓦雷斯（Carl Gottlieb Svarez）是《普鲁士普通邦法》的两位主要起草者之一，他坚持认为，作品本身的所有权没有转让给出版商，后者只获得了销售权，即复制和传播的权利。除另有规定，转让出版权的权利终身属于作者。④ 除了出版者在公共领域推出新版作品必须赔偿作者的子女之外，这项转让权利并没有传递给他的继承人。⑤ 从这个意义上讲，普鲁士民法典承认作者的知识权利不同于被作者赋予出版商的开发权。

另一方面，尽管作者只让与了出版权，但他并没有保留太多控制权——也许是因为出版商弗里德里希·尼科莱（Friedrich Nicolai）帮助起草了普鲁士法典（Prussian Code）。⑥ 除非合同另有规定，出版商可以发行任何数量的印本（Auflagen），这样才可以复印。在这些书被出售或作者买回剩余的副本之前，作者无法推出新的版本。⑦ 因此，只有在原出版社不复存在之后，而且作者没有对新版本享有合同权利的继承人时，作品才归还给作者或进入公共领域。另一方面，与其他地方的

---

① Fichte, "Beweis der Unrechtmäßigkeit," 457-59.

② 类似观点见 Johann Jakob Cella, "Vom Büchernachdruck," in his *Freymüthige Aufsätze* (Anspach, 1784), pp. 86-87.

③ *Allgemeines Landrecht für die preussischen Staaten* (Berlin, 1794), §§ 996-98 (BK).

④ Martin Löhnig, "Der Schutz des geistigen Eigentums von Autoren im Preußischen Landrecht von 1794," *Zeitschrift für neuere Rechtsgeschichte* 29, 3/4 (2007): 201-3, 206-7.

⑤ §§ 1020, 1030.

⑥ Friedemann Kawohl, "The Berlin Publisher Friedrich Nicolai and the Reprinting Sections of the Prussian Statute Book of 1794," in Ronan Deazley, et al., eds., *Privilege and Property* (Cambridge, 2010).

⑦ §§ 1011-19. Gieseke, *Die geschichtliche Entwicklung*, 113-15; Löhnig, "Der Schutz des geistigen Eigentums," 211.

立法不同，即使在作品被转让之后，作者也被赋予对其作品的有限控制权。出版一个有变化和被修正的新版本，需要与作者续签合同。① 1809 年的《巴登民法典》(The Badenese Civil Code) 也禁止修改文本，但出版商可以根据自己的喜好印刷尽可能多的原版副本。②

这种想法打破了严格的基于财产的方法。但是总体来说，19 世纪初的德国立法与其他地方的法律并没有明显不同。相对而言保护期有点长。1829 年，黑森大公国 (the Grand Duchy of Hesse) 保护作者或他们的受让人，授予他们作品的版权保护期长达至死后 10 年。③ 更详细的 1837 年《普鲁士版权法案》(Prussian Copyright Act) 常常被国外引为典范，这部法案的关键是作者而不是出版商，他或其受让人必须同意对其作品的任何出版或再版 (republication of books)，作者可以出让他的全部或部分出版权和出售权 (sales right)。但是这些经济权利才是关键所在，保护期持续至作者死后 30 年。④

因此，法国、德国、英国和美国的立法在 18 世纪末和 19 世纪初期类似。⑤ 在文学作品中，皇室特权被一种有限的产权制度所取代。这些都是出版商为了自己利益而首先提出的要求，但作者们很快就意识到了自己的优势。自然权利是作者主张的基础，他可以——而且通常如此——指派出版商。但在作者和出版商的所有权主张站稳脚跟的同时，成文法取代了自然产权，成为文学财产的最终担保。法定文学产权相对有限，而且期限较短。法学家、诗人，同时也是反奴隶制推动者和自由女神像 (Statue of Liberty) 的精神之父的爱德华·拉沃拉叶 (Édouard Laboulaye) 在 1858 年指出，法国大革命法令可能坚持认为文学作品是财产最神圣的形式，然而，它实际上给予作者的是短期内的适度利益，这建立在积极的法律基础而不是自然权利之上。作者被给予的不是皇室特权，而是社会特权。⑥ 作为绝对作品权利的

---

① §§1029, 1012, 1016-17.
② *Land-Recht des Grossherzogthums Baden* (Karlsruhe, 1809), §577de. (BK).
③ Verordnung vom 16ten Mai 1829, den Büchernachdruck betreffend, in *Sammlung von Gesetzen … für Kurhessen*, 5: 31-33 (BK).
④ Gesetz zum Schutze des Eigenthums an Werken der Wissenschaft und Kunst gegen Nachdruck und Nachbildung. Vom 11. Juni 1837, in *Gesetz-Sammlung für die Königlichen Preussischen Staaten*, 1837, pp. 165-71 (BK).
⑤ Ginsburg, "Tale of Two Copyrights," 995-96.
⑥ Édouard Laboulaye, *Études sur la propriété littéraire en France et en Angleterre* (Paris, 1858), pp. xi-xiii.

热心捍卫者,巴尔扎克在 1841 年更加直言不讳:法国大革命法令没收了作者的财产。①

英国和美国的法律最为明确地规定了文学财产的法定基础。但法国和德国拒绝实施永久产权表明自然权利也有限制。出于保护作者的考虑,大陆政府也试图迎合出版商以及公众对廉价和易读版本的需求,作者产权成为通往公共领域的临时小站。作者被奉为自己作品的权利持有者,但只有出版和销售的经济主张才是成败关键。

法国大革命并没有标志着作家权利的重大突破。旧政权改革预示了革命法令,无论如何,这些法令在很大程度上反映了英国长期以来的情况,而且已经在美国和莱茵河沿岸各地实施。德国的情况是反常的,只是因为一些富有想象力的思想家暗示了将要发生的事情。

---

① Honoré de Balzac,"Notes sur la propriété littéraire"(1841),in his *Œuvres completes*(Paris,1872),22:300.

第三章
分离之路

——19世纪的版权和作者权

文学权利会成为如一栋房子或一座农场那样可以永久享有的一种财产形式吗？这是 19 世纪作家和出版商所提出的应然诉求。作者在其作品中的财产权部分体现在 19 世纪初通过的法律中，这些法律通过的次序首先是在英国，然后是美国、法国和德国。作者们坚持认为文学财产和传统财产相似，因此其作品权益应该永久存在。然而，大多数立法者对这种特殊的恳求并不信服，因为他们的任务是服务整个社会而不仅仅是权利持有人。因此，第一批法律创立时，充其量只是有条件地用自然权利去理解文学财产。作者拥有他们的作品，也可以像其他商品的生产者一样在文学市场上出售他们的作品，但是，他们只有在社会认为公正并且法令也允许的条件下才能成为所有者。

因此，英国、美国、法国和德国都有一个共同的前提：作品是一种财产形式，作者对此有着固有的要求。但是为了保护公共领域，无论是作者还是传播者，都不能在超过限定的时间外拥有作品。然而，从这一 18 世纪的共同立场来看，情况却开始出现变化。在所有国家，作者及其代理人的作品权利的不断扩张得到越来越广泛支持的同时，作品财产与传统财产的内在矛盾（conventional contradictions of property）也逐渐显露出来。传统的财产可以完全让渡出去，它的新主人绝对拥有它并可以随心所欲地去使用。然而，人们普遍认为作品不同，出版商不能只按他认为合适的方式修改、编辑或改编它，以及给它一个新的标题。

事实上，作品不可能完全让与。即使在一般的习惯性理解中，作者在转给他们的受让人时仍保留一些对作品的看法。这些持续的美学权利在英美早期的版权法中得到了有限程度的阐述，但英美版权广泛地允许作品让与，只有少数权利能被作者持久拥有。事实上，19 世纪的英语世界坚定地强调把作品的全部权利转移给传播者，然后最终将其纳入公共领域。在 19 世纪 30 年代后期，英国一场激烈的争论使作者们寻求更长的版权保护期限来对抗公共阅读，其结果尽管是一种妥协，却明显地限制了作者的野心。在 19 世纪的美国，版权完全是一种很难推销的东西，作家和出版商拥有过多权利，被认为阻碍了新生民主国家的教育愿望。由于美国分享了英国文学丰富的语言，盗版英国书籍成为美国官方的政策。直到 1891 年，外国作者才勉强在美国获得版权保护。

然而，在 19 世纪的法国和德国，即使在让与了作品的经济权利之后，长保护期和作者持续的审美控制也被更加严肃地对待。在 1841 年的一场激烈的辩论中，法国议员开始发现把作品当作传统财产来看待的矛盾。如果作品表达了作者的个性，那么它们就不可能被完全让与。作者天生就保留了一种美学诉求。考虑到在离婚、死亡、破产等情况下，文学作品通过拿破仑物权法获得保护的困难，七月王朝众议院（Chamber of Deputies）的代表们开始制定有关作者精神权利的法律。

　　版权立法像是滚雪球。第一批法律主要涉及书籍作者，保护他们未经授权的版本不被逐字重印。但是版画、绘画、音乐或建筑物呢？缩编、摘录、翻译、表演或修改作品怎么办？他人对于作品的使用、提及、引用和修改，作者在多大程度上的控制更为合适？19世纪的英国和美国通过加强法定财产权来处理版权问题。与此同时，法国和德国坚持认为作者的权利是自然权利，他们现在开始增加人格权利（personal rights to works）或精神权利，追求保持作者和作品之间的内在联系。然而，这两条发展道路——版权和作者权利——直到19世纪末才会出现。

　　也许，这种方式的分离可以追溯到1878年在巴黎举行的国际文学大会。在这里，欧洲大陆的代表们讨论了自然权利下文学财产权的优点。权利是永久的吗？公共领域对作者权利的侵犯能达到多大程度？无论具体结论如何，几乎所有代表都热情地支持一项决议——主张作者获得对其作品的权利不是法律的让步，而是一种自然产权。只有英国代表站在另一边为他不能参加这种讨论而辩护。他道歉说，这种讨论的前提违反了英国立法的基本假设，即文学财产受到积极的、人为的法律保护，而不是自然权利的保护。① 同样的情况在美国也是如此，这一点在下面将会变得很明显。

　　英国版权委员会同年的报告也体现了英语版权和欧洲大陆作者权利之间的差距。贸易委员会常务秘书托马斯·法雷尔认为，作者"绝对和不可辩护的"权利的提法太过强硬。他认为这类提法令人愤慨，难道建筑师设计了一所房子后就能够禁止其他人建造一个类似的？这样的建议也显得"更奢侈"，如同艺术家卖掉了他们的照片，就应该能够阻止后来的主人复制、雕刻或拍摄它们。这一类的权利提议激怒了英国的委员们，也在"与加拿大和美国就版权问题进行的讨论中引起了不满"②。但相比之下，这种说法在法国和德国开始被视为有价值的目标。

　　当出版商亚历山大·麦克米伦（Alexander Macmillan）兴高采烈地试图说服版权委员会，声称他的公司永远拥有莎士比亚的作品并没有坏处时，他面临着质疑。③

---

① *Congrès littéraire international de Paris 1878: Comptes rendus in extenso et documents* (Paris, 1879), pp. 138, 171.

② Copyright Commission, *The Royal Commissions and the Report of the Commissioners*, c. 2036 (London, 1878), p. xlix.

③ *Minutes of the Evidence Taken before the Royal Commission on Copyright*, c. 2036-I, (London, 1878), pp. 16-17.

委员会认为，英国高昂的图书价格（book prices）是出版商和借阅图书馆谋划发行昂贵初版的结果。图书行业要求英国作家和出版商在美国享有版权，但是委员们会问，这会有什么结果呢？也许便宜的美国版本只会继续下去，而英国的书仍然是昂贵的。委员们的口吻像是在探寻答案，但他们显然是为了公众利益。①

无形财产

随着作者权利的扩大，作者所宣称的具体主张需要确切解析。什么是作品的本质？它的物理体现、先进的思想还是它的表达方式？财产既可以是有形的也可以是无形的，文学作品的无形性使作者的主张不那么容易被理解，但也使创作者更加具有个性和独特性。

无形财产权在英国发展得较早。当认为财产主要是有形物的罗马法观点在欧洲大陆依然强势时，盎格鲁-撒克逊普通法在处置相关问题时则有更为广泛的财产概念。②选择权、圣职推荐权、共有权、通行权、什一税、职位权（offices）、特许经营权（franchises）、租金、养老金和其他"无形遗产"：所有这些都是公认的无形财产。③无形财产作为一个普遍的概念，很快在英国被接受。米勒案（1769年）后展开争论的20年间，当1787年英国讨论保护印花设计（designs on calico）时，无形财产的概念不再受到质疑。④

对于版权的发展来说，有形财产和无形财产之间的区别至关重要。只有将作品作为一个对象从其智力内容中彻底分离出来，作者才能保留它的权利。在其有形的化身中，作者显然首先授予他的出版商出版权，然后让其走向全世界。虽然买了这本实体书，但盗版出版商既没有权利对其内容进行管理，也没有权利发行他们的版本。到了19世纪初，人们普遍认为文学作品比体现它的物理特性的图书更重要。法律很快就加强了这种区分。例如在1809年，巴登的民法典将手稿与其内容巧妙地区分开来。根据作者与出版商的协议，内容仍由作者负责。在这种情况下，作者所有

---

① Ibid., 40-42 and passim.
② Helmut Rittstieg, *Eigentum als Verfassungsproblem*: *Zu Geschichte und Gegenwart des bürgerlichen Verfassungsstaates* (Darmstadt, 1975), pp. 26-27; Charles Donahue, Jr., "The Future of the Concept of Property Predicted from Its Past," in J. Roland Pennock and John W. Chapman, eds., *Property* (New York, 1980), p. 34.
③ Mich. 2. Geo. 3, pp. 340-41 (BK); Frederick G. Whelan, "Property as Artifice: Hume and Blackstone," in Pennock and Chapman, *Property*, 121.
④ Brad Sherman and Lionel Bently, *The Making of Modern Intellectual Property Law*: *The British Experience*, 1760-1911 (Cambridge, 1999), pp. 40-41.

权主张的建立，既针对未经授权的转载，也针对对作品的更改或添加。①

蒲柏诉科尔（Pope v. Curl，1741）案阐述了作品的物质性与非物质性之间的区别。书商埃德蒙·科尔（Alexander Pope）未经允许就发表了亚历山大·蒲柏（Edmund Curl）的往来书信。科尔争辩说，信件一旦寄出去就摆脱了蒲柏的占有和控制，而拥有物质信件就意味着控制它的知识内容。蒲柏反驳说他仍然是这些信件的作者，因此他有权决定是否出版。法庭站在蒲柏一边，将信件内容的所有权与"向世界公布这些信件的许可权"区分开来，后者仍在作者手中。文学财产的实质从它的物理媒介中被抽象出来。②

但是，如果不是他作品的物理表现，那么作者到底主张什么呢？他的思想中有财产吗？如果是这样的话，如何区分哪些思想家是独立地产生相同概念的？思想在等待着从大自然中被挖掘出来吗？那它们怎么能属于任何人？这些困难导致专利法的确立被视为没有任何自然权利依据。专利的确给予了创意（ideas）所有权，但这种所有权只是法规创造的临时垄断。文学作品作者所拥有的东西，逐渐成为人们关注的焦点。其结果是赋予作者权利并不是基于他们的想法，而是他们作品中最个人化和最独特的一面，即想法的表达。

在书写作品中，雕刻师是首先区分想法和表达的人。在伟大的雕刻家威廉·霍加斯（William Hogarth）的带领下，一个团体请求下议院（House of Commons）保护他们的复制品。由此，1735年《雕刻法案》（Engravers' Act，1735）根据霍加斯的需求而制定。雕刻师的不寻常在于他创造了自己的图像，而不是抄袭其他人的，因此法律授予雕刻师对自己的发明和设计进行雕刻的专有权。③ 雕刻师承认，虽然对另一雕刻的直接复制是盗窃，但同一主题的新研究并不是。"每个人无疑对每个主题都有平等的权利。"法案没有保护主题，而是保护了雕刻家的做法，即"显然会成为他自己方式"的"做法"。④

1774年，律师弗朗西斯·哈格雷夫（Francis Hargrave）嘲笑那些想要保留权

---

① *Land-Recht des Grossherzogthums Baden* (Karlsruhe, 1809), §577d. (BK).

② *Pope v. Curl* (1741) 2 Atk. 342 (BK). See also Ronan Deazley, Commentary on Pope v. Curl (1741) in BK; Mark Rose, *Authors and Owners: The Invention of Copyright* (Cambridge MA, 1993), pp. 60-64.

③ D. Roberton Blaine, *Artistic Copyright: Report Prepared at the Request of the Committee, Appointed by the Society of Arts* (London, 1858), p. 10 (BK).

④ "The Case of Designers, Engravers, Etchers, &c., Stated in a Letter to a Member of Parliament," Lincolns Inn Library: MP102, Fol 125, pp. 4-5 (BK). 同见 the commentary by Ronan Deazley in BK, 以及 Ronan Deazley, *On the Origin of the Right to Copy: Charting the Movement of Copyright Law in Eighteenth-Century Britain* (1695-1775) (Oxford, 2004), pp. 88-94.

利的作者"荒谬而不切实际",认为那是专利领域的问题,作家们只能主张有权印刷他们的作品。但他补充道:"每个人都有一种表达自己特有想法的模式。"这两部作品可能彼此相似,但仍表现出"思维方式和写作方式的无限多样性"。一部作品,"就像人类的脸,总是有一些奇点、一些线条、一些特征来描述它"①。这样的特点使得作者得以在作品中表达他的思想主张。

欧洲大陆的出版商们也认为他们的作品同样基于这一区别。普鲁奎特神父指出,授予伏尔泰《亨利亚德》(Henriade,1723)的特权,并没有禁止其他人写关于纳瓦尔的亨利(Henry of Navarre,指亨利波旁,即后来的亨利四世)、围攻巴黎的文章。但它确实阻止了他们窃取伏尔泰的版本。② 作者们声称,他们的权利不是思想,而是他们的表达。1793 年,德国诗人费希特接近了现代表述,他将实体书的知识内容分解为思想和表达,任何一个读者都可以拥有这些想法,但它们的表述仍然属于作者。③ "文学之井向所有人开放,"一位英国律师在 1828 年说,"但没有人有权使用别人的桶。"④

因此,自然权利论证的核心就是每一部作品的本质及其与创作者关系,思想是大家共同的,但作者拥有他们独特的思想表达(expression distinction)。1839 年,在法国的七月王朝时期,民法典核心起草人波塔利斯(Count of Portalis)将这一论证推到了极限。人最亲密的财产是他的智慧,他的思想产品是内在的,即使曾被释放了,也仍然是他的一部分。文学财产"从本质上说,其产生是由于无法将作者和作品分开,即文学财产是客体和主体的不可分割性所决定的财产"⑤。不过,出版商提出这一观点,目的是让作者转让他们努力的成果,最私人的也是完全可转让的动产。但是,这件作品如何既具有独特个性又完全可以被转让?由于这种无法解决的矛盾,在整个 19 世纪,自然权利的争论(包括个人和财产两方面的因素)逐渐被一种新的哲学所补充。在这种哲学中,创作者与他作品有关,因为作品是作者的个性表达(works as expression of personality)。对于这一发展,我们很快就会谈及。

---

① Francis Hargrave, *An Argument in Defence of Literary Property* (London, n. d., 1774), pp. 16, 36-38, 6-7 (BK).

② "Lettres à un ami par l'abbé Pluquet" (1778-79), in Ed. Laboulaye and G. Guiffrey, eds., *La Propriété littéraire au XVIIIe siècle* (Paris, 1859), p. 315. Similarly: "Lettre du libraire Leclerc à M. de Néville, Directeur de la librairie" (1778), pp. 406-7.

③ J. G. Fichte, "Beweis der Unrechtmäßigkeit des Büchernachdrucks," *Berlinische Monatsschrift* 21 (1793): 457-59. 类似观点见 Johann Jakob Cella, "Vom Büchernachdruck," in his *Freymüthige* Aufsätze (Anspach, 1784), pp. 96-97, 103-5.

④ Robert Maugham, *A Treatise on the Laws of Literary Property* (London, 1828), pp. 181-82.

⑤ *Archives Parlementaires*, Chambre de Pairs, 25 May 1839, 124: 644.

"不仅被抢劫，而且被谋杀"：版权的所有权和控制权

　　文学作品从一开始就与其他财产不同，这种财产仅是暂时被占有。但它与其他财产在经济上可让与的特征相似。一张椅子卖给新主人便任由新主人摆布，他可以把它涂成任何颜色，用它做梯子，也可以把它放在角落里，或者把它拆开点燃。买一本书的人也可以用他的复印本做他想做的事。但是作品本身呢？盗版显然违法，但非作者本人的版权所有者该如何呢？他能改变这本书的书名，重写它，出版他认为合适的书（或者根本不出版），甚至以他自己的名义发行吗？最早的法律主要管辖经济权利（即出版和销售），它们保护作者及合法出版商免遭盗版侵害。法律所未表达的假设是，出版将广泛地以作者所期望的形式出现。但是，对曲解、编辑、缩写或其他改编法律该怎样对待呢？

　　塞巴斯蒂安·布兰特（Sebastian Brant）是宗教改革前批判教会的无报酬作者，他发表在1494年的《愚人船》（*Das Narrenschiff*）也没有获得任何经济利益，但他反对盗版，因为盗版者遗漏或改变了他的句子，并插入新的内容。① 马丁·路德（Martin Luther）显然是为上帝写作，而不是为财神（Mammon）。在1541年，他猛烈抨击未经授权大量出版其作品的行为，因为不仅他的合法出版商赔了钱，而且盗版版本充斥着错误，歪曲了他的作品。② 在1710年颁布《安妮法》之前进行的谈判中，英国作家和出版商含蓄地假定作家保有改编和修改作品的权利。③ 在1695年，丹尼尔·笛福（Daniel Defoe）认为，除了一本书的"所有人"之外，没有人有权删减作品。所有人是指作者或其受让人，但笛福认为作者最有资格。④ 虽然他可能没有法律上唯一删节者的排他性权利，但允许他这样做是有道理的。

　　1710年《安妮法》允许作者将出版和销售的经济权利转让给出版商，但这部法律并非完全无视更广泛的作者控制。虽然它允许作者让渡权利，但它还规定，获得这种权利的人这样做"是为了印刷或重印同一作品"。这听起来似乎不允许出版商进

---

① Ludwig Gieseke, *Die geschichtliche Entwicklung des deutschen Urheberrechts* (Göttingen, 1957), 21, 36-40.
② Martin Luther, "Eyn Vermanung an die Drücker," 1541 (BK).
③ Lyman Ray Patterson, *Copyright in Historical Perspective* (Nashville, 1968), pp. 71-77; Rose, *Authors and Owners*, 27-30. But, for a caution, see also Oren Bracha, *Owning Ideas: A History of Anglo-American Intellectual Property* (http://www.obracha.net/), 166-68, 174-75.
④ Daniel Defoe, *An Essay on the Regulation of the Press* (London, 1704), pp. 18-22, 26-27 (BK).

行更改。

在判例法（Case Law）中，作者试图对他们的作品实施控制，甚至在卖掉它们之后也是如此。托马斯·伯内（Thomas Burnet）1692年出版的拉丁文（Latin）作品《哲学考古》（*Archaeologia Philosophica*）中，包含了夏娃与蛇之间的一次有趣谈话。当未经授权的节选部分以英语版本出现，尴尬的伯内试图阻止翻译或未经授权的版本。在他于1715年去世后不久，一群出版商计划出版一本英文版，他的兄弟和遗嘱执行人乔治·伯内（George Burnet）发出了一项强制令作为反击。伯内认为托马斯不想要英文版本，他还声称，"（翻译）错误，作者的意思和话错了，而且以荒谬可笑的方式表现出来"。虽然法院同意《安妮法》不禁止翻译，但法院以其他理由作出支持伯内的裁决。法院指出，作者试图用拉丁文向普通读者隐瞒他的"奇怪想法"，禁止翻译——并不是因为它侵犯了作者的法定权利，而是因为法院被作者管理其声誉的希望所打动。①

一个世纪后，在一桩涉及年轻人轻率从事的案件中，更多的作品控制权被考虑，但被拒绝。1794年，20岁政治激进分子罗伯特·骚塞（Robert Southey），委托他的出版商发表一首关于1381年英国农民起义（easant Revolt，1381）领袖的戏剧诗《瓦特·泰勒》（*Wat Tyler*）。1817年，43岁的骚塞偏于保守，成为湖畔诗人（Lake Poets）之一，并且后来成为桂冠诗人（the poet laureate）（沃尔特·司各特拒绝了这一称号）。此时出版商决定出版这部手稿，以使他尴尬。② 骚塞没能禁止发表他的诗，很大程度上是因为当时不道德作品（immoral works）的版权不被承认。法官埃尔顿爵士（Lord Eldon）对这位作家表示同情，但他似乎也认为，把作品留给出版商如此长的时间，骚塞就丧失了对他作品的控制权。③

英国法律最初在保护形象艺术（graphic arts）领域提供了经济权利以外的内容。虽然《安妮法》禁止不经作者授权的复制行为，但它只包含逐字复制，没有考虑到作品的改编行为，例如翻译或缩编。对于25年后的版画来说，法律的调整更加灵活。正如我们所看到的，1735年的《雕刻法案》区分了作品本身和它所体现的思

---

① *Burnet v. Chetwood* (1721), J. H. Merivale, *Chancery Reports* (London, 1817-19), 2: 442 (BK). Rose, *Authors and Owners*, 49-50.

② 骚塞也是原版《金发女孩》的作者，并且创造了"自传（autobiography）"这一术语。

③ *Southey v. Sherwood* (1817) 2 Mer. 435, p. 439. Isabella Alexander, *Copyright Law and the Public Interest in the Nineteenth Century* (Oxford, 2010), p. 71. 在后来的一个案例中，查理·卓别林的儿子已经转让其父亲生活故事版权，在试图限制其出版时，法院拒绝进行干预。见 *Chaplin v. Leslie Frewin (Publishers) Ltd.* [1966] Ch. 71, discussed in Gerald Dworkin, "The Moral Right and English Copyright Law," IIC: *International Review of Industrial Property and Copyright Law* 12 (1981): 489.

想。它禁止简单复制，同时允许任何人使用相同的主题。它还禁止复制只对现有版画做小改动的作品。① 不管怎么说，作品的完整权受到法律的保护。

英国的形象艺术也首先在作者的审美控制方面得到了某种保护——后来被称为作者的精神权利。1862年的《英国美术版权法案》处理了作品的归属问题，禁止以实际艺术家以外的名义进行转让和销售艺术作品。② 剧作家也渴望从美学上控制他们的作品，在1833年赢得表演权（performance rights）之前，他们声称未经授权的舞台演出行为损害了他们的声誉和收入。③ 1822年，拜伦（Byron）的出版商起诉一家戏院，因为它使用了《威尼斯总督马里诺·法利埃罗》（*Marino Faliero, Doge of Venice*）的简写版本，结果失败了。出版商的律师为其经济权利辩护，声称演出使印刷版市场销声匿迹。拜伦本人可能已经感到生气了，因为德鲁里巷皇家剧院（Theatre Royal in Drury Lane）的经理公开表示，"无论壁橱里多么美丽和有趣，演员依然在公开的独奏会中疲惫不堪"，因此他们将会删除某些独白。④ 剧作家道格拉斯·杰罗德（Douglas Jerrold）在1832年的议会特别委员会上提出了类似的观点。他抱怨说未经授权的表演两度伤害了作者：他们没有得到报酬，作品也被肢解，因此他们"不仅被抢劫，而且被谋杀"⑤。

简写书籍也提出了超出纯粹经济范畴的艺术权利问题。作者控制各种出版物吗？在18世纪繁荣的期刊文学中，简写书籍普遍存在。着重逐字重印的《安妮法》并没有直接宣布它们为非法，而删节者们认为他们的作品对公众的益处在于能简洁地启发广大观众。在18世纪中叶，法院权衡了删节的性质和程度并允许"公平删节"，因为它们不仅仅是缩短的版本。《安妮法》只禁止逐字重印，从而放弃了这种商业行为管控。现在，判例法为作者收回了他们所交出的一些东西。然而这些案件也继续强调了《安妮法》对作者主张公共利益的要求，合理删节给公众带来的好处多于对作者的伤害，因此往往是被允许的。哈德维克勋爵（Lord Hardwicke）在裁决格尔斯诉威尔考克斯案（Gyles v. Wilcox, 1741）时称，如果我禁止所有删节，那么这样任性的结果将使所有书籍和期刊均不得出版。⑥

在《安妮法》限制版权保护至唐森案（1774年）限制普通法版权之前的这段时间，对作者审美兴趣的这种关注更容易在英国推行。在将普通法版权短暂延续到法

---

① Engravers' Act, 1735, 8 Geo. II. c. 13 (BK).
② Fine Art Copyright Act, 1862, 25 & 26 Vict. c. 68, s 7.
③ An Act to Amend the Laws Relating to Dramatic Literary Copyright, 1833, 3 Will IV c. 15.
④ *Murray v. Elliston*, 3 May 1822, 5 B & Ald. 657, *English Reports*, vol. 106.
⑤ 引自 Alexander, *Copyright Law and the Public Interest*, 86.
⑥ J. T. Atkyns, *Chancery Reports* (London, 1794), 2: 143 (BK). See also the instructive commentary by Ronan Deazley in BK.

定 14 年保护期限之外的米勒（Millar，1769）一案中，曼斯菲尔德勋爵（Lord Mansfield）列举了自然赋予作者未发表作品的权利——他认为在出版之后他应继续保留这些权利：作者应该从他的努力中得到回报；他的名字不应该被别人使用；他应该选择在何时和以何种方式出版；作者应该决定哪个出版者可以被信任，不会在他的文本上添加额外的内容。曼斯菲尔德勋爵继续说，如果没有这项权利，作者将不再掌握自己的名字，不能阻止添加，也不能撤回错误，或修改或取消一个错误的版本，任何人都可能出版一个违背作者意志并使作者感到耻辱的永久不完美的文本。① 实际上，曼斯菲尔德所定义的作者即使在出版后也能控制作品的普通法主张，正是后来被认为属于作者精神权利的作品归属权和完整权。

然而，曼斯菲尔德对作家的关心在英国并不长久。五年后的 1774 年，唐森案严格限制了他们的普通法权利。当作品仍为手稿时，作者拥有普通法财产权。然而一旦出版，只有《安妮法》的保护才使印刷、出版和销售的权利得以幸存。曼斯菲尔德已经预见到了艺术控制的一个重要因素。决定唐森案的上议院采取了更狭隘的做法，支持盗版出版商唐森的简报，否定了文学财产中普通法权利的存在。上议院反对一本书由两部分（即材料和非物质部分）组成的观点，这一观点荒谬地认为书的材料被出售后购买者可以按照他的喜好去做，但同时作品的要义仍然为作者所拥有并在他控制之下。这就像争辩说一个人可以拥有一匹马的尸体同时另一个人拥有这匹马的颜色、形状或速度一样愚蠢。一旦出售，作者对他的作品保持不了任何控制权，就像在其他任何动产中一样。

另一方面，英国财政大臣（Chief Baron）史密斯（Smythe）爵士继续以曼斯菲尔德勋爵的精神进行争论，即使在出版之后，仍然坚持普通法权利。盗版者偷走了作者的想法和他的名字，作者的作品被剥夺，不再能够纠正错误，"即使第一版出现一些不妥之处也不能取消任何部分"。史密斯感叹这种普通法权利的丧失，但他的同事首席大法官德格雷（De Grey）勋爵则代表获胜的一方对它感到恐惧。他警告说，如果一个作家拥有永久的财产权，他可以为第一版设定任何他想要的价格，完全拒绝第二版，并能召回他的想法。② 作者出版的作品属于社会，它不能被收回。

《安妮法》涉及可复制的文学作品，但单一性艺术品引发了它们自己的难题。购买一件艺术作品长期以来也被视为包括获得复制权（reproduction right, art），这剥

---

① *Millar v. Taylor* (1769), Easter Term 9 Geo. 3. B. R., p. 2399.

② *The Cases of the Appellants and Respondents in the Cause of Literary Property, before the House of Lords* (London, 1774), pp. 4, 44, 47 (BK).

夺了艺术家经济及审美主张权利。广义而言，雕刻师控制着他们自己的原创设计。①但是当一个画家卖掉他的作品时发生了什么呢？他是否保留通过雕刻复制它的权利？这个问题很重要，因为在早期预测无限可复制性力量时，雕版画的收入往往使原始艺术品的销售收入相形见绌。本杰明·韦斯特（Benjamin West）是 18 世纪末英国最成功的画家，他创作了至少五幅广受欢迎的《沃尔夫将军之死》（*Death of General Wolfe*，1770）的复制品，每张售价从 250 英镑到 400 英镑不等。但这幅画的雕版画至少为雕刻师赚了 7,000 英镑，给沃尔夫的经纪人约翰·博德尔（John Boydell）赚了 15,000 英镑（我们不知道沃尔夫自己带了多少回家）。②

当涉及艺术品复制时，艺术家在英国并不占上风。1862 年《英国美术版权法案》草案建议，即使在出售后，艺术家也要将一幅图样、绘画或照片的版权保留在手中。艺术品买家则对此表示抗议。一位议员抱怨说，允许一位艺术家保留他出售作品的版权，"这是一项前所未有的不合理提议"，也是对财产权的无理干涉。艺术家们将遭受最大的损失，因为作品价格被他们保留的权利所折现。③ 只有在书面销售合同明确保留版权的情况下，立法者才会听取并授予艺术家版权，但买方也没有获得版权。④ 在没有书面销售合同的情况下，版权完全丧失。

另一个成为英美版权主体的原则也削弱了作者继续审美控制的权利：雇佣作品原则。这一原则赋予雇主权利，有时甚至将他视为合法作者。它把创造权从控制权中分离出来，甚至在创造作品之前就剥夺了作者的权利。英国 1798 年的《雕塑法案》（Sculpture Act，1798），将艺术品"唯一权利和财产"的人设定为要么是"应作画的人"，要么是"安排制作的人"⑤。1862 年《英国美术版权法案》赋予艺术作品的委托人以著作权，除非另有书面规定。

在英国版权传统中，狗也扮演着重要的角色。皇家版权委员会在 1878 年疑惑，谁有狗的肖像权利？⑥ 它决定，狗的主人应该同时获得这幅画和它的版权，除非另有书面授权。对于百科全书（encyclopedias）、期刊（periodicals）和丛书这样的集

---

① Mark Rose, "Technology and Copyright in 1735: The Engraver's Act," *Information Society* 21, 1 (2005): 65; David Hunter, "Copyright Protection for Engravings and Maps in Eighteenth Century Britain," *Library* 6, 9 (1987): 143-45.
② Ronan Deazley, "Breaking the Mould? The Radical Nature of the Fine Art Copyright Bill 1862," in Deazley et al., eds., *Privilege and Property* (Cambridge, 2010), p. 293
③ *Hansard*, Commons, 6 May 1861, pp. 1631-34.
④ 25 & 26 Vict. c. 68, s. 1 (1862).
⑤ 38 Geo. III. c. 71, s. 1 (1798). Similar wording in 54 Geo. III. c. 56, s. 1 (1814).
⑥ 他们也认为很可怕，如果艺术家保留版权，委托人妻子或女儿的照片应该能够在商店橱窗中像"女演员和类似角色"一样展出。*Minutes of the Evidence Taken before the Royal Commission on Copyright*, 184.

体作品，1842 年版权法修正案赋予出版商在其员工的作品中"与实际作者相同的权利"，但他不能将其作为独立作品出版。① 就像一个世纪后人们对电影作品（film）的担忧一样，出版商担心如果每个贡献者控制自己作品的版权，集体作品就会分崩离析。②

英美版权传统并没有完全忽视作者的审美权利。18 世纪的英国人和美国人认为，普通法主张即使在作品出版之后作者仍然对文学财产进行管理，它试图给予作者持续的发言权。反对者认为作者只有法规规定的经济权利。随着 1774 年唐森案的审结，后一个立场在英国取得了胜利，就如同 1834 年美国的惠顿案一样。随着成文法取代普通法，艺术控制作为一种关切逐渐消退，保护作者的经济权利并迅速将作品转让给公有领域成为英语国家的主要目标。作者是否在出售版权时让与所有权利？如果不是，他保留了什么控制权？对于这样的问题，版权传统几乎没有明确的答案。

法国文学财产精神下作家权利的诞生

英国和美国的辩论使那些主张作家拥有永久普通法权利的支持者们受到鼓舞，他们反对那些不承认任何超越法定垄断文学财产主张的人。这一结论给予作者在作品出版后有限的经济权利。除此之外，它很少提及艺术控制，除非它特别剥夺了艺术控制权。在欧洲大陆，18 世纪末和 19 世纪初的立法成果几乎一致，重大分歧将会在稍后出现。但是在 19 世纪中期，超越作者权利的概念最先在法国和德国出现萌动，而通常这种权利以财产为基础（无论是自然权利还是法定权利）。

不用说，浪漫主义和它对英雄创造者的赞颂，使作者权利的土壤更加富饶（我们将在下一章中提到这点）。但是，正如自然权利理论一样，浪漫主义在我们所有国家里都是一种文化因素，却没有产生同样的结果，所以肯定还有别的东西在起作用。在法国议会 1841 年的辩论中，许多精神权利的构成法律要素首先得到承认，但对广泛的文化潮流——浪漫的或其他文化——或外国先例及其影响的暗示基本上不存在。相反，人们围绕拿破仑法就作者死后或离婚后传承作品的棘手问题展开了讨论。家庭法推动了作者权利的发展。

当议会议员试图消除知识产权固有的概念矛盾时，精神权利观念几乎自发地在知识分子中产生了。没有新的行为者或利益出现，作家享有他们新获得的权利，传播者希望完全获得作者的权利。只要有人赞成，公众就想要便宜、方便、藏书充足的图书馆、书店、博物馆、画廊和音乐厅。但文学财产是一个带有核心悖论的不稳

---

① 5 & 6 Vict., c. 45, s. 18 (1842).
② *Hansard*, Commons, 3, 43 (6 June 1838), p. 553.

定概念。它被认为尤其与作者有关，因为作者凭自己努力创造了作品，作品完全属于作者并可以随意由其分配，作品作为财产是个人的"并且"可以转让。但是这两者可以并存吗？为了调和19世纪中期的这种紧张关系，法国和德国提出了基于人格而非财产的作者权利新观点。

在18世纪，这里所说的所有国家都认为，作者根据自然权利的内在逻辑对其作品享有财产权，但是一旦它被公布于众，实际上只有法规所允许的权利主张才会继续存在。在19世纪，两个问题反复出现。第一个问题有关自然权利，它试图融合传统财产和文学财产。如果文学财产是传统财产，为什么它不是永恒的？这是一个长期的问题，甚至在今天仍然存在。

另一个更有成效的问题促使人们通过新的途径进行调查，并最终通过立法。作者能像其他财产一样，完全让与他的作品并放弃所有的审美控制吗？传统财产是永久的，也可以完全转让。但是那些坚持作家应该永远拥有自己作品的人通常拒绝接受作者也可以完全放弃的推论。财产最终被证明是一个不充分的概念工具，因为作者想要它的永恒性，而不是它绝对的可让与性。最早认识到这一点的人中有一位是纪尧姆·德拉·兰德尔（Guillaume de La Landelle），一位海军军官和小说家。在1878年的国际文学大会上，他指出了核心悖论：如果文学产权是永久的，它必须是可以转让的，因此，新主人可以自由地改造、滥用甚至摧毁它。这对精神作品来说是错误的，因此，文学财产如果说是财产，它就不可能完全让与，也不可能永远持续拥有这种权利。①

法国人发现，把文学作品视为传统财产会产生不良的结果。当作品从作者传给配偶、孩子、家庭或债权人（creditors），而现在这些人要求做出美学选择时，就会产生问题。意想不到的后果导致法律在法庭上受到考验。法案被起草，然后在马拉松式的议会审查和辩论中不断产生新的提案。19世纪，新的观念逐渐将他们的思想根植于财产概念的裂缝中，打破了继承下来的确定性。

1777年，律师兼巴黎书商的代表西蒙·林格特预言了未来的概念问题。作者的作品是一种"真正的创造"，他们对此有明确的主张。和其他代表出版商利益的人一样，他的目标是赋予作者可以转让的权利，唯一的新奇之处是某种类似于完整性权利的论点。和70年前的笛福一样，林格特认为，一部文学作品是从作者的脑海中完美地涌现出来的，因此只有作者的手才可能改变它。但由于林格特试图证明转移作品的合理性，他也认为出版商"完全和持续地拥有作者的特权，质疑书商的财产权，

---

① *Congrès littéraire international de Paris* 1878，40，86-87.

就是误解作者的财产权"①。因此，林格特赋予了作者对作品改变的美学否决权，但同时也坚持完全让与出版商。② 他提出了这个问题但没有解决它。

在拿破仑时代（Napoleonic era），完全让与仍然是法国的常态。1810 年，法令规定作者可以放弃他们的权利，完全交给出版商。③ 但在这个时期前后，适用于文学作品财产观的内在矛盾开始显现。1826 年，在波旁王朝复辟时期，一个委员会提出了有趣的建议：作者在一生中应该享有其出版作品的完整权利。作者应该能够防止他的作品的变化、新版本的编辑删改以及其他人的评论，从而加强他应有的"尊重"和"考虑"。在作者还活着的时候，一部作品从未达到它的最终形式。委员会轻率地处理不同于出版和销售的作者权利，但其法案草案没有留下任何有关作品完整权的痕迹。唯一的权利是出版权，授予作者一生和他的后嗣半个世纪。④

1834 年，巴尔扎克提出了作者的主张。最让他恼火的是，小说变成了戏剧作品（dramatizations）。一个剧作家会偷走你的故事，就好像他带走了你的妻子一样，却觉得自己的罪恶感很小。⑤ 更糟糕的是，尽管你不贞的妻子是一个帮凶，你天真的小说却没有选择。然而，作者并不是为了让它们变成戏剧或杂耍剧而写书的。⑥ 巴尔扎克尽管抱怨，但仍然主张在传统产权的概念框架内进行艺术控制。他抱怨道："剧作家们破坏了作家的作品，删改、描绘、剥离、分解、毁灭，以服务于剧院的赞助者。"但从其注意力来看，他主要哀叹的是剧院赚到的钱。他也对法国同胞光顾图书馆而不是书店感到恼火。巴尔扎克与其说是为了维护作者的审美控制权，不如说是为了攻击那些从他作品中牟取暴利的人。

---

① Simon Linguet, "Opinion de Linguet touchant l'arrêt sur les privilèges," (1777), pp. 31-32, 24, 29 (BK).
② 费希特在此过度解释了林格特，使其成为康德主义原型，他被埃德尔曼和里多（Rideau）紧密追随。见 Bernard Edelman, *Le sacre de l'auteur* (Paris, 2004), p. 255; Laurent Pfister, "L'auteur, propriétaire de son œuvre? La formation du droit d'auteur du XVIe siecle à la loi de 1957" (diss., Strasbourg, 1999), pp. 332-39; Frédéric Rideau, "Commentary on Linguet's opinion on the Decree of 30 August 1777 regarding privileges" in BK.
③ Décret du 5 février 1810, contenant règlement sur l'imprimerie et la librairie, art. 40, in *Traité théorique et pratique de la propriété littéraire et artistique et du droit de représentation* (Paris, 1908), pp. 885-86.
④ Commission de la propriété littéraire, *Collection des procès-verbaux* (Paris, 1826), pp. 38, 329-32 (BK).
⑤ 一个世纪前，丹尼尔·笛福也曾有过类似的抱怨，即那些盗版行为就像他们和作者的妻子上床并疯狂到房子被拆毁一样糟糕。Defoe, *Essay on the Regulation of the Press*, 28.
⑥ Honoré de Balzac, "Pro Aris et Focis. Lettre adressée aux écrivains du XIXe siècle," *Revue de Paris*, n. s., 11 (1834): 70-72.

19世纪初，在波旁王朝复辟和七月王朝时期，法国在委员会和法案方面进行了改革。18世纪的遗产仍然占主导地位，而且——就像在英国和美国一样——讨论权衡了公众和作家的相反利益。尽管言辞激烈，当局从未认真考虑过文学作品的永久权利。1839年教育部长警告议会，如果你把文学作品当作另一种财产，永远像土地一样从一个家庭传递到另一个家庭，它们就可能会从公众视野中消失。与作者及其子女相比，这关系到更重要的利益。拉辛的诗句不能只保留为一个家庭的私有财产，它们属于每个人。①

西蒙子爵（Viscount Siméon）同意，作者可以随心所欲地处理他的手稿，但一旦出版，它就变成了作者和社会共有的财产。作者的权利不再是基于自然权利的不动产权利，而是社会给予的公平让步或特权。② 事实上，作者已经得到了青睐。一旦他卖掉了他的作品，任何自然权利都无法阻止购买复制品的人制造更多的作品。"当你卖掉的时候，你就不能让任何东西回来"，1839年发明了按体积测量酒精的方法的化学家约瑟夫·盖-吕萨克（Joseph Gay-Lussac）说。③ 只有法规才能防止作者失去对自己作品的控制。

拉马丁辩论

但是，法国平衡作者和受众之间权利的时代即将结束。变革始于1841年，由阿方斯·德·拉马丁（Alphse de Lamartin）引领，这位政治家于1848年间宣布法兰西第二共和国（Second Republic, France）成立。在这个时代，拿破仑法典对不可分割和绝对财产权的看法得到了最强烈的捍卫——这是对革命征用的一种反应，并受到社会主义者和无政府主义者（anarchists）对财产概念攻击的刺激。④ 拉马丁希望将拿破仑关于财产的概念延伸到作者的主张中。虽然早期七月君主制的改革者对作家要求充分自然权利的主张持悲观态度，但拉马丁——他自己也是一位著名作家——则更有同情心。1841年，他向众议院报告了一项文学财产法案。尽管它从未通过，但议会长期而详细的讨论揭示了财产概念的内在矛盾并导致了其态度的巨变，这给法国后来的所有法理和法规留下了标记。

---

① Narcisse-Achille de Salvandy, in *Annales du Parlement français*，5 January 1839，pp. 121-22.
② *Annales du Parlement français*，20 May 1839，pp. 133，137
③ *Archives Parlementaires*，Chambre de Pairs，27 May 1839，124：716. 类似观点见 *Annales du Parlement français*，18 January 1841，pp. 684-86.
④ Jean-Louis Halpérin, *Histoire du droit des biens*（Paris，2008），214-19；Donald R. Kelley and Bonnie G. Smith, "What Was Property? Legal Dimensions of the Social Question in France (1789-1848)," *Proceedings of the American Philosophical Society* 128，3 (1984)：222.

在此之前，七月王朝平衡了作者和公众的权利。它拒绝了作者们关于永久产权的要求，并削减了死后 50 年保护期的提议，而以普鲁士 30 年保护期作为范例。相比之下，拉马丁对于作者对作品有自然产权的观点深表赞同。他的法案草案仅在期限内将文学与其他形式的财产区分开来，这只是出于实际考虑。理论上，他更喜欢永久权利。他坚持认为，在法律给予作者无限保护的那一天，人类的智慧将得到解放。拉马丁反对政府法案的 30 年保护期，提出半个世纪的保护期，并有可能在未来进一步延长。①

拉马丁对基于自然权利的文学财产概念的支持并非没有受到质疑。圣-阿尔宾·贝尔维尔（Saint-Albin Berville）同拉马丁一样，是一位政治家和文人，他对艺术作品的产权持怀疑态度。与作者和艺术家长达数十年的权利主张相比较，授予发明人的专利开发时间很短，显然有失公平。此外，将作品视为财产并允许继承意味着引进新角色，即作者的家庭成员和继承人。他警告说，不幸的家庭可能会伤害作品。尽管他拒绝了作者的财产主张，但贝尔维尔强调了创作者与作品之间的个人联系：我们的作品"是我们自己的一部分，是我们实质的一部分"。作者必须能够改变和完善它们。但是，为了避免赋予继承人太多的权利，审美控制权应该只给予在世的作家，也许为了亲密家人的利益，还需要再延长几年。② 贝尔维尔的结论是，从与作品的亲密关系中产生的权利，几乎不能超出作者的权利范围。几年前，1837 年关于普鲁士法的一篇评论表达了对家庭控制作家作品的支持。给予 30 年的期限意味着寡妇、孩子和亲属可以保护作家的文学和民事荣誉，这显然是一件好事。③ 但是这个假设——作者家庭总是会做正确的事情——现在在法国议会受到质疑。

在讨论 1841 年拉马丁法案时，法国代表慢慢地意识到，财产和个人可能是对立的。正如代表阿尔芒·雅克·赫伯特（Armand Jacques Lherbette）所指出的，如果作者债台高筑，债权人可以占有现有版本，出版新版本，而且债权人可能因为担心作者会使他们的资产贬值而拒绝允许修改作品。令人尴尬但畅销的青春故事将来可能会困扰这位作家。正如一位代表所说："高利贷者将成为编辑。"④ 另一位代表指出，继承人的权利是一种混合财产要求，既属于作者，也属于社会。社会的合理主张意味着，继承人虽然是合法的所有者，但却不能拥有绝对的权利——例如压制作品。

---

① *Moniteur Universel*，14 March 1841，p. 634（BK）.
② Ibid.，23 March 1841，pp. 714-15.
③ Julius Eduard Hitzig, *Das Königl. Preussische Gesetz vom 11. Juni 1837 zum Schutze des Eigenthums an Werken der Wissenschaft und Kunst gegen Nachdruck und Nachbildung*（Berlin，1838），p. 61
④ *Moniteur Universel*，24 March 1841，p. 732.

拉马丁希望扩大文学财产的范围，但在法国国会遇到了重重阻力。代表们担心，即使在作者的有生之年，债权人也可能获得作品的控制权，代表们指示他的委员会控制其作品的完全可转让性。拉马丁援引他第一次使用的精确术语——"道德考量"（considérations morales）承认了这一点。作者对自己的作品应享有持续的控制权（监护），有权对发表的作品不加思索地悔改。委员会建议限制文学财产的全部可让渡性，从而使其避免落入债权人的手中。

尽管如此，一些代表仍然不满意地看到政府在使文学财产完全可转让方面出现倒退。教育部长对这一争议做出了回应。到目前为止，人们一直主张作品是一种特殊的个人财产形式，这是为了让作者让与它们。但现在作者在创作作品时所表现出的意志被描述为一种如此个人化的行为，以至于它成为不可剥夺的行为。虽然债权人可能会占有现有版本的剩余部分，但他不能代替作者推出一个新的版本。① 换句话说，即使作品的经济价值转移给了他的债权人，作者仍然保持着对作品的艺术控制。

然而，国会1841年初的精神权利概念与后来的不同，不可侵犯性——阻止他人推出新版本——是一项个人权利。因此拉马丁推断，它只依附于作者，既非继承人也不是债权人。那寡妇呢？1810年颁布的一项拿破仑法令赋予了寡妇终身支配配偶文学财产的全部权利，此后这一权利可传给孩子们20年。该法令谈到了作品出版和销售的财产权利，而不是艺术控制。②

本着同样的精神，他们拒绝债权人对作品进行控制，1841年的代表们现在也坚持说，未出版的手稿不属于共同财产，因此不会落入作者的遗孀和继承人手中。设想有一部政治上充满激情的回忆录，继承人会不会抑制或删除它？作者应该能通过立遗嘱的方式把它赠予别人。③ 通过免除文学财产的正常的拿破仑继承规则，代表们实际上试图对冲它的完全可转让性，法案被修改为只有文学财产的货币成果才成为共有财产（community property）。但该法案的最终措辞如此不清楚，以至于没有人知道它是单独处理经济成果还是也处理作者的控制权。④

随着作者死亡时尚未出版的遗作（posthumous works）出现，事情变得越来越棘手。在拿破仑法律下，遗产的继承严格受继承人顺序约束。配偶、她的亲属和子女都有权限制死者的财产自由权。1841年国会的激烈辩论探讨了传统财产与文学财

---

① Ibid., 26 March 1841, pp.760-61.
② Décret du 5 février 1810, art. 39.
③ *Moniteur Universel*, 26 March 1841, pp.762-64.
④ Lherbette 代表显然认为，推出新的不同版本权利的目的是为了有别于作者版本，但徒劳无功。另一方面，根据民法典，作者未被转让的"所有权排除"部分的一半已经成为共同财产，这一事实表明只有经济结果才会受到威胁。Ibid., 27 March 1841, p.779.

产之间的区别，拉马丁的委员会试图将未出版作品（unpublished works）视为财产的正常组成部分，因为让作者的某些遗产免除于通常的继承规则，可能会不公平地有利于一个拥有资产的孩子。他的妻子为了丈夫的工作牺牲了自己和她的嫁妆，最后却可能发现自己是个穷光蛋。其他议员并不同意。有人认为，一部未出版的作品是一种私密的私人财产形式。另一位代表则同意作品"是"作者："我的手稿不仅是我的财产，实际上也是我自己的一部分。"（Mon manuscrit, ce n'est pas mon bien, c'est moi-même.）活着的作家可以拒绝出版，甚至可以毁掉他的作品。在死亡时，他应该被赋予处置它的权利。为了使作者能够自由掌握未出版的作品，国会又新增了一项修正案。代表们一致认为，作者应该像一个专制的君主一样指挥他的作品，而不仅仅是一种宪法限制下的行为。①

经过没完没了的辩论，拉马丁的法案未能获得通过。无政府主义者皮埃尔-约瑟夫·普鲁登（Pierre-Joseph Proudhon）以"废除资本主义财产——无法理解、矛盾、不可能和荒谬的财产"的方式庆祝其灭亡。② 重大的立法改革还得等上一个世纪，但它最终来了，资本主义财产在此期间蓬勃发展。然而，拉马丁的研究揭示了已经存在的危险问题。

七月王朝的代表们遇到了一种僵局，这是由于他们对创造力的直觉、对作者的同理心与拿破仑的继承制度之间的矛盾造成的。作者和作品之间的个人关系现在是一个令人尊敬的主题。但浪漫的个人主义被诅咒，作者不仅只是他自己的创造者。为了所有者能完全拥有，财产必须可被转让。允许作者像对待其他动产一样对待作品，将权利传给继承人，从一开始就是坚定的知识产权支持者们一直渴望的目标。家庭所有权（family ownership）几乎是财产概念中固有的，不能拥有遗赠权又有什么意义？正如1841年代表所见，作者的精神实体是创造者、配偶和子女。配偶被描绘成一个帮助者，而孩子们则有自然主张。但是，这也存在着问题。作者创作的作品带有个人印记，然而当他的遗孀也过世时，拿破仑制度把这对已婚夫妇的一半股份给了她的合法继承人：兄弟姐妹、父母、以前婚姻中的孩子等。因此，作者在法律上有义务通过婚姻将他的大部分作品传授给远亲——有时他根本没觉得有他们的存在。

下面的一个案例说明了这个问题，在1895年，画家皮埃尔·邦纳德（Pierre Bonnard）开始和他的模特生活在一起。她自称是意大利贵族玛特·德梅里妮（Marthe de Méligny）。直到他们于1925年正式结婚时，他才知道她是法国人，她的名字叫玛丽亚·布尔辛（Maria Boursin）。当他在1942年丧偶时，他应该广而告

---

① Ibid., 27 March 1841, pp.779-81.
② Pierre-Joseph Proudhon, *What is Property?* (original ed., Paris, 1840). The quotation is from the postscript.

之以识别他从未知晓的家庭亲属中的继承人。但是，当法国画家、野兽派代表人物马蒂斯（Matisse）的妻子去世时，马蒂斯把遗产给了其妻子的继承人，这让邦纳德感到震惊。他因艺术家去世后要把一半财产交给完全陌生的人而感到惊愕，于是他伪造了妻子的遗嘱，将财产留给他唯一的继承人。5年后的1947年他去世时，一位家谱专家找到了妻子的继承人，然后这些继承人提出其应得部分的财产主张。①

离婚也带来类似的问题。允许配偶分居的主张违反了作品的人格性质，不允许则破坏了配偶（可能被冤枉了）的帮助伴侣角色。就像一位代表在1841年辩论中所说的那样，"一方面是罪恶，另一方面是公然的掠夺"②。然后，这个解决方案被称为所罗门的花招，它巧妙地将婴儿一分为二。按照《民法典》的规定划分，经济权利仍然是公有财产的一部分。精神权利是作者个人主张的一部分，应按他认为合适的方式予以处理。文学财产的人格本性逻辑一直居于首位。

在法国大革命期间，拉卡纳尔（Lakanal）认为，文学财产是财产的最私人形式，它使作者完全让与了他的作品。半个世纪后，这种完全相同的个人联系支持了相反的说法，即作品永远不可能完全移交给其他人。在拉马丁辩论期间，许多代表认为，作者即使在出售他的作品之后，甚至在他死后，在面对债权人和继承人的合法权利要求时，也应保持艺术控制权。在1841年的争论中，文学财产的自然权利基础及其个人性质的逻辑发生了逆转。在代表们与自然权利财产内在矛盾的斗争中，精神权利的概念产生了。

在拉马丁的辩论中，代表们似乎基本不了解那些对作者权利提出早期观点的德国理论家。有一次或两次有人提到康德或《普鲁士版权法》以及英国的发展情况。但总的来说，这场讨论被外国的影响所封锁。浪漫主义在宣扬作者的时候可能已经潜伏在背景中，但它对议会成员之间的辩论影响也不大，因为其中有许多作家和文学人物。显然，议员们自发地提出反对意见，因为他们认识到拉马丁提案的含义。他们的第一个也是最重要的见解是，个人权利要么是种人格，要么是财产，二者不能共存。从那时起，精神权利最终出现在国会香肠工厂，在对拿破仑法典中关于死亡、离婚、破产和继承的意外后果的审议中产生。其出身卑微，但蓄势待发。

从议会到判例法

19世纪40年代法国有人提出了作者在转让作品后对作品控制权的问题，虽然

---

① Jill Burk Jiminez and Joanna Banham, eds., *Dictionary of Artists' Models* (London, 2001), pp. 74-76; Louis Vaunois, "Le Droit moral: Son evolution en France," *Le Droit d'auteur* 65 (1952): 67-68; Frédéric Poullaud-Dulian, *Le Droit d'auteur* (Paris, 2005), pp. 278-79.

② *Moniteur Universel*, 14 March 1841, p. 634.

这一主张在立法上并无体现，但在判例中已经有所显现。1864 年，记者德尔普拉特（Delprat）起诉他的编辑，因为这位编辑删改了他的一篇文章。塞纳法院要求编辑发表一封信解释这一问题。巴黎法院推翻了这一点，认为编辑的改动很小，既没有改变文章的意义，也没有损害作者的声誉。① 反过来，这一判决在 1867 年因法国最高法院上诉法院的上诉而被驳回。在通常伴随着法国案件出现的注释中，法学家亨利·蒂耶斯林（Henri Thiercelin）完全否定了文学财产的概念，转而转向特权的概念。文学作品不是作为财产受到保护，而是由社会赋予的特权受到保护。尽管这似乎是一种倒退，但蒂耶斯林的概念框架开辟了一些问题，很快这些问题就能以完全不同的方式得到解决。

蒂耶斯林同意巴黎法院的意见，认为德尔普拉特即使在名誉上也没有受到伤害。而使用财产概念，没有损害就没有赔偿。② 他继续指出，想象一下，作者的权利不是财产，而是"确保尊重他的思想和作品"的特权，那么，即使在传统的意义上没有受到损害，作者也可以要求赔偿。蒂耶斯林认为，作者是他作品的唯一评判者。作品的残缺不仅影响到作者的思想，也影响了他的自我，对文学作品的修改可能造成损害只有作者才能认识到。因此，被误解的知识产权实际上不受传统财产规则的管辖，相反，作者权利保护了"作者的根本难以捉摸和不可侵犯的思想"。蒂耶斯林的目的是确立作者的权利，其出发点不是基于财产及其可衡量损害的琐碎要求（即使仅仅是对于作者名誉而言的社会利益），而是基于作者对损害的纯粹主观评价。

法庭并没有完全遵循蒂耶斯林的观点。侵犯财产权是决定德尔普拉特有权要求发表声明，宣布他的文章未经许可而更改的依据。不过，法庭确实同意作者是"他的作品的绝对主人"，这是对蒂耶斯林观点的一种认可，即作者自己评估他是如何受到伤害，而不管其名誉或任何财产损失如何。③ 此时人格还不是作者权利的基础，但是财产概念在文学作品中的适用范围正在接近。

19 世纪 70 年代初，法理学开始从财产概念周围的大理石中开凿出精神权利。与 1841 年一样看起来切中要害，但这次是债权人的权利主张促成了概念上的重大提升。债权人能否重新出版作品或首次出版手稿？这一问题在 1866 年 7 月 14 日的《法国后代权利法案》(Law on the Rights of Descendants) 中未得到解决，该法律

---

① *Charpentier c. Delprat*, Cour de Paris, 16 March 1865, *Dalloz*, *Jurisprudence générale* 2 (1865): 213-14.

② Article 1382 of the Napoleonic Code required compensation in case of damage.

③ *Delprat c. Charpentier*, Cour de Cassation, 21 August 1867, *Dalloz*, *Jurisprudence générale* 1 (1867): 369-72.

扩大并明确了作者继承人的权利。① 作为回答，巴黎上诉法院律师、德国法律专家安德烈·莫里洛利用了《拿破仑法典》对债权人可以行使的债权与"完全附在债务人身上"的债权之间的隐含区别。② 后者的个人权利包括管教孩子并干预他们的婚姻，在法庭上追究妻子的通奸，并要求"分居"（séparation de corps，等同实际上的离婚）。莫里洛还希望这些个人权利包括作者发表或重印作品的权利。由于他没有进一步讨论艺术控制权，也没有提出严格的基于个性的论点，他只主张一项已经被广泛接受的观点。相反，他担心如果作者无法决定何时出版或重印，作者的声誉会受损。

虽然关系密切，但名誉和人格并不一样。名誉和人格一样都是财产的一个方面，它的货币价值可能被损害或破坏，作者有充分的理由——用财产的说法完全可以理解——来保护它。莫里洛现在将权利从伤害转移到名誉作为导火索事件，进一步为作者主张控制他的作品提供了一个人格基础。当作者被迫（重新）发表他已经放弃的想法时，不仅是他的名声，而且他个人的不可侵犯性也被侵犯。对丑闻的恐惧——法国争论的焦点——在这里重新浮出水面。在鲁莽的青年时代写下了粗俗的作品后，悔改的作者应该能够禁止发表他命运多舛的少年时期作品（Juvenilia）。③

6 年后的 1878 年，莫里洛写了一本关于作家在德国的权利的书，继续发展精神权利的概念。④ 阻止作者控制其作品的出版并不侵犯他的财产权，相反，这是对作者精神上的伤害和对他人格的攻击。作品的披露权、归属权和完整权：即使在作者死亡之后，这些主张也仍然属于作者。这些新的精神权利建立在对作品本身（作者心目中的概念）和作品表达之间的区别之上，莫里洛认为这种观念永远不会被转让，而作品的表达是传统作家权利的主题。尽管在另一个 3/4 世纪里，法律中并没有出现任何实际的东西，但莫里洛给了精神权利到目前为止最明确的表述。在他的视野中，精神权利升至原来由传统财产持有的地位。精神权利不是基于财产，而是建立在自然权利的普遍逻辑之上。相比之下，通常作者的经济权利仅仅由制定的法规所给予。莫里洛计划中的精神权利可能是不可剥夺的（他不

---

① Loi sur les Droits des héretiers et des ayants cause des Auteurs, 14 July 1866, no. 14, 407, *Bulletin des lois*, 1866, no. 1405, p. 61. 对 1866 年法律方法的可能详尽解释见 Marcel Guay, "De la propriété littéraire, ou explication de la loi française du 14-19 Juillet 1866 sur les droits des héretiers et des ayants cause des auteurs," in *Congrès littéraire international de Paris* 1878, 466-76.

② Art. 1166. On Morillot, Pfister, "L'auteur, propriétaire de son œuvre?" 751-75.

③ André Morillot, "De la personnalité du droit de publication qui appartient à un auteur vivant," *Revue critique de législation et de jurisprudence*, n. s., 2 (1872-73): 29-33, 45-48 (BK).

④ André Morillot, *De la protection accordée aux œuvres d'art, aux photographies, aux dessins et modèles industriels et aux brevets d'invention dans l'Empire d'Allemagne* (Paris, 1878).

清楚这种强烈的个人权利是否可以分配给其他人），即使作者转让他的经济权利，精神权利无论如何仍然属于他。①

在德国的财产与人格之间

19世纪初，德国的法律并不像其他地方的法律那样完全以财产为基础。一篇关于1810年《巴登邦法》（Badenese Civil Code）的注解强调作品代表了作者的人格。② 1794年的《普鲁士普通邦法》只赋予出版商"出版权"，而不是完全的产权。1837年普鲁士法律只涉及经济权利。康德和费希特勾勒出了一种完全回避财产问题的办法，然后在19世纪，德国法学家阐发了作者人格与作品联系的理论。不仅如此，一些最有趣和最有影响力的工作还寻求将审美控制与财产权结合起来。因此，讲德语的法学家对财产形成了灵活而又有区别的观点，探讨如何将作者对其作品的权利扩展到实际范围之外。

1827年，法学家威廉·奥古斯托·克莱默（Wilhelm August Kramer）提出了一种观点，赋予作者财产权时赋予他们重要的审美控制权。原创作品的所有权包含了改编和传播它的权利，因此，购买副本的人只获得一项排除任何重印的有限权利，作者有归属权。他调侃似的提出一个悔改权，但克莱默也承认，一旦作品被转让，作者无法在"牺牲合法所有人权利"的情况下收回传播权。更有趣的是克莱默的推论，即使在传播后，作者的作品"仍然受制于他的控制"。③ 延伸控制成为精神权利的核心。克莱默详细说明了这一点，正如费希特所指出的那样：作者转让的并不是财产权，而是使用权（Gebrauchsrecht）。然而，正如他摆弄不可转让的权利一样，克莱默悬崖勒马。他对财产概念的依赖迫使他承认，即使是作品的改编权也可以转让给其他人。

财产仍然是克莱默观点的中心，其他德国法律理论家则把它抛之脑后。1824年，利奥波德·约瑟夫·诺斯特尔（Leopold Joseph Neustetel）根据罗马法的侵权（injuria）概念，提出了作者的主张。④ 侵权是一个混合概念，涵盖了对他人从殴

---

① André Morillot, "De la nature du droit d'auteur, considéré à un point de vue général," *Revue critique de législation et de jurisprudence*, n. s., 7 (1878): 125-28 (BK).

② J. N. Fr. Brauer, *Erläuterungen über den Code Napoleon und die Grossherzoglich Badische bürgerliche Gesetzgebung* (Karlsruhe, 1809), 1: 469-70.

③ Wilhelm August Kramer, *Die Rechte der Schriftsteller und Verleger* (Heidelberg, 1827), pp. 58, 66.

④ Leopold Joseph Neustetel, *Der Büchernachdruck, nach Römischem Recht betrachtet* (Heidelberg, 1824), pp. 11, 26-27, 46-47 (BK).

打、强奸、下毒到侮辱和诽谤的各种伤害。① 未经授权就传播的版本通过传播违反了作者的主张。自从作者决定由谁出版，不经允许而重印就侵犯了他的人格，这是对权利的无耻侵犯。在1877年，法学家卡尔·加里斯（Carl Gareis）甚至宣告了以财产为基础的作者权利的死亡。②

但在此后财产概念还没有过时。19世纪末，约瑟夫·科勒（Josef Kohler）给出了他们迄今为止最复杂和最有说服力的表述。科勒是一位精力充沛的博学的德国法学教授，他曾提供了无数例证，并呈现出难以置信的多样化风格。从19世纪80年代开始，他勇敢地试图将知识产权（geistiges Eigentum）的概念推广到更广泛的无形商品（无形物品）理论中。为了打破罗马法对德国法律想象的束缚，他放宽了财产的概念，淡化了财产的物质性和永久性。

科勒强调，即使是传统的财产，也仍然处于社会的控制之下。不动产，无论是森林、工厂或矿山，对其他人都有影响，社会规范了所有者的自由配置行为。③ 无形财产同样受到社会的监督。除了经济上的、可转让的权利之外，人格权与创造者不可分割。在我们今天所承认的精神权利中，科勒拒绝了对作品的撤回权利，但人格权保护作品不被改编（完整权），不应以作者的名义传播任何不属于他作品的内容（归属权的变体）。

然而，科勒仍然受到财产概念的束缚。在谈到雇佣作品时，他透露出他对人格权的概念认识是多么模糊。当作者受雇工作时，经济权利属于雇主。但是人格权利呢？根据合同，作者不仅向雇主转让了其创作的未来结果，而且还转让了"作品本身（因此也有与其相关的所有权利）"。另一方面，一位接受委托的画家承诺给他的客户"绘画"，而不是"构图"，正如科勒所说的那样，他的目标是区分作品的艺术本质和实际作品。但他对肖像做了例外处理，委托者或被描绘的人绝对拥有这幅画像（portraits），包括其作者权利（Urheberrecht）。对私人生活的描绘也是如此，比如说一幅女性闺房的画或她丈夫的书房。④ 因此，科勒认为雇佣作品的署名权从属于委托人的隐私权（privacy rights）。基于财产权利的人格权的建立，这种滑动很难避免。科勒以财产为基础对作者权利进行了灵活的解释，但在19世纪末，随着理论

---

① W. A. Hunter, *A Systematic and Historical Exposition of Roman Law*, 4th ed. (London, 1903), pp. 145-56.

② Carl Gareis, "Das juristische Wesen der Autorrechte, sowie des Firmen-und Markenschutzes," *Archiv für Theorie und Praxis des allgemeinen deutschen Handels-und Wechselsrecht* (1877), 35: 187-88, 197 (BK).

③ J. Kohler, *Das Autorrecht, eine zivilistische Abhandlung* (Jena, 1880), pp. 41-46, 66-67, 83, 90-100, 74, 137, 146-47, 139, 152-54.

④ Ibid., 201-3.

越来越转向人格，他的追随者寥寥无几。

对人格观念最详细的描述，由德国法律史学家奥托·冯·吉尔克（Otto von Gierke）在世纪之交提出。对吉尔克来说，作者的权利作为其"人格范围"的一部分受到保护。① 在康德之后，他将这种权利根植于精神领域，而经济主张则来源于理想诉求。通常的经济权利在时间上有限，可以转移、继承或完全转让。对吉尔克来说，更重要的是作者的理想权利。他并没有绝对地将这些表述为作者人格的纯粹放大，作家控制的重点仍然是维护声誉和荣誉。但是，吉尔克还增加了另一个更接近精神权利概念的目标，即确保作者能够自由地达成他的科学和艺术意图。此处隐含的是归属权（权利要求）和完整权（目标的实现）。更明确的是，为了保持完整权的目标，吉尔克为作者保留了权利，以确保他的作品不发生任何变化，并确保他对其作品的内在实质保持独断专行的支配（inneren Bestand）。②

作为人格权，作者主张的这些理想要素不能完全被转让。经济权利可以让与，但作品的实质仍然存在于作者心中。然而，吉尔克却自相矛盾，他还声称作者实际上可能会剥夺他的所有权利，包括对作品的支配权。③ 与其他人分享的基本方法不同，吉尔克坚定地抓住了人格和财产之间的中心张力：产权意味着绝对的但也完全是可被转让的权利。然而，人格要求是内在的、不可被转让的，创造者和作品之间的联系不可打破。但既然创造者是凡人，那么联系的纽带也非神圣不可侵犯。作者死后，他的家人或其他人可能会继续他的愿望，但最终私人关系会消失。吉尔克认为，随着经济权利的到期，这种情况应该会结束。④

在英国麦考利击败塔尔福德

19 世纪中叶，法国、德国在理论和判例法上设定了第一个以人格为基础的作家权利，但尚未制定成文法。与此同时，英国和美国正在就政府确保民众获得知识的责任展开一场截然不同的辩论。公共领域一直是法国大革命法令和整个七月王朝的首要关注点，到了 19 世纪 40 年代，作者的主张开始在欧洲大陆占据优先地位，但

---

① Otto Gierke, *Deutsches Privatrecht* (Leipzig, 1895), 1: 756. Subsequent references are to pp. 760, 764, 759, 766-67.
② 尽管在同一页（767 页）中他还声称作者可以赋予其他人全权处理其作品外部和内部的实质内容，但在这种情况下，他仍然保留了作者的全部权利。虽然如此不明确，但他的论点似乎是并非所有东西都可以被转让。
③ Gierke, *Deutsches Privatrecht*, 806. 他举例说明这一点：一份手稿转让给出版商，由他随心所欲地决定出版、缩短或以其他方式改编甚至销毁。
④ Ibid., 767-68.

在英美国家却有所不同。

在英国和美国，自然权利财产的支持者在面对那些认为作者仅仅依靠社会规制获得权利的主张时感到窘迫。英国争论版权是否应该是短期、长期，甚至是永久的，还讨论了是否应以自动支付特许权使用费取代专属版权的问题。对版权期限不太感兴趣的美国人质疑外国作者是否应该享有版权，美国国内作者的利益（英国争论的焦点）在很大程度上成了一种牺牲，以满足美国公众对外国作家廉价作品的渴望。可以理解的是，英国出版商和作家对美国盗版者感到厌倦，他们热衷于在这个迅速成为他们最大市场的地方获得保护。但是作者们关于增加权利的要求——在欧洲大陆上开始得到实现——在盎格鲁世界基本上被拒绝了。

从1837年到1842年间，英国人对法官、国会议员托马斯·诺恩·塔尔福德（Thomas Noon Talfourd）的设计进行了辩论，以加强和延长版权。这个故事很好地展现了塔尔福德代表作者与迫使他妥协的反对者之间的战斗。在议会和新闻界，这场辩论汇集了一批无与伦比的文学名人，从反对者历史学家托马斯·巴宾顿·麦考利到支持者诗人威廉·华兹华斯。① 文学财产是一种永恒的自然权利还是至少长期存在的权利？或者，一旦创作者得到合理的补偿，公众是否有权迅速进入？在《谷物法》（Corn Laws）辩论和类似印花税（官方文件税）斗争的同时，版权辩论也以自由贸易（free trade）和垄断为框架。② 在这种情况下，英国比欧洲大陆更喜欢自由放任主义（laissez-faire）。激进分子将作者描绘成可能的垄断者，希望"对读者征税，以奖励作家"（麦考利的不朽名言）。③ 关于废除专利的并行争论也是自由贸易和允许垄断之间更大辩论的一部分。④ 专门从事公共领域作品廉价重印的出版商，如托马斯·泰格（Thomas Tegg），认为长期版权类似于垄断，相反，它应该像专利一样，着眼于公共事业。⑤ 当时有三万人签名反对延长保护期限的版权请愿书（pe-

---

① 标准介绍参见 Catherine Seville, *Literary Copyright Reform in Early Victorian England: The Framing of the 1842 Copyright Act* (Cambridge, 1999).

② Chris R. Vanden Bossche, "The Value of Literature: Representations of Print Culture in the Copyright Debate of 1837-1842," *Victorian Studies* 38, 1 (1994): 42.

③ *Hansard*, Commons, 5 February 1841, p. 350.

④ Fritz Machlup and Edith Penrose, "The Patent Controversy in the Nineteenth Century," *Journal of Economic History* 10, 1 (1950): 3ff; Adrian Johns, *Piracy* (Chicago, 2009), chap. 10.

⑤ Paul M. Zall, "Wordsworth and the Copyright Act of 1842," *Proceedings of the Modern Language Association* 70 (1955): 134; John Feather, "Publishers and Politicians: The Remaking of the Law of Copyright in Britain 1775-1842," *Publishing History* 25 (1989): 47-48.

titions on copyright)。①

塔尔福德试图将版权期限延长到 28 年或作者的寿命以外,甚至更长时间。他本想给作者永久的权利,但他接受了有生之年加 60 年作为妥协。在其提交议案后,经历 5 年及 11 个草案,麦考利在议会中的卓越演讲技巧迫使塔尔福德的追随者接纳作者终身加上 7 年或发表之日起 42 年的保护期限。塔尔福德认为,延长保护期限将赋予作者更大的权力来维护"他们作品的纯洁性",防止那些"阉割、扭曲或污染作品"的变化。② 他的对手们则把长期保护的观点看作是对作者的一种安慰,而读者却为此付出了代价。

新延长的版权给一些作者和出版商带来了意外好处。该法案在 1842 年 7 月 1 日生效时,沃尔特·司各特的小说《韦弗利》(Waverly)差 6 天就出版了 28 年。司各特的儿子、女婿和他的出版商、所有版权业主,在出版商会开门的那天早上,抢着排在第一位,注册并寻求对司各特散文更多的保护。③ 但塔尔福德辩论的总体结果是妥协,既符合公众的利益也符合作者的利益。④ 除了期限之外,辩论的核心是文学作品是基于自然权利的财产,还是仅仅在社会承认它们的情况下产生。塔尔福德主张的是典型的自然权利立场。⑤ 麦考利则指出,由于其他国家采取了各种不同的方法,即使财产建立在自然权利基础上,它的继承和延续也无法以此为基础。⑥

塔尔福德辩论的自由贸易和反垄断主题,在 19 世纪 70 年代末期的版权委员会讨论中持续存在。英国对消费大众的关注和对出版商的不信任(在欧洲是无可比拟的)再次出现。几位委员和许多证人对出版商的控制(hammerlock)和英国读者所忍受的高价表示遗憾。出版商通常会首先挖掘尽昂贵版本的市场价值,再提出强制许可以满足公众对廉价和快速出版书籍的需求。作者和出版商将获得所有出售的版税,但是任何人都可以在最初短暂的排他性时期后再版作品。这项提案的作者——印度常务副国务卿路易斯·马莱特(Louis Mallet)对版权的必要性表示怀疑。他指出,美国对外国作家缺乏版权保护并没有严重损害英国作家的利益,而且保证了大

---

① Catherine Seville, *The Internationalisation of Copyright Law: Books, Buccaneers and the Black Flag in the Nineteenth Century* (Cambridge, 2006), p. 16.
② *Hansard*, Commons, 5 February 1841, p. 343.
③ William St. Clair, *The Reading Nation in the Romantic Period* (Cambridge, 2004), pp. 209, 355-56.
④ Paul K. Saint-Amour, *The Copywrights: Intellectual Property and the Literary Imagination* (Ithaca NY, 2003), pp. 55-57, 将塔尔福德辩论结果描绘成强大版权方式的胜利和自由贸易者的失败,只是因为未能将英国情况与欧洲大陆正在酝酿的情况进行对比。
⑤ *Hansard*, Commons, 29 January 1841, pp. 148-49.
⑥ *Hansard*, Commons, 5 February 1841, pp. 344ff.

量的书的供应；现行的英国制度未能满足大众对文学的渴望；新书是一种奢侈品，仅限于富人；如果价格接近大众，需求就会激增。①

其他在委员会作证的人也同样激进。殖民地行政长官兼公务员改革家查尔斯·特雷维扬（Charles Trevelyan）（并非巧合地是麦考利的姐夫和文学继承人），对出版商多年来在发行更便宜版本之前挤占奢侈品市场的"邪恶"进行了抨击。他认为负担得起的书是普选权和国民教育权在出版领域的呈现，工人阶级（working classes）也值得读书。如果书籍在英国和美国一样便宜，那么那些冷漠的工人阶级的性格就会有很大的改善。② 公务员托马斯·法雷尔是一名热心的自由贸易者，他提供的具体数据表明，单靠市场无法解决问题。英国出版商拒绝以低廉的成本生产图书并为之定价，毕竟，他们通过售卖少量但昂贵的商品而获得了同样的利润。法雷尔和全世界的英语读者一样，希望英国出版商的高垄断价格不会延伸到国外。同时在帝国的中心，英国公众可能无法承受出版商的国内标价。③

回顾过去我们看到，到了1878年，当版权委员会否决激进的改革并决定重申版权是以独占作者权利为基础的时候，英国即将被卷入大陆体系发展的泥潭。不到十年之后，1886年，伯尔尼联盟诞生了。加入后，英国除了推诿和拖拉外，什么也没做，它以这样的方式捍卫其继承的版权传统和公众利益，反对欧洲作家权利最大化主义者。盎格鲁-撒克逊保护公共领域和民主获取知识的传统，传递给了美国人。

天堂的阳光：美国的版权和民粹民主

即使与英国的塔尔福德辩论相比，美国人19世纪的版权讨论仍然非常激烈。在19世纪中叶之后，美国仍然是唯一一个没有加入相互保护其他国家作品的双边版权协议（bilateral copyright agreements）网络的主要国家，在协议之外的还有俄罗斯、中国和奥斯曼帝国（Ottoman Empire）。美国故意不参与国际版权（international copyright）事务从而利用其非法地位受益。美国当局在18和19世纪热衷于鼓励前殖民地的经济发展，并采取了一种骑士主义的方法来实现专利权。美国野心勃勃地想减少对英国进口依赖，同时生产美国替代品，这意味着公然无视英国发明者的权利。例如，授予专利权只是为了引进新技术，而不管谁是发明者。1790年的第一个美国《专利法案》（Patent Law, 1790）似乎改变了方向，只保护原始发明，但在实

---

① Copyright Commission, *The Royal Commissions and the Report of the Commissioners*, ix, xlviii-l. 这一观点得到法学家和统计学家莱维的支持，莱维认为强制许可计划在殖民地非常有用。Leone Levi, "Copyrights and Patents," *Princeton Review* (1878): 753.
② *Minutes of the Evidence Taken before the Royal Commission on Copyright*, 2, 8, 270.
③ Ibid., 203-8.

践中这往往被忽视。由于外国人不能拥有美国专利,外国发明实际上在新共和国境内被宣布为共同财产①。

同样,对财产权利主张的漠视也是如此。在选择对美国公民有利的1790年版权法规定时,国会有意识地选择了假冒和盗版对这个新生国家有好处的方面,不仅允许而且鼓励重印外国作品。②几乎从本质上说,美国是一个版权盗贼。随着廉价印刷、大众教育(education)和全民识字的普及,美国成为全球读者人数最多的国家。美国的大量需求消化了大量的英国供应,从而出现了一种共生关系——"被盗版行为削弱的垄断"③。"这似乎是他们的观点",亚瑟·萨利文(Arthur Sullivan)——著名的吉尔伯特和沙利文(Gilbert and Sullivan)系列作品的作曲家——抱怨道,"一个自由和独立的美国公民不应该被剥夺他抢劫别人的权利。"④尽管美国出版商有时会主动提供版税,英国作家被告知要满足于在新大陆流行的国内销售连锁效应。反过来,美国作家也在与版权强加于他们作品的溢价做斗争,这推高了出版国内书籍的成本,而美国出版商可以从中选择英国的免费进口品。

美国不是唯一的盗版国家。比利时长期以来一直在重印法语书籍,18世纪的奥地利人则通过鼓励重印德国作品开辟了通往启蒙的捷径。⑤但是到了19世纪中叶,美国人是最大的版权侵犯者。另外,他们利用高标准的法律外衣装饰其唯利是图的本性。1873年参议员贾斯汀·摩利尔(Justin Morrill)关于版权的报告干脆驳斥了作者绝对财产的主张,称其与宪法不符。他提出的"有限时间"保护禁止了作者永久权利主张,而这一保护目标在欧洲大陆仍然非常持久。美国开国元勋(founding fathers)拒绝了"作者如此过分的要求"。美国宪法关注的是"科学的利益","作者的权利和利益"都是从属。如果允许"如此偏袒和引人入胜"的主张,版权将不能促进科学发展。⑥很少有人如此草率地刺破作者的权利假象。

---

① Doron S. Ben-Atar, Trade Secrets: *Intellectual Piracy and the Origins of American Industrial Power* (New Haven, 2004), chaps. 2, 4, pp. 167-70.

② Thomas Bender and David Sampliner, "Poets, Pirates and the Creation of American Literature," *New York University Journal of International Law and Politics* 29 (1996-97): 257.

③ Copyright Commission, *The Royal Commissions and the Report of the Commissioners*, li.

④ 引自 Patrick Warfield, "John Philip Sousa and 'The Menace of Mechanical Music,'" *Journal of the Society for American Music* 3, 4 (2009): 435.

⑤ Eckhard Höffner, *Geschichte und Wesen des Urheberrechts* (Munich, 2010), 1: 310-23; Martha Woodmansee, "Publishers, Privateers, Pirates: Eighteenth-Century German Book Piracy Revisited," in Mario Biagioli et al., eds., *Making and Unmaking Intellectual Property* (Chicago, 2011), pp. 185-86.

⑥ Senate Report 409, 7 February 1873, *Reports of Committees of the Senate of the United States* (1872-73), 1: 2.

美国的盗版和 19 世纪的廉价印刷术革命由有意识的政府政策促成。① 故意把盗版当作国家政策，并不像观察者经常想象的那样对文明的必要性进行故意、野蛮的忽视，这种必要性本应导致国家对创作阶层的更大保护。实际上，盗版是有意尝试启动一个新的、更开明的民主政体的一部分，是所有策略之箭中的有用箭头。②

缺乏国际版权不仅有利于出版商，或者至少有利于那些重印英国书籍的出版商，而且还帮助教育了美国的新公民。就像麦考利在 1841 年抨击塔尔福德冗长的版权保护期是对读者征税一样，40 年后，贝尔电话公司（Bell Telephone Company）的创始人、各种形式知识产权的反对者加德纳·哈伯德（Gardiner Hubbard）将国际版权称为"知识税"③。美国的民主要求"知识和教育在整个群众中传播"，让这个国家的受教育程度不高的移民可以参与投票和竞选。④ 低成本书籍是教育和吸收这些新人的最佳希望。美国作家尚不能在质量上竞争，现在的任务是让知识像"天堂的阳光一样自由而普遍"⑤。全民教育是国内政策的主要内容，它建立在负担得起和容易获得的文献基础之上。越来越机械化的印刷机、造纸业的改进以及对解决问题足够好的态度使得报纸（newspapers）和书籍价格合理。而图书馆里丰富的昂贵版本散发着旧世界的不平等气息。由于美国庞大的图书市场是公立学校大规模投资的结果，英国的小规模、高价格版本的出版战略在意识形态和政策方面都与之矛盾。⑥

美国邮政系统（postal system，US）也被纳入了公众的启蒙运动计划。政府补贴大大促进了信息的流通，与信件相比报纸的价格大打折扣，因此"美国境内任何

---

① Paul Starr，*The Creation of the Media：Political Origins of Modern Communications*（New York，2004），pp. 124-26.

② Meredith L. McGill，*American Literature and the Culture of Reprinting*，1834-1853（Philadelphia，2003）. 麦吉尔作品的强大之处在于将美国的流氓地位描绘成一种刻意的文化选择，而不是像大多数以前的文学作品一样，将其描绘成一种莫名其妙、任性拒绝遵循辉格主义保护作家的开明道路. 非常类似的观点见 B. Zorina Khan，*The Democratization of Invention：Patents and Copyrights in American Economic Development*，1790-1920（Cambridge，2005），chaps. 8，9. 老一套的代表观点见 Bruce W. Bugbee，*Genesis of American Patent and Copyright Law*（Washington DC，1967），p. 146.

③ Report 622，19 March 1888，*Reports of Committees of the Senate of the United States*（1887-88），2：40

④ S. Conant，"International Copyright：An American View，" *MacMillan's Magazine* 40（1879）：153-54.

⑤ "Memorial of a Number of Persons Concerned in Printing and Publishing，Praying an alteration in the mode of levying duties on certain books，and remonstrating against the enactment of an international copyright law，" 27th Cong.，2nd sess.，1842，Senate Rep. 323（BK）.

⑥ *Minutes of the Evidence Taken before the Royal Commission on Copyright*，330.

一份报纸所包含的信息可能会立即从该大陆的一端传播到另一端"①。为了鼓励报纸之间的交流和借阅,编辑可以免费向其同事发送副本。他们手里拿着剪刀,把内容剪贴到自己的期刊上,这反过来又成了其他期刊的来源。② 除了通过邮寄纸张的形式,他们的活动与今天的博客(blogs)没有太大差别。

19世纪初,杰克逊主义民主党(Jacksonian politics)鼓励人们广泛获取知识。英国人和美国人都把版权置于更广泛的垄断和经济改革的框架中。在英国,自由贸易和短期版权保护规范整齐。但在美国,保护主义(protectionism)和自由贸易则以一种更随意的方式存在。来自肯塔基州的参议员兼代表亨利·克莱(Henry Clay)支持美国的国内工业产品保护主义制度和国际版权制度(这将把版权扩大到外国作家)。他的反对者兴高采烈地指责他对英国工业产品征收关税,但却试图保护他们的文学作品(literature)进口。③ 其他保护主义者,如费城出版社的继承人亨利·凯利(Henry Carey),因其重印英文书业务生意兴隆,往往反对国际版权。④

美国出版商在19世纪阻止了国际版权,并在20世纪致力于阻止美国加入伯尔尼联盟,但出版商利益并不一致。⑤ 印刷和装订书籍的出版商大多反对版权,那些不参与生产的人往往喜欢国际版权。⑥ 专门重印英国版图书的出版社自然对保护外国作家没有兴趣,那些以美国作品为主要发行业务的出版商则支持版权。重印商只占所有出版商的1/4左右,但他们却声援并坚持不懈地向立法者施加压力。⑦ 他们

---

① Massachusetts representative Elbridge Gerry, quoted in Richard B. Kielbowicz, *News in the Mail: The Press, Post Office, and Public Information*, 1700-1860s (New York, 1989), pp. 33, 147-48, 154-55.

② 18世纪40年代每家美国报纸平均每年收到4,300份不同的交换报纸,见 Richard R. John, *Spreading the News: The American Postal System from Franklin to Morse* (Cambridge MA, 1995), p. 37.

③ McGill, *American Literature and the Culture of Reprinting*, 84.

④ 关于凯里见 Johns, *Piracy*, chaps. 7, 8, 11.

⑤ 里克森和金斯伯格认为,美国拒绝加入伯尔尼联盟以及美国对国际版权的抵制,很大程度上是受其出版业影响的结果。Sam Ricketson and Jane C. Ginsburg, *International Copyright and Neighbouring Rights: The Berne Convention and Beyond*, 2nd ed. (Oxford, 2006), 1: 59.

⑥ *Minutes of the Evidence Taken before the Royal Commission on Copyright*, 89, George Haven Putnam.

⑦ James J. Barnes, *Authors, Publishers and Politicians: The Quest for an Anglo-American Copyright Agreement* 1815-1854 (Columbus, 1974), p.69. 数字表明,在整体3,000万美元的出版业投资中,有500万美元用于重印出版,这一领域被三四家大公司垄断。Memorial of a Number of Citizens of Boston, praying the passage of an international copyright law, 25th Cong., 2nd sess., 24 April 1838, Senate Doc. 398, p. 2 (BK).

是如此有影响力,以至于在1873年,参议院的一份报告认为大多数美国出版利益都违反国际版权。① 重印者这么长时间都在按照自己的意愿塑造国家政策,这表明他们讲话不仅是为了自己的利益,也是为了文化意识形态方面的更广泛的利益。

奴隶制也与版权有着模糊的交叉。赞成国际版权的辩证主义者在奴隶和不受保护的外国作者之间做了一个勉强的类比,认为两者都被剥夺了他们的自然权利。英国杂志 Punch 在1847年抱怨说:"美国人对待英国作家,如同对待她的黑人:作家被聪明的商人抢劫后被转化为其金钱利益……美国卖掉黑人的尸体,窃取白人的大脑。"②

然而,这是一个危险的修辞领域,它带有逻辑错误。赞成国际版权的人认为,两者都是自然权利立场——奴隶本身对于财产及其自由有自然权利,作品中的财产对于作者来说也是自然权利,只有野蛮国家才不承认这一点。③ 但是还有其他方法来解决这个问题。废除主义者认为,到目前为止版权被认为是一种自然形式的财产,不仅不道德而且也不合法,对其他人的所有权不可能有任何自然的权利。④ 如果要进行类比,为什么作者和奴隶主之间不进行类比呢?另一种观点是解放奴隶和文学,这就是费城重印出版商凯利提出的论点。南方贵族和东海岸的美国作家出版商一致支持版权和垄断价格,相比之下,中西部人和黑人则想要便宜的书。⑤

当联邦将国际版权作为一个问题时,固有的政治亲缘关系就体现在立法中。查尔斯·狄更斯认同废奴主义(abolitionism),当他在1842年遇到自己第一个奴隶在巴尔的摩的酒店为他提供晚餐时,他写下了对这一现象异乎寻常的感觉。⑥ 然而,

---

① Senate Report 409, 7 February 1873, p. 2.

② Punch, 24 April 1847, p. 178, 引自 Melissa J. Homestead, *American Women Authors and Literary Property*, 1822-1869 (Cambridge, 2005), p. 49. 这些文辞在20世纪30年代仍被愤愤不平的艺术家们大肆宣扬。*Revision of Copyright Laws: Hearings before the Committee on Patents, House of Representatives*, (February-April 1936), p. 700.

③ Homestead, *American Woman Authors*, 51; Michael J. Everton, *The Grand Chorus of Complaint: Authors and the Business Ethics of American Publishing* (New York, 2011), pp. 104-5. 在七月王朝期间,法国也是一个奴隶制国家,维克多·德·布罗意(Victor De Broglie)在垄断、奴隶制、版权和专利之间进行了类比:法律施加的限制是为了某些自然应该属于所有人领域的利益而实行。换句话说,版权和奴隶制同样是积极的创造,而不是自然的法律,因此可以被废除。见 Pfister, "L'auteur, propriétaire de son œuvre?" 605.

④ For the self-contradictions of the natural rights approach when faced with slavery, William B. Scott, *In Pursuit of Happiness: American Conceptions of Property from the Seventeenth to the Twentieth Century* (Bloomington, 1977), chap. 6.

⑤ H. C. Carey, *Letters on International Copyright*, 2nd ed. (New York, 1868), p. 13.

⑥ Charles Dickens, *American Notes for General Circulation*, 2nd ed. (London, 1842), 1: 276.

当支持奴隶制度的州参议员向他保证他们对国际版权的支持时,他开始欢呼。他对北方出版商强烈厌恶,因为这些出版商从版税中榨取了他的利益,这促使他最终在南北战争中支持南方。① 人们可能会认为,南方各州在1861年有比版权更紧迫的问题(就像人们对1791年法国革命家的看法一样)。但版权的政治影响足够重要,足以证明反叛政客的这种投资是正当的。由于出版业利益有限,南方在版权方面的损失很小。为了与北方进行区别,培养贵族和非商业民族的身份,并呼应英国人,联邦政府(Confederacy)通过了国际版权法,保护那些向美国人提供版权的权威作家。一位南方联盟的记者及绅士声称,宁愿为英国版付五倍的价钱,而不愿买一个北方佬(Yankee)的盗版。②

在整个19世纪,英国作家和出版商(及其美国同盟)力图说服美国政府保护外国作品。直到1875年,双方国会共同经历了上百次的请愿。③ 这场争论也蔓延到了加拿大,同时由于麦考利在1835年的改革使英语成为印度高等教育的语言,进而这场争论也进入了印度市场。④ 没有任何自然语言障碍隔离英国作者,他们的作品被转移到前殖民地。到19世纪后期,美国市场成为世界上最大的市场,其规模是英国的两倍,并且随着美国识字率的提高,差距进一步加剧。⑤ 早在1820年,当时美国只有英国人口的一半,美国版的最初印数(print runs)就与英国版持平或更多。⑥ 英国和其他欧洲作家在美国随处可见。即使在1775年,布莱克斯通的《英国法释义》(*Commentaries on the Laws of England*)在美国的销售册数几乎与英格兰一样多;美国各大城市都发行了自己版本的"拜伦";麦考利勋爵(Macaulay)的《詹姆斯二世以降英格兰史》(*History of England*)即使在科罗拉多州的小城镇也有销售,19世纪90年代它在美国的销量是英国的10到20倍;弗朗索瓦·基佐(François Guizot)的《法国文明史》(*History of France*)在美国各州都有;狄更

---

① Sidney P. Moss, *Charles Dickens' Quarrel with America* (Troy NY, 1984), pp. 177, 190; John O. Waller, "Charles Dickens and the American Civil War," *Studies in Philology* 57, 3 (1960).
② "Southern Feeling towards England," *Index*, 15 May 1862, p. 40 (BK).
③ Khan, *Democratization of Invention*, 260.
④ *Minutes of the Evidence Taken before the Royal Commission on Copyright*, 4; *Edinburgh Review* 304 (October, 1878): 304.
⑤ Seville, *Internationalisation of Copyright Law*, 147; Ronald J. Zboray, *A Fictive People: Antebellum Economic Development and the American Reading Public* (New York, 1993), p. 83.
⑥ St. Clair, *Reading Nation*, 386.

斯的作品被连载在铁路时刻表后面。①

尽管有些美国出版商通过"贸易礼节"(trade courtesy，一种非正式的承认权利的制度)向一些英国作家支付费用，例如查尔斯·达尔文(Charles Darwin)就是其中之一，赫伯特·斯宾塞(Herbert Spencer)也宣称自己对他的待遇感到满意，②但是总体说来英国作家没有体验到充分保护版权的好处。英国作者抱怨说，他们的财产和名誉都受到廉价仿冒的伤害。尽管沃尔特·司各特的著作遍布美国各地，但这对于他的名声并没有任何好处，无助于减轻他晚年的债务和痛苦。而美国版本经常被匆忙、充满错误地印刷，对此英国作家充满抱怨。③

然而，令人敬畏的美国出版业不应该被嘲笑。据参议员威廉·普雷斯顿(William Preston)在1837年计算，美国向每一个英国人发行了3本或4本书。④ 出版业及其附属行业维持了约20万个工作岗位。参议院专利委员会于1838年得出结论："这里的利益范围太广、太重要，不容被忽视。"为外国作家提供版权保护和降低进口图书关税将使图书生产从美国转向欧洲。⑤

专注于重印贸易的美国出版商——费城的凯利和纽约的哈珀(Harper)最为有名——与阅读公众的利益一致。⑥ 1837年，参议员布坎南(Buchanan)认为，所有美国人都能买得起外国作品的廉价版本，但英国作家对版权保护的希望威胁到了这一点。⑦ 在波士顿，坦尼森(Tennyson)的作品成本不到伦敦价格的一半。中西部地区的德国移民(immigrants)比身在德国的德国人更有机会享受歌德和席勒的廉

---

① Craig Joyce, "'A Curious Chapter in the History of Judicature': *Wheaton v. Peters* and the Rest of the Story (of Copyright in the New Republic)," *Houston Law Review* 42, 2 (2005): 332; Memorial of the New York Typographical Society against the Passage of an International Copyright, 25th Cong., 2nd sess., 1838, Senate Doc. 296, p. 3 (BK); Report 1188, 21 May 1886, *Reports of Committees of the Senate* (1885-86), p. 32; *Congressional Record*, Senate, 9 February 1891, p. 2382; *Congrès littéraire international de Paris* 1878, 591; Johns, Piracy, 295.

② *Minutes of the Evidence Taken before the Royal Commission on Copyright*, 287.

③ *Hansard*, Commons, 20 March 1838, pp. 1098-99; "Petition of Thomas Moore, and Other Authors of Great Britain," 24th Cong., 2nd sess., 2 February 1837, Senate Doc. 134 (BK).

④ *Gales and Seaton's Register of Debates in Congress*, Senate, 2 February 1837, p. 671 (BK).

⑤ Committee on Patents and the Patent Office, 25th Cong., 2nd sess., 25 June 1838, Senate Report 494, p. 3 (BK).

⑥ 其他大出版商包括 Monroe, Lovell, Seaside, and Franklin Square. 见 *Congressional Record*, 50th Congress, 1st sess., vol. 19, pt. 4, Senate, 23 April 1888, p. 3236. 然而，创造美国好版本出版商榜样的哈珀作为美国代表在1878年出席了巴黎国际文学大会。*Congrès littéraire international de Paris* 1878, 195.

⑦ *Gales and Seaton's Register of Debates in Congress*, Senate, 2 February 1837, p. 671.

价版，因此德国国会议员在祖国哀叹不已。① 出版商乔治·普特南（George Putnam）指出，书籍太便宜了，常常被买来进行铁路旅行，然后扔掉。② 这个国家充斥着最好的英国文学，马克·吐温代表不得不面对竞争的美国作家抱怨道："与之相比，一包厕所纸的价格似乎是'奢侈版'。"③

像《新世界》（New World）与《乔纳森兄弟》（Brother Jonathan）这样的美国期刊廉价连载外国小说，特刊经常完整地印刷小说，《新世界》1841年的圣诞版尺寸大约达到1.8×1.2米。④ 当这些期刊延伸到旧世界时，英国出版商担心竞争，其一年的订阅费用与伦敦书店的一本小说价格差不多。⑤ 1838年，美国参议院专利委员会举了一些例子，说明美国书籍与英国版相比如何便宜。到当时为止，最昂贵的也只是英国同类书一半的价格。根据经验，美国的印刷量是英国人的4倍，每卷的成本是英国的1/4。⑥ 英国的高价格在某种程度上被许多图书馆所抵消，但另一方面，美国偏远地区的稀少定居点则意味着书必须被买下来。⑦ 参议院专利委员会在1838年指出："廉价版本的有用书籍成倍增加，所有阶层都能买到，有助于促进知识和智慧的普遍传播，而这在本质上取决于我们免费机构的保存和支持。"⑧

在美国人向英国人解释为什么国家抵制国际版权的问题上，佛蒙特州的村庄里等待着驿站马车送书的那些感伤的肖像画确实起到了作用。沃尔特·司各特的小说从一家走到另一家，它们的廉价弥补了借阅图书馆的缺位。由于书籍购买者比英国

---

① Carey, *Letters on International Copyright*, 10-11; Reichstag des Norddeutschen Bundes, *Stenographische Berichte*, 26 March 1870, p. 508. Similarly in Adolf Fleischmann, "Die Berner Übereinkunft zum Schutze des Urheberrechts," *UFITA* 103 (1986): 48-49. Originally published in 1888.

② Geo. Haven Putnam, *The Question of Copyright*, 2nd ed. (New York, 1896), pp. 167-68.

③ 见 Siva Vaidhyanathan, *Copyrights and Copywrongs: The Rise of Intellectual Property and How it Threatens Creativity* (New York, 2001), p. 60.

④ Kielbowicz, *News in the Mail*, 128. 最大尺寸是 the *Universal Yankee Nation* 的4倍。Isbelle Lehuu, *Carnival on the Page: Popular Print Media in Antebellum America* (Chapel Hill, 2000), p. 64.

⑤ Seville, *Internationalisation of Copyright Law*, 43-44.

⑥ David Saunders, *Authorship and Copyright* (London, 1992), p. 156.

⑦ 英国1878年的版权委员会担心借阅图书馆的存在有助于保持高价格，至少第一版如此。*Minutes of the Evidence Taken before the Royal Commission on Copyright*, 40 and passim.

⑧ The Committee on Patents and the Patent Office, 25 June 1838, Senate Report 494, pp. 4-5. 类似的见 the Atlantic in Senate Report 409, 7 February 1873, *Reports of Committees of the Senate* (1872-73), 1: 5-7.

少，美国出版商立即瞄准大众市场。① 最终，美国专注于读者，而不是作者。《爱丁堡评论》（*Edinburgh Review*）报道了美国在 1878 年对英国版权保护要求的回应，"美国人很有礼貌，但他们有一个公平的答案，他们的首要职责是为了自己的公众"②。出版商罗杰·谢尔曼（Roger Sherman）在 1886 年大声疾呼，外国作家的版权主张是"200 名作家反对 5,500 万人利益的喧嚣"③。

支持外国作家版权保护的人则从共同的正义感出发。他们主要是版权协会（Copyright Association，US）中来自东北地区的作家，以及那些出版国内原创作品的出版商。乔治·帕尔默·普特南（George Palmer Putnam）和他的儿子乔治·黑文·普特南（George Haven Putnam）是典型的代表，他们是出版王朝的缔造者，也是作家的自然财产权、国际版权以及后来美国作为伯尔尼联盟成员的不知疲倦的代言人。④ 他们认为，美国已经足够文明，以至于其法律制度能够承认外国作家的权利。1886 年诗人詹姆斯·拉塞尔·洛威尔（James Russell Lowell）说，比一本廉价书更好的"是一本诚实的书"⑤。美国作家受到大量免费提供的英国文学的影响，为了竞争，他们需要一个公平的竞争环境。小说家和历史学家爱德华·艾格斯通（Edward Eggleston）指责说："虽然在这个国家，其他形式的工业受到了几乎禁止性关税的保护，但受到与被盗物品直接竞争的阻碍，本国最高类型的产品却不被鼓励，这标志着我们文明的低劣和物欲横流的特征。"⑥

1886 年，一位出版商向参议院承认，他已经两年没有读过一本美国手稿了。由于已经被市场证明的英国作品不用版税，为什么要在一个不知名的本地作家身上冒险呢？⑦ 华盛顿·欧文（Washington Irving）努力帮助一个年轻同事出版，他抱怨道："这个国家像被下药，处处都认为外国文学不用支付版税。"⑧ 美国作家的作品

---

① S. S. Conant, "International Copyright: *An American View*," *MacMillan's Magazine* 40 (1879): 152-53, 157-58; *Minutes of the Evidence Taken before the Royal Commission on Copyright*, 2-3.

② *Edinburgh Review* 304 (October, 1878): 304.

③ Report 1188, 21 May 1886, *Reports of Committees of the Senate* (1885-86), p. 74.

④ 也见 Putnam, *Question of Copyright*, xvi-xvii, 83-84.

⑤ Report 1188, 21 May 1886, *Reports of Committees of the Senate* (1885-86), p. 35.

⑥ Edward Eggleston, "The Blessings of Copyright Piracy," *Century Magazine* 1 (1881-82): 944.

⑦ Report 1188, 21 May 1886, Reports of Committees of the Senate (1885-86), p. iii. 类似的抱怨见：Report 2401, 10 June 1890, *Reports of Committees of the House of Representatives* (1889-90), pp. 9-10.

⑧ Report 622, 19 March 1888, *Reports of Committees of the Senate*, (1887-88), 2: 6.

"在以盗版的价格与几乎所有的欧洲作家竞争"①。到19世纪末,随着伯尔尼联盟的建立和大多数国家之间互惠协议的出现,美国孤军奋战,支持者们的观点也成了坚持的边缘。众议院的一份报告警告说,如果美国不将版权保护扩大到外国作家,它将成为"文明世界的文学社会公敌(literary Ishmael)"②。该法案的发起人乔纳森·查斯(Jonathan Chace)在1891年最终引入了国际版权,他把美国描绘成"文学的巴巴里海岸(Barbary coast)",美国人则被描绘成"书籍中的海盗"(buccaneers among books)。③

就像查斯所说,除了保留唯一的"伟大文学海洋上的海盗"之外,国际版权的支持者们还认为,这个国家正在超越仅仅是低价便捷地获取欧洲作品的需求。那美国自己的文化呢?面对肆无忌惮的外国竞争,美国作家需要帮助。④ 美国不再是殖民地,不应该依赖英国文化。萨缪尔·摩尔斯(Samuel Morse)在1842年写道,没有国际版权,美国的民族性格仍然是英国的,并不是真正的独立。⑤ 查斯参议员抱怨说,英国最受欢迎的污垢正席卷全国,而国内优秀文学却因缺乏国际版权而望而却步。⑥ 改革者警告说,粗俗的英国精神食粮横越大西洋,滋生了不良的本性,阻碍了国内文学的创造力和本地文化的发展。美国自己的文学,"在措辞、观点和插图上,甚至在对场景和礼仪的处理上",更像是英国的一个省,而不是"新世界中的一个伟大的共和国"。美国的流行小说是模仿的,比起知更鸟和嘲鸫鸟,它们更像是百灵鸟和夜莺。⑦ 糟糕的英国文化"席卷了这片土地,并且把所有的小区和邻里区别开来,并将它们从容地放置在一个黑暗、泥泞、处处可见的池塘中"⑧。

在19世纪中叶,国际版权的反对者仍然占上风。当狄更斯在1842年访问美国

---

① Report 1188, 21 May 1886, *Reports of Committees of the Senate* (1885-86), p. 11.
② Report 2401, 10 June 1890, *Reports of Committees of the House of Representatives* (1889-90), p. 4.
③ *Congressional Record*, Senate, 23 April 1888, p. 3234. Similar language in Report 622, 19 March 1888, *Reports of Committees of the Senate of the United States*, (1887-88), 2: 2.
④ "Memorials of John Jay and of William C. Bryant and Others, In Favor of an International Copyright Law," 22 March 1848, House of Representatives, Miscellaneous No. 76, p. 8 (BK).
⑤ Quoted in Barnes, *Authors, Publishers and Politicians*, 83.
⑥ *Congressional Record*, 50th Congress, 1st sess., vol. 19, pt. 4, Senate, 23 April 1888, p. 3235.
⑦ Report 622, 19 March 1888, *Reports of Committees of the Senate of the United States*, (1887-88), 2: 7.
⑧ *An Address to the People of the United States on Behalf of the American Copyright* Club (New York, 1843), p. 11 (BK).

时，他的读者认为英国作家为了牟利而利用他们在美国的人气是一种自私的伎俩，这使得令人欣喜若狂的欢迎变了味道。① 狄更斯认为自己是缺乏国际版权的美国的"最大的在世失败者"，他的美国粉丝则认为他们的奉承使他的声誉更加光彩夺目，这弥补了他缺乏版税的不足。有人认为，狄更斯之所以如此受欢迎，是因为他的著作不受保护，因此廉价而被广泛阅读。狄更斯除了放弃钱财什么都不要想，他在1868年的第二次美国之行时已经成为知名作家之一，成为一个回到家的阔佬。②

19世纪上半叶，重印出版商和读者都忽视了美国作家的困境。但是，当美国作家自己开始坚持对抗外国竞争时，潮流逐渐转向。哈莉叶特·比切·斯陀（Harriet Beecher Stowe）的《汤姆叔叔的小屋》（*Uncle Tom's Cabin*，1852）是大西洋两岸最成功的书。大量的英国盗版让美国人尝到了自己的毒药，突显了国际协议的优势。约翰·卡姆登·霍滕（John Camden Hotten）因盗版美国作家的作品而臭名昭著，他想在英国销售包括马克·吐温和沃尔特·惠特曼（Walt Whitman）在内的美国作家的作品。③ 毫不奇怪，马克·吐温在1886年发表了一份由144个美国文学家签名要求国际版权的请愿书。④ 在19世纪的最后几十年里，国际版权法案屡次被提交。⑤ 美国作家出于明显的原因寻求国际版权，而担心国际竞争的图书生产行业也最终达成了一项交易协议。由于一项要求保护在美国生产外国作品的制造条款（manufacturing clause），版权终于在1891年扩展到外国作家。⑥ 到那时为止，成立于1886年的伯尔尼联盟没有美国人，它对作家的关注度越来越高，也开始产生影响。即使在美国，权力的平衡也从公众转向作者，或者更准确地说，转移到出版商的利润中。在20世纪，随着美国从一个欧洲内容的热切进口国转变为世界上最大的出口国，它从版权流氓转变为严格的执行者。这个故事即将到来。

欧洲的微弱回声？

在美国于1891年引入国际版权之前，欧洲文人对美国人践踏作者权利的行为感

---

① McGill, *American Literature and the Culture of Reprinting*, chap. 3; Seville, *Internationalisation of Copyright Law*, chap. 5.
② Moss, *Charles Dickens' Quarrel with America*, 3, 64-65, 86-89, 103, and passim.
③ Martin T. Buinicki, *Negotiating Copyright: Authorship and the Discourse of Literary Property Rights in Nineteenth-Century America* (New York, 2006), pp. 64-65, p. 123.
④ Edwin T. Bowden, "Henry James and the Struggle for International Copyright: An Unnoticed Item in the James Bibliography," *American Literature* 24, 4 (1953): 538.
⑤ Thorvald Solberg, "Copyright Law Reform," *Yale Law Journal* 35, 1 (1925): 50f.
⑥ Report 622, 19 March 1888, *Reports of Committees of the Senate of the United States* (1887-88), 2: 4-5.

到震惊。① 然而，尽管没有英语国家那么激烈，欧洲也有作家和读者之间的争论。在法国，一些法学家和改革者开始了公众事业：如奥古斯丁-查尔斯·雷诺德（Augustin-Charles Renouard）、爱德华·卡尔梅尔斯（Edouard Calmels）、路易斯·沃洛夫斯基（Louis Wolowsk）以及莱昂斯·德·拉弗涅（Léonce de Lavergne）。② 普鲁登是一位无政府主义者，他宣称所有的财产都会被盗用，当谈及智力财产时，他认为同样如此。拉马丁把他的格言作为一种挑衅，强调了赋予知识产权以法律基础的紧迫性。不仅经济财产是财产，文学财产也是财产。③ 普鲁登抨击拉马丁和他关于加强文学产权的建议，他不同意他们的基本前提：作者创造了新的东西，因此他们应该拥有。普鲁登认为作家就像工人或工匠，他们用自然和社会提供的材料来加入他们的技能和劳动，最终他们并没有创造出他们的想法，他们只是收到了这些创意，没有编造真相却发现了真相；他们并没有创造出美，而是认识到了它；社会与创作者共同创作作品，但是所有的奖励都给了个人，而没有给社会；永久性权利使公共领域陷入贫困。④

在德国，公众也听到了一些声音。社会主义者尤金·杜林（Eugen Dühring）受到美国出版商凯利的影响，反对对作者进行过度保护。19世纪60年代，阿尔伯特·沙菲尔（Albert Schäffle）或许首次将经济逻辑运用到作者的权利上，他认为，如果作家以其他方式获得报酬，如工资或奖金，则应缩短并完全废除这一保护期限。然而，他的同事康斯坦丁·冯·兰格尔（Constantin Von Wrangell）虽然也赞成缩短保护期限，但他认为仍有义务将自己的论点转向仍旧统治着大陆的范式，即永久的文学财产。⑤

在欧洲大陆的议会和决策论坛上，辩论很少而且缺乏活力，代表或改革者很少

---

① 一位德国人承认，和美国人一样，德国人长期重印了英国和法国的作品，但至少和美国人不同的是，他们并没有装作以此为荣。见 R. Klostermann, *Das geistige Eigenthum an Schriften, Kunstwerken und Erfindungen* (Berlin, 1867), pp. 24-30.

② Laurent Pfister, "Is Literary Property (a Form of) Property? Controversies on the Nature of Authors' Rights in the Nineteenth Century," *Revue internationale du droit d'auteur* 205 (July 2005): 122ff; Christophe Geiger, *Droit d'auteur et droit du public à l'information* (Paris, 2004), pp. 30-31.

③ 普鲁登在他自己作品的开始部分骄傲地颂扬拉马丁的攻击。P. -J. Proudhon, *Les majorats littéraires* (Paris, 1868), p. 1. The original edition appeared in 1862.

④ Ibid., 12, 26, 95, and passim.

⑤ Albrecht Götz von Olenhusen, "'Ewiges geistiges Eigentum' und 'Sozialbindung' des Urheberrechts in der Rechtsentwicklung und Diskussion im 19. Jahrhundert in Frankreich und Deutschland," in Wilhelm Herschel et al., eds., *Festschrift für Georg Roeber zum 10. Dezember 1981* (Freiburg, 1982), pp. 100-108.

会像英美世界中那样经常坚持不懈地争论。我们看到革命对公共领域的关注一直持续到 19 世纪 30 年代，后来又被对作者人格权的新关注所取代，反对永久权利的法国改革者担心继承人会从流通中撤回作品。① 相比之下，在英国，永久权利从未被认真考虑过，而在美国，这些权利被宪法本身排除在外。新统一的德国，在对 1870 年《德国版权法案》（Copyright Act，1870）进行辩论期间，国家自由和自由贸易商议会议员卡尔·布劳恩（Karl Braun）反对长达 30 年的保护期，赞成 10 年付费使用保护期——这是 1911 年英国图书强制许可的缩写版本，我们将在下一章中看到这一点。布劳恩认为，这一改革将向普通民众传播廉价版书籍。在美国，盗版已经为日耳曼人提供了比家乡更便宜的歌德和席勒版本。如果德国作家和出版商受到的保护较少，德国的图书价格可能也会下降。②

在 1878 年国际文学大会上支持永久性文学财产的雷鸣般合唱中，只有少数人敢于为短期保护辩护。考古学家尤金·玛丽·多格内（Eugene Marie Dognée）为穷人及其获得廉价版的权利做了发言。③ 就连维克多·雨果也逆流而上，坚称如果他不得不在作者主张和公众主张之间做出选择，他就会站在公众一边。④ 共和党政治家、那不勒斯文学家卡洛·德尔·巴尔佐（Carlo Del Balzo）对此表示赞同，并抨击了永久产权。由于文学财产由作者个人劳动创造，因此不能像房子一样传给继承人。他认为，一旦作者死了，他的作品就属于社会和人类。他雄辩的言辞遭到了其他人的回绝，那些人一再哀叹著名作家的孩子们在贫困中挣扎的丑闻，剥夺作者的财产就像剥夺罗斯柴尔德家族（Rothschilds）的财产一样不公正。激进的自由放任经济学家古斯塔夫·德·莫利纳里（Gustave De Molinari）同意，公共领域是一个共产主义概念。⑤

也许与 18 世纪 30 年代和 40 年代的英国塔尔福德辩论以及美国对国际版权问题的长期讨论最接近的大陆之争，是在德国国会大厦（Reichstag）进行的，并最终导致了 1901 年的《德国版权法案》（Copyright Act，1901）和 1907 年的《美国版权法案》（Copyright Act，1907）。正如我们将在第四章中看到的那样，这些法律引入

---

① Pfister, "L'auteur, propriétaire de son œuvre?" 691-92.
② Reichstag des Norddeutschen Bundes, *Stenographische Berichte*, 26 March 1870, pp. 508-9.
③ *Congrès littéraire international de Paris* 1878, 143.
④ Ibid., p. 215.
⑤ Ibid., pp. 206-10, 223, 144. 后来成为第三共和国教育部长的哲学家朱尔斯·西蒙（Jules Simon）也曾试图限制文学财产共产主义的持续时间，见 Édouard Romberg, ed., *Compte rendu des travaux du Congrès de la propriété litté-raire et artistique* (Brussels, 1859), 1: 120, 149. 知识产权反对者与共产主义者相似之处见 Constantin Wrangell, *Die Prinzipien des literarischen Eigenthums* (Dorpat, 1866), pp. 28-33.

了精神权利最初的一些法律标准。但作为一种制衡手段，政府也试图强调公众的参与。辩论的问题包括在未经作者许可的情况下，音乐是否可以演出，文学作品在合理使用豁免下是否可以编入选集（anthologies）。许多欢迎新作者权利形式的人也抵制对合理使用的自由解释，其他人则为公众的利益和政府倡导普及教育的雄心而争辩。①

类似的主题在 20 世纪初还在继续，当时德国争论的焦点是保留其 30 年的保护期，还是遵循伯尔尼建议的 50 年期限。理查德·瓦格纳的继承人们努力维持瓦格纳在拜罗伊特的一些作品的垄断地位，支持对其进行长期保护。但是，他们的私利太明显了，其他同样支持 50 年保护期的人也煞费苦心地与贪得无厌的瓦格纳家族保持距离。② 德国政府在 1910 年提出，短期保护是在合理时间之后允许人们自由接触最好的国家作品，这使得作家和社会之间的关系变得相当和谐。如果歌德在 1883 年才进入公共领域，他在拟议的新规则下会怎样呢？③ 普鲁士科学学院得出的结论是，作者的长期要求与公众对廉价和便捷获取的兴趣相比，微不足道。西奥多·冯塔纳（Theodor Fontane）的著作和勃拉姆斯（Brahms）的音乐不应再被推迟 20 年给德国穷人使用。德国人需要买得起的好书和艺术版画，更不用说家庭音乐（Hausmusik）的乐谱了。④

令人惊讶的是，一些德国出版商也反对长保护期。想象一下，"19 世纪 60 年代和 70 年代，大量德国人的精神和艺术生活难以言喻地缩小了"，因为贝多芬（Beethoven）和歌德仅仅在一二十年后才进入公共领域。⑤ 当伯尔尼联盟 1908 年柏林会议和 1928 年罗马会议讨论 50 年保护期时，德国人支持选择了 30 年期限。外交部部

---

① Reichstag, *Stenographische Berichte*, 18 April 1901, pp. 2175-92 and 1 May 1901, pp. 2458-65, 包含了很多讨论。

② Reichstag, Stenographische Berichte, 19 April 1901, p. 2222; 2 May 1901, pp. 2492, 2500, 2503, 2505; 12 April 1910, p. 2281; Wilhelm Freiherrn v. Weckbecker, "Richard Wagner, Johann Strauss und die Schutzfrist," Ufita 3 (1930): 466-68; Kai Bandilla, *Urheberrecht im Kaiserrreich: Der Weg zum Gesetz betreffend das Urheberrecht an Werken der Literatur und Tonkunst vom 19. Juni 1901* (Frankfurt, 2005), 96-97, 122.

③ Reichstag, *Stenographische Berichte*, 12 April 1910, pp. 2279-80.

④ "Erklärung über die Schutzfrist des Urheberrechtes," *Sitzungsberichte der Preussischen Akademie der Wissenschaften*, 1927, Philosophisch-Historische Klasse, pp. 45-46; Ernst Heymann, "Die zeitliche Begrenzung des Urheberrechts," *Sitzungsberichte der Preussischen Akademie der Wissenschaften*, 1927, p. 103.

⑤ Declaration of the Börsenverein der deutschen Buchhändler, 14 February 1910, 引自 Manfred Rehbinder, "Die Parsifal-Frage oder der Gedanke des Verbraucherschutzes im Urheberrecht," in Robert Dittrich, ed., *Die Notwendigkeit des Urheberrechtsschutzes im Lichte seiner Geschichte* (Vienna, 1991), p. 94.

长古斯塔夫·斯特雷斯曼（Gustav Stresemann）是一位民族自由党（National Liberals）人，也是魏玛共和国最能干的政治家之一，他是决定性人物。他总结说，从长远来看，这将破坏普通教育和启蒙。① 后来的纳粹执行了《伯尔尼公约》对作者的关怀，将保护延伸到半个世纪后。故此，在第二次世界大战后，德国更加关注作家，成为国际上支持长期版权保护的领头力量。只有在魏玛共和国的最后几年里，德国才开始对削减作者的权利以支持公众进行认真的辩论。正如我们将在第五章中看到的那样，这种讨论在纳粹早期政权期间热烈地进行。这种联系无论多么短暂，反过来又使支持公众的论点在20世纪余下的时间里难以在德国立足。

因此，在欧洲大陆上，首先由无政府主义者普鲁登坚持主张公众的优势，然后是纳粹。在英国，同样的态度得到了温和和令人尊敬的改革者的支持，如历史学家麦考利和他的辉格党（Whig）支持者。在美国，政治家、改革者和商人达成一致，反对外国作家任何形式的版权。即使在1891年国际版权最终被美国接受的时候，它的支持者们仍小心翼翼地坚持他们将保留"美国制度，因为它是为人民提供廉价文学的制度"②。现在这种跨大西洋和跨海峡的差别已然很尖锐，而随着欧洲人接受精神权利的转变，在20世纪将变得更加明显。

---

① Isabella Löhr, *Die Globalisierung geistiger Eigentumsrechte：Neue Strukturen internationaler Zusammenarbeit* 1866-1952（Göttingen，2010），p. 124-25.
② Report 622，19 March 1888，*Reports of Committees of the Senate of the United States*（1887-88），2：7，25-26.

第四章
大陆漂移

——世纪之交欧洲版权从财产到人格的转变

19世纪，随着作者及其受让人在更多不同类型的作品（包括其他人衍生作品）上被赋予越来越广泛的权利，风险也开始增加。早些时候，作者只控制了他们作品的逐字副本，翻译或删节等使用行为不属于侵权。而当作者也获得衍生作品的权利时，得到保障的就不仅仅是作者思想的表达，作品受保护的本质现在也必须通过其在各种媒介中的化身来定义。这样，作者就获得了一些超出他们思想表达范围的权利，这些权利与他们的思想本身十分相近。

随着知识产权的扩大和深入，无保护作品的公共领域逐渐缩小。面对权利持有者日益增长的影响力，立法者限制了一些原本赋予他们的东西以补偿受众。"合理使用"界定了权利持有人不能禁止的合法自由使用作品的区域，"强制许可"则使得人们在没有版权持有者许可的情况下也可以使用作品（只要支付了设定的版税）。这两种立法技术都限制了作者的财产权而有利于受众的使用，因此，毫不奇怪，它们在英国和美国比在欧洲大陆获得的成功大。

虽然作者的权利主张因此受到了适度限制（特别是在英语国家），但在欧洲大陆，新制定的精神权利正在扩展到新领域。19世纪末，法国和德国的精神权利首先在法理学和判例法中发展起来。他们扩张了作家对其作品的审美控制权利，这种权利甚至在作者出售他们的经济权利之后依然存在，因此作品不能被彻底让与。18世纪，作者基于自然财产权的权利被视为完全可让与的权利，这一直是它们对出版商的吸引力，而出版商也因此期望完全和永久地拥有作品。而现在，19世纪的作者权利基础与之相反，或者说是另外建立于作品创作者的人格状态之上，作者和他高度个人化的作品永远无法完全分开，作品权利因此变得不可转让（inalienability of rights）。在像法国这样的司法管辖区域，精神权利最终被宣布为永久存在，作品也从未完全落入公有领域向所有人开放以供自由使用。

为财产加入人格

到19世纪初，英国、美国、法国和许多德国的作家已经在其作品中赢得了财产权，尽管通常只有有限的转让期限。在19世纪，他们的权利对象从图书和剧本扩大到包括书信、绘画、雕塑、讲座、音乐、歌剧、照片和建筑物。权利内容也进一步深化，超出了对精确复制品的控制，包括翻译、摘编、雕刻、戏剧和表演等衍生作品。19世纪初的法律和立法实践表明，除了所有权之外，作者的审美控制还需确定。在转让经济权利之后,他们应该保留发言权吗?受让人是否可以随意修改作品?控制权是否可传给作者的继承人?如果可以,那应该如何实现呢?它能被债权人控制吗?这些首先在1841年的拉马丁辩论中提出的问题,预示了19世纪后期发展起来的精神权利的内容。

衍生作品也产生了类似问题。翻译、删节或改编是新作品吗?那些与其他作品相关或受其启发产生的作品,如一部以小说为基础的戏剧、一个以雕塑为基础的雕刻作品、一幅画拍成的照片,又如何看待其性质呢?艺术家和买家谁应该拥有重新创作一幅画的权利?摄影是艺术还是一门技术?录制音乐在法律上是否等同于复制它的乐谱(music scores)?其中一些问题通过对法律的技术性修改得到了回答,另一些对于扩大作者权利而言则是核心。

文学财产急剧扩展到以前从未到过的领域,以往可以自由使用的东西现在被日益规范化和法定化使用。19世纪末,在传统财产日益受到管制(劳动法、租金管制、工厂立法、健康和安全、消费者和环境保护等),社会利益优先于所有者的同时,知识产权则相反,使作者及其受让人越来越优越于公众。① 这种广泛扩张权利人特权的行为,反过来又促使人们需要例外(在英国被称为公平交易,在美国则被称为合理使用)。

到了20世纪末,所有国家都大大扩张了作者权利,但方式却越来越不同。我们在上一章中提到的著名德国法学家约瑟夫·科勒在1907年提出,唐森诉贝克特案(1774年)通过刺破自然权利的虚构,终结了英国非物质财产的概念,从而使英美法系国家的作家权利成为被收养的子女。② 他是对的,英美作家的主张现在仅限于社会愿意承认的内容。相比之下,欧洲大陆缓慢地将一种自然权利概念加到另一种概念上,将财产与作者不可侵犯的人格表达的自然权利(据称是平等的)结合在一起。

在他们最狂热的时代,建立在财产和人格基础上的作者权利都被假定了一种基本性质:依赖作者的劳动力或基于人格与作品之间不可破解的联系。法国法学家安德烈·莫里洛在1878年第一次明确从自然权利中派生出精神权利,他宣称"这是一项高于任何法规的法律原则",每个人的自由都应该受到保护。这使当局有义务保障

---

① Felix Leinemann, *Die Sozialbindung des "Geistigen Eigentums"* (Baden-Baden, 1998), pp. 163-64; Stanislas de Gorguette d'Argœuves, *Le Droit moral de l'auteur sur son œuvre artistique ou litteraire* (Paris, 1926), . 6; Manfred Rehbinder, "Die Beschränkungen des Urheberrechts zugunsten der Allgemeinheit," in Schweizerische Vereinigung für Urheberrecht, ed., *100 Jahre URG: Festschrift zum einhundertjährigen Bestehen eines eidgenössischen Urheberrechtsgesetzes* (Berne, 1983), p. 353.

② Josef Kohler, *Urheberrecht an Schriftwerken und Verlagsrecht* (Stuttgart, 1907), p. 55.

作者对其作品的精神权利。① 在一场小心谨慎（belt-and-suspenders）的争论中，阿尔希德·达拉斯（Alcide Darras）于1887年写道，作者主张是对其劳动应得的补偿和对他人格的尊重，基于这两者之一的主张不可避免地是自然权利。② 在20世纪的开端，这种想法倍增。③ 在两次世界大战之间，作者权利也被这种新的人格自然权利所证明。1926年，一位观察家宣称，精神权利是绝对权利，它们站在时间之外；法律并没有创造它们，只是承认了它们的先前存在，它们是天生的权利。④

欧洲大陆的财产权向人格权漂移，其概念模糊、晦涩亦不完整。它们仍然是串联流动，被交替使用的。人格权作为财产权的补充，但从不取代财产权。19世纪初，德国人并没有像法国人那样热情地发展作品产权的概念，康德和费希特反而强调了作者在其作品中的个人利益。当德国于1871年统一并开始编纂国内法时，它本可以效仿法国，但当时德国的思想更多地建立在以人格为基础的作家主张上。⑤ 19世纪末，科勒将讨论主题从基于自然权利的知识产权转到基于成文法的无形财产（Immaterialgüterrecht）。因此，财产概念已经从自然权利的起源中解脱出来，下一步是基于人格的作者权利（Urheberrecht）。⑥

1837年的普鲁士法律确立了文学财产，但是在1865年，《巴伐利亚州版权法案》（*Copyright Act*，*Bavaria*，1865）使用了作者权（Urheberrecht）一词来表示

---

① André Morillot, "De la nature du droit d'auteur, considéré à un point de vue général," *Revue critique de législation et de jurisprudence*, n. s., 7 (1878): 124-25.

② Alcide Darras, *Du droit des auteurs et des artistes dans les rapports internationaux* (Paris, 1887), p. 17.

③ Georges Michaélidès-Nouaros, *Le Droit moral de l'auteur* (Paris, 1935), p. 12. Similarly: Robert Michaelis, *Persönlichkeitsrechtliche Befugnisse im deutschen Urheberrecht und droit moral des französischen Rechts* (diss., Leipzig; Berlin, 1926), p. 34. A similar accounting, though in disagreement, in Const. Gheorghiu-Vieriu, *Le Droit moral de l'auteur* (Paris, 1939), p. 117.

④ Gorguette d'Argœuves, *Le Droit moral de l'auteur*, 62. 类似的神化见 Pierre Masse, *Le Droit moral de l'auteur sur son œuvre littéraire ou artistique* (Paris, 1906), p. 35, 引自 Laurent Pfister, "Authors and Work in the French Print Privileges System," in Ronan Deazley et al., eds., *Privilege and Property* (Cambridge, 2010), p. 116.

⑤ Elmar Wadle, "Entwicklungsschritte des Geistigen Eigentums in Frankreich und Deutschland," in Hannes Siegrist and David Sugarman, eds., *Eigentum im internationalen Vergleich* (Göttingen, 1999), pp. 257-58; Diethelm Kippel, "Die Idee des geistigen Eigentums in Naturrecht und Rechtsphilosophie des 19. Jahrhunderts," in Elmar Wadle, ed., *Historische Studien zum Urheberrecht in Europa* (Berlin, 1993), pp. 125ff.

⑥ Leinemann, *Sozialbindung des "Geistigen Eigentums,"* 24-25; Cyrill P. Rigamonti, *Geistiges Eigentum als Begriff und Theorie des Urheberrechts* (Baden-Baden, 2001).

作者的权利，这一表达不再仅仅是基于财产的权利要求，所以整个德国法律都使用了这一术语。1885 年，当法国提出《伯尔尼公约》保护"文学和艺术财产"而不是作家的权利时，德国人强烈抗议。① 甚至连法国人也害怕我们在上一章中研究过的问题，即将文学与传统财产在概念上同化，他们避免在七月王朝提出的法案草案中使用"财产"（property）一词。②

虽然知识产权的财产观念越来越多地受到 19 世纪末兴起的人格论的冲击，但它仍然具有影响力。正如前面所提及的，法国人在大革命以来重新制定了他们第一部关于这一主题的主要法律，即 1957 年关于"文学和艺术财产"的法律。③ 战后的德国人对这一概念仍然比法国人更加怀疑。1946 年的新《巴伐利亚宪法》在第 162 条谈到知识产权，但 1949 年的《德国基本法》没有。然而，1955 年德国最高法院复苏了经典的 18 世纪概念，主张知识产权是一项仅由法规承认而非创造的自然权利。④ 后来，判例法和法规也热情地采用了知识产权概念。⑤ 欧洲法律也是这样，2001 年，《欧盟信息社会指令》（*EU's Information Society Directive*）轻率地向其成员保证，知识产权已被承认为"财产不可分割的一部分"⑥。未获批准的 2003 欧盟宪法草案，郑重地寻求将保护知识产权纳入欧洲大陆最高法律中。⑦

尽管如此，无论是基于财产还是基于人格，在其大陆变体中，这两个概念都赋予作者强有力的、基于自然的主张。它们的不同之处主要在于财产——无论多么自然——可以被转让，而基于人格的权利，正如我们所看到的，即使在作者转让了他

---

① Georg Roeber, "Urheberrecht oder Geistiges Eigentum," *Archiv für Urheber-Film-Funkund Theaterrecht* 21, 3/4 (1956): 156-57; Elizabeth Adeney, *The Moral Rights of Authors and Performers* (Oxford, 2006), p. 24.

② *Annales du Parlement français*, 20 May 1839, pp. 133-34.

③ Loi no. 57-298 du 11 mars 1957 sur la propriété littéraire et artistique, *Journal Officiel*, 14 March 1957, pp. 2723-30. Pascal Kamina, "Author's Rights as Property: Old and New Theories," J*ournal of the Copyright Society of the USA* 48 (2000-2001): 393-403; Alain Strowel, *Droit d'auteur et copyright: Divergences et convergences* (Brussels, 1993), p. 18.

④ *Gema w. Grundig*, Bundesgerichtshof, 18 May 1955, *Entscheidungen des Bundesgerichtshofes in Zivilsachen*, 17: 278.

⑤ Bundesverfassungsgericht, decisions of 7/8 July 1971 and 25 October 1978. Heinrich Hubmann, "Die Idee vom geistigen Eigentum, die Rechtsprechung des Bundesverfassungsgerichtsund die Urheberrechtsnovelle von 1985," *Zeitschrift für Urheber-und Medienrecht/Film und Recht* 32, 1 (1988): 7. Gesetz zur Stärkung des Schutzes des geistigen Eigentums und zur Bekämpfung der Produktpiraterie, 7 March 1990.

⑥ Directive 2001/29/EC, 22 May 2001, recital 9, art. 3, Official Journal, L167, 22 June 2001, p. 10.

⑦ Treaty Establishing a Constitution for Europe, draft 18 July 2003, art. II-17 (2).

的经济权利之后,仍然留在他的身边。

浪漫主义发挥作用

保护作家是因为他们个人与作品有联系,当然这也是 18 世纪后期对浪漫主义艺术崇拜的一部分。早期的作者们谦卑地认为自己是向高等力量表达了声音的人,并深受前辈恩惠。① 他们把自己看作嵌入社会与公众联系的人。② 的确,正如希腊人和罗马人所看到的那样,作者是发现者而不是创造者,他们揭示了自然界形态永恒的现实。③ 从文艺复兴时期开始,作家就受到古典时代的启发,模仿自然,仿效古希腊和罗马的大师。④ 浪漫主义取代了这种模仿的艺术观,正如作家本人所看到的那样,浪漫主义作家运用了他自己独特的天才。爱德华·杨格(Edward Young)在他的阁楼里赞颂艺术家,他的《试论独创性作品》(Conjectures on Original Composition,1759)这部在德国远比在英国本土影响大的著作奠定了基调:原创性将创造者与神灵联系在一起,而模仿则是机械的。⑤

因此,浪漫主义以英雄的形式颂扬了作者。作者权利的意识形态低调地延续了这一传统,正如一位批判性观察者所说,作者权利寻求在法律上保护浪漫主义的观念,即独特的创作反映作者个性。⑥ 巴尔扎克在 1834 年坚持认为最基本的财产形式是"人类在天地之间创造的那种作品,这种作品除了智力之外没有别的根源"⑦。作

---

① Richard Schiff, "Originality," in Schiff and Robert Nelson, eds., Critical Terms for Art History, 2nd ed. (Chicago, 2003), pp.145-49.

② Edward Earle, "The Effect of Romanticism on the 19th Century Development of Copyright Law," Intellectual Property Journal 6 (1991): 275-76.

③ Walter Bappert, Wege zum Urheberrecht: Die geschichtliche Entwicklung des Urheberrechtsgedankens (Frankfurt, 1962), pp.20-22.

④ Nick Groom, "Unoriginal Genius: Plagiarism and the Construction of 'Romantic' Authorship," in Lionel Bently et al., eds., Copyright and Piracy (Cambridge, 2010), pp.274-75; Carla Hesse, "The Rise of Intellectual Property, 700 BC-AD 2000: An Idea in the Balance," Daedalus 131, 2 (2002): 26-30.

⑤ Martha Woodmansee, The Author, Art, and the Market: Rereading the History of Aesthetics (New York, 1994), pp.35-40.

⑥ Gheorghiu-Vieriu, Le Droit moral de l'auteur, 121.

⑦ Honoré de Balzac, "Pro Aris et Focis. Lettre adressée aux écrivains du XIXe siècle," Revuede Paris, n. s. 11 (1834): 63. Similar ideas in "Pétition à l'Assemblée nationale," in Œuvres complètes de Beaumarchais (Paris, 1826), 6: 197 (BK).

者不欠公众任何东西。① 在欧洲大陆，这种美学（Schöngeisterish）思想最为强烈，法律和文化习语也是如此。相比之下，盎格鲁人对浪漫主义灵感的主张仍然不那么让人信服。在英国人看来，天才应当为更广泛的社会目标服务。卡姆登勋爵在1774年唐森案中坚持认为，那些"分享我们称之为天才的神圣光芒"的崇高灵魂，受上帝委托，向他人传授"天堂普惠；他们绝不能成为这个世界的小气鬼，也不能为自己囤积共同的财富"②。一个半世纪后，在1911年《英国版权法案》颁布之前，国会议员乔治·罗伯茨（George Roberts）反对延长版权条款并警告说，作者和发明者（inventors）与其说是原创的天才，不如说是利用了"过去的蓄水池，他们从先行者的成功和失败中获益"③。

当英国人对天才观持怀疑态度时，美国却完全抛弃了这个概念。最早的版权法规旨在鼓励文学和天才，然而这种用法并不是因为浪漫主义的影响，而是源于ingenious这一词源的纯粹派生。④ 马萨诸塞州1783年版权法规的序言称，人类幸福的进步取决于"在各种艺术和科学领域有学问和聪明才智的人"⑤。就像在英国一样，天才被用于社会公益事业。为了鼓励文学创作，参议院专利委员会坚持在1838年拒绝了对英国书籍的版权保护。"但文学本身是有价值的，因为它往往改善和祝福人类。因此它不应局限于排他性的渠道，而应在整个群体中扩散和传播……在整个社会的脸上洒下光明、知识和智力进步的光芒。"⑥

拓宽（和限制）文学财产的概念

从19世纪开始，作者权利从写作扩展到其他各种作品形式。沿着一个轴心线，作者权利延伸到创造性努力的新形式，保护也开始深化，涵盖了衍生作品。有些权利很古老，如翻译、雕刻和戏剧，还有一些则和新媒体相关，如摄影、录音和电影

---

① Christopher Aide, "A More Comprehensive Soul: Romantic Conceptions of Authorship and the Copyright Doctrine of Moral Right," *University of Toronto Faculty of Law Review* 48, 2 (1990): 214.
② *Donaldson v. Beckett* (1774), *Hansard*, 1, 17 (1774), pp. 999-1000.
③ *Hansard*, Commons, 7 April 1911, pp. 2634-37.
④ "An Act for the Encouragement of Literature and Genius," 1783, in *Acts and Laws of the State of Connecticut in America* (New London, 1784), pp. 133-34 (BK).
⑤ *The Perpetual Laws of the Commonwealth of Massachusetts* (Boston, 1789), p. 369.
⑥ The Committee on Patents and the Patent Office, 25 June 1838, Senate Report 494, p. 5. Richard Hofstadter 讨论了天才在美国的低价值，见 *Anti-Intellectualism in American Life* (New York, 1963), p. 255. Paul Tough 今天也提到类似的观点，见 *How Children Succeed: Grit, Curiosity and the Hidden Power of Character* (New York, 2012).

改编作品（film adaptation of works）。由于权利内容包括新的衍生作品，因此必须界定保护对象以超越版权制度的原始保护对象，文学财产的核心概念也必须确定。

1710年《安妮法》和其他早期立法保护了作品的具体实体，只宣布逐字复制为非法作品。然而，作者也在派生作品中获得了权利，因此需要对其实质内容中的一些要素提出更为广泛的概念，以便在作品被重复使用（即使不是逐字的）时作者能证明其权利主张的合理性。可以说，版权更像是专利，作者开始声称控制了这个想法或作品的某些本质而不仅仅是它的特定表达，这给了他们在其他媒体和格式上控制作品的权力，如翻译、缩编、电影版本等。早期的法律对表达和观念进行了区分，只保护表达，但现在这个区别模糊了。

早期的法律只禁止逐字复制，改编后的作品没有受到保护，因此，19世纪符腾堡的一位剽窃艺术家因为他的复制品有着不同的尺寸和颜色而摆脱了苏格兰人的束缚。① 衍生产品如何改变才能赢得自己的法律地位？在18世纪，缩编本被认为是一部新作品。但事实上直到19世纪中叶，"公平"缩编都被认为是一项公共服务，使书籍易于消化和获取，如期刊在很大程度上是对近期书籍的摘录、摘要和转载。② 正如翻译作品权利改变所表明的，对衍生作品的态度在19世纪发生了变化。《安妮法》《法国大革命法令》和《普鲁士联邦普通法》都没有保护作者的翻译权（translation rights），翻译改编后的作品被认为是独立作品。哈莉叶特·比彻·斯托是当时的畅销书《汤姆叔叔的小屋》的作者，她授权宾夕法尼亚讲德语的人翻译一个德语版。在1853年，费城一家报纸上出现了一个未经授权的版本，她提起了诉讼。但法院做出不利于她的裁决，宣布她的作品一出版，她就失去了除印刷和出售作品以外的一切权利。③

但潮流正在转向。美国法学家乔治·蒂克纳·柯蒂斯（George Tickner Curtis）在1847年出版的关于版权的代表性著作中提出，翻译侵犯了作者的权利。作者拥有"自己的思想和情感"、作品的计划以及处理主题的模式，无论"作者财产以何种形式被复制"，其权利都被侵犯了。④ 美国作家在1870年获得了授权翻译的权利；英

---

① Reichstag, *Stenographische Berichte*, 1875/76, vol. 3, Aktenstück 76, p. 294.
② Ronan Deazley, "Commentary on Copinger's Law of Copyright," in BK; Catherine Seville, *Literary Copyright Reform in Early Victorian England: The Framing of the 1842 Copyright Act* (Cambridge, 1999), pp. 243-45; Ronan Deazley, *Rethinking Copyright: History, Theory, Language* (Cheltenham, 2006), pp. 26-27; Isabella Alexander, *Copyright Law and the Public Interest in the Nineteenth Century* (Oxford, 2010), chap. 6. 法国情况类似，见：Laurent Pfister, "L'auteur, propriétaire de son œuvre? La formation du droit d'auteur du XVIe siecle à la loi de1957" (diss., Strasbourg, 1999), pp. 563-65.
③ *Stowe v. Thomas*, Federal Cases, 1853, 23: 201 (BK).
④ George Ticknor Curtis, *Treatise on the Law of Copyright* (Boston, 1847), pp. 292-93.

国人在 1851 年以有限的形式获得了翻译权，然后在 1911 年获得了更广泛的翻译权。在法国，这种转变也类似。法学家奥古斯丁-查尔斯·雷诺德在 1838 年要求知道翻译究竟违反了什么权利，因为语言的改变消除了任何竞争，作者的声誉也随之提高。① 但在 1845 年，鲁昂上诉法院（Rouen Court of Appeals）谴责了一本未经授权以西班牙语出版的法国化学书，指出了它与原版竞争的危害。② 在 1847 年，巴黎法院裁定翻译作品本质上复制了原著，主题、论点、措辞——除了语言以外的所有东西都被复制了。法院认为，作品的本质不是书面的习语，而是所呈现的观点、顺序和发展。③

缩编本也受到保护。在 1828 年，罗伯特·毛姆（Robert Maugham）坚持认为它们是新作品，虽然它们伤害了原作的销售，但并没有侵犯原作权利。④ 而十年后的现在，一些缩编本被认为是挤占原作。1838 年，弗朗西斯·利伯（Francis Lieber）演讲时，认为缩编就像是只要邻居留下酒桶就有权喝我的酒一样。⑤ 在格雷诉罗素案（Gray v. Russell, 1839）中，约瑟夫·斯托里（Joseph Story）法官决定缩编作品是否侵犯原作时认为，与其说它取决于所涉及的数量，不如说取决于其质量和价值。⑥ 在 1841 年福索姆诉马什案（Folsom v. Marsh）中，法院裁决禁止使用乔治·华盛顿（George Washington）的信件，限制当时肆无忌惮的合理使用原则。⑦ 衍生产品的使用必须"公平和真诚"，不得损害原产品的市场价值。⑧ 柯蒂斯的代表性论文得出的结论是："作者享有著作权所有的利润，可以获得该书以任何形

---

① Augustin-Charles Renouard, *Traité des droits d'auteurs, dans la littérature, les sciences et les beaux-arts* (Paris, 1838-39), 2: 38.

② Rosa c. Giradin, Cour d'appel de Rouen, 7 November 1845, *Dalloz*, *Jurisprudence générale* 2 (1845): 212 (BK).

③ Eugène Pouillet, *Traité théorique et pratique de la propriété littéraire et artistique* (Paris, 1879), pp. 429-30.

④ Robert Maugham, *A Treatise on the Laws of Literary Property* (London, 1828), pp. 29-30.

⑤ Francis Lieber, Manual of Political Ethics Designed Chiefly for the Use of Colleges and Students at Law, pt. 1 (Boston, 1838), p. 133.

⑥ Federal Cases, 1839, 10: 1038.

⑦ Federal Cases, 1841, 9: 342 (BK). 一些学者甚至到目前为止都认为，美国对自然权利私有财产版权的公益性功利主义在这个案例中减弱了，见 John Tehranian, "Et Tu, Fair Use? The Triumph of Natural-Law Copyright," *UC Davis Law Review* 38 (2005): 466-67.

⑧ Oren Bracha, "Commentary on Folsom v. Marsh (1841)," in BK; R. Anthony Reese, "The Story of *Folsom v. Marsh*: Distinguishing between Infringing and Legitimate Uses," in Jane Ginsburg and Rochelle Cooper Dreyfuss, eds., *Intellectual Property Stories* (New York, 2006), pp. 283-86.

式产生的所有出版利润。"① 在1879年，伊顿·卓恩（Eaton Drone）对英语国家法律的调查所得的结论则显得清晰而严厉：缩编行为是一种过时的放纵和一种形式的盗版。②

在19世纪，版权越来越多地在所有媒介上保护作品的价值，而不仅仅针对逐字复制。当另一位作者使用一个故事的情节、事件或主题时，"非文字抄袭"（non-literal copying）理论就出现了。③ 摄影师詹姆斯·罗宾逊（James Robinson）因此被指控剽窃亨利·沃利斯（Henry Wallis）的《查特顿之死》（*Death of Chatterton*, 1857），当时他拍摄了一个模特模仿诗人死亡的姿势。④ 人们越来越多地认为受保护的财产是作品的基本核心，而不仅仅是它的表现形式。随着作者对作品的主张被扩散到所有媒介，作者利益也随之扩大。斯托当时输掉了她的案子，尽管后来她在1870年获得了翻译权证明了她的诉求是正确的。但她律师的逻辑说明了作品的概念是如何被扩展的：无论其语言如何变换，这部作品都保持不变；一个好的翻译透明地把它从一种语言转换到另一种语言，从而在翻译行为中挪用它；"一个完美的翻译将呈现相同的创作和精神生产"⑤。在1847年，柯蒂斯将可保护的作品定义为"一本书知识内容的形而上的一部分或组成部分"⑥。在1879年，当卓恩总结英美法时，认为现在的文学财产中"语言只是知识创造的表达手段"，即使用不同的语言表述，作品也是一样的。（这与拥有该作品的创意有何不同之处尚不清楚，尽管卓恩很快就否认有可能拥有这些想法。）⑦

到19世纪末，欧洲大陆和英、美国家的版权范围已经扩大，让作者对作品的市

---

① Curtis, *Treatise on the Law of Copyright*, 237-38.

② Eaton S. Drone, *A Treatise on the Law of Property in Intellectual Productions in Great Britain and the United States*（Boston, 1879）, pp. 436-38. 尽管在1911年《英国版权法案》颁布前的证词中缩编仍然被称赞为有价值的公共目标服务，见"Report from the Select Committee of the House of Lords, on the Copyright（Amendment）Bill," *House of Commons Papers, Reports of Committees*, 1897, paper 385, 10: 213, 12.

③ Isabella Alexander, "Inspiration or Infringement: The Plagiarist in Court," in Bently, *Copyright and Piracy*, 6.

④ Turner v. Robinson,（1860）10 Ir. Ch. 121, 510 and 10 Ir. Ch. 521. Randolph Jonakait, "Do Art Exhibitions Destroy Common-law Copyright in Works of Art?" *Copyright Law Symposium* 19（1971）: 82-88.

⑤ Stowe v. Thomas, *Federal Cases*, 1853, 23: 202.

⑥ Curtis, *Treatise on the Law of Copyright*, 273-74.

⑦ Drone, *Treatise on the Law of Property in Intellectual Productions*, 97-98, 384-85.

场价值有了广泛的发言权,无论以何种媒介形式。① 多亏了这一点,今天的作者们高兴地宣称自己拥有角色、情节和叙事的控制权。因此,《飘》(*Gone with the Wind*)的作者玛格丽特·米切尔(Margaret Mitchell)的继承人起诉了雷吉娜·德佛尔治(Régine Desforges)——《蓝色的自行车》(*La Biyclette Bleue*)的作者,因为这部作品也讲述了一位女性、遗产和一场战争的故事——尽管故事发生在20世纪40年代的法国,不是19世纪60年代的美国南部。一位法国导演起诉阿诺德·施瓦辛格(Arnold Schwarzenegger)电影《过关斩将》(*The Run Man*)的美国制片人,指控其制作了一部同样以电视对大众的影响为主题并以五名全副武装杀手为特征的影片。反过来,《大白鲨》(*Jaws*)背后的制片厂起诉一家法国公司拍摄了一部涉及鲨鱼、夏天和游泳者的电影。②

合理使用

然而,随着作者权利的扩大,他们的翅膀也被剪短。随着针对衍生作品的主张不断涌现,法律开始界定和执行一个作者没有发言权的使用区域。合理使用萌生于19世纪,最早只是作者为自己独立创作而使用他人作品的权利。只要新作品不是派生的或模仿的,这种使用就被承认为作者互相启发的合理行为。然而,随着作者赢得了衍生产品使用的控制权(以前免费),合理使用也开始转向保护公众。在19世纪,唯一能够看到的对作者权利扩张进行抵制的就是合理使用,它限制了作者的特权。③ 不出意外,因为合理使用的目的是帮助受众,所以它在盎格鲁领域比在欧洲大陆更受欢迎。虽然合理使用起源于19世纪,但直到20世纪才得到充分发展。为了连贯起见,我们将在此处对它进行总结。

合理使用在美国得到了最广泛的实施。福索姆诉马什案(1841年)是早期权衡作者和公众利益的案例。如果衍生产品削减了原作品的市场价值,免费使用就会受到限制。但是,合理使用也被用来限制现在日益扩张的作者权利。尽管1909年《美国版权法案》终止了合理缩编(fair abridgement)的权利,但它包括了对非戏剧性

---

① Oren Bracha, *Owning Ideas: A History of Anglo-American Intellectual Property* http://www.obracha.net/, chap.3; Oren Bracha, "The Ideology of Authorship Revisited: Authors, Markets, and Liberal Values in Early American Copyright," *Yale Law Journal* 118 (2008): 225-38.

② Pascal Kamina, *Film Copyright in the European Union* (Cambridge, 2002), pp. 223-26.

③ Bracha, *Owning Ideas*, 326; L. Ray Patterson and Stanley W. Lindberg, *The Nature of Copyright* (Athens GA, 1991), pp. 67-68.

文学和音乐作品非营利表演的广泛豁免。①

1976年《美国版权法案》最终编纂了合理使用原则，取消了一些特定的豁免，比如非营利行为，同时增加了新的例外。正如我们将在第六章中看到的那样，1976年的版权法使美国与欧洲的做法保持一致，为其成为伯尔尼联盟成员铺平道路。版权保护期限从出版后最长28年延长到伯尔尼联盟规定的作者终生加死亡之后50年。现在作品从创作之日起就自动受到保护，不用采取早前需要的强制手续。因此，合理使用在某种程度上是作者权利主张巨大扩展背景下对公众的补偿。②

国会议员罗伯特·德里南（Robert Drinan）在关于版权法案的辩论期间表达了传统的英美态度，坚持认为"作为垄断形式的版权（copyright as monopoly）只能在其服务于公众利益的程度上被证明正当"③。该法案列举了各种合理使用的例外情况：在宗教仪式上唱赞美诗，在农贸市场上演奏乐队音乐，以及在社交俱乐部（Elks Club）跳舞。④ 一般原则允许将受版权保护的作品合理用于诸如批评、评论、新闻报道、教学和学术等目的。教师和图书馆员提倡广泛的教学豁免，然而，来自出版业的反对者却试图将学校、大学和图书馆限制在与一般公众相同的权限范围内。不过，该法案允许图书馆复制图书馆的借阅书，并保留破损绝版作品的复制件，从而赋予它们超出公众的权利。学校也赢得了一个例外，即可以为课堂教学使用副本。⑤ 如果学校、图书馆或档案馆的雇员无意中发生侵权行为，教育机构则获得了免予罚款的待遇。

与对等的欧洲法律不同，1976年《美国版权法案》对合理使用的列举是说明性的，而非限制性的。法律制定了一个合理使用的法律算法：复制了什么，复制了多少，为了什么目的，以及它如何影响了作品的市场价值。⑥ 它允许法院权衡利益，

---

① An Act to Amend and Consolidate the Acts Respecting Copyright, 4 March 1909, PublicLaw 60-349, 35 Stat. 1075, sect. 1b, 26.
② "Copyright Law Revision," Senate Report 94-473 (1975), p. 119.
③ *Congressional Record*, 22 September 1976, pp. 31983-85.
④ Ralph S. Brown, "Eligibility for Copyright Protection: A Search for Principled Standards," *Minnesota Law Review* 70, 2 (1985): 594.
⑤ William F. Patry, *The Fair Use Privilege in Copyright Law*, 2nd ed. (Washington DC, 1995), 288, 371, 433. 此处提及的是107、108、504款规定。
⑥ 事实上，这部法律几乎是逐字复制斯托里法官在 *Folsom v. Marsh* 案中的结论，见 *Federal Cases*, 1841, 9: 348.

从而开辟了一系列可能的例外。① 纽约上诉法院（Court of Appeals：New York）已经在 1964 年制定了这一原则，当时它警告说，法院"有时必须将版权持有人在最大经济回报方面的利益置于艺术、科学和工业发展的更大公共利益之下"②。

英国的对应规定则是 1911 年《英国版权法案》的"公平交易"条款，范围更窄，更像它在欧洲大陆的同类产品。③ 它列举了所允许的具体用途：私人学习、批评、评论或报纸摘要、公共雕塑和建筑物的绘制、公开朗诵、非保留公开讲座的叙述以及学校选集（school anthologies）中的有限摘录。虽然 1956 年《英国版权法案》（Copyright Act，1956）和 1988 年《英国版权法案》（Copyright Act，1988）两次对其进行了修正，但公平交易背后的原则仍未明确。④ 它既不适用于未出版的作品，也不适用于新闻摄影。如果它们未被列入法律，法院也不会认定其为合理使用。⑤ 1992 年，美国艺术家杰夫·昆斯（Jeff Koons）在使用美国一位明信片摄影师作品时就不构成合理使用，因为他把明信片的主题变成了一座雕塑。这样的案件在英国根本不会受到审判，此类侵权行为在 1988 年《英国版权法案》中有明确的定义，包括从二维到三维的换位。⑥ 1988 年《英国版权法案》甚至包括细节层面的豁免，比如在计算机程序第一次发布后允许出租 50 年！另外，允许教师为教学目的复

---

① Paul Goldstein, International Copyright (New York, 2001), pp. 293-94; Patry, Fair Use Privilege, 589-90; P. Bernt Hugenholtz, "Copyright and Freedom of Expression in Europe," in Rochelle Cooper Dreyfuss et al., eds., *Expanding the Boundaries of Intellectual Property* (Oxford, 2004), pp. 352-53.

② *Berlin v. EC Publications, Inc*, 329 F. 2d 541, 544 (1964), 引自 Melissa de Zwart, "A Historical Analysis of the Birth of Fair Dealing and Fair Use: Lessons for the Digital Age," *Intellectual Property Quarterly* 11 (2007): 88.

③ A history in David Bradshaw, " 'Fair Dealing' as a Defence to Copyright Infringement in UK Law," *Denning Law Journal* 10 (1995).

④ Patry, *Fair Use Privilege*, 595. The fair dealing sections are sect. 2 of the 1911 act, sect. 6 of the 1956 act, and sect. 29-43 of the 1988 act.

⑤ Robert Burrell and Allison Coleman, *Copyright Exceptions: The Digital Impact* (Cambridge, 2005), pp. 37-38, 49-50, 204-5, 249; Mr. Justice Laddie, "Copyright: Overstrength, Overregulated, Over-rated?" *European Intellectual Property Review* 18 (1996): 258-59.

⑥ *Rogers v. Koons*, 960 F. 2d 301 (1992). 像 *Kelly v. Ariba* 这样涉及在网络上合理使用缩略图的案件，在英国可能会失败。William Cornish, *Intellectual Property: Omnipresent, Distracting, Irrelevant?* (Oxford, 2004), p. 65.

制部分作品,但不是通过软件程序复制,这显然排除了复印备课的可能性。①

在欧洲大陆,合理使用是一种更为有限的原则。这个想法扭曲了欧洲大陆对自然权利财产的概念,作家显然反对。② 一位大陆意识形态的热心支持者指控,合理使用允许公众不受惩罚地侵犯作者权利。③ 尽管如此,即使是最以作者为中心的国家,如法国,也需要一些合理的使用。欧洲法律拒绝了美国广泛而开放的做法,它通常会列出特定的豁免条款。历史上,德国人比法国人更慷慨。1794年《普鲁士联邦普通法》已经允许摘录作品。④ 1837年的普鲁士法允许在历史和批判性作品中引用段落和诗句,它也豁免了有社会价值的用途,如教科书和选集。⑤ 合理使用被写入了1870年的德国法律,但并没有引起公众的兴趣。1901年和1907年的法律允许进一步豁免使用,此后,公开演讲和无保留的报纸文章可以复制和引用,也可以在学校或教会选集中摘录,音乐作品可以在慈善、私人和其他非商业活动中未经许可或支付报酬的情况下演出。⑥ 在德国1965年的法律中这些早期例外又被限制,除了在完全免费的公共音乐会和慈善音乐会上的演出,作曲家还有权获得其他的演出版税,而且教育选集的合理使用范围也被缩小。⑦

法国人对于合理使用的规定更为吝啬。⑧ 由于没有公共利益的理性诉求,1957年的法律仅豁免私人复制、新闻评论以及用于批评、教育或科学目的的简短引用和公开演讲。⑨ 由于担心对记者造成伤害,立法机关故意收回对新闻报道的豁免建议。⑩ 但是,这部法律明确豁免了恶搞、漫画和模仿,这些内容尽管受到判例法的

---

① Sections 17, 67, 32, 70 of the 1988 act.《高尔斯知识产权报告》表明,像谷歌这样的搜索引擎可能在美国先发展,因为它具有灵活的合理使用。但事实上,将谷歌互联网内容缓存视为合理使用的案例发生在2006年,而英国法律早在2002年就出台了类似措施。见 *Gowers Review of Intellectual Property* (December 2006), p. 62.

② Jules Romains objected to proposals for specified fair uses, as in school anthologies. *Journal Officiel*, Chambre, Documents, Annexe 3222, 6 December 1937, p. 242.

③ Bernard Edelman, "Une loi substantiellement internationale: La loi du 3 juillet 1985 surles droits d'auteur et droits voisins." *Journal du Droit International* 3 (1987): 574.

④ § 1025.

⑤ § 4.

⑥ 1901 law, § § 17-23, 27.

⑦ 1965 law, § § 46, 52.

⑧ Paul Edward Geller, ed., *International Copyright Law and Practice* (Newark, 2005), 1: FRA-122.

⑨ Art. 41.

⑩ *Journal Officiel*, Assemblée, Documents, Annexe 553, 16 February 1956, p. 345.

保护，但在英国或美国的法规中却没有被提及。① 在 2001 年，欧盟明确列出了 20 个允许的例外情况，包括教育目的、残疾人的使用和戏仿（parody）。② 欧盟成员国被要求豁免在数字传输过程中制作的临时副本（temporary copies in computer memory），否则网络将在法律上停止运行。但是，所有其他的例外都是可选的，任何国家都不能采用任何不在欧盟清单上的合理使用。③ 换句话说，欧盟成员国可以自由地比布鲁塞尔更吝啬，但不允许更慷慨。2003 年，在出版商的抗议之下，法国文化部部长甚至从法案草案中削减了用于教育或研究的例外。④ 经过多次辩论，法国人终于在 2006 年引入了一个限制性的教育例外。但我们将在第八章中看到法国和德国对作者专属权利的豁免是多么吝啬。

强制许可

强制或法定许可（有时也称为公平报酬）是平衡作者控制的另一种技术，从而帮助公众（包括一些传播者）。在支付特许权使用费（费率通常由当局规定）后，法定许可证允许任何人在所有者享有一定时间专有权利之后传播作品。这样，人们就可以自由有效地获得作品，作者也得到了奖励。在 19 世纪，专利和版权的强制许可问题一直被讨论，但在声音复制技术发明之前，它几乎没有什么成果。⑤ 20 世纪初音乐录音技术被广泛采用，然后强制许可扩大到私人复制音频、视频材料，公共和有线广播，点唱机，音乐作品表演，非商业广播和卫星转播方面。它还被用来使

---

① 美国的逻辑似乎是把戏仿看作一种列举的合理使用，实际上会限制豁免。Patry, *Fair Use Privilege*, 282-83.

② Information Society Directive 2001/29/EC, 22 May 2001, *Official Journal of the European Communities*, L167, 22 June 2001, p. 10, art. 5.

③ Burrell and Coleman, *Copyright Exceptions*, 193; Bernt Hugenholtz et al., "The Recasting of Copyright and Related Rights for the Knowledge Economy," (Institute for Information Law, University of Amsterdam, November 2006), pp. 65-66.

④ Alain Salles, "Les auteurs veulent garder leur droit," *Le Monde*, 2 May 2003; Anne Latournerie, "Droits d'auteur, droits de public: Une approche historique," *L'économie politique* 22, 2 (2004): 22.

⑤ 早期例子：Adrian Johns, *Piracy* (Chicago, 2009), 274-75; *Annales du Parlement français*, 5 January 1839, p. 128; Martin T. Buinicki, *Negotiating Copyright: Authorship and the Discourse of Literary Property Rights in Nineteenth-Century America* (New York, 2006), p. 159.

发展中国家能够以负担得起的条件翻译和复制作品。① 在一些极具雄心的提案中，承诺强制许可可以解决作者对永久财产的持续需求的固有矛盾，认为永久的权利可以通过不受限制的重印加版税来抵消，这样不会扼杀公共领域。②

强制许可既违反了绝对财产权，也违反了作者权利思想的核心原则——作者对作品的控制和传播。③ 这种许可实际上剥夺了作者的排他性权利，以换取有保障的版税。一位评论家在 1939 年抱怨，作者可能会得到报酬，但他被当作一个工匠而不是艺术家。④ 在草率的许可人手中，无法确保新版本的准确和完整，因此他们可能会侵害作者作品的完整权。⑤ 的确，1976 年的美国法律，尽管不允许改变音乐作品的基本旋律，但许可授权人安排它"使其符合所涉及表演的风格或解释方式"⑥。由于这样的修修补补，世纪之交的美国作曲家维克托·赫伯特（Victor Herbert）断然否认没有在其监督许可下产生的录制作品是其作品。他的目标是艺术控制，而不仅仅是版税。⑦

实际上，强制许可部分社会化了使用权，强调以合理的条件公开访问，而不是作者的独家主张。⑧ 美国作曲家被 1909 年引入录音许可的版权法中所规定的两美分版权费所激怒。想象一下，他们是因为一项禁止作家与出版商起草自己的合同条款

---

① Goldstein, *International Copyright*, 309-10. 1967 年《伯尔尼公约》的斯德哥尔摩修订方案给予发展中国家广泛的许可和合理使用权，但在发达国家中遭到广泛拒绝，导致此类让步的缩减。Barbara A. Ringer, "The Role of the United States in International Copyright—Past, Present and Future," *Georgetown Law Journal* 56 (1967-68): 1072-74.

② *Le Droit d'auteur* (1922): 19-20; Amedeo Giannini, *La Convenzione di Berna sulla Proprietà Letteraria* (Rome, 1933), p. 145; *Congrès littéraire international de Paris 1878: Comptes rendus in extenso et documents* (Paris, 1879), pp. 148-50.

③ Report 1188, 21 May 1886, *Reports of Committees of the Senate* (1885-86), p. 113; *Testimony before the House Committee on the Judiciary on International Copyright*, 8 February 1890 (Washington DC, 1890), pp. 34-35.

④ Henri Desbois, "L'Évolution des droits de l'auteur en matière de reproduction et d'exécution publique," *Revue trimestrielle de droit civil* 38 (1939): 41.

⑤ *Testimony before the House Committee on the Judiciary on International Copyright*, 8 February 1890, pp. 34-35.

⑥ Sect. 115.

⑦ *Revision of Copyright Laws: Hearings before the Committees on Patents of the Senate and House of Representatives on Pending Bills to Amend and Consolidate the Acts Respecting Copyright*, March 26, 27 and 28, 1908, pp. 191-92, 245.

⑧ Midge M. Hyman, "The Socialization of Copyright: The Increased Use of Compulsory Licenses," *Cardozo Arts and Entertainment Law Journal* 4 (1985): 111 and passim; *Revision of Copyright Laws: Hearings before the Committees on Patents* (1908), p. 361.

的法律而感到强烈愤怒。① 从自由市场的角度来看，强制许可实际上允许在支付法律规定的损害赔偿后发生侵权行为。② 因此，强制许可提出了哲学问题，而不仅仅是技术问题。本书所涉及的国家以与其基本知识产权意识形态相一致的方式做出反应。与合理使用类似，所有国家都出于技术需要而不得不接受某种许可形式，而且，和合理使用的应用效果一样，由于许可试图扩大公众的使用范围，这一技术在盎格鲁地区比在欧洲大陆更受欢迎。美国和英国热情地采用了这项新技术，欧洲大陆国家则由于担心作者权力的削弱，只是勉强跟随。

英国早在1737年的一项伦敦书商法案中就提出了强制许可，允许重新出版绝版的书籍。③ 在1837年，大英博物馆（British Museum）印刷书籍的管理者托马斯·瓦茨（Thomas Watts）提出了一项版税计划，作为第一版塔尔福德法案的替代方案。④ 英国1842年版权法第一次对一个变体的强制许可进行立法。⑤ 塔尔福德试图延长版权保护期，他的反对者担心作者的家人会控制他们不赞成的作品出版。因此，塔尔福德同意枢密院对作者死后其所有者拒绝新版本的书籍授予强制许可。⑥ 由于这只是在死后才生效，而且版权仍然有效，所以并不完全是强制性的许可，但动机相似：限制作者的排他性权利，支持公众访问，同时确保公平的回报。

尽管1878年英国皇家版权委员会最终否决了这一想法，但它认真考虑了一种普遍的强制许可制度，该制度承诺"便于公众利益，而且可能不会对作者不利"。这样的改革会鼓励廉价的版本出版。⑦ 1909年，皇家版权委员会另一项报告再次调动了这些想法。⑧ 正如我们所看到的那样，仅仅两年后，在1911年，英国人热情地采用

---

① *Revision of Copyright Laws*: *Hearings before the Committee on Patents*, *House of Representatives*, (February-April 1936), p. 60.

② Paul Goldstein, "Preempted State Doctrines, Involuntary Transfers and Compulsory Licenses: Testing the Limits of Copyright, *UCLA Law Review* 24, 5/6 (1977): 1128.

③ "Bill for the better Encouragement of Learning, and for the more effectual securing the Copies of Printed Books to the Authors or Purchasers of such Copies, during the Times therein mentioned," 1737 (BK).

④ Paul K. Saint-Amour, *The Copywrights*: *Intellectual Property and the Literary Imagination* (Ithaca NY, 2003), p. 59.

⑤ 5 & 6 Vict., c. 45, s. 5.

⑥ *Hansard*, Commons, 6 April 1842, pp. 1353-54; Seville, *Literary Copyright Reform in Early Victorian England*, 230.

⑦ Copyright Commission, *The Royal Commissions and the Report of the Commissioners*, c. 2036 (London, 1878), p. ix; *Minutes of the Evidence Taken before the Royal Commission on Copyright*, c. 2036-I (London, 1878), pp. 257-58.

⑧ *Report of the Committee on the Law of Copyright*, Cd 4976 (London, 1909), pp. 23-25.

了一个更大规模的强制许可变体。① 然后，在 1909 年，经过大量的立法反思，美国——下面会详述——成为第一个对录音进行强制许可的国家。

由于法定许可直接侵犯了作者的排他性权利，法国对此进行了讨论，但没有得到多少支持。拉马丁的 1841 年《法国版权法案》流产，该法案准备允许剧院表演已故作家的戏剧以换取版税，而不管继承人是否同意。② 1863 年，拿破仑三世（Napoleon III）领导下的一个委员会提议将永久产权与强制许可相结合，在继承人充分享有半个世纪的作者死后权利后，任何重新发布作品的人都将支付永久版税。③ 尽管维克多·雨果热情地主张强制许可，但没有任何结果。④ 在 1928 年罗马伯尔尼联盟会议上讨论这个问题时，法国对版税仅仅是一种补偿形式这个方案提出抗议，认为只有排他性权利才能合适地尊重作者的主张。⑤ 1936 年人民阵线政府期间废除的《扎伊法案》（Zay Bill，具体内容我们将在第五章讨论），预见了强制许可可以防止继承人阻碍再版。⑥ 然而，再过半个世纪，这种想法在法国也没有取得成果。

录音作品

无论如何，新技术最终迫使人们在 19 世纪末讨论许可问题。机械化声音复制技术的突飞猛进使作曲家们对乐谱的权利终结。随着机械音乐盒、自动钢琴以及之后的留声机的到来，录音变得非常流行。因为版权法并没有预料到它们的存在，所以作曲家和他们的出版商空手而归。他们发现自己提供了一个巨大的市场，同时获得

---

① Philip H. Nicklin, *Remarks on Literary Property* (Philadelphia, 1838), chap. 9; Aubert J. Clark, *The Movement for International Copyright in Nineteenth Century America* (Washington DC, 1960), 104; Catherine Seville, *The Internationalisation of Copyright Law: Books, Buccaneers and the Black Flag in the Nineteenth Century* (Cambridge, 2006), pp. 202-3, p. 226; Geo. Haven Putnam, *The Question of Copyright*, 2nd ed. (New York, 1896), p. 67.

② Art. 9, *Moniteur Universel*, 14 March 1841, p. 636.

③ "Rapport, fait au nom de la commission chargée d'examiner le projet de loi relatif auxdroits des héritiers et des ayants cause des auteurs, par M. Perras," *Moniteur Universel*, 31 May and1 June 1866, reprinted in Fernand Worms, *Étude sur la propriété littéraire* (Paris, 1878), 1: 266 (BK).

④ *Congrès littéraire international de Paris* 1878, 107.

⑤ Ralf-M. Vogt, *Die urheberrechtlichen Reformdiskussionen in Deutschland während der Zeit der Weimarer Republik und des Nationalsozialismus* (Frankfurt, 2004), pp. 24-26. Other French discussion of the issue: *Le Droit d'auteur* (1919), pp. 29-31.

⑥ *Journal Officiel*, Documents, Chambre, Annexe 3222, 6 December 1937, p. 244.

了最大的声誉和销售了更多的音乐。事实证明，他们没有控制的次要权利比主要权利利润要高得多。

早在1880年，德国法学家科勒就认为，无论纸上记载还是机械复制，未经授权，音乐思想也会被传达和盗窃。① 但法律尚未将声音的机械复制视为违法行为。作为少数几个成功的文化帝国主义行为之一，瑞士和它们的音乐盒行业说服《伯尔尼公约》制定者在1886年让作曲家没有机械复制权。② 像1895年的《奥地利版权法案》（Copyright Act，Austria，1895）、1901年的德国和1906年的英国《版权法案》（Copyright Act，1906）一样，相应的国家立法也随之而来。在法国，判例法（从1905年起）和1866年的成文法允许音乐——但不是一首歌词——被机械地复制。③ 在世纪之交，几个国家的一系列案例表明，用来产生声音的卷轴、圆筒和其他可更换的介质不是作品的复制品，仅仅是机械装置的部件，因此不是侵权行为。④

然而，1908年《伯尔尼公约》最终授予作曲家机械复制权。⑤ 德国人渴望支持他们的音乐制造商，但法国和意大利阻止了一项许可条款，让每个国家都可以自由地根据自己的意愿立法。⑥ 随着公众越来越多地放弃乐器和业余管弦乐队，用脚投票赞成新的低成本消费技术，作曲家和乐谱作品（sheet music）出版商的情况变得十分糟糕。⑦ 迷人的美学辩论搅乱了美国国会委员会。作曲家们认为，他们对纸面上音乐符号的权利只是一种不完美的主张：音乐是通过耳朵传递的，而不是通过眼睛，他们应该拥有自己的音乐，无论是用记号记录还是用机械的方式录制。⑧ 美国军事进行曲作曲家约翰·菲利普·苏萨（John Philip Sousa）是最重要的活动家之一，

---

① J. Kohler, *Das Autorrecht, eine zivilistische Abhandlung* (Jena, 1880), pp. 231-32.

② Monika Dommann, "Autoren und Apparate: Copyrights und Medienwandel (1850-1980)" (Habilitationsschrift, Zurich, 2011), pp. 49-50. 瑞士影响的证据见 Report 7083, part 2, 2 March 1907, *House Reports* (59th Congress, 2nd sess.), 1: 2, 4.

③ Report 2222, 22 February 1909, *House Reports* (60th Congress, 2nd sess.), p. 5; *Journal Officiel*, Documents, Chambre, Annexe 3222, 6 December 1937, p. 234; Dommann, "Autoren und Apparate," 50-53; Kai Bandilla, *Urheberrecht im Kaiserrreich: Der Weg zum Gesetz betreffend das Urheberrecht an Werken der Literatur und Tonkunst vom 19. Juni 1901* (Frankfurt, 2005), pp. 41-43.

④ *Kennedy v. McTammany*, 33 Fed. Rep. 584 (1888); *White-Smith Music Publishing Co. v. Apollo Co.*, 209 U. S. 1 (1908). *Boosey v. Whight* (1899) was the analogous case in Britain, *Massenet and Puccini v. Ullman & Co and Pathé Frères* (1905) in Belgium.

⑤ Art. 13.

⑥ Reichstag, *Stenographische Berichte*, 3 May 1910, p. 2843.

⑦ 美国情况见 Stuart Banner, *American Property* (Cambridge MA, 2011), chap. 6.

⑧ *Revision of Copyright Laws: Hearings before the Committees on Patents of the Senate and House of Representatives* (1908), pp. 243-44.

他认为"著作"包含了实际的音乐，而不仅仅是它的符号。① 因此版权应包括录音。② 唱片业反驳说，作曲家有权表达他们的音乐，但仅是纸张上的符号表达，录音的"声音本身"是音乐的想法，他们没有控制。③ 立法者们以大智慧的方式指出，由于作曲家们是在对一些目前不被承认为他们的东西提出主张，他们应该满足于拥有不那么绝对的财产权。

苏萨痛心疾首地哀叹录音对公民音乐创作的不利影响。他担心声带像尾巴一样会退化，"音乐是从'民歌'发展而来的，如果你不使人民成为执行者，你就会使他们依赖于机器。"但是他的反对者认为音乐课程和乐谱销售实际上在增长。无论如何，人们从留声机中获得乐趣。④ 就像在美国版权辩论中一样，民粹主义的论调很强烈，甚至无耻。音乐是最民主的艺术形式，是一种纯粹的共和主义艺术。在穷人耳目一新之前，它是否应该被征收关税呢?⑤ 会说话的机器给那些买不起音乐会门票的人带来了音乐，因此唱片就像早期的廉价书籍一样，能实现有效传播。一家制造商坚称，征收版税是代表少数人的阶级立法，与大众的幸福背道而驰。⑥

结果是双重的。允许作曲家获得机械录音的权利似乎公平，但这威胁了现在强大的唱片行业的利润，并可能使作曲家和音乐出版商（music publishers）垄断一种新的流行媒体，使他们成为"机械音乐信托"⑦。在大西洋两岸，音乐复制的设备成倍增加，包括格拉福风留声机（graphophones）和滚筒留声机（phonographs）以及Orchestrions、Aeolians、Apollos、Angeluses、Aristons、Cecilians、Herophons、

---

① *Arguments Before the Committees on Patents of the Senate and House of Representatives Conjointly on the Bills S. 6330 and H. R. 19853, to Amend and Consolidate the Acts Respecting Copyright*, June 6, 7, 8, and 9, 1906, pp. 23-25, 105-8.

② *Arguments before the Committee on Patents of the House of Representatives on H. R.* 11943, May 2, 1906, p. 15.

③ *Revision of Copyright Laws: Hearings before the Committees on Patents of the Senate and House of Representatives* (1908), 281ff, 302, 319.

④ *Arguments Before the Committees ... on the Bills S. 6330 and H. R. 19853 ... June* 6, 7, 8, *and* 9, 1906, 24-25, 31, 186. 这也是英国的见证，那里乐谱业的困境被视为完全来自与其他娱乐追求的竞争，包括高尔夫、桥牌、汽车以及其他取代音乐剧之夜的活动。*Minutes of Evidence Taken before the Law of Copyright Committee* (Cd 5051, 1910), 97-98.

⑤ *Congressional Record*, 60th Congress, 2nd sess., vol. 43, no. 67, 2 March 1909, p. 3834.

⑥ *Arguments Before the Committees ... on the Bills S. 6330 and H. R. 19853 ... June* 6, 7, 8, *and* 9, 1906, 96-105, 156; *Congressional Record*, 59th Congress, 2nd sess., Report 6187, part 2, 7 February 1907, p. 3.

⑦ Such were the considerations in Germany: Reichstag, *Stenographische Berichte*, 12 April 1910, p. 2279. Report 2222, 22 February 1909, *House Reports* (60th Congress, 2nd sess.), p. 7.

Orpheons、Pianophones、Pianola、Pianistas 和 Symphonions 等各种品牌音乐设备大量涌现。苏萨把所有这些冠以"罐头音乐"(canned music)的名号，使它们闻名于世。① 想象一下，正如萧伯纳告诫一个议会委员会，一项禁止偷窃的法律不认为偷牛奶罐是盗窃行为，理由是这一偷窃现象已经成为一个重要的大行业。②

使问题进一步复杂化的是，几家唱片公司暗中与作曲家和出版商签订了协议，承诺一旦这些权利在法律上得到承认，他们就会对音乐复制权进行广泛控制。③ 面对潜在的垄断——作曲家、出版商、话机制造商或某些邪恶联盟——立法者小心翼翼地争取让步，以换取现在的保护。法定许可保证了作曲家的版税，但一旦作曲家同意将其录制下来，任何人都可以复制音乐。这一解决方案于 1909 年在美国首次实现，随后于 1911 年在英国实施。④

大陆法系国家有些犹豫不决。德国人很快跟随美国人，臣服于他们的自动钢琴制造商，在 1910 年许可音乐作品复制。⑤ 但是德国作曲家保留了比他们的英语同行更多的权利，唱片业不但没有在政府规定的版税税率上自动获得机械复制的权利，反而只被允许作曲家与他们谈判。⑥ 改革派如尤利乌斯·科普施（Julius Kopsch）和威利·霍夫曼（Willy Hoffmann）在魏玛共和国的最后几年热切倡导强制许可。⑦ 可惜的是，在第三帝国时期，他们也在追求这一目的，但在那之后的几十年里，他们一直以联合的方式去反对它。在西德的 1965 年法律中，音乐许可证受到了进一步

---

① *Publisher's Weekly* 1953 (3 July 1909): 19.

② *Minutes of Evidence Taken before the Law of Copyright Committee*, Cd 5051 (1910), 32.

③ The Aeolian story is told throughout *Arguments before the Committees ... on the Bills S. 6330 and H. R. 19853 ... June 6, 7, 8, and 9, 1906*. The potential monopoly of the recording industry was also a theme in *Revision of Copyright Laws: Hearings before the Committees on Patents of the Senate and House of Representatives* (1908), 194ff, 245-46, 325-28.

④ 《英国版权法案（1909）》第一款规定在 1976 年被扩大到录音唱片、有线电视、点唱机和音乐及其他非文学作品的公共广播。1911 年《英国版权法案》第 19 条涉及许可证问题，1956 年法案第 8 节继续如此，但 1988 年取消了音乐作品录制的强制许可。唱片行业仍然支持它，但是作曲家和音乐出版商认为它已经过时。Department of Trade and Industry, *Intellectual Property and Innovation*, Cmnd 9712 (April 1986), 57. 然而，其他如电缆传输之类的许可仍然存在。1990 年《英国广播法案》在许可证颁发机构不必要限制录音广播时引入了许可证。Geller, *International Copyright Law and Practice*, UK-135-36.

⑤ Gesetz zur Ausführung der revidierten Berner Übereinkunft zum Schutze von Werken der Literatur und Kunst vom 13. November 1908, 22 May 1910, §22.

⑥ Eugen Ulmer, "Das neue deutsche Urheberrechtsgesetz," *Archiv für Urheber-Film-Funkund Theaterrecht* 45, 2 (1965): 33-34. And this is how things remained also after 1965, in deliberate contrast to the practice in the US and the UK.

⑦ Julius Kopsch, "Zur Frage der gesetzlichen Lizenz," *Archiv für Funkrecht* 1 (1928): 201-3.

限制，因为权利管理机构管理的作品被豁免，这些组织的合同优先，作曲家希望完全撤回的作品同样被豁免，作曲家也不需要许可他们的音乐在电影中使用。①

在法国，1866 年的一项法律屈从于瑞士的主张，即音乐盒不得被认为是侵权的。② 但无论地缘政治如何，法国舆论都对这种不公正现象表示不满。③ 在 1917 年的世界大战中，机械音乐复制又一次属于 1793 年法律规定的范畴，但对于精确指定尺寸的音乐盒则有几个可疑的例外。④ 1909 年在为英国议会委员会作证时，法国律师兼国际文学艺术协会（International Literary and Artistic Association）主席乔治·麦拉德（Georges Maillard）拒绝了美国提出的强制许可倡议，认为这是一个"致命的先例"。⑤ 在两次世界大战期间的伯尔尼谈判中，法国坚决反对颁发许可证。⑥ 法国 1957 年法律强调了作者的权利，并回避强制许可。直到 1985 年，法国人才最终接受了一种有限的许可形式，他们允许唱片在公共场合和电台播放，以换取版税，并引入了一种私人复制的报酬制度。⑦

版权与作者权分道扬镳

在 19 世纪，虽然合理使用和强制许可限制了原本旺盛的扩张，但是作者权利还是得到了极大扩展。到 1900 年，世界各地的作者和受让人的地位都比一个世纪前更好。但新的开发权并不等同于康德和费希特所预期的人格权，作家权利仍然是财产权（无论是基于自然权利还是成文法），因此可以让与。实际上，衍生作品的新扩张主张，给予了作者一些与人格权利相同的控制权。但关键的区别仍然存在，财产可以转让，而人格主张在很大程度上附属于作者。

只有在 20 世纪，精神权利这一版权和作者权利之间分歧的顶点才出现，我们现在开始讲述的正是它们的故事。精神权利产生于两个方面：德国法律理论和法国判例法。⑧ 康德、费希特和其他德国理论家首先提出了作者的人身权理论，但在 19 世

---

① §61.
② Law of 16 May 1866. See J. B. Duvergier, ed., *Collection complète des lois, décrets, ordonnances, règlements et avis du Conseil d'état* (Paris, 1866), 66: 122-31.
③ Gustave Huard, *Traité de la propriété intellectuelle* (Paris, 1903), 1: 47-48.
④ Law of 10 November 1917, *Gazette du Palais* (1916-17): 1122.
⑤ *Minutes of Evidence Taken before the Law of Copyright Committee*, 130.
⑥ Willy Hoffmann, "Die Staatenvorschläge zur Revision der revidierten Berner Übereinkunft," *Archiv für Urheber-Film-und Theaterrecht* 1, 2 (1928): 169.
⑦ Law of 3 July 1985, art. 22, title 3.
⑧ Stig Strömholm, *Le droit moral de l'auteur en droit allemand, français et scandinave* (Stockholm, n. d. [1966]), 377.

纪后期，精神权利首先在法国判例法中得到发展。到 20 世纪初，它们已进入法国法律教科书。① 20 世纪初期，精神权利立法实施的具体方式首次在德国出现。1928 年，意大利法西斯把精神权利列入伯尔尼议程。但直到第二次世界大战结束后文化上遭受重创的几年，它们才最终在欧洲大陆上取得全面的立法成果。

法国和德国对待精神权利的方式不同。由于大陆法律理论家已经详细分析了这些区别，这里只需指出二元论（法国）和一元论（德国）方法之间的区别就足够了。法国法律承认一般意义上的人格权——姓名、名誉、荣誉、隐私等——属于所有公民，而不仅仅是作者。那么，为什么要单独对待作者的人格权，就像它们是某一职业所特有的一样呢？相反，法国分割了作者的权利。财产权利涉及创作者的经济利益，完全可以被转让，精神权利被视为作者人格权的一部分，并与作者保持着不可分割的联系。

德国法律直到第二次世界大战之后才承认一般意义上的人格权，但在早些时候，它确实承认了个人化的人格权。② 因此，作者权利的个人方面不被视为更多公民人格权的一个要素，相反，它们与财产权一起被包装成一个统一的、一元的作家权利概念。③ 但如果作者的个人权利是他整体权利的一部分，它们也会像经济权利一样被转让吗？为了避免这种不受欢迎的结果，德国学者得出了一个比法国人更激进的结论：任何作者权利——即使是财产权——最终都不会被剥夺。直到今天，德国作家最多可以授予使用权，但不能转让他们的作品。④ 德国一元论做法的一个实际后果是人格权利与经济权利同时到期，而在法国，这种同步是不需要的，精神权利永久存在。

尽管存在这些差异，但法国人和德国人都认为传统财产概念不能延伸到知识产权问题上。一部作品如何能够既有财产属性又有个人属性，既被转让又与作者保持联系？因此，讨论转向了人格。⑤ 精神权利甚至超越了科勒所阐述的那种广泛的非物质财产权利，捍卫了创作者人格所产生的东西。因此，精神权利扩大、改变并可以超越产权。他们对所有者引入动产限制，类似于在不动产领域实行的限制权利。动产可以以合同条件出售给初始买主，但这种保留的权利不能继续给后续的所有者，

---

① Huard, *Traité de la propriété intellectuelle*, 1: 290-98.
② 最高法院在 1954 年 11 月 26 日的裁决中承认作者的人格权, *Entscheidungen des Bundesgerichtshofes*, 15: 249ff.
③ Stephen P. Ladas, *The International Protection of Literary and Artistic Property* (New York, 1938), 1: 578.
④ Ulrich Möller, *Die Unübertragbarkeit des Urheberrechts in Deutschland: Eine überschiessende Reaktion auf Savignys subjektives Recht* (Berlin, 2007), p. 4.
⑤ Rigamonti, *Geistiges Eigentum als Begriff*, 50-51.

就像那些不动产役权（servitudes）或地役权（easements）一样。精神权利旨在对个人财产实行这种限制，对未来的作品所有者施加条件，以加强作者的持续利益。①

从 19 世纪 40 年代开始，精神权利首先在法国的法律中得到了具体规定。但奇怪的是，其与作者权利一起使用最早出现在英国，在 1793 年，它被用来证明盎格鲁-撒克逊法的合理性。伟大的英国法学家布莱克斯通在很大程度上依赖洛克的观点，即作者的劳动证明其所有权的合理性。② 他的一位注释者，脾气暴躁的爱德华·克里斯蒂安（Edward Christian）也是如此。克里斯蒂安是一位法学教授，也是"邦迪"（Bounty）军舰叛变者弗莱彻·克里斯蒂安（Fletcher Christian）的兄弟，他被尖刻地描述为"在丧失能力的情况下死得精力充沛"③。克里斯蒂安将洛克制定的和布莱克斯通接受的"精神权利"称为自然权利。精神权利是直觉显而易见的理性，它从"人类教养的理性是否一定要得到人类认可"的探询中产生。克里斯蒂安同意洛克和布莱克斯通认为的作者对其作品拥有自然权利和精神权利的观点。但是，按照经典的盎格鲁-撒克逊方式，他代表公共领域编排了自然权利的逻辑。他的结论是："如果任何私人权利都是神圣的，那么精神权利是人类从其劳动中得到的最广泛利益。"文学财产建立在与社会普遍效用相同的原则之上，这个原则是所有其他精神权利和义务的基础。④

然而在大陆法意义上，精神权利的概念也许是在 1838 年由法学家雷诺德首先提出。他试图削弱文学产权的观念，转而追求公共领域的革命性理想。但是，当他谈到作者的"精神责任"时，他也预示了精神权利的合理，因为作者是作品的"绝对仲裁者"，因此他可以收回、改变和完成他的著作。⑤ 正如我们在前一章中所看到的，充分发展的精神权利首先由法国法学家安德烈·莫里洛在 19 世纪 70 年代制定。他声称作者在出版前后对其作品拥有完全的"精神主权"，并将我们对剽窃者的蔑视描述为基于"法律上的精神炫耀"⑥。莫里洛仍然主张二元理论，财产权与人格或精

---

① Henry Hansmann and Marina Santilli, "Authors' and Artists' Moral Rights: A Comparative Legal and Economic Analysis," *Journal of Legal Studies* 26 (1997): 101.

② William Blackstone, *Commentaries on the Laws of England* (1766), bk. 2, chap. 26.

③ *Dictionary of National Biography*; J. and J. A. Venn, *Alumni Cantabrigienses* (Cambridge, 1922-1958).

④ Edward Christian, *Notes to Blackstone's Commentaries* (Boston, 1801; original edition, London, 1793-95), 5: 45-46. 正是本着这种精神，汤普森法官引用并援引了他对惠顿诉彼得斯案（1832 年）裁决的异议。该裁决将美国版权认定为成文法而非自然法产物。Richard Peters, *Reports of Cases Argued and Adjudged in the Supreme Court* (Philadelphia, n. d., 1834), 8: 671-72.

⑤ Renouard, *Traité des droits d'auteurs*, 1: 473-74.

⑥ Morillot, "De la nature du droit d'auteur," 124, 126.

神权利并驾齐驱。到了1887年，作者的精神权利和经济权利都是应得权利，这一观点在法国似乎已经司空见惯。① 但是，确立精神权利关键因素的既不是理论家也不是立法者，他们后来才变得活跃起来。事实上，最为重要的影响来自法庭，精神权利起源于法官制定的法律。

披露权是第一批被提起诉讼的精神权利。它与一项基本的经济权利重叠，即决定是否、何时以及如何向公众传达该作品。精神层面的权利也慢慢出现，早期的一个例子是作曲家贝尔涅（Vergne），据说他因其所作的弥撒曲未能获奖遗憾而死。当他的遗孀和孩子陷入困境时，债权人试图控制并发表这一作品。1828年，继承人提起诉讼，要求保留对手稿的控制权。由于作品曾在教堂里表演过两次，但从未出版过，因此法院根据自然权利同意它属于作曲家，不能用其代替作者的债务。② 在另一个例子中，一位伟大的演说家——神父让-巴蒂斯特·拉科达尔（Jean-Baptiste Lacordaire），在1845年成功阻止了一个以他公开演讲的笔记为基础的未授权演讲图书的出版。③ 两种情况都无法分清物质还是精神谁更占上风。作者认为作品首次出版的财产权和他的精神披露权并不完全相同，一些学者怀疑19世纪中叶的法国法院是否承认了独立于作者和继承人经济权利之外的精神特权。另一些人则认为，到目前为止，判例法已承认披露是一项精神权利。④

19世纪90年代的惠斯勒事件也把唯利是图和精神权利混为一谈。美国外籍画家詹姆斯·惠斯勒（James Wistler）受托为伊登（Eden）夫人画画，费用在100至150几尼（guineas）之间。完成后，伊登勋爵支付了100几尼。惠斯勒显然很生气，他还了支票，拒绝交付肖像，还使肖像的人脸变了形。伊登提起诉讼，并赢得了赔偿。惠斯勒的律师认为，画家必须自己决定作品何时完成，否则，如果提前付款，画家可能必须交付一件未完成的作品。但这件作品还没准备好吗？惠斯勒不仅在接受记者采访时把他的肖像描述为一幅杰作，他也展示了它。⑤

该案通常被认为是披露权的法理基石。但在技术上，它只是认为惠斯勒的作品不能被认定为特殊表现形式（specific performance），因为他没有把这幅画送出去，

---

① Alcide Darras, *Du droit des auteurs et des artistes dans les rapports internationaux* (Paris, 1887), p. 6.

② *Veuve Vergne c. créanciers Vergne*, Cour royal de Paris, 11 January 1828, in Ledru-Rollin, ed., *Journal du Palais*, 3rd ed. (Paris, 1841), 21: 1030-31.

③ *Marie c. Lacordaire*, Cour d'appel de Lyon, 17 July 1845, *Dalloz*, *Jurisprudence générale* 1 (1845): 128.

④ Agnès Lucas-Schloetter, *Droit moral et droits de la personnalité: Étude de droit comparéfrançais et allemand* (Aix-en-Provence, 2002), 1: 50-51; Gorguette d'Argœuves, *Le Droit moral de l'auteur*, 66-67; Pfister, "L'auteur, propriétaire de son œuvre?" 657-60.

⑤ *Dalloz*, *Jurisprudence générale* 2 (1898): 465-67.

也没有把它卖掉。伊登并不拥有它，惠斯勒也不能被迫履行他们的合同，但他可以——也被要求——承担佣金和损害赔偿责任。判决仍在现行法律范围内。① 尽管惠斯勒案例指出所援引的权利是"与艺术家人身紧密相连"的权利，但没有提到精神权利。② 有趣的是，伊登甚至被拒绝拥有那张毁容的肖像画，而惠斯勒保留了画布的所有权，条件是他不能辨认它（不再是一幅肖像）。即使归还了伊登的佣金并支付了赔偿金，惠斯勒还没有完全拥有自己的画。结果，惠斯勒把伊登夫人的脸换成了赫伯特·达德利·黑尔夫人（Mrs. Herbert Dudley Hale）的脸，这位女士是一位著名建筑师的妻子。实际上，关于被 PS 到伊登女士身上这件事，黑尔太太的想法在历史上没有记录。③

阿纳托尔·法朗士与编辑阿尔方斯·勒梅尔（Alphonse Lemerre）的对抗更纯粹地涉及美学。1882 年，38 岁的法朗士在《法国》杂志上发表了他的国家历史手稿——《法国》（France on France）。仅仅 30 年后，也就是在 1910 年，编辑宣布了发行它的计划。法朗士成功地起诉阻止出版，他只被要求归还预付款。④ 为保护声誉而不允许出版已经过时的少年时代作品，似乎是法朗士的首要关切。1962 年，法律史上最著名的厨房电器——画家贝尔纳·布菲（Bernard Buffet）的冰箱，展现了一个朴实的案例法例子。布菲受邀装饰一个用于慈善拍卖的冰箱，他画了所有六个面板。考虑到这是一个整体，他只在其中一面签了名。半年后，当拍卖目录列出了其中一块作为单独作品时，这位艺术家竭力阻止拍卖。⑤

归属权的历史不像披露权那样令人信服。1835 年，编辑雷诺（Renault）因以他人名义出版拉文亚斯（Lavenas）的一部作品而受到谴责。在 19 世纪 90 年代，一

---

① Strowel, *Droit d'auteur et copyright*, 483-84; Cyrill P. Rigamonti, "The Conceptual Transformation of Moral Rights," *American Journal of Comparative Law* 55 (2007): 82. 艺术家能否被迫交付他在德国法律中签约的作品仍然是个未知数：Adolf Dietz, *Das Droit Moral des Urhebers im neuen französischen und deutschen Urheberrecht* (Munich, 1968), pp. 82-83.
② Dalloz, *Jurisprudence générale* 1 (1900): 499.
③ 画像现在被挂在格拉斯哥的亨特美术馆。
④ Charles A. Marvin, "The Author's Status in the United Kingdom and France: CommonLaw and the Moral Right Doctrine," *International and Comparative Law Quarterly* 20, 4 (1971): 691.
⑤ John Henry Merryman, "The Refrigerator of Bernard Buffet," *Hastings Law Journal* 27, 5 (1976): 1023. 类似的例子，Joseph Beuys 的雕塑 "Is It about a Bicycle" 由 15 块黑板组装成，虽然一起展出，但按预想它们应该至少 5 个人所有。Beuys 担心它们会被分开，也没有办法阻止这件事，因此在《纽约时报》(*New York Times*) 上发表了一篇否认作者身份的声明。"Visual Artists Rights Amendment of 1986: Hearing Before the Subcommittee …of the Committee of the Judiciary … on S. 2796," Senate Hearing 99-1071, 18 November 1986, Serial J-99-132, pp. 106-7.

位法国画家与一位出版商发生冲突，因为出版商在复制其作品时没有使用作者签名而只是用了一个字母组合。① 更令人感兴趣的是判例法中完整权的缓慢出现。1794 年的《普鲁士普通联邦法案》和 1809 年的《巴登民法典》都预示着在未经作者许可的情况下禁止出版商发行新版本和修改版的完整权的出现。1814 年，法学家让-玛丽·帕德斯索斯（Jean-Marie Pardessus）认为，一份手稿的购买者不能改变、改进或摘录它，也不能摧毁或拒绝出版它。事实上，购买者是一个用益物权人，可以使用财产，但不是财产所有人。在出售手稿后，作者也没有让与他的声誉的意愿。② 1842 年，哲学家奥古斯特·孔德（Auguste Comte）以"未经授权的改变"赢得了对出版商的起诉。③ 同年，另一位法国作家因一位出版商在新版中改动其作品而获得了赔偿，法院裁定，即使作者让与了经济权利，他也没有放弃纠正经济权利的权利，否则他是"把自己的声誉交给买家摆布"④。

真正意义上影响精神权利出现的障碍，不是金钱，而是荣誉和名誉。名誉可能是一种比纯粹的财富更高尚的野心，但是它与作为作者个性表现的作品并不完全一致。毕竟，对作品的修改（甚至是其他人违背作者意愿进行的修改）可能会提高而不是损害他的声誉。如果声誉成为被保护的利益，是作者对充满缺陷和瑕疵的非最终作品的控制权利，那么违反完整权以提升作者地位就不可行。⑤

由于这个模棱两可之处，如果修改没有损害原告的名誉，或者也没有损害作品，像孔德这样的案件有时会对原告不利。⑥ 由于损害（对经济或声誉资产）仍然是一个问题，这些案例没有找到一种新的手段来保护作者对于作品不可侵犯性的主体地位。在法国，此类案件仍然根据《民法典》要求赔偿损失。⑦ 慢慢地，作者的控制权出现了，但与声誉无关。1912 年，德国画家阿诺德·博克林（Arnold Böcklin）成功起诉，要求修复柏林私人住宅内部楼梯上的壁画，当时房主本着端庄稳重的精神把博克林的裸体女妖修饰了一下，而且楼梯间是私人的，只有住户和客人才能看到。然而，法院同意这位宁芙仙女画家博克林的观点，赋予了这位艺术家在名誉之

---

① Pfister, "L'auteur, propriétaire de son œuvre?" 661, 813-14.
② In his *Cours de droit commercial*, quoted in Renouard, *Traité des droits d'auteurs*, 2: 327.
③ Strömholm, *Le droit moral de l'auteur*, 124-25.
④ *Teyssèdre c. Garnier*, Tribunal de Paris, 6 April 1842, discussed in Étienne Blanc, *Traité de la contrefaçon*, 4th ed. (Paris, 1855), 68. 更多法国完整性例子见 Stina Teilmann, "British and French Copyright: A Historical Study of Aesthetic Implications," (diss., Southern Denmark, 2004), pp.112ff.
⑤ 正如导言中提到的克莱门特·格林伯格从大卫·史密斯的雕塑上剥去了油漆。
⑥ Pfister, "L'auteur, propriétaire de son œuvre?" 675.
⑦ Art. 1382. Strowel, Droit d'auteur et copyright, 487-88; Strömholm, *Le droit moral del'auteur*, 138-39. *Congrès littéraire international de Paris* 1878, 77-78.

外控制其作品的权利,而不论他的公众地位是否受到威胁。①

然而,在其外部界限上,完整权不可避免地会与传统产权相冲突。新所有者可能无法更改作品,但他可能会毁了它。一位英国国会议员在1861年发表评论:虽然艺术家被认为对他们的作品拥有财产权利,但这并不是严格意义上的,否则他们可能会迫使买家照顾它们,然而没有任何东西阻止买家焚烧作品。② 艺术家徒劳地尝试在法律上强迫所有者珍爱和爱护他们的艺术品,但即使在欧洲大陆的法院也同意所有者可以在不损害艺术家声誉的情况下自由地破坏艺术。③ 当瑞维西的一位教众抱怨教堂的壁画不合适时,牧师就把它们涂掉了,尽管艺术家以损害其名誉为由提起诉讼,但巴黎上诉法院在1934年裁定,主人没有义务保存这些艺术品。④ 格雷厄姆·萨瑟兰(Graham Sutherland)家族对有争议的温斯顿·丘吉尔(Winston Churchill)画像的破坏困扰了英国观察家。但即使英国在1988年引入精神权利,也没有强迫所有者保存作品。⑤ 柏林墙(Berlin Wall)的涂鸦艺术家发现,没有精神权利来保护他们的混凝土帆布不被破坏。⑥ 令人意外的是,仅美国根据精神权利立法禁止破坏,尽管受到保护的只有那些著名的视觉作品。⑦

因此在19世纪后期,精神权利从法国和德国判例法中缓慢地显现出来,这些法律被理论家的著作所提倡,但到目前为止还没有得到许多法律认可。就像1841年的拉马丁辩论一样,婚姻、离婚、继承和债务的奇怪组合促成了最终被誉为基本人权的结果。崇高的愿望由现代生活的幕后法律机制产生。1884年,法国自革命以来第一次允许离婚,这使得经济权利和精神权利的问题有了区分。⑧ "西钦诉莱科克"案

---

① *Entscheidungen des Reichsgerichts in Zivilsachen* 79,93(1912):397-402.
② *Hansard*,Commons,6 May 1861,p. 1634.
③ 虽然法国一些判例法在作品被毁情况下有利于作者。Edward J. Damich,"The Right of Personality:A Common-Law Basis for the Protection of the Moral Rights of Authors," *Georgia Law Review* 23,1(1988):18-21.
④ *Lacasse et Welcome c. Abbé Quénard*,Cour de Paris,27 April 1934,discussed in Strowel,*Droit d'auteur et copyright*,488-89;Martin A. Roeder,"The Doctrine of Moral Right:A Study in the Law of Artists, Authors and Creators," *Harvard Law Review* 53,4(1940):569;Dietz,*Das Droit Moral des Urhebers*,113.
⑤ Gerald Dworkin,"Moral Rights and the Common Law Countries," *Australian Intellectual Property Journal* 5,1(1994):23;Gerald Dworkin,"The Moral Right and English Copyright Law," *IIC:International Review of Industrial Property and Copyright Law* 12(1981):484.
⑥ Cyrill P. Rigamonti,"Deconstructing Moral Rights," *Harvard International Law Journal* 47,2(2006):371.
⑦ 17 U.S.C. §106A(a)(3)(B)(2000).
⑧ Strömholm,*Le droit moral de l'auteur*,271.

（Cinquin v. Lecocq，1902）经常被认为是精神权利的第一个实际表述。它代表了一个重大的变化，如果我们把它与1880年米歇尔·马森（Masson）和他儿子的案例做比较就更为清楚。马森，这个丧偶的作家再婚了。第一次婚姻的儿子（也是其母亲的唯一继承人）起诉他的父亲，要求其母亲分享他的文学和戏剧作品。法院同意，将这些财产视为其他动产，遵守通常的继承法，依据其母亲对家庭的贡献享有相应的权利。①

22年后，马森一案的假设——文学财产和其他任何财产一样——受到质疑。查尔斯·莱科克（Charles Lecocq）是一位轻歌剧的作曲家，他因创作了《昂戈夫人的女儿》（*La Fille de Madame Angot*）而闻名。当他于1876年结婚时，他将他单身期间创作的作品从共同婚姻财产中排除（这是拿破仑制度中的默认立场），但他对将来可能写的作品如何处置只字未提。② 当这对夫妇在1897年离婚时，他后期作品的版权是否属于双方？他的作品收入显然要和他的配偶分享。但莱科克是否有义务与前妻分享创造性的决定——无论是出版还是发行新版本？1898年，塞纳法庭宣布妻子成为莱科克在婚姻期间创作作品的共同所有者，而莱科克1900年向巴黎法院提出上诉推翻了这一裁决。法院当时裁定，文学财产并不是那种可以共享的财产。虽然公平分配收入，但实际产权仍然属于莱科克。否则，作者必须与他的前妻（如果她去世则是其继承人）分享他的"最神圣和最个人的"权利，而此时他们的关系正好可能是最坏的。

然而，最高法院推翻了这一裁决，或至少缓和了这一裁决。巴黎上诉法院含蓄地承认作者的权利是个人权利和不可转让的权利，但没有详细说明其内容。检察官曼努埃尔·鲍德温（Manuel Baudouin），也就是在德莱弗斯（Dreyfus）——法国历史上著名冤案"德莱弗斯案件"（Dreyfus Affair）的受害者——初审无罪释放两年后提起二次审判的检察官，谨慎地试图限制下级法院更激进的做法。他驳斥了巴黎法院关于知识产权不是财产的说法，而是详细地肯定了传统观点。作为一种无形的动产，文学财产成为共有财产的一部分。他还主张人格权，这种权利与其主体不可分割，既不能转让，也不能附属，无法成为共同婚姻财产，例如父母和配偶权利就是如此。但作者的权利不在其中。诚然，创作者头脑中的概念当然是一种个人权利——但这不过是一种平凡而毫无争议的概念。只有当作品传播时，它才成为文学的财产。但是，鲍德温后来把这种文学财产折入婚姻财产，只意味着作品的收入。与其他形式的财产一样，它能够附属于债权人。然而——这里的事情变得有趣了——

---

① B. Gaudichot，*dit Michel Masson*，*c. Gaudichot fils*，Cour de Cassation，16 August 1880，Dalloz，*Jurisprudence générale* 1 (1881)：25-27.

② *Cinquin c. Lecocq*，25 June 1902，Cour de Cassation，Dalloz，*Jurisprudence générale* 1 (1903)：5-14 (BK).

鲍德温赋予作品以文学产权。作者保留权利，即使在他的文学财产被没收后，只要他真诚行事，不打算欺骗他的债权人，就可以改变他的作品。

最高法院同意：文学财产的货币方面属于共同财产，但作者凭借其固有个性拥有改变作品的权利，甚至压制作品，只要他不试图伤害他的配偶。因此，法院保留了文学财产原则，将其作为一种传统的财产形式，但须遵守婚姻法和债务法。但是，它还承认作者没有与前配偶或债权人分享的一项个人权利，尽管它似乎仅限于做出改变和可能破坏或压制作品的权利。因此，作者权利以两种形式得到承认：金钱权利和个人权利。但是限制条款——个人权利不能用于损害配偶或债权人的经济利益——限制了作者的行为自由。一位有怨言的作者认为，"改进"他的作品可能会减损他的前配偶或债权人预期的款项，如果他把作品从流通中拿出来呢？至少，在名誉和报复之间，离婚作者的决定不是一个可以预知的结论。

在马森案中，包括其精神方面在内的文学财产被认为是简单的（tout court）财产。然后，莱科克一案中法院将其分割开来，只将其经济方面视为一种财产形式。1936年，卡纳尔（Canal）离婚案又迈出了一步。卡纳尔是莱科克的镜像反映，离婚后，作曲家玛格丽特·卡纳尔（Marguerite Canal）的丈夫要求对她的作品享有权利。没有婚姻合同，他们的财产是共有的。法庭站在妻子一边，认为她在婚姻期间出版的作品的成果是她的财产，开发它们的权利仍然属于她，而他们的收入属于共同财产。法院裁定控制作品是作者的特权，除了一个明显的例外，即根据法国法律，已婚女性必须首先获得丈夫的许可才能出版。① 卡纳尔案超越了莱科克案，法庭认定作者的权利是个人固有的，因此与作者保持一致。

但是对离婚作者作品的控制问题仍然没有得到解决。评论员们担心债权人、继承人、寡妇甚至是暴躁的前配偶可能会对作者的大多数个人决定施加影响，即使一个通奸的妻子也可能有权决定重新发表还是压制其前夫的作品。② 尽管1938年作曲家的精神权利得到了肯定，但是卡纳尔案的影响仍然通过司法系统不断显现。1945年，法国最高法院改为支持其前夫,③ 部分是为了表示拒绝考虑文学财产完全附属于作者，1957年法律（我们将在第六章讨论）一劳永逸地解决了这个问题。它明确指出，无论经济权利发生了什么变化，精神权利仍在作者或其代表手中，并不成为

---

① *Dame Canal c. Jamin*, Tribunal civil de la Seine, 1 April 1936, *Dalloz*, *Jurisprudence générale* 2 (1936): 65-70.
② Michaélidès-Nouaros, *Le droit moral de l'auteur*, 148-49.
③ *Jamin et Rempler ès qual. c. Dame Canal*, Arret of 14 May 1945, Cour de Cassation, civil, *Recueil Dalloz* 1 (1945): 285.

共同婚姻财产的一部分。①

伯尔尼联盟与作者的崛起

在伯尔尼联盟中,国家分歧又一次被阐明并相互抵触。从 1886 年开始,伯尔尼联盟广泛倡导大陆传统对作者权利的看法。法国最具代表性地体现了大陆传统,德国紧随其后。美国最忠实地保留着版权传统,它在伯尔尼城外停留了一个世纪,直到 1989 年才加入。英国人在这两个极端之间感到不安,英国作家和出版商严重依赖美国市场,希望吸引美国加入相互纠缠的国际版权联盟,他们害怕对前殖民地单方面采取行动,②但他们也希望成为欧洲和全球版权联盟的一员,以免他们最终只在自己的领地受到保护。他们希望美国人加入伯尔尼联盟,当美国派观察员参加联盟的会议时,英国人感到振奋。③

在伯尔尼,英国人进行了一场保卫战。他们从一开始就加入了联盟,但后来却以拖延、淡化等方式推脱其成员资格的责任。随着伯尔尼联盟扩大到更多的成员国,留在公约外的成本增加了。美国的传播产业想要先进入联盟出售它们的货物,然后再打击盗版。作为国内的第五纵队力量,传媒领域的从业者反对版权传统对公共领域的强调,就像 18 世纪的出版商一样,他们巧妙地展现出他们的兴趣,使其看起来和作家一样。

伯尔尼联盟产生于 1878 年在巴黎举行的国际文学大会上提出的相互版权关系建议,这是一场由当时声名远扬的文坛巨匠维克多·雨果主持的作家盛宴。④ 伯尔尼联盟的目标是处理外国作家的作品、外国作家的待遇以及国际版权的其他方面,它规范了外国作品的处理方式,并规定了成员国鼓励和有时需要达到的最低国内立法水平。

19 世纪末是国际组织的黄金时代,但是由于各国多样的传统、意识形态和政治制度,联合并不总是那么容易。1865 年的国际电报联盟(International Telegraph

---

① François Hepp, "Le droit d'auteur, 'propriété incorporelle'?" *Revue internationale du droit d'auteur* 19 (1958): 179-81. 类似问题在 1944 年的德国仍旧被讨论。Hans Otto de Boor, "Konstruktionsfragen im Urheberrecht," *Archiv für Urheber-Film-und Theaterrecht* 16 (1944): 349.

② Lionel Bently and Brad Sherman, "Great Britain and the Signing of the Berne Convention in 1886," *Journal of the Copyright Society of the USA* 48 (2000-2001): 325-27.

③ "Correspondence Respecting the Formation of an International Copyright Union," *House of Commons Parliamentary Papers*, C. 4606 (1886), 34-45.

④ *Congrès littéraire international de Paris* 1878, 77-78.

Union)，1874年的万国邮政联盟（Universal Postal Union）以及1875年的国际米制公约（Treaty of the Meter）和谐地诞生了，但是，在格林尼治定位子午线的事件引发了法国民族主义者的怨言。① 国际卫生大会（International Sanitary Conferences，1859年开始时有10个国家）让不同的国家面对面地讨论如何在危险的传染病面前平衡公民权利和社会需要，这显然是一个重大的政治问题。② 因此，在伯尔尼联盟内部，作家权利和版权之间也发生了斗争。

在1886年以及其后的1896年和1908年，最初的伯尔尼会议在法国和英国这两个有极端不同方法的国家之间编排了一种双人舞。法国经常与地中海其他国家结盟，有时还与中欧国家结盟，是最有原则的作者利益捍卫者。英国通常得到英联邦国家的支持，表达了公众对版权的关注。斯堪的纳维亚国家是热衷于外来文化的小国，它们渴望进口作品从而限制作者和传播者的权利，它们经常支持英语国家的立场。例如，虽然法国试图让作者在整个开发期限内控制翻译，但斯堪的纳维亚人坚持缩短时间。③ 英国殖民地（colonies）同意这一点。印度殖民当局担心翻译权会抬高英国书籍的本地版本的价格，从而阻碍他们的教育使命。④ 翻译的引进国家最初占主导地位，翻译权有10年的限制。但随着1908年柏林版本的《伯尔尼公约》实施，作者们获得了整整50年的翻译权。英国人放弃了逆流而行，当他们在1911年遵从伯尔尼联盟要求而达成立法时，翻译权的全部期限属于作者。⑤

作为作家权利的极简主义者，英国人也是国民待遇的主要支持者，这一原则要求每个国家对待外国作家的条件与自己国家的国民相同。成员之间的待遇可能不同，

---

① Peter Galison, *Einstein's Clocks, Poincaré's Maps: Empires of Time* (New York, 2003), pp144-55.
② Dealt with at length in Peter Baldwin, *Contagion and the State in Europe*, 1830-1930 (Cambridge, 1999).
③ Sam Ricketson and Jane C. Ginsburg, *International Copyright and Neighbouring Rights: The Berne Convention and Beyond*, 2nd ed. (Oxford, 2006), pp. 66-67.
④ Bently and Sherman, "Great Britain and the Signing of the Berne Convention," 324.
⑤ 有利于作者控制的趋势不可避免，1897年证词已经清楚证明这一点："Report from the Select Committee of the House of Lords, on the Copyright (Amendment) Bill," *House of Commons Papers*, *Reports of Committees*, 1897, paper 385, 10: 213, 3. 然而这个问题继续恶化，斯德哥尔摩修订案反映了发展中国家的利益，将翻译权限制在10年之内，并允许在三年之后强制发放翻译许可证。Ricketson and Ginsburg, *International Copyright*, 902-3. 20世纪20年代和30年代，这个问题也出现了，人们重新强调公众利益，从而限制了作者对翻译的控制，例如在苏联，1925年的意大利法（第7条）也仅给予作者10年的科学作品翻译权。*Journal Officiel*, Documents, Chambre, Annexe 3222, 6 December 1937, p. 230.

156 但是无论国内作家拥有什么权利，外国作家也同样享受。① 然而，伯尔尼联盟的成员资格却提升了标准。如果国外的保护更好，为什么国内作者要接受较少的保护呢？1908年，当联盟提议取消登记手续作为保护条件时，英国政府勉强效仿。②

受到英联邦国家以及在斯堪的纳维亚人帮助下的战术联盟的阻碍，法国人和他们的支持者未能像人们所希望的那样使最初的1886年大会成为作家的保护伞。例如，瑞士的音乐盒产业成功地阻碍了作曲家对机械复制权的要求。但在接下来的几十年里，极端主义者的立场占了上风。最初，伯尔尼只有在明确保留版权的情况下保护期刊文章，而关于政治和当前新闻的文章允许人们免费使用。但1908年柏林修订版扩大了作者的权利，改编作品需要作者许可，包括音乐编排、小说化、戏剧化和电影化，并保护戏剧或音乐作品的表演。新的知识产权形式被伯尔尼的保护伞保护起来，包括建筑、舞蹈、哑剧和电影。作曲家最终被赋予了对录制作品的部分控制权，照片受到保护，翻译权得到扩大，版权手续被取消，所有作品都受到保护而不受其构思的影响。

伯尔尼先锋中的德国

尽管法国判例法在实现精神权利方面迈出了第一步，但德国却走上了成文法之路。早期的《德国版权法案》（Copyright Act）（普鲁士在1837年颁布、萨克森-魏玛在1839年颁布）的主题是文学财产，但在1865年，巴伐利亚法律第一次提到了作者的权利，这一术语延续到了1870年的德国联邦法律中。然而，尽管有了这个新概念，1870年的德国联邦法律和1876年新颁布的帝国法律并没有超出1837年普鲁士法的范围。1870年企业著作权及其雇佣关系受到质疑：仅仅是一个集体作品的出版者是否可以要求拥有作者的权利？国会委员会支持一种血肉之躯的主张，认为只有真正为一部作品做出贡献的人才应该享有创作权。③ 最终法律把集体作品的编辑当作作者，但也有授予所有作者的权利。作者获得了翻译权，但有一些限制，这些限制暴露了立法者对作品完整权的某种担忧。一部用已消失的语言——比如说拉丁文——出版的当代作品，未经作者许可不能翻译成德语，否则，委员会担心德国教

---

① Ricketson and Ginsburg, *International Copyright*, 75; Sam Ricketson, "People or Machines: The Berne Convention and the Changing Concept of Authorship," Columbia-VLA Journal of Law & the Arts 16, 1 (1991): 7-8.

② *Hansard*, Commons, 7 April 1911, p. 2595.

③ Reichstag des Norddeutschen Bundes, *Stenographische Berichte*, 1870, vol. 4, Aktenstück138, p. 536. A similar approach in R. Klostermann, *Das geistige Eigenthum an Schriften, Kunstwerken und Erfindungen* (Berlin, 1867), 1: 219.

授的作品中可能会出现错误和不完美的德语,从而有可能"损害学识渊博的作者的人格"①。但总的来说,德国 1870 年的版权法律只涉及未经授权版本的重印和复制。②

然而,一旦德国于 1886 年加入《伯尔尼公约》,1901 年关于文学和音乐的新法律以及 1907 年关于艺术和摄影的新法律的颁布就推动了事情的发展。③ 它们引入了超越经济的保护措施,尽可能实现国家对精神权利的保护。一位国会议员抱怨说,作者经常因作品的变化而受害。诗人为什么要容忍他们的诗句在公共场合被大声朗读,或者作曲家允许别人录制他们的音乐?新的立法承诺保护作者的人格和精神诉求。④

从广义上讲,作者的基本精神权利现已进入德国法律。人格权利高于经济考虑,即使作者欠债,他的作品也不能被取消赎回权,债权人也不能未经许可发行未出版的材料。⑤ 完整权的唯一例外是合理改动。⑥ 作品的衍生使用必须指定作者。一位代表坚持说,作者仍然是作者,即使在他的作品离开之后,他也永远拥有着某些权利。⑦ 艺术家在出售作品后保留了复制权。⑧ 尽管如此,客户还是获得了肖像画的权利——从而使画家的精神权利从属于他的模特的隐私。⑨ 所有者可以在未经艺术家许可的情况下展出艺术品。⑩ 甚至在国会辩论这些新权利时,也使用了"精神权

---

① §6. Reichstag des Norddeutschen Bundes, *Stenographische Berichte*, 1870, vol. 4, Aktenstück 138, p. 537.
② Gesetz, betreffend das Urheberrecht an Schriftwerken, Abbildungen, musikalischen Kompositionen und dramatischen Werken. Vom 11. Juni 1870, in *Bundes-Gesetzblatt des Norddeutschen Bundes* 19 (1870).
③ Gesetz, betreffend das Urheberrecht an Werken der Literatur und der Tonkunst, 19 June1901; Gesetz, betreffend das Urheberrecht an Werken der bildenden Künste und der Photographie, 9 January 1907.
④ Dr. Esche. Reichstag, *Stenographische Berichte*, 8 January 1901, pp. 526-29. Other deputies pointedly described the new rights as personal ones, not just economic. Reichstag, *Stenographische Berichte*, 9 January 1901, p. 545, Dr. Oertel.
⑤ 1901 law, §10; 1907 law, §14. Reichstag, *Stenographische Berichte*, 1900-1902, vol. 1, Aktenstück 97, p. 395.
⑥ Reichstag, *Stenographische Berichte*, 1900-1902, Aktenstück 214, p. 1276.
⑦ 1901 law, §25. Reichstag, *Stenographische Berichte*, 17 April 1901, p. 2148.
⑧ 1907 law, §10, 1876 law, §8. 在早些关于政府法案的讨论中有人认为,除了防止复制的经济动机之外,艺术家的"个人利益"也受到威胁。Reichstag des Norddeutschen Bundes, *Stenographische Berichte*, 1870, vol. 3, Aktenstück 7, p. 141.
⑨ Reichs-Gesetzblatt, 1876, pp. 4-14. 这一点在 1907 年法案中仍然继续,§18.
⑩ Reichstag, *Stenographische Berichte*, 1905-1906, Aktenstück 30, p. 1536.

利"一词,因为法国受到了赞扬。新法律保证了"保护作者个性以确保其作品不被武断地改变",它们保护"作为作家精神之子"的作品。① 虽然这些权利在其他地方仍有争议,但德国政府自豪地宣布并批准执行。②

然而,在世纪之交,作家权利意识仍处于萌芽阶段。例如,雇佣中产生的作品仍然模棱两可。先前1870年的法案中,就没有规定授予雇主或委托实体的作者身份,只有真正的作者受到保护。③ 但新的法律不那么有原则。1901年法案草案最初保留了作者的权利,即使他在出版商的要求下工作。④ 在议会委员会中,一项赋予雇主权利的提议遭到严词拒绝。想象一下,大的资本主义公司雇佣有才华的年轻人,并要求拥有他们的作品权利! 这个委员会针对雇佣作品具体问题具体分析。记者通常可以拥有权利,工业制图员可能不会。⑤ 因为技术上必要的修改——例如雇员对图纸的修改——已获准。⑥ 该法案认为,一般来说雇佣作品权利属于雇主,但是法律中没有明确的规定。⑦ 最终,1907年法律没有关于雇员权利(employee rights to works)的规定。

新的德国法律还平衡了作者新扩大的权利和公众获取的权利。尽管作者和出版商都反对,但合理使用豁免的范围扩大了,1837年的普鲁士法已经包括引文、教会使用、教育选集和翻译。1870年和1901年的法律允许在没有保留权利的情况下重印个别新闻文章。⑧ 国会委员会解释说,原则是最大限度地免费使用已出版的作品。⑨ 德国民谣作曲家可以自由地使用任何一首诗,并与他们的音乐一起出版。⑩ 在主要节日、私人演出和慈善活动中,免费表演音乐作品不需要任何许可。

总之,世纪末的德国法律将作者的权利从判例法提高到成文法。并非每一种精神权利都被明确表达出来,而雇佣作品归属问题仍未得到解决。但是现在作者们除了经济上的权利之外,还有明确的法律主张,即使他们的作品被转让了,他们也保

---

① Reichstag, *Stenographische Berichte*, 9 January 1901, p. 558; 30 April 1901, p. 2432, Ernst Müller-Meiningen, liberal deputy from Bavaria.
② Reichstag, *Stenographische Berichte*, 1905-1906, Aktenstück 30, p. 1534.
③ Reichstag des Norddeutschen Bundes, *Stenographische Berichte*, 1870, vol. 3, Aktenstück7, p. 132.
④ Reichstag, *Stenographische Berichte*, 1900-1902, vol. 1, Aktenstück 97, p. 392.
⑤ Ibid., 1900-1902, vol. 2, Aktenstück 214, p. 1274.
⑥ Ibid., 1900-1902, vol. 1, Aktenstück 97, p. 395.
⑦ Ibid., 1905-1906, Aktenstück 30, p. 1535.
⑧ 1870 law, §7; 1901 law, §19.
⑨ Reichstag des Norddeutschen Bundes, *Stenographische Berichte*, 1870, vol. 4, Aktenstück138, p. 538.
⑩ 1870 law, §48; 1901 law, §20.

留了这些新的精神权利。

"文学巴士底狱"与"非共和国":英语国家对《伯尔尼公约》的抵抗

相比之下,英国和美国继续强调对作品的有效利用,并将其迅速转移到公共领域。英国在伯尔尼联盟内部如此,而美国则是在联盟外部照此行事。① 尽管是伯尔尼联盟成员,英国抵制了大陆意识形态的几个方面。它保留了雇佣作品的雇主权利,拒绝了只为实际作者保留权利的前提。② 它在最初的 1886 年伯尔尼大会上成功地推行了版权手续,比如注册和保存作品。③ 但在 1908 年的柏林修订版中,《伯尔尼公约》要求签署人保护作品从创作后开始。英国人同意于 1911 年取消版权登记手续。④ 他们确实保留了作品图书馆版本缴送制度(library deposit of works),尽管保护并不以此为条件,而且失败只会导致轻微的罚款,但英国对《伯尔尼公约》延长保护期限的企图进行了艰苦斗争。正如我们所看到的,19 世纪 30 年代的塔尔福德辩论并没有像欧洲大陆那样容易延长了保护期,而是引发了一场关于公众主张的痛苦争论。在 1908 年,伯尔尼联盟鼓励成员采取死亡后 50 年的保护期限。英国在 1911 年版权法中承担了这一义务,但巧妙地颠覆了扩展的大部分要点。

在 1911 年《英国版权法案》的筹备过程中,塔尔福德辩论的声音再次被听到。死后 50 年的保护期与穷人对廉价和现成版本的希望背道而驰,平民启蒙必须优先于作家堕落的后代。⑤ 出版商争取的垄断,被认为是扩展保护期背后的真正利益。⑥ 即使是那些捍卫长期利益的人也坚持支持公有领域,如贸易委员会主席西德尼·布克斯顿(Sydney Buxton),他由于未能改革航运条例,没能确保泰坦尼克号(*Titanic*)上的每个人都有救生艇而陷入困境。长期保护会使更多更便宜的版本出

---

① 一位在英国和美国考察 1911 年和 1909 年法律的德国观察家指出英美做法有多么大的不同,尤其是与法国相比。Ernst Heymann, "Die zeitliche Begrenzung des Urheberrechts," *Sitzungsberichte der Preussischen Akademie der Wissenschaften*, 1927, p.57.
② International Copyright Act, 1886, 49 & 50 Vict., c. 33, s. 11; 1 & 2 Geo. 5, c. 46, s. 5.1; Copyright Act, 1956, 4 & 5 Eliz. 2, c. 74, cl. 4.
③ "Correspondence Respecting the Formation of an International Copyright Union," C. 4606, p. 52.
④ 到 1909 年大家一致认为应取消手续。*Report of the Committeeon the Law of Copyright*, Cd 4976 (London, 1909), 12-13.
⑤ *Hansard*, Commons, 7 April 1911, pp. 2615-16, 2634-37, 2657-58.
⑥ *Hansard*, Commons, 28 July 1911, pp. 1959-60, 1964.

现。① 在任何大陆国家,"穷人、自由和丰富廉价文学的战斗"都没有得到如此严肃的对待。② 据一位保守党议员称,1911年的辩论是"作者争取永久版权的企图与公众坚持……很早就确定了版权权利之间永久斗争"的一部分。③

英国1911年版权法接受《伯尔尼公约》死后50年保护期的形式。但是,它引入了相当于强制许可的制度,从而削弱了它的意图。作者去世25年后,任何人只要向著作权人支付特定的版税,就可以重新出版作品。④ 因此,继承人的专属权利期限仅为《伯尔尼公约》要求的一半,权利持有人承诺支付特许权使用费。⑤ 在其他方面,作者也被剪下了翅膀。作者及其后代是否限制了可用性?⑥ 这一关切在1774年唐森案期间引起了争论,19世纪30年代时也曾困扰麦考利。⑦ 1911年法案紧随1842年法案,授权枢密院在所有者拒绝重印或执行作品时实施许可。⑧ 作者排他性权利的这种例外被认为抵消了新的半个世纪的保护期。⑨ 最后,正如我们所看到的,1911年法案使英国相对广泛的公平交易例外情况开始正式化。

美国完全避开了《伯尔尼公约》。但在一个主要方面,美国人确实不再受冷落。在1891年,昔日的"书籍海盗"决定保护外国作家,就像他们保护国内作家一样。⑩ 美国曾经是一个不法之徒,现在向外国和国内作家、出版商屈服,承认那些保护美国人权利的国家作家的版权。把敌对的国内利益在艰难的妥协交易中统一起来的交换条件是制造条款,这一偏激的保护主义措施要求作品在美国排版或印刷,这有利于图书生产商。⑪ 只要外国作品产自美国,它们就受到保护。

---

① *Hansard*, Commons, 7 April 1911, pp. 2600-01; 28 July 1911, p. 1911.

② *Hansard*, Commons, 28 July 1911, p. 1903.

③ *Hansard*, Commons, 7 April 1911, p. 2615, William Joynson-Hicks, Conservative MP. 非常类似的提法见 Roberts at p. 2635, and 28 July 1911, p. 1963.

④ 1 & 2 Geo. 5, c. 46, s. 3. 强制许可规定一直持续到1956年法令被废除。

⑤ 在许多欧洲人看来,这实际上意味着英国版权在作者死后仅持续25年。Hoffmann, "Die Staatenvorschläge zur Revision der revidierten Berner Übereinkunft," 144-45.

⑥ *Hansard*, Commons, 7 April 1911, p. 2649, Birrell.

⑦ *The Cases of the Appellants and Respondents in the Cause of Literary Property, before the House of Lords* (London, 1774), 25 (BK).

⑧ 尽管这种保障措施自1842年以来从未实际使用过,但它仍然被认为至关重要。*Hansard*, Commons, 7 April 1911, pp. 2642, 2654; *Minutes of Evidence Taken before the Law of Copyright Committee*, Cd 5051, 25.

⑨ *Hansard*, Commons, 7 April 1911, p. 2619; 28 July 1911, p. 1961.

⑩ International Copyright Act, 3 March 1891, 26 Stat. 1106, chap. 565; Report 622, 19 March 1888, *Reports of Committees of the Senate of the United States* (1887-88) (Washington DC, 1888), 2: 2.

⑪ Report 622, *Reports of Committees of the Senate* (1887-88), 2: 4-5.

这一步被认为暂时足够。但仅仅是在一个世纪之后的 1989 年，孤立的美国声音呼吁成为伯尔尼的正式成员。可以说，美国 1909 年的版权法强调了版权和作者权利之间的区别。在 1908 年《伯尔尼公约》取消了通知、交存样本、登记等手续，英国也在很大程度上效仿了这一做法。但美国不仅保留了通常的手续，而且现在还要求在国内生产。消除这一来之不易的妥协是不可能的。没错，美国 1909 年法案确实减少了一些手续，如除非作者不顾警告而坚持，未交存作品样本不再意味着丧失保护；即使没有在每一份副本上贴上标志，版权也不会丧失。但生产条款得到了加强：书籍现在必须在美国排版、印刷和装订。① 1909 年的法律还明确规定了因雇佣产生的作品，并引入了公司版权，将雇主变成了用自己的钱创作作品的作者。② 美国与新兴的欧洲作家权利原则之间的鸿沟一如既往地宽阔。

在 19 世纪的大部分时间里，美国重印外国作品以启发其公民而不受版税的滋扰。1790 年和 1831 年《美国版权法案》（Copyright Act，1831）都允许非公民和非居民进口、转载和出版作品。迟至 1873 年，国会图书馆委员会（Committee on the Library）报告了一种普遍的观点，即国际版权"阻碍了知识在人民中传播，是普及教育事业的障碍"③。然而到 19 世纪末，美国逐渐从知识产权进口转向出口，经济利益开始击败公共领域的意识形态（我们将回到这个故事）。随着伯尔尼联盟的扩大，留在外部的成本（更不用说严重违反其限制的成本）也在增加。当时，通过在伯尔尼成员国——最方便的加拿大——同时出版，美国为一些本国作家取得了伯尔尼保护。

在美国关于国际版权的辩论中，支持廉价图书的论据仍然很强烈。虽然公认礼节和国际贸易赞成版权的相互承认，但旧的态度慢慢消失了。狭义的技术问题被表述为广泛的意识形态问题。到 19 世纪末，公共领域最响亮的代言人来自南部和西部，他们对东海岸出版商牺牲读者以满足作家的行为表示不满。④ 国家将《圣经》和《启蒙手册》作为基础，这两本书不受版权保护。⑤ 肯塔基州参议员詹姆斯·贝克在 1888 年大声疾呼："为什么不让我们自己的人民以最便宜的方式获得外国人大

---

① Report 7083, 30 January 1907, *House Reports* (59th Congress, 2nd sess.), 1: 11-12.
② 1909 Copyright Act, sect. 15, 62.
③ Joint Committee on the Library, Report 409, 7 February 1873, 42nd Congress, 3rd sess., reprinted in *Congressional Record*, Senate, 30 April 1888, pp. 3510-11.
④ *Minutes of the Evidence Taken before the Royal Commission on Copyright*, 65, 91-94.
⑤ *Testimony before the House Committee on the Judiciary on International Copyright*, 8 February 1890, p. 36.

脑的产品？"当国际版权商威胁要提高价格时，"我要保护的是读者"，他坚持说。①

"廉价书已经成为一种必需品。"散文家洛根·皮尔斯·史密斯（Logan Pearsall Smith）警告说。得克萨斯州参议员理查德·考克（Richard Coke）在1891年警告说，国际版权商威胁要"对知识、文学、教育在我国人民中的传播实施禁运"②。弗吉尼亚州参议员约翰·丹尼尔（John Daniel）警告说，国际版权与美国最基本的政治前提相矛盾。正如她的公立学校（public schools）和其他学术机构所显示的那样，美国允许所有人自由饮用知识之水，但是为了帮助作者，书籍现在变得昂贵了。"这里是一个字母组合成的堡垒，而不是共和国。"③ 由于公共领域仍然是美国的框架性叙事，甚至那些支持国际版权的人也声称读者会像以前一样以低廉的价格继续阅读。④

19世纪末，版权与作者权利意识形态之间产生了差距。拉马丁的1841年法案和法国判例法在随后几十年中强调了作者不可转让的权利。但麦考利和他更为激进的美国同行坚持认为，公众不仅应该被考虑，还应该享有首要地位。所有在这里聚集的国家在18世纪以同样的方式启程，现在他们开始分道扬镳。这一分歧即将成为鸿沟，因为精神权利最终成为《伯尔尼公约》的议程，奇怪的是，现在它因焚烧书而非保护书而被人们铭记。

---

① *Congressional Record*，Senate，23 April 1888，pp. 3233-34，3242-44. 类似的，Senator John Reagan from Texas：Congressional Record，Senate，9 February 1891，p. 2381.

② *Congressional Record*，Senate，9 February 1891，p. 2383. The Pearsall Smith quotation is from Senator Coke.

③ *Congressional Record*，Senate，13 February 1891，p. 2611；*Testimony before the House Committee on the Judiciary on International Copyright*，8 February 1890，pp. 8-9.

④ Report 1188，21 May 1886，*Reports of Committees of the Senate* (1885-86)，p. iv；*Congressional Record*，Senate，24 April 1888，pp. 3269-70；*Testimony before the House Committee on the Judiciary on International Copyright*，8 February 1890，p. 31.

第五章
精神权利在法西斯欧洲的奇异诞生

19世纪后半叶，作者精神权利在判例法和法理学中形成。但只是在两次世界大战之间的几年里，它们才体现在成文法中。意大利法西斯在1925年把精神权利写进了《意大利版权法案》（Copyright Act，1925），在墨索里尼政府的煽动下，它们于1928年成为伯尔尼会议的一部分。德国纳粹政权广泛讨论作者的权利，但其唯一的重大改革是将保护期从作者死后30年延长到50年。20世纪30年代的极权主义政权令人惊奇地相互矛盾。法西斯主义者以培养强大的创造性人格为荣，这是他们重要的政治意识形态的一部分。他们深信，这一点将其与所取代的死气沉沉的资产阶级社会和他们的敌人——东方的共产主义社会区分开来。

但是法西斯主义者也为受众利益扩张发挥了作用，并且更普遍地影响了社会（就像他们看到的那样）。从美学角度来看，法西斯主义者认为作者（无论具有多么超人的创造力）是社会的喉舌，他们完全依赖于社会，完全是社会的一部分。作者的主张最终服从于社会需要，孤独的浪漫主义艺术家将在法西斯欧洲灭亡。更为普遍的是，由于建立在群众基础上的独裁主义希望继续保持合法性，法西斯主义者更感兴趣的是广大读者对创造性作品的兴趣，而不是作者的古怪幻想。与许多其他领域一样，法西斯主义者的意识形态与作者的权利实践也存在矛盾。纳粹政府通过奖励实际的专利发明人（不仅仅是第一个专利文件提交人）来鼓励个人创造者。但是，它屈从于高效的公司生产和传播的需要，允许成长中的电影业将创造性决策集中于制片人及其公司，而不是与电影有关的有血有肉的作者。法西斯主义者因此鼓吹他们对作家和精神权利的支持，同时坚持他们的平民主义信仰。

尽管他们的狂吹徒劳无益，但20世纪30年代的政权还是对战后的发展产生了深远影响。纳粹主张种族群体有权获得其文化遗产，甚至还声称支持作者。因此，自法国大革命和七月王朝以来，在欧洲听到了阐述更加接近于关注受众的英美版权传统的大陆版本，但那仅是联想而已。一旦战争结束，复兴的法国和德国民主国家的改革者就会追求作者的精神权利，虽然它们往往密切配合极权主义前任制定法案草案，但拒绝了法西斯主义者对受众利益的关注，因为这种社群主义已被污染。

精神权利表达了对创造性阶层的立法关怀。它在欧洲一直很重要，但在英语世界中却姗姗来迟。无论是在欧洲大陆还是在美国和英国，精神权利的支持者常常认为，在模糊和不明确的意义上，精神权利产生于西方传统中极为开明的天性。然而，它的实际立法血统却不那么原始。在1928年法西斯罗马举行的会议上，精神权利首先成为《伯尔尼公约》的一部分。它不只是"渗透"在议程中。① 意大利代表团将它放置在那里，展示墨索里尼政权的文化资历，并表明其在欧洲遗产中拥有一个体面和合法地位的雄心。

我们现在珍视并习以为常的许多东西，可以追溯到欧洲两次世界大战中的法西斯政权，包括快速（保时捷——Porsche）和可靠（大众——VW）的汽车以及供它们行驶的高速公路、反吸烟科学和立法、喷气推进和火箭科学——更不用说《莉莉·玛琳》（Lili Marleen）这首歌了。② 战后欧洲的一些美德根深蒂固，对其极权主义遗产过于关注。在一个极右翼政党的鼓动下，1949 年的《德国基本法》将死刑宣布为非法，该政党希望避免纳粹战犯被绞死。人道主义同情现象在后来才出现。③ 如果不是因为欧洲大陆极权主义的过去，以及对历史重演的恐惧，欧洲人对保护个人隐私的重视也就不那么迫切了。④ 德国当前的绿色生态情怀在纳粹意识形态中有其先例。⑤ 当代德国保护个人尊严的法律是对纳粹关于荣誉的思想的呼应。⑥ 将某些事情追溯到信誉不佳的政权并不一定会削弱其固有的品质，但是针对为什么精神权利（资产阶级、个人主义和文化价值）应该被反知识分子、平民大众政权所接受的问题，德国纳粹时期的历史也承担着被考查的义务。

---

① Burton Ong, "Why Moral Rights Matter: Recognizing the Intrinsic Value of Integrity Rights," *Columbia Journal of Law & the Arts* 26, 3/4 (2003): 299.

② Hans Mommsen and Manfried Grieger, *Das Volkswagenwerk und seine Arbeiter im Dritten-Reich* (Düsseldorf, 1996); Bernhard Rieger, *The People's Car: A Global History of the VolkswagenBeetle* (Cambridge MA, 2013); Robert Proctor, *The Nazi War on Cancer* (Princeton, 1999); George Davey Smith et al., "Smoking and Health Promotion in Nazi Germany," *Journal of Epidemiology and Community Health* 48 (1994).

③ Charles Lane, "The Paradoxes of the Death Penalty Stance," *Washington Post*, 4 June 2005; Richard J. Evans, *Rituals of Retribution: Capital Punishment in Germany*, 1600-1987 (Oxford, 1996), pp. 785-86.

④ James Q. Whitman, "The Two Western Cultures of Privacy: Dignity Versus Liberty," *Yale Law Journal* 113, 6 (2004).

⑤ Frank Uekötter, *The Green and the Brown: A History of Conservation in Nazi Germany* (Cambridge, 2006); Franz-Josef Brüggemeier et al., eds., *How Green Were the Nazis? Nature, Environment, and Nation in the Third Reich* (Athens OH, 2005).

⑥ James Q. Whitman, "On Nazi 'Honour' and the New European 'Dignity,'" in Christian Joerges and Navraj Singh Ghaleigh, eds., *Darker Legacies of Law in Europe: The Shadow of National Socialism and Fascism over Europe and its Legal Traditions* (Oxford, 2003).

1928 年伯尔尼会议上的精神权利

墨索里尼领导下的罗马并没有正式承认精神权利。虽然编纂成文的很少，但这种想法在法国和德国的判例法中已有半个世纪的历史。1886 年《伯尔尼公约》坚持重印期刊文章需要标注来源时，就预示了作品的归属权。① 罗马尼亚（1923 年）、波兰（1926 年）、捷克斯洛伐克（1926 年）、葡萄牙（1927 年）和意大利自己（1925 年）先后制定了精神权利法案。在批准法西斯政权基本法律的立法会议上通过的意大利法案，是 1928 年伯尔尼联盟罗马会议改革的模板。

与其他法西斯一样，意大利政权的意识形态主要是集体主义。② 不过，墨索里尼领导的意大利在确保精神权利方面走得最远。1925 年法案使意大利成为作者权利的先锋，也是新政权的标志性成就之一。③ 精神权利捍卫者解释说，即使坚持个人服从于国家，法西斯政权事实上也很快改变了作者的权利，新政府宣称知识分子价值观应居于首要地位。④ 1925 年的法律引入了归属权和完整权，其中完整权被定义为防止改编作品的"精神权益"。法律还引入了撤回权，允许作者在赔偿权利人的情况下收回作品，因此，即使是已出版的作品仍属于作者的人格范围。⑤ 作家死后，他的家人维护了他的精神利益。如果他们不采取行动，当局可能会介入。早在 1841 年拉马丁辩论中提出问题时已有了解决方案，意大利人也限制了债权人的主张。对

---

① Art. 7. *Conférence Internationale pour la protection des œuvres littéraires et artistiques*: *Délégation Italienne*: *II. Protection du droit personnel（moral）de l'auteur*（Rome，1928），4.

② Valerio de Sanctis，"Urheberrecht und Interesse der Allgemeinheit," *Archiv für Urheber-Film-und Theaterrecht* 7（1934）：236.

③ Eduardo Piola Caselli，"Il Diritto Morale di Autore," *Il Diritto di Autore* 1，1（1930）：22-23；Amedeo Giannini，"Die Ausarbeitung des neuen Italienischen Urheberrechtsgesetzes Italiens," *Archiv für Urheber-Film-und Theaterrecht* 15（1942）：113；Amedeo Giannini，*La Convenzione diBerna sulla Proprietà Letteraria*（Rome，1933），p. 141，165. Giannini was an enthusiastic fascist andeditor of Mussolini's *La nuova politica dell'Italia*（Milan，1923）. Mabel Berezin，"Public Spectacles and Private Enterprises：Theater and Politics in Italy under Fascism，1919-1940,"（diss. Harvard，1987），chaps. 2-3，呈现出剧作家和戏剧经理之间的内斗，这形成了许多戏剧阶层渴望改革的专业背景。

④ E. Piola Caselli，"Les principes fondamentaux en droit d'auteur，d'édition et de radiophonie en Italie," Archiv für Funkrecht 3（1930）：221；"Rapport de M. Ed. Piola Caselli sur la législation italienne," in Congrès du Caire de l'Association Littéraire et Artistique，24 December 1929（Cairo，1930），p. 138.

⑤ Piola Caselli，"Il Diritto Morale," 26.

于未发表的作品,作者可以指定他自己的执行者,而不是通常的法定继承人。①

参加伯尔尼会议的波兰和法国代表团也迫切要求获得精神权利。② 波兰的提案将精神权利放在其他普遍人权——生命权、人身完整权、自由权和荣誉权——之列。法国代表团在为这一事业游说时分发了一本小册子。③ 但主要推动者是意大利代表皮奥拉·卡塞利(Piola Caselli),他是参议员、意大利最高法院院长(最高上诉法院)和大会报告起草人。皮奥拉·卡塞利在起草1925年意大利法律方面发挥了作用,提出了一项新的伯尔尼条款(第六条之二),即作者有权确定他的作品在何时、以何种方式出版,被承认为作品作者的人能够反对一切有损于其精神利益改变的行为,这些精神权利永久存在,不可转让。

皮奥拉·卡塞利是一位精明的战术家,他试图使他深远和有争议的提案顺利通过。法国的动议预示着国际立法将使所有国家实行统一的改革,然而意大利人巧妙地将执行细节留给每个伯尔尼联盟成员。但即使如此,意大利仍有着雄心壮志。它坚持认为,精神权利是一项历史性的进步。它自己1925年的法律证明了法西斯主义者是如何支持知识分子的。④

然而精神权利在1928年仍然面临阻碍。英联邦国家认为这些新奇的东西与它们的版权传统不可调和。盎格鲁-撒克逊人与拉丁人精神之间的距离再明显不过,至少新西兰代表是这样向国内汇报的。当欧洲大陆代表们兴高采烈的时候,英语国家"冷冰冰地接受"了精神权利。⑤ 英国贸易委员会认为它们不属于版权法的范围,无

---

① The law is in *Le Droit d'auteur*, 15 January 1926, pp. 2-7. The articles referred to here are 16, 15, 24, 56-57.
② Arnold Raestad, *La Convention de Berne révisée à Rome* 1928 (Paris, 1931), p.152.
③ Marcel Plaisant and Olivier Pichot, *La Conférence de Rome: Commentaire pratique de lanouvelle Convention pour la protection internationale de la propriété littéraire et artistique* (Paris, 1934), p.26; Heinz Püschel, 100 *Jahre Berner Union: Gedanken, Dokumente, Erinnerungen* (Leipzig, 1986), p.61.
④ Union Internationale pour la protection des œuvres littéraires et artistiques, *Actes de la conférence réunie à Rome du 7 Mai au 2 Juin 1928* (Berne, 1929), 162, 179-80. 除了会议原始报告外,罗马会议的一些文件在1886—1986年期间翻译成《伯尔尼公约》(1986年,日内瓦),并翻译在与罗马会议标准工作相关的网站上。见 Sam Ricketson and Jane Ginsburg, *International Copyright and Neighbouring Rights: The Berne Convention and Beyond*, 2nd ed. (Oxford, 2006), 其中包括不在书中的材料:http://www.oup.com/uk/booksites/content/9780198259466/.
⑤ National Archives, UK, FO 371/14173, 141-6, Foreign Office, S. G. Raymond, "International Copyright Conference. Rome, 1928 (Report of the New Zealand Delegate, Mr. S. G. Raymond, K. C.)."

论如何，诽谤法足以补救违法行为。① 英联邦国家和英国殖民地仍占伯尔尼联盟的相当大一部分（尽管与 1906 年几乎占据成员国的 2/3 相比有所下降）。② 它们不能被轻视。皮奥拉·卡塞利试图说服英语国家，称他们已经保护了精神权利，即使不是通过版权立法，也是在普通法中。③

澳大利亚代表威廉·哈里森·穆尔爵士（Sir William Harrison Moore）表示同意，并帮助促成了英语国家和欧洲大陆之间的妥协。因为英国和其他英语国家允许完全转让包括初始出版、未来版本、修改和改编在内的权利，披露权被搁置一边。在英国法律中，作者甚至可以通过合同放弃他的个人权利，英联邦代表坚持认为这仍然是事实。④ 在普通法中，人身权利（如保护其免受诽谤）与该人一起死亡。因此，也没有提到作者死后其他人应行使的精神权利。作为回报，益格鲁-撒克逊的签字人同意保护他们的作品不被改编或毁损，无论这是损害了他们的声誉还是损害了被称为文学、科学和艺术利益的东西。

事实上，由于英国的抗议，意大利提案中的"精神利益"（moral interest）一词被更熟悉的概念所取代。代表们一致认为，这种精神作品既是经济财产，也是创造者个性的反映。然而，就连皮奥拉·卡塞利也认为作家们很肤浅，法律不应该总是对他们可能夸大的情感屈服。⑤ 因此，意大利原来关于作者"精神利益"提案的针对性有所缓和，它只能保护那些威胁其荣誉或声誉改编。⑥ 这些价值观已经被英联邦国家关于诽谤和假冒（passing off）的法律所涵盖（欺诈性地歪曲商品或服务）。然而隐含之义是，英语国家预计不会引入新的精神权利立法，它们也不必把现在所要求的保护置于它们的法规之内。⑦ 由于"精神利益"是一个比损害名誉和荣誉更广泛、更有弹性的概念，新的表述限制了作者的权力。在上一章提到的 1912 年的德

---

① National Archives, Dominions Office, DO 35/117/12, 20, Board of Trade, "Ratification of the Rome Copyright Convention of 1928" (1930), p. 20.

② Hannes Siegrist, "Geistiges Eigentum im Spannungsfeld von Individualisierung, Nationalisierung, und Internationalisierung: Der Weg zur Berner Übereinkunft von 1886," in Rüdiger Hohls et al., eds., *Europa und die Europäer* (Stuttgart, 2005), pp. 57-58.

③ Piola Caselli "Il Diritto Morale di Autore," *Il Diritto di Autore* 1, 2 (1930): 178-81.

④ National Archives, FO 371/14173, 175, "Rome Copyright Conference, 1928. Report of the British Delegates," p. 175.

⑤ Union Internationale, *Actes de la conférence réunie à Rome*, 178; Pierre Recht, "A propos de l'article 6bis de la Convention de Berne (droit moral)," *Le Droit d'auteur* 81, 1 (1968): 15.

⑥ Union Internationale, *Actes de la conférence réunie à Rome*, 201-04, 239.

⑦ Sam Ricketson, "Is Australia in Breach of Its International Obligations with Respect to the Protection of Moral Rights?" *Melbourne University Law Review* 17 (1989-90): 468-69; Ricketson and Ginsburg, *International Copyright*, 592-93.

国壁画案例中,阿诺德·博克林因为其在私人处所放置的裸体画像被穿上衣服而获得损害赔偿,但根据罗马会议后的条款,这很可能不可起诉。① 同样的,如果一个无声的电影角色在一个有声版中被添加了声音,演员也无法反对。②

在1928年的罗马,改革者们明白,对精神权利的暂时承诺是人们所希望的。英联邦国家对这些雄心勃勃的建议感到震惊。③ 大陆代表们把执行工作留给国内法,设法说服他们不要破坏谈判。④ 如前所述,在大陆雄心和盎格鲁-撒克逊抵抗之间的妥协中,作品的披露权消失了,在1967年它才变成《伯尔尼公约》的一部分。但当时归属权还是没有写入公约,一个缩小版的完整权也是如此,因为它没有提到死后权利(posthumous rights)。这些是成员国所期望的最低权利。是否有人想做更多的事,由他们自己决定。

精神权利思想

正如皮奥拉·卡塞利和其他人所声称的那样,国际上这种首次的精神权利表达方式可能是典型的法西斯主义,我们应该怀疑地对待这种极权主义的吹嘘。更可能它只是一个政治巧合。当意大利新政权正处于法律改革缓慢进程中时,精神权利最终在国际法上实现了最初编纂。正如我们所看到的那样,在19世纪后期,精神权利在法国和德国的审判实践和判例法中得到了发展。到了两次世界大战期间,所有政治派别和整个欧洲的改革者都在推动将这一理论正式纳入法规。精神权利在某种意义上是自由主义和个人主义的,作者优先于观众和传播者的观点在立法上体现了英雄创作者的浪漫主义传统。这就是法国法律理论家和判例法对它们的理解,意大利的法西斯主义者也以这种精神接纳了它们。

意大利法西斯主义者是充满活力的现代主义者和先锋派(Avant-garde culture)。他们认为自己是在复兴奄奄一息的意大利文化,因为意大利文化有着辉煌

---

① Fritz Smoschewer, "Droit moral und Persönlichkeitsrecht des Urhebers," *Gewerblicher Rechtsschutz und Urheberrecht* (1930): 657-58.

② "Kann ein Schauspieler die Nachsynchronisierung eines alten Filmes, in welchem er die Hauptrolle gespielt hat, verhindern?" *Archiv für Urheber-Film-und Theaterrecht* 8 (1935): 157-60.

③ *Le Droit d'auteur* (1928), 82; Bruno Marwitz, *Die revidierte Berner Übereinkunft und dieRömische Konferenz* (Berlin, 1928), pp. 37, 41.

④ Gerald Dworkin, "Moral Rights and the Common Law Countries." *Australian Intellectual Property Journal* 5, 1 (1994): 7.

的过去、懒散的现在和被忽视的未来。① 那些鄙视资产阶级和他们所认为的落后、粗鄙和懒惰的意大利上层阶级的未来主义者,是早期法西斯主义者的亲密盟友。虽然他们后来分道扬镳,但一开始,法西斯把艺术家、作曲家和像马里内蒂(Marinetti)、加布里埃尔·邓南遮这样的作家带进了他们的阵营。② 在两次世界大战期间,右翼政治和先锋派经常在所有国家结盟。可以想想美国的埃兹拉·庞德(Ezra Pound)、温德姆·刘易斯(Wyndham Lewis),英国的 T. S. 艾略特、德国的恩斯特·荣格(Ernst Jünger)和法国的路易-费迪南·塞利纳。但在意大利,这一联盟更广泛、更一致、更谨慎地被运动和政权所培养。就像世界各地的法西斯主义者一样,墨索里尼的追随者们幻想自己是社会的精神力量,与现代性的唯物主义(materialism),特别是所谓的盎格鲁-撒克逊人和犹太人(Jews)的特征相抗衡。皮奥拉·卡塞利把自己描绘成法西斯新纪元的典范和永恒罗马传统的传承者,他坚持认为,保护精神权利是对经济唯物主义的一次打击,是对文明理想与精神作品的有力支持。③

然而,精神权利——一套固有的、具有延展性和变化性的理念——也可以以更集体主义的方式来理解。希望保护作者不受现代媒体和大众社会的影响并不是法西斯主义者的特别之处。在 20 世纪 20 年代和 30 年代的整个欧洲,提案、法案草案和法律引入了精神权利,并以其他方式试图保护作者不受市场的影响,如在社会民主主义的挪威、极权主义的波兰和葡萄牙、政治上动荡不安的魏玛德国,以及组成左翼人民阵线的法国都是如此。作为对作者和文化创造力的捍卫,精神权利在整个大陆的许多政治意识形态上毫无争议。

---

① Adrian Lyttleton, *The Seizure of Power: Fascism in Italy*, 1919-1929 (London, 1973), 384.
② Michael A. Ledeen, *The First Duce: D'Annunzio at Fiume* (Baltimore, 1977). 现代主义与文化先锋派之间的密切联系一直被认为是意大利法西斯主义的一个方面。Ruth Ben-Ghiat, *Fascist Modernities: Italy*, 1922-1945 (Berkeley, 2001), Walter L. Adamson, *Avant-Garde Florence: From Modernism to Fascism* (Cambridge MA, 1993). 在其他国家也是如此:Mark Antliff, *Avant-Garde Fascism: The Mobilization of Myth*, *Art and Culture in France*, 1909-1939 (Durham NC, 2007), Andrew Hewitt, *Fascist Modernism: Aesthetics, Politics and the Avant-Garde* (Stanford, 1993), Laura Frost, *Sex Drives: Fantasies of Fascism in Literary Modernism* (Ithaca NY, 2002), Roger Griffin, *Modernism and Fascism: The Sense of a Beginning under Mussolini and Hitler* (Houndmills, 2007), Alice Yaeger Kaplan, *Reproductions of Banality: Fascism, Literature and French Intellectual Life* (Minneapolis, 1986).
③ Piola Caselli, "Il Diritto Morale di Autore," 183; Union Internationale, Actes de la conférence réunie à Rome, 292.

但作为一种更广泛的文化反射，精神权利属于两次世界大战期间的文化悲观主义（cultural pessimism）和对现代生活威胁积极抗争的普遍性价值观。几乎在每一个话题上，第一次世界大战的屠杀都给我们蒙上了阴影。欧洲最有前途的年轻人死在战壕里，战前的文明被大众社会所玷污。许多人认为，现在正是捍卫智慧和情感权利、反对压迫性唯物主义的时候。① 无论是左派还是右派，文化悲观主义者尤其担心现代媒体。也许电影、广播和大众媒体在平民意义上是民主的，它们娱乐群众，甚至可能教育群众。但是大众媒体也威胁到精英文化和作家，电影、留声机和收音机产生了强制许可，损害了作者的专有权利。② 在罗马会议上，皮奥拉·卡塞利提出了将精神权利作为对其的补偿。现代技术扩大了作者的经济权利，但削弱了他的控制权。因为观众大声疾呼要享受文化遗产，行业也想要减少作者的控制。作为增加了公众访问权限许可等法律创新的回报，作者应被授予精神权利，以确保他们的作品不被现代大众媒体或观众玷污与贬低。③

纳粹德国的精神权利

在德国，关于作者权利的法律可追溯到1901年和1907年，最后一次更新是在1910年。在魏玛共和国时期，从1919年开始，许多人都认为这项改革是当务之急。希特勒（Hitler）在1933年1月掌权时，已经提出了一些建议，尽管没有结果。第三帝国早期，大家围绕作者权利展开了激烈的辩论。纳粹的思想并不新颖，而且经常是在共和国期间活跃的改革者推动下产生的，实际上几乎没有变化。但那些讨论表明了纳粹的意图，并没有受战争和失败影响。纳粹辩论还表明作者权利不是中立的技术和法律问题，而是一场关于作者在社会中的角色和集体对创造者要求的更大的意识形态斗争的代替物。然而，有趣的是，第三帝国的所有争论被战后的西德拿去并完成了希特勒时期开始的改革工作。

与他们的意大利表亲相比，德国纳粹在文化上偏于保守。在早期，一些纳粹分子确实和意大利法西斯主义者一样喜欢先锋派。宣传部长约瑟夫·戈培尔（Joseph Goebbels）先与美学上具备开创性的艺术家结为朋友。有几个作家，像表现主义

---

① Stanislas de Gorguette d'Argœuves, *Le Droit moral de l'auteur sur son œuvre artistique oulitteraire* (Paris, 1926), pp. 6-9.

② Klauer, "Die Urheberrechtskonferenz in Rom," *Archiv für Urheber-Film-und Theaterrecht* 1 (1928): 373; Mittelstadt, "Das 'droit moral' nach den Beschlüssen der Römischen Urheberrechtskonferenz von 1928," *Gewerblicher Rechtsschutz und Urheberrecht* (1930): 47-48.

③ Union Internationale, *Actes de la conférence réunie à Rome*, 161-62, 199, 236. Similar arguments in Piola Caselli, "Il Diritto Morale," 8-11.

（Expressionism）画家埃米尔·诺尔德（Emil Nolde）很早就加入了纳粹党。但希特勒的品味更传统。哪一种艺术风格最能正式代表这个政权？这个问题在1933年帝国文化协会（the Reich Cultural Chamber）成立时就有了争论。戈培尔和他的集团认为，像诺尔德的宣传派画作代表了一种本土的日耳曼艺术，它立足于哥特式传统，有别于拉丁古典主义。① 然而，在1934年党代会上，希特勒拒绝了所有现代主义艺术（modernism art）——达达派、未来派、立体派和表现派，现代主义（modernism）、抽象主义和非具象艺术现在被打上了堕落（degenerate art）的烙印。② 基于其立场，纳粹政权正式采用了19世纪末的象征性历史风格。大量画作恰当地将德国描绘成一个拥有勇敢的领袖、勤劳的工人、英雄的士兵、丰满的少女、金发碧眼的小孩和风景如画的乡村的永恒之地。③

不过，和意大利法西斯主义者一样，纳粹分子也认可创作者的精神权利。但他们对作者社会角色理解的主要是集体主义的。艺术并没有脱离社会，戈培尔向指挥家威廉·富特文格勒（Wilhelm Furtwängler）发表演讲，因为他敢于对犹太同事布鲁诺·沃尔特（Bruno Walter）的降级提出温和的抗议。艺术表达并塑造了社会，艺术家也是社会中不可分割的一部分。单纯为了艺术不可能有艺术，就像在自由民主国家一样。④ 尽管如此，纳粹的立场比简单的极权主义下的集体主义更为细致微妙，它试图平衡作者和观众之间的矛盾诉求。⑤ 从作者权利的悠久历史中可以看出，德国纳粹时期的版权立场比以往更接近英语国家的。奇怪的是，第三帝国时期是德国少数几个密集讨论精神权利问题的时刻之一，而这些问题在一个世纪前的19世纪30年代末和40年代初的塔尔福德辩论中为英国人所充分讨论。

纳粹自己认为他们占据了一个明智的中间地带。第三帝国的法学家们参与了激烈的改革辩论，他们正确地把对待作者权利的态度看作是政治意识形态的表达。他

---

① Though in general his view of Expressionism was negative. Thomas Mathieu, *Kunstauffassungen und Kulturpolitik im Nationalsozialismus* (Saarbrücken, 1997), pp. 85-88.
② Hildegard Brenner, "Art in the Political Power Struggle of 1933 and 1934," in Hajo Holborn, ed., *Republic to Reich* (New York, 1972), pp. 421-25; Stephanie Barron, ed., "*Degenerate Art*": *The Fate of the Avant-Garde in Nazi Germany* (Los Angeles, 1991).
③ Berthold Hinz, *Art in the Third Reich* (New York, 1979).
④ Berndt W. Wessling, *Furtwängler: Eine kritische Biographie* (Stuttgart, 1985), pp. 259-63; Bärbel Schrader, "*Jederzeit widerruflich*": *Die Reichskulturkammer und die Sondergenehmigungen in Theater und Film des NS-Staates* (Berlin, 2008), pp. 68-69.
⑤ 纳粹意识形态中个人主义和集体主义之间的简单权衡，在最近的史学研究中已被一种更为复杂的观点所取代，即这两种方式可以同时存在于纳粹头脑中。他们对作者权利的看法很符合这种观点。Moritz Föllmer, "Was Nazism Collectivistic? Redefining the Individual in Berlin, 1930-1945," *Journal of Modern History* 82, 1 (2010): 65-68.

们认为，法国人的精神权利是个人主义和自由主义的，主要关心的是保护作者。① 而他们认为群体利益与作者利益一致。② 法国和意大利的改革者经常认为纳粹在这些事情方面和苏联的立场差不多。③ 但纳粹和法西斯主义者愤怒地拒绝了这种类似的做法，虽然他们在罗马法和日耳曼法（Germanic law）的不同遗产影响下工作，但其改革者都坚持寻求创作者和群体的利益平衡。④ 他们声称将作家作为社会成员来保护，从而超越了创造者与社会之间的矛盾。⑤

像伯尔尼的其他成员一样，德国被认为坚持了 1928 年在罗马通过的最低精神权利标准。作品的完整权和归属权已在德国判例法中得到承认，但需要更好的保护以履行新的承诺。⑥ 罗马之后，德国人继续远离把作者权利仅视为以财产为基础的权利观。⑦ 法院开始承认与作者经济主张不同的人格权。1929 年，创作《马克斯和莫里茨》（Max and Moritz）的著名作家兼插图画家威廉·布施（Wilhelm Busch）的继承人赢得了对作品无线电广播的权利，作者不可剥夺的人格权得到了肯定。⑧ 然后，在从 1933 年纳粹接管后的几年里，一波改革建议涌现出来。第三帝国时期对作家权利的讨论是纳粹言论的典型代表——狂妄、自命不凡、扭曲、模糊、夸夸其

---

① Willy Hoffmann, *Die Berner Übereinkunft zum Schutze von Werken der Literatur und Kunst vom 9. September 1886 revidiert in Berlin am 13. November 1908 und in Rom am 2. Juni 1928* (Berlin, 1935), 26; Alfred Brockhaus, *Gesamtheit und Einzelperson im faschistischen Urheberrecht: Ein Beitrag zur deutsch-italienischen Rechtsgemeinschaft* (Berlin, 1939), p. 44.

② Alexander Elster, "Die sozialethische Grundlage des Urheberrechts (insbesonderebezüglich des Problems 'Persönlichkeit und Gemeinschaft') und die internationale Verständigung," *Archiv für Urheber-Film-und Theaterrecht* 11 (1938): 175-76.

③ Alexander Elster, "Persönlichkeit und Sozialgebundenheit im Urheberrecht nach deutscher und französischer Rechtsauffassung," *Zeitschrift für Ausländisches und InternationalesPrivatrecht* 11 (1937): 530-31; Jean Escarra et al., *La doctrine française du droit d'auteur* (Paris, 1937), pp. 23, 40.

④ Hoffmann, *Berner Übereinkunft*, 26-28; de Sanctis, "Urheberrecht und Interesse der Allgemeinheit," 237.

⑤ Herbert Meyer, "Die Schöpferpersönlichkeit im kommenden deutschen Urheber-und Verlagsrecht," *Zeitschrift der Akademie für Deutsches Recht* 3 (1936): 158.

⑥ Rudolf Brandt, *Das "droit moral" als Faktor im künftigen deutschen Urheberrecht* (diss., Jena, 1934), pp. 24-33; Alexander Elster, "Die Rechtspersönlichkeit des Urhebers und ihr Recht in der Volksgemeinschaft," *Gewerblicher Rechtsschutz und Urheberrecht* 45 (1940): 405.

⑦ Mittelstadt, "Das 'droit moral,'" 44.

⑧ *Entscheidungen des Reichsgerichts in Zivilsachen* 123, 71 (16 February 1929): 312-20.

谈，而且极有信心地相信一个新时代已经到来。虽然这些问题看起来是技术性和狭义的合法问题，但纳粹认为这些是意识形态问题，需要在新的政治精神中重新调整。

1928 年罗马讨论的核心是一组矛盾：扩大大众对文化的接触，同时扩大作者的权利，这是一个对立的目标。集体反对个人，纳粹改革者试图通过两种方式调和这种紧张关系。首先，他们认为精神权利是一种交换，保护了创作者的艺术利益，即使他们的经济主张受到新媒体的损害。这些新技术本质上是集体主义的——两者都是生产和消费。由于无线电政府垄断，甚至国家也有自己的利益。① 因此，精神权利是对作者的一种安慰，以使他们与民粹主义时代相调和。创作者对传播作品的权利越少，他们对作品呈现方式的控制就越重要。②

第二，纳粹从传播者中挑出作者，并大肆宣扬他们是为社会辛勤劳动的天才。纳粹社会崇敬强大的创造性人格（creative personalities），创造者的人格与他们的群体有着本质的联系：这就是第三帝国的盛大妄想。③ 希特勒宣称，19 世纪是由法国大革命解放出来的伟大人格的时代。④ 站在这个传统中，纳粹政权聚集了种族群体——民族共同体（Volksgemeinschaft）和个人创作者——民族成员（Volksgenosse）。希特勒欢迎追求人才的贵族原则。⑤ 是的，奖励创造性人格是个人主义的，但它也是集体主义的，因为他们的远见滋养了社会。因此作者与民族共同体不再互相矛盾，

---

① Brockhaus, Gesamtheit und Einzelperson, 43; Julius Kopsch, "Über die Einheit des Urheberrechtes," in Akademie für Deutsches Recht, Das Recht des schöpferischen Menschen (Berlin, 1936), p. 270.

② Hoffmann, Berner Übereinkunft, 103; H. O. de Boor, "Der NSJ-Entwurf und die Urheberrechtsreform," Archiv für Urheber-Film-und Theaterrecht 7 (1934): 434; de Sanctis, "Urheberrecht und Interesse der Allgemeinheit," 238.

③ Gerhard Wank, Das Persönlichkeitsrecht des Erfinders (diss., Erlangen; Düren-Rhld., 1938), pp. 2-3; Edgar Tatarin-Tarnheyden, Werdendes Staatsrecht: Gedanken zu einem organischen unddeutschen Verfassungsneubau (Berlin, 1934), pp. 144-45, 152-54.

④ Joseph Goebbels, Die Tagebücher (Munich, 1993), 7: 621. The Fascists had similar ideas: de Sanctis, "Urheberrecht und Interesse der Allgemeinheit," 259.

⑤ H. Barth, "Persönlichkeit und Volksgemeinschaft im Rechte der Erfinder und Erfindung," Zeitschrift der Akademie für Deutsches Recht 2 (1935): 823; Die Neugestaltung des deutschenUrheberrechts: Die Vorschläge des Fachausschusses für Urheber und Verlagsrecht der Deutschen Arbeitsgemeinschaft für gewerblichen Rechtsschutz und Urheberrecht in der Akademie für Deutsches Recht (Hans Frank, ed., Arbeitsberichte der Akademie für Deutsches Recht, 11) (Berlin, 1939), p. 34.

通过加强对作者的控制，保证了观众对作品的纯粹享受。①

更重要的是，作者只是在群体内部作为群体的一部分进行创作的。天才依赖社会所掌握的资料，发表他的种族群体的想法和情绪。② 诗人用自己的语言表达了自己，音乐家用旋律、和声和节奏等元素表达了自己。由于作者被赋予了这种独有的作品表达权，所以限制创造者的一些权利也是公平的。③ 新时代的个性意味着不要培养个人差异，而是要宣扬个人与社会的联系。不仅保护创作者，对作者权利的主张也揭示了人民的精神力量。纳粹作家不应该为少数人建造一个围墙花园，而应该为所有人建造一个公共公园，创造者和公共社区天生交织在一起。④ 在纳粹的视野中，他们捍卫了创造者的人格，也保障了他们的群体荣誉。⑤ 作者植根于他的人民，他的民族特性（Volkstum）体现了他的种族永恒的创造精神。通过保护作者，民众保护了自己。⑥ 希特勒在《我的奋斗》（*Mein Kampf*）中把发明家称为纳粹理想主义者。⑦ 纳粹创作者不再是一个以自我为中心、对社会不负责任的波希米亚人（Bo-

---

① Brockhaus, *Gesamtheit und Einzelperson*, 3; "Kurzbericht von Gustav Kilpper über die Reform des Urheberrechts (1935)," in Werner Schubert, ed., *Akademie für Deutsches Recht, 1933-1945: Protokolle der Ausschüsse* (Frankfurt, 1999), 9: 587.

② Ernst Hefti, "Das Urheberrecht im Nationalsozialismus," in Robert Dittrich, ed., *Woher kommt das Urheberrecht und wohin geht es*? (Vienna, 1988), pp. 170-71.

③ Brockhaus, Gesamtheit und Einzelperson, 4; Luigi di Franco, "Der soziale Gehalt des Urheberrechts im neuen italienischen Gesetze," *Archiv für Urheber-Film-und Theaterrecht* 15 (1942): 104; Peter Gast, "Grundsätzliches zur Stellung der Reichskulturkammer im Urheberrecht," *Archiv für Urheber-Film-und Theaterrecht* 8 (1935): 336.

④ Elster, "Die sozialethische Grundlage des Urheberrechts," 180; Ferdinand Sieger, *Die künstlerische Entlehnung im neuen deutschen Urheberrecht* (diss., Cologne, 1936), pp. 13-16; Fritz Gloede, *Reichskulturkammer und Urheberschutz* (diss, Rostock; Gräfenhainichen, 1935), p. 35; Willy Hoffmann, "Die Aufgaben der deutschen Urheberrechtsreform" in Akademie für DeutschesRecht, *Das Recht des schöpferischen Menschen*, 250-51; *Die Neugestaltung des deutschen Urheber-rechts*, 37-38.

⑤ Meyer, "Die Schöpferpersönlichkeit," 155; Walter Becker-Bender, *Das Urheberpersönlichkeitsrecht im musikalischen Urheberrecht* (Heidelberg, 1940), pp. 8-10.

⑥ Ildephons Richter, "Urheberrecht und Reichskulturkammer," *Archiv für Urheber-Film-und Theaterrecht* 7 (1934): 330-31. 非常相似的言语见 Kopsch, "Über die Einheit des Urheberrechtes," 271; Julius Kopsch, "Vom sozialen Wesen des Urheberrechts," *Gewerblicher Rechtsschutz und Urheberrecht* 7 (1936): 452-53; Ausschuss für Urheber-und Verlagsrecht, minutes, 16and 17 February 1934, in *Akademie für Deutsches Recht, 1933-1945: Protokolle der Ausschüsse*, 9: 560.

⑦ Adolf Hitler, *Mein Kampf* (London, 1969), pp. 405-6. 然而，希特勒也认为美国的民主教育制度造就了这个国家大量的发明成果. Ibid., 391.

hemians),而是一个为民族共同体辛勤工作的脑力劳动者。纳粹国家承诺保护他的作品——他内在本性的表达——免于被歪曲和虚假陈述。①

纳粹因此称赞作家是其种族群体(racial community)的一部分,而传播者则不被他们所信任。他们可能会从一些拟议的改革中受益,比如强制许可。但纳粹将精神权利与可转让的经济权利区分开来,并将其置于传播者的掌握之外。一位观察家在1934年指出,1928年罗马会议削弱了传播者。德国也是如此。纳粹主义下日耳曼精神的复兴,将消灭资本主义和唯物主义,作者的利益(而不是媒体公司的利益)被宣布为第一位。② 纳粹美学理论所宣称的创作者才能的社会化,以及他在共同体中的根植,使他无法将自己的作品转让给媒体产业,而是按照国家遗产需求去做。他们坚持认为,纳粹革命结束了作为商品的文化统治。③

纳粹的屠杀和恐怖迅速把德国变成了文化沙漠。然而该政权确信,它已经设法平衡作者和受众的利益。作曲家理查德·施特劳斯(Richard Strauss)或许是留在德国的最有才华的艺术家。他与纳粹主义的关系是机会主义和其他世俗的复杂关系。他活跃于第三帝国的文化官僚机构,偶尔也会保护犹太作曲家和音乐家,以及他的犹太儿媳和她的家人。他为托斯卡尼尼(Toscanini)和布鲁诺·沃尔特等被宣布为不受欢迎的指挥家发出过预警。他在1933年7月指导《帕西法尔》时高兴地会见了希特勒,抓住机会讨论解雇犹太人政策和作家权利改革问题。他游说戈培尔使版权保护期延长到作者死后50年。作为1933年新成立的帝国音乐局(Reichsmusikkammer)主席,即使受到臭名昭著的反犹太人物尤利乌斯·施特莱彻(Julius Streicher)在《先锋报》(*Der Stürmer*)的攻击后,他仍然与写作《沉默的女人》(*Die schweigsame Frau*)的犹太裔剧作家斯蒂芬·茨威格(Stefan Zweig)合作。④

施特劳斯代表了对作者的传统崇拜。他认为,作者权利立法对于出版商来说是一个难以逾越的法律难题。改革会使创造者恢复其应有的地位,简化作者与传播者

---

① Gloede, *Reichskulturkammer und Urheberschutz*, 35; Julius Kopsch, "Urheberrecht und Rechtsbewusstsein des Volkes," *Archiv für Urheber-Film-und Theaterrecht* 12 (1939): 42.

② Ernst Heymann, "Die Neufassung der Berner Konvention und unsere Urheberrechtsreform," *Deutsche Juristen-Zeitung* 39, 3 (1934): 105-6; Meyer, "Die Schöpferpersönlichkeit," 158-59.

③ Kopsch, "Über die Einheit des Urheberrechtes," 271-72; Sieger, *Die künstlerische Entlehnung*, 53.

④ Bryan Gilliam, *The Life of Richard Strauss* (Cambridge, 1999), 146-48; Michael Kennedy, *Richard Strauss: Man, Musician, Enigma* (Cambridge, 1999), pp. 285-86; Alan E. Steinweis, *Art, Ideology and Economics in Nazi Germany: The Reich Chambers of Music, Theater and the Visual Arts* (Chapel Hill, 1993), pp. 51-53.

之间的关系。只有这样，新政权才能调和高尚的个人主义和民族共同体。① 最重要的是，作品的完整权应该得到永久保护，并且应禁止被所有商业借用。②

尽管施特劳斯为此请求，尽管纳粹自己声称崇敬创造个性，但纳粹同样关心缓和极端的作者主张而强调社会利益。他们认为伯尔尼联盟罗马会议是不断扩大的作者权利时代的终结，新的传播技术和新的法律工具（如强制许可）正确地限制了作者的权利要求。③ 作者权利被视为具有社会约束力（*sozialgebundenes Recht*），这种社会约束的权利观念成了纳粹的主题（Nazi idea of socially bound law）。但它已经在魏玛共和国期间由亚历山大·埃尔斯特（Alexander Elster）和尤利乌斯·科普施等法学家提出。④ 事实上，自1919年起，共和国的宪法就宣称财产最终服从于社会的要求。⑤

科普施是作曲家、指挥家、律师，也是施特劳斯的朋友，他曾在1928年的作家和作曲家大会上为作家权利的社会约束性质进行了辩论。后来，他因敢于限制作家权利而受到攻击。现在，在纳粹政权下，他的时代已经到来。⑥ 纳粹非但没有发明新的方法，反而延续了魏玛的主题。威利·霍夫曼在魏玛也曾是一名积极的法律改革家，他在第三帝国仍然如此。他坚持认为，"纳粹对作家权利的概念把民族共同体设置为核心，赋予作者权利，但也规定其对社会的义务"⑦。自由的魏玛共和国过分强调了作者，现在的任务是保卫德国社会。另一位改革者同意，在新的国家，"我们都基于社会而存在"⑧。

除了精神权利外，纳粹改革者还把对无线电广播的监管及其强制许可的可能性

---

① Richard Strauss, "Gedanken zum Urheberrecht," *Archiv für Urheber-Film-und Theater-recht* 7 (1934): 217-18; "Ansprache von Richard Strauss, gehalten in der Sitzung vom 23. 4. 1934," in Schubert, *Akademie für Deutsches Recht*, 1933-1945: *Protokolle der Ausschüsse*, 9: 581-82.

② Richard Strauss, "Appell," *GEMA-Nachrichten* 55 (25 February 1933): 3.

③ Willy Hoffmann, "Das Urheberpersönlichkeitsrecht in der Berner Übereinkunft," *Archiv für Urheber-Film-und Theaterrecht* 9 (1936): 115; Hoffmann, *Berner Übereinkunft*, 26.

④ Felix Leinemann, *Die Sozialbindung des "Geistigen Eigentums"* (Baden-Baden, 1998), 36-39; Elizabeth Adeney, *The Moral Rights of Authors and Performers* (Oxford, 2006), chap. 3.

⑤ Art. 153 III. Bernd Rüthers, *Die unbegrenzte Auslegung: Zum Wandel der Privatrechtsordnung im Nationalsozialismus*, 6th ed. (Tübingen, 2005), pp. 351-52.

⑥ Kopsch, "Vom sozialen Wesen des Urheberrechts," 452-53.

⑦ Hoffmann, *Berner Übereinkunft*, 26-28.

⑧ Ausschuss für Urheber-und Verlagsrecht, minutes, 16 and 17 February 1934, in Schubert, *Akademie für Deutsches Recht*, 1933-1945: *Protokolle der Ausschüsse*, 9: 576; Gast, "Grundsätzliches zur Stellung der Reichskulturkammer," 337.

视为罗马会议的核心。① 委员会在 1934 年制定了一项政府法案,讨论强制许可可能有助于新政权致力于更大的公众准入。② 从魏玛到第三帝国,激烈思想再一次延续。早在 1928 年,威利·霍夫曼就对法国怀疑强制许可的做法提出了强烈反对。他认为,作者用一种修辞"服务于民族共同体",我们发现这种修辞很难与纳粹意识形态分离,但事实上在共和国期间也是一种通用手段。③ 1928 年,他的同事科普施在柏林为伯尔尼会议做准备时,要求通过代表社会强制发放许可证的方式来限制作者的权利,震惊了国际作者和作曲家协会联合会(Conféderation Internationale des Sociétés d'auteur et Compositeur)。他歌颂强制许可:它阻止了作品成为资本主义商品,降低了价格,鼓励了多种版本。④

霍夫曼、科普施和其他法学家现在把这样的论点无缝地带到了第三帝国更容易接受的气氛中。法兰克福一位律师路德维希·韦特海默(Ludwig Wertheimer)以友好的方式暗示罗斯福(Roosevelt)新政的社会化目标,他在 1936 年热情地推荐音乐许可,这样作曲家就可以回报社会对它的支持和启发。⑤ 与日耳曼法不同,过分强调作者财产权被认为是罗马法律概念,日耳曼法认为财产不是绝对控制,而是法规赋予的一种受社会约束的权力。⑥ 作品独立于作者之外存在,应该为了它自己的利益而寻求保护。最重要的是作品,而不是它的创造者。如果社会的经济、军事或种族利益非常需要,作者可以被剥削。⑦ 作品应该受到保护,避免有辱人格的改

---

① Broached in article 11*bis*.
② Ausschuss für Urheber-und Verlagsrecht, minutes, 16 and 17 February 1934, in Schubert, *Akademie für Deutsches Recht* 1933-1945: *Protokolle der Ausschüsse*, 9: 558-59.
③ Willy Hoffmann, "Die Staatenvorschläge zur Revision der revidierten Berner Übereinkunft," *Archiv für Urheber-Film-und Theaterrecht* 1, 2 (1928): 169-70.
④ Julius Kopsch, "Zur Frage der gesetzlichen Lizenz," *Archiv für Funkrecht* 1 (1928): 201-3; Hefti, "Das Urheberrecht im Nationalsozialismus," 165.
⑤ Ludwig Wertheimer, "Gesetzliche Lizenzen im Urheberrecht und die Berner Übereinkunft zum Schutze von Werken der Literatur und Kunst," *Geistiges Eigentum* 2 (1936/37): 13-17.
⑥ Willy Hoffmann, "Nochmals: Die Zukunft der Berner Übereinkunft," Gewerblicher Rechtsschutz und Urheberrecht 38 (1933): 761-62; Hoffmann, Berner Übereinkunft, 179. 纳粹对罗马法的怀疑及其所谓的唯物主义和个人主义倾向已经在党的计划的第 19 点得到了表达,该方案要求用德国普通法取代罗马法。Ilse Staff, "Das rechtliche Steuerungspotential im NS-Staatim Blickwinkel des italienischen Faschismus," in Dieter Gosewinkel, ed., *Wirtschaftskontrolleund Recht in der nationalsozialistischen Diktatur* (Frankfurt, 2005), p. 390.
⑦ Willy Hoffmann, "Ziele der deutschen Urheberrechtsreform," *Gewerblicher Rechtsschutzund Urheberrecht* 43 (1938): 2, 5; Willy Hoffmann, *Ein deutsches Urheberrechtsgesetz: Entwurf eines Gesetzes über das Urheberrecht mit Begründung* (Berlin, 1933), p. 24; Brockhaus, *Gesamtheit und Einzelperson*, 78.

编，即使是那些由其创建者寻求的改编。如果改编后的作品在全国范围内有重大意义，那它可能会违背作者意愿发表。① 在1933年的一场辩论中，霍夫曼同意公共利益优先于作者的私利。另一些人反驳说——这是合乎逻辑的结论——他的主张意味着作者经济权利和可能的个人权利的终结。霍夫曼回答说，纳粹的新愿景强调了集体主张和作者权利的社会决定因素。②

纳粹法学家也通过注重荣誉和名誉来集体化精神权利。在1928年罗马会议上，英联邦国家以作者的荣誉和名誉取代了"精神利益"作为保护权利的方式。这使他们能够断言，他们已经保护了作者，因此不必通过新的法律。它还削弱了作者的主张，强调决定何时造成伤害的是社会标准，而不是作者自己的主观敏感性。当悲剧被拍摄时将它改成美好的结局，可能会冒犯故事的作者和他的精神利益，但可能不会损害他的荣誉或声誉。纳粹并不是与英联邦一样希望逃避伯尔尼新义务而集中于作者的荣誉，但在很大程度上，它使商品受到社会化保护。由作者决定的精神利益只受其皮肤厚度的限制，相反，他们的荣誉，他们版权的所有荣誉（Urheberehre）则是一个社会概念。它反映了社会的标准（*ein Spiegel im Auge der Gemeinschaft*））。③ 最终利益不是属于一个受虚荣的、爱发牢骚的艺术家，而是属于人民共同体。如果不是纳粹当局，谁来规定一件反对社会的作品可以受到谴责？国家只保护那些效忠于它的人。自私自利的艺术家拒绝将自己的作品按照社区要求进行改编，不能指望国家捍卫他纯粹的个人利益。作者可能被禁止出版作品，或被要求在出版后容忍改编。④

荣誉是纳粹所钟爱的灵活、响亮、看似传统、令人回味和沉闷的用语之一。就像精神权利一样，荣誉是一种贵族式的倒退，乍一看似乎不太可能引发一场民粹主义的群众运动。但是，荣誉也是一个混合式的概念，使纳粹能够从他们不断冲突和

---

① Richter, "Urheberrecht und Reichskulturkammer," 331; Kopsch, "Über die Einheit des-Urheberrechtes," 272; Elster, "Die Rechtspersönlichkeit des Urhebers," 409-10; Elster, "Persönlichkeit und Sozialgebundenheit im Urheberrecht," 536.

② Willy Hoffmann, "Die Zukunft der Berner Übereinkunft," *Gewerblicher Rechtsschutz undUrheberrecht* 38（1933）：175; Bruno Marwitz, "Die Zukunft der Berner Übereinkunft: Eine Entgegnung," *Gewerblicher Rechtsschutz und Urheberrecht* 38（1933）：547; Hoffmann, "Nochmals: Die Zukunft der Berner Übereinkunft," 761.

③ Elster, "Die sozialethische Grundlage des Urheberrechts," 181. 类似观点见 Sieger, *Diekünstlerische Entlehnung*, 54.

④ Elster, "Die sozialethische Grundlage des Urheberrechts," 179; Meyer, "Die Schöpferpersönlichkeit," 157; Elster, "Persönlichkeit und Sozialgebundenheit," 531-33, 537-39; Bull, "Der Gemeinnutz im Urheberrecht," *Archiv für Urheber-Film-und Theaterrecht* 7（1934）：378，381.

自相矛盾的意识形态中吸纳不可调和的冲动。荣誉融合了这个运动的贵族姿态和平均主义的吸引力。纳粹对荣誉的执着限制了这个概念一个世纪的发展。荣誉最初是贵族的自负，在19世纪，随着有抱负的中产阶级争取更高的地位，它变得越来越民主。① 纳粹为振兴这个价值观而自豪。纳粹荣誉不再是种姓或阶级的领地，而是个人对他的人民共同体的贡献。② 纳粹荣誉适用于作者权利，将个人主义的精神权利巧妙地纳入了社会环境中。作者的荣誉要求一个"在人民共同体中被保护的作品的正确解释"③。当纳粹司法部（Ministry of Justice）在1939年制定其改革法案的最后版本时，曾经使用 *Urheberpersonlichkeitsrecht* 来指代精神权利，后来重新命名为"Urheberehre"，意味着精神权利内涵是作者的荣誉。④

纳粹会做什么

纳粹党计划掌权后就进行重大改革，但该政权几乎没有做出任何新的改变。⑤ *178* 早在1933年，纳粹就把对作家权利的监督从内政部转移到戈培尔的人民教育和宣传部（Ministry of Popular Enlightenment and Propaganda）。他们于同年10月批准了修订后的《伯尔尼公约》。⑥ 一系列的思想讨论伴随着一系列改革建议，然而一直到1939年这些建议很少被实施，因为纳粹发起的战争结束了改革的希望。⑦ 除了战争

---

① Ute Frevert, *Men of Honour: A Social and Cultural History of the Duel* (Cambridge, 1995); Ute Frevert, "Honour and Middle-Class Culture: The History of the Duel in England andGermany," in Jürgen Kocka and Allan Mitchell, eds., *Bourgeois Society in Nineteenth-CenturyEurope* (London, 1993).

② Julius Kopsch, "Der Schutz der Urheberehre," *Zeitschrift der Akademie für Deutsches Recht* 3 (1936): 376; Georg Müller, "Das Urheberpersönlichkeitsrecht im Gesetzentwurfe der Akademie für Deutsches Recht," *Archiv für Urheber-Film-und Theaterrecht* 12 (1939): 261.

③ Hoffmann, "Das Urheberpersönlichkeitsrecht," 116.

④ § 10. *Gewerblicher Rechtsschutz und Urheberrecht* 44, 4/5 (1939): 243.

⑤ 关于纳粹作家权利政策的学术著作寥寥无几: Artur-Axel Wandtke, "EinigeAspekte zur Urheberrechtsreform im Dritten Reich," *UFITA: Archiv für Urheber-und Medienrecht* 2 (2002), and Ralf-M. Vogt, *Die urheberrechtlichen Reformdiskussionen in Deutschlandwährend der Zeit der Weimarer Republik und des Nationalsozialismus* (Frankfurt, 2004).

⑥ Bekanntmachung, 31 October 1933, *Reichsgesetzblatt* 2 (9 November 1933): 889.

⑦ 1940年8月仍在进行讨论，预计德国将很快以胜利者身份就和平条款进行谈判，并将统一的专利法和版权法强加于被征服的欧洲。Ausschuss für das Recht des geistigen Schaffens, minutes, 29 August 1940, in Schubert, *Akademie für DeutschesRecht, 1933-1945: Protokolle der Ausschüsse*, 9: 495-515. 但在此之后一切都停止了。

之外，改革也因寻求关注的利益多样性而失败，而且该政权特有的无力或不愿意在其中做出明确决定也是重要因素。

在早期，纳粹寻求并巩固了大众基础，他们批评资本主义和大企业，宣扬他们的国家社会主义。成为总理之后，希特勒的主要政治困境，就是维护由党内冲锋队（SA）、斯特拉瑟兄弟（Strasser brothers）代表并赢得国家民主党（NSPAP）成员广泛认同的民粹主义和与传统精英进行战略联盟的必要性之间的平衡。直到 1934 年 6 月，当希特勒在"长刀之夜"压制党的群众派系时，人们才对集体主义风格的口号和意识形态习以为常。即使在那之后，纳粹党的反资本主义和平民主义言论仍然存在。但纳粹不得不同样地呼吁建立精神权利，在希特勒拥有巩固权力之前，他们的支持至关重要。作者权利的小问题有趣地包含了更广泛的意识形态挑战。它迫使政府在作者/传播者和公众之间做出选择。正如一位法兰克福律师在 1936 年所言，民法的其他方面并没有如此尖锐地提出个人利益与社会利益之间的矛盾。①

这个政权平衡了两种矛盾的冲动：宣扬英雄的、有创造力的艺术家，他用天赋为社会服务，是一个伪贵族、精英主义者；同时，他坚持认为群体是他创造力的终极源泉，因此群体有权享受其成果。在许多纳粹意识形态中，精英主义、美学、贵族主义的原则都与平等主义和民粹主义的抱负相冲突。在整个 19 世纪发展起来的著作者人格权将被新伯尔尼原则充分实现。但与此同时，公众现在比 18 世纪以来的任何时候都更容易成为人们关注的焦点。可以说，它更加如此，因为受众不再被视为被动的接受者。现在，这种观点被纳入其作品的美学规则中。

纳粹意识形态认为创造力只在其社会环境中才有可能。它把社会变成了作者的创作空间，就像我们现在后现代主义的社会决定论一样。卡尔·斯皮茨韦格（Carl Spitzweg）1839 年的著名作品——一幅诗人在阁楼床上写作的画作（据说是德国第二受欢迎的绘画，仅次于《蒙娜丽莎》）问世一个世纪后，在阁楼里对孤独的浪漫主义天才的崇拜结束了。魏玛改革者和纳粹理论家的主题更接近英美世界的主题，在英美国家，创造力社区和社会的突出地位是常识性的立场。在魏玛共和国最后几年向第三帝国早期的悲惨过渡中，德国对作者权利的讨论迎来塔尔福德时刻。作者主张与观众需求之间平衡的说法——盎格鲁-撒克逊讨论的主旋律——以前在德国从未有过。

1932 年的夏天，在魏玛共和国的最后几天里，司法部制定了一项关于作者权利的法案草案，计划在德国和奥地利实施。② 它直到 1933 年 7 月 12 日——希特勒成为总理之后才出台。许多改革家发现它对作者太有利，对社会的要求缺乏足够的重

---

① Wertheimer, "Gesetzliche Lizenzen im Urheberrecht," 13.
② 1932 年草案讨论见 Vogt, *Die urheberrechtlichen Reformdiskussionen*, 98-126.

视，没有注入第三帝国的精神。① 作为回应，威利·霍夫曼以自己的名义起草了一份法案草案。② 反过来，他和科普施在全国社会主义律师联合会（National Socialist Lawyers' Federation, NS-Juristenbund）的批准下制定了另一项法案，此联合会曾经修订了1932年魏玛法案草案。③ 司法部又在1933年到1939年间几次修改了自己的法案。④

因为这些法案都没有实施，所以我们不需要解析它们的细节。它们都假设创造力的社会嵌入性以及作者在其社群中的角色，但所有人都同样寻求保护作者的"精神权利"。1934年司法部法案收集了以前法律中关于精神权利的零散段落，使其与"罗马原则"相一致；所有法案草案都给予披露权、归属权和完整权。⑤ 1933年法案中的悔改权允许作者即使在转让作品的权利之后，如果他的地位或名誉受到威胁，也可以禁止出版。⑥ 对于电影，每个创意参与者都可以要求命名，更改则需要经过他们的许可。⑦ 律师联合会的提案超越了1928年伯尔尼只保护名誉和荣誉的妥协，而是保护作者的"个人表达意志"。但是司法部的1939法案更严格地规定作者只有在他们的地位或名誉受到侵犯的情况下才能否决修改。一份允许宣传部部长强制出版对于国家来说具有重要意义的遗作附文限制了披露权。但是，1939年法案还同意，如果作者的遗嘱中明确禁止其遗作出版，国家不能强迫出版该作品，从而屈服于作者的个人主义。⑧

除了电影剧本外，第一批纳粹法案允许作者在传播者未能发行作品时取消出版

---

① de Boor, "Der NSJ-Entwurf und die Urheberrechtsreform," 414; Hans Otto de Boor, *Vom Wesen des Urheberrechts: Kritische Bemerkungen zum Entwurf eines Gesetzes über das Urheberrecht an Werken der Literatur, der Kunst und der Photographie*（Marburg, 1933），pp. 72-73.

② Hoffmann, *Ein deutsches Urheberrechtsgesetz*.

③ "NSJ-Entwurf eines neuen Deutschen Urheberschutzgesetzes," *Archiv für Urheber-Film-und Theaterrecht* 7, 4（1934）：383-99.

④ 1933年修改讨论见 Vogt, *Die urheberrechtlichen Reformdiskussionen*, 166-67. 1934年版见 Ausschuss für Urheber-und Verlagsrecht, "Entwurf des Reichsjustizministeriums zu einem Urheberrechtsgesetz vom 22.1.1934," in Schubert, *Akademie für Deutsches Recht, 1933-1945: Protokolle der Ausschüsse*, 9: 534-55. 最终1939年版见 *Gewerblicher Rechtsschutz und Urheberrecht* 44, 4/5（1939）：242-55；*Le Droit d'auteur*（1940），28-41；*Die Neugestaltung des deutschen Urheberrechts*.

⑤ "Deutschland: Ministerialentwurf eines Urheberrechtsgesetzes vom 22. January 1934," *UFITA: Archiv für Urheber-und Medienrecht* 3（2000）：779.

⑥ Vogt, *Die urheberrechtlichen Reformdiskussionen*, 167-78.

⑦ 1934 bill, §§10, 28; 1939 bill, §21.

⑧ §§10a, 53a. *Die Neugestaltung des deutschen Urheberrechts*, 44.

合同，允许艺术家获得现在由他人拥有的作品（例如复制）。① 债权人不得取消赎回权或强迫出售作品，建筑师可以防止他们的建筑被复制。② 总之，不管纳粹的言论如何夸大了社会的主张，他们的法案都会保证《伯尔尼公约》和其他一些法案所规定的精神权利。

谁会被赋予这些新的权利？在新的后罗马时代，法律实体不再享有作者的权利。③ 在继承的德国法律中，纳粹法案确定了作者是创作该作品的人。④ 让与权与发行紧密相关，经济权利当然可以转让，但个人权利不被允许。现行法律只是阻止作品以另一个名称出版，或者被严重歪曲。精神权利现在是为了保证创造者的艺术控制，即使在他卖掉了作品之后。正如科普施在 1938 年所解释的，在现有的法律中，权利往往传递给资本主义企业，但在纳粹的观念中，作者始终与作品保持一致，只有他才能改变它。⑤ 霍夫曼的法案草案使精神权利不可剥夺，但允许判例法决定其是否应持续超过经济权利。⑥ 纳粹律师联合会的法案宣布作者的权利不可剥夺，原则上不可继承，尽管创作者的家人或其他指定人将在死后维护他的精神权利。⑦

德国现行法律允许考虑司法实体成为字典和百科全书等作品的作者。精神权利造成了一个两难境地：集体作品体现了谁的人格？⑧ 纳粹的集体创造力观表明，作者的集体观点是对社群主义观点的一种扬弃。纳粹强调领导力，他们的领导原则也鼓励了个人应该负责协作的想法。⑨ 然而，纳粹律师联合会的法案和 1939 年的法案并没有将合作作品的权利集体化，而是将团队作品权利授予共同作者和单独个人，

---

① Hoffmann, *Ein deutsches Urheberrechtsgesetz*，13，76-77；"NSJ-Entwurf eines neuen Deutschen Urheberschutzgesetzes," §§30, 33；1934 Justice Ministry bill, §§23, 24.

② 1934 bill, §§28, 30, 31.

③ Dr. de Boor, "Zur Reform des Filmrechts," *Zeitschrift der Akademie für Deutsches Recht* 2 (1935)：831；de Boor, "Der NSJ-Entwurf und die Urheberrechtsreform," 430-35.

④ 1901 law, §3, 1907 law, §7, 1932 Justice Ministry bill, §7.

⑤ Julius Kopsch, "Steht dem Urheber das Recht zu, sein Werk nach dem Erscheinen zuändern？" *Archiv für Urheber-Film-und Theaterrecht* 11（1938)：28-30；Kopsch, "Urheberrecht und Rechtsbewusstsein," 41. 1934 年一位瑞典访问者来到柏林，报道说科普施是作家精神权利的有力支持者。Petra Garberding, " 'We Take Care of the Artist': The German Composers' Meeting in Berlin, 1934," *Music and Politics*, 3, 2 (2009)：6.

⑥ §31. Hoffmann, *Ein deutsches Urheberrechtsgesetz*，79-80.

⑦ §§27-28.

⑧ H. O. de Boor, "Der Urheber als schöpferische Einzelpersönlichkeit," in Akademie für Deutsches Recht, *Das Recht des schöpferischen Menschen*，240.

⑨ Hoffmann, "Die Aufgaben der deutschen Urheberrechtsreform," 250-51；Reinhard Höhn, "Der Führerbegriff im Staatsrecht," *Deutsches Recht* 5（1935)：296-301；Sieger, *Die künstlerische Entlehnung im neuen deutschen Urheberrecht*，13.

不是集中在其中任何一个对象上。① 他们坚持将血肉之躯的创作者作为权利承载者的原则，而不是采取更实际的行政方法把他们交给一个人或一个实体。② 此外，1936年《德国专利法》推翻了现有的法律规定，将经济和归属权利赋予真正的发明家，即使他是别人的雇员。③

谁应该注意精神权利（特别是长期的）？纳粹改革者想防止国家重要的作品被贬低。1928年罗马会议关于精神权利的第六条之二努力解决这个问题，但是纳粹认为这个规定太个人主义。只招募作者及其继承人来监管他的作品，对于已经在公共领域的作品来说，显然不够，也不足以防止牟利或懒惰的后代。一些像帝国文化协会的机构要求保护作品以免受继承人甚至作者本人的伤害。如果作品通过作者来表达人们的创作能力，那么他也就无法改变它们。④ 至少，应考虑对作者死后其后人未出版的作品实行强制许可。最终，人格权不可能是私人的，而是要传递给越来越遥远的继承人，它最终必须被社会化。⑤ 纳粹法案所列出的所有政府机构都拥有完整权，但只有为政府代言的德国民众共同体能保留精神权益。⑥

社会更直接的要求是什么？精神权利的另一面是许可安排。1928年的罗马，代表们争论不休的是将无线电广播权作为专有权利授予作者，还是将其作为特许的版税主张授予作者。挪威人1930年的法律具有集体主义的特质，他们主张法制许可。⑦ 澳大利亚和新西兰对广播等新媒体的承诺很敏感，即使作者拒绝出让广播权

182

---

① §4 and §6, respectively. 虽然各种草案也有"独立创作者"（*unselbständiger Urheber*）的概念，但他们只是处于附属地位，因此没有被命名为创作者而获得精神权利。1934 Justice Ministry bill, §21; 1939 bill, §§21, 29.

② 相反，1925年意大利法律（第17条）把集体作品版权授予指导者。讨论和不同意这一观点文献见 Valerio de Sanctis, "Urheberrecht und Interesse der Allgemeinheit," *Archiv für Urheber-Film-und Theaterrecht* 7 (1934): 241-42.

③ Kees Gispen, Poems in Steel: National Socialism and the Politics of Inventing from Weimarto Bonn (New York, 2002), pp. 193-95.

④ Gast, "Grundsätzliches zur Stellung der Reichskulturkammer," 339-41. 类似关注见 Brockhaus, *Gesamtheit und Einzelperson*, 45; Meyer, "Die Schöpferpersönlichkeit," 157; deBoor, "Soziale Gebundenheit des Urheberrechts," 1026-27.

⑤ Ausschuss für Urheber-und Verlagsrecht, minutes, 16 and 17 February 1934, in Schubert, *Akademie für Deutsches Recht*, 1933-1945: *Protokolle der Ausschüsse*, 9: 577; Elster, "Die Rechtspersönlichkeit des Urhebers," 410-11.

⑥ The Nazi Lawyers' Federation's bill (§§27-28); the 1933 and 1934 Justice Ministry bills (§53); the 1939 bill (§53); *Die Neugestaltung des deutschen Urheberrechts*, 43-44; Peter Ruzicka, *Die Problematik eines "ewigen Urheberpersönlichkeitsrechts" unter besonderer Berücksichtigung des Schutzes musikalischer Werke* (Berlin, 1979), pp. 49-53.

⑦ 尽管他们的法律（第9条第6款）要求得到作者许可才能广播。

它们也要求获得。① 英国也是一个无线电爱好者的国家，它同意这一观点。但法国代表坚持认为，公共利益不应凌驾于作者的独家版权之上。②

罗马会议把具体问题留给了国家立法，有几个国家已经引进了强制许可的各种形式。纳粹也热切地响应了罗马的邀请。③ 他们坚持认为，作品具有社会决定性质，应以新的视角投放许可。早些时候，许可被视为专属版权一般规则的例外，现在它被认为是对这些主张的固有限制。④ 纳粹的法案草案都是强制性的许可，司法部版本不少于六个变体。霍夫曼的法案允许广播电台使用已发表的作品而不用支付费用。只要精神权利没有受到侵犯，根据律师联合会法案的规定这种使用就被预示为许可。

纳粹分子做了什么

从纳粹法案草案来看，如果第三帝国对作者的权利进行改革，它就会在纵容思想上有观察力的作家和维护政权的意识形态民粹主义之间取得平衡。精神权利被承诺，但创造力的社会决定性最终使作家们对社会负有责任。作者权利主要在该政权的早年被辩论，当时民粹主义仍然没有受到权力妥协的影响。党纲的"小资产阶级性""准社会主义激进主义"在大媒体的抨击中显而易见。

作者权利与早期政权期间的土地改革有着共同特征。⑤ 关于农民财产的法律是反映该党最初小资产阶级激进主义的少数纳粹法律之一。这方面的其他改革，虽然在希特勒上台之前就被承诺过，但后来要么被忽视，要么在1933年之后被淡化。为了赢得私营店主的支持，纳粹承诺关闭百货公司。但当他们意识到这会使许多人失

---

① W. Harrison Moore, "The International Copyright Conference," *British Year Book of International Law* 11 (1930): 173-74. 在这方面，他们与非洲和其他发展中国家在 20 世纪 60 年代发现的新兴非印刷媒体有着同样的利益。Howard D. Sacks, "Crisis in International Copyright: The Protocol Regarding Developing Countries," *Journal of BusinessLaw* (1969): 28.

② Dr. Neugebauer, "Der Rundfunk auf der Romkonferenz," *Archiv für Rundfunk* 1 (1928): 295, 300; Union Internationale, *Actes de la conférence réunie à Rome*, 256-59; "Materialien zumArt. 11b der Berner Übereinkunft in Fassung der Beschlüsse der Romkonferenz," *Archiv fürFunkrecht* 1 (1928): 387-88.

③ Hoffmann, "Ziele der deutschen Urheberrechtsreform," 3-4; de Boor, "Der NSJ-Entwurfund die Urheberrechtsreform," 430; Willy Hoffmann, "Der Entwurf eines Urheberrechtsgesetzes," *Archiv für Urheber-Film-und Theaterrecht* 5 (1932): 422, 450.

④ Hoffmann, "Die Aufgaben der deutschen Urheberrechtsreform," 255-56.

⑤ Becker-Bender, *Das Urheberpersönlichkeitsrecht im musikalischen Urheberrecht*, 5.

业，有的人会通过提高价格来伤害工人时，他们只对大型零售商施加了限制。① 相反，《德国土地遗产法案》早在 1933 年 9 月份就予以通过，真正迎合了自始至终支持该党的独立中产阶级。它创造了限定继承的农场权利，可以传给长子，但既不能出售也不能抵押。② 但是，对纳粹核心选民的这种关心并没有超过该党后来对更广泛利益集团需求的满足，更不用说重整军备和战争的要求了。

纳粹对作家权利的改革和土地改革一样受到了阻碍。他们为不是工薪阶层的自由职业者鼓掌，然而，他们也是集体主义者，给予创造者阶级很少权利，而实际上可以兑现更多。纳粹声称要为英勇的创造者打击大媒体。当然，他们的作者不是无根的前卫的波希米亚人，他们生长在民族共同体的土壤上，他们服务于人民而非企业。一位改革者指出，只有创造者——绝非企业家——能够拥有版权。作者不应成为出版商的雇员，也不应按合同被迫制作一定数量的作品。出版商对不成功的书籍进行制浆或打折的习俗侵犯了作者的名誉，在"出版资本主义的祭坛"上牺牲的是作者的人格。传媒业被认为是侵犯精神权利者，侵犯了社会利益。③

在第三帝国，没有几项反映纳粹对作者关注的措施被实际执行，最多是延长版权期限。德国进入第三帝国时期，版权保护期限继承了 1837 年法案的死后 30 年，1908 年《伯尔尼公约》的柏林修订版本原则上接受了 50 年的目标。但是，正如我们所看到的，在魏玛晚期和纳粹早期，一场辩论隐约与近一个世纪前英国对塔尔福德提案的激烈争论相呼应。一些人认为，其他国家已经越来越多地采用了 50 年保护期，而长保护期有利于作者和他们的家人。反对者指出，由于许多作家，如勃拉姆斯、叔本华（Schopenhauer）、海涅、费尔巴哈（Feuerbach）没有孩子，只有出版商从中获利。中欧讲德语的人很有文化，受过良好教育，这在一定程度上要归功于作者去世 30 年后进入公共领域的物美价廉的优质的图书版本。④ 相比之下，50 年

---

① Alexander J. de Grand, *Fascist Italy and Nazi Germany：The "Fascist" Style of Rule*, 2nd ed. (New York, 2004), pp. 50-51; Dick Geary, *Hitler and Nazism* (London, 1993), pp. 48-49; David Schoenbaum, *Hitler's Social Revolution* (London, 1967), pp. 139-43.

② Gustavo Corni, *Hitler and the Peasants：Agrarian Policy of the Third Reich*, 1930-1939 (New York, 1990), chap. 7; Daniela Münkel, "Bäuerliche Interessen versus NS-Ideologie," *Vierteljahrshefte für Zeitgeschichte* 44, 4 (1996): 549-53; Daniela Münkel, *Nationalsozialistische Agrarpolitik und Bauernalltag* (Frankfurt, 1996).

③ Meyer, "Die Schöpferpersönlichkeit," 157-60; de Boor, "Der NSJ-Entwurf und die Urheberrechtsreform," 435-38.

④ Gustav Kirstein, *Dreissig oder fünfizig Jahre?* (n. p., n. d. [Leipzig, 1926]).

的保护期是自由主义和个人主义的，忽视了社会的利益，是一种向 19 世纪的倒退。① 起草 1934 年法案的委员会支持 30 年版权期的建议，从而保护民族共同体的社会利益，"不应因为已离去作者的大侄女生活困难而剥夺人们的重要作品"②。

在施特劳斯的领导下，作者们可以预见会有更长的保护期。③ 面对在创造者和公众之间的选择，这个政权实际上支持作者。在 1934 年，施特劳斯游说戈培尔之后，纳粹对作者权利的少数重大改变之一是将保护延长到半个世纪后。④ 可以说，当奥地利在 1933 年 12 月推出 50 年保护期时，德国人方面是被迫而为之。德国出版商面临着作家们用脚投票的前景。法西斯意大利也在 1925 年采用了半个世纪的保护期。⑤ 同样有影响力的是，司法部从 1932 年开始的法案已经开始支持更长的期限，这让对其感兴趣的各方都非常高兴。⑥

音乐领域也争议四起，引发了纳粹的不满。臭名昭著的他们禁止爵士乐成为堕落的犹太非洲裔美国人的混杂情感的表达，⑦ 但纳粹的处理方式也很灵活，他们认为，作为民间音乐的文化表亲，通俗流行音乐（homespun popular music）可以被接受。20 世纪 30 年代和 40 年代是德国流行音乐的黄金时代，如施拉格（Schlager）风格的音乐。⑧ 然而，文化衰落仍然是一个可怕的前景，人们用留声机和无线电广

---

① de Boor, *Vom Wesen des Urheberrechts*, 74-75; Alexander Elster, "Deutsche Rechtsgedanken im Urheberrecht (unter Berücksichtigung des Entwurfs)," *Archiv für Urheber-Film-und Theaterrecht* 6 (1933): 203; de Boor, "Der NSJ-Entwurf und die Urheberrechtsreform," 428; deBoor, "Soziale Gebundenheit des Urheberrechts," 1028. This was also the position taken in 1927 by the Prussian Academy of Science: "Erklärung über die Schutzfrist des Urheberrechtes," *Sitzungsberichte der Preussischen Akademie der Wissenschaften* (1927) (Philosophisch-Historische Klasse), pp. 44-46.

② Ausschuss für Urheber-und Verlagsrecht, minutes, 16 and 17 February 1934, in Schubert, *Akademie für Deutsches Recht*, 1933-1945: *Protokolle der Ausschüsse*, 9: 561; Vogt, *Die urheberrechtlichen Reformdiskussionen*, pp. 166-67.

③ Strauss, "Gedanken zum Urheberrecht," 220.

④ Gesetz zur Verlängerung der Schutzfristen im Urheberrecht, 13 December 1934, *Reichsgesetzblatt* 2 (1934): 1395; Steinweis, *Art, Ideology and Economics*, 51.

⑤ Ausschuss für Urheber-und Verlagsrecht, minutes, 16 and 17 February 1934, in Schubert, *Akademie für Deutsches Recht*, 1933-1945: *Protokolle der Ausschüsse*, 9: 560-62. 当 1870 年提出 30 年保护期的时候，奥地利的例子在德国的讨论中占了很大比重。Reichstag des Norddeutschen Bundes, *Stenographische Berichte*, 24 March 1870, pp. 497-98.

⑥ Vogt, *Die urheberrechtlichen Reformdiskussionen*, 129-30.

⑦ Michael H. Kater, *Different Drummers: Jazz in the Culture of Nazi Germany* (New York, 1992).

⑧ Axel Jockwer, "Unterhaltungsmusik im Dritten Reich," (diss., Konstanz, 2004), pp. 192-93.

播播放音乐，很少有人演奏乐器。文化悲观主义者——就像美国的苏萨一样——担心音乐产业每小时推出的流行旋律正在取代有益健康的民间音乐和舞蹈。纳粹抨击流行音乐及其明星，这听起来像法兰克福学派的理论家。① 音乐集锦混成曲（potpourris）尤其让他们感到痛心。从理论上讲，这类混成曲被1901年法案禁止，该法律禁止借用可识别的旋律。② 当时这种规定因限制了音乐创作而遭到人们的广泛反对，而且显然它没有被严格执行。③ 一位改革者现在认为，《伯尔尼公约》的新罗马义务，意味着混成曲侵犯了作曲家的权利。虽然各种各样的流行歌曲也许没有损害任何人的荣誉，但有人认为把严肃的音乐变成纯粹的娱乐让人不能容忍。④ 另一位沉思者认为，一部关于作者权利的改革法案必须确保重要作品不会因不值得的表演或改动而被贬低。他的例子是海因里希·贝尔特（Heinrich Berté）在他1916年那首关于作曲家爱情生活的歌剧《三女之家》（*Das Dreimäderlhaus*，美国版名为 *Blossom Time*，英国版名为 *Lilac Time*）中，使用了舒伯特的音乐。⑤

施特劳斯自己也抽时间写了一些愤怒的信件，要求对这些歪曲判处监禁。即使已经在公共领域中的古典旋律也不应该被用到流行音乐中，如狐步舞曲或军事进行曲。⑥ 1934年，帝国音乐局要求混成音乐不能再以大师作品为基础。⑦ 在巴登，地方法规试图禁止在不合适的地方表演音乐作品以维护完整权。德国国歌（German national anthem）和《霍斯特·韦塞尔之歌》（*Horst Wessel Song*）——纳粹党歌

---

① Heymann, "Die Neufassung der Berner Konvention," 105; "NSJ-Entwurf eines neuen Deutschen Urheberschutzgesetzes," 386-87; Julius Kopsch, "Das Urheberrecht bei Schallplatte, Film und Funk," *Deutsches Recht* 6, 7/8 (1936): 155.

② §13. 这是对1870年法律（第46条）的放大，该法禁止逐字偷偷复制旋律，但如果它们得到进一步发展（变体或幻想）则不然。Reichstagdes Norddeutschen Bundes, *Stenographische Berichte*, 1870, vol. 4, Aktenstück 138, p. 543.

③ Bruno Marwitz, "Zur Neugestaltung des literarischen Urheberrechts," *Archiv für Urheber-Film-und Theaterrecht* 1 (1928): 10; Sebastian Wündisch, *Richard Wagner und das Urheberrecht* (Berlin, 2004), pp. 35-47.

④ Dr. Bull, "Die Reinheit des Urheberrechts und das musikalische Potpourri," *Deutsche Juristen-Zeitung* 41, 23 (1936): 1412-13; de Boor, "Der NSJ-Entwurf und die Urheberrechtsreform," 426.

⑤ Gast, "Grundsätzliches zur Stellung der Reichskulturkammer," 339-41.

⑥ Becker-Bender, *Das Urheberpersönlichkeitsrecht im musikalischen Urheberrecht*, 60. The debate was still being referred to in the postwar period: Eugen Ulmer, *Urheber-und Verlagsrecht*, 3rd ed. (Berlin, 1980), p. 347.

⑦ *Amtliche Mitteilungen der Reichsmusikkammer* 17 (16 May 1934): 56.

和 1933 以后的共同国歌——不得在咖啡馆、酒吧等场合演唱。① 具有讽刺意味的是,《霍斯特·韦塞尔之歌》本身也要受到指责,因为它也不过是对旧民谣的一种模仿。②

帝国音乐局的主张没有被追随,一些人拒绝禁止旋律借用。③ 司法部部长弗朗茨·古尔特纳(Franz Gürtner)怀疑,这种借用是否可以被禁止用于公共领域音乐的创作。其他人担心施特劳斯的做法可能会使文化僵化。④ 霍夫曼 1933 年起草的法案明确规定,不禁止使用他人的旋律(它认为这是源自法国法律的严格限制)。事实上,它赞成为新的创作而借用其他作品的广泛权利。⑤ 1934 年和 1939 年法案都允许在音乐作品中合理使用。⑥ 前者担心的不是严肃的音乐被低俗的表演者所盗用,而是担心同一类型作品之间的交流。无论如何,对旋律的严格保护,而且无理地保护音乐不被借用,阻碍了艺术的创造。⑦ 纳粹似乎一直对严格保护具有吸引力旋律的作曲家的狭隘性持怀疑态度。

在其他方面,该制度也试图放宽对知识产权使用的限制。法案草案遵循现行法律,允许不经许可在免费或慈善音乐会上播放音乐。⑧ 但在许可问题上,纳粹进行了创新。在法案草案表明他们的意图是促进在新媒体上容易和自动地使用作品之后,1933 年《德国音乐表演权利法案》(Law on Musical Performance Rights, 1933)引入了一种强制许可形式,旨在保障社会获得作品的正当权利。⑨ 它设立了音乐著作权集体管理组织——Stagma,其分摊费用的公式更倾向于严肃的音乐而不是单纯的

---

① Verordnung des badischen Ministers des Innern über das Singen des Deutschlandliedes und des Horst-Wessel-Liedes, 18 September 1933, Bad. Gesetz und VBl., 193, quoted in Becker-Bender, *Das Urheberpersönlichkeitsrecht im musikalischen Urheberrecht*, 150.

② Reichsgericht, 1. Zivilsenat, 2 December 1936, *Archiv für Urheber-Film-und Theaterrecht* 10 (1937): 96-100.

③ Gloede, *Reichskulturkammer und Urheberschutz*, 34; de Boor, "Soziale Gebundenheit des-Urheberrechts," 1020.

④ Ausschuss für Urheber-und Verlagsrecht, minutes, 16 and 17 February 1934, in Schubert, *Akademie für Deutsches Recht*, 1933-1945: *Protokolle der Ausschüsse*, 9: 563-64.

⑤ Hoffmann, *Ein deutsches Urheberrechtsgesetz*, 53.

⑥ §§ 39, 35, respectively.

⑦ "Deutschland: Ministerialentwurf eines Urheberrechtsgesetzes vom 22. January 1934," pp. 785-86, 851-52.

⑧ 1934, § 41.

⑨ "Gesetz über Vermittlung von Musikaufführungsrechten, 4 July 1933, *Reichsgesetzblatt* 1 (7 July 1933): 452; Hoffmann, *Ein deutsches Urheberrechtsgesetz*, 24.

娱乐。①

纳粹还强烈赞赏新媒体的宣传和灌输的潜力。留声机取代了家庭音乐、剧院电影、广播报纸和音乐会。没有怀旧的意思！其目的是代表国家引导新媒体直接接触群众。② 广播和电影特别感兴趣的是一个具有足够悟性的政权，以争取最新的技术来寻求合法性。每个德国家庭都应该有一台收音机，拥有这个"为了人民的福祉，在每一个时刻利用现代大众影响力的最大和最有效的工具"③。早在1933年，就有四分之一的家庭拥有收音机。在纳粹时代，多亏了人们负担得起的大众接收机，收音机的拥有量翻了一番，尽管仍然落后于英国和美国。④

纳粹巧妙地认识到电影的魅力。富人和穷人，市民和工人，知识分子和愚民夜夜涌向电影院。⑤ 戈培尔向电影制片厂投入了大量资金。莱尼·里芬斯塔尔（Leni Riefenstahl）以其开创性的电影技巧为党所用而闻名于世。1935年，戈培尔在国际电影大会（International Film Congress, 1935）演讲时指出，电影不是戏剧的另一种版本，不能像旧媒体一样被管理。⑥ 纳粹大多回避过于明显的信息，宁愿把意识形态的承载转移到看似没有信息的电影中。有人认为，在纳粹政权期间发行的电影，只有14％是公开宣传。⑦

---

① Staatlich genehmigte Gesellschaft zur Verwertung musikalischer Aufführungsrechte. Wertheimer, "Gesetzliche Lizenzen im Urheberrecht," 23-25.
② Heymann, "Die Neufassung der Berner Konvention," 105; Kopsch, "Das Urheberrecht bei Schallplatte, Film und Funk," 156.
③ H. G. Pridat-Guzatis, "Grundlinien eines nationalsozialistischen Rundfunkrechts," *Deutsches Recht* 5 (1935): 377-78.
④ Adam Tooze, *The Wages of Destruction: The Making and Breaking of the Nazi Economy* (New York, 2006), pp. 147-49. Even TV was in the offing, with a *Fernseh-Volksempfänger exhibited* in 1939. *Griffin*, *Modernism and Fascism*, p. 314.
⑤ Hans Frank, *Nationalsozialistisches Handbuch für Recht und Gesetzgebung* (Munich, 1935), p. 532; Heinrich Spoerl, "Rechtsleben und Film," *Tag des Deutschen Rechts*, 1939: 6. *Reichstagung des Nationalsozialistischen Rechtswahrerbundes* (Berlin, 1939), p. 39.
⑥ Julius Kopsch, "Filmwerk und Filmschöpfer," *Gewerblicher Rechtsschutz und Urheberrecht* 42 (1937): 332; Steven Bach, *Leni: The Life and Work of Leni Riefenstahl* (New York, 2007).
⑦ Richard Taylor, *Film Propaganda: Soviet Russia and Nazi Germany* (London, 1998), p. 146.

纳粹主义下的电影

因为电影是固有的协作产品，新媒体对其作者权利继承法律提出了一些问题。① 在 20 世纪 20 年代末，美国作家敏锐地意识到他们在好莱坞牺牲的审美控制。乔治·米德尔顿（George Middleton）是一位活跃于专业组织的剧作家，他在 1927 年发表了关于作者问题的见解："作者如何保护自己免受世界上最饥饿的东西，也就是机器的伤害。"② 德国的情况也一样。

像电影这样的合作作品的权利属于谁？在新媒体的早期，法规模棱两可。导演经常被认为是电影的作者，有时与编辑或摄影师一起。一些早期的案例法赋予了制片人这个角色，但其他一些案例只将创造性的贡献者视为作者。③ 20 世纪 20 年代初，温泽尔·戈德鲍姆（Wenzel Goldbaum）主张将权利归属于编剧，其他人则主张将权利分配给作家、导演、作曲家或其组合。④ 当有声电影到来时，乐谱就失去了重要性。虽然创作部分可以分离，但电影越来越多地被看作一个融合声音和图像的整体，而不是歌剧的模式。电影业迫切要求法律将电影作为一个统一的整体来对待，制片人拥有权利。相反，作家、作曲家和其他人则认为，不同的贡献者都有各自的权利。⑤

此处纳粹的讨论也同样适用于长期争论。在 1908 年《伯尔尼公约》的柏林修订版中，电影本身首先受到保护。⑥ 20 年后在罗马，法国代表团认为电影属于其所有"知识分子创作者"，而不仅仅是制片人——特别是如果制片人像电影一样经常是一个法人的情况，但这一提议没有成功。⑦ 在 1935 年，一项法国法令宣布，积极塑造这部电影的制片人应该是其作者之一。1939 年巴黎上诉法院宣布制片人是一部电影

---

① Marwitz, "Zur Neugestaltung des literarischen Urheberrechts," 6
② *Revision of Copyright Laws*: *Hearings before the Committee on Patents*, *House of Representatives* (February-April 1936) (Washington DC, 1936), p. 525.
③ Pascal Kamina, *Film Copyright in the European Union* (Cambridge, 2002), p. 48.
④ John A. Fagg, *Urheberschaft und Urheberrecht am Film* (Berlin, 1928), 109-12; Hellmut-Friedemann, "Grundfragen des Filmrechts," *Archiv für Urheber-Film-und Theaterrecht* 1 (1928): 557-59. A survey of the literature in Fritz Kanzow, *Das Urheberrecht in der Herstellung desSpielfilms* (diss., Jena, 1936), p. 45.
⑤ Kopsch, "Das Urheberrecht bei Schallplatte, Film und Funk," 158.
⑥ §14.
⑦ Stephen P. Ladas, *The International Protection of Literary and Artistic Property*, (New York, 1938), 1: 448-49.

的唯一作者,剥夺了编剧的权利,引起了编剧们的愤怒。① 魏玛司法部的 1932 年法案根据类似的争论考虑了电影问题。精神权利迫使法律承认所有创造性参与者。但是电影业屈从于只将权利归属于血肉之躯的新逻辑,认为在这种天生的合作艺术形式中,制片人实际上是作者,他挑选了导演、演员和作品,编剧和作曲家听从了他的指示。②

在第三帝国,电影业发展壮大,因此在意识形态上有非常重要的影响力。到 1936 年,电影业从业人数达到了 5 万人。③ 其代表认为,电影本身就是人们协作完成的,不能在传统意义上把一个人单独作为创造者,但投资的规模和确保有效开发的需要,使权利集中在制片人的手中,他可能不是旧式意义上的创造者。但电影是一种工业产品,而不仅仅是一种精神产品,投资的规模和风险削弱了对作者个人权利的多愁善感。④ 众多的合作者可能会带来混乱,即使是美容师或发型师也可能坚持创作权。在众多参与者中做出决定是不可能的;制片人仍然是最合理的选择。⑤

如果制片人是创意的参与者,并且承担的不仅仅是技术和财政任务,一些改革者愿意给予他们作者地位。⑥ 然而总的来说,纳粹法学家反对将制片人作为作者。

---

① Ordinance of 19 March 1935, arrêt of 16 March 1939, cited in Office Professionnel desIndustries et Métiers d'Art et de Creation, *Travaux de la Commission de la propriété intellectuelle* (n. p., 1944-45), pp. 15, 78.

② Vogt, *Die urheberrechtlichen Reformdiskussionen*, 132-33, 150-51.

③ 关于电影制作数量的矛盾证词: Horst Richard Pintsch, *Das Urheberrecht am Tonfilm: Ein Beitrag zur neuesten Entwicklung auf dem Gebiete des Urheberrechts am Tonfilm* (Leipzig, 1938), p. 2; Eberhard Aleff, *Das Dritte Reich*, 4th ed. (Hannover, 1963), p. 108; Griffin, *Modernism and Fascism*, 305.

④ Kopsch, "Das Urheberrecht bei Schallplatte," 158; Bull, "Der Gemeinnutz im Urheberrecht," 380; Armand vonZelewski, *Das Urheberrecht auf dem Gebiet der Filmkunst: Probleme deskünftigen Filmrechtes* (Emsdetten, 1935), 50; "Deutschland: Ministerialentwurf eines Urheber-rechtsgesetzes vom 22. Januar 1934," 790-91.

⑤ Arnold Raether, "Über die Aufgaben des Filmrechtsausschusses bei der Akademie fürDeutsches Recht," *Zeitschrift der Akademie für Deutsches Recht* 6 (1935): 388; de Boor, "Zur Reform des Filmrechts," 830; Bruno Pfennig, "Film und Urheberrechtsreform," *Zeitschrift der Akademie für Deutsches Recht* 2 (1935): 828; de Boor, "Soziale Gebundenheit des Urheberrechts," 1020; Wilhelm Schlechtriem, "Die tatsächlichen Grundlagen des Rechts am Film," *Zeitschrift der Akademie für Deutsches Recht* 7 (1936): 713.

⑥ Werneburg, "Zur Lösung der Fragen von Miturheberrechten an Filmwerken in demneuen Akademie-Entwurf eines Urhebergesetzes," *Archiv für Urheber-Film-und Theaterrecht* 12 (1939): 356; Elster, "Deutsche Rechtsgedanken im Urheberrecht," 200-201.

他们认为，赋予制片人创造性权利是把资本家利益与作者权利混为一谈。① 不管他在实践中多么重要，制片人都不是创造者，只有真正的创造者的主张才算在内。② 甚至给予制片人经济权利有时也被认为可疑。比如说，他们在决定播放一部电影时，可能会剥夺其他贡献者的艺术和经济权利。一些纳粹分子强烈驳斥了制片人作者概念，认为这是犹太人企图把个性淹没到群众中去，即使是以集体至上为借口也站不住脚。③

但是，政府法案的起草者不得不与该行业的利益做斗争。司法部的 1932 年法案将作者定义为创造作品的人，不包括法律实体。预见到电影业从业者的抗议，电影使用权被赋予了公司。④ 然而，律师联合会的法案采取了另一种策略。虽然承认作者通常是作品的创作者，但对于电影来说，作者却指定了制片人（Hersteller）——即使这是一个法人。霍夫曼也在他的草案中忍痛承认，企业的协作化生产和规模化投资特征，需要从众多参与者中选出一个作者，他就提名了制片人。但是霍夫曼也优化了这一决定，使这个决定适应了政府对血肉作者的坚持。像是 20 世纪 60 年代的导演作者论（auteur theories）——虽然适用于制作人而不是导演——的预演，他宣称制片人是电影的真正作者。制片人有了这个设想，监制了剧本，塑造了作品。⑤ 司法部法案的 1934 年修订案也是这样，赋予了制片公司所有者创作权，尽管它也通过保留作者在影片各种元素（剧本、乐谱、小说）中的权利作为两手准备。⑥

1936 年，德国法学院（Academy of German Law）的电影权利委员会（Com-

---

① Meyer, "Die Schöpferpersönlichkeit im kommenden deutschen Urheber-und Verlagsrecht," 158; Pintsch, *Urheberrecht am Tonfilm*, 46-51; Alexander Elster, "Zum Urheberrechtsanspruch des Filmunternehmers," *Gewerblicher Rechtsschutz und Urheberrecht* 40, 10 (1935): 703-4; Julius Kopsch, "Die deutsche und die französische Lehre vom Urheberrecht: EineKlarstellung zu dem Buch La Doctrine Française du Droit d'Auteur von Escarra, Rault und Hepp," *Zeitschrift der Akademie für Deutsches Recht* 4 (1937): 557.

② Alfred Flemming, "Der künstlerische Film und sein Urheber," Deutsche Juristen-Zeitung 41, 12 (1936): 743; Dr. Bull, "Werk oder Ware? Ein Beitrag zur Klärung filmrechtlicher Grundfragen," *Zeitschrift der Akademie für Deutsches Recht* 2 (1935): 839; Walter Schubert, *Das Filmrecht des nationalsozialistischen Staates (unter Ausschluß des Filmarbeitsrechts)* (diss., Kiel, 1939), p. 32.

③ Julius Kopsch, "Zum Problem des Urheberrechts am Filmwerk," *Archiv für Urheber-Film- und Theaterrecht* 9 (1936): 113; Günther Krauß, "Wer ist der Urheber eines Filmwerkes?" *Deutsche Juristen-Zeitung* 41, 7 (1936): 424-27.

④ §§7, 21. Brandt, *Das "droit moral" als Faktor*, 60-64.

⑤ Hoffmann, *Ein deutsches Urheberrechtsgesetz*, 32-34.

⑥ §§5, 10, 21.

mittee on Film Rights）权衡了作者精神权利与电影业的实际需要。① 它决定电影的作者必须是它的创作者。谁是作者并不总是能事先确定，但它不应该自动成为制片人。从理论上讲制片人遭到了削减，但在实践中却受到了欢迎，他将获得利用这部电影所需的权利。由于他有权保护它不受贬损对待——例如对色情内容的剪接，他也被授予了变体化的完整权。② 一些改革者对真正作者因此享有的控制太少表示不满。③ 另一些人则预言最终的法案草案使实际作者有模糊的审美权利，让制片人拥有重要的权利。④

1939 年度的最后一项法案继续重新界定个人和经济权利，直到这种区别在很大程度上消失。制片人又一次获得了经济权利，如果一部电影被贬低，他们也可以采取行动。电影是一种复杂的东西，法案的阐述令人惋惜，它无法预先指定创造者。该行业的经济学要求赋予制片人开发权，然而，由于这违反了血肉作者的身份，制片人反而成为创造者的受托人，就像出版商一样。⑤ 纳粹改革的最后一次尝试，含蓄地承认了实际作者的权利，并将制片人置于理论上的次要地位。法国评论家对于纳粹直面电影业的行为表示赞赏。⑥ 事实上，纳粹在意识形态和经济需求之间走了一条明智的道路，就像 1936 年《奥地利版权法案》（Copyright Act, Austia, 1936）一样。这就赋予了制片公司的生产者或所有者开发的权利，但同时也要求署名所有创造性付出的作者。修改、翻译和改编等需要他们的许可，尽管制作者可以起诉那些没有强制理由拒绝同意的作者。⑦

意大利在战争最严重时期也达成了类似的解决办法，即 1941 年 4 月 22 日的法

---

① Oswald Lehnich, "Filmrechtsreform," in Akademie für Deutsches Recht, *Das Recht desschöpferischen Menschen*, 268.
② "Urheberrecht am Film," *Völkischer Beobachter*, 21 July 1936, p. 2.
③ Justus Koch, "Filmhandschrift und Filmband," *Deutsche Juristen-Zeitung* 41, 19 (1936): 1147-48.
④ Dr. Bull, "Die Sicherung des Filmkredits," *Archiv für Urheber-Film-und Theaterrecht* 7 (1934): 479-80. 在战争激烈时刻，这种微妙的区别仍在被分析。Georg Roeber, "Zum Rechtsbegriff 'Filmschaffender,'" *Archiv für Urheber-Film-und Theaterrecht* 16 (1944 [1943]): 401-2.
⑤ § 19b. "Die Neugestaltung des deutschen Urheberrechts," 47-49.
⑥ *Le Droit d'auteur* (1940), 28.
⑦ Bundesgesetz über das Urheberrecht an Werken der Literatur und der Kunst und überverwandte Schutzrechte, §§ 38-39, *Bundesgesetzblatt für den Bundestaat Österreich*, 9 April 1936.

律（至今仍然有效）。① 1925 年《意大利版权法案》将电影权利平均分配给编剧和制片人（可能与作曲家分享）。1941 年《意大利版权法案》（Copyright Act，1941）通过赋予创作参与者艺术权利和制片人经济权利来完成纳粹回避的事情。编剧、导演、作曲者和编舞者等角色都得到了认可，作品的修改或翻译都需要他们的许可，制片人也可以提前通过合同获得这一点。另外，制片人可以对那些新媒体所必需的基本作品进行修改。

虽然在第三帝国期间没有通过任何法案，但是这个政权在电影问题上进行了重大的意识形态斗争。电影不仅是一个重要的产业，而且对于纳粹赢得人心也至关重要。然而，电影业却在游说争取权利，而这些权利与该政权的法律理论家认为神圣的原则完全矛盾。纳粹接受了精神权利，即使他们用教条主义的社群主义作家的观点来削弱它。显然，我们不能认为纳粹支持精神权利，因为第三帝国认为作家只是一个种族社区的喉舌，在冲突中维护社会利益，并且通过严格的官方监督和审查来强制执行其观点——更不用说焚烧书籍、谋杀和驱逐作家了。

尽管如此，个人权利对作家们不仅仅只是个愤世嫉俗的故事而已。纳粹改革者拥护精神权利，至少在纸面上与苏联无产阶级专政区分开来。纳粹还对自由资产阶级政权（特别是法国人）的精神权利进行了诠释，并且认为这是对堕落的作家个人主义的崇拜。就像他们在意大利的表兄弟一样，纳粹把人格权和社会主张结合在一起，形成了一种意识形态的融合。皮奥拉·卡塞利认为，对作者人格的辩护源于这样的观点：公民是国家优越人格的组成部分。从法西斯黑格尔主义（Fascist Hegelianism）的迷雾中可以看出，保护作者人格与保护国家相一致。② 个人和社会——法西斯意识形态的顽固定型——被认为和谐地融合在一起，它们并不像在无神论的自由民主国家中那样是敌对的关系。③

1939 年的纳粹法案是一种尴尬的混杂，它采用了不同的方法和精细的区分标准，在确保电影业金融特权的同时，保留了创作者的精神权利。尽管这个政权的意识形态是集体化的，但纳粹对于作者的期望绝不会过分粗暴。这可以通过比较他们

---

① Accounts in Walter Bentivoglio, "Bemerkungen zum Filmrecht im neuen italienischenUrheberrechtsgesetz," *Archiv für Urheber-Film-und Theaterrecht* 15（1942）：94-96；Willy Hoffmann, "Die filmrechtlichen Bestimmungen des neuen italienischen Urheberrechtsgesetzes inrechtsvergleichender Betrachtung," *Archiv für Urheber-Film-und Theaterrecht* 15（1942）：122-38.

② Piola Caselli, "Il Diritto Morale di Autore," 37-38.

③ 因此这些言论强调领导人是其人民的发散者，将"独裁者"（dictator）这一从个人主义时代继承下来的概念与"元首"（Führer）区别开来。Höhn, "Der Führerbegriff im Staatsrecht," 296-301.

从未通过的作者权利立法与专利法的改革看出来。

英雄发明者

纳粹利用了魏玛时期大公司的工程师、技术人员和科学家的不满，因为被继承下来的德国专利授予制度拒绝承认他们的发明。从 1877 年开始，德国专利法就因偏袒公司而不是发明家而受到批评。① 新政权又一次陷入一场持续的意识形态斗争。在 1936 年，纳粹引入了美国和英国首先发明（first-to-invent）制度的变体，它奖励了真正的发明家，而不仅仅是他的公司主人。创作者不仅是在专利上署名的发明人，而且与精神权利一样，他不能转让其权利主张，从而防止公司在他们的雇佣合同中要求一揽子转让。② 改革以纳粹惯用的平衡个人和社群的言论来表达，它反映了政权从资本家剥削中保护德国创作者的希望，但它关于强制许可的规定与纳粹的规定相呼应，即社会优先于个人。③

新法律呼吁政府支持作为其政治支持者的科学家和工程师，但遭到大工业的反对。从企业（Betriebserfindungen）集体工作产生的专利早先属于雇主，现在公司必须识别并归功于实际发明人。④ 当时的一项研究得出结论，这一法律建立在纳粹的精英主义和个人主义（das Leistungs-und Persönlichkeitsprinzip）思想基础之上。⑤ 另一种观点认为，不应将对强势和创造性人格的尊重与自由个人主义混为一谈。⑥

发明者可能没有从 1936 年专利法中赚到多少钱，但是他们获得了一个明确无误的道义胜利，他们的名字现在被醒目地刻在专利文件上。与电影一样，宣扬作者的意识形态要求与公司要求相冲突。原则上，新法承认发明人，但为了避免专利申请在优先权确立时陷入困境，在专利局受理的案件中，申请在先者被授予了权利。⑦ 因此，在实践中，控制权并没有单方面地从雇主转移到被雇用的发明人身上。一位纳粹改革者警告说，发明者不应期望有无限的开发权，但他们应该受到尊重。⑧ 因此，这里的改革至少将精神上的权利只赋予血肉之躯的作者。

---

① Elmar Wadle, *Geistiges Eigentum: Bausteine zur Rechtsgeschichte* (Munich, 2003), 2: 69.
② Georg Klauer and Philipp Möhring, *Patentgesetz vom* 5. Mai 1936 (Berlin, 1937), p. 122.
③ Ibid., 25.
④ Ibid., 123-24.
⑤ Wank, *Das Persönlichkeitsrecht des Erfinders*, 15-16.
⑥ Felix Kaiser, *Erfinder und Patent im neuen Staat* (Berlin, 1934), pp. 5-6, 11-12.
⑦ Patentgesetz, 5 May 1936, §§3, 4 (1), Reichsgesetzblatt (1936), 2: 117.
⑧ Barth, "Persönlichkeit und Volksgemeinschaft," 823-25.

后来臭名昭著的汉斯·弗兰克（Hans Frank）是德占波兰时期的总督，他以德国法学院院长的身份主持了这项改革。他宣扬新专利法，认为它在布尔什维克主义和资本主义的双重邪恶之间走了一条新路。战后，尽管企业反对，首先发明原则仍然是西德专利制度的理论基础。① 同样，纳粹的作者权利法案草案也成为德国战后知识产权法改革的基础。② 那是一个将在下一章继续的故事。

法西斯的作者有权利吗？

在法西斯的倡议下，精神权利在 1928 年被列入国际议程，并在墨索里尼统治期间的意大利受到追捧。纳粹支持，但成就较少。然而自 19 世纪中叶以来，精神权利也在不断演变。其他国家也实施了这些政策。意大利法学家弗朗西斯科·鲁菲尼（Francesco Ruffini）在 1926 年吹嘘道，精神权利的原则每天都在坚持，它即将成为国际法的教条。③ 那么，精神权利的政治价值（如果有的话）是什么呢？

皮奥拉·卡塞利称精神权利是法西斯精神的典范，也代表意大利精神的胜利，更不用说永恒的罗马法律。④ 在法国人看来，精神权利是启蒙资产阶级个人主义的高度体现。第二次世界大战后，它被视为法国和德国对法西斯极权主义、东方集团宣传和英语娱乐业高度抵抗的证明。作为可塑的观念，精神权利同时被视为个人主义和集体主义的，受到左翼和右翼政权欢迎。如何才能更好地理解这种意识形态的多极化？

许多在第三帝国推行改革的人也活跃在魏玛共和国：威利·霍夫曼、尤利乌斯·科普施、亚历山大·埃尔斯特、汉斯·奥托·德·博尔（Hans Otto de Boor），当然还有理查德·施特劳斯。⑤ 许多战后改革者一致认为，现行法律过于偏袒作者而忽视了公众。回想起来，甚至在魏玛共和国晚期的无意识形态的法律期刊中，已见惯纳粹特有的措辞：群众需要一个领袖和措施来支持强大的人格；⑥ 必须平衡作者的权利与社群对作品的权利；德国的财产观念比罗马法更受社会影

---

① Gispen, *Poems in Steel*, 144-45, and passim.
② 有关情况见 Catharina Maracke, *Die Entstehung des Urheberrechtsgesetzes von* 1965 (Berlin, 2003).
③ 引自 P. Grunebaum-Ballin, *Le Droit moral des auteurs et des artistes* (Paris, 1928), p5.
④ Piola Caselli, "Il Diritto Morale di Autore," 4, 183.
⑤ Adeney, *Moral Rights*, chap. 3.
⑥ Fritz Smoschewer, "Das Persönlichkeitsrecht im allgemeinen und im Urheberrecht," *Archiv für Urheber-Film-und Theaterrecht* 3 (1930): 128.

响;① 这种财产是由社会创造和管理的;② 只有真正的创造者才应该被承认,精神权利不可剥夺;③ 国家应介入保护作者死后的精神利益;④ 在这个反个人主义的时代,精神权利有助于抵制集体主义倾向;⑤ 作者基于民族共同体产生了他们的灵感,应该偿还他们对社会的债务;⑥ 大众文化是野蛮的,需要政府的严格控制。⑦

这些组成成分也不会变成纳粹独特的德国观念。两次世界大战期间,在法国也听到了德国和意大利式的主题,许多法国人同意现有作者权利的立法阻碍了启蒙群众和发展文化的观点。⑧ 由于受到社群主义的启发,创作者被有机地绑在了一起。作者权利不是个人主义和绝对性的,而是相对存在并且和社会群体交织在一起。社会群体对作品也有发言权,作者死后作品成为国家遗产,集体(不仅仅是继承人)应该确保作品的完整权等。⑨

在1936年法国人民阵线政府的最初几个月里,教育部部长让·扎伊提出了一项

---

① Willy Hoffmann, "Gedanken zur Systematik eines deutschen Urheberrechtsgesetzes," *Gewerblicher Rechtsschutz und Urheberrecht* 36 (1931): 706-8.

② Alexander Elster, "Der Schutz des Geisteswerkes als Ausgleich zwischen Urheber undAllgemeinheit," *Archiv für Urheber-Film-und Theaterrecht* 4 (1931): 217-21.

③ Marwitz, "Zur Neugestaltung des literarischen Urheberrechts," 8-9.

④ Fritz Smoschewer, "Der Persönlichkeitsschutz in der neuesten UrheberrechtsGesetzgebung des Auslandes und die Lehren für den deutschen Gesetzgeber," *Archiv für Urheber-Film-und Theaterrecht* 1 (1928): 505.

⑤ Elster, "Der Schutz des Geisteswerkes," 229-31; Georg Müller, "Bemerkungen über das Urheberpersönlichkeitsrecht," *Archiv für Urheber-Film-und Theaterrecht* 2 (1929): 402; Smoschewer, "Das Persönlichkeitsrecht," 127-28.

⑥ Hoffmann, "Die Staatenvorschläge," 169-70.

⑦ Ernst Heymann, "Der ewige Schutz der Geisteswerke gegen Entstellung," *DeutscheJuristen-Zeitung* 33 (1928): p. 278.

⑧ D. M. Kauschansky, "Evolution des Autorrechts, die moderne Auffassung über sozialeFunktion der Erzeugnisse geistiger Tätigkeit und die Forderung des faktischen Schutzes desAutors," *Archiv für Urheber-Film-und Theaterrecht* 6 (1933): 25, 35.

⑨ Henri Desbois, "L'Évolution des droits de l'auteur en matière de reproduction et d'exécution publique," *Revue trimestrielle de droit civil* 38 (1939): 26-31; Georges MichaélidèsNouaros, *Le Droit moral de l'auteur* (Paris, 1935), 81-82. Const. Gheorghiu-Vieriu, *Le Droit moral de l'auteur* (Paris, 1939),给出了这个集体主义版本最强大的精神权利。莱昂·杜吉特(Leon Duguit)的理论也朝着这一方向发展,他认为人类主要是社会存在者,只存在于社区中,将财产定义为不是一种权利,而是一种社会功能。

法案，以新时代的精神改革法国体系。① 同年的《马提翁协定》（Matignon Agreements）确保了体力劳动者罢工和组织的权利。现在"知识工作者"需要帮助，正如扎伊所抱怨的那样，这是唯一没有受到法律保护的社会群体。② 总的来说，扎伊的建议只是对法西斯意大利、纳粹德国或社会民主党挪威讨论的观点持有异议。③ 作者应该获得精神权利，完整权被定义为违反作者的主观精神利益，并且该作品也受到保护而不被破坏。手续已经取消了。作者本人，甚至是未成年人或者法庭监护的对象以及已婚妇女，都享有权利。如果这一法案通过，直到1944年都被剥夺权利的法国妇女将在投票之前获得作者权利，这是一种文学的俾斯麦主义。④ 针对《拿破仑法典》中令人烦恼的继承规则，该法案授予已婚作家对其作品收入的控制权，而这些收入并没有成为共同婚姻财产的一部分。

在讨论扎伊的法案时，法国人也与集体主义的创造力理论做了斗争，就像纳粹德国和苏联那样。许多人希望放弃19世纪夸张的个人主义。⑤ 然而，扎伊法案更接近个人主义的法国传统，给作者广泛的主张。公平交易及其他公共用途受限；署名期刊文章未经许可不得复制，作者控制衍生作品，包括公开的和大众媒体表演；原则上作品不可转让；作者能够转让某些使用权，但不被允许将其作品全部转让。⑥ 精神权利可以被作者继承人或指定人享有，如果没有这些人，则归国家机构所有。

然而，扎伊法案在对作者权利明确重视的同时又有另一重大突破，就是也强制发放许可。法国传统的独占版权的做法越来越被认为与社会的需要背道而驰。⑦ 后代将在死后10年内获得全部经济权利，但在接下来的40年里，在支付版税后任何人都可以出版这部作品。这将与英国1911年的制度相类似，尽管拥有更短的独家权利和更长的许可时间。其动机与纳粹法案草案的动机部分相同，目的是确保后代不

---

① Projet de loi sur le droit d'auteur et le contrat d'edition, *Journal Officiel*, Documents, Chambre, 13 August 1936, Annexe 1164, pp. 1706-12.
② Jean Zay, *Souvenirs et solitude* (Le Rœulx, 1987), p. 218.
③ 诺德把扎伊的改革建议描述为不是人民阵线及其热情的产物，而是战前达拉迪尔（Daladier）时代的悲观情绪。即使这是真的，这对于1936年的改革来说似乎很奇怪，但它并没有真正消除许多不同意识形态政权之间奇怪的相似之处. Philip Nord, *France's New Deal: From the Thirtiesto the Postwar Era* (Princeton, 2010), p. 240.
④ 从这个意义上说，俾斯麦在普选之前，为了让工人们满意和镇定，给了他们社会保险福利。
⑤ *Journal Officiel*, Documents, Chambre, Annexe 3222, 6 December 1937, pp. 229-30.
⑥ Zay, *Souvenirs et solitude*, 219; *Le Droit d'auteur* (1936), 112; *Journal Officiel*, Annexe 3222, p. 237.
⑦ *Journal Officiel*, Annexe 3222, p. 229.

能否决新版本。①

在一个特定方面，整个欧洲在 20 世纪 30 年代的集体主义改革建议背离了 19 世纪更个人主义的精神权利思想。精神权利由于作者独特的财产与人格相混合特征使其在作者死后幸存下来。作为个人主张，它与作者有联系。作为财产，它可以被转让给第三方。这种紧张关系在 19 世纪被大大忽略。在两次世界大战期间，由于那个时代对作者身份的社会决定性的强调，这种紧张被迫突出。继承人甚至是作者个人选择的代表，可能无法行使其精神利益，于是更高的权威不得不介入。

因此，魏玛和纳粹的改革提案都赋予当局在作者死后对作品的最终发言权。一位纳粹法学家解释了"社会决定"财产概念的意图，这部作品流传得越久，就越不可能由任何个人来管理。"只有国家才能保护文化遗产的纯洁性。"② 1921 年和 1925 年，马塞尔·普莱森特（Marcel Plaisant）在法国议会提出的法案甚至预见到一种私刑正义的形式，即一种"行动民众"，它授权任何人都可以在作者死后为保护其精神权利进行辩护。③ 比利时人在 1928 年罗马会议上提出了类似的建议：精神权利传递给整个社会，每个公民都可以行使这一权利，甚至侵犯作者的继承人。④ 1925 年的意大利法律赋予政府当局监督权，而 1923 年的《罗马尼亚版权法案》（Copyright Act, 1923）允许艺术部长出版那些继承人或受让人在死后三年内未发布的作品。⑤ 1930 年《挪威版权法案》（Copyright Act, 1930）赋予国王执行公共利益的权利，必要时可以从作者继承人中夺取权利，以确保公众进入。⑥ 在丹麦，教育部密切监视那些可能贬低已逝作者的作品的使用。⑦

那么，精神权利的政治价位（如果有的话）是多少？人们很容易将纳粹关于作

---

① Ibid., Annexe 1164, p. 1708.
② Hans Otto de Boor, "Konstruktionsfragen im Urheberrecht," *Archiv für Urheber-Film-und Theaterrecht* 16 (1944): 361.
③ Abdel-Moneim El-Tanamli, *Du droit moral de l'auteur sur son œuvre littéraire et artistique* (Paris, 1943), pp. 85-87; Grunebaum-Ballin, *Le droit moral*, 20.
④ Union Internationale, *Actes de la conférence réunie à Rome*, 237.
⑤ Arts. 24, 5-6, respectively. Klauer, "Die Urheberrechtskonferenz in Rom," 374.
⑥ Law of 6 June 1930, §16. Norsk Lovtidende 22 (13 June 1930), p. 518. 事实上，所有斯堪的纳维亚国家都禁止贬低作品的待遇，即使在正常保护期之后。Ruzicka, *Die Problematik eines "ewigen Urheberpersönlichkeitsrechts*," 101-12.
⑦ 一长串事例见 Torben Lund, *Om Forrringelse af Litteratur-Musik-og Kunst-værker: Droit Moral og Undervisningsministeriet* (Copenhagen, 1944).

者权利的思想视为对个人特权的践踏。① 的确，他们重新解释了精神权利，赋予集体最终的权威。在个人和集体要求之间的任何真正冲突中，谁会赢得胜利也不值得怀疑。但是纳粹党人花了很长时间来维持和阐述从罗马会议继承下来的精神权利言论。作为伯尔尼联盟成员，他们感到有义务为作者提供这些保护，无论如何，这些保护都是由他们的意识形态盟友法西斯主义者所推动。对精神权利的支持使纳粹说服自己，他们与苏联不同，不是盲目的集体主义者。只要他是个好纳粹和雅利安人（高尚的纯种），他们就会尊崇创造性人格。

在这种情况下，作者权利被卷入了第三帝国党内激进派和大企业之间没完没了的内斗中。如果政府能够立法，公司利益无疑会留下伤疤。但电影版权意识形态的曲折和转折表明，更多的事情正处于危险之中。一些法学家坚持认为，纳粹意识形态禁止赋予公司或制片人权利。这些改革者是否会占上风？魏玛电影业已经反对在罗马产生的作者精神权利和其他让步。② 但专利改革显示，第三帝国并非简单地或自动地受制于商业利益。③ 当1936年发明者获得归属权时，纳粹电影权利改革者利用这一先例来反对赋予制片人和公司艺术权利。④

作者权利的目的是平衡作者和观众之间的关系，正如一位在第三帝国时期仍然活跃的法学家在1931年一篇文章标题中提到的那样。⑤ 这一说法不会让英美版权界感到惊讶。但在欧洲大陆，这更像是一种新奇的事物。⑥ 纳粹关于作者权利的观念源于他们对财产的一般看法，这由社群需求和所有者主张所决定。⑦ 纳粹意识形态

---

① 正如 Simon Apel, "Das Reichsgericht, das Urheberrecht und das Parteiprogramm der NSDAP," *Zeitschrift für das Juristische Studium* 3, 1 (2010): 141-42; Hefti, "Das Urheberrecht imNationalsozialismus."
② Vogt, *Die urheberrechtlichen Reformdiskussionen*, 29.
③ 纳粹主义史学中最有争议的争论之一是，大企业或其他商业利益集团在多大程度上把党和最终政权中饱私囊。文学作品包括：Arthur Schweitzer, *Big Business in the Third Reich* (Bloomington, 1964), Henry Ashby Turner, Jr., *German Big Business and the Rise of Hitler* (New York, 1985), Peter Hayes, *Industry and Ideology: IG Farben in the Nazi Era*, 2nd ed. (Cambridge, 2000), Simon Reich, *The Fruits of Fascism: Postwar Prosperity in Historical Perspective* (Ithaca NY, 1990).
④ Schubert, *Das Filmrecht des nationalsozialistischen Staates*, 32.
⑤ Elster, "Der Schutz des Geisteswerkes als Ausgleich zwischen Urheber und Allge meinheit."
⑥ 尽管如此，纳粹坚持作家权利的社会决定性质，遵循了一些19世纪德国法学家的传统，比如认为财产权是社会创造的约瑟夫·科勒（Josef Kohler）以及奥托·冯·吉尔克（Otto Von Gierke），后者拒绝永久的知识产权，认为这是一种夸张的个人主义，排斥文化并无视社会。Otto Gierke, *Deutsches Privatrecht* (Leipzig, 1895), 1: 756; Christophe Geiger, *Droit d'auteur et droit du public à l'information* (Paris, 2004), p. 98.
⑦ Franz Wieacker, *Wandlungen der Eigentumsverfassung* (Hamburg, 1935), p. 25.

对公众获取的重视与英美版权传统的民粹主义方法相呼应。自19世纪初以来，英国和美国的法律都认为知识产权是为了造福社会而产生的临时垄断。现在，纳粹的理论家也拒绝继承大陆的绝对财产根植于自然权利的概念，开始认同知识产权受社会约束并服从于社会需求。①

然而，尽管他们是集体主义者，但纳粹对精神权利的支持并不仅仅是装点橱窗而已。他们声称自己为那些被淹没在现代大众媒体中的文化生产者和那些被莫洛克企业（Moloch）吞噬主动性和想法的员工发声。专利和作者权利的改革吸引了传统的独立中产阶级和他们的白领同龄人，他们是该党最早的支持者。至于工程师、工业科学家、小商人、中小企业以及艺术家、作家和知识分子，纳粹向他们示好。②

在两次世界大战期间，精神权利被列入国际议程。长期以来，它们在立法上已在包括意大利在内的几个国家得到体现。虽然针对精神权利纳粹德国进行了辩论，但实施必须等到战后的联邦共和国。在法国，合作主义者维希政权在1941年首次制定了这一概念，新《法国版权法案》设立了一个由剧作家、作曲家和音乐编辑组成的委员会，以维护他们的"物质和精神利益"。③ 法西斯主义者没有发明精神权利，在19世纪中期出现之后，在整个20世纪20年代和30年代精神权利被讨论并被写入法律中。法西斯主义者不是精神权利发展的障碍，事实上，人们可能会说法西斯主义是它发展的催化剂。

意大利法西斯和纳粹确实支持精神权利和保护作者。但他们对创造力的理解比浪漫主义作家的继承观念更具社会性。他们对平衡作者主张和受众需要的关注对战后欧洲产生了深远影响。由于法西斯主义者是那些首先强调公众至少和作者一样的人，关于如何在这两种利益之间取得平衡的争论——在版权国家中早已司空见惯——1945年之后就在欧洲夭折。

因此，欧洲两次世界大战期间的政权追求两个在部分程度上相互矛盾的目标。他们促进了精神权利——制定了战后改革的建议。从20世纪20年代到法西斯独

---

① de Boor, "Der NSJ-Entwurf," 439; Brandt, *Das "droit moral" als Faktor im künftigendeutschen Urheberrecht*, 52; Becker-Bender, *Das Urheberpersönlichkeitsrecht im musikalischen Urheberrecht*, 48; Frank, *Nationalsozialistisches Handbuch*, 1027; "NSJ-Entwurf eines neuen Deutschen Urheberschutzgesetzes," 385; Kopsch, "Die deutsche und die französische Lehre," 247; Georg Müller, "Das Urheberpersönlichkeitsrecht im Gesetzentwurfe der Akademie für Deutsches Recht," *Archiv für Urheber-Film-und Theaterrecht* 12（1939）：255.

② 在前纳粹期间，一种仍活跃于新政权的改革者明确阐述的一种思想：Smoschewer, "Das Persönlichkeitsrecht," 127-28.

③ Law 5038 of 30 November 1941, *Journal Officiel*, 21 December 1941, p. 5482.

裁统治，一直延续到战后时期，这种连续性非常强。但法西斯政权也提出了一场持续的辩论——多半是欧洲大陆上的第一次——受众可以合理地主张什么。这使欧洲在本来半个世纪内，停止进一步追求公共权利和对听众的关怀。为了弥补极权主义政权的民粹主义色彩，战后的大陆改革者转向了对作者尊崇。直到20世纪末，法西斯主义者引发的讨论才再次爆发，现在又被新的数字时代所推动。

第六章
战后作者权利的崛起

精神权利及其对作者的崇敬有着悠久而复杂的历史。康德和费希特关于艺术家与作品之间的个人联系不受财产影响的观点,与艺术家的浪漫主义观点相吻合。然而,只有当民粹主义政治在两次世界大战期间超越极权主义的时候,这种个人化的作者权利方式才被立法化。意大利法西斯使精神权利成为伯尔尼公约的一部分,纳粹也将精神权利纳入其流动意识形态和机会主义政策中,以支持他们认为是新政权楷模的英雄式创造性人格。然而,这些只是言辞表达而已,他们小心翼翼践踏这一权利,以免实际的个人权利干扰新媒体的宣传控制。纳粹也倾向于作品的广泛传播,从而吸引他们的大众支持基础,尽管这会限制作者的权利。但是,除了将保护期限延长到作者死后50年,纳粹几乎没有实施任何改革。

　　因此,将精神权利从判例法转变为成文法的任务,在很大程度上落在1945年后重新出现的欧洲民主国家身上。法国和德国分别于1957年和1965年通过了高度以作者为中心的法律,明确地将自己的版权规定与英美版权相区别。偶尔有些时候大西洋和英吉利海峡两岸之间相互接近。将"雇佣作品"给予作者雇主这一原则,对于英语世界强大的合作文化产业(collaborative cultural enterprises)来说神圣不可侵犯,特别是期刊、电影和广告,尽管它违反了《伯尔尼公约》的核心权利原则,即只有血肉之躯的作者才有权利。但合作内容企业在欧洲也很强大,这一灵活措施的利益偶尔也得到承认。战后的法国和德国采用了一种非教条的方法来授予电影的作者权。1985年,法国计算机工业也成功地为软件程序员赢得了"雇佣作品"的地位。

　　尽管如此,战后版权和作者权利之间的全球和解很大程度上是通过英美模式的改变实现的。伯尔尼思想的向心力开始在英国(已经是成员国)和美国(考虑成员资格)发挥作用。英语国家的内容出口商逐渐发现,要在公约的保护伞下享受全球保护,就必须更加接近遵守《伯尔尼公约》的要求。他们的利益现在开始影响美国和英国政府的政策。最终在1988年,也就是在公约签署一个世纪之后,英国引入了一种非常简略的精神权利变体。美国想加入《伯尔尼公约》要做出更多改变。1976年,为了准备成为会员,美国的版权保护期限采用了长达50年的《伯尔尼公约》标准,并开始取消作为取得版权条件的注册手续。1989年,当美国终于加入时,它也正式接受了精神权利原则,但其接受的非常有限,实际上不需要新的立法。从今天开始回顾,当代评论家经常批评美国政府,指责其内容产业误入歧途,导致了强力保护知识产权制度的国际传播。然而,从历史角度来看,实际上英语世界在战后大多改变了它们的传统制度。无论"冷战"时期的其他政策如何，美国版权实际上在跟随欧洲的脚步。

令人惊讶的是，作者权利的强大连续性弥合了第二次世界大战的鸿沟。在西欧，战后改革者很少关心他们的提案是否起始于法西斯政策。精神权利被轻率地认为是显而易见的高尚和进步，美化了新解放的欧洲大陆的自由、民主以及最重要的精英文化地位。在可怕的战后世界中，受到两个超级大国影响，西欧感到在文化上黯然失色。对西欧知识分子来说，好莱坞、百老汇、伦敦西区、纳什维尔和汽车城甚至更可怕，垃圾电影、华丽的音乐剧和流行音乐明星们都很有吸引力。① 无论左翼党派（left-wing parties）还是右翼党派（right-wing parties），联合起来拒绝来自英语世界的精神罪恶之都的虚假偶像是多么令人宽慰啊！法兰克福学派的马克思主义者向欧洲知识分子保证，资本主义西方的大众文化不过是一种比较温和的极权主义。②

两次世界大战期间的改革者也把自己看作反对野蛮、捍卫文化的代表。怀着对世界大战屠杀的记忆，看到广播和电影等新的大众媒体出现，他们希望精神权利能够维护文明免受平庸的现代性影响。③ 现在，在另一次世界大战之后，大陆知识分子再一次与大众社会斗争，法国和德国法律改革家利用精神权利宣誓其国家在文化上的持续卓越性。大陆知识分子是浪漫主义传统的忠实信徒，主张作者权利的优越性，反对英语世界文化工厂的意识形态。一位法国法学家注意到美国的不良影响，于 1954 年呼吁改革作者权利，表明捍卫作者"仍然是我们希望保留的理想主义国家的根本关注"④。保护作者是一种民族传统，法国艺术和文学大臣在 1956 年坚持这样做。⑤

欧洲大陆左派和右派一致认为，英语国家把文化当作一种商品——大规模生产，

---

① 通用史料包括 Victoria de Grazia, *Irresistible Empire: America's Advance through Twentieth-Century Europe* (Cambridge MA, 2006); Richard Pells, *Modernist America: Art, Music, Movies and the Globalization of American Culture* (New Haven, 2011).

② Martin Jay, *The Dialectical Imagination: A History of the Frankfurt School and the Instituteof Social Research*, 1923-1950 (London, 1973), pp. 217, 248.

③ Stanislas de Gorguette d'Argœuves, *Le Droit moral de l'auteur sur son œuvre artistique oulitteraire* (Paris, 1926), pp. 6-9.

④ Jean Escarra, "The Projected French Law on Artistic and Literary Property," *Revue internationale du droitd'auteur* 5 (October 1954): 32.

⑤ *Journal Officiel*, Assemblée Nationale, Débats, 21 April 1956, p. 1426; Documents, Annexe1554, 18 April 1956, p. 1223. Earlier versions: *Journal Officiel*, Documents, Chambre, Annexe 3222, 6 December 1937, pp. 228, 237.

特许经营,并且滥用市场的最低准则。1956年,法国共产党人欢迎政府提出的保护作者的建议,认为这是对资本主义传播者的打击。① 大陆保守派也跨越传统界限,吹嘘欧洲文化对盎格鲁世界无聊文化的影响。② 在战后的文化斗争中,在高雅的大陆文化和英语流行文化之间,精神权利找到了正当理由。在战后冷静、严苛的岁月里,对精神权利所采取的极端个人主义的态度达到了立法的顶点。正如汉斯·奥托·德·博尔在战后不久所指出的那样,一条作者的统一战线再次形成,它在推动以自然权利为基础的立法同时也促进了精神权利的发展。③

战后的伯尔尼

精神权利在《伯尔尼公约》范围内迅速扩大。1948年,战争结束三年后,其成员(除民主德国以外)在布鲁塞尔开会,会上没有提及希特勒、战争或法西斯主义。法国人是1928年罗马会议精神权利的有力支持者,但法国国内尚未立法,然而在国外他们仍然是传教者。他们现在试图使精神权利正式地不可转让,强调作者权利和版权方式之间的差距。④ 另一些提案试图在作者死后继续行使精神权利,对作品歪曲或其他所有损害作者名誉或荣誉的行为都将受到惩罚,任何以其他方式贬损作者的行为也会受到惩罚。因此,在某些情况下使用作品(例如广告中使用艺术作品,或者在电影歌剧中使用严肃音乐)可能是有害的,即使作品本身仍然完好无损。

像战前一样,普通法国家(现在加入了瑞士和荷兰这样的盟国)奋力抗争,抵

---

① *Journal Officiel*, Assemblée Nationale, Débats, 21 April 1956, p. 1426. The same theme, 16 April 1992, pp. 552-53.
② 以下是1965年德国法律讨论的例子。
③ de Boor, "Urheberrechtliche Grundsatzfragen in Schrifttum und Rechtsprechung," *Archiv für Urheber-Film-Funk-und Theaterrecht* 21, 3/4 (1956): 129, 136.
④ Union Internationale pour la Protection des Œuvres Littéraires et Artistiques, *Documents de la Conférence réunie à Bruxelles du 5 au 26 Juin 1948* (Berne, 1951), 97-98. 除了原始会议报告,布鲁塞尔会议的一些文件已经翻译成《伯尔尼公约》(1986年,日内瓦),并放在Sam Ricketson and Jane Ginsburg 的网站上。*International Copyright and Neighbouring Rights: The Berne Convention and Beyond*, 2nd ed. (Oxford, 2006): http://www.oup.com/uk/booksites/content/9780198259466/. An overview in Elizabeth Adeney, *The Moral Rights of Authors and Performers* (Oxford, 2006), chap. 6.

制在国内需要新立法的改革。① 英国代表坚持认为《伯尔尼公约》只涉及经济权利，根本不应提及精神权利。吸引美国加入伯尔尼联盟的希望也阻止了激进的（firebreathing）改革，英国的反对也有助于挫败法国及其盟友——包括比利时、奥地利、波兰、西班牙和意大利——扩大精神权利的野心。相反，伯尔尼联盟对罗马只保护作者声誉和荣誉的立场做了妥协。英国还坚持将作者死后精神权利的任何延伸留给国家立法，它在1928年赢得了只保护荣誉和名誉的战斗（在普通法中只有活着的人才能捍卫名誉），不打算将作者的权利延伸到来世。② 合作性的文化产业，特别是电影，也消除了作者太多的回旋余地。尽管法国做出了努力，但精神权利也并非不可放弃。法国人确实说服伯尔尼联盟采用了一种新的权利——一种转售权，即在作品转售时向视觉艺术家支付一定比例转售收入。是否制定这一制度可任由国内法决定。更重要的是，50年的死后保护期现在被规定为成员国的义务。

1967年在斯德哥尔摩举行的伯尔尼会议只稍微推动了一些事情。提案要求成员国在作者死后像保障经济权利一样保障精神权利。但是普通法国家以及斯堪的纳维亚国家，都不支持那些还没有保护作者死后精神权利的国家的主张。③ 另一方面，任何以作者"一生"作为精神权利时长的主张的参考文献都被删除，因此精神权利成为一种普遍的要求，没有明确的时间限制。④ 由于大多数伯尔尼联盟成员国的国内立法中广泛体现了披露权，它最终也在《伯尔尼公约》中成为明确阐述的部分内容。⑤ 1971年召开的巴黎会议使斯德哥尔摩会议顺利收官，并得出结论，即所有成员国必须承认作者有生之年的精神权利，尽管死后作者权（postmortem authors' rights）并非如此。但是，作者只因为他的荣誉和名誉而继续受到保护，而不是像

---

① 关于第6条之二的辩论在国际联盟内进行，*Documents de la Conférence réunie à Bruxelles*，184-200. 也见 Pierre Recht，"A propos de l'article 6 *bis* de la Convention de Berne（droit moral），" *Le Droit d'auteur* 81，1（1968）：14-15.

② Charles A. Marvin，"The Author's Status in the United Kingdom and France：Common Law and the Moral Right Doctrine，" *International and Comparative Law Quarterly* 20，4（1971）：678.

③ Records of the Intellectual Property Conference of Stockholm，1967，Report of the Work of Main Committee 1，p. 299，on the website for Ricketson and Ginsburg，*International Copyright*.

④ Ricketson and Ginsburg，*International Copyright*，128.

⑤ Art. 9（1）. 问题是这一协议还要求在作者专属权利的例外上保持一致，第9条第2款规定，允许各国对这种排他性权利做出例外规定，只要没有不合理地违背作者利用其作品的权利。Paul Goldstein，*International Copyright*（New York，2001），22-23；Ricketson and Ginsburg，*International Copyright*，593.

法国人自 1928 年罗马会议以来所追求的那样，在主观上界定他的精神利益。① 1971 年巴黎法案也没有给作者下定义，因此理论上承认作者不一定是血肉之躯的创造者，但大多数评论员一致认为，真正的作者只有自然人，而不是法人。②

因此，战后《伯尔尼公约》的修改并没有超越罗马在 1928 年取得的成就，从而没有推动精神权利事业。但是伯尔尼没有做的事现在已经被某些国家的国内立法做了，尤其是法国和德国。

作者权利在法国的胜利

法国在战前就开始计划改革，1957 年最终通过的法律的基本思想，在人民阵线政府期间就已经被预示。但 1936 年的《扎伊法案》在严格保护作者的同时，也旨在将他们变成有薪工人，其激烈的许可计划实际上是用版税取代作者的专有权利。在德国占领时期，专业协会的改革计划进展迅速。在战后临时政府成立的前几个月，知识产权委员会（Commission on Intellectual Property）起草了一份草案，该草案建立在合作主义维希政权时期负责音乐事务的社团政府机构所开展工作的基础之上。③ 维希政权的改革者回到了人民阵线的集体主义，继续强调文学和艺术财产的"社会功能"。他们提议设立一个公共领域付费机构（domaine public payant，实际上是对公共领域作品的出版商征税），以支持作者和他们的后代。如果继承人滥用他们的特权，政府当局将保护作者的精神权利，④ 虽然后来取消了公共领域付费机构，但这些维希条款中的许多内容还是逐字进入了 1957 年的法律。

敌对行动结束后，早期立法在法兰西第四共和国（Fourth Republic，France）制宪会议（Constituent Assembly）之前就失败了。直到十年后，即 20 世纪 50 年代中期才取得进展。扎伊试图把作家塑造成工人的准社会主义企图被放弃了，他的集体主义许可安排也被放弃了。相反，法国重申了确保作者经济权利和精神权利的传

---

① Sam Ricketson, "Is Australia in Breach of its International Obligations with Respect to the Protection of Moral Rights?" *Melbourne University Law Review* 17 (1989-90): 474-75.
② Goldstein, *International Copyright*, 160.
③ Jean Vilbois, "Historique de la loi du 11 mars 1957," *Revue internationale du droit d'auteur* 19 (1958): 33-51; Anne Latournerie, "Petite histoire des batailles du droit d'auteur," *Multitudes* 5 (2001), at http://multitudes.samizdat.net/Petite-histoire-des-batailles-du. Cécile Desprairies, *L'Héritage de Vichy: Ces 100 mesures toujours en vigueur* (Paris, 2012), pp. 120-21 注意连续性，但事实效果并非如此。
④ Office Professionnel des Industries et Métiers d'Art et de Creation, *Travaux de la Commission de la propriété intellectuelle* (n. p., 1944-45).

统。1957 年第四共和国末期出现的法律是一种奇怪的东西，是一首"献给创作者荣耀的法律颂歌"，它使作者登上了王位。① 它在过去一个半世纪里对判例法的编纂，延续了以自然权利为基础的法国作家权利传统，并被誉为体现了法国的民族身份，使这个被蹂躏的国家在战后世界中脱颖而出。② 然而，这部法律不仅将作者权利植根于对人格的模糊诉求及其与作品的独特联系，而且还将其植根于一种老式的以自然和劳动为基础的产权理论。③ 法律第一条宣布，作者创作了这部作品，这一事实使作者拥有非物质财产的专属权利。④ 一位当代评论员对此展开抨击，认为所有这些在美国都毫无意义，财产权只能建立在立法之上，而这权利就好像是国王赋予的特权一样。⑤

因此，这场讨论的旨向在几个世纪后又回到了 19 世纪 30 年代的法国七月王朝。然后，支持改革的部长们争辩说，作者不可能以自然权利为基础对文学财产拥有绝对的权利，而只能获得法规给予他们的认可或特权。作者们痛恨这种剥夺其自然性质权利的企图。⑥ 正如我们在第三章和第四章中所看到的，在 19 世纪，他们设法在判例法中维护了他们的财产权。现在这场辩论仍在继续，在两次世界大战之间任何对绝对作者财产权的怀疑都被坚决地拒绝了。一个多世纪以来，自然权利思想

---

① Philippe Gaudrat, "The Eternal Quarrels of a Successful Couple: The Creator and the Investor," *Revue internationale du droit d'auteur* 190 (2001): 148.

② Escarra, "Projected French Law on Artistic and Literary Property," 32. Similar sentiments in Office Professionnel des Industries et Métiers d'Art, *Travaux de la Commission de la propriétéintellectuelle*, 7.

③ François Hepp, "L'esprit du nouveau projet de loi français sur la Propriété Littéraire et Artistique," *Archiv für Urheber-Film-Funk-und Theaterrecht* 23, 3/4 (1957): 135-37.

④ Loi no. 57-298 du 11 mars 1957 sur la propriété littéraire et artistique, *Journal Officiel*, 14March 1957, pp. 2723-30. 一些接近法案的观察家对重新引入财产概念犹豫不决，但法案本身并没有反映出来。例如让·埃斯卡拉为这一概念的使用道歉，坚称这只是一种"介于物权和个人权利之间"的权利缩写。Escarra, "Projected FrenchLaw on Artistic and Literary Property," 6. 各委员会都在考虑赋予一项财产或一项更为虚幻的创作权是否是一种正确做法。"Frankreich: Dokumente zur Urheberrechtsreform," *Archiv für Urheber-Film-Funk-und Theaterrecht* 21 (1956): 183-94.

⑤ François Hepp, "Le droit d'auteur, 'propriété incorporelle'?" *Revue internationale du droitd' auteur* 19 (1958): 163. 类似的见 Journal Officiel, Documents, Chambre, Annexe 3222, 6 December 1937, p. 233.

⑥ *Annales du Parlement français*, 20 May 1839, pp. 133, 137; *Archives Parlementaires*, Chambre de Pairs, 25 May 1839, 124: 643.

一直没有被明确地听到。① 一位著名的法国法学家在1958年坚持，作者权利完全独立于成文法，法律的唯一使命是承认一项与创造行为有关的预先存在的权利。②

因此，法国1957年的法律公开地将自己与大革命法令联系在一起。它呼应了勒·沙普利埃在1791年的主张，即文学财产是所有财产中最私人的，③ 但它走得更远。革命者们试图给予作者一些完全属于他们的东西，这也是他们完全可以转让的东西。相反，他们试图从作者的意志中移除现代个人主义的文学财产。现在它是如此个人化，以至于作者永远无法完全摆脱它。1957年的法律，即战后立即提出的提案中逐字逐句地表述：作者的权利是永久的、不可剥夺的、无法规定的。④ 而1954年法案草案宣布，作者权利与作者个性密切相关，他永远不会放弃这些权利。⑤

不出所料的是，传播行业反对制造永久和不可剥夺的精神权利，因为这会阻碍对作品的开发。但是法国的立法机关很清楚：法律的意义就是保护作者的既得利益不受侵害。⑥ 不同于英美制度中有企业作者身份，大陆法认为只有血肉创造者可以成为作者，即使是为报酬而创造的雇员，也拥有所有的创作权，这一"人文主义"的概念将大陆方式与盎格鲁-撒克逊版权区分开来。⑦ 1957年法律的第一条规定，无论作者是否为他人工作，他们都享有所有权利。

---

① 关于战后大陆法自然权利产权范式复兴的一般情况见 Cyrill P. Rigamonti, *Geistiges Eigentum als Begriff und Theorie des Urheberrechts* (Baden-Baden, 2001). 类似的概念在德国重新出现：Georg Roeber, "Urheberrecht oder Geistiges Eigentum," *Archiv für Urheber-Film-Funk-und Theaterrecht* 21, 3/4 (1956): 150-51. For property more generally, Helmut Rittstieg, *Eigentum als Verfassungsproblem: Zu Geschichte und Gegenwart des bürgerlichen Verfassungsstaates* (Darmstadt, 1975), pp. 289-90; Manfred Brocker, *Arbeit und Eigentum: Der Paradigmenwechsel in der neuzeitlichen Eigentumstheorie* (Darmstadt, 1992), pp. 345-46.

② Henri Desbois, "Le Droit moral," *Revue internationale du droit d'auteur* 19 (1958): 125. Verysimilar language from the German Supreme Court: Gema w. Grundig, Bundesgerichtshof, 18May 1955, *Entscheidungen des Bundesgerichtshofes in Zivilsachen*, 17: 278.

③ 这种对作者权利的看法将继续作为法国立法中的正统观念。在1964年讨论一项法律草案时，政府发言人将法国对待作者权利的方式描述为承认知识产权是一项"具有普遍性的自然权利"。*Journal Officiel*, Débats, Assemblée nationale, 12 May 1964, p. 1147.

④ Office Professionnel des Industries et Métiers d'Art, *Travaux de la Commission de la propriété intellectuelle*, 21.

⑤ *Journal Officiel*, Assemblée, Documents, Annexe 8612, 9 June 1954, p. 985.

⑥ *Journal Officiel*, Assemblée, Documents, Annexe 553, 16 February 1956, p. 344; Vilbois, "Historique," 57; Jacques Isorni, "Le vote de la loi," *Revue internationale du droit d'auteur* 19 (1958): 23-25.

⑦ Henri Desbois, *Le Droit d'auteur en France*, 3rd ed. (Paris, 1978), p. 176.

在法国看来，文学属性具有物质和非物质的双重性质。物权可以转让或转移，并持续到死后 50 年。非物质权利是精神权利，模糊地表述为尊重姓名、名誉和作品的权利，它们是永久和不可转让的。然而，所有精神权利的核心奥秘——虽然不可剥夺，它们也可以传给继承人或其他遗嘱指定人，继承人将永远遵循作者设定的愿望。①

虽然起初存在，但永恒是一个很长的时间，作品与作者、亲属和继承人之间的个人联系迟早会消失。尽管如此，立法上奇怪地规定了永久的个人联系，作者被赋予了对他遗产的控制权。在 19 世纪中叶，艺术控制权可能传递给敌对的后裔（离婚的配偶、遥远的家庭、债权人）的危险促使人们认识到，精神权利不同于开发权，不应因作者转让其经济利益而与作者分离。现在，1957 年的法律重申，作者不再是拿破仑继承法中无助的小人物，只有他才能决定权利传给谁。他死后发表作品的权利属于他指定的人（后来的判例法也增加了归属和完整权）。② 只有在他们去世后，或者在没有任何明确的作者意愿的情况下，权利才会传递给后代、幸存的配偶（只要他们没有分居，没有再婚）、非后代继承人等，这一有序的继承链条都是拿破仑的遗产。

为了加强作者的控制，新的法案超越了现有的判例法。无论婚姻法和合同如何，披露权和完整权仍由作者或其指定人享有。与其他动产一样，它们没有成为共同财产的一部分。③ 正如我们所看到的，最近的一个案例（卡纳尔诉雅明，*Dame Canal c. Jamin*）是作曲家玛格丽特·卡纳尔与她的丈夫马克西姆·雅明（Maxime Jamin）发生的冲突，后者声称离婚后对她的作品拥有权利。1936 年和 1938 年，前两个法院裁定，无论她的工作成果发生了什么变化，控制权仍在她个人手中，而不进入共同财产领域。然而，在 1945 年，最高法院撤销了判决。④ 1957 年的法律结束了年复一年的激烈争论，明确规定固有的法国概念：精神权利保留在作者［和他的受让人］手中。在离婚、继承、破产或其他所有者可能不得不丧失控制权的情况下，它不应被视为其他形式的财产。

---

① Desbois, "Le Droit moral," 147.
② Elisabeth Logeais, "Post-Mortem Exercise of Copyright in French Law," *Entertainment Law Review* 2 (1991): 186.
③ Pierre Recht, *Le Droit d'auteur, une nouvelle forme de propriété* (Paris, 1969), p. 140; Desbois, *Le Droit d'auteur en France*, pp. 276-77.
④ *Dalloz, Jurisprudence générale* 2 (1936): 65-70. 1938 年 2 月 23 日巴黎上诉法院确认了这一裁决，但最高法院在 1945 年 5 月 14 日推翻了这一裁决。*Dalloz, Jurisprudence générale* 1 (1945): 285-88; Hepp, "Le droit d'auteur, 'propriétéincorporelle'?" 179-81; Adolf Dietz, *Das Droit Moral des Urhebers im neuen französischen unddeutschen Urheberrecht* (Munich, 1968), pp. 44-45.

最终，政府有责任确保作者死后的精神权利。① 如果作者的受让人或继承人公然滥用权利（例如波德莱尔和兰波的案件），法院可以在政府的指示下进行干预。②由于法国法律使精神权利永久化，从长远来看，它们的保护必须被赋予某种同样永恒的权威。由于缺乏更大的连续性（法国正在接近其第五个共和国，更不用说150年来的其他几个政权），这不得不落到国家头上。战后不久，法国政府首次被提议作为作者权利的最后保障者，批评人士被激怒了。1946年，路易·瓦诺瓦说："我们太接近诗人们看到其作品被官方焚毁的时代了。"③ 然而，十年后，没有人记得这一点。毫不奇怪，1957年的法律为具有国家意义的文化作品建立了一种保护形式，就像保护历史上重要的建筑物和纪念碑一样。④

作品本身从创作的时刻起就受到保护，即从作者意识到自己的构想时起。保护不需要登记等手续。再一次，法国人有意识地将他们的方法与盎格鲁-撒克逊人的方法区分开来。⑤ 对于单一艺术品，所有者并不是自动获得无形的权利，这些权利仍然保留在艺术家手中，⑥ 一项新的悔改权增加了，它对作者略带一点偏见，规定作品撤回不仅以向传播者支付损害赔偿为条件，而且禁止作者仅仅为了寻求更好的条件而收回他们的作品。但除此之外，作者撤回作品的权利并没有受到限制。

1957年法律规定的作者专属权利的合理使用范围更窄，仅限于家庭表演、严格的私人拷贝、短引文和公开演讲的复制。⑦ 不过，戏仿、模仿和讽刺都得到特别允许。该法案草案还允许免费复制有关当前新闻和事件的文章，除非其明确保留权利。但议会委员会却取消了这项规定，因为它担心这样会使记者成为二等公民，而这些记者的文字只有遵守了申报程序时，它们才能得到保护。⑧ 该法律还详细规定了哪些权利可以转让以及如何转让。它规定了各种版本的条款和支付特许权使用费的程序以及许多其他细节。法律的制订者以家长式的关心方式解释说，这种精确性有助

---

① 1956年2月25日的法律也通过了一项类似规定，赋予1946年成立的全国文学协会确保作者去世后甚至在其作品进入公共领域后仍然尊重其作品的职责。*Journal Officiel*，26 February 1956，p. 2043.

② Arts. 19-20. *Journal Officiel*，Assemblée，Documents，Annexe 8612，9 June 1954，p. 985.

③ Louis Vaunois，"Correspondance，" *Le Droit d'auteur* 59 (1946)：31.

④ Eugen Ulmer，*Urheber-und Verlagsrecht*，3rd ed. (Berlin，1980)，p. 348.

⑤ *Journal Officiel*，Assemblée，Documents，Annexe 8612，9 June 1954，p. 985；Annexe 10681，6 May 1955，p. 836.

⑥ Art. 29. 这是法律规定引入的又一次"财产堡垒破坏"。Desbois，*Le Droit d'auteur en France*，277.

⑦ Art. 41. Ricketson and Ginsburg，*International Copyright*，759.

⑧ *Journal Officiel*，Assemblée，Documents，Annexe 10681，6 May 1955，pp. 835-36；Annexe 553，16 February 1956，p. 345.

于保护不知情或粗心的作者免受出版者狡猾伎俩的影响。① 例如，如果作者的作品出乎意料地好卖，他们被允许重新就合同进行谈判，但只有在出版商一次性支付了款项的情况下才可以行使这一权利。

作者权利在德国的胜利

虽然德意志联邦共和国（联邦德国）在许多方面对第三帝国做出了反向的反应，但在作者权利方面，它遵循了其部分政策倡议。所有财产的性质，无论是传统财产还是知识财产，都是纳粹法律思想的主题。这种思想虽然明显与政权的社群主义相呼应，其实也是对世纪之交德国判例法和《魏玛宪法》中一些概念的延续。② 1949年新的《德国基本法》呼应了知识产权的社会约束性质，这是魏玛和纳粹共同讨论的主题。③ 它宣布：财产包括义务，必须符合公共利益。这一基本法虽然措辞与《魏玛宪法》几乎相同，但它坚持每一项开发都会得到补偿。然而，对资本主义的怀疑和将作者置于商业利益之上的愿望，也是战后根植于早期政权的主题。早期基督教民主党试图在战后的破坏中让西德选民反对共产主义，与其他国家保守党更为市场化的意识形态相比，它缓和了左派和右派的对比。正如一位战后德国法学家所指出的，基督教（Christianity）和社会主义都教导人的人格优先于无生命的财产。④

尽管纳粹渴望改革作者的权利，但他们除了把期限延长到作者死后半个世纪，几乎没有什么成就。因此，联邦共和国诞生时，仍沿用已故威廉帝国的法律。考虑到改革因素，战后政策制定者从1932年魏玛司法部的最后一份法案草案和1939年纳粹版本法案开始。前一份草案在极权主义政权的巅峰时刻反映了改革者的状态；后者则完全沉浸在其意识形态中。由于剥夺了明显的纳粹仪式（指宣传部部长和帝

---

① *Journal Officiel*, Assemblée, Documents, Annexe 8612, 9 June 1954, p. 986.
② Art. 153. Bernd Rüthers, *Die unbegrenzte Auslegung: Zum Wandel der Privatrechtsordnungim Nationalsozialismus*, 6th ed. (Tübingen, 2005), pp. 351-52.
③ Art. 14 (2). Continuities are highlighted in Roeber, "Urheberrecht oder Geistiges Eigentum," 165-66.
④ Heinrich Lehmann, "Die Neuordnung der Güterwelt nach ihrem wahren Lebenswert," in Lehmann et al., *Urheberrechtsreform: Ein Gebot der Gerechtigkeit* (Berlin, 1954), p. 8.

国文化协会在仪式上向希特勒致敬),1939 年草案现在作为改革讨论的基础。① 正如我们所看到的,纳粹寻求保护具有新的精神权利的作者,并确保社群获得作品。联邦德国的改革者们现在精心调整了纳粹政权的法案草案以适应战后的精神,专注于作者而忽视了受众。1965 年法律中的大多数新想法——尤其是对作者的改善处理——可以追溯到 1939 年的法案。② 战后的德国改革家责备战争(而不是纳粹政权)中断了法律进化的进程。③ 第三帝国一些最活跃的作者权利改革者,特别是汉斯·奥托·德·博尔,仍在发挥作用。④ 司法部部长在联邦议院提出新法案时,指出其根源在纳粹时代,但没有做出特别评论。⑤

这片可疑的土壤中生长出一种被广泛认为是进步和开明的法律,直达天际,以确保作者的经济和精神利益。⑥ 改革者认为,有关其他社会阶层的政策已经得到改善,如 1957 年的养老金制度改革帮助了工人和雇员。⑦ 现在属于独立创作阶级的时

---

① 对旨在用于战后改革的现有提案进行了详细的比较后可以发现,魏玛和纳粹晚期的草案是"有价值的早期材料",非常"现代",几乎没有什么新的东西需要增加,主要任务将是从它们中选出最好的部分。Eduard Reimer, *Vergleichende Darstellung der geltenden deutschen Gesetzestexte und früherer Gesetzesentwürfe zum deutschen Urheberrecht als Grundlage für die Wiederaufnahme der Reformarbeit*(Weinheim/Bergstrasse,1950),p. 5.

② Catharina Maracke, *Die Entstehung des Urheberrechtsgesetzes von 1965*(Berlin,2003),pp. 54,60-61,pp. 724-25;Stig Strömholm,*Le Droit moral de l'auteur en droit allemand, français et scandinave*(Stockholm,n. d. [1966]),462.

③ Bundesrat,Drucksache 1/62,15 December 1961,pp. 27-28;Eugen Ulmer,"Das neuedeutsche Urheberrechtsgesetz," *Archiv für Urheber-Film-Funk-und Theaterrecht* 45,2(1965):19.

④ 亚历山大·埃尔斯特是另一位魏玛法学家,他在纳粹时期一直很活跃,他的著作(1933 年以前)在 20 世纪仍有影响。见 Eric Pahud,"Zur Begrenzung des Urheberrechts im Interesse Dritter und der Allgemeinheit," *UFITA*(2000):102,118. Georg Roeber was also active on both sides of 1945.

⑤ Bundestag, *Stenographische Berichte*, 6 December 1963, 54: 4640-41. A similar reference in Eubngen Ulmer, "Vom deutschen Urheberrecht und seiner Entwicklung," *Archiv für Urheber-Film-Funk-und Theaterrecht* 33, 1/2 (1961): 2.

⑥ High opinions of the 1965 law: Adolf Dietz, "Germany," in Paul Edward Geller, ed., *International Copyright Law and Practice*, (New York, n. d.), 2: GER-19; Gillian Davies, *Copyright and the Public Interest* (Weinheim, 1994), p. 121.

⑦ Hans Günter Hockerts, *Sozialpolitische Entscheidungen im Nachkriegsdeutschland: Aliierteund deutsche Sozialversicherungspolitik 1945 bis 1957* (Stuttgart, 1980).

刻了。① 1965 年的法律规定了披露、归属和完整的精神权利。② 随之而来的是悔改的新权利。如果受让人开发作品不够及时，而且作者改变了主意，作者被允许撤回他的作品（就像纳粹草案中的那样）。奇怪的是，这种最亲密的个人权利被扩大到了他的继承人身上，但显然只有作者有权悔改并能阻止这样做。

与法国不同，德国保护的精神权利并非永久存在，而是和经济权利同样有期限。德国对完整权的保护比《伯尔尼公约》多，但比法国少。德国人想要防范的不仅仅是对作者声誉或地位的威胁，更是 1928 年罗马会议英语国家所要求的妥协。虽然新作者或匿名作者没有声望或声誉，但他们仍然应该受到保护。即使在荣誉和名誉仍然完美无缺的情况下，1965 年的法律允许作者捍卫他的作品的完整性，尽管只是在他的"正当"精神或个人利益的范围内。并不是每一种冒犯艺术家自尊的感觉都能同样地被注意。此外，虽然使用权受让人不能改变作品、其标题或归属，但作者必须允许他不能善意拒绝的改编，即允许传播所需的调整。③

1965 年的德国法律以精神权利为起点，经济权利也随之而来。作为纳粹宣扬反资本主义的一种修辞表达，内政部坚持这一优先次序。首先要承认这没有什么实际差异，但是从经济权利开始，就像法案草案一样，这将表明一种物质主义和资本主义的思维方式。④ 将精神价值置于现代唯物主义之上也是司法部部长提出法案的动机。他认为，法国和德国文明领导世界保护个人创作免受现代集体化的伤害。⑤ 作曲家代表同意，德国作为诗人和思想家之国的美誉迫使它通过一项法律来保护作家。⑥

由于德国采取一元论的态度，精神权利和经济权利被认为是不可分割的。正如 20 世纪 30 年代的法案一样，作者权利（尽管可以继承）不能完全流转或转让。在二元论的法国法律中，精神权利不可让与并永久存在，但经济权利完全可以转让。在德国有些不同，由于作者的经济权利不能转让，德国作家反而被允许出售

---

① Eugen Ulmer，"Vom deutschen Urheberrecht und seiner Entwicklung," *Archiv für Urheber-Film-Funk-und Theaterrecht* 23，5/6（1957）：261.

② §§12-14，*Bundesgesetzblatt* 51（16 September 1965）.

③ §§41-42，14，39.

④ Maracke，*Entstehung des Urheberrechtsgesetzes*，288.

⑤ Bundestag，*Stenographische Berichte*，6 December 1963，54：4640-41. 委员会报告中非常相似的言辞：Drucksache IV/3401，Bundestag，*Verhandlungen*，*Anlagen zu den stenographischen Berichten*，98：1.

⑥ Erich Schulze，*Recht und Unrecht：Eine Studie zur Urheberrechtsreform*（Munich，1954），p. 5.

使用权。① 德国人比法国人更能缓和市场力量，至少在作品进入公共领域之前如此，开发权从属于不可转让的作者权利范式。②

现在被清除的一个纳粹遗迹是委托当局保护公共领域的作品。虽然法国人对国家文化控制没有减弱，但德国人对此感到恐惧是可以理解的。③ 由于精神权利不是永久的，所以作品一旦进入公共领域将没有任何保护措施。此外，作者精神权利的继承者不受其表达愿望的约束。的确很奇怪，与作者声称从坟墓中控制他的作品不一致的是，继承人继承了这些权利，包括出版未出版的作品和改变那些已面世的作品。相反，法国继承人被认为遵循了作者表达的愿望。④

德国法律也遵循典型的大陆法，只允许血肉创造者的权利，而排除司法实体。雇佣作品也被排除在禁区之外。雇员被授予在工作中创造的作品的权利，除非他们的雇佣性质另有规定（一种模糊和潜在的扩展资格）。法国有时允许集体作品和电影的权利归属公司实体，并随后对软件实行类似的规定。但德国人是宗教激进主义者，只有血肉之躯的作者才被他们认可。⑤ 艺术家们被授予公开销售权。他们保留展览权，但只有在销售时有明确规定的情况下，才能阻止展示作品。他们可以要求获得已出售的作品，只要这不违反所有者的正当利益。为了再度获利，"畅销书条款"允许作者针对已证明让其传播者不成比例地有利可图的合同重新谈判。⑥

德国还巩固了作者地位，控制住了合理使用例外，尽管它们比在法国更慷慨。改革派认为，作者利益优先于社会利益，至少只要允许公众访问，作者就应该得到版税。⑦ 早些时候，人们曾期望作曲家容忍在公共节日、慈善活动以及俱乐部和协

---

① §31. 这遵循了19世纪中叶已经阐明的传统，只有真正的作者才有作品的原始权利，而所有其他作者可以获得最多的派生权利。R. Klostermann, *Das geistige Eigenthum an Schriften, Kunstwerken und Erfindungen* (Berlin, 1867), 1: 293; R. Klostermann, *Das Urheberrecht an Schrift-und Kunstwerken* (Berlin, 1876), p. 105.

② Dietz, *Das Droit Moral des Urhebers*, 129.

③ Bundesrat, Drucksache 1/62, 15 December 1961, p. 80. 汉斯·德·博尔（第三帝国时期改革作家权利的积极参与者，对此有所了解）在战后警告说，永久的精神权利将意味着对国家精神生活状态的不可接受的控制。De Boor, "Urheberrechtliche Grundsatzfragen in Schrifttum und Rechtsprechung," *Archiv für Urheber-Film-Funk-und Theaterrecht* 21, 3/4 (1956): 135.

④ Dietz, *Das Droit Moral des Urhebers*, 150-51, 175-76, 181; Hauke Sattler, *Das Urheberrecht nach dem Tode des Urhebers in Deutschland und Frankreich* (Göttingen, 2010), pp. 56-59.

⑤ Thomas Dreier et al., *Urheberrecht auf dem Weg zur Informationsgesellschaft* (Baden-Baden, 1997), p. 67.

⑥ §§7, 43, 26, 18, 44, 25, 36.

⑦ Bundesrat, Drucksache 1/62, 15 December 1961, p. 30.

会免费使用作品，经过作曲家们激烈的抗议后，除了纯粹的非商业性的、免费的公开表演，他们现在在其他领域赢得了补偿。新法规定只有在与学校和教会有关的书籍中才允许合理使用文字摘录，取消了过去对歌曲收藏和选集的豁免。① （这些例外情况随后在判例法中进一步受到限制，此后又受到 1972 年和 1985 年的该法修订版的限制。）联邦最高法院于 1955 年制定的基本规则给予作者对其作品所有用途的赔偿权益，即使是那些没有商业目的的作品。② 同时，作曲家的旋律——在所有作品中都是独一无二的——仍然受到保护，不被其他人使用。③ 总的来说，联邦德国减少了纳粹对作者社会义务的履行，反而重申了他们的权利。

最重要的是，德国 1965 年的新法律加强了对作者的保护，保护期从死后半个世纪延长到 70 年。作者们不出所料地大声要求永久保护，但这个要求在委员会里一无所获。④ 尽管如此，延长 20 年的保护期仍然非常有价值。它给了德国比任何主要国家更长的保护期，比纳粹 1934 年颁布的 50 年和 1948 年伯尔尼联盟成员强制执行的 50 年还要多 20 年。作曲家和他们的代表在较长时期内一直焦躁不安。他们认为，50 年保护期只适合流行歌曲和民间音乐，而不适合严肃的作品。为了增加公共领域作品，国家制定的短期保护使当代作曲家失去了演唱会控制权。⑤ 德国发起的两次世界大战也鼓励了对陷入敌对状态的作者的保护期延长（稍后将讨论），就像在法国一样。最普遍的情况是，德国额外 20 年的保护来自一场交易。为了抵制永久保护的要求，改革者建议设立一个公共领域支付机构，它会对公共领域的作品征税，以使作者受益。然而，这被认为在中央主管部门权限之外。德国改革者于是决定通过全面延长保护期来更直接地为作者服务。⑥ 争论的焦点并不是作者是否应该受到青睐，而是如何实现其利益。

总之，德国人将大部分权利置于作者权利的控制之下，它们在整个保护期内都

---

① §52. Schulze, *Recht und Unrecht*, 2-3.
② *Gema v. Grundig*, Bundesgerichtshof, 18 May 1955, *Entscheidungen des Bundesgerichtshofes in Zivilsachen*, 17：267. Heinrich Hubmann, "Die Entscheidungen des Bundesverfassungsgerichts zum Schutz des geistigen Eigentums," *Gewerblicher Rechtsschutz und Urheberrecht* (Internationaler Teil) 6/7 (1973)：272-73.
③ §24. Maracke, *Entstehung des Urheberrechtsgesetzes*, 160，226-28.
④ Drucksache IV/3401, Bundestag, *Verhandlungen*, *Anlagen zu den stenographischen Berichten*, 98：12; Heinz Püschel et al., *Urheberrecht der Deutschen Demokratischen Republik* (Berlin, 1969), p. 33.
⑤ Ulmer, *Urheber-und Verlagsrecht*, 340; Maracke, *Entstehung des Urheberrechtsgesetzes*, 534-37; Lehmann, "Die Neuordnung der Güterwelt," 12-13; Schulze, *Recht und Unrecht*, 53.
⑥ Maracke, *Entstehung des Urheberrechtsgesetzes*, 590.

和作者在一起,只被允许转让使用权。然而,虽然法国人通过精神权利永久化而进入了未知的、可以说是无法航行的领域,但在德国,精神权利和经济权利一起到期。虽然不像纳粹那样突出,但战后德国人确实强调了作者权利的社会约束性质。作者只能在出现损害其正当利益的修改情况下采取行动,不得不接受技术上必要的权利持有人的修改,必须有充分的理由才能撤销他的作品。① 然而,这种模糊的防范似乎是从版权传统的角度来展开的,与更广泛的以作者为中心的法国方法相比,这些仍然是对社会的让步。

伯尔尼世界中的英语圈

作者权利方式和版权之间的差距从来没有像 19 世纪 50 年代和 60 年代那样大。在欧洲大陆,精神权利在理论上得到了阐述,并在成文法中得到了规定。相比之下,盎格鲁-撒克逊人的世界几乎没有改革。在伯尔尼联盟内,英联邦国家继续采取防卫行动,限制改革。美国对伯尔尼原则的拒绝则更加明显,当然一些美国人希望与欧洲人和谐相处,终于在 1891 年获得国际版权的出版商和作家现在提议加入伯尔尼联盟。20 世纪 20 年代初的法案试图让美国加入伯尔尼联盟,使美国国内立法更加符合欧洲标准,例如废除制造条款,并取消其他版权手续。② 1930 年,当美国工人运动同意通过一项法案,豁免外国的书籍必须在美国制造的时候,加入联盟的可能性已经增加。③

但是,大萧条是一个不吉利的时刻,威胁到制造业需求所创造的就业机会。面对高失业率,印刷商不愿意提供更多的支持。④ 大学校长、国务卿,甚至罗斯福总统都支持《伯尔尼公约》。⑤ 但他们的善意国际主义——希望在海外平等保护美国作家——并不能与反对派匹敌。那些反对《伯尔尼公约》的人也不是仅仅出于个人利益。1934 年,来自华盛顿的参议员克莱伦斯·迪尔(Clarence Dill)对美国自主版权传统进行了有力辩护。《伯尔尼公约》代表欧洲人的意愿,他们认为版权是创造者

---

① §§14,39,42.
② Thorvald Solberg, "The Present Copyright Situation," *Yale Law Journal* 40, 2 (1930): 193-94; Thorvald Solberg, "The International Copyright Union," *Yale Law Journal* 36, 1 (1926): 100-101.
③ The Vestal bill, 1930. HR 12549, House Calendar No. 395, Report No. 2016, 22 May 1930, §28.
④ *International Copyright Union*: *Hearing before the Committee on Foreign Relations United States Senate ... on S*. 1928 (28 March 1934), pt. 1, pp. 10-12.
⑤ Thorvald Solberg, "La situation internationale du droit d'auteur aux États-Unis," *Le Droit d'auteur* (1935): 13-17.

的自然垄断或自然财产权。相比之下，建立在宪法基础上的美国传统认为版权是一个有限的垄断，只建立在法规中。他总结说，欧洲人偏爱作者，美国人支持公众。①

1931年，全国广播协会（National Association of Broadcasters）的发言人路易斯·卡尔德维尔（Louis Caldwell）说，世界被分成两个阵营。法国的制度将作者权利视为基于自然权利的绝对财产要求，版权传统则在作者和受众的利益之间取得平衡，即"在对其作品的版权和公众了解该作品的权利之间取得平衡"，加入《伯尔尼公约》意味着向法国屈服。② 罗伯特·C. 宾克利（Robert C. Binkley）认为，《伯尔尼公约》对作品长期而有力的保护破坏了研究和知识的传播。他是一位历史学家，也是一位通过微缩拍摄技术传播信息的倡导者，在20世纪30年代，他策划了谷歌图书项目的雏形：一个可以通过缩微胶卷获得世界文化宝库的通用图书馆。③

鉴于德国和意大利的法西斯政权对待众多作者的方式，《伯尔尼公约》对创造者精神权利的颂扬在20世纪30年代也听起来更加空洞。④ 正如一位评论家在1934年指出的那样，犹太作家的作品（例如流行歌曲）在德国没有得到保护，为什么要求美国签署一项许多公民被排除在外的国际协议？⑤ 作为作曲家和词作者的许可组织，美国作曲家、作者和出版商协会（ASCAP）总经理米尔斯（E. C. Mills）在1936年作证说："德国的高级发言人说他们不想在德国倾倒……非雅利安人的知识排泄物。"⑥ 当美国作家和他们的联合出版商沾沾自喜地把伯尔尼联盟的观点描绘成先进思想的精髓（"欧洲的方法得到这个国家最开明的观点的支持"）时，他们很容易成为怀疑论者的牺牲品。⑦ 可耻的是，伯尔尼联盟中没有一个成员试图阻止德国违反1935年《德国反犹太主义纽伦堡法案》（Nuremberg Laws，1935）原则的行为和它对犹太人的许多其他歧视性规定的推出。即使是作家和他们的代表团体，比如早先支持加入《伯尔尼公约》的创作者联盟（Authors' League），也不再认为有必

---

① *International Copyright Union*：*Hearing before the Committee on Foreign Relations United-States Senate ... on S*. 1928（28/29 May 1934），pt. 2，pp. 64-65. 类似情感见 *Revision of Copyright Laws*：*Hearings before the Committee on Patents*，*House of Representatives*（February-April 1936），pp. 567-68.

② *General Revision of the Copyright Law*：*Hearings before the Committee on Patents*，*United-States Senate ... on H. R.* 12549（28-29 January 1931），54.

③ Monika Dommann，"Autoren und Apparate：Copyrights und Medienwandel（1850-1980），"（Habilitationsschrift，Zurich，2011），pp. 152-56.

④ *Le Droit d'auteur*（1937）：9-11.

⑤ *International Copyright Union*：*Hearing ... on S*. 1928，pt. 2，pp. 94-95.

⑥ *Revision of Copyright Laws*：*Hearings before the Committee on Patents*，172.

⑦ *General Revision of the Copyright Law*：*Hearings ... on H. R.* 12549，184.

要加入一个更加法西斯主义的欧洲条约。①

当一个沮丧的世界看着德国重整旗鼓时，20 世纪 30 年代显然是任何国际协定的糟糕时期。但长期因素也困扰着跨大西洋两种权利体系的和解（rapprochement between authors' rights and copyright）。美国印刷商和图书制造商希望避免《伯尔尼公约》废除正式手续，而保留制造条款。但他们的力量正在减弱，其狭隘的保护自我利益的意图太明显，无法赢得广泛的支持。企业家们聚集了许多参与者的才能，并积极地将他人的作品用于新作品。更重要的是日益增长的合作作品与衍生文化的影响。杂志和期刊、音乐、广播、初期电视，尤其是电影业对《伯尔尼公约》充满怀疑。② 早在 19 世纪，美国的期刊就是一股强大力量。在 19 世纪 40 年代，这个数字是英国同行人数的三倍多。在 19 世纪 80 年代，亨利·詹姆斯（Henry James）从《大西洋月刊》获得了每页 15 美元的收入，之后他的非短篇作品以书的形式出现了。③ 法国人在半个世纪后惊叹，美国的期刊数以千计，并且经常成为严肃小说的第一批出版商。由于大规模的发行（高达 300 万），因此他们的广告预算充足，而且收入也很可观。④ 机械声音复制在美国也很早出现并开始快速流行。好莱坞的成功令人震惊，到了 20 世纪 30 年代，电影已经成为美国第四大产业，也是美国作家和作曲家唯一最大的收入来源。⑤

这些合作文化产业想要一个自由市场，与作者签订合同，完全控制他们的产品。因为它们是衍生作品的生产者——对新作品和旧的公共领域作品进行改造和改编——它们对精神权利或作者控制他们所卖东西的任何主张都很敏感。⑥ "我们不会白白得到任何东西，"美国电影制作者和发行商的律师加布里埃尔·赫斯（Gabriel

---

① *Revision of Copyright Laws*：*Hearings before the Committee on Patents*，64，155-56，159-62，238，496-97，and passim.

② Martin A. Roeder，"The Doctrine of Moral Right：A Study in the Law of Artists，Authorsand Creators," *Harvard Law Review* 53，4（1940）：558.

③ Isabelle Lehuu，*Carnival on the Page：Popular Print Media in Antebellum America*（Chapel-Hill，2000）；Sidney P. Moss，*Charles Dickens' Quarrel with America*（Troy NY，1984），21；Susan S. Williams，"Authors and Literary Authorship," in Scott E. Casper et al.，eds.，*A History of the Bookin America*（Chapel Hill，2007），3：92-93.

④ *Le Droit d'auteur*（1930）：109-12.

⑤ Report 2016，House of Representatives，24 June 1930，House Reports，2 December 1929-3July 1930，4：2；United States Senate，"Report of Proceedings，Hearings Held before Committeeon Patents S. 2465," 8 May 1935，p. 53. Available at：http：//www. lexisnexis. com/congcomp/getdoc？HEARING-ID＝HRG-1935-PTH-0002.

⑥ Robert A. Gorman，"Federal Moral Rights Legislation：The Need for Caution," *Nova Law Review* 14（1990）：423-24.

Hess）在 1935 年坚称，"不管我们得到什么，我们都会付出代价。在支付了费用后，我们寻求版权法的保护，因为我们是从购买的材料中生产的"①。1931 年，他的同事路易斯·斯沃茨（Louis Swarts）坦率得令人难以置信。他承认，作者当然有精神主张，但这正是电影业所担心的。"因此，我们成为作者变得很重要。"他代表电影制片人坚持说，"这样我们就能控制从多个来源聚集在一起的精神权利。'小组中的每一个人都应该控制自己的表现，并要求对他所做的特定贡献予以认可'这样的想法令人厌恶。"②

美国的合作文化产业强烈抵制伯尔尼成员资格所要求的改革。美国期刊给作者的报酬很高，但它们却以自己的名义注册了版权，拒绝了欧洲从创作之时开始保护作者的做法。③ 杂志出版商担心，有了自动版权，一本受保护的作品（比如一首诗）的出版可能会引出对整个问题的禁令。④ 自动版权也令电影业担忧。无论手续多么烦琐，至少要澄清谁拥有什么，允许用户与所有者签订具有约束力的协议。电影作为一种综合艺术形式，依赖于大量的文学、音乐和视觉作品。一线作者声称的权利越多，令人头痛的问题就越严重。没有手续的版权有可能恶化本已错综复杂的法律困境。⑤

精神权利赋予作者的改编权威胁着期刊产业，在那里几乎没有一篇未经编辑的作品出现。广播电台担心，精神权利会阻止他们剪辑、压缩和改编作品以适应媒体。⑥ 当然，好莱坞反对精神权利的广义解释，因为如果不能改变文学作品中的情节、场景、镜头序列和人物，就不能制作电影。⑦ 要防止作者"一时兴起"的改变。审查法和地方法规也要求为不同的市场定制电影。⑧ 今天，好莱坞已经与大西洋两岸的作家达成了共识，推动版权法的不断发展。但在 20 世纪 30 年代，它担心伯尔尼的会员资格将

---

① Senate，"Report of Proceedings，Hearings … S. 2465," 8 May 1935，p. 53.
② *General Revision of the Copyright Law*：Hearings … on H. R. 12549，221.
③ *Le Droit d'auteur* (1930)：109-12.
④ *International Copyright Union*：Hearing … on S. 1928, pt. 2, pp. 86-87. Similarly：*Congressional Record*，Senate，6 August 1935，p. 12561.
⑤ *International Copyright Union*：Hearing … on S. 1928, pt. 2, pp. 74-78.
⑥ Ibid., pp. 84, 86-87.
⑦ "Statement of David Ladd on Behalf of the Coalition to Preserve the American Copyright Tradition," in "The Berne Convention：Hearings Before the Subcommittee on Patents, Copyrights and Trademarks of the Committee on the Judiciary … on S. 1301 and S. 1971," Senate, 18 February and 3 March 1988, Serial No J-100-49, p. 415.
⑧ *International Copyright Union*：Hearing … on S. 1928, pt. 2, pp. 69-70, 74-78；Senate，"Report of Proceedings，Hearings … S. 2465," pp. 51-52.

要求美国延长版权保护期，从而迫使它自由盗用的公共领域作品恢复版权。①

雇佣作品

美国的合作文化产业也担心《伯尔尼公约》对神圣不可侵犯的英美雇佣作品传统的威胁。这一学说违反了欧洲的主要原则，即只承认有血有肉的作者。但是合作性质和高昂的前期成本促使美国媒体行业坚持将艺术权威集中在一个人手中。

雇佣作品的内在矛盾从一开始就存在。1690 年，洛克通过劳动投资获得了合理的财产，然而他也迅速地确定了自己的基本公理。一个人辛苦工作的成果属于他人，但"我的马啃的草地，我的仆人修剪的草皮"也是如此。显然，洛克的意思是劳动也可能被让与。② 因此，我们认为洛克的权威解读是，一个人替另一个人付出劳动，"另一个人"拥有最终产品的所有权。洛克是否会同意草皮与电影剧本一样，则是另一回事。③

雇佣作品很早就出现在英国法律中。在 1798 年的《雕塑法案》中，艺术家和委托人都被授予作品权利，令人迷惑的是两方都被认为是权利所有者。④ 但是，谁拥有以及谁创作了集体和协作的作品？1842 年《英国版权法案》（Copyright Act，1842）赋予出版商委托出版的百科全书、评论或期刊文章的所有权，"就像他是该文章的实际作者一样"⑤。1911 年《英国版权法案》扩大了这一范围，将版权授予雇主。⑥

1909 年《美国版权法案》（Copyright Act，1909）更进一步，将创作作品委托人定义为作者，而不仅仅是版权所有者。美国的判例法大约在 1860 年就认定作品的权利属于该雇员。然而，内战后，法院开始承认雇主在作品中的权利。在世纪之交之后，这变成了法理学，然后成为法律。⑦ 可以说，雇佣作品原则违反了宪法，宪

---

① *International Copyright Union: Hearing ... on S.* 1928, pt. 2, pp. 76-78.
② Locke, Second Treatise, chap. 5, sect. 27-28; C. B. Macpherson, *The Political Theory of Possessive Individualism* (Oxford, 1962), pp. 214-20.
③ Pascal Oberndörfer, *Die philosophische Grundlage des Urheberrechts* (Baden-Baden, 2005), pp. 36-44.
④ 38 Geo. III. c. 71, s. 1 (1798). Similar wording in 54 Geo. III. c. 56, s. 1 (1814).
⑤ Copyright Law Amendment Act, 1842, 5 & 6 Vict., c. 45, s. 18. 其条件是未经实际作者同意所有者不得将作品单独出版，实际作者在 28 年后恢复其权利。
⑥ Sect. 5. Continued in the 1988 act, 11 (2), 9 (3).
⑦ Catherine L. Fisk, "Authors at Work: The Origins of the Work-for-Hire Doctrine," *Yale Journal of Law and the Humanities* 15 (2003): 32-33, 55; Catherine L. Fisk, *Working Knowledge: Employee Innovation and the Rise of Corporate Intellectual Property*, 1800-1930 (Chapel Hill, 2009).

法授权国会只保护作者自己的作品。① 也许国会希望使集体作品的版权续展更容易。② 在 20 世纪 60 年代的法庭案件中，强调委托人是作者，这就形成了一个强有力的假设，即任何人向他人付款后就会成为他人劳动成果的法定作者。③ 1976 年《美国版权法案》缓和了这种极端的解释，规定作者的雇主或作品的委托人是作者，但如果双方经过书面同意，则可以修改。④

甚至在普遍青睐真正创作者原则的欧洲，在 19 世纪也知道雇佣作品原则。⑤ 大多数国家对肖像施加了某种形式的限制，由委托人或被描绘的人拥有作品和复制作品的权利。出版商影响了 1794 年《普鲁士普通法典》，获得了合作作品的权利。⑥ 1809 年《巴登民法典》使作品的委托人成为所有者，1846 年《奥地利版权法案》（Copyright Act，Austria）也是如此。⑦ 就连法国也对实际需要做出了反应，其 1957 年的法律承认在发布集体作品时的私人或法律实体的版权。法国法律规定，法律实体"被赋予作者的权利"，而美国的雇佣作品原则更直接地说，雇主"被认为是作者"，这种区别的意义留给旁观者去识别。⑧

尽管如此，雇佣作品与作者权利思想的基本原则相矛盾。在欧洲，只允许简化集体项目（比如百科全书），或者保护肖像画家的私人权利。相比之下，在版权制度中，雇佣原则遵循作者完全转让作品的能力。但它也超出了作者自由决定出售其作品的范围，具体说明了一种默认的假设，即在法律看来，雇主取代了他的位置。奇怪的是，美国拒绝将版权转让给受雇的作者，尽管它从一开始就坚持专

---

① Edward C. Walterscheid, *The Nature of the Intellectual Property Clause: A Study in Historical Perspective* (Buffalo, 2002), pp. 377-82.

② L. Ray Patterson and Stanley W. Lindberg, *The Nature of Copyright* (Athens GA, 1991), pp. 85-86.

③ Jacqueline M. B. Seignette, *Challenges to the Creator Doctrine: Authorship, Copyright Ownership and the Exploitation of Creative Works in the Netherlands, Germany and the United States* (Deventer, 1994), p. 37.

④ Sects. 201b, 101. "Copyright Law Revision," Senate Report 94-473 (1975), pp. 104-5.

⑤ Jane C. Ginsburg, "The Concept of Authorship in Comparative Copyright Law," *DePaul Law Review* 52 (2003): 1090-91; Laurent Pfister, "L'auteur, propriétaire de son œuvre? La formation du droit d'auteur du XVIe siecle à la loi de 1957" (diss., Strasbourg, 1999), p. 829.

⑥ §§ 1021-22. Martin Löhnig, "Der Schutz des geistigen Eigentums von Autoren im Preußischen Landrecht von 1794," *Zeitschrift für neuere Rechtsgeschichte* 29, 3/4 (2007): 208-9.

⑦ *Land-Recht des Grossherzogthums Baden* (Karlsruhe, 1809), § 577da; Gesetz zum Schutzedes literarischen und artistischen Eigenthumes gegen unbefugte Veröffentlichung, Nachdruckund Nachbildung, 19 October 1846, § 1 (BK).

⑧ 1957 law, arts. 9, 13. Pierre-Yves Gautier, *Propriété littéraire et artistique*, 4th ed. (Paris, 2001), pp. 646-48，认为这是白天与黑夜的区别。

利的发明在先原则，这项原则将专利权赋予了真正的发明家，而不是他的公司老板。①

强大的美国合作文化产业不会为了伯尔尼会员资格而牺牲雇佣作品原则。因此，20世纪二三十年代美国加入伯尔尼的举动，既是缘于在战争期间的地缘政治，也是出于国内经济利益上的需求。作者、图书馆员、教授和大学校长的善意希望对获得国际版权几乎没有什么意义。在战后的第一个十年里，大西洋的分裂依然存在。美国战后主要版权改革，即1976年的版权法，在某些方面接近欧洲规范，但其他变化强调了分歧。总的来说，大西洋两岸的差距仍然很大。

1976年《美国版权法案》遵循欧洲大陆坚持对作者死后版权保护的规定，而不是基于出版物的发表时间。以前受各州普通法管辖的未出版作品，现在与其他任何作品一样，受联邦法规管辖。因此，美国就更接近于从创作之时起保护作品的欧洲立场。② 然而，虽然保护与出版物脱钩，但手续仍然存在。当然，没有贴上版权通知不再意味着自动丧失保护。现在只有印刷工会联盟支持的制造条款在1976年被削弱了，当它最终在1986年被移除时，成为伯尔尼会员的最大障碍就消失了，但在其他方面，手续仍然存在。1976年法案详细规定了维护和注册已出版作品版权的机制，尽管它不再要求将副本存放在国会图书馆。但未出版的作品必须在版权局（Copyright Office, US）登记，并需要注册才能对侵权行为采取行动。

大陆国家重申自然权利是战后改革中作者权利的最终基础。与此同时，英语体系正忙于清理建立在普通法基础上的自然权利的最后残余。英国在1911年法案中废除了以普通法为基础的版权保护。未出版的作品现在被成文法处理，其保护期类似于出版物的保护期。作者去世时未出版的作品直到出版后50年都受到保护，③ 这就留下了一个最后的普通法漏洞：只要一部作品仍未出版，它在理论上就享有无限期的保护。只有在1988年《英国版权法案》中，普通法的最后残余才最终消失，从法律颁布之日起，未出版的作品就受到了50年的保护。④ 美国也是如此。1834年在惠顿诉皮特斯案中，版权完全以法规为基础的裁决被编纂为1976年法案，几乎所有普通法的痕迹都被删除了。⑤ 只有即兴创作、未录制的编舞作品，表演、广播等未固定作品，仍受普通法版权的制约。因此，未出版的作品不再受到永久保护，而通常的期限，从它们诞生的那一刻起就开始倒计时了。1976年法案的目的是将未出版

---

① An anomaly puzzled over by outside observers. Jules-Marc Baudel, *La législation desÉtats-unis sur le droit d'auteur* (Brussels, 1990), p.101.
② Sect. 102 (a). "Copyright Law Revision," Senate Report 94-473 (1975), pp.129-30.
③ Sect. 31, 17.
④ Schedule 1, sect. 12.
⑤ Patterson and Lindberg, *Nature of Copyright*, 109-10.

的作品排除在永久保护之外,同时将它们与所有其他作品放在公共领域。①

作为美国普通法版权棺材的最后一颗钉子,合理使用原则被延伸到未出版的作品上。原则上,1976年的法案并不将合理使用限制在已发表的作品上。由于受到成文法而非普通法的保护,未出版的作品现在也包括在里面,同样受制于合理使用原则。然而,有几个法庭案件未能承认对未出版作品的合理使用。1987年,隐居作家J. D. 塞林格(J. D. Salinger)赢得了一场官司,阻止了伊恩·汉密尔顿(Ian Hamilton)未经授权的传记出版,因为它引用并翻译了塞林格存在大学档案中未发表的信件。② 在科学教(Scientology)创始人罗恩·哈伯德(L. Ron Hubbard)和作家理查德·怀特(Richard Wright)提起类似案件后,国会在1992年澄清了未出版作品合理使用的原则。③ 未发表的作品本身不再受合理使用的限制。

电影使欧洲和盎格鲁世界更加接近

大陆作者权利方式主要是为一个独立工作在由传统传播者控制的媒体上的个人创作者所设想的,一个独自为出版商制作手稿的作家是隐性模型。集体工作需要更灵活的方法,百科全书、字典、期刊等都有例外,在这些方面,作者和控制权掌握在几个不同的人手中。电影扼杀了个人作家的范式和他的专有权利,它天生的协作性质以及对巨额投资快速回报的需要,限制了它的许多创作者特权。美国制片人的发言人大卫·布朗(David Brown)在1988年表示同意,电影可能是一门艺术,但这不是一两个人的工作。"这和莫奈(Claude Monet)不一样,这和施特劳斯的交响乐不一样,它代表了许多人才的融合",包括那些制片人。④ 从20世纪30年代开始,就像我们所看到的那样,甚至连法国和德国都在争论电影个人版权和精神权利的例外。

在英美领域,电影几乎没有版权问题。雇佣作品原则意味着作者以外的人通常控制着权利,完全的可让与性允许作者将权利主张转让给其他人,工作室和制片人被接纳为企业作者。电影像其他的合作产品一样,依靠合同来决定作者、归属和开发的细节。英国和美国的立法机构都明白,作者的要求在所有合作中都被搁置在明

---

① Sects. 301, 302a. "Copyright Law Revision," Senate Report 94-473 (1975), pp. 112-13.
② *Salinger v. Random House, Inc.*, 811 F. 2d 90 (1987). *And in Harper & Row Publishers, Inc. v. Nation Enterprises*, 471 U. S. 539 (1985),最高法院认为,未出版的作品享有免受合理使用辩护的特殊保护。
③ Mark A. Fowler, "The Quick in Pursuit of the Dead," in Paul K. Saint-Amour, ed., *Modernism and Copyright* (Oxford, 2011).
④ "The Berne Convention: Hearings ... on S. 1301 and S. 1971," Serial No. J-100-49, p. 339.

确的决策线上。作家的一位代言人威利斯勋爵（Lord Willis）1987 年在上议院警告道："你最终会遇到这样的情况：实际上开车送印刷工人去印刷作品的出租车司机会要求收取版税，因为他在这件事中扮演了一定的角色。"① 哈丁格勋爵（Lord Hardinge）也同意： "如果每个人每次用笔写字都能获得版权，无政府状态将占上风。"②

1956 年《英国版权法案》为电影的"制作者"——安排制作电影的人——赋予了一项明确的权利，而不是赋予导演等其他创作者。③ 制作者可以是公司实体。在 1988 年的法案中，制作者（通常是制片人）保留了最初的版权所有者身份，现在也被指定为电影的作者。但是，作为对创作行为的一种致意，导演被授予了在电影发行时命名的精神权利。④ 1996 年，英国指定导演和制片人为合作作者。⑤ 美国通过认定雇主为作者的雇佣作品原则解决了这个问题。⑥ 但是对于法国人和德国人来说，电影在创意界是一个不寻常的事物。电影加剧了固有的个人主义精神权利观念与新的集体和公司媒体的需求之间的紧张关系。欧洲大陆只愿意承认血肉之躯的作者，但电影的经济需求推动了归属个人或法人实体的权利。

法国 1957 年版权法只承认电影的血肉作者，即导演、作曲家、剧本作者、改编者和对白作者。当时电影导演主创论尚未影响立法，导演随后很快就被宣布为这部电影的主要作者。然而，在 20 世纪 50 年代，编剧是最重要的创造者。⑦ 制片人（可以是自然人或者在通常假设的例外情况下是法人）可能会被包括在内，但前提是他（或它）帮助制作这部电影。⑧ 法国的法案也坦率地承认，如果作者有权阻止制片人，电影业就会受到阻碍，作者可能滥用精神权利敲诈电影的制造者。⑨ 因此，一名拒绝完成其部分工作的作者被禁止撤回他对该项目的贡献。在一部电影完成之

---

① *Hansard*，Lords，30 November 1987，p. 892.
② Ibid.，p. 907.
③ Copyright Act，1956，4 & 5 Eliz. 2，c. 74，sect. 13.
④ 1956 act，sect. 1；1988 act，sects. 9，77.
⑤ Copyright and Related Rights Regulations 1996，sects. 77（1）and 80（1）.
⑥ US 1976 Copyright Act §201（b）.
⑦ Pascal Kamina，*Film Copyright in the European Union*（Cambridge，2002），pp. 155-56.
⑧ 相反，如果导演实际上没有对电影的艺术方向做出贡献，而只是听从了制片人的指示，那么他就可以被认为是"简单的表演者"来否认他的创作主张，类似案件发生在 1999 年（普瓦蒂埃，Poitiers）。Ginsburg，"Concept of Authorship in Comparative Copyright Law，" 1072.
⑨ *Journal Officiel*，Assemblée Nationale，Documents，Annexe No. 8612；Débats，June 9，1954，p. 985；Raymond Sarraute，"Current Theory on the Moral Right of Authors and Artists under French Law，" *American Journal of Comparative Law* 16，4（1968）：474；Escarra，"Projected FrenchLaw on Artistic and Literary Property，" 12.

前，作者也不能援引精神权利，尽管完成的时间必须由合著者之间意见一致来决定（这是一个更复杂的问题）。①

虽然法国法律最终对电影的精神权利采取了一种清晰而不带情感的态度，但要实现这一目标仍很困难。罗兰·杜马斯（Roland Dumas），这位新当选的社会党温和代表、新闻委员会发言人以及后来在弗朗索瓦·密特朗（François Mitterrand）领导下担任了外交部部长者在议会提出了一项成功的修正案，它允许电影作者在感到自己精神权利受到侵犯时提出异议。② 在上议院，这被批评为可能破坏电影业，使许多人失业。违反精神权利的行为应由损害者赔偿，而不是停止生产。那些支持电影作者精神权利的人担心，如果导演作品涉及猥亵性情节，虔诚的天主教徒会感到愤怒。最后，实用主义占上风，作家们只限对准备上映的电影提出异议。③ 制片人被理解为与他的作者有契约关系，被授予了独家开发权（除了乐谱之外）。虽然电影作者可以援引归属和完整的精神权利，但披露权却从属于他们与制片人的合同。随着精神权利延伸到电影，电影业的需求也得到了满足，制片者也被赋予了推销自己作品的权力。

德国人也在努力争取公司和集体的权利。1939年纳粹法案草案含糊不清地坚持把真正的创作者算作电影的作者，同时也给予制片人最重要的权利。战后法律的第一部草案将电影的作者定义为编剧、作曲家和制片人，除非最后一位没有创造性的输入。④ 然而，在1954年司法部的草案中，制片人被重新任命为这部电影的主要作者，关于电影业需要将决策统一在一个人身上的众所周知的论点再次显现。电影组件（脚本、乐谱等）的作者身份仍归创作者。然而，许多人反对这种违反作者身份的基本前提——只承认血肉创造者的观点被抛弃了，作者再次被指派给电影的创作者。司法部部长在介绍该法案时强调，这是一个如何抵制现代文化集体化的好例子。⑤

在1965年的最后一部法律中，电影组成部分的权利（小说、剧本、乐谱）和它们的作者绑定在一起，因此只有创造者拥有作者身份。但是，作者们的翅膀也被剪

---

① Arts. 9，13，17，16.

② *Journal Officiel*，Débats，Assemblée，21 April 1956，p. 1427.

③ *Journal Officiel*，Débats，Conseil，30 October 1956，p. 2123；31 October 1956，p. 2153.

④ Maracke，*Entstehung des Urheberrechtsgesetzes*，62. Spielleiter一词的表达是模棱两可的，就像德国在这一点上的术语一样，Régisseur可以同时指导演和制片人，但这里的背景（他可能不会在艺术上为这部电影做出贡献）似乎表明了制片人的意思。在英国英语中，"producer"有时也被用作戏剧意义上的导演。Kamina，*Film Copyright in the EuropeanUnion*，28.

⑤ Bundestag，Stenographische Berichte，6 December 1963，54：4641；*Maracke*，*Entstehung desUrheberrechtsgesetzes*，112，166，207-8.

短，他们必须授予制片人完全的开发权。他们丧失了根据畅销书条款悔改和重新谈判的权利，也丧失了他们的完整权利，除非权利被严重侵犯，即使如此，他们也被特别要求考虑到制片人的利益。① 纳粹斗争使电影创意复杂算法下的作者和执行方利益之间的妥协也在战后出现。

阁楼艺术家范例显然不适合许多软件企业的运作。1985 年，一项新的法国法律务实地同时向两个方向发展。② 在艺术方面，传统作者的权利得到了重申：表演艺术家获得精神权利，电影制片人作者身份被撤销，未经作者许可，禁止对已完成的电影进行修改。但这部法律也加强了制片人的控制权，假定作者已经签署了所有的开发权，而不仅仅是狭隘的电影权利。③ 然而对于软件来说，一种突然的新鲜感是通过接受雇佣作品来实现的。1985 年，法国软件产业排名世界第三，立法者试图避免它衰落。④ 雇主现在获得了其雇员所创造软件的所有作者权利，程序员被剥夺了他们的精神权利（除了可能的归属，法律没有提到这一点），他们不能反对改变也不能悔改。随后是可预见的呼声——法国屈服于盎格鲁-撒克逊人摩洛克及其重商主义文化！⑤ 版权和作者权利之间的区别已经被掩盖了，一位观察家抱怨道。⑥ 但事实上，法国的传统做法仍然大体完好无损，除了软件和某种程度上的电影作品。⑦

224

---

① §§89，90，93.

② Law of 3 July 1985，*Journal Officiel*（4 July 1985）：7495.

③ Art. 63-1 changed art. 17 in the 1957 law in this respect. David Saunders，"Bridging the Channel? It's Copyright in France but Moral Right in the UK," *Copyright World* 1 (1988)：22. 其他提及条款有 17，4，3，21，26.

④ Jane C. Ginsburg，"Reforms and Innovations Regarding Authors' and Performers' Rights in France：Commentary on the Law of July 3，1985," *Columbia-VLA Journal of Law and the Arts* 10 (1985)：87-90.

⑤ Bernard Edelman，"Une loi substantiellement internationale：La loi du 3 juillet 1985 surles droits d'auteur et droits voisins," *Journal du Droit International* 3 (1987); David Saunders，"Approaches to the Historical Relations of the Legal and the Aesthetic," *New Literary History* 23，3 (1992)：516-17; David Saunders，"Some Implications of the 1985 French Law on Author's Rights," in Peter Anderson and Saunders，eds.，Moral Rights Protection in a Copyright System (Brisbane，1992)，57-58. More examples cited in Carolyn McColley，"Limitations on Moral Rights in French *Droit d'auteur*," *Copyright Law Symposium* 41 (1998)：427-28.

⑥ Bernard Edelman，*Droits d'auteur droits voisins：Droit d'auteur et marché* (Paris，1993)，285; Edelman，"Commentaire de la loi no. 85-660 du 3 juillet 1985 relative aux droits d'auteur et auxdroits voisins," *Actualité Législative Dalloz* 5 (1987)：20.

⑦ F. Pollaud-Dulian，"Moral Rights in France through Recent Case Law," *Revue internationale du droit d'auteur* 145 (1990)：130. 正如政府后来的一份报告所指出的，这些只是一项保持不变的基本作家权利例外。Assemblée Nationale，Rapport 2349，7 June 2005，p. 37.

第六章　战后作者权利的崛起　**241**

六年后，即 1991 年，欧盟顺应了法国的偏离，宣布软件作者是编写软件的自然人，除非国内立法允许法律实体拥有权利。无论如何，雇员的经济权利归属雇主。① 同样，1996 年，欧盟决定，精神权利不属于数据库保护的范围。如果当地立法同意，雇主就可以享有此类作品的权利。② 在执行 1991 年的《欧盟软件指令》时，法国放弃了 1985 年的法律，将精神权利的模糊版本延伸到了软件程序员。虽然他们失去了悔改权，但他们可以抱怨作品改编侵犯了他们的名誉或荣誉。这是一个软弱的、伯尔尼式的精神权利版本。但是，它确实为程序员提供了一种可能性，即程序员可以反对令人震惊的修改，无论这可能对软件意味着什么。③

20 世纪 80 年代和 90 年代，欧洲在版权方面发生了轻微的转向。在 20 世纪初，正如我们所看到的那样，录音行业促使一些欧洲国家对作曲家的作品实施强制许可。随着电影和软件的发展，作者控制的丧失不仅仅局限于强制许可，作者们更是被要求有限地承认了雇佣作品。版权国家在面对新媒体时很少大惊小怪，对合作和企业创造力采取灵活的做法，并愿意让渡权利。相反，法国人和德国人不得不因风向的变化而调整他们的船帆。在战后初期，法国和德国将精神权利载入法律。随着世界的现代化，它们不能完全保持传统。新的协作和计算机化媒体要求集中决策，限制其许多创作者的精神权利。然而，从版权的某些方面来看，现在正是英语国家进入伯尔尼十字路口的时候，它们开始明确地引入了精神权利。

英语世界中的精神权利

合作媒体的迫切性迫使大陆各国采用版权的某些特征，但版权体系按大陆意识形态的要求进行了大量调整，可以说有了更多改变。最终，英国和美国都会向它的精神权利圣杯致敬，至少在形式上是如此。

为了理解其原因，我们必须在正式采用这个学说之前考虑版权界的精神权利状态。虽然英语国家（加拿大除外）并没有将精神权利纳入版权法，但它们确实以其他方式保护了一些作者利益。④ 当英国 1928 年在罗马同意精神权利以及 1989 年美

---

① Council Directive 91/250/EEC, 14 May 1991, art. 2, *Official Journal of the European Communities*, L122 (17 May 1991): 44.
② Directive 96/9/EC, 11 March 1996, Journal Official, L77 (27 March 1996): 20, recital 28, 29, art. 4.
③ Law 94-361, 10 May 1994, art. 3, *Journal Officiel* (11 May 1994): 6863.
④ On Canada: Ysolde Gendreau, "Moral Rights," in Gordon F. Henderson, ed., *Copyright and Confidential Information Law of Canada* (Scarborough, 1994), 161ff; Adeney, *The Moral Rights of Authors and Performers*, chap. 11.

国加入伯尔尼时,人们的理解是版权以外的现有法律已经保护了作者,并且不需要新的立法。① 尽管是伯尔尼成员,英国人厚颜无耻地否认了他们的法律是不充分的,即使他们正式宣誓效忠于精神权利。1952年,为了思考英国根据1928年罗马法案所承担的义务而成立的格雷戈里委员会(Gregory Committee),草率地免除了这个问题。他们不理会国际上要求遵守规则的压力,宣布国内现有法律充分替代了专门的精神权利法规,而且不需要采取进一步的行动。②

一些学者认为,欧洲和盎格鲁-撒克逊国家对精神权利的实际保护与言论相比,差异不大。③ 但是,在这两种制度中,精神权利受到同等保护的想法是一种礼貌的虚构,大陆作家无疑比他们的英语同龄人享有更好的保护。④ 英美作家眼看他们的作品被曲解,而欧洲大陆基本没有这种情况。1878年,著名歌剧家亚瑟-萨利文向皇家版权委员会抱怨说,那些带有简单和声的简化版本的出版违反作曲家的意愿。如果他们放弃了自己的权利,他们所能做的就是义愤填膺。⑤ 1909年,一个英国议会委员会宣布,如果出版商遗漏了作品中最有价值的部分,那么只有当结果是诽谤时,出版商才会承担责任。⑥ 1905年,美国国会听证会被告知,当广告商使用绘画

---

① Jane C. Ginsburg, "Moral Rights in a Common Law System," in Anderson and Saunders, *Moral Rights Protection in a Copyright System*, 17.

② Board of Trade, "Report of the Copyright Committee," vol. 9, 219-226; Gerald Dworkin, "The Moral Right and English Copyright Law," *IIC: International Review of Industrial Property and Copyright Law* 12 (1981): 478.

③ Cyrill P. Rigamonti, "The Conceptual Transformation of Moral Rights," *American Journal of Comparative Law* 55 (2007): 72-73; Cyrill P. Rigamonti, "Deconstructing Moral Rights," *Harvard International Law Journal* 47, 2 (2006): 379-80 and passim; William Strauss, "The Moral Right of the Author," Study No. 4, in *Copyright Law Revision: Studies Prepared for the Subcommittee on Patents, Trademarks, and Copyrights of the Committee on the Judiciary* (US Senate, 86th Congress, 2nd sess., Pursuant to S. Res. 240, 1961), 141-42; William Strauss, "The Moral Right of the Author," *American Journal of Comparative Law* 4, 4 (1955): 537-38.

④ 概括论述见 Russell J. DaSilva, "Droit Moral and the Amoral Copyright: A Comparison of Artists' Rights in France and the United States," *Bulletin of the Copyright Society* 28, 1 (1980); Neil Netanel, "Alienability Restrictions and the Enhancement of Author Autonomy in United States and Continental Copyright Law," *Cardozo Arts & Entertainment Law Journal* 12, 1 (1994). 它也毫不畏缩地承认,除了经济以外,作者权利更少涉及英语世界。David Saunders, *Authorship and Copyright* (London, 1992), chaps. 5, 6.

⑤ *Minutes of the Evidence Taken before the Royal Commission on Copyright*, c. 2036-I, (London, 1878), pp. 108, 111-12.

⑥ *Minutes of Evidence Taken before the Law of Copyright Committee*, Cd 5051 (1910), 26.

或摄影作品中的人物时，作者什么都不能做。① 在好莱坞，小说家本·卢西恩·伯曼（Ben Lucian Berman）回忆说，作家有时无法分辨出哪个电影的背景是取自他们的故事，它们已经改变了很多，以至于他们认不出在喧嚣中的作品。在拍摄约翰·福特（John Ford）的电影《洗冤录》（*Steamboat Round the Bend*，1935）时，一个打字错误使一个小角色被称为 Boax 博士，而不是 Boaz 博士。所以尽管伯曼抗议，这个错误仍然存在。"这就是作家对自己作品的所有影响"，他的结论是放弃。② 这是制片人和作家之间的疯狂世界，为 P. G. 沃德豪斯（P. G. Wodehouse）提供了好莱坞故事创作素材。③

在英语国家，作者的个人权利基本上受到版权以外的其他法规的保护：合同法、诽谤法、不公平竞争法和有关隐私的法律。判例法不够完善，说服一个法庭的理由可能不会被另一个法庭接纳，通过法庭案例来说明版权如何保护精神权利只是一个印象主义的解释。有时保护可以拼凑在一起，大致类似于大陆的保护。但这是一个摇摇欲坠的大厦，从不同的源头撞在一起，修补和重新修补，偷工减料，漏洞百出。1988 年，即美国加入伯尔尼的前一年，一位观察员总结了至少八种保护作者个人利益的不同依据：1976 年《美国版权法案》；普通法版权；有关隐私权与公开权的法律；有关宣传权的规定；不公平竞争法；诽谤法；合同法；不动产毁损原则（doctrine of waste）。④

不过，尽管英语国家只是在 20 世纪后期的法律上将精神权利奉为神圣的权利，广义上同等的保护则是以其他方式实现的。为维护完整权，1735 年《英国雕刻法案》禁止通过稍微改变形象来规避伪造作品的指控。可以说，1862 年的《英国美术版权法案》是任何地方关于精神权利的第一项立法。⑤ 它禁止在未经许可（完整权）

---

① Minutes，31 May 1905，"Stenographic Report of the Proceedings of the First Session of the Conference on Copyright," in E. Fulton Brylawski and Abe Goldman，eds.，*Legislative History of the 1909 Copyright Act* (South Hackensack, 1976), 1: 50.

② *Revision of Copyright Laws: Hearings before the Committee on Patents*, 501-2.

③ 《布兰丁斯城堡》的下半部分提供了一个很好的选择。

④ 见 Edward J. Damich, "The Right of Personality: A Common-Law Basis for the Protection of the Moral Rights of Authors," *Georgia Law Review* 23, 1 (1988): 41ff. 关于版权制度中的精神权利，有大量文献，包括：Robert C. Hauhart, "Natural Law Basis for the Copyright Doctrine of Moral Rights," *Catholic Lawyer* 30, 1 (1985); Živan Radojković, "The Historical Development of 'Moral Right,'" *Copyright: Monthly Review of the United International Bureaux for the Protection of Intellectual Property* (BIRPI) 2, 6 (1966).

⑤ Const. Gheorghiu-Vieriu, *Le Droit moral de l'auteur* (Paris, 1939), p. 136.

的情况下出售修改过的作品并将其归属于其他人。① 此处狗也扮演了一个角色。这一归属权在一个案例中被提出。在这一案例中,著名动物写生家埃德温·兰德希尔(Edwin Landseer)不太知名的兄弟查尔斯画了两只狗,经过埃德温的润色后,这幅画被卖给了一个商人。商人把这些动物剪了下来并装框,把它们作为埃德温的作品卖了,原来的那个洞被其他人填满了两只新的狗,残画作为查尔斯的作品受到抨击。②

在四种最常见的精神权利(披露权、归属权、完整权和撤销权)中,英语国家至少忽视了披露权。事实上,披露的精神权利与首次出版的经济权利没有区别。当然,雇佣作品也削弱了受雇作者的野心。但在其他方面,确定再生产方式和时间的开发权与披露权在很大程度上重叠。③ 托马斯·潘恩(Thomas Paine)在1782年致雷纳尔神父(abbé Raynal)的公开信中,解释他将一部尚未出现在法文原版中的作品盗译成英文。一个人的观点在发表之前都是他自己的,潘恩写道:"这是一种对不公正现象的残酷补充,因为未来的反思或更好信息可能有时迫使作者去控制或修正作品。"④

维多利亚女王和她的丈夫阿尔伯特亲王,很早就提出了一项著名的披露权声明。当他们私下印刷的素描在目录中被描述并准备在1848年展出时,这对夫妇赢得了决定出版的权利。⑤ 1949年,在一个世纪后的美国,马克·吐温的继承人成功阻止了一份手稿的出版,法院清楚地区分了手稿的所有权和第一次出版的权利。⑥ 1976年《美国版权法案》接管了州普通法中的披露权,即使作者已经出售或赠送了他的手稿,他现在也保留着出版权。⑦

相比之下,撤回权并不是每个大陆国家都接受的。从版权角度来看,这是一项

---

① Fine Art Copyright Act, 1862, 25 & 26 Vict. c. 68, s. 7. Background in Ronan Deazley, "Breaking the Mould? The Radical Nature of the Fine Art Copyright Bill 1862," in Deazley etal., *Privilege and Property*.

② *Hansard*, Lords, 22 May 1862, p. 2019 (BK).

③ Goldstein, International Copyright, 289-90; Jon Baumgarten et al., "Preserving the Genius of the System: A Critical Examination of the Introduction of Moral Rights into United States Law," *Copyright Reporter: Journal of the Copyright Society of Australia* 8, 3 (1990): 4.

④ Thomas Paine, *A Letter Addressed to the Abbe Raynal on the Affairs of North America* (London, 1817), v.

⑤ *Prince Albert v. Strange*, 2 DeGex & Sm. 652, 64 ER 293, 1849.

⑥ *Chamberlain v. Feldman*, 89 N. E. 2d 863 (1949). *Salinger v. Random House*, 650 F. Supp. 413 (1986) 是一个类似的例子。

⑦ §202. James M. Treece, "American Law Analogues of the Author's 'Moral Right,'" *American Journal of Comparative Law* 16, 4 (1968): 488-93.

几乎毫无意义的主张，单方面违反了自由签订的合同。① 为什么作者有权修补历史，抹去他们早期自我的痕迹，以适应他们目前的心态？在极少数出现的案件中，英语法官对作者的心声变化几乎不表示同情。② 虽然有时将终止权与撤回权相比较，但美国1976年法案的终止转移意图和效果与撤回都不一样。③ 行使终止权可以获得一个严格的与经济利益有关的重新谈判的机会，允许作者在35年后收回自己的权利。相比之下，撤回权允许作者在思想改变后完全取消一部作品，重点是抹去过去。如果作者再次改变主意，法国和德国法律要求向最初的出版商提供原始条款，以确保作者的动机完全是个人动机，而不是为更好地剪裁而使出的狡猾计谋。理论上，可以援引美国的终止权来撤回作品，但这是一个以更好的条件重新进入市场的经济机会。

现在留下了归属权和完整权。盎格鲁-撒克逊法律不自动默认归属权，为了强制承认，作者必须在很大程度上依靠合同。如果发表的作品不是他的却被归属于他，诽谤法会帮助他起诉。反过来，完整权是一个问题，特别是在大量衍生的艺术形式中：雕刻、戏剧、歌剧和集体劳作性作品——电影。随着开发权的扩大，主要作品的作者获得了一定程度的控制权。然而，这并没有完全解决小说的完整权问题，比如说，授权改编一部小说可能仍然是一种嘲弄。但它允许原作者决定谁使用该作品的派生和如何使用。

完整权和归属权往往联系在一起。如果未经授权的修改侵犯了完整权，改变归属权有帮助吗？作者是反对这种改变，还是反对被认为是残缺作品的来源？1816年，拜伦说服法庭禁止出版一卷拜伦诗，因为其中有些不是他写的。④ 范妮·芬（Fanny Fern）是一位美国记者和小说家的笔名，是一本虚构的自传著作《露丝·霍尔》（*Ruth Hall*）的作者，也是第一位有固定报纸专栏的女性。1856年，威廉·弗莱明（William Fleming）以她的名义出版了一本烹饪书，她在法庭上成功地提起诉讼，声称这本书的拙劣风格玷污了她的名字。她坚持说："没有人比我把腰带上的表

---

① Strauss, "Moral Right of the Author," 531. 在美国，最接近的类比是霍华德·休斯（Howard Hughes）试图通过购买用作资料来源的文章版权，并拒绝允许其使用来阻止传记的出版。Jon M. Garon, "Normative Copyright: A Conceptual Framework for Copyright Philosophy and Ethics," *Cornell Law Review* 88 (2003): 1303-4. 虽然这是第三方试图将作品从有利于公众的位置上撤回，但与作者（而不仅仅是版权所有者）尝试同样行为的差别很小。

② *Southey v. Sherwood* (1817) 2 Mer 435, p. 439; *Chaplin v. Leslie Frewin (Publishers) Ltd.* [1966] Ch. 71.

③ Goldstein compares it to the right to repent: Goldstein, *International Copyright*, 156, 290.

④ *Byron v. Johnston*, 28 November 1816, *English Reports*, 35: 851.

拿出来更合适。"① 1894 年，宾夕法尼亚州的一家法院裁决支持亨利·德拉蒙德（Henry Drummond）——一位苏格兰福音传道者和作家——理由可以被解释为确认归属或完整权。他关于进化论的洛威尔讲座——最终以《人类的进步》(The Ascent of Man)的形式出现——未经许可出版，被修改过而且也不完整。法院发布了一项禁令，承认他有权"不发布任何实际上不是其作品的文学作品，顺带以防止买方欺诈"②。

马克·吐温和出版其未署名手稿的出版商就归属问题进行了斗争。③ 其中一条司法意见是，卖书和卖一桶猪肉是不一样的。一位作者有资格获得工作报酬，并在撰写时发表。除非合同允许，否则买方不得把作品篡改或以其他名义发行。这突出了版权制度中精神权利的弱点，因为作者主张依赖于有没有签署合同。阿尔贝托·巴尔加斯（Alberto Vargas）以他的长腿裸体画闻名，他发现了归属权的契约性质。1947 年，一家美国法院裁定，他在转让了归属权后，没有被指定为艺术家的权利。④ 其他人比较幸运。超人最初是一个卡通人物，其创造者在 1938 年时签署了转让所有权利的合同，价值 130 英镑。在他们的作品为他人赚取了数百万美元之后，他们提起诉讼，要求至少被承认为作家，并在 1975 年从华纳通信公司那里获得了小小的满足（外加年度养老金）。⑤

成文法也提供了一些保护，防止在英语世界发生未经授权的改动。1911 年《英国版权法案》将机械复制音乐作品的修改限制在那些"合理必要"的音乐作品上。在 1976 年的美国法案中，非戏剧性音乐作品的被许可人有权随心所欲地广泛安排它们，但禁止改变基本旋律或基本特征。⑥ 然而，除了这些遗留的预防措施之外，版权系统中的精神权利基本上是契约的产物。

但有时情况确实有所改善，即使是在美国和英国（如果不是通过法规或条例，那么就是风俗和习惯）。1886 年，在国会上的证词概述了一个作家在出售手稿时如何完全让与他的手稿。出版商可以把它关在保险库里，扔进垃圾桶，卖给同事，或者让他自己的编辑来处理。"手稿所有权的出售、交付和付款与其他任何东西一样，

---

① Michael Newbury, *Figuring Authorship in Antebellum America* (Stanford, 1997), pp. 195-96.
② *Drummond v. Altemus*, Circuit Court, E. D. Pennsylvania, 23 January 1894, *Federal Reporter* 60 (April-May 1894): 338-39.
③ *Clemens v. Press Publishing*, 67 Misc. 183, 122 N. Y. Supp. 206 (1910).
④ *Vargas v. Esquire*, Inc, 164 F. 2d 522, C. O. Bull. 26, 433 (1947).
⑤ *Siegel v. National Periodical Publications*, 508 F. 2d 909 (2d Cir. 1974), discussed in HaroldC. Streibich, "The Moral Right of Ownership to Intellectual Property: Part II—From the Ageof Printing to the Future," *Memphis State University Law Review* 7 (1976-77): 79. 具体见 Brad Ricca, Superboys: *The Amazing Adventures of Jerry Siegel and Joe Schuster—The Creators of Superman* (New York, 2013).
⑥ 1911 act, sect. 19; 1976 act, sect. 115.

没有神圣性,手稿中没有任何隐藏的权利或利益。"① 后来的证据表明这一切已经发生了变化。20 年前,一位作家在 1936 年的国会上作证,杂志编辑们经常根据自己的意愿修改稿件。他曾在济慈(Keats)的一首十四行诗中加了几句话,以表明"它根本不会受到伤害",但是现在作家支持了他们编辑的修改,战斗已经赢了。②

迫不得已,英美世界采纳精神权利

尽管法国观察家哀叹不已,但影响力并不是单向存在的。是的,媒体行业越来越多地掌握在英语国家手中。没错,即使在欧洲保护主义的本地内容壁垒背后,美国的产出也主宰着屏幕,无论大小。但好莱坞、汽车城、纳什维尔、纽约以及后来的硅谷不得不适应世界上最大的发达消费市场,即不断增长、不断协调的欧盟。客户总是正确的,即使他是欧洲人。美国不得不接受伯尔尼联盟的限制,而英国也不得不执行这些限制。在这样做的过程中,英美传播产业发现了它们自己的利益。加入伯尔尼联盟有好处,但并非无条件。虽然联盟内部的相互保护十分诱人,但媒体集团避免纠缠在它们不喜欢的要求中,特别是精神权利。它希望伯尔尼的会员资格符合它自己的条件,"是的,但有一定的限制",1936 年,美国电影协会的律师埃德温·P. 基洛(Edwin P. Kilroe)说。③

19 世纪初,美国作为一个自由的民粹主义民主国家掠夺了欧洲的文化财富,一直是盗版者中的领头羊。但到了 20 世纪 50 年代,美国已成为世界上最大的知识产权出口国,并对保护其在国外的文化产业非常感兴趣。《爱丁堡评论》的创始人悉德尼·史密斯(Sydney Smith)在 1820 年嘲笑道:"在世界的四个角落,谁读过一本美国书?"④ 1838 年,参议院专利委员会仍然认为,美国的书籍无法打入英国市场。⑤ 但十年后,也就是 1848 年,国会报告引用了在英国重印的 500 多本美国书籍,表明美国作家将从国外的保护中受益,就像他们在美国的英国同行一样。事实上,英国作家过去指责美国出版商,称他们的版本支离破碎,他们如今也以同样的

---

① Report 1188, 21 May 1886, *Reports of Committees of the Senate* (1885-86), 92-93.
② *Revision of Copyright Laws: Hearings before the Committee on Patents*, 516-17.
③ Senate, "Report of Proceedings, Hearings ... S. 2465," p. 50.
④ *Edinburgh Review* 33 (1820): 79-80.
⑤ The Committee on Patents and the Patent Office, 25th Cong., 2nd sess., 25 June 1838, Senate Report 494, p. 4 (BK).

方式得到了回报。① 有一百万英国人在 1852 年买下了首次出版的《汤姆叔叔的小屋》，这数量远远超过了它在美国销售量的三倍。② 谁没有读过一本美国书？美国观察家哈哈大笑。③ 就其作品的英国销量而言，彼得·帕利（Peter Parley）和路易莎·梅·奥尔科特（Louisa May Alcott）超过了他们那个时代的任何英国作家。朗费罗（Longfellow）甚至在英国诗人坦尼森的祖国打败了他。爱伦·坡（Edgar Allan Poe）、欧文、库珀（James Fenimore Cooper）、霍桑（Nathaniel Hawthorne）和爱默生（Ralph Waldo Emerson）在美国和英国同样受欢迎。④

到了 19 世纪中叶，对国际版权的反对被不会损害美国图书贸易的主张所抵消。价格不会上涨，因为出版商们现在明白了一个原则，即单独价格低但总体上的大量销售可以带来巨额利润。鉴于制造条款的存在，印刷业和出版业的工作不会受到影响。现在美国出版的书中只有 1/4 是英国印刷的，其余都是美国印刷的。到 19 世纪末，美国作家和出版商以及图书馆员和教育工作者，一致要求对所有作家一律平等对待，不分国籍。⑤

半个世纪后，随着争论从国际版权扩展到伯尔尼联盟的美国会员资格，类似的逻辑也被保留下来。到了 20 世纪 30 年代，去欧洲旅行的人报告说，几乎所有旅馆里的音乐和电影院里的电影都来自美国，欧洲剧院经常上演美国戏剧。⑥ 1931 年，美国电影制片人和经销商的发言人路易斯·斯沃茨在国会前坚称："我们制作一部电影，把美国生活和美国制造的信息传遍全世界；我们把美国作曲家的曲调传遍全世界。如果我们进入国外，我们希望作品得到保护。"⑦ 当伯尔尼成员资格在 20 世纪

---

① "Memorials of John Jay and of William C. Bryant and Others, In Favor of an International Copyright Law," 30th Cong, 1st sess., 22 March 1848, House of Representatives, Miscellaneous No. 76, pp. 4-5 (BK).

② Amanda Foreman, *A World on Fire: Britain's Crucial Role in the American Civil War* (NewYork, 2010), p. 26.

③ H. C. Carey, *Letters on International Copyright*, 2nd ed. (New York, 1868), 62-63, 68; Michael Winship, "'The Greatest Book of Its Kind': A Publishing History of 'Uncle Tom's Cabin,'" *Proceedings of the American Antiquarian Society* 109, 2 (1999): 316.

④ Aubert J. Clark, *The Movement for International Copyright in Nineteenth Century America* (Washington DC, 1960), 50; Leone Levi, "Copyrights and Patents," *Princeton Review* (1878): 763.

⑤ Report on H. R. 10881 (1890), 51st Cong., 1st sess., 1890, House Rep. 2401, pp. 10-25.

⑥ *General Revision of the Copyright Law: Hearings ... on H. R.* 12549, 206. 类似证词见：*Congressional Record*, Senate, 31 July 1935, p. 12188; Report 2016, House of Representatives, 24 June 1930, *House Reports*, 2 December 1929-3 July 1930, 4: 3-4.

⑦ *General Revision of the Copyright Law: Hearings ... on H. R.* 12549, p. 221.

30 年代被考虑时，美国国务院强调了对工厂产品出口提供条约保护的好处，但也越来越多地强调知识产权，尤其是电影的知识产权。① 一种类似的逻辑刺激了英国在流行音乐方面的发展。在 20 世纪 80 年代，全球所有热门唱片中有 1/4 来自英国。"尽管那些高贵的贵族可能不喜欢，而且经常鄙视它，但是这种音乐形式今天十分流行，"温奇尔西和诺丁汉伯爵在 1987 年告诫他的贵族同行，"毫无疑问，它为这个国家带来了巨额的资金"②。

虽然英国从一开始就是《伯尔尼公约》的成员，但它仍然坚持 1928 年罗马改革的前提，即精神权利受到现行立法的保障而不需要任何改变。1952 年，格雷戈里委员会仍然同意这种观点。但 25 年后的 1977 年，惠特福德委员会在报告如何批准 1971 年巴黎修订案时承认了不足之处。1956 年《英国版权法案》对精神权利的保护并没有延续至作者终身加 50 年。英国至少应明确承认归属权和完整权，虽然委员会还预想诸如作者继承人要求解决在拍摄作品需变更之前被收买的问题，或确认每位合作者作品的归属权等问题。无论如何，尽管接受精神权利，但惠特福德委员会认为它们是可以放弃的（与法国不同）。例如，归属权能够被幽灵作家（代笔者）指定分配，而小说家要事先签署授权书，许可拍摄他作品所需的任何修改。③

英国在 1988 年最终接纳了精神权利。④ 虽然现在已正式符合《伯尔尼公约》要求，但英国版的规定有许多的限制和例外，它只是一个部分的实施。一位评论家

---

① *International Copyright Union：Hearing ... on S*. 1928，pt. 1，pp. 8-9.

② *Hansard*，*Lords*，12 November 1987，p. 1506. 事实上，欧盟其他国家试图利用这一英国市场份额，声称美国版权立法中允许在零售和餐饮机构播放广播和电视广播的例外，削减了本应属于欧洲作者版税。侵权规模的证据是基于这样一种假设，即美国欧洲音乐市场的规模与 1988 年英国表演者在美国唱片销量中所占的 23% 一样大，这是不太可能的推断。World Trade Organization，"United States—Section 110（5）of the US Copyright Act：Report of the Panel，" WT/DS160/R，15 June 2000，p. 60.

③ "Copyright and Designs Law：Report of the Committee to consider the Law on Copyright and Designs，" Cmnd. 6732，*Parliamentary Papers*（House of Commons and Command），24 November 1976-26 October 1977，vol. 7，§§51-57；Dworkin，"Moral Right and English Copyright Law，" 490-91；Strömholm，*Le Droit moral de l'auteur*，430.

④ Copyright，Designs and Patents Act 1988，c. 48.

说:"如果说美国法律到目前为止一直在追求精神权利,那么英国的新法律走错了路。"① 在上议院,试图靠近伯尔尼防线的尝试被挫败了。出版商和媒体大亨与声称为记者和作者说话的贵族和议员发生冲突。在雇佣作品和他们的权利要求之间,记者基本上被剥夺了版权和精神权利。② 广告业这一另一重要的英国产业也青睐限制精神权利以限制作者在工资上的议价权。③ 就像在美国一样,英国媒体自命不凡地寻求遏制法国风格的过度行为,但传统版权的广泛文化吸引力和不愿授予作者特权的态度也依然强烈。④

英国政府公开计划只采取最低限度的措施来遵守《伯尔尼公约》的规定。议会负责工业和消费者事务的副部长约翰·布彻(John Butcher)在回应有关该法案不符合大陆精神的抗议时承认:"当然,我们必须遵守《伯尔尼公约》,因为我们需要签署这项公约,以便为我们的作品以及我们在其他国家的知识产权获得适当保护。"但这种遵守还是有限度的。"公约是一项公约,各国政府应决定它们在遵守公约的规定和遵守其精神和实用性方面走多远。"⑤ 1987年,贸易和工业大臣杨爵士(Lord Young)总结了盎格鲁-撒克逊世界对作家的强硬态度:"那些有思想的人应该从他们的劳动获得公平的回报,但他们不能指望能完全从现实世界中得到庇护。"⑥ 比弗布鲁克勋爵(Lord Beaverbrook)是舰队街(Fleet Street)第一男爵马克斯·艾特

---

① Jane Ginsburg, "Moral Rights in a Common Law System," *Entertainment Law Review* 4 (1990):128. 里加蒙蒂甚至声称,英国和美国正式引入精神权利实际上削弱了对作者的保护。Rigamonti, "Deconstructing Moral Rights," 399-410. Similar sentiments:Peter Stone, *Copyright Law in the United Kingdom and the European Community* (London,1990), p.131; Irini A. Stamatoudi, "Moral Rights of Authors in England:The Missing Emphasis on the Role of Creators," *Intellectual Property Quarterly* 1 (1997):505-6; Sheila J. McCartney, "Moral Rights under the United Kingdom's Copyright, Designs and Patents Act of 1988," *Columbia-VLA Journal of Law & the Arts* 15 (1991).

② *Hansard*, Commons, 28 April 1988, pp.568-70; 25 July 1988, pp.177-78; Lords, 12 November 1987, pp.1503, 1525. See also Hazel Carty and Keith Hodkinson, "Copyright, Designs and Patents Act 1988," *Modern Law Review* 52, 3 (1989):372-73; Gerald Dworkin, "Moral Rights andthe Common Law Countries," *Australian Intellectual Property Journal* 5, 1 (1994):19.

③ *Hansard*, Commons, 25 July 1988, pp.183-84.

④ 媒体对这部法律的表述过于简单,将其大部分特点归因于出版业的力量,而忽略了它在很大程度上也存在于英国对法国版本的作者权利持怀疑态度的长期传统中。见 Vincent Porter, "The Copyright Designs and Patents Act 1988:The Triumph of Expediency over Principle," *Journal of Law and Society* 16, 3 (1989).

⑤ *Hansard*, Commons, 25 July 1988, p.181.

⑥ *Hansard*, Lords, 12 November 1987, p.1476.

肯（Max Aitken）的孙子，也是上议院的发言人。他强调了这一点："开发作品的人"与"他正在利用的作者、作曲家或艺术家"一样，有权得到公正对待。①

英国没有引入披露权和悔改权，而确立归属权和完整权的具体细节使法院几乎没有关于禁止歪曲等损害作者名誉行为的自由裁量权。把作品放在一个可能有偏见的环境中（一件被流行艺术包围的高雅作品，甚至更糟）可能会受到伯尔尼标准的惩罚，但在英国则不然。②归属权和完整权也不适用于豁免作品，即计算机程序、出租作品、期刊文章或集体编辑的参考书。违规行为如果附有未经作者同意的免责声明（充其量是冰冷的安慰），则允许侵犯完整性。到处充斥着作者同意修改的弃权书，甚至作者提前为未来作品签署弃权书。恐惧的杂志编辑恳求上议院：如果他们不能编辑和修改作家的作品，混乱就会统治他们。③ 尽管英国1988年的法案使精神权利不可转让，但放弃的范围削弱了他们可能假设的任何不可转让的权利。令人惊讶的是，归属权还违反了作者权利的基本前提，即要求书面主张的形式性。④

很奇怪，1988年法案还把实际上是扩大了的作品委托人隐私权从作者精神权利中去除了。1911年《英国版权法案》将委托作品的版权，包括肖像权交给了委托人。这造成了一个异常现象，其中图像的版权归属艺术家，而肖像权归属委托人。1988年的法案将版权授予作者，而不是委托人，从而缩小了这种雇佣作品的范围。为了保护委托人的隐私，法案允许其控制所订购的作品的传播。委托人并没有获得版权，而是有权阻止为私人目的而订购的绘画、照片的公开发表或电影的公开放映。这被认为是一种保护精神权利的措施，但如果是这样的话，精神权利是委托人权利之一，而不是作者的权利。实际上，委托人获得了控制权，以换取他失去的版权。因此，所谓的精神权利被用来保障那些以前被雇佣作品保障的权利——似乎是对大陆意识形态的惩罚。

英国充其量是规定了《伯尔尼公约》最低限度的精神权利。传播产业压制了大多数作者的诉求。编辑们保留了根据他们的需要修改内容的权力，放弃精神权利很快成为电影合同中的标准。⑤

---

① *Hansard*, Lords, 25 February 1988, p. 1337.

② W. R. Cornish, "Moral Rights under the 1988 Act," *European Intellectual Property Review* 12 (1989): 450; Dworkin, "Moral Rights and the Common Law Countries," 22.

③ *Hansard*, Lords, 10 December 1987, pp. 375-76.

④ Sects. 79, 81, 87, 94, 78.

⑤ Porter, "Copyright Designs and Patents Act 1988," p. 344.

美国随后效仿

美国的情况也不妙。1885 年,出席伯尔尼会议的英国代表曾乐观地计算出,美国"不久后也会感到很难放弃加入该会议"①。美国只差了一个世纪。虽然它直到 1989 年才加入伯尔尼联盟,但这个最大的单一版权联盟的引力在过去的一个世纪里无情地增加了。随着美国从版权侵权者转向知识产权的最大出口国,其内容产业要求与欧盟和谐相处。会员法案的发起人罗伯特·卡斯滕迈尔(Robert Kastenmeier)在 1987 年解释说:"在美国还没有加入伯尔尼联盟的过去,我们不希望我们的社会拥有'公约'所要求的那种版权法。"但是,现在"版权法日益国际化,贸易不平衡"的趋势需要美国修正方向。② 商务部长马尔科姆·波多里奇(Malcolm Baldrige)承认,"我们已经从世界上最大的盗版者,变成世界上最大的盗版受害者,我们有必要加强这种保护,这符合我们自身的利益"③。尽管跨大西洋的协调从来都不完美,但趋势明显。在精神权利方面,美国接受了欧洲的指导方针,至少在形式上向东移动,缩小了大西洋两岸的差距。

在州层面,美国人在英国引入之前的几年就引入了精神权利。从 20 世纪 80 年代开始,美国 13 个州,包括加利福尼亚州和纽约州,以法律的形式确认了一些不同的精神权利。这些法律充其量不过是欧洲版本的微弱呼应。一切都只涉及视觉艺术,一半只涉及具有公认质量的作品。所有这些都是为了防止损害完整权,有些则是为了防止更多侵犯荣誉和名誉的行为。四类明确保护的作品不受破坏,而大多数欧洲法规并没有这样做。但是这些法律没有涉及雇佣作品。一半法律没有说明任何特定的保护期限,另一半法律则允许放弃精神权利,拒绝将其视为不可剥夺的权利。④ 1977 年,加利福尼亚甚至采纳了延续权或转售艺术品的权利,尽管这一权利最近在法庭上被推翻。⑤

---

① "Correspondence Respecting the Formation of an International Copyright Union," *House of Commons Parliamentary Papers*, C. 4606 (1886), 55

② "Berne Convention Implementation Act of 1987," Serial No. 50, p. 2.

③ Ibid., p. 182. 声明中非常类似的措辞见 Donald J. Quigg, Acting Commissioner for Patents and Trademarks, U. S. *Adherence to the Berne Convention: Hearings before the Subcommittee on Patents, Copyrights and Trademarks of the Committee on the Judiciary*, Senate, 16 May 1986 and 15 April 1986, Serial No. J-99-25, p. 119.

④ Edward J. Damich, "State 'Moral Rights' Statutes: An Analysis and Critique," *Columbia-VLA Journal of Law & the Arts* 13 (1989): 293-94.

⑤ California Resale Royalties Act, 1977. 由于试图控制加利福尼亚州以外地区的销售,一名法官在 2012 年宣布其违反"美国宪法"的商业条款。*NewYork Times*, 21 May 2012.

1989 年，美国终于加入《伯尔尼公约》。贸易利益是一个关键动机。美国谈判人员已将知识产权作为《关税及贸易总协定》（GATT，General Agreement on Tariffs and Trade）乌拉圭回合谈判的重点，但是美国人缺席了伯尔尼，这使得他们作为知识产权担保人的姿态变得不太可靠。① 新加坡和韩国在双边谈判中要求知道，为什么美国甚至不属于伯尔尼联盟，却极力要求加强版权保护？美国的加入将阻止双重标准出现。② 从 20 世纪 70 年代中期开始，美国开始出现持续的贸易逆差。20 世纪 80 年代，美国自第二次世界大战结束以来首次成为债务国。③ 尽管如此，版权行业仍然是一个亮点，每年产生 15 亿美元的贸易顺差。④ 20 世纪 80 年代末，美国几乎没有进口任何软件，美国计算机程序制造商在欧洲市场占据主导地位。⑤ 然而据估计，为处理盗版行为和现行法规执行不力的问题，美国每年花费数十亿美元。⑥《伯尔尼公约》的会员资格是"全球捍卫版权最重要和最有效的机制"，是对现存问题解答的一部分。⑦

　　就像在英国一样，美国的合作文化产业担心精神权利会妨碍作品的有效使用。全国有线电视协会对精神权利"极为怀疑"，特别是在适用于雇佣作品的情况下。一位作者可能签署了一份合同，允许有线电视公司编辑符合当地标准的作品，甚至缩

---

① Clayton Yeutter to Robert W. *Kastenmeier*, *Congressional Record*, House, 10 May 1988, p. 10323.

② "Berne Convention Implementation Act of 1988," House of Representatives, Report 100-609 (6 May 1988), pp. 18-19. Also *Congressional Record*, *House*, 10 May 1988, p. 10324; Senate, 2 March 1995, p. 6554.

③ Gail E. Evans, "Intellectual Property as a Trade Issue: The Making of the Agreement on Trade-Related Aspects of Intellectual Property Rights," *World Competition* 18, 2 (1994): 144; "US Trade in Goods and Services—Balance of Payments (BOP) Basis," http://www.census.gov/foreign-trade/statistics/historical/gands.pdf.

④ 到 1998 年，知识产权已成为美国第三大出口产业，占国内生产总值的近 6%，版权行业提供了 5% 的劳动力就业，用工数超过了四个领先的非版权制造业产业的总和。*Congressional Record*, Senate, 20 March 1997, p. 4573. 国会依赖 Stephen E. Siwek 和各种合作者定期编写的报告，如 *Copyright Industries in the US Economy: The 2006 Report*, available at http://www.iipa.com/pdf/2006_siwek_full.pdf.

⑤ Commission of the European Communities, *Green Paper on Copyright and the Challengeof Technology: Copyright Issues Requiring Immediate Action*, COM (88) 72 final, 7 June 1988, pp. 171-72.

⑥ "The Berne Convention Implementation Act of 1988," Senate Report 100-352, 20 May 1988, p. 2.

⑦ "The Berne Convention: Hearings ... on S. 1301 and S. 1971," Serial No. J-100-49, pp. 41-42.

短作品的长度以适应时隙。但是,如果他有精神权利,他就可以破坏这部作品。①像其他的主要出口商(如辉瑞制药公司)一样,国际商业机器公司(IBM)也对加入伯尔尼的前景感到乐观。只要可以放弃精神权利,正式遵守这一概念就没有问题。② 虽然对精神权利过敏,好莱坞也热衷于利用《伯尔尼公约》打击盗版。③

相比之下,美国的印刷贸易动机参差不齐。像约翰·威利(John Wiley)这样的出口出版商和好莱坞一样,希望能躲过盗版。从《新闻周刊》(*Newsweek*)到《花花公子》(*Play boy*),这些国内杂志更担心编辑的自由裁量权受到威胁。令人印象深刻的维护美国版权传统联盟(Preserve the American Copyright Tradition,PACT)认为,编辑在发稿之前给记者和摄影师发出最后的指示会造成混乱。所以这些杂志不得不列出每一个贡献者的名字,并把作者的照片放在文中(context)。编辑们担心,对作者声誉的潜在损害无法量化,精神权利可能引发无休止的诉讼。④

面对众多媒体行业的反对,即使是好莱坞的明星力量也没能让人叹服。浮华城的显要人物——导演米洛斯·福曼和悉尼·波拉克,演员吉米·斯图尔特(Jimmy Stewart)和沃伦·比提(Warren Beatty),金格·罗杰斯(Ginger Rogers)和杰瑞·刘易斯(Jerry Lewis)——都前往国会山(Capitol Hill)为争取精神权利而努力,听起来像伍迪·艾伦电影中经常出现的人物。导演乔治·卢卡斯(George Lucas)唤起了一个可怕的未来:电影被着色、加速和缩短,演员被更新鲜的数字化脸孔取代,他们的嘴唇变成了新的对白。⑤ 但他坚持自己的权利,即在拍摄时,可以随意修改一本小说。后来,卢卡斯完成了他最著名的电影《星球大战》(*Star*

---

① *U. S. Adherence to the Berne Convention: Hearings before the Subcommittee on Patents, Copyrights and Trademarks of the Committee on the Judiciary*, Senate, 16 May 1985 and 15 April 1986, Serial No. J-99-25, p. 374.

② "The Berne Convention: Hearings ... on S. 1301 and S. 1971," Serial No. J-100-49, pp. 259, 283-90, 295-99, 331. 正如我们所看到的,即使 1988 年法案后来通过,它也几乎没有减少放弃。

③ "The Berne Convention: Hearings ... on S. 1301 and S. 1971," Serial No. J-100-49, pp. 340-43, 417.

④ Ibid., pp. 348-49, 378, 384-85, 392-93, 397-98; "Berne Convention Implementation Act of 1987," Serial No. 50, pp. 332-33, 401.

⑤ 几年后,这种奇怪的毫无意义的恐惧又出现了,见 EC 1995 green paper: Commission of the European Communities, *Green Paper: Copyright and Related Rights in the Information Society*, COM (95) 382 final, 19 July 1995, p. 65. 但是另一方面,与老演员合作的新电影的可能性被认真对待。Joseph J. Beard, "Casting Call at Forest Law: The Digital Resurrection of Deceased Entertainers—A 21st Century Challenge for Intellectual Property Law," *High Technology Law Journal* 8 (1993).

Wars）三部曲，他也因此饱受抨击。1997 年，他发布了一个据说是改编后的最终版本，许多粉丝认为这是破坏和贬低。而他没收了原版的印刷品，声称"导演有权……回去重新创作一部电影"①。

史蒂文·斯皮尔伯格称赞伯尔尼联盟的观点："艺术不是像香肠那样的商品。"他承认，或许公众喜欢彩色电影。然而，这位当代导演和制片人中最受欢迎、在商业上最成功的导演和制片人却摆出了一位浪漫艺术家的痛苦姿态："艺术的创造不是一个民主的过程，它所界定的专制愿景正是它对国家的价值。……公众有权拒绝或接受结果，但不能参与其创作。"《飞越疯人院》（One Flew Over the Cuckoo's Nest）的编剧之一博·戈德曼（Bo Goldman）不甘示弱地质疑民主的文化身份时，使用了唯美主义者非常美妙的表达：

> 民主是人类最后和最好的希望。它对人类是伟大的，但对艺术却是可怕的。电影不是委员会写的，它不是在一致意见下拍摄的。电影从一个男人或女人一个人在房间里开始，然后尽管周围有成群结队的人，导演还是一个人站在舞台上。每一步都有合作，但是一个制衣者决定在这里缝一个亮片或者在那里打个蝴蝶结，一个摄影师把这扇窗户封住，一个编导从特写镜头到长镜头，每个艺术家最终做出决定，这是一个孤独的决定，经过多年的经验、反复和错误的痛苦，但是用最深刻的情感做出的。这些电影就是我们自己，我们曾经是谁，我们将成为谁。这些电影是我们存在的序幕，也是我们灵魂的食物。它们是心不在焉的笑声，它们是无意识的眼泪。你不能改变它们，就像你不能改变林肯脸上的疣一样。它们有时是不漂亮的，可有可无的，但一千年后，它们仍将是我们。②

好莱坞的绅士们当然很认真地对待自己。唉，没什么用。国会采纳了一些建议，指出美国不必为获得伯尔尼联盟会员资格而加强精神权利，无论如何，精神权利仍然可以通过合同放弃。③ 参议员奥林·哈奇（Orrin Hatch）是 1988 年伯尔尼会员法案的主要支持者，他担心如果废除雇佣作品原则，并且每一个小的编辑决定都需

---

① 引自 "The Right to Cultural Heritage: Film Preservation and the Law," at http://savestarwars.com/righttoculturalheritage.html.
② "The Berne Convention: Hearings ... on S. 1301 and S. 1971," Serial No. J-100-49, pp. 479, 525-27, 542, 502-3, 495.
③ "Final Report of the Ad Hoc Working Group on US Adherence to the Berne Convention," Columbia-VLA Journal of Law and the Arts 10 (1985-86): 547; "Berne Convention Implementation Act of 1987," Serial No. 50, pp. 312-17.

要作者同意，杂志出版商和电影制片人就会受到诉讼困扰。正如英国国会负责工业和消费者事务的副部长约翰·布彻在1988年承认的那样，哈奇也认为入会是为了保护美国的文化出口，而不是保护作家。如果加入《伯尔尼公约》需要口头上的道义支持，那就这样吧。但加入《伯尔尼公约》并没有明确增加作者的现有权利，因为它的目的是"加强对版权的国际保护，不干预现有的国内版权关系"。美国签署了被现实描述为一种"极简主义方法"的协议。①

不出所料的是，当美国加入《伯尔尼公约》时，变化很少。② 自动点唱机播放音乐的强制许可被改变了，更重要的是，取消了作为取得版权先决条件的手续。伯尔尼的原则需要美国这样做，否则贸易伙伴可以反过来阻碍美国作品的保护。③ 由于版权声明是自愿的，每件作品都在创作之时受到保护。④ 至于精神权利则没有。现有的保障措施被认为已足够，并且该法案措辞严谨，以免改变对精神权利的保护（就像以前一样）。公约本身也没有成为国内法，因为它不是自动生效的。任何想要在美国提起精神诉讼的人，仍然只有国内法可以作为依据。⑤

然而，华盛顿并没有完全忽视好莱坞导演们的强烈抗议。同年，1988年的《国家电影保护法案》间接保护了少数几部重要的电影，使其不受改动。国家电影保护局每年可挑选多达25部电影进入美国国宝影片名录。如果它们被修改（包括被着色），必须被标记。但是为了在电视上播放广告而进行的裁剪是不被视为残损的。在第一个十年里没有电影可以登上这个名录。⑥ 当标记的要求在1992年被取消时，法律实际上又回到了一项保存电影的实践中。⑦

1990年，在美国加入《伯尔尼公约》一年后，美国的一项精神权利法确实通过

---

① "The Berne Convention: Hearings ... on S. 1301 and S. 1971," Serial No. J-100-49, pp. 41-42, 174; "Berne Convention Implementation Act of 1988," Report 100-609, pp. 7, 10.

② Berne Convention Implementation Act of 1988, Pub. L. 100-568, 102 Stat. 2853 (1988).

③ "The Berne Convention Implementation Act of 1988," Senate Report 100-352, 20 May 1988, p. 4.

④ 有些手续仍然存在。附加版权通知虽然是可选的但可能会影响对侵权行为的金钱追偿，未按规定缴存的对版权人处以罚款，版权所有人必须及时登记才能获得损害赔偿和侵权律师费。Goldstein, *International Copyright*, 188-90.

⑤ Ricketson and Ginsburg, International Copyright, 613; Jane C. Ginsburg and John M. Kernochan, "One Hundred and Two Years Later: The US Joins the Berne Convention," *Columbia-VLA Journal of Law and the Arts* 13 (1988): 30-31; Ginsburg, "Moral Rights in a Common Law System," 18.

⑥ Public Law 100-446.

⑦ Public Law 102-307. 尽管后来有人试图把事情搞得更好，但改革仍未通过。Adeney, *Moral Rights of Authors*, 464-67.

了。在某些方面，它比英国的立法更具包容性：不需要正式断言归属。但它的力量仍然非常有限。在联邦法律中，作者——而不仅仅是版权所有人——第一次获得了权利。完整权不可转让或放弃，除非以书面形式说明允许进行哪些更改。但正如《美国视觉艺术家权利法案》所指出的那样，该法的范围非常狭窄。① 它只保护有公认地位的美术作品，如单件作品或最多有二百份签名的限量版作品。与英国一样，雇佣创作的艺术品也不包括在内。只有归属权和完整权得到保护，并且完整权不仅不受故意或严重疏忽的改变，也不受名誉或荣誉的损害。一部作品的"公开展示，包括照明和放置"也被排除在外，以此回避了有害环境的主观问题。然而，奇怪的是，作为世界范围内几乎独一无二的精神权利立法，该法律禁止彻底破坏。② 构成建筑物一部分的作品，如壁画，只有在艺术家的许可下才能被移除。因此，1992年肯特·特维切尔（Kent Twitchell）获得了110万美元的和解费。他在洛杉矶创作的描绘艺术家爱德华·鲁斯查（Ed Ruscha）的壁画被喷涂。权利可以放弃，但只能用于特定用途。与欧洲不同，这些精神权利只持续到作者生命终结。

永恒性及其不满

在20世纪80年代和90年代，当欧洲人推动英美两国缓慢、勉强、不完全地引入改革时，跨大西洋的对抗再次浮出水面。欧洲人对变革的规模和速度都不耐烦，他们指控，传媒产业正在展示自己的实力。美国人更担心的是作品的开发，而不是保护作者。③ 他们是对的。美国政府对合作文化生产者的关心可以追溯到19世纪90年代给予报纸补贴邮费，而这种关心在两个世纪后并没有减少。其内容行业想要进入伯尔尼市场，而不希望有不必要的让步。美国人认为精神权利是一个症结所在：不可剥夺的权利要求增加作者的影响力，惹恼版权所有人。但是美国的传播者和作者确实同意，按照大陆的例子，对待知识产权就像对待其他财产一样，拥有强大的所有权，这对所有人都有帮助。美国人从欧洲人身上学到的不是精神权利，而是强大的财产权。

从公众的角度来看，精神权利模棱两可。如果它能让作者更快乐，更有效率，

---

① Visual Artists Rights Act of 1990 (VARA), codified at 17 U. S. C. §§101, 102, 106 (a), 107, 601. 一个好的论述见 in Robert A. Gorman, "Visual Artists Rights Act of 1990," *Journal of the Copyright Society of the USA* 38, 4 (1991).

② 虽然1992年10月9日瑞士版权法第15条第1款要求销毁作品的所有者要将作品提供给作者，但要求的回报不能超过作品的物质价值。

③ Adolf Dietz, "Les Etats-Unis et le droit moral: idiosyncrasie ou rapprochement," *Revue internationale du droit d'auteur* 142 (1989): 232-34.

观众就会得到更多。因此，如果精神权利所保障的真实性超过了它对衍生作品的限制作用，也会如此。但是，精神权利也允许作者故意和随意地阻止他们作品的出现（或者甚至根本不出现），除非它让他们高兴。从根本上说，精神权利假定只有作者才能评判自己的作品。所有其他因素——无论是公众偏好还是历史准确性——都是次要的。当然，这可能会使每一位作者与所有其他作者以及每一位希望使用这部作品的翻译者和表演者发生冲突。

盎格鲁人怀疑地接近精神权利。盎格鲁-撒克逊法院不能理解精神权利的微妙之处。① 英国人和美国人经常不喜欢他们所看到的精神权利。因此庄严载入《伯尔尼公约》的精神权利，却被巧妙地排除在 20 世纪 90 年代的国际条约之外或被淡化。② 英美国家对精神权利的采用多是名义上的，而非实质性的。但在其他方面，为获取伯尔尼成员的神圣资格，版权国家确实做出了牺牲。手续，即确保为公共领域提供现成作品的看门人职能，现在在美国法律中基本上被取消了。还有版权保护期的变化。传统的英美版权制度青睐短期保护，而重点关注财产主张的大陆自然权利规则内在地推动更长期限，即使它很少实现真正的永久保护期。英语世界内容产业不喜欢《伯尔尼公约》的精神权利，但是，它们很难抑制住对欧洲人所享受的长期而有力的版权保护的渴望。随着伯尔尼成员资格的颁发，美国宪法对"有限时间"的警告注定失败。

保护期的长短造成了严重的实际后果。虽然人们经常用类似的术语来讨论这个问题，但持续时间的问题与知识产权是否应该永远持续下去不一样。正如无政府主义者普鲁登所言，永久文学财产的最初提倡者是 18 世纪的书商。③ 他们第一次引入了基于普通法的永无止境的版权概念，希望能为自己攫取据称是自然权利赋予作者的永恒财产。④ 然而，他们在 1774 年受到唐森案和法国大革命法令的阻挠，这些法令缩短了作者的财产权，以平衡他们和公众之间的利益。此后，直到 20 世纪，永久文学产权的拥护者们一直在大声抗议。"没有什么比这项权利更持久的了"，法学家

---

① Bernard Edelman, "Entre copyright et droit d'auteur: L'intégrité de l'œuvre de l'esprit," *Recueil Dalloz Sirey* 40 (1990): 300.

② On NAFTA, Goldstein, *International Copyright*, 51. On TRIPs, Terence P. Stewart, ed., *The GATT Uruguay Round: A Negotiating History* (1986-1992) (Deventer, 1993), 2: 2288-89; Duncan Matthews, *Globalizing Intellectual Property Rights: The TRIPs Agreement* (London, 2002) pp. 50-51. On the WIPO Performances and Phonograms Treaty, see Goldstein, *International Copyright*, 43, 277; Ricketson and Ginsburg, *International Copyright*, 173-74, 1252-59.

③ P.-J. Proudhon, *Les majorats littéraires* (Paris, 1868), p. 19.

④ John Feather, "The Book Trade in Politics: The Making of the Copyright Act of 1710," *Publishing History* 8 (1980): 35.

阿道夫·布鲁略（Adolphe Breulier）提醒他的读者，知识产权的永续性是这一权利的一项指导性原则。①

但永久保护的设想很少实现。永久权利在危地马拉、委内瑞拉、墨西哥、尼加拉瓜、荷兰、葡萄牙等国都有立法规定，埃及可能也有。② 1925 年，意大利永久保护精神权利，1926 年波兰和 1957 年法国也是如此。早在 20 世纪初，人们认为较长的期限显示出进步和启蒙精神，而在此之前，人们一直认为平均教育水平越高，保护期就应该越短。③ 在文化程度高的国家（逻辑上是如此）作家可以在繁荣的文学市场中轻松地谋生，而在落后国家，需要更长的保护才能与较小的销售市场相匹配。④

永恒权利的论点建立在与不动产的类比上。作为对过去表现的奖励，无条件的所有权有一定意义，而作为对未来创造力的刺激，显然并无太大作用。如果短期保护提供了一些激励，那么一个长期的、可能是永久的保护会不会提供更多激励？片刻的反思揭示了这里的感伤幻想。当未来奖励按时间发展比例打折，它们为当前活动提供的动力就会减弱。60 年的死后保护期并不能给作者三次 20 年的快乐。1841 年，英国历史学家和反对夸大作者权利的活动家托马斯·巴宾顿·麦考利毫不动摇地接受了这一见解："但是，在我们死后半个多世纪里，一个我们不知道谁，也许是一个未出生的人，一个与我们完全没有联系的人享有这种保护的好处，这实际上并不是我们采取行动的动机。"⑤

在法国七月王朝时期，当永久保护派与热心于公共利益的评论家斗争时，那个显赫家族的第三位公爵维克多·德布罗意（Victor de Broglie）指出，从所有实际意

---

① Adolphe Breulier, *Du droit de perpétuité de la propriété intellectuelle* (Paris, 1855), p. 16.
② Senate, Report 6187, 5 February 1907, p. 38; J. Kohler, *Das Autorrecht, eine zivilistische Abhandlung* (Jena, 1880), 49. 1842 年，丹麦、瑞典和挪威也声称永久保护。Hansard, Commons, 6 April 1842, p. 1373.
③ Reichstag, *Stenographische Berichte*, 3 May 1910, p. 2856, Spahn. 反过来的观点见 *Hansard*, Commons, 7 April 1911, p. 2636, George Roberts.
④ Union Internationale pour la protection des œuvres littéraires et artistiques, *Actes de la conférence réunie à Rome du 7 Mai au 2 Juin* 1928 (Berne, 1929), 166.
⑤ *Hansard*, Commons, 5 February 1841, p. 349. "It is very probable, that in the course of some generations, land in the unexplored and unmapped heart of the Australian continent, will be very valuable. But there is none of us who would lay down five pounds for a wholeprovince in the heart of the Australian continent. We know, that neither we, nor anybody forwhom we care, will ever receive a farthing of rent from such a province. And a man is very little moved by the thought that in the year 2000 or 2100 somebody who claims through him willemploy more shepherds than Prince Esterhazy, and will have the finest house and gallery ofpictures at Victoria or Sydney."

义上讲，建议将期限从死后 20 年延长到 50 年而不是政府提出的 30 年的支持者，也是在主张永久存在。① 1993 年，由于欧盟通过了死后 70 年的保护期，美国也就延长期限进行了辩论，当时经济学家详细阐述了德布罗意和麦考利的见解。丹尼斯·卡尔贾拉（Dennis Karjala）和他的同事们证明，在 50 年的基础上再延长 20 年，贴现以反映货币的现值，只会使版权的价值增加一点点。假设利率为 7%，未来 80 年支付的一美元版税的现值不到半美分。再加上 70 年后任何有商业价值的作品在统计上不可能出现，70 年的版权拥有人不可能比有 50 年版权的人更富裕。②

但永久存在的主要概念障碍是最终所有者的身份。一旦没有人能声称与作者有私人关系，那为什么作品应该属于其他人？一位观察家警告说，向但丁（Dante）或瓦瑟·冯德·沃格尔韦德（Walther von der Vogelweide）的继承人支付版税十分可笑，也完全不切实际。③ 一个人可以禁止公众进入他继承的房子，但是，一个作家的继承人能否阻止重印一个重要的文化宝藏呢？正如维克多·雨果在 1878 年指出的那样，从长远来看，作家只有一个继承人：人类精神和公共领域。④ 更愚蠢的是，他的继承人与《悲惨世界》的续集制作者进行了一场不体面的战斗。雅各布·格林（Jacob Grimm）反对扩大对席勒作品的保护，他在 1859 年同样得出结论："相比继承人和后代而言，文化财产世界化使作品价值更大。"⑤

版权期限

宪法本身一直阻止美国保护永久性知识产权。为了跨越这一障碍，长期担任电

---

① *Archives Parlementaires*，Chambre de Pairs，27 May 1839，124：715.
② 根据对贴现率的假设，增加值从 0.1% 到 5.4% 不等。"The Copyright Term Extension Act of 1995：Hearing before the Committee on the Judiciary … on S. 483," 20 September 1995, Senate Hearing 104-817, Serial No. J-104-46, pp. 78-89. 这一证词版本同样可见 Dennis S. Karjala, "Comment of US CopyrightLaw Professors on the Copyright Office Term of Protection Study," *European Intellectual . Property Review* 16, 12 (1994). 在 *Eldred v. Ashcroft* 一案中提交给最高法院的诉状中有着类似的逻辑：George A. Akerlof et al., "The Copyright Term Extension Act of 1998：An Economic Analysis," No 01-618, 20 May 2002. Available at http：//cyber. law. harvard. edu/openlaw/eldredvashcroft/supct. amici/economists. pdf.
③ Wilhelm Freiherrn v. Weckbecker, "Richard Wagner, Johann Strauss und die Schutzfrist," *Archiv für Urheber-Film-und Theaterrecht* 3 (1930)：473.
④ *Congrès littéraire international de Paris* 1878：*Comptes rendus in extenso et documents* (Paris, 1879), 214-15; Recht, *Le Droit d'auteur*, 241-43.
⑤ Jacob Grimm, "Rede auf Schiller" (1859) in his *Kleinere Schriften* (Berlin, 1864), 1：396. Background in Elmar Wadle, *Geistiges Eigentum：Bausteine zur Rechtsgeschichte* (Munich, 2003), 2：155ff.

影协会主席、不知疲倦的好莱坞发言人杰克·瓦伦蒂（Jack Valenti）在 1988 年狡猾地提出了永恒版权减去一天的建议。① 在英国，永恒性也没有留下多少吸引力。80 年前，音乐出版商协会（Music Publishers' Association）的主席自然赞成永久权利，他在 1909 年议会的证词中痛定思痛地说："公众总是介入，公众的权利总是得到承认。"②

然而在欧洲，永续性在更长的时间内仍然是一个合理的论点。我们已经看到，在 1841 年的法国辩论中，永恒的权利是拉马丁最关心的事情之一，也看到这个想法后来如何慢慢消失。③ 一次关于这一主题的国际大会于 1859 年总结认为，理论上永久权利是正确和正当的，只有实际的执行困难才能阻止他们的建议。④ 直到 20 世纪，欧洲人仍然高呼永久权利。在德国作曲家中，整个战后改革派乃至内政部都在 20 世纪 50 年代提倡永恒版权。⑤ 1967 年在斯德哥尔摩召开的《伯尔尼公约》修订大会上，试图使精神权利永久化的努力只是遭遇英语国家的抵抗之后才被挫败。⑥ 迄今为止，法国发行的标准法律教科书，不仅提倡精神权利永久化（这已经是法律），而且认为经济权利同样如此。⑦

---

① *Congressional Record*, House, 7 October 1988, p. 24336.

② *Minutes of Evidence Taken before the Law of Copyright Committee*, p. 36. 但在英国，在 1956 年法案的辩论中可以听到最后一次这样的争论：*Hansard*, 4 June 1956, pp. 749-51.

③ Jules Mareschal, *Les Droits d'auteur et le droit du public relativement aux œuvres de l'esprit* (Paris, 1866), pp. 8-9, 15-16.

④ Édouard Romberg, ed., *Compte rendu des travaux du Congrès de la propriété littéraire etartistique* (Brussels, 1859), 1: ii-iii.

⑤ Maracke, *Entstehung des Urheberrechtsgesetzes*, 121-23, 130, 155; Leinemann, *Sozialbindungdes "Geistigen Eigentums*," 47-49; Roeber, "Urheberrecht oder Geistiges Eigentum," 184-85; Peter Ruzicka, *Die Problematik eines "ewigen Urheberpersönlichkeitsrechts" unter besonderer Berücksichtigung des Schutzes musikalischer Werke* (Berlin, 1979), pp. 74-78. 早期例子：R. Dalidou, "Du droit d'auteur," Mercure de France 286 (15 September 1938): 761; Ernst Heymann, "Die zeitliche Begrenzung des Urheberrechts," *Sitzungsberichte der Preussischen Akademie der Wissenschaften* (1927), p. 59.

⑥ Records of the Intellectual Property Conference of Stockholm, 1967, Report of the Work of Main Committee 1, pp. 298-300, on the website for Ricketson and Ginsburg, *International Copyright*; Ruzicka, *Die Problematik eines "ewigen Urheberpersönlichkeitsrechts*," 4.

⑦ Frédéric Pollaud-Dulian, *Le Droit d'auteur* (Paris, 2005), pp. 299-300. 更为温和的方式见 Desbois, *Le Droit d'auteur en France*, 416. 知识产权是一种财产，只有"完全外在的经济和社会原因"才能阻止它永远存在。François Hepp, "L'esprit du nouveau projet de loi français sur la Propriété Littéraire et Artistique," *Archiv für Urheber-Film-Funk-und Theaterrecht* 23, 3/4 (1957): 140. 相比之下，世纪之交的一些法国法学家甚至在理论上都拒绝永久版权：Gustave Huard, *Traité de la propriété intellectuelle* (Paris, 1903), 1: 78-79.

然而，永恒性并不是一种实际的野心。相反，战斗激烈地反映了作者的主张应该持续多久。在过去的三个世纪里，英语国家的持续时间一直比法国和德国短，也延长得更不情愿。① 由于知识产权法的全球化，大多数发达国家现在拥有相同的延长期限——要么是 1948 年《伯尔尼公约》规定的 50 年，要么是 1993 年欧盟所要求的 70 年。但情况并不总是如此。从历史上看，版权保护期延长的动力和主动性总是来自主张作者权利的国家。

直到 19 世纪，英国和美国都没有考虑从出版之日开始延长 14 年的保护期，再加上同样长的续约期。1831 年，美国的初始保护期限翻了一番，达到了 28 年，1909 年再续期限达到 28 年。如果作者能续展，他将获得最长 56 年的版权——很少有人会这样做。② 直到 1976 年，美国才开始追随现在欧洲的做法，规定保护期为作者有生之年加 50 年，这一保护期限由伯尔尼会议在 1908 年提出，后于 1948 年授权实施。

在英国，1710 年《安妮法》中最初的 14 年期限于 1831 年延长至 28 年或作者的有生之年，以较长的时间为准。塔尔福德企图用有生之年加 60 年这样牺牲公众利益的代价去奖励作家，激起了人们的愤怒，并导致了长期争吵，他最终妥协，在 1842 年英国将保护期延长到作者终身加 7 年或发表之日起 42 年，两者以较长的时间为准。麦考利的著名反驳——长期而言这是"为了赏赐作家而向读者征税"——总结了盎格鲁-撒克逊人的态度：公众优先于财产所有者，公共利益高于作者的权利。但是，作为伯尔尼联盟的原始成员之一，英国无法逃脱大陆的影响。到了 1909 年，麦考利派的态度消失了，作者终身加死后 50 年不再被认为有损于公众利益。③ 1911 年，英国通过了《伯尔尼公约》的规范。

最初，英国人和美国人都是从出版之日起开始保护，而不是把作品与作者的寿命联系起来。这表明他的权利是暂时的垄断，既有利于他的利益，也有利于继承人的权利（但前提是他的寿命没有超过自己的保护期）。托马斯·杰斐逊在他的 19 年保护期建议背后的精确计算反映了他的信念，因为地球属于活人，版权应该与平均

---

① B. Zorina Khan, *The Democratization of Invention*: *Patents and Copyrights in American Economic Development*, 1790-1920 (Cambridge, 2005), p. 237.

② 只有 15% 的现有版权被更新。Barbara A. Ringer, "Renewal of Copyright," *Studies on Copyright* 1 (1963): 617. 从 70% 的电影到 7% 的书籍和不到 1% 的技术图纸。"Copyright Law Revision: Report of the Register of Copyrights on the General Revision of the US Copyright Law," 87th Congress, 1st sess., House Committee Print, July 1961, p. 51.

③ *Report of the Committee on the Law of Copyright*, Cd 4976 (London, 1909), 16. With onesquawk on behalf of the public and its interest in short terms, p. 31.

寿命成比例。① 作者不得从坟墓中裁决他的作品。在这种情况下，1790 年的第一部美国版权法规甚至按照英国 14 年的先例削减了版权期限。相反，欧洲大陆将作者的权利视为终身财产，然后传给他们的继承人。1777 年的《法国版权法案》规定，如果作者同时担任出版人，他将享有永久的权利。旧政权的最后一股气息被革命性的法令吹走了，它自觉地遵循了英国的先例。革命者们设立了短期保护，尽管作者的生命现在是衡量事物的尺度（在两项法令中规定了死后 5 年和 10 年的保护期）。

但到了 1810 年，在拿破仑一世（Napoleon Ⅰ）的统治下，法国的私人财产开始超过公共领域，而且保护期限也延长了。拿破仑担心分散的、争吵不休的继承人所拥有的作品可能会消失，因此他对永久财产持怀疑态度。② 然而，在他执政期间，保护期被延长到作者及其遗孀的有生之年（如果婚姻财产关系允许的话），然后给予其继承人至他们死亡后 20 年的保护期。③ 在 1826 年人们提出了作者终身加 50 年，就像 1836 年七月王朝时期那样。④ 在 1841 年的辩论中，拉马丁更喜欢永久的权利，但他知道他不得不接受更少的权利。1854 年，有生之年加 30 年的保护期被采用，所有寡妇，不论其婚姻财产条件如何，都从配偶的权利中受益。1863 年，一个向拿破仑三世报告的委员会主张永久的权利，称"没有它就没有真正的财产"。但这时的保护期勉强为有生之年加 50 年，尽管后来偷偷地追加了永久版税。⑤ 1866 年，死后 50 年的保护期被通过，比《伯尔尼公约》的要求早了 80 年。后来，受两次世界大战阻碍的作品保护期被延长：1920 年以前的出版物为六年半，1941 年以前的作品为八年半。那些为"爱国"而死的作家的遗产，包括阿波利纳尔（Apollinaire）和圣埃克-卢佩里（Saint-Exupery）的作品也得到了 30 年的延期保护。⑥ 也有一些意想不到的结果，第一次世界大战后出版的普鲁斯特《追忆似水年华》（À la

---

① Thomas Jefferson to James Madison, 6 September 1789, Julian P. Boyd, ed., *The Papers of Thomas Jefferson* (Princeton, 1958), 15: 392-97.

② Jacques Boncompain, *La Révolution des auteurs* (1773-1815) (n. p., 2001), 862.

③ Décret Impérial contenant Réglement sur l'Imprimerie et la Librairie, No. 5155, 5 February 1810, art. 39 (BK).

④ Commission de la propriété littéraire, *Collection des procès-verbaux* (Paris, 1826), 329; *Annales du Parlement français*, 20 May 1839, p. 135.

⑤ Commission de la propriété littéraire et artistique, *Rapports à l'empereur, Décrets, Collection des procès-verbaux* (Paris, 1863), pp. 251-52.

⑥ Pollaud-Dulian, *Le Droit d'auteur*, 306-7.

recherché）的部分内容比第一卷更早地进入了公有领域。①

德国人对财产的考虑比法国人少。到 19 世纪末，"geistiges eigentum" 或称知识产权的概念被 "Urheberrecht" 取代，也就是作者的人格权，它是一种独立于财产的人格权。② 但魏玛共和国和第三帝国却被作者的社会义务所困扰。德国人声称文学作品不像传统的财产，因此它不可能永远保存下去。法国人则寻求关心整个社会。③ 相应地，德国人花了更长时间来超越普鲁士、德国联邦和新的统一德国所采用的 30 年保护期。1856 年，当歌德、席勒和其他经典作家的作品被延长了 10 年保护期时，学者们对经典版本和公众启蒙的损失感到遗憾。④

在 19 世纪中期，人们认为 30 年是一个作家在死后能被记住的时间段，因此是一个恰当的期限。⑤ 80 年后的 1927 年，这一逻辑仍然没有受到挑战。普鲁士科学院（Prussian Academy of Sciences）现在认为，作者们真的想广泛传播他们的作品。长保护期有益于他们的继承人，而不是作者自己。在作者死亡 30 年后其遗孀也几乎不在人世，为什么要费心延长这个期限呢？⑥ 20 世纪初，德国人发出了几乎是盎格鲁-撒克逊人的声音，为公共领域和公众争辩。⑦ 德国人坚持 30 年的保护期限，直到 1934 年，纳粹采用了法国 50 年保护期的标准。但战争结束后，他们加速前进。在 1965 年，他们第一个将权利保护期限延长到 70 年后，希望在第三帝国之后恢复他们的精英身份。

在过去的三个世纪里，对作者的保护几乎从未减少，他们似乎在赛跑时一直向

---

① Dominique Eril, "D'Artaud à Zorn: 26 histoires d'héritage," *Lire* 138 (1987): 41. 奥托·普雷明格可以在 1954 年使用《卡门·琼斯》，而法国则禁止这样做，因为由于战时延长条款，《卡门·琼斯》在法国一直保护到 1972 年。Ferdinand Roger, "The 'Carmen Jones Affair,'" *Revue internationale du droit d'auteur* 8 (1955): 6.
② Generally, Rigamonti, *Geistiges Eigentum als Begriff*.
③ Heymann, "Die zeitliche Begrenzung des Urheberrechts," 74-77, 112.
④ Klostermann, *Das geistige Eigenthum an Schriften*, 1: 277.
⑤ Johann Caspar Bluntschli, *Deutsches Privatrecht* (Berlin, 1853), 1: 194, 201.
⑥ "Erklärung über die Schutzfrist des Urheberrechtes," *Sitzungsberichte der PreussischenAkademie der Wissenschaften* (1927), pp. 44-55.
⑦ Heymann, "Die zeitliche Begrenzung des Urheberrechts," 90-96.

上挺进。① 在提升世界其他地区版权保护成本方面，1965 年的德国新标准不可忽视。但事情可能会更糟。1958 年，意大利作家和出版商协会（Italian Society of Authors and Publishers）建议延长保护期限，以达到最长的期限，即西班牙的 80 年。② 出于某种原因，他们忽视了葡萄牙人，从 1927 年到 1985 年，葡萄牙的政策是真正的永久保护。③ 事实上，在 1928 年罗马会议上，葡萄牙人谴责其他与会者落后，同时称颂墨索里尼支持作家的态度。④ 但西班牙人和葡萄牙人并不是变革的火车头，比不上令人生畏的德国出版业，德意志联邦共和国的 70 年历史成为人们追求的黄金标准。

1985 年，法国将音乐作品的保护期延长到了 70 年。⑤ 1991 年，在讨论是否要保护数据库（在美国根本没有涵盖的一种作品）长达 70 年时，欧盟委员会没有听到反对意见。⑥ 然后在 1993 年，欧盟屈从于德国的先例，并为成员国规定了 70 年义务。⑦ 欧盟宣称其目标是追赶寿命的增加，因此保留了《伯尔尼公约》的传统目标，

---

① 在立法发展过程中，除苏联外，作者权利受到限制的少数例子包括1936年法国的扎伊提案和1911年英国法案。两种情况下都取决于如何评估从专有权转向混合这些权利和强制许可的时期。可以说英国1911年法案将作者的排他性权利从最多 42 年（如果作者在出版后迅速死亡）缩短到 25 年。此外，1996 年的欧盟数据库指令是在中等水平上统一，而不是建立在最慷慨的原创标准之上。Brad Sherman and Lionel Bently, "Balance and Harmony in the Duration of Copyright: The European Directive and Its Consequences," in Patrick Parrinder and Warren Chernaik, eds., *Textual Monopolies: Literary Copyright and the Public Domain* (London, 1997), p. 35.

② Claude Masouyé, "Vers une prolongation de la durée générale de protection," *Revueinternationale du droit d'auteur* 24 (1959): 101.

③ Stephen P. Ladas, *The International Protection of Literary and Artistic Property* (New York, 1938), 1: 329-30.

④ Union Internationale, *Actes de la conférence réunie à Rome*, 164-65.

⑤ 1985 law, art. 8. 他们的论点是对严肃音乐的投资只有在长期内才能产生回报。Silke von Lewinski, "EC Proposal for a Council Directive Harmonizing the Term of Protection of Copyright and Certain Related Rights," *International Review of Industrial Property and Copyright Law* 23 (1992): 789.

⑥ Commission of the European Communities, *Follow-up to the Green Paper: Working Programme of the Commission in the Field of Copyright and Neighbouring Rights*, COM (90) 584final, Brussels, 17 January 1991, p. 19.

⑦ 这里明确的动机之一是希望促使德国以外的其他国家抵消战争世代的开发损失。Council Directive 93/98/EEC, 29 October 1993, *Official Journal*, L290 (24 November 1993): 9, recital 6. 其中也有一些抱怨。例如丹麦的一位议员说延期意味着"考虑死者的利益高于生者的利益"。*Official Journal*, 1992-93, No. 3-423 (26 October 1992): 27.

即在作者及他两辈后代的整个生命周期内提供类似财产的福利。① 和往常一样，权利持有人将获得最直接的利益。法国唱片业担心失去 20 世纪 50 年代的黄金时期最有价值的财产，包括伊迪丝·皮亚夫（Edith Piaf），乔治·布拉森（Georges Brassens），玛丽亚·卡拉斯（Maria Callas）。② 不像之前关于期限的讨论——无论是塔尔福德、拉马丁、还是世纪之交的德国争端——欧盟 1993 年的保护期延长到 70 年，这是在布鲁塞尔的密室决定的，几乎没有引起什么争议。③

谁将受益？桑尼·博诺：美国采用欧洲规范

美国人没有义务延长保护期，因为为了准备成为会员，他们已经在 1976 年按照《伯尔尼公约》最低限度制定了死后 50 年的版权保护期的法律。④ 到那时，影响的方向已向西越过大西洋。出版商想要内容产业进入伯尔尼联盟的市场，但不想受到精神权利困扰。美国签署了"会员资格"，采用了欧洲对财产的处理方法。虽然加入俱乐部，但为什么美国的传播者不享受和他们欧洲同行一样的保护期？1993 年，欧盟通过将 70 年保护期作为新的标准，美国作品的保护时间比竞争对手少了 20 年。美国作家和传播者的意见一致——公众被诅咒。

1998 年，《桑尼·博诺版权扩展法案》达成一致，该法以流行歌手、当时的共和党众议员和激进版权倡导者桑尼·博诺的名字命名，他在滑雪事故中丧生。该法案也受到了批评，它经常被称为米老鼠法案，因为迪士尼公司是延长期限的主要受益者。⑤ 这部法案当然受到作者和内容行业的热烈欢迎。⑥ 这可能是"历史上最大的一次土地掠夺"，但前提是我们忽视欧洲人已经做过的事情。⑦ 因为这基本上是美国国内立法中的一个被动部分，美国追随欧盟将保护期从 50 年延长到 70 年。由于

---

① Council Directive 93/98/EEC, 29 October 1993, *Official Journal*, L290 (24 November 1993): 9, recital 5.
② Joëlle Farchy, *Internet et le droit d'auteur：La culture Napster* (Paris, 2003), p. 35.
③ Sherman and Bently, "Balance and Harmony in the Duration of Copyright," 27-28.
④ "Copyright Law Revision," Senate Report 94-473 (1975), pp. 118-19.
⑤ 不过从技术上讲，这只心爱的啮齿动物被注册了商标，这意味着只要迪士尼好好利用他，他就会受到保护。
⑥ 正如总检察长西奥多·奥尔森（Theodore Olson）在最高法院的口头辩论中对这一点的阐释，在检验延期是否符合宪法的案件中，版权条款"提供了激励措施……不仅为创作者，也包括传播者、出版商、播音员、电影公司"。见 *Eldred v. Ashcroft*, transcript of oral arguments before the Supreme Court, No. 01-618, 9 October 2002, p. 32.
⑦ Michele Boldrin and David K. Levine, *Against Intellectual Monopoly* (Cambridge, 2008), p. 100.

美国法律进一步偏离其对公共领域的传统关注，它引发了欧洲无可比拟的抗议和辩论，包括最高法院的质疑。在国会，这项法案被描述为"娱乐业的首要任务"，允许美国"版权创造者和所有者……享受欧洲版权所有者已经享受了一段时间的完整和恰当的保护期"。① 正如桑尼的遗孀玛丽·博诺（Mary Bono）所证明的那样，它使"我们的系统符合强大的国际标准"②。好莱坞的代表认为，一旦欧洲做出决定，美国就丧失了其最具活力的出口部门的巨大贸易优势。③

人们经常争辩说，美国超越了欧洲的规范，将雇佣作品的保护期从公布时间延长到95年（或从创作时起120年，以较短者为准）。④ 事实上，美国的版权期限在很大程度上适应了欧洲的规范，同时考虑到了在美国文化生产中雇佣作品的重要性。欧洲法律认可的雇佣作品保护期，倾向于更短。但更重要的是，雇佣作品（主要是集体作品，有时就像1985年后的法国那样，比如软件）是欧盟法律中的一个次要类别，因为大多数作品在作者的一生中都受到保护。因此在实践中，欧洲的保护通常仍然持续更长时间。⑤ 如果没有延长雇佣作品保护期，许多美国作品的保护时间就会比欧洲同类作品的保护时间短。

例如在美国，电影被视为雇佣作品，从上映之日起被保护95年。在欧洲，它们被视为普通作品，从电影中最后一位幸存者去世起，它们被保护70年。除了很老的作者的作品，它可能至少和美国人有一样长的保护期。⑥ 作为一项措施，截至2003

---

① *Congressional Record*，House，7 October 1998，p. 24334.
② Ibid., p. 24336. Also, *Congressional Record*，Senate，20 March 1997，p. 4569.
③ *Congressional Record*，Senate，20 March 1997，p. 4573. "With so many of our trading partners moving to the longer term but preparing to recognize American works for only the shorter term, I believe it is time for us to act." Senator Leahy, p. 4575.
④ Neil Weinstock Netanel, "Copyright and a Democratic Civil Society," *Yale Law Journal* 106, 2 (1996): 367; Jessica Litman, *Digital Copyright* (Amherst, 2001), p. 32. 对于扩展的简单数字完全误解，见 Philippe Quéau, "Intérêt général et propriété intellectuelle," in Olivier Blondeau and Florent Latrive, eds., *Libres enfants du savoirnumérique* (n. p., 2000), p. 167.
⑤ 然而，美国对录音的保护时间更长，从出版之日起95年，而在欧洲，从引发邻接权保护的时间起50年。另一方面，针对小型食品和零售机构的"家庭式"例外限制了版权持有人在美国广播的实际收入。因此，虽然广播权在欧洲只持续50年，在美国持续95年，但在美国只有数字广播受到保护，而所有形式的无线电在欧洲都受到保护，据估计（70%的食品和饮料以及45%的零售机构被豁免），美国相关总收入可能不会超过欧盟。*Gowers Review of Intellectual Property* (December 2006): 49-50.
⑥ "The Copyright Term Extension Act of 1995: Hearing ... on S. 483," Senate Hearing 104-817, p. 12; Goldstein, *International Copyright*, 244.

年，法国电影尚未进入公共领域。① 相比之下，2011年美国公共领域电影的汇编列出了284部。② 此外，在70年的保护期之外，欧洲还增加了大陆战争时期的扩展，而美国并没有类似的条款。莫奈的《睡莲》（*Water Lilies*）系列画作之一，于1906年执行版权，悬挂在芝加哥艺术学院（Art Institute of Chicago），于1981年进入美国的公共领域。在法国，战争延期保留了另外30年，直到2010年才进入公共领域。③

《伯尔尼公约》的政策一直要求外国作家和他们当地同行受到同样对待。但就期限而言，适用原籍国的标准。④ 当欧盟将期限延长到70年时，它利用这一漏洞强加了一种互惠的"短期规则"。如果非欧盟作品比欧盟的作品保护期短，那么它们只能享受母国版权保护期限。⑤ 因此，美国有动机迅速采用较长的欧洲标准。⑥ 可以说，欧盟施加了一个违反伯尔尼精神的规则，迫使美国延长期限。

在美国的讨论中，有关财产的争论长期以来一直处于次于公共利益的位置。版权保护由宪法规定，以促进科学的进步和有用艺术的进步。⑦ 众议院委员会在关于1909年法案的报告中宣布，版权的存在"主要不是为了作者的利益，而是为了公众的利益"。⑧ 1931年，前专利专员卡尔·芬宁（Karl Finning）同意："版权保护的

---

① Farchy, *Internet et le droit d'auteur*, 158.
② http://www.imdb.com/list/2RfGaIYkZPc/?start=251&view=compact&sort=listorian：asc.
③ Scott M. Martin, "The Mythology of the Public Domain: Exploring the Myths Behind Attacks on the Duration of Copyright Protection," *Loyola of Los Angeles Law Review* 36 (2002)：284-85.
④ Arts. 5 and 7 (8).
⑤ Council Directive 93/98/EEC, 29 October 1993, art. 7, *Official Journal*, L290 (24 November 1993)：9. 这一反伯尔尼原则适用的是起源国的标准，而不是寻求保护的标准，已在1993年《卫星和有线指令》中得到实施，并在1995年《欧盟版权绿皮书》中再次提出。Stephen Fraser, "TheCopyright Battle：Emerging International Rules and Roadblocks on the Global InformationInfrastructure," *John Marshall Journal of Computer and Information Law* 15 (1997)：784-85.
⑥ "The Copyright Term Extension Act of 1995：Hearing ... on S. 483," Senate Hearing104-817, pp. 1-2.
⑦ Dotan Oliar, "Making Sense of the Intellectual Property Clause：Promotion of Progress as a Limitation on Congress's Intellectual Property Power," *Georgetown Law Journal* 94 (2006), and Oliar, "The (Constitutional) Convention on IP: A New Reading," *UCLA Law Review* 57 (2009).
⑧ Report 2222, 22 February 1909, *House Reports* (60th Congress, 2nd sess.) (WashingtonDC, 1909), p. 7. "The enacting of copyright legislation ... is not based upon any natural rightthat the author has in his writings,... but upon the ground that the welfare of the public willbe served."

目的与其说是为了给作者谋生，不如说是为公众获取一些东西。"① 1932 年，首席大法官查尔斯·埃文斯·休斯（Charles Evans Hughes）宣布："美国的唯一利益和授予垄断的主要目的，在于公众从作家的劳动中获得普遍利益。"②

40 多年后的 1975 年，最高法院认同了这一原则。我们的版权法直接作用是确保作家的创造性劳动得到公平的回报，但最终目的是通过这种激励方式为公众利益激发艺术家的创造力。③ "法院在 1984 年表示，在所有情况下该法'给予所有者奖励是次要考虑'。"④ 1988 年《美国伯尔尼公约实施法案》的报告也采用了这种做法："根据美国宪法，版权法的主要目标不是奖励作者，而是为公众确保作者劳动所带来的利益。"⑤ 这样的例子可以随心所欲地成倍举出。⑥

但一旦美国在 1989 年加入《伯尔尼公约》，公众利益就变得不那么重要了。欧洲以财产为主导的论调悄然出现，鼓励作者创造力的逻辑也微妙地发生了变化。传统上，版权仅向作者承诺对他的创作给予大部分价值回报是为了说服他继续工作。⑦ 相比之下，大陆意识形态则提供了更大的可能性。渐渐地，扩大作者份额的做法也扩散到英美国家。作家不再仅仅因为他激发了人们的创造力而得到奖励。现在，该算法假设奖励以直接成比例的方式鼓励创造力。回报越大，效果就越好——至少更多。

1873 年，国会图书馆委员会提出了一个经典立场。它报告说，版权的意义"不是保护作者作为客体——不是作为独立于科学的天才的奖励，而是为了后者的利益

---

① *General Revision of the Copyright Law：Hearings ... on H. R.* 12549，p. 24. Very similar claim in *Fox Film Corp v. Doyal*，286 U. S. 123 (1931)，p. 127.
② *Fox Film Corp v. Doyal*，286 U. S. 123 (1931)，p. 127.
③ *Twentieth Century Music Corp v. Aiken*，422 U. S. 151 (1975)，p. 156.
④ *Sony Corporation v. Universal City Studios, Inc.*，464 U. S. 417 (1984)，p. 429.
⑤ "Berne Convention Implementation Act of 1988," Report 100-609，p. 17.
⑥ Information Infrastructure Taskforce，*Intellectual Property and the National InformationInfrastructure：The Report on the Working Group on Intellectual Property Rights* (September 1995)，20-23; "Report of the Register of Copyrights on the General Revision of the US CopyrightLaw," July 1961，87th Congress，1st sess.，p. 6，quoted in Lucie M. C. R. Guibault，"Contracts andCopyright Exemptions," in P. Bernt Hugenholtz，ed.，*Copyright and Electronic Commerce：LegalAspects of Electronic Copyright Management* (London，2000)，154-55; *United States v. ParamountPictures，Inc.*，334 U. S. 131 (1948); *Congressional Record*，60th Congress，2nd sess.，vol. 43，N 67，House of Representatives，3 March 1909，p. 3850.
⑦ Stephen Breyer，"The Uneasy Case for Copyright：A Study of Copyright in Books，Photocopies，and Computer Programs," *Harvard Law Review* 84，2 (1970)：285-86.

而激励前者"。① 在费斯特出版公司诉乡村电话公司（1991）案中，最高法院仍然坚持传统的方法："版权的主要目标不是奖励作者的劳动，而是'促进科学和有用艺术的进步'。"② 奖励作者是加强公共领域的附带因素。这是达到这一目的手段，而不是目的本身。

在 Eldred（2003）案中，最终的判决将保护期追溯到 70 年。情况正在发生变化。法官鲁思·巴德·金斯伯格（Ruth Bader Ginsburg）认为，"版权法通过为个人提供追求私人利益的动机，为公共目的服务"③。这种逻辑有些微妙的不同。金斯伯格将报酬和产出直接联系起来，更接近于与议员歌手遗孀玛丽·博诺达成一致。她说："通过最大限度地激发原创作者的创作动机，我们帮助扩大了艺术、电影、音乐、书籍和软件的公共商店。"④ 这近似于传统的大陆逻辑。《伯尔尼公约》指南解释说，丰富文化遗产"直接取决于对文学和艺术作品的保护程度。水平越高，对作者创造的鼓励就越大"⑤。换句话说，奖励越多越好。这离开国元勋的开明而有效率的社会的愿景还有很大距离。

不过，尽管为强权辩解越来越多地建立在财产上而不是在社会效用上，美国的意识形态在 2003 年并没有完全走向另一方。金斯伯格和博诺都还在谈论激励，而不是像自然权利的逻辑那样，谈论奖励和应得的赏罚。但这些激励措施不再局限于作者所需的、保持他持续创造的最低限度。现在剩下的是最大程度足以激发创造力的激励措施，超过这一点，作者不需要进一步获利。作者和他们的受让人越来越多地被视为理所当然地拥有尽可能多的垄断租金。大陆的自然权利传统更多的是基于奖励而不是激励，是作者理应得到的待遇。成本/效益分析并不重要，而且也没有什么意义，进一步的回报不再为社会目的服务。这种欧洲的观点——私人报酬和公共利益之间有着直接的联系——现在也被美国采纳了。1998 年，在《桑尼·博诺版权扩

---

① Joint Committee on the Library, Report 409, 7 February 1873, 42nd Congress, 3rd sess., reprinted in *Congressional Record*, 50th Congress, 1st sess., vol. 19, pt. 4, Senate, 30 April 1888, p. 3510.
② *Feist Publications, Inc. v. Rural Telephone Service Co.*, 449 U. S. 340 (1991), p. 349.
③ *Eldred v. Ashcroft*, 537 U. S. 186 (2003), p. 212, nt. 18.
④ *Congressional Record*, House, 7 October 1988, p. 24336. 将奖励越大创造越多这一假设与劳伦斯·莱辛（有限版权制度美德的强烈捍卫者）对传统逻辑的重述（保护期限应该满足鼓励创造的必要，但不能再多）进行比较。见 Lawrence Lessig, *Free Culture: The Nature and Future of Creativity* (New York, 2004), 292.
⑤ WIPO, *Guide to the Berne Convention for the Protection of Literary and Artistic Works* (Geneva, 1978), 3. 同样，1998 年的《数字千年版权法》将数字传输强制许可的定价结构从所有者公平回报的传统基础转向了毫不掩饰的市场费率。Neil Weinstock Netanel, *Copyright's Paradox* (New York, 2008), pp. 79-80.

展法案》中,美国单方面将欧盟的保护期从50年延长至70年,但该法案的发起人仍抱怨称,公众未能从中受益,而作者和版权行业则从中获利。参议员帕特里克·莱希(Patrick Leahy)坚持说:"我强烈认为,延长版权保护期限应该考虑公共利益,比如创作新作品或造福于公共艺术。"① 参议员汉克·布朗(Hank Brown)在委员会的报告中提出了少数人的抗议,发出了美国传统的担忧,以免公共领域被私人财产所掩盖。他对授予作者的垄断权不断延长感到遗憾,并引用了一些专家的话。这些专家认为,这场冲突是版权所有者与公众利益之间的一场斗争,是为了更低的价格和丰富的作品而展开的斗争。"欧盟已经缓解了有利于旧版权所有者的紧张局势。我们更应该支持公众。"②

但是,事实上,1998年的博诺法案很少考虑到公众。参议员莱希、泰德·肯尼迪(Ted Kennedy)和保罗·西蒙(Paul Simon)确实插入了两个小变化:第一,未发表的材料在2003年进入公共领域(1976年法案取消了对它们的普通法保护),尽管保护期延长,它们仍将被免费试用;第二,图书馆和教育机构(educational institutions)仍然可以复制研究材料。③ 但除了作者、出版商和继承人之外,唯一的受益者是小餐馆、酒吧、美发沙龙的所有者。在一项讨价还价的交易中,延长期限受到了一项措施的约束,这项措施免除了这些小企业为客户播放广播而收取的许可证费。少数作者和他们的传播者一个小小的付出使一批随意收藏作品的零售企业获利,以换取版权期限的延长,这严重损害了公众利益。

家庭和继承人的权利

在美国,传统的问题是版权激励是否能促进创造力?正如1961年国会的一项

---

① *Congressional Record*,Senate,20 March 1997,p. 4576.
② "Copyright Term Extension Act of 1996," Senate Report 104-315,10 July 1996,pp. 29-36. 报告内容引自 Dennis Karjala,"The Copyright Term Extension Act of 1995: Hearing ... on S. 483," Senate Hearing 104-817,p. 88. 一部书一样地反对扩展的观点内容见 Robert L. Bard and Lewis Kurlantzick,*Copyright Duration: Duration, Term Extension, the European Union and the Making of Copyright Policy* (San Francisco,1999).
③ "Copyright Term Extension Act of 1996," Senate Report 104-315,10 July 1996,pp. 25-28.

研究所问的那样："什么样的有限时间才能最有效地促进科学和有用艺术的进步？"①但从 20 世纪 90 年代开始，欧洲式的财产辞令更频繁地在美国出现。知识分子和传统财产之间的大陆类比现在也引起越来越多的争议，而继承人的主张也接受了听证。

作者的家庭在美国之前关于版权期限的讨论中只是稍有触及。根据定义，欧洲的作者死后保护期使作者的家庭和继承人受益。盎格鲁-撒克逊保护期则仅根据出版物衡量，家庭和继承人没有任何收益。在诺亚·韦伯斯特的命令下，最初的保护期在 1831 年增加了一倍，从出版后的 14 年增加到了 28 年，作者的配偶和子女也获得了额外 14 年的权利，即使作者已经去世。在这里，作者家族首次出现在美国的版权舞台上，朝着欧洲作品作为可继承财产的地位迈出了一小步。② 美国支持国际版权和较长死后保护期的人羡慕地注视着欧洲局势。19 世纪 90 年代，来自出版家族的乔治·黑文·普特南主张延长保护期限，让作者得到其他工人认为理所当然的东西："能为他的子孙谋利益而劳动。"③

然而在 1909 年法案开始之前，只有作者本人和他的直系亲属才是焦点。马克·吐温作为长保护期的坚定支持者作证说，他并不担心他的孙子们，但版权保护期应该足够长以支持他的女儿。他能照顾好自己，但他的女儿们"没有我那么有能力谋生，因为我仔细地抚养了她们，她们什么都不知道，什么也做不了"。终身加 50 年"那会照顾我的女儿，在那之后，我就没有特别要求了"④。但是国会在 20 世纪 30 年代初听取了关于伯尔尼成员资格的证据时，证人反对将期限延长到 50 年后，因为这使孙子和曾孙受益。政府关于此事的报告简单地假定只有作者及其直系亲属才能受益，"没有任何合适的理由限制公众自由接触作品，而让遥远的继承人或分销

---

① "The term should be long enough to provide an incentive for the author, ie. to encourage him to create by giving him the assurance that, if successful, his economic reward will be adequate." James J. Guinan, Jr., "Duration of Copyright," Study No. 30, in *Copyright Law Revision: Studies Prepared for the Subcommittee on Patents, Trademarks, and Copyrights of the Committee on the Judiciary* (Senate, 86th Congress, 2nd sess., pursuant to S. Res. 240, 1961), p. 74.

② Meredith L. McGill, "Copyright," in Robert A. Gross and Mary Kelly, eds., *A History of the Book in America* (Chapel Hill, 2010), 2: 204.

③ Geo. Haven Putnam, *The Question of Copyright*, 2nd ed. (New York, 1896), p. vii.

④ *Arguments before the Committees on Patents of the Senate and House of Representatives, conjointly, on the Bills S. 6330 and H. R. 19853, to Amend and Consolidate the Acts Respecting Copyright*, 7, 8, 10, and 11 December 1906, pp. 116-17.

商或他的继任者继续受益"①。

当美国版权期在1976年延长至欧洲规范时,一个考虑是,随着预期寿命的延长,从出版开始的56年的旧期限不再支持作者"和他的家属",即一代继承人。② 20年后的1998年,当国会准备将保护期再延长20年时,国会已经开始接受欧洲坚持版权应该造福作者和两代后辈的主张。欧盟在1993年将保护期限延长到70年,就依赖于这一逻辑,认为寿命延长所以需要更长的期限。③ 这一论点至少回避了三个因素。第一,是生育的平均年龄而不仅仅是寿命决定了后代的时间。④ 不管人口行为发生了什么变化,欧洲改革者在这一点上没有提供任何证据。⑤ 第二,不仅继承人寿命更长,作家也是如此。⑥ 随着平均寿命的延长,死后版权期限自动延长。为什么要加入大自然和公共健康已经完成的事情?⑦ 第三,由于大多数作者转让了他们的权利,任何扩展的主要受益者都是内容产业,而不是孙辈。⑧

然而,不管它有什么缺陷,这种欧洲逻辑开始渗透到美国的讨论中。积极参与版权改革的参议员奥林·哈奇现在坚持认为,对待知识产权应该像对待其他财产一

---

① "我们的经济制度的基本原则是,一旦这种保护的目的在有限的时间内已经实现,在这方面的利润便应通过更有效的生产、更好的分配等方式获得,而不是通过永久性的保护。" Guinan, Jr., "Duration of Copyright," 65, 74-75. "我不明白为什么作者觉得这么长的时间对他们而言是必要的。今天个人的正常抱负是在年老时能够供养自己和配偶,并教育子女。我对作者死后为孩子在49岁之前提供支持的社会效用表示怀疑。" Ibid., 101.

② "Copyright Law Revision," Senate Report 94-473 (1975), p. 117; "Copyright Law Revision," House of Representatives Report 94-1476 (1976), pp. 134-35.

③ Council Directive 93/98/EEC, 29 October 1993, Official Journal, L290 (24 November 1993): 9, recital 3. 一些这样的逻辑似乎也是德国在1965年将保护期延长到70年的背后原因。Sattler, *Das Urheberrecht nach dem Tode*, 24, 33.

④ Achilles C. Emilianides, "The Author Revived: Harmonisation without Justification," *European Intellectual Property Review* 12 (2004): 540; Patrick Parrinder, "The Dead Hand of European Copyright," *European Intellectual Property Review* 15 (1993): 393.

⑤ 美国参议员奥林·哈奇提出了婚后子女出生的趋势,电影配乐作曲家艾伦·蒙肯(Alan Menken)指出,父母倾向于更长时间地抚养孩子。"The Copyright Term Extension Act of 1995: Hearing … on S. 483," Senate Hearing 104-817, pp. 3, 44.

⑥ Ibid., p. 74.

⑦ Mr. Justice Laddie, "Copyright: Over-strength, Over-regulated, Over-rated?" *European Intellectual Property Review* 18 (1996): 256; *Eldred v. Ashcroft*, 537 U. S. 186 (2003), p. 263.

⑧ von Lewinski, "EC Proposal for a Council Directive Harmonizing the Term of Protection," 789. 如果一个人认真想要确保两代后辈的利益,补救办法就是禁止作者或第一代后辈转让和(或)给予更有力的终止权,使作者和后代能够从受让人那里夺回权利。"The Copyright Term Extension Act of 1995: Hearing … on S. 483," Senate Hearing 104-817, p. 86.

样。与其他所有者一样,作者希望将自己的财产传给他们的子女和孙辈。① 参议员黛安娜·范斯坦(Diane Feinstein)表示,她欢迎延长保护期,认为这让作者"知道自己的孩子——或许还有他们的孩子——也可能从自己去世后的受欢迎程度中受益,这让他们感到自豪和安慰"②。美国的讨论只是小心翼翼地抓住了欧洲的"三代"规则,但是,旧世界认为继承人是版权的合法焦点的想法也在新世界站稳了脚跟。③

这样的争论在欧洲是老生常谈。在那里,家庭、血统和遗产总是比在美国更重要,因为美国颂扬白手起家的男人,重视继承人的自力更生。1793 年,约瑟夫·拉卡纳尔在法国全国代表大会上发表了著名的讲话,哀叹高乃依(Corneille)的远亲在贫困中苦苦挣扎。40 年后巴尔扎克同意这一观点。④ 1841 年,阿尔弗雷德·德·维尼(Alfred de Vigny)用一个关于剧作家米歇尔-让·塞德恩(Michel-Jean Sédaine)女儿穷困潦倒的悲惨故事,不断要求七月王朝的代表延长版权保护期。⑤ 艾蒂安娜·布兰科(Étienne Blanc)哀悼拉辛贫穷的老年后裔的命运。⑥ 1920 年,法国引入了单一艺术品的转售权,其动机是对衰落中的继承人的同情。一位法国代表在 1937 年说,荒谬的是,让-弗朗索瓦·米勒(Jean-François Millet)的孙女正在音乐厅里兜售鲜花,而当时这位画家的《晚祷》(*L'Angélus*)以 1,200 法郎的价格售出,相当于 1890 年 75 万黄金法郎。⑦ 塔尔福德也曾鼓动过长时间保护以帮助年迈的华兹华斯供养他的孩子。这位诗人隐瞒了他的《序曲》(*Prelude*),以便他死

---

① "The Copyright Term Extension Act of 1995: Hearing ... on S. 483," Senate Hearing 104-817, p. 2.
② *Congressional Record*, Senate, 2 March 1995, p. S3393.
③ 在考验延长保护期是否符合宪法的案件中,总检察长 Theodore Olson 表示,政府的立场是保护一代继承人。"We have a copyright term that's consistent with the concept of the creator plus the creator's first generation heirs." *Eldred v. Ashcroft*, transcript of oral arguments before the Supreme Court, No. 01-618, 9 October 2002, p. 47.
④ *Archives Parlementaires de 1787 à 1860*, Convention nationale, 19 July 1793, 69: 186; Honoréde Balzac, "Pro Aris et Focis. Lettre adressée aux écrivains du XIXe siècle," *Revue de Paris*, n. s. 11 (1834): 63.
⑤ Alfred de Vigny, "De mademoiselle Sédaine et de la propriété littéraire: Lettre à messieurs les Députés" (1841), in his *Œuvres complètes* (Paris, 1950), 1: 908-9.
⑥ Étienne Blanc, *Traité de la contrefaçon*, 4th ed. (Paris, 1855), p. 124.
⑦ *Journal Officiel*, Documents, Chambre, Annexe 3222, 6 December 1937, p. 248.

后的出版能使他的家人受益。① 1841年，拉马丁主张将版权保护期限从死后30年延长到半个世纪，理由是家庭主义：作者的人格不仅属于创造者，也属于他的妻子和子女。较短的期限不足以满足"父亲、妻子、儿子"。②

一个世纪后，在20世纪90年代，这样的感伤情绪感染了美国的版权讨论者，发出一种令人震惊的陌生的音符。参议院担心著名中产阶级作曲家——理查德·罗杰斯（Richard Rodgers）、欧文·柏林（Irving Berlin）、霍奇·卡梅克尔（Hoagy Carmichael）以及诸如此类的人——的子女再无法从他们父亲的才华中获益了。马克·吐温曾在1906年表示把孙辈留给他们的命运。但是现在鲍勃·迪伦（Bob Dylan）大声地提出他的歌曲在他的孙辈还十几岁的时候就进入了公共领域。③ 很少有人在国会如此强硬地发言。④

然而，并不是所有的美国国会议员都同意这一观点。国会没有授予谁版权的权力，参议员赫伯·科尔（Herb Kohl）抱怨说："唯一的目的是确保有版权作品的继承人能够从垄断中获得不受限制的收入。"艺术家的继承人可能是非常正派的人，但这并不意味着"他们应该继续获得额外20年的版税，因为他们没有创造性劳动却牺牲了美国消费者的利益"⑤。对公共领域日渐衰落的传统表示不诚实的敬意时，投票支持新的较长版权期限的参议员们可耻地坚持认为，作者希望造福自己、子孙的愿望"既符合版权在促进创造力方面的作用，也符合宪法规定的在'有限的时间内授予此类权利的限制'"⑥。

---

① John Feather, "Authors, Publishers and Politicians: The History of Copyright and the Book Trade," *European Intellectual Property Review* 10, 12 (1988): 380; John Feather, "Publishers and Politicians: The Remaking of the Law of Copyright in Britain, 1775-1842. Part II: The Rights of Authors," *Publishing History* 25 (1989): 47.

② *Moniteur Universel*, 14 March 1841, p. 634. 布瑞尔认为，阻止作者将自己的作品传给家人的法律违反自然。Breulier, *Du droit de perpétuité de la propriété intellectuelle*, 80.

③ "The Copyright Term Extension Act of 1995: Hearing…on S. 483," Senate Hearing 104-817, p. 55. 其他在这方面作证的人包括：Alan Menken, Don Henley, Carlos Santana, Henry Mancini's widow, Ginny, 以及 Arnold Schoenberg 的孙子版权律师 Randol，他后来从奥地利政府手中夺走了克林姆的阿黛尔·布洛赫-鲍尔（Adele Bloch-Bauer）的画像，并让罗纳德·劳德（Ronald Lauder）为他的纽埃·盖莱丽（Neue Gallerie）买下这幅画而赢得知名度。

④ 形成对比的是，在英国讨论1911年法案时，激进的自由贸易家布斯（Booth）就亚当·斯密（Adam Smith）的《国富论》是否应该享有50年的版权发表了观点，当时他问是否应该"由堕落的后代或受托人来阻止大众拥有廉价版"。*Hansard*, Commons, 7 April 1911, p. 2658.

⑤ "Copyright Term Extension Act of 1996," Senate Report 104-315 (10 July 1996), pp. 37-38. 类似的抱怨见 "TheCopyright Term Extension Act of 1995: Hearing ... on S. 483," Senate Hearing 104-817, p. 86.

⑥ "Copyright Term Extension Act of 1996," Senate Report 104-315 (10 July 1996), pp. 10-11.

1989 年加入《伯尔尼公约》后,美国还不得不追溯性地将外国作品从公共领域移除。该公约要求新成员保护尚未进入其原籍国公共领域的所有作品。以前在美国没有版权的外国作品——通常是由于被忽视的手续——现在必须得到保护,这一后果早先是美国进入《伯尔尼公约》的主要障碍之一。① 起初,美国只对 1989 年被公约接纳后创作的作品使用该公约,它拒绝涵盖无版权外国作品的追溯。但这种单边做法在国外受到批评之后,美国勉强遵守了《伯尔尼公约》的规定。我们在下一章中谈到的 20 世纪 90 年代国际贸易谈判破坏了任何单打独斗的希望。美国人自食其果,他们寻求对知识产权强有力的国际保护,他们在国内不能忽视他们在国外所要求的东西。因此,他们热衷于将版权法规的冲突之处进行立法调整,使其符合国际规范。②

其结果是又一次打击了美国对公众利益的传统关注。本已属于公共领域的作品现在又受到了保护。③ 例如,詹姆斯·乔伊斯(James Joyce)的《尤利西斯》(*Ulysses*)在美国从未获得过版权,这归功于其所谓的淫秽、制造条款和错过提交期限的不幸组合。从公共领域夺回来后,它现在享受了整整两年的官方保护,然后在 1998 年再次失效。④ 以前公共领域作品的用户得到了很小的帮助,因为恢复版权的权利持有人在提出索赔之前必须遵循各种手续。⑤

虽然重新私有化公共领域的作品在美国存有争议,但在欧洲,对公共作品保护

---

① "Amending the Copyright Law in Implementation of the Universal Copyright Convention," Senate Report No. 1936, 19 July 1954, Calendar No. 1931, p. 2.

② 因此这些条文在当时并未引起争议。*Congressional Record*,House,29 November 1994,p. 29611.

③ 17 U. S. C. 104a.

④ Robert Spoo, "Copyright Protectionism and Its Discontents: The Case of James Joyce's *Ulysses* in America," *Yale Law Journal* 108 (1998): 660.《尤利西斯》的保护范围扩大时,英国的情况更加复杂。Victoria King, "James Joyce's 'Ulysses'—A Case of Preparatory Manuscripts and Revived Copyright," *Entertainment Law Review* 13 (2002): 86-90.

⑤ 至少在两种情况下,这种追溯性扩大版权的做法受到了挑战。2011 年,最高法院同意审查下级法院关于这一问题的裁决。代表这项法律的挑战者安东尼·T. 法尔佐内(Anthony T. Falzone)辩称,国会因此获得了所有美国人的话语权,"把他们变成了外国作家的私有财产,这一切都是为了让一些美国作家的口袋里有更多的钱"。*International Herald Tribune*,7 October 2011,p. 21. 2012 年 1 月,最高法院驳回了这一挑战。*Golan v. Holder*,565 U. S. XX (2012).

的更大倒退几乎没有惹恼人,尽管在英国听到了抗议的声音。① 欧洲议会(European Parliament)不顾欧盟委员会的要求,公开争取以确保延长的保护期具有追溯力。② 这可不是小事。当1993年欧盟将期限延长到70年时,一度可以免费获得的20年的作品版权,却从公共领域归还给私人。作为一种适度的平衡,欧盟允许国家立法免除这些以前的公共领域作品善意使用者的付款。③ 1990年发生了类似的再私有化,当时民主德国成为联邦德国的一部分,德国的版权保护采取了时间更长的保护期。④

正式手续

在手续上,《伯尔尼公约》也迫使美国改变方式。1976年,美国取消了许多保护作品的必要手续。当它在1989年加入《伯尔尼公约》的时候,它已经把剩下的几乎所有手续都取消了,欧洲的做法又一次取得了胜利。在大陆看来,对于从创作之时起就自然属于作者的权利,手续只是人为的障碍。这就是在1957年法国法律辩论中所采用的方法。最初立法者提出的创作者获得版权保护必须办理手续是为了让公众能自由使用期刊文章。为了保留独家权利,记者必须特别豁免他们的作品。但是这样扩大公共领域引起了立法机构的愤怒,代表们嘲讽说,盎格鲁-撒克逊人可能会严格手续程序,但法国的传统从创作之时起就保护了这份作品,记者也应该受到保护,而不必采取进一步的措施——公众受到诅咒。⑤

---

① Parrinder, "The Dead Hand of European Copyright," 392; Patrick Parrinder, "Licensing Scholarship: Some Encounters with the Wells Estate," in Parrinder and Chernaik, *Textual Monopolies*, 57; Matthew Rimmer, "Bloomsday: Copyright Estates and Cultural Festivals," SCRIPTed 2, 3 (2005): 348-49.《高尔斯知识产权报告》建议,应将不追溯改变保护的期限和范围作为一项原则。*Gowers Review of Intellectual Property* (December 2006), recommendation 4, p. 57.

② Catherine Seville, "Copyright's Bargain—Defining Our Terms," *Intellectual Property Quarterly* 3 (2003): 327-28.

③ Council Directive 93/98/EEC, 29 October 1993, *Official Journal*, L290 (24 November 1993): 9, recital 27. 作者夺回版权的例子见 Saint-Amour, ed., *Modernism and Copyright*, 3-4.

④ Leinemann, *Die Sozialbindung des "Geistigen Eigentums*," 119-20.

⑤ *Journal Officiel*, Assemblée, Documents, Annexe 553, 16 February 1956, p. 345. 1957年的法律仅仅依据创造来保护作品,是为了与美国制度有意识地对立,这在文学中是普遍的观点。Dietz, *Das Droit Moral des Urhebers*, 43. 代表们自己也清楚地表明了这一点:*Journal Officiel*, Assemblée, Documents, Annexe 8612, 9 June 1954, p. 985; Annexe 10681, 6 May 1955, p. 836.

相比之下，在经典的版权观点中，手续确保那些特别想出售的作品被排除在公共领域之外。在欧洲，作品作为私有财产诞生。在传统版权法中，除非具有手续标记，否则它们都将免费进入公共领域。因此，各种手续强调了这样一种信念，即知识产权不是一种自然权利，而是一种人为的法规创造。

在 18 世纪，各国在手续方面并没有明显不同。1710 年的《安妮法》和 1790 年的《美国版权法案》规定了一些手续。1793 年的法国法律也是如此，它对未经许可复制的行为提出了补救，但前提是将副本存放在国家图书馆。①

然而在 19 世纪，一个跨大西洋的差距也在这方面形成了。早在 1845 年，法国判例法就取消了未出版的演讲作品的手续，因为这些讲座无法登记、存放或通过行政程序加以利用。② 相反在英国，1835 年颁布的《英国演讲法案》要求任何想在演讲中保留权利的人，都必须在讲演前两天通知演讲场地 8 公里范围内的两位治安官。③ 人们可能会认为，很少有人实际去做，但标准形式是为了以防万一而制定的。④ 1908 年，柏林修正案禁止《伯尔尼公约》规定版权保护的手续要求，尽管许多国家继续要求将其存放在国家图书馆。当 1909 年的《美国版权法案》进一步脱离欧洲做法强调手续时，跨大西洋的差距和以往一样大。

1911 年，英国采纳了《伯尔尼公约》的规范，结束了手续要求。但和往常一样，英国人跨越了版权和作者权利之间的断层。当英国最终在 1988 年引入精神权利时，它立即违反了大陆将归属作为其正式主张条件的中心前提。⑤ 英国的逻辑仍然牢牢地保留在版权传统中。政府强调，保留这种形式的目的是确保版权材料的使用者知道他们的立场。⑥ 比弗布鲁克男爵三世以一种经典的盎格鲁-撒克逊的方式解释

---

① Art. 6. 1792 年 8 月 30 日的一项短暂法令也增加了手续。Stef vanGompel, "Les formalités sont mortes, vive les formalités! Copyright Formalities and the Reasons for their Decline in Nineteenth Century Europe," in Deazley et al., *Privilege and Property*, 161. Napoleon's Décret Impérial contenant Réglement sur l'Imprimerie et la Librairie, No. 5155, 5 February 1810, art. 48 要求出版商寄存五本样书。Law of 9 May 1925, art. 22.

② *Marie c. Lacordaire, Cour d'appel de Lyon*, 17 July 1845, *Dalloz, Jurisprudence générale* 1 (1845): 128.

③ 5 & 6 Will. IV. c. 65 (a), (1835), s. 5.

④ Arthur Underhill, *An Encyclopedia of Forms and Precedents* (London, 1904), 5: 325.

⑤ 也许，正如两位专家所言，这源于对伯尔尼公约的错误解读，将作者的授权变成了声称作者身份的义务，以便使这一权利具有可执行性。Ricketson and Ginsburg, *International Copyright*, 326.

⑥ Hazel Carty and Keith Hodkinson, "Copyright, Designs and Patents Act 1988," *Modern Law Review* 52, 3 (1989): 372.

道：版权声明的形式使版权所有者不必去找那些不屑于坚持归属的作者。① 版权的默认推定是免费使用，而不是作者权利。

在美国，从 20 世纪 70 年代开始，随着美国准备加入伯尔尼联盟，各种手续都被逐步取消。这个问题一直模棱两可。正如我们所看到的，合作媒体喜欢为所有权带来清晰的手续。但是，作为权利所有者，如果手续变得过于复杂，内容产业也遭受了损失，而当技术被忽略或忽视时，索赔便被不予理会。② 当伯尔尼要求结束手续时，系统变得简单。事实上，许多人都欢迎这次春季大扫除。然而后来，随着对作者的些微创造力所产生的每一小块创意都实行自动保护的缺点变得明显，各种手续都得到了恢复。近年来，随着对版权泛滥的担忧日益增加，正式手续的公共效用也得到了宣扬。改革派对大陆模式的趋势感到遗憾。正如有人抱怨的那样，美国人的默认立场让他们变成了欧洲人，作品被自动保护，而不是天生的免费。③ 当版权期在 1998 年被延长到 70 年以满足欧洲规范时，尽管徒劳无功，反对者们一再试图重新引入各种手续。④ 如果 2003 年和 2005 年的《美国公共领域增强法案》通过的话，版权持有人将在 50 年的版权保护期之后，每隔 10 年都要缴纳象征性费用。因此，大多数作品可能从此进入公共领域，而不是 20 年后。⑤

虽然以自然权利为基础，但精神权利也超越了自然权利。在财产权利方面作者和传播者看法大致一致，他们可能会争论如何分配战利品，但双方都希望得到长期而有力的保护。然而，由于作者的权利建立在人格之上，市场逻辑就被抛在了后面。作者坚持自己的审美控制，并没有经济上的好处。正相反，维护作者（和他的继承人）的精神权利可能要付出代价。乔伊斯的孙子对原作的铁腕控制对增加个人财产

---

① *Hansard*, Lords, 12 November 1987, p. 1536.
② "Berne Convention Implementation Act of 1987," Serial No. 50, pp. 232-33.
③ Lewis Hyde, *Common as Air: Revolution, Art and Ownership* (New York, 2010), 58-59. 关于这一趋势的其他例子见 Ysolde Gendreau, "Intention and Copyright Law," in FrédéricPollaud-Dulian, ed., *The Internet and Authors' Rights* (London, 1999), p. 8ff; Laurence R. Helfer andGraeme W. Austin, *Human Rights and Intellectual Property* (Cambridge, 2011), pp. 206-11.
④ 赞成手续的论点见 in Lessig, Free Culture, 287-89; Lawrence Lessig, *TheFuture of Ideas: The Fate of the Commons in a Connected World* (New York, 2002), pp. 240-61; Lessig, "Little Orphan Artworks," *New York Times*, 20 May 2008.
⑤ Matthew Rimmer, *Digital Copyright and the Consumer Revolution: Hands Off My iPod* (Cheltenham, 2007), pp. 51-52. 这是一个合理的假设，因为历史上在需要的时候，作品版权被更新的百分比仅在 3% 到 22% 之间。William Patry, *Moral Panics and the Copyright Wars* (New York, n. d.), 68-69.

有什么好处？只有当有人认为坚持作品与作者和其人格密切相关有利可图时，赋予精神权利一个宽泛的定义才具有经济学意义。但精神权利可能会使作者与传播者对立。它通过限制作品的让与，割断了原本分配给内容产业的权利。传播者想要的是完全可转让的权利，而不是不可剥夺的作者控制权。

从历史的角度来看，精神权利有助于掩盖知识产权核心的紧张局势：作品如何既能是个人的又是可以转让的？对于传统的财产来说，可让与性不是一个问题。一旦售出它就完全属于新所有者。但如果作品表达了作者的个性，那么让与就引发了棘手的问题。由于拿破仑时代家庭和财产法的复杂性，这些都在欧洲大陆最先显露出来。虽然盎格鲁-撒克逊法典允许在很大程度上自由处理遗产，但拿破仑明确规定了每个家庭成员的权利。以对传统财产有效的方式对待文学作品会让配偶、寡妇、继子女、父母、债权人或其他人对作者的美学决定有潜在的不恰当的发言权。① 虽然英语国家并不能完全回避这些问题，但著作权人对经济权利的短视和作品的完全可转移性将这些问题混为一谈。

战后美国媒体行业开始明白伯尔尼会员资格将保护它们现在有价值的作品出口海外。它们欢迎《伯尔尼公约》，因为它加强了作者的财产要求，因此也加强了它们自己的财产要求。但它们对精神权利过敏，后者扩大了作者的权力。狭隘地看，伯尔尼联盟的美国成员和英国成员通过的精神权利似乎是一种勉强引入的开明改革，使作者和文化更普遍受益。但从更广泛的历史背景来看，20世纪80年代与伯尔尼的和解迫使英语国家采纳了大陆的大部分意识形态，将版权对公众的传统关注转移到作者及其受让人身上。在此之后，大西洋彼岸的主要差异是雇佣作品，而大陆国家在这里为经济上重要的合作做出了让步。

版权的演变常被说成是美国文化霸权的故事。事实上，相反的说法更有道理。诚然，在英语国家，精神权利只被部分纳入其中。但更重要的是，在其他方面大陆方式取得了胜利：废除手续、延长期限，最根本的是版权的哲学基础从成文法向自然权利转变。作者现在是财产的所有者，这不是出于社会效用的原因被激励所致。英国和美国的法律向它们的内容产业屈服。只要精神权利受到控制，好莱坞及其同类乐于拥护大陆的意识形态——就像18世纪的书商承认他们在自然权利方面的优势一样，他们一路吹响作者权利的号角，直到银行。但是，尽管他们暂时宣布了胜利，但这场战斗还远未结束。

---

① 正如1936年塞纳民事法庭所裁定的，作者权利与管理共同财产的规则不相容。*Dame Canal c. Jamin*, Tribunal civil de la Seine, 1 April 1936, *Dalloz, Jurisprudence générale* 2 (1936): 70.

第七章
美国转向欧洲

——20世纪90年代的书商复仇之战

在战后，知识产权作为传统财产的变体而受到广泛保护的观点成为典型，然而与此同时，对作者权利的个性化解释也部分取代了基于产权的观点。法国和德国在20世纪五六十年代通过的那种不可剥夺的，甚至在作品被出售后仍留在作者手中的精神权利，违背了市场逻辑。尽管如此，从更广泛的意义上讲，基于人格的权利与作为财产的自然权利逻辑还是一致的。由于作者的努力，其作品坚定地归属于他们自己——无论是作者劳动投入还是其个性的散发。这种权利比传统英美版权的纯粹法定权利更具吸引力。

因此，大陆观念的版权法承认作者的汗水和个性。第二次世界大战后，寻求平衡作家主张和社会效用的英美版权法，无法抵挡《伯尔尼公约》长期而有力保护原则的胜利。英国和美国都发起了一些不友好的抵抗，它们只是半心半意地实施了精神权利，并坚持执行某些适合内容产业的关键条款（如雇佣作品方面），即使传统版权法的其他方面（短期保护、手续）也被废除了。随着知识产权成为全球现代经济中越来越重要的一部分，其治理的利害关系也越来越大。20世纪八九十年代，英语世界的内容产业获得了强大的知识产权，华盛顿开始为知识产权发号施令，随着欧盟成为国际舞台上重要的决策者，英语国家与布鲁塞尔在知识产权方面的态度越来越和谐一致。

在18世纪的书商之战中，出版商似乎是出于作者的利益追求自然权利，实际上是在追求自己的利益。由于他们自己的权利主张不可能比创作者的更坚定，出版商将从坚实的作者利益中获益。在20世纪，美国传媒产业成为世界上最重要的内容出口国，它也坚持这样一种类似的逻辑。对作者有利的实际上对传播者更为有利，可转让给传播者的强有力的作者财产主张很好地服务于内容产业。只要能够避免不可剥夺的精神权利扰乱合同的运作，美国传媒产业现在同意伯尔尼联盟的思想，即对待知识产权就像对待传统财产一样。①

从20世纪80年代开始，新的数字技术也增加了版权风险，这些技术承诺将彻底改变内容的创造、复制和传播方式，就像古腾堡印刷机在四个世纪前的情况一样。数字化使作品得以准确、廉价地复制。在网上，理论上所有的内容现在都可以毫不

---

① 即使如此公司也不以在有利的情况下援引精神权利为荣。因此微软声称其软件有道义上的权利，并解释了为什么它阻碍在Windows中使用非微软浏览器。US v. Microsoft (1998), Jonathan Band and Masanobu Katoh, *Interfaces on Trial* 2.0 (Cambridge MA, 2011), pp. 65-66.

费力地、完美无缺地提供给全世界。紧迫的问题是合法性：在这个能够普遍获取资源的新世界中，权利持有者仍能施加多少控制权？新技术在全球传播的潜力是否会增加受众的机会？或者，权利所有者追踪、控制每一部作品用途的能力是否会加强他们的特权？权利所有者坚持认为，仅靠法律保护已经不足以保证他们的权利要求，因为每一份数字拷贝都可以随意复制，他们还需要新的数字作品技术保障来控制访问和复制。公众利益的拥护者反驳说，在版权之上增加技术保护会威胁到所有者对作品的完全控制，甚至阻碍传统合理使用。

在20世纪90年代，克林顿政府注意到美国内容产业，担心它们的产品会被国外盗版，担心它们的权利受到新技术的破坏。19世纪美国的版权孤立主义实现转向，华盛顿急切地利用国际公约和协定为强大的知识产权事业服务。在美国1989年加入伯尔尼联盟，尤其是1994年加入《关贸总协定》的《与贸易有关的知识产权协定》（TRIPs）和1996年加入《世界知识产权组织版权条约》（WIPO Copyright Treaty）之后，美国对出口内容部门要求国家保护其产品的愿望做出了回应。在继承的版权法之外，现在又增加了新的法规，用于监测和管理数字使用的技术。内容商认为这是在新的数字环境中所有权的简单应用。开放获取活动人士和其他热爱美国版权传统的人称，他们害怕一个信息被法律和技术封锁的世界。

然而，美国的内容产业并不是唯一的参与者。在19世纪，想自由发行英国书籍的重印商曾与专门从事美国文学的出版商进行斗争，这些出版商为外国人寻求版权。在20世纪90年代，各种经济利益体也发生了冲突。好莱坞主张对知识产权进行强有力的国际保护。但在硅谷，新兴技术和互联网行业的商业模式更好地服务于内容的自由流通，通过基础设施和设备赢得了公众的支持。美国权利所有者和受众再次发生冲突。一开始，开放获取活动人士在没有任何帮助的情况下，与内容行业展开了斗争。他们逐渐发现他们与互联网和高科技行业在利益方面有一个令人愉快的巧合。这场斗争不再仅仅是好莱坞和理想主义下载者之间的斗争，还是竞争对手的商业模式的斗争。

然而，当这场20世纪的书商之战在美国展开时，欧洲大陆上几乎没有人对权利所有者权利主张的首要地位表示异议。在20世纪末，两件事物的发展构成了关于作者权利新一轮斗争的框架：数字革命与知识产权日益国际化。

数字混合

数字复制技术改变了一切。就像制药公司一样，文化产业（音乐、电影、电视、出版业）的初始成本很高，但它们的产品很容易复制，也很便宜。直到20世纪中叶，复制和分发作品都十分昂贵和复杂，它仍然是大型组织的领地。在20世纪六七十年代，复制的新模拟技术允许消费者模仿传播者，尽管这种模仿方式步履蹒跚且不完美（如录制音乐、影印文本、录像电影）。但是随着数字革命的到来，模拟复制的内在物理局限性消失了，拷贝的作品现在变得与原版无法区分，边际成本下降到零。对盗版者来说，重制作品的负担几乎和制作原作一样繁重，但是数字化让每一个拥有宽带的青少年的网页成为潜在的下载网站。由于每一个数字拷贝都可能是更多的盗版来源，数字作品需要新的保护技术来防止访问和复制，除非所有者允许。在纸质和模拟时代，纯粹的物理复制困难为盗版者设置了固有的限制，对权利所有人的保护很大程度上可以依靠法律本身。但是，随着数字化，法律也需要得到技术的支持。

早些时候，经济学家认为思想是非竞争性的，它们可以同时被许多人使用，而不会剥夺任何人的权利。数字化对表达思想的作品来说也是如此。① 现在每个人都可以拥有一个完美的、几乎没有成本的复制品，而不需要从其他人那里拿走任何东西。十年之内，让世界上所有人都能从世界各地的文化中获益，包括从幻想家的想象力到法律简报的日常段落，这对作者和传播者来说意味着什么？他们是否能够限制新的保护技术并加强他们的法律主张？还是用数字化技术把内容泄露出去？

就像杜立特博士（Dr. Doolittle）的双头羊驼一样，数字化朝两个相反的方向发展。这些新技术承诺（威胁）要使所有的作品都能被使用，它们威胁（承诺）要把所有的信息财产都控制在权利所有者手中。在数字化时代，受众和作者（后者经常由传播者代言）之间的斗争再次爆发，向所有人提供文化的惊人机会也威胁到许多商业文化生产者。

与它们的模拟先驱不同，数字技术允许对每一个拷贝、传输和使用进行严密的监控。数字化还使作者和传播者能够分割和瞄准市场，作品可以在不同的时间和地点以不同的版本发行——简装版或豪华版、学生版或家庭版，专业版或原版，全价版或折扣版、附加版本等。② 权利所有者可以与观众就每一种用途进行讨价还价，收取不同的价格。由于不间断的计量，像合理使用一样的内在豁免也许不再需要了。所有的内容消费都可以通过小额支付来收款，没有任何例外的使用情况。因为交易成本很高，强制许可——在模拟世界中是必要的，但它可能会在新的"高交易量、

---

① Peter Suber, *Open Access* (Cambridge MA, 2012), p.47.
② 不过这并非没有先例，与之竞争的书籍格式，如那些廉价和昂贵的版本，在19世纪也是如此。事实上，巴尔扎克主张永久的文学财产，因为作者可以获得对作品的绝对权利，并通过确保作品以不同的版本、格式和价格发行，并以不同的受众为目标，从而维护公众利益。Honoré de Balzac, "Notes sur la propriété littéraire"(1841) in his *Œuvres completes* (Paris, 1872), 22: 317.

低交易价值"的商业模式中被取代。①

另一方面，雪崩式创作的作品层出不穷地通过互联网传送给读者，可以说已经完全超越了传统的排他性权利模式。对于继承下来的版权观来说，最令人不安的是新的创作群体为他们的作品找到了出路，无论是 YouTube 视频、维基百科条目，还是学术文章，都是在慷慨、满足社群和受众的搜索、对名声的追求或其他一些非市场动力的推动下而出现的。更常见的是，新的商业模式寻求奖励数字创意而不诉诸独家版权，例如通过系列化发表和支付，或对数字和计算机设备征税，以支付下载内容的费用。② 最常见的是，改革者提出了更新的自动许可形式，为作者从数字赏金中节支。③ 然而到目前为止，美国和欧洲的官方意见一直抵制新的解决方案。④ 美国和欧盟没有探索许可、允许被法定版税或其他法律创新削弱的不受约束的访问，而是尴尬地将独家作者产权的伯尔尼模式拖进了数字时代。

数字化破坏了模拟技术的确定性。如何才能对那些几乎无法控制传播的作品行使权利？因为理论上每一种用途都可以通过个人许可进行计量和收费，合理使用是

---

① Commission of the European Communities, "The Management of Copyright and Related Rights in the Internal Market," COM (2004) 261 final, 16 April 2004, p. 10. Trotter Hardy, "Property (and Copyright) in Cyberspace," *University of Chicago Legal Forum* (1996): 235-38; Jörg Reinbothe and Silke von Lewinski, The WIPO Treaties 1996 (n. p., 2002), 140.

② Diane Leenheer Zimmerman, "Authorship without Ownership: Reconsidering Incentives in a Digital Age," *De Paul Law Review* 52 (2003): 1124-26; Raymond Shih Ray Ku, "The Creative Destruction of Copyright: Napster and the New Economics of Digital Technology," *University of Chicago Law Review* 69 (2002): 312-13.

③ Michael Kretschmer, "Digital Copyright: The End of an Era," *European Intellectual Property* Review 25, 8 (2003): 333-41; Roberto Verzola, "Cyberlords: The Rentier Class of the Information Sector," in Josephine Bosma et al., eds., *Readme! Filtered by Nettime: ASCII Culture and the Revenge of Knowledge* (Williamsburgh Station, 1999), p. 95; Neil Weinstock Netanel, Copyright's Paradox (New York, 2008), pp. 208-9; Jane C. Ginsburg, "Copyright and Control over New Technologies of Dissemination," *Columbia Law Review* 101 (2001): 1642-43; Assemblée Nationale, Rapport 2349, 7 June 2005, pp. 29-31, and see chapter 8.

④ Information Infrastructure Taskforce, *Intellectual Property and the National Information Infrastructure: The Report on the Working Group on Intellectual Property Rights* (September 1995), 52-53; Commission of the European Communities, "Green Paper: Copyright and Related Rights in the Information Society," COM (95) 382 final, 19 July 1995, pp. 25-26, 50, 72; David Lefranc, "The Metamorphosis of Contrefaçon in French Copyright Law," in Lionel Bently et al., eds., *Copyright and Piracy* (Cambridge, 2010), pp. 71-74.

否过时了？① 数字技术现在威胁到的最重要的法律原则之一是首次销售，在欧洲被称为"权利穷竭"（exhaustion of rights），这一原则历来被认为是对作者开发权的另一种限制。② 卖主出售过这件作品后，他就失去了对其进一步销售的合法发言权，而且和大多数作品一样，租金权利也丧失了。作者控制了作品的再现，而不是出售的物理对象。作曲家有时会被授予他们乐谱的出租权，但首次销售原则严格适用于书籍，一旦出售，就可以出租、借出、转售或以其他方式自由处置，这才使得图书馆、二手书店和读书俱乐部成为可能。

20世纪90年代的数字化颠覆了先例。首次销售原则认为，实际上转手的实体作品和二次使用的作品不如原始作品好，无论是涉及二手书还是模拟录音磁带，作品的物质性限制了可能的侵权行为。作者和传播者可能会吞下随之而来的损失，或者通过适度的借贷和复制费用得到补偿。然而，在数字化的情况下，原始和复制或其他次要用途之间的差异消失了，用过的数字化视频光盘（DVDs）和刚被压制过的一样好，任何一份其他副本同样如此。在互联网上转发数字拷贝不同于出售或传递一本书或磁带，二级市场现在威胁到了初级市场。数码拷贝是完美的传真机，这显然侵犯了版权。

雪上加霜，"分享"在互联网上的作品意味着复制和分发，而不是放弃它。③ 首次销售原则是否适用于数字发行？如果原始复制品在用户之间一次又一次地被销毁，剩下的只有一个，那么第一次销售就可以与数字兼容。消费者会同意吗？朋友之间的数字拷贝被看作销售的牺牲品。消费者认为，这是一种非正式的交流，他们本来就不会买这件作品。什么技术可以确保作品在传输时被删除？④ 亚马逊（Amazon）和苹果（Apple Corporation）从2013年开始开发二手数字内容市场，其最关键的技术点就是保证转手的作品只有一件副本继续存在。⑤

数字技术使得复制作品变得如此容易，首次销售原则被某些媒体限制了。在20

---

① Melissa de Zwart, "A Historical Analysis of the Birth of Fair Dealing and Fair Use: Lessons for the Digital Age," *Intellectual Property Quarterly* 11 (2007): 62, 90. 对这一方法的分析与批评见 Stephen M. McJohn, "Fair Use and Privatization in Copyright," *San Diego Law Review* 35 (1998).

② Codified in the US in the 1976 Copyright Act, sect. 109.

③ Jane C. Ginsburg, "How Copyright Got a Bad Name for Itself," *Columbia Journal of Law and the Arts* 26 (2002): 63.

④ National Telecommunications and Information Administration, "Report to Congress: Study Examining 17 USC Sections 109 and 117 Pursuant to Section 104 of the Digital Millennium Copyright Act," March 2001, in *The Digital Millennium Copyright Act: Text, History, and Caselaw* (Silver Spring, 2003), pp. 459-60.

⑤ *New York Times*, 8 March 2013, p. B1.

世纪 80 年代，唱片出租店也出售空白录音带，允许顾客复制他们租用的作品。作为回应，美国版权所有者被赋予了禁止租用录音制品（1984 年）、禁止租用软件（1990 年）的权利。① 1991 年，欧盟授予电脑程序的权利所有者以租赁许可权，并在 1992 年授予电影版权所有者以租赁许可权。② 1994 年的 TRIPs 协议（我们在下面回到这个协议）使首次销售原则的限制国际化，使版权所有者获得电影的租赁许可权。③

电子书也存在类似的问题。为传统书籍发展而设立的首次销售假设，随着媒介的数字化而演变。当对数字图书施加技术限制时，如果出版商决定读者能享受多少次作品，或者他们的作品一旦复制完成后可以做什么，那么，读者会反对。④ 出版商则开始回击，他们在图书馆重新购买之前只允许一定数量的借阅，理由是纸质书也已耗尽，必须再次购买。⑤ 更普遍的是，传播者试图通过租赁而不是出售来保留控制权，从而完全避开了首次出售。于是，软件获得越来越多的许可，图书馆的顾客只在出版商允许的情况下才使用电子期刊订阅，数字大学教科书只在本学期的设备上使用。音乐流媒体提供了大量作品，但只能按照合同规定使用。消费者面临的问题更多的不是复制，而是如何访问作品。⑥

数字化还迫使人们重新考虑制作私人副本的权利。在模拟时代，私人复制并没

---

① *Congressional Record*, House, 4 August 1998, p. 18777. 17 U. S. C. § 109 (b). Computer Software Rental Amendments Act of 1990.

② Council Directive 91/250/EEC, 14 May 1991, art. 4, *Official Journal of the European Communities*, L122 (17 May 1991): 42; Council Directive 92/100/EEC, 19 November 1992, *Official Journal*, L346 (27 November 1992): 61. 欧盟文件通常可以通过在互联网上搜索其标题或编号来找到。匹兹堡大学的欧洲一体化档案馆也有一个很好的收藏，http: //aei. pitt. edu/view/eudocno/.

③ 当租金不损害独占的再生产权时，它确实允许在美国和其他地方进行例外性使用。David Nimmer, "The End of Copyright," *VanderbiltLaw Review* 48 (1995): 1388; Manfred Rehbinder and Alesch Staehelin, "Das Urheberrecht imTRIPs-Abkommen: Entwicklungsschub durch die New Economic World Order," *UFITA: Archivfür Urheber-Film-Funk-und Theaterrecht* 127 (1995): 20.

④ 1827 年克莱默预见到了这个问题。他认为，如果有可能出售一本实际上无法复制的书，买家——如果事先警告过——一般不会拒绝购买，然后作者就可以以额外的价格把作品的拷贝权卖给他们。Wilhelm August Kramer, *Die Rechte der Schriftsteller und Verleger* (Heidelberg, 1827), p. 130.

⑤ Randall Stross, "Publishers vs. Libraries," *New York Times*, 26 December 2011; "Literary Labours Lent," *Economist*, 28 July 2012.

⑥ Jason Mazzone, *Copyfraud and Other Abuses of Intellectual Property Law* (Stanford, 2011), chap. 6; Jane C. Ginsburg, "From Having Copies to Experiencing Works: The Development ofan Access Right in US Copyright Law," in Hugh Hansen, ed., *US Intellectual Property Law andPolicy* (Cheltenham, 2006), pp. 40-42.

有威胁到传播者的核心市场，但是数字拷贝的易用性和完美性给他们带来了新的挑战。虽然美国法律没有明文规定允许拷贝用于私人目的，但合理使用通常涵盖这些内容。在欧洲，个人私用拷贝的权利在早期的模拟时代就已经在法律中得到了明确规定。① 虽然受复印机的影响，但乐谱出版商只要设法赢得了乐谱的出版权，只要私人复制意味着只是影印一本乐谱，出版商就不用担心失去他们的主要市场。②

即使是录像也没有造成可怕的威胁。美国最高法院 1984 年的 Betamax 案判决允许消费者为某些用途录制电视节目，时间转移——复制节目供以后观看——被认为是合理使用。但制作录音节目的收藏却不是。③ 即便如此，1955 年德国最高法院已经预见到了私人复制的问题，当时它限制了磁带的使用。法官们预见到数字化的威胁。他们预测，如果允许无报酬的私人录音，一旦新技术最终允许用户制作与销售同等质量的拷贝，版权内容市场就会消失。④ 事实上，随着存储成本的下降，数字复制变得容易、完美、廉价，而且非常受欢迎。1982 年，当 Betamax 一案首次被争论时，索尼公司（Sony Corporation）已经在美国销售了 500 万台模拟录像机。2005 年，在第一个点对点数字文件共享案例米高梅诉罗斯特案（MGM Studios v. Grokster）发生的时候，有 4,000 万到 6,000 万美国人在下载。⑤

数字化的美学后果

由于数字化传播避开了通常的复制和分发渠道，因此对内容所有者构成威胁。但数字化也引起了人们对继承美学确定性的质疑。大陆意识形态的许多浪漫主义假设与 20 世纪后期的后现代主义不相适应，这在欧洲作者权利立法中对浪漫主义作者的法律化身产生了连锁影响。后现代主义的信条无须在此复述。但值得强调的是，它的美学假设与数字技术所表现出的技术可能性之间存在共生关系。数字化不仅是

---

① 2001 年《欧盟信息社会指令》允许私人复制，只要所有者得到补偿。Directive 2001/29/EC, 22 May 2001, art. 5 (2), *Official Journal*, L167 (22June 2001): 10. 1985 年法国法也引入了私人复制权利，1965 年德国法第 53 条第 1 款也是如此。

② Jane C. Ginsburg, "Reforms and Innovations Regarding Authors' and Performers' Rights in France: Commentary on the Law of July 3, 1985," *Columbia-VLA Journal of Law and the Arts* 10 (1985): 92-95.

③ *Sony Corp of America v. Universal City Studios, Inc.*, 464 U. S. 417 (1984), pp. 440-42.

④ *Gema w. Grundig*, Bundesgerichtshof, 18 May 1955, *Entscheidungen des Bundesgerichtshofesin Zivilsachen*, 17: 280-81.

⑤ Jessica Litman, "The Story of *Sony v. Universal Studios*: Mary Poppins Meets the Boston Strangler," in Jane C. Ginsburg and Rochelle Cooper Dreyfuss, eds., *Intellectual Property Stories* (New York, 2006), pp. 386-87.

复制和传播的手段,也是创造性的手段。最重要的是,后现代主义废黜了浪漫主义作家形象假设。他不再是一个孤独的天才,现在被看作社会和时代的产物,是利用其他作者的材料创作的人。作品也不被认为是单一的和个人的。作者修改了他的作品,降低了理解其作品的阿基米德点。华兹华斯的早期版本更有独创性,后来的版本更正确。① 有什么是确定的吗?现在看来,这部作品的意义,同样取决于它是如何被其他人接收、理解和重新使用的(作者意图无论如何都会得到各种解读)。

后现代主义的这种普遍现象不仅在当代文化中根深蒂固,而且对精神权利也有影响。作者的归属权被掏空了,作品与个人的联系也越来越少。如果每个人都站在别人的肩膀上,成果就必然是集体的。当代文论喜欢揭露艺术的清道夫本性,揭露作者作为孤独天才的自负。评论家们兴高采烈地展示了即使是最受尊敬的作品也体现了他人的劳动成果。布赖恩·维克斯(Brian Vickers)的《莎士比亚:共同作者》(*Shakespeare, Co-Author*, 2004)和诺曼·卡雷尔(Norman Carrell)的《借用者巴赫》(*Bach the Borrower*, 1967)一样,都以其作品的标题来形容类似情形。② 即使是高雅文化的经典作品也有借用:莎士比亚受蒙田(Montaigne)和萨克索·格拉玛提库斯(Saxo Grammaticus)影响,拉辛受欧里庇德斯(Euripides)影响,柯勒律治(Coleridge)受谢林影响,毕加索受马奈影响,乔伊斯受荷马(Homer)影响,庞德受但丁影响,T. S. 艾略特挪用了很多作家作品。

在后现代主义的互文性中,归属是徒劳的。如果说这意味着什么的话,那么备受吹嘘的作者之死——由罗兰·巴特(Roland Barthes)在1968年宣布,然后是无数的寄生虫观点追随者——也暗示了作品的归属权的消亡(在这件事上也意味着完整权)。当马克·夏加尔(Marc Chagall)撕毁一幅由臭名昭著的伪造者洛萨·马尔斯卡特(Lothar Malskat)签名的画时,我们可能会明白他的意思。我们也许会同情莫里斯·德·弗拉明克(Maurice de Vlaminck),因为他在画廊里销毁了其作

---

① Zachary Leader, *Revision and Romantic Authorship* (Oxford, 1996), p. 72.
② Oxford, 2004, and London, 1967. 关于莎士比亚这一问题的研究包括:Gary Taylor and John Jowett, *Shakespeare Reshaped*, 1606-1623 (Oxford, 1993), M. W. A. Smith, "The Authorship of Acts I and II of Pericles: A New Approach Using First Words of Speech," *Computers and the Humanities* 22 (1988); James J. Marino, *Owning William Shakespeare: The King's Men and Their Intellectual Property* (Philadelphia, 2011), pp. 41-45; Laura J. Rosenthal, "(Re) Writing Lear: Literary Property and Dramatic Authorship," in John Brewer and Susan Staves, eds., *Early Modern Conceptions of Property* (London, 1995). Similar ideas for music: J. Peter Burkholder, "The Uses of Existing Music: Musical Borrowing as a Field," Notes 50, 3 (1994).

品的签名仿制品。① 我们可以为理查德·吉诺（Richard Guino）的儿子喝彩，因为他让他的父亲承认他是雕塑作品的合作者，而直到1971年以前雷诺阿（Renoir）被指认为唯一作者。② 但是，当马克·科斯塔比（Mark Kostabi）主张自己创作了受他人委托的作品时，我们对法律上可强制执行的归属权观念提出了质疑。③ 每年出版几部小说的詹姆斯·帕特森（James Patterson）委托他的五位定期合著者起草章节，供他修改。④ 而一些艺术作品的要点就是要抹去作者的个人手工投入，如杜尚的"现成品"（Readymades），沃霍尔的《布里洛盒子》（*Brillo boxes*），达达主义（Dadaism）的自动写作都是如此。⑤

数字化的挑战使作者们陷入了分裂。一些作者在面对下载、节录和其他未经授权而使用他们作品时，要求加强他们的权利。相反，他们那些打破传统的同事，则巧妙地粉碎了继承的虔诚而在碎片上跳舞。与此同时，天生数字一代几乎无法理解这些小题大做。戴着贝雷帽的好莱坞明星导演们现身国会山，以维护自己的特权，鼓励政客们给予更长、更强的权利。在作家阶层，伟大的、善良的和有抱负的人为编辑贡献了一些评论文章和信件，哀叹着数字盗窃的猖獗和学习我们祖先典籍的衰落，包括：约翰·厄普代克（John Updike），苏珊·切弗（Susan Cheever），斯科特·图罗（Scott Turow），马克·赫尔普林（Mark Helprin），W. H. 奥登（W. H. Auden），桑顿·怀尔德（Thornton Wilder）等人。⑥

但其他作者也积极地破坏了浪漫主义作者的法律辩护。当科洛（Corot）在其学生画作上签名，达利（Dali）和德奇里科在其他艺术家的作品上签名，达利甚至把

---

① Christopher Aide, "A More Comprehensive Soul: Romantic Conceptions of Authorship and the Copyright Doctrine of Moral Right," *University of Toronto Faculty of Law Review* 48, 3 (1990): 225.

② Roland Dumas, *La Propriété littéraire et artistique* (Paris, 1987), pp. 120-25.

③ Kathy Bowrey, "Copyright, the Paternity of Artistic Works, and the Challenge Posed by Postmodern Artists," *Intellectual Property Journal* 8 (1993-94): 316.

④ *New York Times Magazine*, 24 January 2010, p. 38.

⑤ Paul Edward Geller, "Must Copyright Be For Ever Caught between Marketplace and Authorship Norms?" in Brad Sherman and Alain Strowel, eds., *Of Authors and Origins* (Oxford, 1994), p. 180.

⑥ John Updike, "The End of Authorship," *New York Times*, 25 June 2006; Susan Cheever, "Just Google 'Thou Shall Not Steal,'" *Newsday*, 11 December 2005; Mark Helprin, "A Great Idea Lives Forever: Shouldn't Its Copyright?" New York Times, 20 May 2007, p. 12; Scott Turow et al., "Would the Bard Have Survived the Web?" *New York Times*, 14 February 2011; *New York Review of Books*, 26 March 2009, p. 49.

自己的名字写在空白页上以供后来印刷时，归属权就不再被重视。① 我们可能会问，诗人肯尼思·戈德史密斯（Kenneth Goldsmith，他的"非创作性写作"是由逐字逐句的交通、天气或体育报道组成的②）作品的归属权怎么界定？还有瓦妮莎·普莱斯（Vanessa Place）的小说，她作为刑事辩护律师从法律简报中摘录下来的作品归属权又如何界定？③

完整权也没有被更好地界定。像约翰·凯奇的《变化的音乐》（*Music of Changes*）和其他随机选择声音的作品，或者即兴创作的作品，斯坦·盖茨（Stan Getz）的独奏，甚至莫扎特的作品《小步舞曲自动生成器》（*Musikalisches Würfelspirel*）（它是根据掷骰子组合的手段来产生的小步舞曲）也是如此，这些偶然性音乐的完整权是什么？④ 古斯塔夫·梅茨格的雕塑旨在摧毁自己，没有任何东西可以捍卫。皮埃尔·邦纳德前往卢森堡博物馆，在他的一幅画中添加了一些（可能是最后的修改？）内容。⑤ 博物馆对他有索赔权吗？当查普曼兄弟（Chapman brothers）在他们原来的版画上画小丑脸时，戈雅（Goya）或他们的继承人是否会起诉？如果作品的来源不仅仅是作者有意识的决定，而是还有其他因素，那么他就不能声称要保护它。如果每个文本都是其他文本的寄生虫，那么完整性权利就不可能只属于直接作者。

如果作品的意义取决于它的接受和使用，它就不能表达一个单一的个性。⑥ 如果作品独立于作者，如果它最终是协作的，那么完整性就会受到致命的破坏。完整性权利为主要作者服务，为控制衍生用途而制定。正如当代美学所教导的那样，如果说没有人是真正的主要作者，而且都是衍生的创造者，那么完整权利的死亡之手就会任意地偏向于创始一代。如果数字作品是互动作品，用户不断地改变它们，那

---

① Henry Hansmann and Marina Santilli, "Authors' and Artists' Moral Rights: A Comparative Legal and Economic Analysis," *Journal of Legal Studies* 26, 1 (1997): 107. 其他例子：Jon-Baumgarten et al., "Preserving the Genius of the System: A Critical Examination of the Introduction of Moral Rights into United States Law," *Copyright Reporter: Journal of the Copyright Society of Australia* 8, 3 (1990): 12.

② Marjorie Perloff, "Conceptual Bridges/Digital Tunnels: Kenneth Goldsmith's *Traffic*," in her *Unoriginal Genius: Poetry by Other Means in the New Century* (Chicago, 2010); KennethGoldsmith, *Uncreative Writing* (New York, 2011).

③ Vanessa Place, *Tragodía* 1: *Statement of Facts* (Los Angeles, 2010).

④ Dorothy Pennington Keziah, "Copyright Registration for Aleatory and Indeterminate Musical Compositions," *Bulletin of the Copright Society of the USA* 17, 5 (1970): 311-20.

⑤ Louis Vaunois, "Le Droit moral: Son évolution en France," *Le Droit d'auteur* 65 (1952): 67.

⑥ 事实上，有些人认为，精神权利应该交给观众，这是作品的最终决定因素，而不是作者。Tom G. Palmer, "Are Patents and Copyrights Morally Justified? The Philosophy of Property Rights and Ideal Objects," *Harvard Journal of Law and Public Policy* 13, 3 (1990): 848.

么完整性权利就会限制而不是鼓励创造。① 当电脑游戏和电子小说被用户改变时，作者是谁？当公司所有者声称他们对芭比娃娃和小鹿斑比的允许用途拥有控制权时，衍生产品的生产和二次创作就会被限制。② 但是，作为美学霸主，迪士尼或美泰（Mattel Corporation）似乎与贝克特或乔伊斯并没有太大不同，这些高雅文化作家和他们的继承人试图对作品施加美学上的限制。

受众也提出了精神权利问题。完整权通常禁止影响到作者荣誉和名誉的作品改编（法国等司法管辖区除外，在法国他们可以禁止任何原因的改编）。作者是否受到伤害是根据社会确定的标准进行评估的，而不仅仅是根据他们自己的判断。③ 当作品被传播到全球各地并在远处被改编时，名誉或荣誉是否受损就不容易判定了。归属权在很大程度上要求人们具有共同的文化背景。一个未被确认的引文立即被观众认出是一个典故，证明作者博学。同样的引语，在一开始未被识别而后来才被确认，可能会被冠以剽窃的标签。④ 即使不改编它们，网络也能从根本上重新设计作品，从而影响到作品的完整性。通过一个简单的链接，它们可以插入可能令人讨厌的网站。⑤ 精神权利禁止与作品有关的"贬损行为"，而限制任何与网络所允许的杂乱无章的内容联系是徒劳的。很难想象，一旦一件作品被发布到网络上，撤销权在实践中意味着什么。⑥

技术上的数字化使精神权利得以实现：即使数字碎片被重新组合成新作品，也

---

① "Exposure '94: A Proposal for the New Rule of Intellectual Property for Multimedia," Institute of Intellectual Property (Feb. 1994), 14-15, 18. 比约克（Bjotk）2011 年的专辑 Biophilia 允许用户与音乐互动，包括有限的混音。毫无疑问，这个注释很快就过时。

② Jon A. Baumgarten, "On the Case against Moral Rights," in Peter Anderson and David Saunders, eds., *Moral Rights Protection in a Copyright System* (Brisbane, 1992), p. 87.

③ Thomas P. Heide, "The Moral Right of Integrity and the Global Information Infrastructure: Time for a New Approach?" *UC Davis Journal of International Law and Policy* 2 (1996): 227.

④ Joseph R. Slaughter, "It's Good to Be Primitive," in Paul K. Saint-Amour, ed., *Modernismand Copyright* (Oxford, 2011), pp. 290-91.

⑤ André Françon, "Protection of Artists' Moral Rights and the Internet," in Frédéric Pollaud-Dulian, ed., *The Internet and Authors' Rights* (London, 1999), 79; Alain Strowel and Nicolas Ide, "Liability with Regard to Hyperlinks," *Columbia-VLA Journal of Law and the Arts* 24 (2001): 416-17, 428-29.

⑥ Françoise Benhamou and Joëlle Farchy, *Droit d'auteur et copyright*, 2nd ed. (Paris, 2009), p. 59.

能确保准确的归属。① 一些人认为数字化对个人作者权利存在威胁,因而需要重新强调精神权利。② 一部作品的数字化、非物质化威胁到了它的神圣性,而这种操纵实际上有观众的参与,一位著名的法国改革家对此感到不安。③ 用户修改作品的能力被誉为是一个巨大的进步,但许多作者担心这会破坏他们的控制权。④ 同样热心的是,另一些人认为精神权利是过去态度的不合时宜的遗存,是一种保守的、不应被数字化现代性的文化保留。⑤ 鉴于数字化对艺术流动性、混合性和合作性的鼓励,精神权利应该被放弃还是值得努力实现?⑥ 随着文化生产从手工方法向更多的企业形式转变,一些人更倾向于在欧洲模仿盎格鲁-撒克逊的"雇佣作品"原则。而另一些人则声称,这种改变不需要对精神权利进行改革。更确切地说,是时候该帮助那些为大公司工作的作家们了,通过改变精神权利,给予他们权利来面对非人性化的就业条件。⑦

知识产权全球化

在这个新的后浪漫主义时代,知识产权越来越全球化,也越来越涉及每个人。尽管每个国家都根据自己的要求和步伐制定了关于作者权利的法律,但与其他国家的贸易关系变得越来越重要。然而,跨国关系从一开始就已成为知识产权的一个要

---

① Marjut Salokannel and Alain Strowel, "Study Contract concerning Moral Rights in the Context of the Exploitation of Works through Digital Technology," ETD/99/B5-3000/E° 28, April 2000, pp. 208-9; Séverine Dusollier, "Some Reflections on Copyright Management Information and Moral Rights," *Columbia Journal of Law and the Arts* 25 (2003): 390.

② Pollaud-Dulian, *The Internet and Authors' Rights*, vii; André Lucas, *Droit d'auteur et numérique* (Paris, 1998), p. 232.

③ Pierre Sirinelli, "The Adaptation of Copyright in the Face of New Technology," *WIPO Worldwide Symposium on the Future of Copyright and Neighboring Rights* (Geneva, 1994), pp. 44-46.

④ "Green Paper," COM (95) 382 final, p. 65.

⑤ Amy M. Adler, "Against Moral Rights," *California Law Review* 97 (2009).

⑥ Guy Pessach, "The Author's Moral Right of Integrity in Cyberspace: A Preliminary Normative Framework," *International Review of Industrial Property and Copyright Law* 34 (2003): 252.

⑦ Adolf Dietz, "Transformation of Authors' Rights: Change of Paradigm," *Revue internationale du droit d'auteur* 138 (October 1988): 38-42; Adolf Dietz, "The Concept of Author under the Berne Convention," *Revue internationale du droit d'auteur* 155 (January 1993): 42; Felix Leinemann, *Die Sozialbindung des "Geistigen Eigentums"* (Baden-Baden, 1998), pp. 162-63.

素。为了在国内打击盗版,各国必须与邻国进行谈判。受比利时图书盗版者影响,法国法律早在19世纪就与外国作者进行了交涉。1871年统一之前,德国出版商无法控制泛日耳曼语市场,盗版盛行。但这个零散的市场也是自由的,对公众来说是一件好事。尽管1871年之前没有国家版权法,但德国出版业还是击败了英国。德国盗版刺激了大量廉价科技书籍的供应,帮助德国超越英国成为欧洲主要工业大国。与此同时,英国出版商出版了昂贵的历史、法律和神学书籍。① 英国出版商也输给了美国的盗版,还有一些美国作家的盗版作品在英国流行。这就是《伯尔尼公约》在1886年试图解决的问题。

进入20世纪,知识产权继续国际化这个问题因为传播技术的发展而变得越发紧迫。早期的战斗发生在欧洲国家和跨北大西洋国家之间。而在战后时代,欧洲西部与世界其他国家越来越对立。作为知识产权进口商,发展中国家在翻译权、强制许可和专利范围方面寻求让步。一般来说,它们想要削减独家知识产权。② 在艾滋病药物(HIV drugs)和其他昂贵的药物上,人们进行了引人注目的战斗。在贸易谈判中,第三世界国家坚持在公共卫生紧急的情况下回避专利和版权,以便它们获得许可并制造仿制药。

发展中国家还设法控制第一世界公司,因为它们利用土著文化和自然开发新产品,这些产品将以国际市场价格出售给发达国家。植物、动物和生物过程是否可以获得专利,或者是否应该免费提供给那些发现者,这仍然有持续的争议。③ 就发展中国家而言,它们寻求对民间文学艺术和其他土著文化产品进行版权保护。这就提出了一个问题,那就是创造出故事的原始人民之声如何获得利益。迪士尼已经从格林兄弟那里拿走了《白雪公主》(Snow White)和《灰姑娘》(Cinderella),而格林兄弟作品则在19世纪初来自欧洲农民。现在这个问题继续发生在来自《圣经》和莎士比亚的《狮子王》(Lion King),以及《阿拉丁》(Aladdin)和《风中奇缘》

---

① Eckhard Höffner, *Geschichte und Wesen des Urheberrechts* (Munich, 2010), 1: 168, 2: 211-14, 253-58, 383.
② Gail E. Evans, "Intellectual Property as a Trade Issue: The Making of the Agreement onTrade-Related Aspects of Intellectual Property Rights," *World Competition* 18, 2 (1994): 166-68; Terence P. Stewart, ed., *The GATT Uruguay Round: A Negotiating History* (1986-1992) (Deventer, 1993), 2: 2270-72.
③ Keith Aoki, "Neocolonialism, Anticommons Property, and Biopiracy in the (Not-so-Brave) New World Order of International Intellectual Property Protection," *Indiana Journal of Global Legal Studies* 6 (1998): 46ff.

(*Pocahontas*)等作品身上。①

在经济上越来越重要的是,知识产权对国际贸易影响力在增强。从广义上来说,2005 年,基于版权的产业创造的收入占美国 GDP 的 11% 以上。② 2009 年,创意产业出口额占英国总出口额的 10% 以上,创意产业就业人数占总就业人数的 5%。③ 数字创意企业凭借先进的工程、金融和专业服务而成为英国最佳出口商。④ 在法国,2003 年,类似部门贡献了超过 17% 的增加值,贡献了 13% 的就业(公共行政之外)。⑤ 知识产权已成为大多数经济部门收益日益增长的要素。平均而言,2009 年智力资本占美国企业总市值的 44%,而无形资产在英国公司中所占的比例也同样大,而且还在不断增长。⑥

虽然货物和商品贸易以及知识产权贸易早些时候被分开处理,但现在两者实际上不可分割。知识产权的进口商一直主张自由贸易与出口管制。在 20 世纪后期,全球北部地区发现它们的软件、音乐、电影和药品以及更传统的产品,如汽车零部件和农用化学品在中国、印度、巴西和菲律宾等地被盗版。到 2008 年,全球估计有 37% 的光盘(CDs)是盗版,20 次下载中只有一次属于合法购买。⑦ 无论这些数字

---

① 《狮子王》主题歌 *The Lion Sleeps Tonight* 是以"Mbube"为基础的,这首歌是 Solomon Linda 在 20 世纪 20 年代所写。1951 年,Pete Seeger 和 Weavers 录制了这首歌,引起了西方观众的注意,他们错误地认为这是一首传统民歌。

② Stephen E. Siwek, *Copyright Industries in the US Economy*:*The 2006 Report*,http://www.iipa.com/pdf/2006_siwek_full.pdf. 也见 J. Thomas McCarthy,"Intellectual Property—America's Overlooked Export," University of Dayton Law Review 20 (1995): 809.

③ Department for Culture, Media and Sport, "Creative Industries Economic Estimates: Full Statistical Release," 8 December 2011, p. 5, http://www.culture.gov.uk/publications/8682.aspx. 创意产业是更广泛的知识产权的一个狭窄的子集,包括广告、音乐、电影、出版等等。

④ Ian Hargreaves, *Digital Opportunity*:*A Review of Intellectual Property and Growth* (London, 2011), p. 3. Available at http://www.ipo.gov.uk/ipreview-finalreport.pdf.

⑤ Maurice Lévy and Jean-Pierre Jouyet, "L'économie de l'immatériel: La croissance de demain: Rapport de la Commission sur l'économie de l'immatériel," December 2006, p. 12; Sénat, Report 53, 22 October 2008, p. 12. Available at http://www.senat.fr/rap/l08-053/l08-053.html.

⑥ Kevin A. Hassett and Robert J. Shapiro, "What Are Ideas Worth? The Value of Intellectual Capital and Intangible Assets in the American Economy," p. 3, Sonecon, http://www.sonecon.com/studies.php; *Gowers Review of Intellectual Property*, December 2006, p. 3.

⑦ Sénat, Report 53, 22 October 2008, p. 19.

被业界发言人夸大了多少,问题并不仅仅出自统计的伪制品。① 伪制品占世界贸易总值的7%。② 据估计,2005年超过2,000亿美元的国际贸易商品是伪造的——比世界四分之三国家的国内生产总值还要多。③

全球经济关系将影响本书的轮廓。但值得一提的是,20世纪90年代的国际贸易条约——关贸总协定、世界知识产权组织(WIPO)和TRIPs协定——将大多数国家置于第一世界的严格标准之下,并剥夺了尚未工业化的经济体去实现欧洲、美国以及后来亚洲大部分地区现代化的手段。欧洲在19世纪支持严格的版权立法,而专利权则较弱,美国通过扭转形势发挥了自己的优势,它们现在要求穷国对这两项都进行管制。④ 18世纪的英国、法国和德国,19世纪的欧洲外围国家,第二次世界大战后的日本、韩国和中国台湾地区,最令人震惊的是18世纪和19世纪的美国,所有这些国家都通过盗版走向了经济成熟。⑤

在19世纪80年代,瑞士为其强大的化学工业打下了基础,没有受到像专利等问题的困绕。19世纪90年代,当飞利浦公司(Philips Corporation)盗取爱迪生(Edison)的白炽灯泡开始建立一家庞大的公司时,荷兰法律同情地排除了一些障碍。⑥ 英国在1919年至1949年间选择将化学产品排除在专利之外,以对抗德国高级产品的威胁。⑦ 因此,韩国一直等到1961年才引入专利制度并不令人感到意外。或者说,在20世纪90年代初,25个发展中国家没有提供药品专利保护,57个国家没有提供软件专利保护。⑧ 但现在世界贸易组织(WTO)的制裁限制了对第一世界

---

① Frank Emmert, "Intellectual Property in the Uruguay Round: Negotiating Strategies of the Western Industrialized Countries," *Michigan Journal of International Law* 11 (1989-90): 1326-28; William Patry, *Moral Panics and the Copyright Wars* (New York, n. d.), 30-36.

② Commission of the European Communities, "Green Paper: Combating Counterfeiting and Piracy in the Single Market," COM (98) 569 final, 15 October 1998, p. 4.

③ OECD, *The Economic Impact of Counterfeiting and Piracy* (2008), 15.

④ B. Zorina Khan, *The Democratization of Invention: Patents and Copyrights in American Economic Development*, 1790-1920 (Cambridge, 2005), pp. 304-5; *Integrating Intellectual Property Rights and Development Policy: Report of the Commission on Intellectual Property Rights* (London, 2002), 8.

⑤ Rehbinder and Staehelin, "Urheberrecht im TRIPs-Abkommen," 34; Doron S. Ben-Atar, *Trade Secrets: Intellectual Piracy and the Origins of American Industrial Power* (New Haven, 2004), chap. 1.

⑥ Eric Schiff, *Industrialization without National Patents: The Netherlands, 1869-1912; Switzerland, 1850-1907* (Princeton, 1971), 59-63 and passim.

⑦ Khan, *Democratization of Invention*, 38.

⑧ Michael P. Ryan, *Knowledge Diplomacy: Global Competition and the Politics of Intellectual Property* (Washington DC, 1998), pp. 145-46.

市场的准入，以报复未经授权使用受保护产品的国家。因此，发展中国家必须为知识产权支付额外费用。① 在盗版鼎盛时期，美国对英国和欧洲的指责嗤之以鼻。1886年，当美国派观察员参加伯尔尼首届会议时，俾斯麦对其拒绝加入公约表示遗憾，但是铁血宰相补充说："我是不是应该派战舰？"②

然而在20世纪90年代，贫穷国家不得不遵守工业化世界所规定的国际贸易规则。作为回报，它们在相对平等的条件下被先进市场接纳。按照TRIPs规则行事是对全球投资的一种认可。究竟是践行全球知识产权还是损害发展中国家，仍是一个持续不断的争议，这与19世纪美国在关于国际版权的辩论中所听到的观点相呼应。进口国如何利用外国知识产权服务？这是否会削弱它们的发展能力？或者让它们把别人的努力作为跳板？③ 这就是问题所在。在20世纪七八十年代，那些把自己与世界市场隔离开来的第三世界国家，在有更好的产品可供进口的情况下，没有效率地生产自己的替代产品，表现很差。与此同时，韩国和中国台湾等其他发展中国家或地区也从向西方市场销售产品中获利，从而凸显了加入世界市场和遵守规则的优势。20世纪八九十年代，一些新兴国家就开始对强大的知识产权保护表现出兴趣，如印度和中国。④ 因此，新兴国家不仅仅是严格执行全球知识产权的输家。⑤

第一世界和第三世界之间的冲突阻碍了战后时期的伯尔尼联盟。1967年在斯德哥尔摩和1971年在巴黎举行的会议上，发展中国家坚持要求更容易地获得这些服

---

① Rochelle Cooper Dreyfuss，"TRIPs—Round II：Should Users Strike Back?" *University of Chicago Law Review* 71 (2004)：21-22. Numbers in Christopher May and Susan K. Sell，*Intellectual Property Rights：A Critical History* (Boulder，2006)，p. 187.

② Adolf Fleischmann，"Die Berner Übereinkunft zum Schutze des Urheberrechts," *UFITA* 103 (1986)：50. Originally published in 1888.

③ 对强大的全球知识产权是唯一解决办法的论点持适度怀疑的态度是 Keith E. Maskus，"Encouraging International Technology Transfer," UNCTADICTSD Project on IPRs and Sustainable Development，Issue Paper 7，May 2004；Carlos M. Correa，"Can the TRIPs Agreement Foster Technology Transfer to Developing Countries?" in Keith E. Maskus and Jerome H. Reichman，eds.，*International Public Goods and Transfer of Technology under a Globalized Intellectual Property Regime* (Cambridge，2005)，227ff. 支持强力保护的是 Hassett and Shapiro，"What Are Ideas Worth?" 21-23. 以新加坡为例，认为强有力的保护有助于第三世界国家超越一定的发展水平是 Dru Brenner-Beck，"Do as I Say，Not as I Did," *UCLA Pacific Basin Law Journal* 11 (1992).

④ 2010年，中国获得专利数量位居世界第三，仅次于日本和美国。WIPO，2011 *World Intellectual Property Indicators*，Figure A. 3.1.2，p. 52. And it joined Berne in 1992.

⑤ Thomas Cottier，"The Prospects for Intellectual Property in GATT," *Common Market Law Review* 28 (1991)：389-91；Peter Drahos with John Braithwaite，*Information Feudalism：Who Owns the Information Economy?* (London，2002)，p. 197.

务，并制定了翻译、保护期限、重印报刊文章、无线电广播和教育用途等方面的特殊规定。工业化国家抵制这种要求，并拒绝让步。虽然它们在纸上做出重大让步，但在实践中却继续抵制。① 在如此激烈的冲突中，伯尔尼机制内部未来改革的前景似乎黯淡。② 相反，美国希望通过 1967 年作为联合国（UN）专门机构之一成立的世界知识产权组织在国外赢得更大的保护。③ 在 20 世纪七八十年代，美国还向那些被认为不尊重此类保护措施的国家施加了单边贸易压力，包括巴西、韩国、新加坡，还有澳大利亚、德国和意大利。④ 20 世纪 80 年代初，当世界知识产权组织也被证明容易受到发展中国家的压力时，美国将精力转移到了国际贸易协定上，以确保知识产权不受侵犯。⑤

为保障知识产权出口而加强全球保护的希望最终促使美国在 1989 年加入伯尔尼联盟，这是联盟成立一个世纪后的事了。正如我们所看到的，在整个 19 世纪，美国一直抵制国际版权协议。但是在 20 世纪，第一也是最大的版权联盟所承诺的成员身份的优势令人难以抗拒。在伯尔尼联盟之外，美国的道德和谈判地位很弱。美国商务部长马尔科姆·波多里奇在 1988 年作证称，美国坚持为他人而非自己制定更高标准的做法令人尴尬。加入伯尔尼将有助于建立关于标准的国际共识，"而且这不仅仅是美国试图在某些贫穷的发展中国家使用我们一直感受到的某种棍棒。"⑥ "美国需

---

① Howard D. Sacks, "Crisis in International Copyright: The Protocol Regarding Developing Countries," *Journal of Business Law* (1969): 29-31, 128-29; Sam Ricketson and Jane Ginsburg, *International Copyright and Neighbouring Rights: The Berne Convention and Beyond*, 2nd ed. (Oxford, 2006), chaps. 3, 4.

② Sam Ricketson, "The Future of the Traditional Intellectual Property Conventions in the Brave New World of Trade Related Intellectual Property Rights," *International Review of Industrial Property and Copyright Law* 26 (1995): 878.

③ "US Adherence to the Berne Convention: Hearings Before the Subcommittee on Patents, Copyrights and Trademarks of the Committee on the Judiciary," Senate, 16 May 1986, and 15 April 1986, Serial No. J-99-25, pp. 123-25; Drahos and Braithwaite, *Information Feudalism*, 112-13.

④ Peter Drahos, "Global Property Rights in Information: The Story of TRIPs at the GATT," *Prometheus* 13, 1 (1995): 9-12; Evans, "Intellectual Property as a Trade Issue," 148-58; Eva Hemmungs Wirtén, *No Trespassing: Authorship, Intellectual Property Rights and the Boundaries of Globalization* (Toronto, 2004), p. 92.

⑤ Laurence R. Helfer and Graeme W. Austin, *Human Rights and Intellectual Property* (Cambridge, 2011), pp. 36-37.

⑥ "Berne Convention Implementation Act of 1987: Hearings before the ... Committee on the Judiciary, House of Representatives,... June 17, July 23, September 16 and 30, 1987, February 9 and 10, 1988," Serial No. 50, p. 183.

要伯尔尼的成员资格来坚定地捍卫全球知识产权保护。"前美国版权办公室注册官拉尔曼·欧曼（Ralph Oman）如此向国会作证。① 美国从文化进口国向出口国的转变，无疑改变了美国的态度。而早在一个世纪以前，美国曾把伯尔尼联盟视为一个邪恶的欧洲文化垄断俱乐部，试图扼杀一个寻求廉价启蒙运动的初创民主国家。

对贸易的版权保护

从 1993 年开始，比尔·克林顿政府开始寻求全球保护。这位美国总统在版权行业的热情支持下当选，好莱坞、纳什维尔、纽约、雷德蒙德（微软总部）和帕罗奥图（Palo Alto）都希望打击盗版，将全球知识产权保护与贸易联系起来是一项战略。美国在大多数指标上仍然是世界上最大的单一市场，这是美国对美国产品严格进行海外保护的回报。②"自由贸易"和"开放市场"的官方意识形态被调整为"公平贸易"和"公平竞争环境"。

为了保护美国最具活力和最有前途的出口产业，美国谈判代表的目标是全球知识产权的执行。强力的知识产权保护是开放贸易的条件，通过在海外实施知识产权，可以在不放弃自由贸易的情况下解决美国竞争力的危害。③ 在 20 世纪 80 年代，版权行业日益增长的重要作用促使美国加入伯尔尼联盟，而知识产权的经济影响也是美国首要考虑的因素。超过 8% 的美国经济与信息技术联系在一起，十年来几乎翻了一番。众议院贸易委员会（House Committee on Commerce）于 1998 年公布，最重要的是数字和电子商务的关键领域，预计数年内将增长百倍。④

美国对待版权的许多传统方法，包括手续和其他限制专有权利的障碍，以及它对合理使用例外的慷慨看法，已经为伯尔尼成员资格做出了牺牲。克林顿政府对知识产权采取了更广泛的观点，要求对数字时代的版权进行重新调整，以赋予所有者对新媒体作品的完全和排他性控制。贸易规则成为实施作品产权的手段。

第一个突破是在 1994 年，《与贸易有关的知识产权协议》在《关税和贸易总协定》的乌拉圭回合中结束谈判。乌拉圭回合之后，从 1995 年开始，《关税和贸易总协定》由世界贸易组织管理。服务和知识产权首次列入国际贸易协定。《与贸易有关

---

① Ibid., p. 73.
② John Braithwaite and Peter Drahos, *Global Business Regulation* (Cambridge, 2000), 61-62.
③ Susan K. Sell, *Private Power, Public Law: The Globalization of Intellectual Property Rights* (Cambridge, 2003), pp. 15-17, 35-36, 52, chap. 4.
④ "Digital Millennium Copyright Act of 1998," House Report 105-551, p. 2 (22 July 1998), pp. 21-22; Department of Commerce, "The Emerging Digital Economy," p. 2, http://govinfo.library.unt.edu/ecommerce/EDEreprt.pdf.

的知识产权协定》涉及广泛的知识产权，从版权和专利权到原产地名称、工业设计、集成电路布局，再到新的植物品种。它将缓慢的伯尔尼机制改革迅速纳入实践：软件和数据库如同文学作品一样受到保护，作者被赋予租赁电影、录音和使用电脑程序的许可权。

最重要的是，尽管《伯尔尼公约》没有提供有效的执行方案，但 TRIPs 成员可以援引世贸组织的争端解决机制。因此，工业化国家可以报复没有自己知识产权保护的盗版国家，对其他产品实施制裁。① 这就是 1906 年德国国会议员精心制定的策略。他对美国盗版者说："如果我们为你的小麦买单，那么你应该为我们的文学买单。"② 过去的空洞威胁，现在被纳入了全球贸易的强制执行之中。为了强调新的以重视财产权为基础的贸易，美国也确保了精神权利被排除在 TRIPs 强制执行的标准之外，以免因不遵守规则而受到惩罚。③

1994 年的 TRIPs 协议是发达国家知识产权出口经济体的一大胜利。美国是谈判的发起者和推动力。欧洲人和很多时候一样，发现很难达成一个明确的一致立场，尽管他们的经济利益如同日本一样，明显要求加强全球保护。④

美国在日内瓦发起倡议

随后在 1996 年，世界知识产权组织签订了版权条约。克林顿政府寻求在国内外协同行动。一份阐述政府目标的白皮书由信息基础设施工作组（Information Infrastructure Task force）的一个分组发布，该小组由专利律师布鲁斯·雷曼（Bruce Lehman）担任主席，他被任命为商务部助理部长。该白皮书为作者的权利辩护，主要被视为财产主张。它认为，公共利益不一定通过便捷途径得到。这份白皮书举例说明欧洲和美国正在如何发展，明确拒绝了 19 世纪的信念，即公共利益在于廉价而广泛地获取作品。白书上这样写道："虽然乍一看，减少受保护的作品，允许公众自由使用，似乎符合公众利益，但这样的分析是不完整的。"相反，应该鼓励版权保护

---

① Ricketson and Ginsburg, *International Copyright*, 154-61; Nimmer, "End of Copyright," 1396-97.
② Reichstag, *Stenographische Berichte*, 23 November 1906, p. 3860, Dietz.
③ Paul Goldstein, *Copyright's Highway: From Gutenberg to the Celestial Jukebox* (Stanford, 2003), 160-61.
④ Thomas Oppermann and Jutta Baumann, "Handelsbezogener Schutz geistigen Eigentums（'TRIPs'）im GATT," Ordo 44 (1993): 123-24.

以刺激高质量的内容。① 就像在欧洲一样,焦点正从观众转移到作者和所有者身上。

诚然,白皮书上还提到不应过分加强作者的权利。从技术上讲,每一次数字使用都有可能对其进行计量和收费,但是合理使用仍然必要。其目的是对技术变革进行微调,以便在数字时代保持作者与受众之间的平衡。② 合理使用将无缝地转移到新的技术上。③ 事实上,图书馆和档案馆也推出了新的合理用途,盲人版本正是如此。政府对规避数字内容技术保障设备制造商和销售商的态度也比较温和,它只试图禁止那些主要目的是逃避保护的行动。④ 因此,白皮书的总体目标可能并不激进,但个别提案转向了市场原则。强制许可被取消。白皮书中提到,新技术将允许以市场价格发放个人许可证。不祥的是,图书馆被告知,它们的借阅基础——首次销售原则——将被缩减。相反,它们应该探索机构许可证,向每个读者收费。⑤ 克林顿政府坚定地关注权利持有者的特权,他明确否定版权所有人应被"征税"或以其他方式放弃他们的主张以确保公众广泛访问的任何想法。⑥

克林顿的提议在美国引起了争议。批评人士强调了,比如白皮书提议的手机和互联网公司的赔偿责任——在网络上传输的数字作品的每一份拷贝都被认为是侵权行为,这明显存在问题。落实政府目标的法案在国会被暂时搁置。⑦ 由于受到阻碍,政府把注意力转移到了世界知识产权组织,试图在国外赢得国内被拒绝的权利。⑧ 在日内瓦,美国提出了一个以财产为基础的愿景,即如何扩大权利所有者对数字作品的控制权,最大限度地减少排他性权利的例外,并使特许和其他有偿使用成为标准的访问方式。

---

① Information Infrastructure Taskforce, *Intellectual Property and the National InformationInfrastructure*, 14-15.

② Information Infrastructure Taskforce, *Intellectual Property and the National InformationInfrastructure*, 17, 212.

③ 这也是美国代表团在 WIPO 谈判中所采取的立场:WIPO, *Records of the Diplomatic Conference on Certain Copyright and Neighboring Rights Questions*, *Geneva* 1996 (Geneva, 1999), 2: 704.

④ "NII Copyright Protection Act of 1995: Joint Hearing before the Subcommittee on Courts and Intellectual Property ... on H. R. 2441 and S. 1284," 15 November 1995, pp. 33, 37-38, 40.

⑤ Information Infrastructure Taskforce, *Intellectual Property and the National InformationInfrastructure*, 52-53, though somewhat contradicted at 225-26.

⑥ Ibid., 84.

⑦ "NII Copyright Protection Act of 1995: Joint Hearing," pp. 27-28. The bills were: "NII Copyright Protection Act of 1995," 28/29 September 1995, H. R. 2441, S. 1284.

⑧ 见 Pamela Samuelson, "The US Digital Agenda at WIPO," *Virginia Journal of International Law* 37 (1996-97). A shorter and more polemical version in Samuelson, "The Copyright Grab," *Wired* 4.01 (1996).

为此，克林顿政府鼓励知识产权局采取以下若干措施：（1）将数字传输纳入作者的作品发行专用权；（2）将在计算机内存中通过互联网临时复制作品的行为宣布为侵权行为，使权利所有人能完全控制作品的传播；（3）追究互联网传播内容提供者的责任，要求知识产权局对网络进行监管；（4）限制诸如合理使用等例外情况，特别是在许可可能的情况下；（5）惩罚制造和销售用于规避版权保护技术的行为，防止消费者获取和复制受版权保护的材料；（6）确保将数字权利管理信息（电子文身）附在作品上，使所有者能够跟踪、控制和收费使用。简而言之，数码作品应完全由其拥有者控制，而使用者则须就任何用途向他们支付费用。

克林顿政府最激烈的提议在谈判中被修改。但是，1996年《世界知识产权组织版权条约》的最终结果表达了新兴的、以《伯尔尼公约》为基础的欧美共识，即知识产权就像传统财产一样，所有者应该受到强有力的保护，专属版权的例外情况应该受到严格限制。即使在流动的数字时代，WIPO的条约也试图维护所有者的权利要求。它捍卫了他们控制通过互联网传播作品的权利，这一点被冠冕堂皇地描述为"这样一种方式，公众可以从一个地方和一个单独选择的时间访问这些作品"。它要求成员国惩罚规避保护技术的行为，并要求它们保护数字权利管理信息。①

尽管如此，《世界知识产权组织版权条约》至少从两方面缓和了多数派的起始立场。对于如何处理在网络传输过程中产生的临时作品副本，意见分歧破坏了讨论。虽然克林顿政府曾提议将这些项目牢牢控制在权利持有人的手中，但事实上，在日内瓦的美国谈判代表却回避如此激烈地支持所有者的立场。同样，互联网、电信和高科技公司也害怕因为作品在他们的基础设施中传播而被判侵权。② 在没有达成任何共识的情况下，条约中的外交言论重申《伯尔尼公约》的复制权完全适用于数字时代。因此，知识产权组织采取了已经存在的伯尔尼立场，即保证作者免受未经授权"以任何方式或形式"复制其作品的困扰。③

最初的草案还禁止了安装那些主要目的是规避版权保护技术的设备。④ 因为这将使版权保护技术阻碍所有未经授权地使用作品的行为，无论这种行为是侵权还是

---

① WIPO Copyright Treaty 1996.
② WIPO, *Records of the Diplomatic Conference*, 2: 668-70; Ricketson and Ginsburg, *International Copyright*, 683-87.
③ Art. 9. Stephen Fraser, "The Copyright Battle: Emerging International Rules and Roadblocks on the Global Information Infrastructure," *John Marshall Journal of Computer and Information Law* 15 (1997): 777-78; "NII Copyright Protection Act of 1995: Joint Hearing," 53.
④ WIPO, "Committee of Experts on a Possible Instrument for the Protection of the Rights of Performers and Producers of Phonograms," 20 May 1996, BCP/CE/VII/1-NR/CE/VI/1, p. 3.

合法。但这一点存在争议。相反,这里出现了一个模糊的版本,即成员承诺只会采取有效的法律措施来防止技术规避。①

重新挑起争端

随着 WIPO 条约在 1996 年成为新的国际规范,克林顿政府将注意力转移到了国内。国内立法的结果是 1998 年的《数字千年版权法案》(DMCA)。它执行了 WIPO 条约,但也超越该条约为其他国家设定的黄金标准。② 由于商业的侵犯和对本土版权传统的背离,从 TRIPs 到 DMCA 的版权制度集群在美国受到攻击。③ 几乎没有人称赞 DMCA。它冗长、不精确,而且过于详细、复杂和不透明,是一部宣读后不会对敌人造成任何影响的法律。④ 即使按照版权法的标准,它的技术性也很强,涉及从电脑修理到船体设计期间偶然复制的问题。以下讨论必然涉及技术细节,但总体上要记住的一点是,即使在精确的立法措辞细节上,这场斗争存在于在数字时代强制执行自己权利主张的权利持有者与观众之间,也存在在于希望至少与模拟时代拥有一样多的访问权的人们之间。

WIPO 条约在保护版权数字作品技术的态度上一直含糊不清。现在,美国威胁要更进一步。⑤ DMCA 最初禁止任何未经授权使用受保护作品的行为,包括合理使用。⑥ 该法案既禁止侵犯版权,也禁止规避数字内容的技术保护——比如使用特定的软件把电影从 DVD 复制到计算机硬盘。因此,版权已经授予所有者的法律权力将通过一层额外的技术控制得到加强。批评者称之为"超版权权利",支持者把它们比作商店里的反盗窃装置。有形财产不仅受到防止偷窃的法律保护,而且还受到有

---

① "The Digital Millennium Copyright Act of 1998," Senate, Report 105-190, 11 May 1998, p. 5; Thomas C. Vinje, "A Brave New World of Technical Protection Systems: Will There Still BeRoom for Copyright?" *European Intellectual Property Review* 18 (1996): 433, 437.

② "The Digital Millennium Copyright Act of 1998," Senate, Report 105-190, pp. 2, 11.

③ Nimmer, "End of Copyright," 1416; Goldstein, Copyright's Highway, 171-75, 184; Patry, *Moral Panics and the Copyright Wars*, 164-65; James Boyle, *The Public Domain: Enclosing the Commons of the Mind* (New Haven, 2008), chap. 5.

④ Pierre Sirinelli quoted in Séverine Dusollier, *Droit d'auteur et protection des œuvres dans l'univers numérique* (Brussels, 2005), p. 82.

⑤ Pamela Samuelson, "Intellectual Property and the Digital Economy: Why the Anti Circumvention Regulations Need to be Revised," *Berkeley Technology Law Journal* 14 (1999): 521-22.

⑥ Goldstein, Copyright's Highway, 181; Fred von Lohmann, "Unintended Consequences: Twelve Years under the DMCA" (February 2010), available at https://www.eff.org/files/eff-unintended-consequences-12-years.pdf.

形安全的保护，如锁、栏杆、警报器、警卫，以及防止偷盗和进入的法律。DMCA 现在承诺对无形财产给予同样的保护。①

但批评人士担心，控制技术与新的执法权力相结合，将创造一个"按次付费"的世界。② 一位国会议员认为，"图书馆卡的使用总是需要付费的，而信息的流动则伴随着一个计费器，每次上网访问都要收费"③。将来，当所有作品都是数字化的并通过网络传输时，防止访问和复制的技术能力将有效地取代版权。然后，所有者将施加完全的控制，不受版权的通常限制——公平使用、首次销售、思想/表达二分法，甚至过去的硬拷贝和模拟世界不可避免的泄露也被控制。④ 控制可以通过传输技术直接执行（一本电子书只供多次阅读，根本没有拷贝）。法律制度固有的回旋余地可能会缩小。一个犯罪分子正在等待法院的判决，被逮捕、审讯，决定惩罚是否与他的犯罪利益对等；当计算机代码（而不再是法律代码）被执行时，法律规定和它实际实施之间的所有缓冲都崩溃了。⑤ 与版权不同的是，技术壁垒从未过期。公法性质版权规定将被拆封和点击许可合同的私法所取代，销售商单方面对其数字消费者施加销售条件。⑥ 批评人士指责说，实际上，克林顿政府试图重新恢复伦敦书商公会在印刷书籍方面享有的垄断地位（直到1710年《安妮法》结束）。⑦

然而，美国对公共领域的传统强调并没有完全消失。国会议员仍在思考如何在"内容创作者和信息用户的利益"之间取得平衡。该法案的提案人之一托马斯·布利里（Thomas Bliley）坚持认为，确保合理使用仍然是一个重要的基石，因为权利所有人正在接受新的控制。他继续说："版权不仅仅是为了保护信息，也是为了提供合

---

① "Digital Millennium Copyright Act of 1998," House Report 105-551, pt. 2, p. 24; "NII Copyright Protection Act of 1995: Joint Hearing," pp. 32-33, 98, 117.
② *Congressional Record*, House, 4 August 1998, p. 18772.
③ *Congressional Record*, House, 12 October 1998, p. 25812.
④ David Nimmer, "A Riff on Fair Use in the Digital Millennium Copyright Act," *University of Pennsylvania Law Review* 148, 3 (2000): 711-13; Paul Goldstein, "Copyright and Its Substitutes," *Wisconsin Law Review* (1997): 869-70. 从这一角度以著作形式进行分析的见 Tarleton Gillespie, *Wired Shut: Copyright and the Shape of Digital Culture* (Cambridge MA, 2007).
⑤ Lawrence Lessig, Free Culture: *The Nature and Future of Creativity* (New York, 2004), 151-52.
⑥ Stefan Bechtold, "Digital Rights Management in the United States and Europe," *American Journal of Comparative Law* 52 (2004): 355-56; Lucie M. C. R. Guibault, "Contracts and Copyright Exemptions," in P. Bernt Hugenholtz, ed., *Copyright and Electronic Commerce: Legal Aspects of Electronic Copyright Management* (London, 2000), pp. 125-26.
⑦ Glynn S. Lunney, Jr., "The Death of Copyright: Digital Technology, Private Copying and the Digital Millennium Copyright Act," *Virginia Law Review* 87, 5 (2001): 814-15.

理的访问机会。"① 国会议员约翰·丁格尔（John Dingell）担心，在技术保护下的作品过于封闭，它排除了所有无法支付商业价格的人。他承认，这听起来可能像美国人的做法，但故事还有另外一面。美国版权法在历史上对所有者的专有权利做出了重要的例外规定。必须保持这一平衡。②

克林顿政府最初的提案试图禁止制造和使用规避装置，从而让版权所有者完全控制他们的作品。但在众议院贸易委员会抗议该法案过于青睐版权持有人之后，发生了一些变化。③ 司法委员会（Judiciary Committee）的版本已明确禁止一切规避技术保护的行为，贸易委员会现在驳回了这一要求，它认为不分青红皂白地保护甚至可能阻止合法的访问。④ 学生、图书馆用户、记者等获得合法访问权的用户群体被排除在外。⑤ 最后的版本对规避限制版权作品获取的保护技术和那些阻止版权作品复制的技术进行了区分。为便于获取，规避仍然是非法的。除了权利持有者允许，没有人能获得数字作品，更不用说在电影院里看电影而不买票了。相反，规避复制在某些情况下仍然是合法的，例如为了合理使用。换句话说，一旦获得了许可，用户就可以行使复制权，就像合理使用一样，即使他们必须绕过保护性技术才能这样做。

国会还强调了合理使用数字媒体的持续有效性。最初的法案没有提及合理使用。但是国会议员霍华德·科布尔（Howard Coble）和巴尼·弗兰克（Barney Frank）试图加强例外，包括对图书馆的例外。⑥ 他们坚持认为，新的反规避技术绝不能限制作者专有权利的既定例外。⑦ 然而，最终法律中并没有任何与合理使用直接相关的东西。虽然它仍然有效，但它不适用于规避保护技术。相反，该法律规定国会图书馆员每三年进行一次审查，听取那些声称被过度限制的做法排除在合理使用之外的团体的意见。然后，图书馆员就可以允许每三年一次的规避使用。他最终为电影

---

① *Congressional Record*, House, 4 August 1998, p. 18773.
② Ibid., p. 18778.
③ 贸易委员会介入讨论的背景见 Jessica Litman, *Digital Copyright*（Amherst, 2001）, pp. 136-42.
④ "Digital Millennium Copyright Act of 1998," House Report 105-551, pt. 2, pp. 35-36.
⑤ *Congressional Record*, House, 4 August 1998, p. 18779.
⑥ Ibid., p. 18776.
⑦ "WIPO Copyright Treaties and Implementation and On-Line Copyright Infringement Liability Limitation," House Report 105-551, pt. 1,（22 May 1998）, p. 20.

教授和纪录片制片人等选民做了这件事,以便于他们提升使用数字内容的能力。①

在最终版本中,DMCA进行了一系列妥协。它禁止用户绕过保护技术访问数字内容,但保留了现有的版权豁免,包括合理使用,并为执法、逆向工程——以确保计算机程序的互操作性——和加密研究增加了新的版权豁免。非营利教育机构和图书馆被允许绕过保护技术访问作品,以确定是否购买它们。它们被允许制作和保存濒危材料的数字副本,如果其雇员无害侵权时则免予赔偿。法律禁止删除数字版权管理信息。但最重要的是,作为对计算机和网络利益的一种让步,所谓的"避风港"条款免除了互联网提供商的责任,如果他们的系统被用来传输侵权材料,只要他们对权利所有者要求删除的要求做出回应就可以。经过漫长的斗争,怀疑论者削减了政府的一些过分主张,因此DMCA成为克林顿政府最初在日内瓦采取的极端主义议题的温和版本。

政府将DMCA描述为将版权在用户和所有者之间的传统平衡中立地延伸到数字时代,但是没有多少人会满意。数字作品现在不仅被通常的版权法所保护,也被新技术所保护,而且还有阻止他人规避保护的法律力量。② 按次付费的世界越来越近了。批评人士指责,合理使用受到了版权法以外的技术保护的挤压。辩护者反驳说,可以通过其他手段实现合理使用,如手动从屏幕上复制文本或从显示器上拍摄图像。没有人承诺用最先进的方法来进行合理使用。争论围绕着合法使用内容的纯粹身体能力的方便性展开。③ 在2001年第二巡回上诉法院(Second Circuit Court of Appeals)严厉的措辞中,"合理使用从来没有被认为是公平使用用户喜欢的技术或以原件的格式复制获得版权材料的保证"④。尽管这一做法无可否认地保留了一种剩余的合理使用形式,但人们仍有理由反对。科技的潮流使所有人的需求都有所提升。如果所有的公民都有资格获得普遍的商品,他们也应该得到大致相同的质量水平。虽然无疑今天的价格更便宜,但很难保证按照1970年的标准为所有人提供医疗保健。数字剪贴时代给人们提供用纸与铅笔的合理使用,这体现了统一但不平等的

---

① "Digital Millennium Copyright Act of 1998," House Report 105-551, pt. 2, p. 36; *Congressional Record*, Senate, 8 October 1998, p. 24464; Bill D. Hermann and Oscar H. Gandy, Jr., "Catch 1201: A Legislative History and Content Analysis of the DMCA Exemption Proceedings," *Cardozo Arts and Entertainment Law Journal* 24 (2006): 123-24 and passim; Patricia Aufderheide and Peter Jaszi, *Reclaiming Fair Use: How to Put Balance Back in Copyright* (Chicago, 2011), pp. 9-13, 75-78, chap. 6.

② Nimmer, "Riff on Fair Use," 727-32.

③ Gillespie, *Wired Shut*, 180; Mazzone, *Copyfraud*, 88-89; Jane C. Ginsburg, "Authors andUsers in Copyright," J*ournal of the Copyright Society of the USA* 45, 1 (1997): 4.

④ *Universal City Studios*, Inc. v. Corley, 273 F. 3d 429 (2d Cir. 2001), pp. 433, 459.

逻辑。

DMCA禁止为访问作品制造、销售和使用规避技术。但它仅禁止规避保护的技术制造和销售受版权保护作品的副本，而不禁止其用于复制作品。因此，复制受技术保护的作品本身并没有被定为刑事犯罪，这取决于复制作品的原因，当然它的权利可能会受到侵犯，因此可以采取行动。DMCA允许权利持有者控制对数字作品的访问，同时不让他们阻止合理使用或其他合法复制作品的行为。① 这似乎是对传统版权合理使用理念的一种让步。然而，由于非法交易——尽管不使用——复制技术也是被禁止的，只有能够编写自己的规避程序的用户才能合法地使用这些作品。② 这样，一手提供的东西就被另一只手收回了。

然而，这一安全港豁免规定允许即使是侵权内容也可以在网上发布，直到其所有者提出抗议为止，这为版权持有人控制网络作品的愿望打开了一个巨大的漏洞。回顾过去，这是DMCA最重要的决定之一。在1998年，这标志着15年后互联网产业的强大力量将进入公众视野。只要他们一经通知就删除侵权材料，互联网供应商不承担责任。因此，谷歌（Google）和YouTube这样的公司无论有无版权都可以拥有任何内容，而监管功能仍然是版权所有者的职责。

DMCA引发的尖锐争议表明，模拟技术时代的版权共识已经破灭。数字化改变了竞争环境。最让人烦恼的是——由于数字化作品的易复制性——需要用新的技术措施加强现有的合法版权保护。就像19世纪发生关于国际版权的辩论一样，冲突再次燃起。许多论点是相似的，但与此同时，来自互联网和高科技行业的新演员出现在了现场——我们将在下面讨论他们。

利益重组

20世纪末，以财产为基础的作者权利，被刚皈依伯尔尼联盟的美国当局在国内外所提倡。新观点强调作者和受让人对作品的固有要求，近似于欧洲的自然权利模式。为了支持版权的实际转变有利于版权持有人，需要一种新的意识形态，证明长

---

① "WIPO Copyright Treaties Implementation Act: Hearing before the Subcommittee on Courts and Intellectual Property of the Committee of the Judiciary, House of Representatives ... on HR 2281 ... and HR 2280," 16 and 17 September 1997, Serial No. 33, p. 49; US Copyright Office, "DMCA Section 104 Report," August 2001, pp. 11-12 in *The Digital Millennium Copyright Act*, 531-32.

② Terese Foged, "US v. EU Anti-Circumvention Legislation: Preserving the Public's Privileges in the Digital Age," *European Intellectual Property Review* 11 (2002): 531; Gillespie, *Wired Shut*, 159, 179-80.

期和强有力保护的正当性。战后美国，经济学作为一门学科蓬勃发展。① 在这一时期，所谓的"法律和经济学"学派，让经济学这门至高无上的社会科学形成了一种理论，它声称对公众利益加以更强的保护。

在大陆意识形态中，作者理应在他的作品中享有利益，就像所有财产所有者一样。只有在确保财产不是处于无政府状态的情况下，公共利益才是人们关心的问题。当然，奖励作者可能会间接地接刺激其创作。但是，自然权利论并没有把这种刺激作为它的首要目标，而仅仅作为一种附带的影响。作者应该得到劳动成果。如果慷慨的奖励意味着让他退休，那就让他退休吧。从自然权利论中衍生出来的公共利益与它所寻求的主要私人利益间接相关。

即使在为欧洲模式提供大量保护的同时，法律和经济学派也试图超越这些本质上属于私人的目标。其动机并不是欧洲自然权利所声称的正义要求。相反，它提出了一个经济演算，说明如何最好地激发作者的创造力，从而促进公众利益。强大的产权成为一种激励而不是一种奖励。英美版权坚持纯粹的版权法定基础和社会效用，传统上只提供激励创造力所需的最低报酬。现在争论转移了。② 强有力的保护被认为能促进创造力，分配资源，并有效地奖励努力。通过实现作者的财产权，而不是剥夺它们，市场将提供最高的私人利益以及最大的公共成果。在法律经济学方法中，版权并不是像传统的美国观点那样仅仅是为了激励作者。在一些规划中，它也通过价格机制发送市场信号，指明哪些产品可以开发，最好如何使用等。③

当然，这种新的版权观念是 20 世纪七八十年代新保守主义（neoconservatism）在许多领域发生的更广泛变化的一部分。在这种观点下，很少有为支持公众利益而限制作者权利的主张。保护期应延长，而不应受到限制。巴洛克式的怪诞变化，即使是欧洲人也犹豫不决的一个论点，在美国宪法中也被排除在外，现在却被一些新的市场逻辑大师打破了。他们主张版权永久化，或者至少只要作品保持市场价值就会将其更新。然而，如果续展费过高，加上最初的期限缩短，则版权的整体平均保

---

① 三分之二的诺贝尔经济学奖颁给了美国人。
② 早期历史和明确区分经济和自然权利的方法见 Gillian K. Hadfield，"The Economics of Copyright: An Historical Perspective," *Copyright Law Symposium* 38 (1992).
③ Neil W. Netanel, "Why Has Copyright Expanded?" *New Directions in Copyright Law* 6 (2007): 17-21.

护期可能会缩短。① 换句话说，控制更加强有力，但实际锁定的作品较少。合理使用不再被视为安全阀，允许公众合法进入，但只是一种规避令人望而生畏的交易成本的手段。② 然而，有了数字技术，每一种使用都可以被跟踪并控制成本，因此市场定价可以取代合理使用。一旦市场失灵，强制许可现在也可以被精确测量和个人使用收费所取代。③

然而，即使是这种主张强力作者财产权的新经济意识形态，也没有摆脱版权对公共利益的关注。英美对公共领域的重视仍然继续，现在运用到市场的逻辑上，而不是与之相矛盾。版税不被认为是对过去作品的奖励（就像标准产权观点），而被认为是促进未来创造力的一种激励手段。④ 激励仍然是目标，尽管回报可能超过传统方法所要求的最低限度。2003 年的 Eldred 案，回顾了延长版权条款的合宪性，法官鲁思·巴德·金斯伯格似乎受到了这一逻辑的影响。她坚持说，公共和私人目标完全一致。"这两个目的并不相互排斥；版权法通过激励个人追求私人利益来服务于公共目的。"⑤ 她对激励的关注使公众利益被牢牢地放在前景。

新美国话语对传统功利主义的依赖程度可以通过欧洲的反馈衡量出来。盎格鲁-撒克逊人仍然认为，财产也必须为公共利益服务。虽然欧洲的自然权利论认为所有权本身就应该得到回报，但在英语国家的观点中，财产和公共利益必须得到调和。对公众的这种担忧——尽管他们为权利持有人提供了更有力的保护——使法律和经

---

① William M. Landes and Richard A. Posner, "Indefinitely Renewable Copyright," *University of Chicago Law Review* 70, 2 (2003): 474, 484. 这一观点被预见，见 James J. Guinan, Jr., "Duration of Copyright," Study No. 30, in *Copyright Law Revision: Studies Prepared for the Subcommittee on Patents, Trademarks, and Copyrights of the Committee on the Judiciary* (US Senate, 86th Congress, 2nd sess., pursuant to S. Res. 240, 1961), 79-80.

Guinan 拒绝了这一想法，因为这不仅有利于作者，而且主要是对偏远的继承人和受让人有利。它将消除保留商业价值作品的公共领域，这正是那些应该存在的作品。

② Wendy Gordon, "Fair Use as Market Failure: A Structural and Economic Analysis of the Betamax Case and its Predecessors," *Columbia Law Review* 82 (1982): 1613-14; William M. Landes and Richard A. Posner, "An Economic Analysis of Copyright Law," *Journal of Legal Studies* 18, 2 (1989): 357-61.

③ Hardy, "Property (and Copyright) in Cyberspace," 235-38; Robert P. Merges, "The End of Friction? Property Rights and Contract in the 'Newtonian' World of On Line Commerce," *Berkeley Technology Law Journal* 12, 1 (1997): 130-31.

④ Jeremy Waldron, "From Authors to Copiers: Individual Rights and Social Values in Intellectual Property," *Chicago-Kent Law Review* 68 (1993): 854-56.

⑤ *Eldred v. Ashcroft*, 537 U. S. 186 (2003), p. 212, nt. 18. Emphasis added.

济学方法在欧洲受到怀疑。① 令欧洲人惊讶的是，私人优势也能为公众利益提供便利。② 越来越多的作者权利的经济主义看法降低了人们对功利主义方法的防御能力，一位瑞士评论员对这种新的论点做了明确评论，"现在人们积极地考虑保护作者的权利，以维护公共利益"③。

对欧洲人来说，这是一个双赢的结果。只要他们注意这样的法律和经济论点，他们就可以将他们对奖励作者的传统关切与这样一种主张结合起来，这也符合公众利益。但对于英语国家来说，法律和经济学派证明了传统版权与市场上交易产权的难以调和，财产和公共利益仍然需要相互平衡。新的经济意识形态可能倾向于作者，但是传统的权衡利益的版权行为仍然深深地影响着它。法律与经济学派寻求平衡，声称公共和私人利益可以和谐地一起加强。这种对调和的坚持在传统上被认为是对立面的英语国家的观点，即使新方法坚定地纳入了版权传统（将公共领域作为终极利益），也解释了它所引起的阻力（通过声称市场是实现这一目标的途径）。

291

加州内战

在 19 世纪，美国与当前的发展中国家立场大致相同——坚持认为版权保护与公有财产权一样是公共政策的工具。④ 除了因从进口商转向出口商而导致的美国海洋观的变化，美国的变脸往往被归咎于迪士尼的帝国主义（迪士尼版权产业的影响及其对版权长期和强有力保护的要求）。⑤ 毫无疑问，内容产业及其在华盛顿的政治影响力促使美国政府转向欧洲规范。20 世纪七八十年代贸易赤字（trade deficit）不断上升，新一轮《关贸总协定》和《北美自由贸易协定》（North American Free Trade Agreement）带来了更自由的全球贸易，美国当局渴望支持那些能够在国外

---

① Dusollier, *Droit d'auteur et protection des œuvres dans l'univers numérique*, 243, 271.
② 这就解释了"在欧洲版权理论中，经济论点正变得越来越重要"这一奇怪的说法。就以财产为基础的论点而言，经济上的争论一直是欧洲学说的主要内容。事实上推动这一主张的作品也得出结论，产权方式和传统的欧洲自然权利方式的作者权结果是相似的，所谓的欧洲人向财产权办法的转变实际上根本没有多大变化。Kamiel J. Koelman, "Copyright Law and Economics in the EU Copyright Directive: Is the Droit d'Auteur Passé?" *International Review of Intellectual Property and Competition Law* 35 (2004): 604, 637-38.
③ Eric Pahud, "Zur Begrenzung des Urheberrechts im Interesse Dritter und der Allgemeinheit," *UFITA* (2000): 110-13.
④ Stewart, *The GATT Uruguay Round*, 2: 2273; Carla Hesse, "The Rise of Intellectual Property, 700 BC—AD 2000: An Idea in the Balance," *Daedalus* 131, 2 (2002): 43.
⑤ Reto M. Hilty, "Five Lessons about Copyright in the Information Society," *Journal of the Copyright Society of the USA* 53, 1-2 (2005-6): 110-12, 132.

竞争的行业。

但从更长远的历史角度来看，这是一个过于简单的故事。然而引诱美国这样一个恶棍转型，不仅是迪士尼和它永远利用其可爱的啮齿动物的希望，动员知识产权保护的国际监管也显示了好莱坞与欧洲和日本同行合作的影响力。① 但其中还有更多故事。虽然内容产业青睐长期而有力的保护，但其他强大的企业利益却并不这样。与 19 世纪一样，传播者之间也有分歧，当时转载出版商与美国作家的同行们交锋。在世纪之交，自动钢琴制造商偷偷抢占了乐谱出版商的市场份额。现在好莱坞和硅谷意见相左。公司并非一概而论地反对公众，相反，公司利益面临着另一种利益竞争。互联网和高科技公司设法将它们的目标与消费者联系起来，提升了公众精神的战术高度。相比之下，内容产业则是令人沮丧的失败公关。但是究竟是什么人，在何时，为何赢得了什么战争呢？

新技术适合新伙伴。可以预见的是，图书馆、学校、大学和研究机构推动了一个更广泛的公共领域。消费者权益倡导者也加入进来，草根开放存取运动（open access movement）兴起。一些数字公司也参与进来：家庭电子制造商、软件公司，特别是电信、互联网和网络媒体公司，这些公司将在新千年初期成为主要参与者。② 一些工业部门与公共领域的拥护者结盟也并不是什么新鲜事。20 世纪 60 年代初，德国复印机和录音机制造商反对限制私人复制，他们担心，如果用户被禁止录制唱片，电子产品消费就永远不会起飞。③ 在 20 世纪 80 年代初，美国录像机制造商与视频租赁店联合起来，击败了好莱坞在录像机和空白录音带上的出租权和征税运动。④ 1984 年，前述 Betamax 案使索尼和其他录像设备制造商获得了重大胜利，允许录制电视广播供以后观看实现了时间转移，从而使录音机合法化，尽管他们有能力侵犯电视内容。⑤ 现在，计算机和软件行业，连同电信与互联网公司成了好莱坞的宿敌。

在 WIPO 条约的谈判中，计算机和互联网公司拒绝要求计算机存储器可能保存的每一份临时副本都需要授权的提议。它们担心，仅仅通过为信息内容的旅行提供

---

① Drahos and Braithwaite, *Information Feudalism*, 28.

② 他们在 DMCA 的兴趣集中在一起，成为"消费电子和合理使用社区"。*Congressional Record*, House, 4 August 1998, pp. 18773-76.

③ Catharina Maracke, *Die Entstehung des Urheberrechtsgesetzes von* 1965（Berlin, 2003）, pp. 90-92.

④ Thomas P. Olson, "The Iron Law of Consensus: Congressional Responses to Proposed Copyright Reforms since the 1909 Act," *Journal of the Copyright Society of the USA* 36, 1 (1988): 127; Litman, "Story of *Sony v. Universal Studios*," 366.

⑤ *Sony Corp of America v. Universal City Studios, Inc.*, 464 U. S. 417 (1984), pp. 440-42.

硬件，它们就要对它们无法控制的侵权材料承担责任。① 硅谷公司还担心，内容行业为防止未经授权使用其作品而坚持的过于严格的反规避规定，威胁到它们进行逆向工程、测试计算机安全和进行加密研究的能力。② 电脑公司想让它们的设备不受内容产业保护技术的限制，使其设备成为通用的消费品。这些技术的内容供应商自然不同意。但大多数情况下，高科技部门更倾向于通过互联网畅通无阻地传播内容。1981年，消费电子产品协会（Consumer Electronics Association）资助了一个自发的消费者权利组织，即家庭录音权利联盟（Home Recording Rights Coalition）。25年后的2007年，它又发起了一场数字自由运动（Digital Freedom Campaign），再次动员公众舆论支持它。③ 谷歌和其他互联网公司支持非营利组织对抗当前的版权法，如创造共享虽然通常被认为是电影和音乐行业的弱者，但实际上硅谷公司花了更多的钱在华盛顿游说上。④

随着硅谷在经济上的重要性超过好莱坞和音乐产业（music industry），美国的企业利益重新调整。⑤ 2007年，依赖于合理使用的行业——从亚马逊到光纤（fiber optics）传输计算机、影印和金融，无所不包——以16%的速度对美国GDP的贡献提供支持，并不断增长。⑥ 与旧的大媒体不同，这些新的消费公司不一定希望利用技术来打击盗版。就像18世纪精明的出版商一样，它们更清楚地知道，不可能为自己的利益而游说，于是给它们穿上了原则的修辞外衣。计算机和互联网部门巧妙地抓住了开放获取自由流动信息的道德制高点，硅谷将其立场设定为争取公共利益。

相比之下，版权产业激增了大量产权。300年前，在"书商之战"期间，出版商为作者的自然财产权进行了争论，期望通过转让获得收益。现在好莱坞运用了很多相同的论点和策略。⑦ 作者权利需要保护！数字技术制造了一种错觉：下载没伤

---

① Samuelson，"US Digital Agenda at WIPO，" 385-86.

② Samuelson， "Intellectual Property and the Digital Economy，" 522-23；Jonathan Band and Masanobu Katoh，*Interfaces on Trial：Intellectual Property and Interoperability in the Global Software Market*（Boulder，1995）；Band and Katoh，*Interfaces on Trial 2.0*.

③ 家庭录音权利联盟网站见http：//www.hrrc.org/index.php?id=9&subid=9.

④ 2010年，威瑞森公司游说活动花费是迪士尼的4倍，谷歌比RIAA还多。Robert Levine，*Free Ride：How Digital Parasites are Destroying the Culture Business，and How the Culture Business Can Fight Back*（New York，2011），p.81.

⑤ Yochai Benkler，*The Wealth of Networks：How Social Production Transforms Markets and Freedom*（New Haven，2006），pp.411-12.

⑥ Thomas Rogers and Andrew Szamosszegi，*Fair Use in the US Economy：Economic Contribution of Industries Relying on Fair Use*（Computer and Communications Industry Association，2010），p.8.

⑦ Patry，*Moral Panics and the Copyright Wars*，p.xviii-xix.

到任何人，但侵犯知识产权就是盗窃——诸如此类等。电影和音乐行业希望通过恼人的电影和 DVD 预告片来说服观众它们的事业是正确的，这些电影和 DVD 预告片警告人们不要下载和复制。内容所有者希望通过课程来培育小学生和高中生的知识产权意识来吸引年轻人，但毫无希望的是，这些课程通常都如同美国计划生育联盟关于安全性行为集中普及时所推广的街头知识。

由于硅谷的游说，1998 年的 DMCA 没有禁止可以非法下载或复制作品的设备——比如个人电脑，只要这些设备也可以用于合法目的，律师称之为"重要的非侵权使用"。这证实了 1984 年 Betamax 公司的决定，当时录像机制造商逃避了用户录制电视节目的责任。① 当时，电影制片厂担心索尼的设备会榨干它们。但是，不仅 Betamax 标准在几年后消失了，录制的录像带和 DVD 的销售在电影业的资产负债表上超过了门票的销售。2001 年，点对点下载网站 Napster 用 Betamax 风格的论点为自己辩护说，它的技术也具有非侵犯性的用途。这一次，美国法院不那么容易被说服了。Napster 确实有合法的用途，比如在公共领域下载作品。但是法院认为，与索尼的摄像机不同，Napster 可以区分授权用途和盗版，因此这一论点在第一次化身借用时被禁止。②

2005 年，另一个针对下载网站 Grokster 的案件判决更加模棱两可。③ 尽管是点对点散发，Napster 已经通过公司控制下的中央实体传送内容。相比之下，Grokster 仅仅提供了下载软件，这样用户就可以直接交换文件，从而保持了干净。在 Betamax 案的裁决成立后，最高法院并没有就对等技术做出裁决。但是，由于其下载流充斥着版权材料，Grokster 几乎无法将其客户的活动描述为用于非竞争性用途的私人复制。尽管其潜在的侵权技术未被触犯，法院仍认为 Grokster 对引发顾客侵权的新罪行负有责任。④ 总体来看，尽管音乐产业尽了最大的努力来执行独家权利，但没有一个案例表明音乐产业取得了明显胜利。

从广义上讲，关于 DMCA 的战争使好莱坞与硅谷竞争，内容提供商与内容发行

---

① *Congressional Record*, House, 12 October 1998, pp. 25812-13; "WIPO Copyright Treatiesand Implementation and On-Line Copyright Infringement Liability Limitation," House Report 105-551, 22 May 1998, pt. 1, pp. 10, 18.

② *A&M Records, Inc. v. Napster, Inc.*, 239 F. 3d 1004 (9th Cir. 2001). Jane C. Ginsburg, "Copyright Use and Excuse on the Internet," *Columbia-VLA Journal of Law and the Arts* 24 (2000): 37.

③ *MGM Studios v. Grokster*, 545 U. S. 913 (2005).

④ Litman, "Story of *Sony v. Universal Studios*," 386-93; Jane C. Ginsburg and Yves Gaubiac, "Infringement, Provision of Means and Fault: Outlook in the Common Law and Civil Law Systems Following the Grokster and Kazaa Rulings," *Revue internationale du droit d'auteur* 207 (2006): 11-14.

商竞争。无论网络行业影响看起来多么浪漫,这实际是一类公司利益与另一类公司利益的对抗。南加利福尼亚与中加利福尼亚作战。大媒体是否在 DMCA 对内容的使用实施了严格的反规避条款时获胜？或者,软件、电子产品和互联网的利益是否得到了慷慨的安全港条款,允许它们传输内容而不违反法律？一切都取决于此。由于公司利益陷入僵局,这两种观点都得到了充分证实。① 但现在宣布获胜者还为时过早。我们可以说的是,到目前为止,结果是两个强大的经济行为体之间的一种不安的妥协,这两种行为体都在华盛顿拉票,同时也解决了企业和公众利益之间的紧张关系。硅谷将自己描绘成站在自由访问的天使一边的人,内容产业通常被贴上贪婪、膨胀的水蛭的标签,但这更多地证明了这只是它精明的战术,而不是原则上的不同。

当电信公司和电脑公司赞美内容的广泛获取时,它们坚定地追求自己的利益,不亚于好莱坞。和报纸一样,合理使用的行业依靠内容来吸引观众并创造收入,但它们以不同的方式赚钱。当互联网和科技公司分发版权内容或其他内容时,它们通过广告——谷歌、雅虎、脸书——或处理媒体的小工具（苹果、亚马逊）获得了广告费用。内容流经由谷歌组织,并由英特尔公司提供支持的渠道,并越来越多地从国外来源获得,超出国家政府的控制范围。网络逻辑（logic of networks）决定,随着更多参与者的加入,活动带来的增值率增长得更快。受廉价或免费内容承诺吸引的消费者越多,广告商为眼球支付的价格就越高。② 免费内容是吸引付费客户的首要成本。

可以说,内容行业对保护性技术和法律支持的唠叨证明了它是多么无能为力,因为它看到自己的产品被吸入了互联网。③ 当然,音乐产业在网络上面临着一场看似无法阻挡的内容流失。然而即使产业相较于 1999 年的峰值下降了 40%,它还是在 2012 年第一次增长,慢慢地积累了数字便士来取代丢失的模拟美元。④ 商业出版、报纸和电影反过来似乎更能控制它们的产品收费。纸质媒体的观众还没有完全转变为数字受众,也不是天生的下载者。电影保留了一些模拟媒体的优势,甚至在数字时代,对于轻松下载来说,还是太麻烦了。与此同时,其他企业似乎在新的环境中蓬勃发展。电脑游戏如雨后春笋般涌现：其规模是音乐产业的两倍,是电影产

---

① 前者：Matthew Rimmer, *Digital Copyright and the Consumer Revolution: Hands Off My iPod* (Cheltenham, 2007), 158-59; Samuelson, "Intellectual Property and the Digital Economy," 522-23. 后者：Levine, *Free Ride*, 27-31. 与 DMCA 无关但在这一阵营：Alvise Maria Casellati, "The Evolution of Article 6.4 of the European Information Society Copyright Directive," *Columbia-VLA Journal of Law and the Arts* 24 (2001): 370.

② Olivier Bomsel, *Gratuit! Du déploiement de l'économie numérique* (n. p., 2007), 29-30.

③ The argument of Levine, *Free Ride*.

④ *Economist*, 17 August 2013.

业的五分之三。对于一个 20 年前几乎不存在的行业来说，这还不错。① 科学出版业也同样有利可图。里德·爱思唯尔（Reed Elsevier）、威利（Wiley）、斯普林格（Springer）和其他类似的公司追求的是一种臭名昭著的寻租福利，少数垄断企业通过将纳税人和慈善家曾经花钱创作、审查和编辑的作品卖回大学，获得了 30％或 40％的净利润率。②

在撰写这篇文章的时候，美国最近一轮的版权战争焦点是《反盗版法案》（Stop Online Piracy Act，SOPA），该法案在 2011 年至 2012 年冬季在众议院进行了辩论，其配套的参议院法案《保护知识产权法案》（Protect Intellectual Property Act，PIPA）也是如此。为了打击国外网络盗版者，这些法案通过对中介机构实施管制，切断美国进入外国侵权网站的权利。信用卡公司和其他支付机制将被禁止将资金转移到盗版网站。搜索引擎将被要求删除链接，域名将被封锁。这修复了 DMCA 徒劳寻求的使网络提供商而不是版权所有者在网络上监管内容的解决方案。再一次，在 DMCA 争议期间，内容产业特别是电影和音乐产业，与公共接入活动家以及科技和互联网领域的联盟进行了对抗。这一次，反对派大声疾呼，奥巴马政府（Obama administration）对大媒体的依附程度也不如克林顿政府那么高。当政府未能全心全意地支持这些法案时，媒体利益的扩音器鲁伯特·默多克（Rupert Murdoch）指责总统"与硅谷的首席执行官们投掷了大量的赌注，他们以盗版、偷盗等手段威胁着所有软件创建者"③。

科技业声称，压制流氓网站的威胁需要引入互联网监管和审查制度。无论多么夸张，这种言论触动了华盛顿的神经，奥巴马政府也撤回了对这些法案的支持。无论盗版构成何种威胁，政府都不准备同意一项"减少言论自由……或破坏充满活力、创新的全球互联网"的法律。④ 利用社交网络和聊天室，高科技和获取信息的利益人动员了前所未有的抗议。到目前为止，维基百科是自由交换和开放获取的开放互

---

① *Economist*，10 December 2011.

② Glenn S. McGuigan and Robert D. Russell，"The Business of Academic Publishing：A Strategic Analysis of the Academic Journal Publishing Industry and Its Impact on the Future of Scholarly Publishing，" *Electronic Journal of Academic and Special Librarianship* 9（2008）：1-11.

③ *New York Times*，16 January 2012，p. B1. 事实上，奥巴马不想疏远好莱坞，就像硅谷一样。此后不久，他就前往这两个获得民主党大力支持的地方进行了募捐活动。*New York Times*，15 February 2012，p. A14. 但总体而言，科技企业在 2012 年的竞选活动中向总统和民主党捐赠了 1,400 万美元，远远超过了 2008 年。Nicholas Confessore and Jo Craven McGinty，"Obama，Romney and Their Parties on Track to Raise ＄2 Billion，" *New York Times*，25 October 2012.

④ *New York Times*，15 January 2012，p. 22.

联网的完美产物。考虑到其贡献者在很大程度上被大学学术研究拒之门外，它的成就更为显著，虽然这些研究内容被数字化，但仍然在象牙塔内受到限制。为了声援抗议者，这颗互联网上的皇冠宝石于 2012 年 1 月 18 日关闭了一天。随着反对法案的规模和程度明显上升，政治潮流发生了变化，一些法案的支持者退却了。尽管华盛顿内部人士表现出色，但内容产业仍然失败。他们不得不思考如何才能战胜那些跨社交网络的对手，他们可以扩大在垃圾邮件发送者的规模从而向政客发送更多电子邮件。评论员谈到科技领域的政治时代即将到来。①

人民的心声

除了硅谷的自由访问议题外，一个强大的草根消费者运动也代表着公共领域兴起。在 19 世纪，除了政客和以买书为共同目标的翻印出版商之外，没有人为观众说话。② 一个世纪后，消费者不再被轻视。他们组织的庞大运动——尽管肤浅和分散——已经出现在许多领域，其中包括数字领域。③ 在 20 世纪末，图书馆、学院和研究院所本身也成为他们实现自己权利的主要机构。大学是全球最具竞争力的美国产物之一，联邦政府资助的美国科研机构目前是全球最大的研究机构，在华盛顿拥有重大的政治影响力，它的生物医学研究支撑了大型、繁荣和发展中的产业。④ 软件从一个庞大而复杂的大学、政府和企业利益的复合体中浮现出来。

在版权方面，研究机构的政治影响力早在 1973 年就已经很明显，当时美国国家医学图书馆（National Library of Medicine）被允许继续为研究人员大量复印科学期刊上的文章。⑤ 1976 年《美国版权法案》在成文法中对合理使用进行了编纂，特别是包括供研究之用的复制。有时，大学和政府研究界对获取信息的关切也由公司附和。在 1994 年美国地球物理联合会诉德士古公司案（American Geophysical Union v. Texaco Inc.）中，一家大公司未能搭上学术界公平使用豁免的便车，它希望为其

---

① *New York Times*, 19 January 2012, pp. 1, B1.
② Jessica Litman, "Copyright Legislation and Technological Change," *Oregon Law Review* 68, 2 (1989): 312.
③ Stephen Brobeck, ed., *Encyclopedia of the Consumer Movement* (New York, 1997).
④ 早期历史见 Stephen P. Strickland, *Politics, Science and Dread Disease: A Short History of United States Research Policy* (Cambridge MA, 1972).
⑤ *Williams & Wilkins Co. v. The United States*, 487 F. 2d 1345 (1973), 420 U. S. 376 (1975). 复制的规模令人印象深刻。1970 年，NIH 图书馆用于期刊和影印的预算大致相等（分别为 85,000 美元和 86,000 美元），并制作了约 93,000 份文章。

科学家提供最新的研究成果而不必花费期刊订阅费。①

除了图书馆和大学之外，基层的开放获取运动是大众反对燃起的野火，这野火从共同利益的信仰中获得更多燃料，蔑视知识产权意识形态，它通过网络传播，并被版权行业的过分主张后熊熊燃烧。政治学家提醒我们，公共物品中所弥漫的那些不温不火的利益，其中许多人只会有一点点收获，很少像有明确定义的经济利益那样有组织和有效。② 1839 年，当七月王朝参议院（Chamber of Peers）权衡 20 年和 50 年保护期时，德布罗意公爵指出，尽管他们正在考虑作家和公众同样重要的主张，但其中一个利益呼声比另一个更高。"虽然文学家很少，但与公众相比，他们拥有所有的名人号角。他们的意见比公众意见更容易被人听取。正因为公众说话不那么滔滔不绝，所以你应该注意他们的关切。"③

将近两个世纪之后，公众终于大声讲话。正如我们所看到的，在围绕桑尼·博诺法案、TRIPs 协议、WIPO 条约和 DMCA 的辩论中，倡导美国传统版权价值观的人反对强化和延长保护，更广泛地说，反对美国与伯尔尼和欧盟的政策协调。④ 克林顿政府在 1995 年提出白皮书和草案时，似乎真的以为，政府是在中立地调整版权法以适应数字时代，同时保持所有者和用户之间的内在平衡。它的发言人——助理国务卿莱曼（Lehman）和版权局局长玛丽贝斯·彼得斯（Marybeth Peters）——都证明这只是一个为跟上时代的小的技术调整。⑤

大约在 1995 年，反对克林顿政府脱离本土传统的草根运动首次出现在美国当局的视线中。法学教授皮特·贾斯（Peter Jaszi）在华盛顿召集克林顿白皮书的反对者组成数字未来联盟（Digital Future Coalition）。⑥ 在另一篇评论中，另一位法学教授詹姆斯·博伊尔（James Boyle）在《华盛顿时报》（*Washington Times*）发表署名评论对所提出的激进改革发出警告：改革会禁止在网上阅读文件，会让互联网提供商在网上冲浪，并让那些因太穷而无法从网络聚居区支付许可费用者失去阅读权

---

① *American Geophysical Union v. Texaco Inc.*, 802 F. Supp. 1 (S. D. N. Y. 1992), *aff'd*, 37 F. 3d 881 (2d Cir. 1994), p.892.

② Mancur Olson, The Logic of Collective Action (Cambridge MA, 1965) 是经典说法。

③ *Archives Parlementaires*, Chambre de Pairs, 27 May 1839, 124: 715-16. 一个世纪后的类似说法见 Hans Otto de Boor, *Vom Wesen des Urheberrechts: Kritische Bemerkungen zum Entwurf eines Gesetzes über das Urheberrecht an Werken der Literatur, der Kunst und der Photographie* (Marburg, 1933), 72-73.

④ "The Copyright Term Extension Act of 1995: Hearing before the Committee on the Judiciary … on S. 483," 20 September 1995, Senate Hearing 104-817, Serial No. J-104-46, pp.77-79.

⑤ "NII Copyright Protection Act of 1995: Joint Hearing," 74-76.

⑥ Litman, *Digital Copyright*, chap. 9; Boyle, The Public Domain, 58-59.

利。① 莱曼对博伊尔置之不理,称他未能理解政府的提议。② 但他低估了博伊尔观点的普遍共鸣。在 DMCA 通过期间,数字未来联盟和其他此类团体为公众利益进行了大力游说。

版权产业界人士被吓了一跳,他们显然预期在没有事先通知的情况下通过广泛的反规避措施。③ 美国现在提议与伯尔尼结盟,甚至超越国际条约的要求。难怪抗议者认为自己是保守派,寻求保护美国传统。他们认为,没有必要提供更多的保护来激发创造力。④ 如果欧洲的精神权利被强制执行,那么传统的豁免权,如合理使用以及言论自由会发生什么?如果完整权利给作者去防止戏仿呢?⑤ 历史事件表明,欧洲人和好莱坞的邪恶联盟正在密谋将美国从开国元勋们对公共领域的憧憬和对普通人的启示中引入歧途。作为一个盗版国家,美国应该回归其本土传统,强调获取而不是拥有所有权。⑥

在立法机关和法院中出现了越来越大的阻力。一些政策制定者对 DMCA 的反规避条款感到恼火,试图解除已经造成的恶果。和其他人一样,众议员里克·鲍彻(Rick Boucher)几乎每年都会提出法案,以拔掉 DMCA 的反规避牙齿并放松对用户权利的限制。⑦ 其他国会议员提出了改革,以实现他们声称的 DMCA 的最初目的。他们认为,国会的目的是维护版权持有人和使用者之间的内在平衡,但是法律阻碍了合法的合理使用,因此"恢复版权持有人与社会之间传统平衡"的时机已经到来。版权法应该"防止和惩罚数字盗版,而不是把每个消费者都当作一个侵权者"⑧。它通过释放绝版但仍在保护期的孤儿作品(orphan works)来增强公共领域

---

① James Boyle, "Overregulating the Internet," *Washington Times*, 14 November 1995.
② "NII Copyright Protection Act of 1995: Joint Hearing," 68, 76.
③ Julie E. Cohen, "WIPO Copyright Treaty Implementation in the United States: Will Fair Use Survive?" *European Intellectual Property Review* 21 (1999): 238.
④ Peter A. Jaszi, "Goodbye to All That: A Reluctant (and Perhaps Premature) Adieu to a Constitutionally-Grounded Discourse of Public Interest in Copyright Law," *Vanderbilt Journal of Transnational Law* 29 (1996): 598-99.
⑤ Nimmer, "End of Copyright," 1413-14.
⑥ Lewis Hyde, *Common as Air: Revolution, Art and Ownership* (New York, 2010), 57-58, andpassim; Siva Vaidhyanathan, *Copyrights and Copywrongs: The Rise of Intellectual Property and How it Threatens Creativity* (New York, 2001), 22-23, 161; John Tehranian, "Et Tu, Fair Use? TheTriumph of Natural-Law Copyright," *UC Davis Law Review* 38 (2005).
⑦ HR 5544 (2002), HR 1066 (2003), HR 107 (2003), HR 4536 (2005), HR 1201 (2007). 更多例子见 Peter K. Yu, "The Escalating Copyright Wars," *Hofstra Law Review* 32 (2004): 938-39; Band and Katoh, *Interfaces on Trial* 2.0, 94-98.
⑧ HR 5522 (2002).

的法案定期出现。① 作为完美的缩略语 BALANCE，《增进作者利益且不限制进步或网络消费者需求法案》（Benefit Authors without Limiting Advancement or Net Consumer Expectations，BALANCE Act）于 2003 年推出，作为回应，版权行业反对《美国知识产权保护法案》（Intellectual Property Protection Act，2006）② 的战斗在继续。

欧洲胜利的果实

克林顿政府在转向强化保护方面并不是孤军奋战。尽管美国在 GATT、TRIPs 和 WIPO 谈判中表现出传教士般的热情，但它的反对的大门仍然敞开着。作为世界上最大的单一语言发达市场，美国在互联网企业赖以生存的网络优势上超过了欧盟。③ 但美国经济对知识产权的依赖程度并不明显高于欧洲。④ 欧洲和日本公司都像美国人一样避免盗版。⑤ 在《关贸总协定》谈判期间，欧洲和日本同意美国在全球范围内加强知识产权保护，尽管它们在策略上存在分歧。⑥ 工业化世界的内容企业在它们想要的东西——强化保护——上的分歧要比它们组织自己和影响政府的方式少。有些国家（如法国）与国家文化权力有着密切关系，这依赖于它们的补贴和贸易壁垒。另一些国家（如英国），则在一个更加自由、美国式的市场中茁壮成长。⑦

尽管美国在 20 世纪 90 年代的贸易谈判中采取了主动行动，但它不能往伙伴国的喉咙里乱塞任何东西。欧盟本身并不是《关贸总协定》的正式成员，但在外贸问

---

① HR 2408 (2005)，S 2913 (2008).
② Rimmer, Digital Copyright and the Consumer Revolution，182-83.
③ Bomsel, *Gratuit*！，264-65.
④ 1989 年，版权产品占美国出口的 1.1%，与英国相同，领先于欧盟 12 国 0.8%。WIPO, "Guide on Surveying the Economic Contribution of the Copyright-Based Industries"（Geneva, 2003），table 5.1, p. 42.
⑤ Thomas Dreier, "TRIPs and the Enforcement of Intellectual Property Rights," in Friedrich-Karl Beier and Gerhard Schricker, eds., *From GATT to TRIPs* (Weinheim, 1996), 255-57; Drahos and Braithwaite, Information Feudalism, 10-11, 90, 119, 121, 137; Lévy and Jouyet, "L'économie de l'immatériel," 14.
⑥ Carlos Alberto Primo Braga, "The Economics of Intellectual Property Rights and the GATT: A View from the South," *Vanderbilt Journal of Transnational Law* 22 (1989): 250-51.
⑦ Duncan Matthews, *Globalizing Intellectual Property Rights: The TRIPs Agreement* (London, 2002), pp. 2-3, 13, 22-24, 27-28.

题上它们以一个声音发言，它的讨价还价能力可以与美国相匹配。① 谈判在很大程度上是双向的。例如，在 WIPO 的讨论中，欧洲人坚持给予视听表演者广泛的权利，而美国人，由于他们的电影业运作有良好的合同劳动关系，却徒劳地抵制变革。② 欧洲人也拒绝让步，设法保护文化免受《关贸总协定》的自由贸易限制。他们保留了国内广播产业规定（domestic content rules）和电影税（cinema taxes），这些都用来资助当地电影产业。加拿大也抵制了美国的压力，并将其文化生产者豁免于 20 世纪 90 年代的北美自由贸易协定。③ 因此，令法国人欢欣鼓舞的是"美国巨人"（American Goliath）被打败了。④

这些举措也并非只朝着一个方向发展。欧洲人也施展了他们的政治力量，不断地敲打美国。美国是第一个接受正式争端解决措施的国家，它在使 TRIPs 成为世贸组织协定的一部分方面发挥了作用。⑤ 1976 年美国版权法的家庭式例外（homestyle exception），允许小商店、餐馆和酒吧在不支付版税的情况下向客户播放收音机。每当伊迪丝·琵雅芙（Edith Piaf）在密西西比州图珀洛大西洋酒吧的无线电广播中发出一个数字时，欧洲的权利持有者就严重受损。1998 年扩大这一豁免时，欧盟将美国拖向世贸组织，并对其处以罚款。⑥ 欧洲人还成功地游说，让 TRIPs 协议赋予版权持有人授权所有作品的租赁权。除了受宝莱坞（Bollywood）影响而摇摆不定的印度，其他的发展中国家反对这样的租赁权，而美国则反对其适用于电影。⑦ 正如上一章所讨论的那样，美国也屈从于欧洲的要求，强制执行《伯尔尼公约》的要求，即只要作品在原产国有效，作品就必须继续受到保护，从而使美国公共领域的作品

---

① Jörg Reinbothe, "Der Schutz des Urheberrechts und der Leistungsschutzrechte im Abkommensentwurf GATT/TRIPs," *Gewerblicher Rechtsschutz und Urheberrecht*, *Internationaler Teil*, 10 (1992): 708.

② WIPO, *Records of the Diplomatic Conference*, 2: 699-700; Mihály Ficsor, *The Law of Copyright and the Internet: The 1996 WIPO Treaties, Their Interpretation and Implementation* (Oxford, 2002), pp. 71-74.

③ Stephen Fraser, "Berne, CFTA, NAFTA & GATT: The Implications of Copyright *Droit Moral* and Cultural Exemptions in International Trade Law," *Hastings Communications and Entertainment Law Journal* 18 (1995-96): 288-89, 304-6, 316-17.

④ Serge Regourd, *L'Exception culturelle*, 2nd ed. (Paris, 2004), p. 85.

⑤ Graeme B. Dinwoodie, "The Development and Incorporation of International Norms in the Formation of Copyright Law," *Ohio State Law Journal* 62 (2001): 734-35.

⑥ World Trade Organization, "United States—Section 110 (5) of the US Copyright Act: Report of the Panel," WT/DS160/R, 15 June 2000.

⑦ Ana María Pacón, "What Will TRIPs Do For Developing Countries?" in Beier and Schricker, *From GATT to TRIPs*, 348.

因为欧洲保护期延长到 70 年后而不得不被恢复版权保护。①

诚然,美国是世界最大的知识产权出口国,正如一位欧洲观察员所看到的,美国是"世界上主要权利拥有者"的所在地。② 但那是一个复杂的问题。按人均或占国内生产总值的百分比计算,西欧和北美的财产密度大致相似——尽管由于欧盟在转基因生物(genetically modified organisms)和动植物品种专利等领域的自我束缚,许多欧洲资助的研究已经转移到了海外。③ 这在很大程度上给了欧洲人与美国人一样的兴趣来巩固知识产权。2000 年,《里斯本议程》(Lisbon Agenda,EU)阐明了欧盟未来十年的经济发展战略,包括意图成为世界上"最有活力的知识经济体"。尽管未能达到自己的基准,但在打击全球盗版的斗争中,欧盟坚定地将其定位于与美国并驾齐驱。它在奢侈品牌(luxury brands)上的实力同样也让欧洲在防止仿冒方面获得了利益。虽然米老鼠可能是世界上最受认可的文学形象,但比利时男孩侦探丁丁(Tintin)也不差,这部作品用 45 种语言出版了 1.35 亿册。④ 和美国人一样,欧洲人希望借助新的以知识产权为基础的产业以实现所承诺的强劲经济增长。⑤ 面对协调分散市场的需要,他们敏锐地意识到他们可以期待来自语言统一和更加一体化的美国的竞争。⑥

总而言之,美国并不是唯一强大产权的背后推动者。无论华盛顿在国际谈判中多么大摇大摆,布鲁塞尔仍是同级的竞争者。从 20 世纪 80 年代开始,欧盟开始呼吁欧洲在知识产权问题上统一声音,向成员国发出一系列稳定的指令,并巧妙地塑

---

① Gloria C. Phares, "Retroactive Protection of Foreign Copyrights: What Has Congress Be-GATT?" *Journal of Proprietary Rights* 7, 4 (1995): 2-3.

② Bernt Hugenholtz, "Why the Copyright Directive Is Unimportant, and Possibly Invalid," *European Intellectual Property Review* 11 (2000): 501-2.

③ Cottier, "Prospects for Intellectual Property in GATT," 406-7.

④ Jean-Claude Jouret, *Tintin et le merchandising: Une gestion stratégique des droits dérivés* (Paris, 1991).

⑤ Directive 2001/29/EC, 22 May 2001, recital 2, *Official Journal*, L167 (22 June 2001): 10; "AEuropean Initiative in Electronic Commerce: Communication to the European Parliament, the Council, the Economic and Social Committee and the Committee of the Regions," COM (97) 157, 15 April 1997; Directive on Electronic Commerce, 2000/31/EC, 8 June 2000, *Official Journal*, L178 (17 February 2000): 1.

⑥ "Growth, Competitiveness, Employment: The Challenges and Ways Forward into the21st Century," COM (93) 700, 5 December 1993; "Europe and the Global Information Society: Bangemann Report Recommendations to the European Council," Innovatia Documentation; European Commission, Directorate-General for Employment, Industrial Relations and Social Affairs, "Building the European Information Society for Us All: Final Policy Report of the High-Level Expert Group," April 1997, p. 13.

造欧洲大陆的立场。布鲁塞尔日益增强的权威直接挑战了 WIPO，尤其是《伯尔尼公约》。① 特别是欧盟基本上是自由市场的态度，与一些成员国在文化问题上的更严格的假设相抵触，尤其是法国。② 欧盟不仅需要代表伟大的德意志民族（Kulturnationen），而且还需要代表那些小型的、熟悉英语的斯堪的纳维亚国家以及荷兰，这些国家的版权态度倾向于盎格鲁-撒克逊。这意味着法国和德国不再享受没有挑战的习惯。

更重要的是，美国人现在签署的是广义上的大陆立场的协议。由于两个营地的版权和作者权利相互接近，美国人在欧洲的方向上比以往走得更远。现在占主导地位的"第一世界共识"是，作者是财产，应该受到强力保护。这一立场对美国人的影响比对大陆的影响更大（对英国人来说则要小一些）。因此，不足为奇的是，在 20 世纪 90 年代的辩论中，欧洲与克林顿政府在 WIPO 谈判中提出的极端主义立场不谋而合。欧盟在 2000 年明确宣布，知识产权"已被确认为财产不可分割的一部分"③。它的保护在欧盟宪法中得到了直接认可，但在 2005 年没有得到批准。④ 前法国总统尼古拉·萨科齐（Nicolas Sarkozy）在 2007 年不断强调，知识产权是与传统产权一样重要的权利。⑤ 欧洲人已经在很大程度上建立了美国现在试图效仿的制度。而在没有做到的地方，欧洲匆匆忙忙地追赶美国，甚至超过了美国。

欧盟的指令将在成员国的国内立法中得到执行，它们总是支持更有力的保护。为了在 20 世纪八九十年代建立一个共同的、统一的市场，布鲁塞尔力求协调法律法规，否则会阻碍其成员之间的货物和服务交换。⑥ 由于在政治上以最高共同标准协调不同的国家制度比减少获得的特权要简单得多，因此棘轮效应（ratchet effect）

---

① Ralph Oman, "Berne Revision: The Continuing Drama," *Fordham Intellectual Property, Media and Entertainment Law Journal* 4 (1993): 145.

② Regourd, *L'Exception culturelle*, 70-74.

③ Common Position (EC) No. 48/2000, 28 September 2000, (2000/C 344/01), pt. 9, *Official Journal*, C344/1 (1 December 2000). Repeated in the Information Society Directive: Directive2001/29/EC, 22 May 2001, recital 9, art. 3, *Official Journal*, L167 (22 June 2001): 10.

④ Treaty Establishing a Constitution for Europe, draft 18 July 2003, art. II-17 (2).

⑤ "Discours de M. le Président de la République. Accord en faveur du développement etde la protection des œuvres culturelles dans les nouveaux réseaux de communication," 23 November 2007, http://www.culture.gouv.fr/culture/actualites/index-olivennes231107.htm.

⑥ Herman Jehoram, "The EC Copyright Directives, Economics and Authors' Rights," *International Review of Industrial Property and Copyright Law* 6 (1994): 821-22.

总是向上的。① 伯尔尼联盟也是如此，也许所有跨国协定都是如此。《伯尔尼联盟》的成立是为了防止各国剥削外国作家并保护自己的作者，它的任务是加强作者的权利，因此从未对公共领域给予过多关注。② 航队速度可能是由其最慢的船来决定，但最好是在最广泛的规则的水平上实现协调。

因此，和谐一致使作者权利在任何地方都有上升的空间，而欧盟的情况更是如此。欧盟宣称，保护知识产权在其成员国之间的统一对发展欧洲内部市场至关重要。③ 欧盟在1991年提出了对软件的保护，因为只有不到一半的欧洲大陆国家在这个问题上立法，从而阻碍了跨国市场。④ 当艺术品转售权（所有权）在2001年被赋予所有欧洲国家时，整个欧洲大陆标准统一再一次成为共同目标。否则，那些先前抵制这种新的商业成本的国家艺术市场（主要是英国，最终被迫在2012年接纳）将受到青睐。⑤ 欧盟在1993年将版权保护期延长到70年，这主要是因为各国的差异会威胁到单一市场的统一性。德国作家早在1965年就赢得了这一广泛的保护期，没有人愿意与他们斗争。欧盟解释说："统一保护期，不会减弱目前在共同体中的权利人所享有的保护效果。"⑥

正如我们所看到的，大西洋彼岸的上升棘轮效应是一样的，因为美国与欧洲版

---

① Bernt Hugenholtz et al., "The Recasting of Copyright and Related Rights for the Knowledge Economy" (Institute for Information Law, University of Amsterdam, November 2006), 7-8; Fabrice Rochelandet, "Le Droit d'auteur européen à l'ère numérique: Quelles leçons tirer de l'expérience américaine du Digital Millennium Copyright Act?" in Maurice Baslé and Thierry Pénard, eds., *eEurope: La Société européenne de l'information en* 2010 (Paris, 2002), p. 332.

② P. Bernt Hugenholtz and Ruth L. Okediji, "Conceiving an International Instrument on Limitations and Exceptions for Copyright" (Institute for Information Law, University of Amsterdam, 6 March 2008), pp. 6-7; Isabella Löhr, *Die Globalisierung geistiger Eigentumsrechte: Neue Strukturen internationaler Zusammenarbeit* 1866-1952 (Göttingen, 2010), pp. 123-24.

③ Directive 2004/48/EC, 29 April 2004, *Official Journal*, L157 (30 April 2004): 46, recitals 1, 8.

④ Commission of the European Communities, "Report ... on the Implementation and Effects of Directive 91/250/EEC on the Legal Protection of Computer Programs," COM (2000) 199 final, 10 April 2000, p. 5.

⑤ Directive 2001/84/EC, 27 September 2001, *Official Journal*, L272 (13 October 2001): 32, recitals 9-14.

⑥ Council Directive 93/98/EEC, 29 October 1993, *Official Journal*, L290 (24 November 1993): 9, recitals 2, 9.

权的标准和期限一致。① 数据库显示了向上协调的铁打逻辑,尽管在这一情况下,美国还没有屈服于欧盟的扩张压力。因为数据库一般都是信息的集合,几乎没有什么表现力,所以在20世纪90年代初期,数据库还没有版权。然而,欧盟希望与美国进行商业竞争,1996年欧盟强制实施了保护措施。② 通过尽可能广泛地定义数据库,欧盟旨在刺激欧洲的创新。③ 因此,它涵盖了原始数据库,但也增加了对仅包含非原始信息的数据库的特别保护。更激烈的是,只要继续对数据库进行大量投资,15年的期限就可以不断延长,从而有效地永远保护它。这一结果被描述为"有史以来最不平衡、最具反竞争潜力的知识产权之一"④,但它符合欧洲思维模式。一位法国欧盟代表告诫说,欧洲人需要协调他们的做法。只有这样,他们才能坚持自己的立场,"对抗美国体制的力量,因为他们与欧洲文化是如此不同"⑤。

由于欧盟1996年数据库指令要求非欧盟伯尔尼成员国提供类似的保护,以享受互惠利益,向上协调完全是强制性的。美国现在也需要数据库保护,一位美国参议员无奈地得出结论,"否则欧盟的新闻报道将被拒绝供给美国出版商"⑥。由于欧盟,永久的数据库保护被迫列入全球议程。正如两位观察家沮丧地指出的那样,一个政府的立法倡议可能会在其他人还不知道提议什么之前就成为一个国际最低标准。⑦ 果然,WIPO和美国都提出了类似的数据库保护建议。但这一次上升势头被阻止了——至少现在是这样。美国科学家和研究人员在发展中国家的支持下,反对数据

---

① "The Copyright Term Extension Act of 1995: Hearing before the Committee on the Judiciary," Senate Hearing 104-817, p. 79. On the upward direction of harmonization, L. Bently and B. Sherman, *Intellectual Property Law*, 3rd ed. (Oxford, 2009), p. 47.

② Directive 96/9/EC, 11 March 1996, *Official Journal*, L77 (27 March 1996): 20, recitals 11-12.

③ 确实如此,但事实上几乎没有什么收获。Commission of the European Communities, "First Evaluation of Directive 96/9/EC on the Legal Protection of Databases: DG Internal Market and Services Working Paper," 12 December 2005, pp. 5, 15-16, 24; Stephen M. Maurer, "Across Two Worlds: Database Protection in the US and Europe," p. 2, http://www.ic.gc.ca/eic/site/ippd-dppi.nsf/vwapj/13-EN2％20Maurer.pdf/$file/13-EN2％20Maurer.pdf; Boyle, *The Public Domain*, chap. 9.

④ J. H. Reichman and Pamela Samuelson, "Intellectual Property Rights in Data?" *Vanderbilt Law Review* 50 (1997): 81.

⑤ Yves Frémion, European Parliament, 23 June 1993, *Official Journal*, 1993/94, pp. 3-432/154.

⑥ *Congressional Record*, Senate, 8 October 1998, p. 24467, Patrick Leahy.

⑦ Reichman and Samuelson, "Intellectual Property Rights in Data?" 76.

库保护，认为这会不必要地锁定信息，损害智力和科学进步。① 像彭博新闻社（Bloomberg News）这样在免费获取数据中拥有利益的企业，也提供了经济力量，以对抗那些青睐将所有信息视为财产的竞争对手。②

和美国的内容产业一样，欧洲人的目标是增强作者的财产权，甚至在数字时代也是如此。然而，与美国大媒体不同的是，他们也继续坚持作者的个人权利。即使是数字化的混搭、拼贴和集体创意，欧洲仍然崇敬作者。欧盟委员会于1989年宣布，文化工作者有权享有公平的生活水平，以便"不受任何意识形态或美学压力的影响，并且不损害其个人完整权"。作者权利的意义更多的是为了维护他们的利益，而不是在他们和观众之间取得平衡。布鲁塞尔认为，其主要目的是保证作者"从他们的智力工作中获得生存权，并确保他人享有收入的权利，特别是出版商也同样从中获益"③。

但欧洲大陆对作者权利的态度也承诺它将加强其全球政治、文化和经济地位。2008年，法国参议员米歇尔·蒂奥利埃（Michel Thiollière）坚称，欧洲文化对于确保欧洲大陆在世界舞台上的独立至关重要，这意味着要大力维护作者权利。④ 在互联网时代，欧洲文化也有经济价值。欧盟一份报告承诺，一旦数字化，欧洲的图书馆将成为网络传播的推动者，在旅游和教育中为服务和产品提供丰富的原材料。⑤ 欧洲委员会关于版权的绿皮书在1988年发表，称知识和艺术创造力是一项宝贵的资

---

① Mark Schneider, "The European Union Database Directive," *Berkeley Technology Law Journal* 13 (1998): 562-64; Maurer, "Across Two Worlds," 33; Michele Boldrin and David K. Levine, *Against Intellectual Monopoly* (Cambridge, 2008), 201; Paul A. David, "Koyaanisqatsi in Cyberspace: The Economics of an 'Out-of-Balance' Regime of Private Property Rights in Data and Information," in Maskus and Reichman, *International Public Goods and Transfer of Technology*, 104-5. 欧洲也可以听到类似的反对意见，但没有结果：Commission of the European Communities, "First Evaluation of Directive 96/9/EC on the Legal Protection of Databases: DG Internal Market and Services Working Paper," 12 December 2005, pp. 3-7. 在欧盟，辩论期间的反对意见很少：European Parliament, 21 June 1993, Grund, *Official Journal*, 1993/94, p. 3-432/19, and also p. 3-432/154, Porto.

② Robert P. Merges, "One Hundred Years of Solicitude: Intellectual Property Law, 1900-2000," *California Law Review* 88 (2000): 2237-38.

③ Commission of the European Communities, "Books and Reading: A Cultural Challenge for Europe," COM (89) 258 final, 3 August 1989, pp. 1-2, 4. 对平衡不同利益之间的想法的类似攻击，使法国传统的卓越地位受到了颠覆。见 Lucas, *Droit d'auteur et numérique*, 247.

④ *Journal Officiel*, Sénat, 29 October 2008, p. 6346.

⑤ "i2010: Digital Libraries," COM (2005) 465 final, 30 September 2005, p. 5.

产，是"全球经济财富和欧洲影响力的重要源泉"①。

对欧洲人来说，作者应该得到丰厚的回报，这是一个显而易见的事实。1995年的欧盟绿皮书赞扬了欧洲文化有利可图的数字用途，认为保护作者的权利将确保鼓励投资文化。② 2002年欧洲委员会代表约格·莱因伯特（Jörg Reinbothe）坚持认为，"这件事怎么强调也不为过，知识产权是一种重要的商品，它们是权利人的'货币'"。③ 欧盟委员会的报告指出，欧洲传统的高水平著作权保护应该继续下去，以反映"这一主题是财产，因此在许多国家受到宪法保证"④。一如既往，对文化产业有好处的东西被认为有益于文化。欧盟2001年指令表明，对权利强有力的法律保护将保证投资回报。⑤ 虽然他们通常偏爱消费者而不是生产者，但欧洲议会的左翼党派社会党、自由党（Liberals）和绿党（Green Party）在2001年宣称，在知识产权方面，他们支持权利持有人。⑥

欧洲勇敢地重申了继承美学的必然性，因为数字性抹去了作者的完整性和连贯性，模糊了创作者和观众之间的界限。例如，通过多媒体创作，有很多人（有时甚至是数千名作者）将现有作品的片段重新组合成新的表达形式。一些欧洲人希望传统的英美版权理论的合理使用、完全可转让性和雇佣作品有助于这些新颖的作品。⑦ 1994年法国一份报告强烈反对在自由的新时代捍卫大陆意识形态。它认为，数字文

---

① Commission of the European Communities，"Green Paper on Copyright and the Challenge of Technology: Copyright Issues Requiring Immediate Action," COM（88）72 final，7 June 1988，p. 6. 类似的考虑：*Official Journal*，1992-93，No. 3-423，26 October 1992，pp. 27-28. 他们的代表在2008年告诉世界，我们拥有地球上最强大的内容产业之一。*Journal Officiel*，Sénat，Report 53，22 October 2008，p. 165.

② "Green Paper," COM（95）382 final，p. 11. 在欧盟的词汇中，"版权"是指作者在英文文本中的权利，从而破坏了我维护术语差异的努力。

③ Jörg Reinbothe，"A Review of the Last Ten Years and a Look at What Lies Ahead: Copyright and Related Rights in the European Union," lecture at Fordham University，4 April 2002，available at http://ec.europa.eu/internal_market/copyright/documents/2002-fordhamspeech-reinbothe_en.htm.

④ Commission of the European Communities，"Follow-Up to the Green Paper on Copyright and Related Rights in the Information Society," COM（96）568 final，20 November 1996，p. 8.

⑤ Directive 2001/29/EC，22 May 2001，recital 10，*Official Journal*，L167（22 June 2001）：10；Directive 2004/48/EC，*Official Journal*，L157（30 April 2004）：45，recitals 1-3.

⑥ European Parliament，Debates，13 February 2001，Boselli，Medina Ortega，Echerer..

⑦ André R. Bertrand，"Multimedia: Stretching the Limits of Authors' Rights in Europe," *Journal of Proprietary Rights* 7，11（1995）：2-3，7-8；Irini A. Stamatoudi，*Copyright and Multimedia Products*（Cambridge，2002），p. 60.

身保证了每个作者个人对集体作品的贡献，即使借用方式变得越来越多样化。① 另一份法国报告认为，多媒体没有理由改变对血肉之躯作者的个人主义定义，与之相反，它应促使各方重新努力，确保所有作者都得到认可。②

欧洲权威人士坚称，对于新技术的调整，传统作者权利仍然有用。一份欧盟报告在1996年警告说："改变的是作品和其他受保护物质的创造和利用环境，而不是基本的版权概念。"作者的再生产权应扩大到包括扫描和数字化。如果这不可行，那么可以考虑许可使用费而不是作者的专有权。③ 但是欧洲人仍然怀疑地盯着许可证。④ 一份欧盟绿皮书在1995年坚持，只要支付版税就允许任何人复制作品从而剥夺作者的独家传播权，这显然是错误的。因为数字化使作品更易于复制，所以作者的权利应该变得更强。⑤ 加强作者的专有权而不是强制许可，也是欧洲对有线电视和卫星广播的回答。⑥ 相比之下，自1976年起，美国对这些新技术实行了强制许可。⑦

欧洲人和美国人一样渴望使用技术来保护作者的数字产权。正如我们所看到的，1998年DMCA在规避保护技术方面的限制在美国引发了重大争议。尽管欧盟实施的措施基本上是限制性的，但争议要温和得多。DMCA的反规避条款与《欧盟2001年信息社会指令》中的反规避条款之间呈现出高度的技术性和细节性差别。如

---

① *Industries culturelles et nouvelles techniques：Rapport de la commission présidée par Pierre Sirinelli* (Paris，1994)，pp. 71-72.

② Conseil supérieur de la propriété littéraire et artistique, Commission sur les aspects juridiques des œuvres multimédia，"Le Régime juridique des œuvres multimédia：Droit des auteurs et sécurité juridique desinvestisseurs," 26 May 2005，pp. 24-25. 赞成不变的类似论点见 Thomas Dreier et al.，*Urheberrecht auf dem Weg zur Informationsgesellschaft*（Baden-Baden，1997），pp. 204-8.

③ "Follow-Up to the Green Paper on Copyright and Related Rights in the Information Society," COM（96）568 final，pp. 8，11-12.

④ Lefranc，"Metamorphosis of Contrefaçon in French Copyright Law," 72. 意大利人拥有广泛的许可条款，这是一个例外。

⑤ "Green Paper," COM（95）382 final，pp. 25-26，50，72. 类似结论见 Assembléenationale, Commission des lois constitutionnelles, de la législation et de l'administration générale de la république, Compte rendu 37，31 May 2005.

⑥ Council Directive 93/83/EEC, 27 September 1993, arts. 2，3，*Official Journal*，L248（6 October 1993）：15.

⑦ 1976年之前，没完没了的复杂谈判的详细情况见 Litman，"Copyright Legislation and Technological Change," 326-32.

同 DMCA 一样，信息社会指令禁止商业制造、销售和拥有仅限其他用途的规避设备。① 和 DMCA 一样，它也超出了 WIPO 的要求，甚至允许阻止合法的用途。② 在某些具体方法（在这里我们不详谈）中，它没有 DMCA 那么严格。③ 但是，它比 DMCA 更严格地禁止，不仅是阻止进入作品的技术，而且也阻止那些防止复制的技术。④ 虽然这样的细节问题区分了这两种工具，但最终它们差别不大。⑤

在其他方面，欧洲人也热情地利用数字技术的力量来增强权利所有者的权利。欧盟的一份报告指出，数字版权管理将提供更多的受保护的作品，打消人们以为互联网可以免费提供内容的念头，这将使版权持有人和消费者都受益。⑥ 与美国相比，欧盟更多地要求互联网提供商对其客户的侵权行为负责。在大西洋两岸，互联网公司免除了在传输过程中作为技术需要而制作的版权作品临时副本的责任。⑦ 尽管如

---

① Directive 2001/29/EC, 22 May 2001, recital 48, art. 6, *Official Journal*, L167 (22 June 2001): 10.

② Hugenholtz, "Why the Copyright Directive Is Unimportant, and Possibly Invalid," 501-2. Also "Report to the Council, the European Parliament and the Economic and SocialCommittee on the Application of Directive 2001/29/EC on the Harmonisation of Certain Aspects of Copyright and Related Rights in the Information Society," SEC (2007) 1556, 30 November 2007, p. 8.

③ Foged, "US v. EU Anti-Circumvention Legislation," 535; Nora Braun, "The Interface between the Protection of Technological Measures and the Exercise of Exceptions to Copyright and Related Rights: Comparing the Situation in the United States and in the European Community," *European Intellectual Property Review* 11 (2003): 499; Wencke Bäsler, "Technological Protection Measures in the United States, the European Union and Germany: How Much Fair Use Do We Need in the 'Digital World'?" *Virginia Journal of Law and Technology* 8, 13 (2003): 15-16.

④ Lucie Guibault et al., "Study on the Implementation and Effect in Member States' Laws of Directive 2001/29/EC" (Institute for Information Law, University of Amsterdam, February 2007), pp. 79, 94, 96; Casellati, "Evolution of Article 6.4 of the European Information Society Copyright Directive," 374-75, 399-400; Markus Fallenböck, "On the Technical Protection of Copyright: The Digital Millennium Copyright Act, the European Community Copyright Directive and Their Anticircumvention Provisions," *International Journal of Communications Lawand Policy* 7 (2002/03): 37-47, 56.

⑤ 当赫顿以其他方式描绘他们时就会被误导：Hutton, *The World We're In* (London, 2002), pp. 355-56.

⑥ "The Management of Copyright and Related Rights in the Internal Market," COM (2004) 261 final, pp. 10-11.

⑦ Rosa Julià-Barceló, "On-line Intermediary Liability Issues: Comparing EU and US Legal Frameworks," *European Intellectual Property Review* 3 (2000): 107-8, 112.

此，欧洲互联网提供商与他们的美国同行相比，对侵犯内容负有更多的责任，并可能被要求履行入口监管职能。这避免了欧洲内容产业直接攻击其零售客户，就像它们在美国不仅仅起诉大规模的盗版，而且也起诉下载盗版的青少年、大学生和单身母亲。①

尽管欧盟允许与 DMCA 的安全港条款相似的豁免条款，但欧洲互联网供应商对侵权材料的责任较少。正如在 DMCA 中一样，如（未知的）存储侵权内容，只允许使用中转和缓存功能。但没有提到那些将用户链接到未经授权数据工具（搜索引擎、超链接、目录等）行为的豁免。此外，欧盟对任何成员国强制互联网提供商进行监管和获取信息的措施几乎不加限制。不能要求提供商监视传输或存储的数据，但他们有义务提醒当局注意其网络上的非法活动，并查明存储数据的客户。② 一旦一个网站被指控为侵权，美国法律也允许最初发布信息的人发出反通知并重新发布内容，直到问题解决。③

数字例外

在这种情况下，欧洲人至少证明了自己在数字时代像克林顿政府一样热情地捍卫所有者的权利。版权硬币的一面是强烈的财产主张，另一面是例外情况，如合理使用，它传统上改变了所有者对其作品的控制权。正如我们所看到的那样，这种例外在英语国家比在欧洲大陆更广泛。美国法律中宽泛和未定义的合理使用豁免与欧洲立法中具体、准确和详尽的例外清单之间的对比，也一直延续到数字时代。美国

---

① Ryan Bates, "Communication Breakdown: The Recording Industry's Pursuit of the Individual Music User, a Comparison of US and EU Copyright Protections for Internet Music File Sharing," *Northwestern Journal of International Law and Business* 25 (2004): 249-50; Eleanor M. Lackman, "Slowing Down the Speed of Sound: A Transatlantic Race to Head Off Digital Copyright Infringement," *Fordham Intellectual Property, Media and Entertainment Law Journal* 13 (2003): 1177.

② Directive 2000/31/EC on electronic commerce, 8 June 2000, *Official Journal*, L178 (17 July2000): 1, recitals 42-44, 46, 48, arts. 12-15. Christopher Kuner et al., *Study on Online Copyright Enforcement and Data Protection in Selected Member States* (November 2009, European Commission, DG Internal Market and Services), 6; Daniel J. Gervais, "Transmissions of Music on the Internet: An Analysis of the Copyright Laws of Canada, France, Germany, Japan, the UnitedKingdom, and the United States," *Vanderbilt Journal of Transnational Law* 34 (2001): 1377, 1409.

③ Ginsburg, "How Copyright Got a Bad Name for Itself," 68.

人广泛讨论了数字权利管理如何威胁合法豁免，欧盟对这一问题很少关注。① 一份欧盟绿皮书在1996年勉强承认，一旦排他性权利和许可安排已经耗尽，在少数情况下就可能需要"严格界定"合理使用的例外情况，以适应公众的需要。② 《欧盟2001年信息社会指令》允许成员国为残疾人以及教育、研究、发布新闻和其他用途设置这样的例外。它超出了美国的合理使用范围，明确提到了戏仿、讽刺和假冒——这些在美国受判例法保护而不是成文法保护。它允许私人复制，这一点在美国法律中没有明确提到，它一般在合理使用的情况下得到允许。但是，为了取缔点对点共享，欧洲的私人复制权仅限于自然人进行严格的非商业用途，即使这样也只有在版权持有人得到报酬的情况下才能这样做。③ 欧盟警告称，数字技术有可能扩大合理使用对版权持有人的影响，它可能会受到限制。④

在欧盟，扩大合理使用的主要障碍是《伯尔尼公约》的"三步"规则。《伯尔尼公约》最终在1967年加入了披露权，但改革者不希望成员国通过过于宽泛的例外情况来消除这一权利。⑤ 因此，《伯尔尼公约》的三步规则只允许在下列情况下豁免作者的专有权利：

（1）例外情况；（2）与作品的正常使用没有冲突；（3）对权利持有人的合法利益没有造成不合理的损害。理论上，美国也同样受到这些限制的约束，但欧洲人对待这些限制似乎更认真。事实上，人们认为美国的合理使用可能与《伯尔尼公约》的要求不相容。2003年世界知识产权组织的一项研究表明，美国的合理使用可能不符合伯尔尼的三步规则。⑥ 2011年 英国的《哈格里夫斯报告》得出结论，欧洲法律不可能引进美国的合理使用原则。⑦

《伯尔尼公约》的三步规则不仅迅速进入了WIPO版权条约和TRIPs等国际协

---

① Stefan Bechtold, "Digital Rights Management in the United States and Europe," *American Journal of Comparative Law* 52 (2004): 366.

② "Follow-Up to the Green Paper on Copyright and Related Rights in the InformationSociety," COM (96) 568 final, pp. 11-12.

③ European Parliament, Debates, 13 February 2001, Boselli.

④ Directive 2001/29/EC, 22 May 2001, recital 44, arts. 5, 6, *Official Journal*, L167 (22 June 2001): 10. 与美国相比，实施数字版权管理技术的例外情况也更为有限。Bechtold, "Digital Rights Management in the United States and Europe," 376-79.

⑤ Martin Senftleben, *Copyright, Limitations and the Three-Step Test* (The Hague, 2004), pp. 47-53.

⑥ Sam Ricketson, "WIPO Study on Limitations and Exceptions of Copyright and Related Rights in the Digital Environment," SSCR/9/7, 5 April 2003, pp. 67-69. 关于这方面的更多信息见Senftleben, *Copyright, Limitations and the Three-Step Test*, 162-68.

⑦ Hargreaves, *Digital Opportunity*, 4

定，而且也被纳入了欧盟的许多指令中，成为欧洲法律的规范。① 这项测试在频繁的场合被调用，以阻止那些可能会威胁到作者对作品控制的改革。② 《欧盟 2001 年信息社会指令》列出了欧盟成员国可以自由采用的 20 种例外情况，但它只对一种情况进行授权：在互联网传播期间制作的临时副本。通常情况下，欧盟指令旨在实现欧洲范围内的统一，但为了合理使用，成员们可以在各种可能性中自由选择。由于该清单是为了防止其他例外情况而提出的，因此没有扩大合理使用的压力。③ 允许每个国家比欧盟更不慷慨，但它们没有更多例外选择。并不是说欧洲国家在任何情况下都在大力推动合理使用，法国和德国都非常严格地执行了这一指令，它们在研究和教育方面的合理使用规则极为吝啬，有一系列严格的限制。事实上，它们完全不是例外，因为它们规定了特许权使用费。④ 相比之下，美国在教学和学术方面的例外被纳入了公平使用条款。⑤

2003 年《德国版权法案》（Copyright Act, 2003）实施了《欧盟 2001 年信息社会指令》，虽然允许在中小学、大学和研究中只简短复制作品（反对版税支付），但引起了出版业的敌意。只有在作者的许可下，才能使用学校教科书和最近电影的节选。⑥ 这些例外并没有成为作者权利法的永久性部分，虽然它们从那时起就断断续续地更新。2006 年，第二个《德国版权法案》（Copyright Act, 2006）允许在中小学和大学的考试中复制用于考试的资料节录，但仅限于中小学校而非大学的教学。⑦

欧洲这种例外的有限范围也在《谷歌图书计划》（在下一章中讨论）的争论中发挥了作用。谷歌建议为每个美国公共图书馆提供一个终端，允许读者访问其数字化馆藏，从而将最不起眼的分支机构变成国会图书馆，即使只有一个屏幕。⑧ 在美国，

---

① Directive 2001/29/EC, 22 May 2001, recital 44, art. 5, *Official Journal*, L167 (22 June 2001): 10.

② *Gowers Review of Intellectual Property*, December 2006, p. 6; "Green Paper: Copyright in the Knowledge Economy," COM (2008), 466/3, pp. 19-20; Assemblée Nationale, Rapport 2349, 7 June 2005, p. 31; *Officiel Journal*, Assemblée, 20 December 2005, p. 8550.

③ "Green Paper: Copyright in the Knowledge Economy," COM (2008), 466/3, pp. 4-5.

④ 德国出版协会甚至以违反"基本法"为由提出抗议。Guibault, "Study on the Implementation and Effect in Member States' Laws of Directive2001/29/EC," 49-50.

⑤ 17 U.S.C. §107.

⑥ Gesetz zur Regelung des Urheberrechts in der Informationsgesellschaft, 10 September 2003, §52a.

⑦ Fünftes Gesetz zur Änderung des Urheberrechtsgesetzes, 10 November 2006, §53 (3) 1.

⑧ *Authors Guild v. Google* (S.D.N.Y.), Settlement Agreement, 4.8, at https://www.authorsguild.org/advocacy/authors-guild-v-google-settlement-resources-page/.

这被广泛认为是公共访问。在德国,它被认为是出版商财产的一种赠予。① 德国法律只允许图书馆在内部终端展示它们已经拥有的实物作品,不仅如此,它们可以在拥有的拷贝终端上显示它们。雪上加霜的是,作者还得支付版税。② 除了避免图书馆拥有拷贝的磨损,这种所谓作者专有权利的例外情况所带来的好处并不明显。

在《欧盟 2001 年信息社会指令》提出之前,法国法律根本没有为教育目的提供合理使用豁免。即便如此,法国第一次尝试实施该指令,也拒绝了对研究、教学或图书馆的任何豁免,因为这扰乱了作者和用户之间的利益平衡。③ 尽管法国最终允许为教学目的而使用简短的节选以换取版权费,但法国政府强调它割断了作者的专属权利。2005 年,它转而寻求建立一个框架,使教育机构和内容行业可以在此框架内谈判达成协议。④

法国出版业为捍卫其特权而进行了强有力的辩护。它声称,法国作家通过直接用英语写作和出版绕过了他们。然而在这种背叛式的文学作品中,唯一的例子是让-米歇尔·拉巴特(Jean-Michel Rabaté),不过因为他是宾夕法尼亚大学(University of Pennsylvania)的英国文学教授,并无说服力。⑤ 出版商继续说,法国图书馆的预算与他们的英语和德国同行相比相形见绌,无法弥补他们因合理使用豁免而损失的收入。⑥ 2006 年的《法国版权法案》(Copyright Act, 2006)最终引入了限制性豁免。⑦ 教科书、乐谱和数字作品都没有涵盖进去,但是其他作品的摘录只能用于说明的目的——仅在以学生和学者为听众的教学和研究中使用,明确排除休闲和娱

---

① "Memorandum of Law in Opposition to the Settlement Proposal on Behalf of the Federal Republic of Germany," 31 August 2009, pp. 4-5, *Authors Guild et al. v. Google Inc.*, document 179, http://dockets.justia.com/docket/new-york/nysdce/1:2005cv08136/273913/.

② Urheberrechtsgesetz, §52b.

③ Assemblée nationale, Commission des lois constitutionnelles, de la législation et del'administration générale de la République, Compte rendu 37, 31 May 2005; Assemblée nationale, Rapport 2349, 7 June 2005, p. 47.

④ Guido Westkamp, "The Implementation of Directive 2001/29/EC in the Member States," Queen Mary Intellectual Property Research Institute, February 2007, pp. 211-12.

⑤ Sophie Barluet, *Édition de sciences humaines et sociales: Le cœur en danger* (Paris, 2004), p. 56. 毫不意外,科学家们提供了其他例子。

⑥ "Pourquoi l'université veut-elle la mort de l'édition universitaire?" *Le Monde*, 18 April 2003; Françoise Benhamou, *Les Dérèglements de l'exception culturelle: Plaidoyer pour une perspective européenne* (Paris, 2006), p. 177. 伯纳德·埃德尔曼对欧盟的指令持怀疑态度,认为欧盟比作者更重视投资者。Alain Salles, "Les auteurs veulent garder leur droit," Le Monde, 2 May 2003. 类似的反对德国出版商例外的抗议活动见 Michael Kretschmer, "Digital Copyright: The End of an Era," *European Intellectual Property Review* 25, 8 (2003): n22.

⑦ Code de la propriété intellectuelle, art. L 122-5 (3e).

乐目的的摘录。无论如何，作者必须获得版税补偿。

法国为残疾人而设的合理使用也很吝啬。在美国，残疾人的特殊版本被允许以不同的格式和媒体作为专有权的例外。① 在法国，残疾人被允许"咨询"专门用于严格私人用途的作品，并且只能在经过授权的公共场所，如图书馆、博物馆和档案馆等场所使用。希望使用这类作品的残疾人必须通过详细的程序证明自己的权利，并密切监测为他们提供便利的机构。一旦使用完成，当地机构将销毁它从中央国家资料库借来的作品。② 在德国，权利所有人有权获得对残疾人可利用的作品的赔偿，除非只发放了一两份。③

其他例外情况也突出了美国相对广泛的合理使用原则与欧洲强调专属作者权利之间的区别。虽然美国的版权在1992年进行了修改，以适用于未出版作品的合理使用，但《欧盟2001年信息社会指令》将允许引用的作品限制为"已经合法向公众提供的作品"④。这通常被解释为排除未出版的作品。但批评人士认为，"可获取"（making available）也可能意味着存放在档案馆中。⑤ 无论法律解释学的结果如何，欧洲之战仍在继续。

在经历了许多痛苦之后，在20世纪末期，欧洲终于允许在新闻报道中附带使用受保护的作品。20世纪90年代初，法国电视新闻广播报道了巴黎爱丽舍大街（Champs-Elysée）的一家剧院重新开业，爱德华·维拉德（Edouard Vuillard）的壁画在报道中共被展出了49秒钟。法国最高法院拒绝电视台的新闻报道豁免主张后，视觉艺术收藏协会（The visual arts collection society, SPADEM）最终被允许收取版税。同样，一家法国电视台在报道一次展览时，简要地展示了莫里斯·乌特洛的一些绘画作品。当他的财产管理者要求版税时，一个下级法院在1999年拒绝了这一要求，这次判决提升了公众对所有者权益的知情权。然而，在上诉中这一规定被推翻，因为判决再次强调以作者权利为主导。⑥ 法国最高法院对排他性权利的例外情

---

① 17 U. S. C. §121.
② Code de la propriété intellectuelle, art. L. 122-5 (7). Guibault, "Study on the Implementation and Effect in Member States' Laws of Directive 2001/29/EC," 51.
③ Fünftes Gesetz zur Änderung des Urheberrechtsgesetzes, 10 November 2006, §45a
④ Art. 5 (3) (d).
⑤ onathan Bate, "Myths and Ambiguities in Copyright Law," *Times Literary Supplement*, 6 August 2010, p. 15.
⑥ P. Bernt Hugenholtz, "Copyright and Freedom of Expression in Europe," in RochelleCooper Dreyfuss et al., eds., *Expanding the Boundaries of Intellectual Property* (Oxford, 2001), 343-64; Christophe Geiger, "Constitutionalising Intellectual Property Law? The Influence of Fundamental Rights on Intellectual Property in the European Union," *International Review of Intellectual Property and Competition Law* 37, 4 (2006): 391-92.

况普遍持悲观态度。① 只有 2006 年的《信息社会作者权利和相关权利法案》（DAD-VSI law，我们在下一章中讨论）是一个例外，允许在新闻报道中展示作品片段。② 德国人在 2003 年就引入了同样的权利。③ 相比之下，这类用途在美国往往被认为是公平的，或被认为是次要的，因而可以豁免（最低限度）。例如，类似于欧洲例子的美国案件通常涉及更为令人震惊的作品使用——例如在一个电视节目中 9 次显著地展示一幅棉被海报。④ 在英国，偶然使用早已被法律所管控。⑤

精神权利与数字化

千禧年到来之际，大西洋两岸的一些分歧正在缩小。在合作文化产业的推动下，欧洲立法接受了版权制度的一些原则。在电影中，企业作者被授予了归属权，这些权利后来也扩展到了软件和数据库领域。⑥ 精神权利仍然是争论的焦点，但即使在这里，也有跨大西洋的和解。美国人只提出了加入《伯尔尼公约》的最低要求，英国人也勉强实施了一个删减版本。虽然法国和德国在战后初期制定了广泛的精神权利，但欧盟——实话实说——也不太注意。欧盟在 1988 年坚持认为，作者应该得到丰厚的报酬，获得新的机会，它补充道，保护创造力也意味着援引精神权利。⑦

欧盟对大陆意识形态中心思想的低调宣传，并不是受了盎格鲁-撒克逊人的影响，法国人对此深感恐惧。更确切地说，欧盟因其跨国组织的角色而受到束缚，不得不强迫其成员，其主要关注点是协调内部市场促进竞争力。在这件事上，精神权利扮演了一个次要的——可能是阻碍者——角色，其成员并非都同样热情。法国人喜欢把自己描绘成欧洲文明的捍卫者，他们在很大程度上得到了地中海沿岸国家和一些前东方集团国家的支持。但其他欧盟成员国则更多持怀疑态度——不仅是英国，还有一些小国，比如荷兰和斯堪的纳维亚国家，他们对权利持有者的权利夸大持谨慎态度。从布鲁塞尔的优势来看，欧洲人对精神权利的共识很少。

---

① Christophe Geiger, *Droit d'auteur et droit du public à l'information* (Paris, 2004), p. 345.
② Code de la propriété intellectuelle, art. L 122-5 (9).
③ Gesetz zur Regelung des Urheberrechts in der Informationsgesellschaft, 10 September 2003, § 50.
④ *Ringgold v. Black Entertainment Television, Inc.*, 126 F. 3d 70 (2d Cir. 1997). Samuelson, "Unbundling Fair Uses," 2576.
⑤ 1956 act, sects. 6, 9; 1988 act, sect. 31.
⑥ Council Directive 91/250/EEC, 14 May 1991, art 2 (1), *Official Journal*, L 122 (17 May 1991): 42-46; Directive 96/9/EC, 11 March 1996, art. 4 (1), *Official Journal*, L 77 (27 March 1996): 20-28.
⑦ "Green Paper on Copyright and the Challenge of Technology," COM (88) 72 final, p. 6.

更重要的是，精神权利是否符合现代文化趋势？它能应用到软件等集体作品中吗？① 1996年，欧盟的一份报告指出，欧洲国家在精神权利方面的分歧阻碍了对作品的开发和使用，如果能更务实地解释和使用精神权利，那将有所帮助。② 一个负责改革以使法国进入信息时代的政府委员会建议，只有与作者关系密切的人才能援引这些信息。对于法国来说，不同寻常的是，它担心精神权利会阻碍作品在公共领域的传播和使用。③

1995年的一份欧盟绿皮书也对精神权利持怀疑态度。它指出，作家和表演者之间存在分歧，后者坚持要得到强有力的保护，而出版商、新闻界、广播公司和雇主则认为精神权利是阻碍开发的不必要的复杂因素。数字化威胁会加剧问题，而完整权违背了新技术的一大承诺，即允许每个人改变作品。④ 欧盟另一份报告指出，只要作者的声誉不受损害，用户通过数字方式进行的数字化修改并非都违反了完整权。⑤

早些时候，反对强制执行精神权利的案例在很大程度上是涉及经济的——所承诺的开发效率的提高使作者失去了控制权。现在，这些论点用了自己的创造性逻辑。由于数字化，用户可以——也许应该允许——为了自己的创作目的而改造作品。对精神权利的争夺不再仅仅是对财神的反抗，它现在也加入了孤独、单一作者的创造性视野，以及新的本质上是合作的独特的数字精英写作。浪漫作家发现自己在逆势对抗新的数字技术，甚至《欧盟2001年信息社会指令》似乎也对精神权利漠不关心，宣称它们是国家立法的问题，而不是欧盟立法的中心。⑥

20世纪末，大西洋两岸的改革派经常抱怨说，在很大程度上由于好莱坞的影响力，作品越来越多地被当作财产对待。它们的所有者被赋予强有力的权利，这通常意味着作者将他们的权利转让给了传播者。1985年，法国部分接受了软件的雇佣作

---

① Ibid., pp. 7, 197.

② "Follow-Up to the Green Paper on Copyright and Related Rights in the Information Society," COM (96) 568 final, pp. 3, 27-28. 类似担忧见 "Commission Staff Working Paperon the Review of the EC Legal Framework in the Field of Copyright and Related Rights," SEC (2004) 995, 19 July 2004, p. 16.

③ 两个关于精神权利功能失调的例子——德拉克洛和维克多·雨果曾在第一章中讨论. Lévy and Jouyet, "L'économie de l'immatériel," 125.

④ "Green Paper," COM (95) 382 final, pp. 65-67.

⑤ "Follow-Up to the Green Paper on Copyright and Related Rights in the Information Society," COM (96) 568 final, p. 27.

⑥ Directive 2001/29/EC, 22 May 2001, recital 19, *Official Journal*, L167 (22 June 2001): 10.

品性质，这被广泛认为是法国作者权利理解海岸上的版权意识滩头。① 这类抱怨在千禧年即将结束时升级。1994年，法国的一份报告指出，数字化有可能颠覆传统的假设，作者权利的逻辑将使他们失去对版权的自豪感，它指出的威胁之一是已经低价摊销产品的商业化。② 换句话说，廉价版的公共领域作品——版权的圣杯——已经成为作者权利的黑暗面。即使在数字时代，支持传统大陆思想的欧洲人也感到不安，因为布鲁塞尔愿意贬低精神权利，并专注于有效利用作品，以增强欧洲的全球竞争力。欧洲法律的协调是一种进入盎格鲁-撒克逊路径的竞赛。③ 版权威胁要击败作者权利，在欧盟日益增长的新自由主义思想中，重点是传播者，而不是作者。欧盟担心，作品不再被看作一种精神创造，而仅仅是一种商品。④

然而纵观长期历史，情况看上去与我们只关注20世纪90年代的情况不同，事实上情况可能会逆转。是的，大陆的意识形态采纳了某些版权要素，尤其是雇佣作品。但这不是由于好莱坞的影响，而是作品新的合作形式的技术和文化要求。法国人也为他们的软件、电影和音乐产业感到自豪，他们也试图使传统作家的权利适应新的数字世界。同样，布鲁塞尔协调欧盟市场的雄心，取决于所有成员国都能接受的要素（对作者和受让人的严格保护），同时消除有争议的因素（精神权利）。

的确，版权可能比作者权利更适合数字、企业、合作文化产品。对于诸如电影和软件这些多作者努力的成果，雇佣作品原则允许有效地分配权利。它可以清晰地区分所有者和作者。但这只是故事的一部分，20世纪90年代的争端更为根本。知识产权是否应该被视为传统的英美版权模式？是作为一种暂时让渡给作者的有限垄断，还是应该把它看作一种自然权利所赋予的财产形式——古典的大陆观？

由此可见，英语国家之间的斗争是为了保护版权灵魂。大陆意识形态对公共领域给予相应折扣的同时，有力地增强了作者权利保护。版权传统在两者之间永远处于一种不稳定的平衡状态。当数字革命——承诺普及和潜在免费访问——促使内容行业积极主张自己的权利时，英语国家比欧洲大陆更早认识到这一两难处境。数字

---

① Bernard Edelman, "Une loi substantiellement internationale: La loi du 3 juillet 1985 sur les droits d'auteur etdroits voisins," *Journal du Droit International* 3 (1987); David Saunders, "Approaches to the Historical Relations of the Legal and the Aesthetic," *New Literary History* 23, 3 (1992): 516-17; David Saunders, "Some Implications of the 1985 French Law on Author'sRights," in Anderson and Saunders, *Moral Rights Protection in a Copyright System*, 57-58.

② *Industries culturelles et nouvelles techniques*, 41-42.

③ Frédéric Pollaud-Dulian, *Le Droit d'auteur* (Paris, 2005), pp. 26, 52, 55.

④ Margret Möller, "Urheberrecht oder Copyright?" *Zeitschrift für Urheber-und Medienrecht/Film und Recht* 2 (1990): 65-66.

化重新提出了决策者们几个世纪以来一直面临的选择。考虑到二进制技术的承诺和危险,作者和观众之间是否要建立一种新的平衡?或者说,欧式的战利品是否属于创作者和所有者,与他们投资于劳动和个性的自然权利观念一致?

在欧洲,千年变革辩论很少,新颖的结论更少,一切照旧——数字革命被诅咒了。但是版权国家与核心原则做了斗争。在欧洲看来,这是一场跨大西洋的战争,是版权和作者权利之间长期斗争的又一次重复。相反,对于英语国家而言,这是内战。来自内容行业的第五纵队主张在欧洲模式上拥有财产权。内容产业发起了一场布谷鸟攻击——就像 18 世纪书商之战一样,当时出版商援引作者的自然权利,期望通过转让获得他们的财产。为了更好地享受自己的权利,他们假装是作者的朋友,要求对作品进行严格保护。他们的对手——在大街上,在象牙塔中,在无数有线车库和地窖里,以及在硅谷——为有限的权利和广阔的公共领域的版权传统而发起了一场保卫行动。

当然,在广义上,版权和作者权利都平衡了作者和受众的利益——但不是从同一个角度。也许 20 世纪 90 年代作者和传播者在美国和欧盟赢得的胜利主要是理论上的。在实践中他们的权益可能已经被挖空了,因为实际上通过网络连接的快速二进制数据流执行财产权十分困难。从这个意义上讲,20 世纪 90 年代的知识产权立法浪潮,可能更多地证明了权利所有者无法保住自己的财产,而不是权利主张的实际可执行性。但是,至少从理论上讲,世纪末的胜利属于作家和版权所有者,因此也属于大陆意识形态。在立法、法理学和执法方面,公众被迫后退,为先前被认为是理所当然的权利而进行更加激烈的斗争。但是,20 世纪 90 年代也只是一场更大的战斗中的第一次小规模冲突,我们现在转向这场战斗。

第八章
数字公众的兴起
——版权战争在新千年的继续

在新千年里，我们再次陷入权利所有人（作者和受让人）与观众之间的斗争之中。数字化既保证了不受限制的访问，又加强了所有者对其财产的控制。在极端情况下，数字千禧年主义者会与版权保护的激进主义者进行斗争。千禧派学者声称，二进制技术改变了游戏，允许普遍和基本免费地获取所有知识，它将创造力转化为一种集体努力，揭示出所有作品最终是如何衍生的，并超越了私有制和个人控制。激进主义者反驳这是废话一堆，没有一个制度比自由市场上交易的个人产权更能激发创造力。今天，我们享受到了前所未有的文化过剩，这正是因为独家版权市场允许我们免除赞助和薪酬，将作家转变为知识企业家。数字化可能会使交易变得更容易，使智能市场变得更细腻和灵活。但是，即使交换技术现代化，强大的作者财产的基本规则仍然有效。

在20世纪90年代，这场战斗主要在美国进行。克林顿政府向《伯尔尼公约》铁板一块的知识产权保护制度意识形态的转变，使美国传统的政策彻底改变。随着如此剧烈的改变而来的是抗议。学术界和新兴的数字商人都动员起来，反对内容产业及其在20世纪90年代立法中的胜利。黑客和网络无政府主义者与法学教授、图书馆员齐聚一堂，宣扬开放获取的优点，并要求恢复广泛公共领域的版权传统。然而，在美国最新的东西实际是欧洲的旧帽子。在欧洲，新技术还没有被认为是篡夺作者权利的理由。但即使是在欧洲大陆，数字化最终也迫使人们重新考虑继承的虔诚。

文化创造与传播的新技术，提出了美学与法律两个方面的问题。当文化更多地来自集体创造，并且充分认识到即使是原创作品也是从别人那里借来的时候，有没有作者值得经典作者权利意识赋予他崇高的地位和权力？如果启蒙文化的愿景是几乎没有任何代价地让每个人都能学到知识，难道没有比通过假装它们是一种财产而人为制造稀缺的旧体系来激发创造力更好的方法吗？这些问题，首先是在美国提出，现在也在欧洲兴起。在法国，人们进行特别激烈的抨击，这里的作家们迄今为止一直享有强有力的保护。数字原生一代对继承下来的强大作家权利的正统观念不以为然，这开始影响法国的左派。即使是在作家权利的中心地带，盗版党和下载活动人士也提出了一些听起来像英美经典版权理念的主张。自从二战期间法西斯分子用极权主义的民粹主义玷污了公众需求以来，受众第一次在欧洲大陆上受到蛊惑。在赢得了20世纪90年代的战争之后，伯尔尼的思想家们突然发现，在新千年即将来临之际，他们正在与一个要求苛刻的下载群体进行一场全新的战斗。

不像我们想象的那样独特

然而，目前这些辩论，也与我们追溯了三个世纪的主题产生共鸣。最重要的是，作者或受众的主张谁更至高无上？直到最近，大陆国家在这些争端中几乎没有发挥作用，多亏了尊贵的作家权利传统，它们才选择了创造者和所有者。最近几年里，欧洲人开始质疑他们继承下来的正统观念。但在英语世界，当前的争论广泛地延续了作者和受众的对立，这种对立在19世纪30年代引发了英国塔尔福德争论，也在美国激起了整个19世纪关于版权价值的无休止讨论。事情有所变化。

许多关于数字化及其文化后果的评论听起来就像经济泡沫破裂之前的情况：这一次的快乐对话绝对不同。但历史学家凭直觉和素养对绝对断裂的主张过敏。① 当其他人看到一个根本性的突破，他们会发现先例和与过去的延续。很少有人坚持认为新奇事物具有深远影响。文化理论家、法学家和文学评论家都同意，这也许是一种夸张的说法，认为我们时代的辩论滑稽地重复了早期的辩论——正如马克思（Marx）将路易·拿破仑与他的叔叔拿破仑一世相比时得出的结论。但是，健康的怀疑主义可以有效地应用到今天讨论的千禧年要旨中，甚至有时可以成为启示录。

每个时代都自恋地认为自己独一无二。我们现代人遗忘得太快了！在过去，许多颠覆性技术为不断扩大的公众提供了崭新的、更易获得的、更便宜的艺术和文化版本。那些落在后面的人——比如在19世纪末被录音行业打败的乐谱出版商——经常大声疾呼，有时在最初的跌跌撞撞之后，他们又抓住了机会。画家在18世纪的雕刻中做到了这一点，一百年后的电影业也是如此，当时视频和DVD从令人忧心之物成了有用之物。每一次开放的机会都引起了文化保守派的抱怨，他们担心大众会为了自己的目的而利用新发现，同时也会引起改革者的极大乐观，因为他们对类似的前景感到高兴。拿着他们锁着的启蒙手稿的僧侣们，对古腾堡发行的大量印刷书籍感到震惊。在19世纪，藏书家们在廉价的重印书上的态度也是如此，更别提20世纪的平装本雪崩式出现了。

一些提醒是按顺序进行的。在这个数据过剩的时代，"数量就是新的质量"②。但我们不是第一个生活在信息时代的人，也不害怕信息超载。在18世纪七八十年

---

① 其他人也追溯了今天与19世纪的讨论之间的相似之处。Laurent Pfister, "Is Literary Property (A Form of) Property? Controversies on the Nature of Authors' Rights in the Nineteenth Century," *Revue internationale du droit d'auteur* 205 (July 2005); Monika Dommann, "Autoren und Apparate: Copyrights und Medienwandel (1850-1980)" (Habilitationsschrift, Zurich, 2011), p. 27.

② Kenneth Goldsmith, *Uncreative Writing* (New York, 2011), 2p. 4.

代，中国清朝出版的《四库全书》(*Siku Quanshu*)，将36,000册图书简编在7部书中（其中一本保存在北京的紫禁城）。从文字数量上讲（8亿字），直到最近才被英语维基百科超越（截至2010年6月为10亿）。① 盗版也不是新事物，好莱坞担心在首映影院里出现录像机，而19世纪伦敦剧院的观众中就有速记员，伦敦西区的热门音乐剧可能一周内就在百老汇上映。② 沃尔特·司各特最后一部作品的美国版比伦敦版要早（按照偷窃的校样印刷出来）。③

今天和昨天一样，印刷品盗版者被誉为知识产权的罗宾汉（Robin Hoods）——反对审查的斗士，他们支持畅通无阻的流通、广泛的访问和普遍的启蒙。④ 18世纪的欧洲充斥着盗版。法国各省的书商嘲笑巴黎出版商永久拥有自己作品的主张，认为他们的盗版行为给公众带来了启发。⑤ 路德维希·克里斯蒂安·凯尔（Ludwig Christian Kehr）在他的《捍卫盗版》(*Defense of Piracy*, 1799)中表达得再清楚不过。他争辩道，富人经常买书但不读书，同时其他人甚至买不起不可或缺的作品，只有未经授权的重印才能控制住这些罪恶，将启蒙传播给所有人。⑥ 弗雷德里克·布斯（Frederick Booth）在1911年的国会辩论中说，在天才死后50年里保护他们的继承人违反了英国的自由权利，相反，是时候来宣扬盗版者、偷猎者和走私者了——它们是艺术自由贸易的实践者。⑦

19世纪，美国毫无悔改地成为世界头号盗版者。通过吸收英国和欧洲出版商书

---

① Ann M. Blair, *Too Much to Know: Managing Scholarly Information before the Modern Age* (New Haven, 2010), pp. 29-30.

② Copyright Commission, *The Royal Commissions and the Report of the Commissioners*, c. 2036 (London, 1878), p. xxxvii.

③ *Hansard*, 3, 41, 20 March 1838, p. 1099.

④ Adrian Johns, Piracy (Chicago, 2009). 今天的口头禅是"盗版是累进税制"，也就是说，虽然它可能会使著名艺术家的作品的销售量略有下降，但它极大地帮助了那些不知名的艺术家。Tim O'Reilly, "Piracy is Progressive Taxation, and Other Thoughts on the Evolution of Online Distribution," 11 December 2002, http://openp2p.com/pub/a/p2p/2002/12/11/piracy.html. 或者更激进的如Aaron Swartz, "Guerilla Open Access Manifesto," July 2008, http://pastebin.com/cefxMVAy. 更多对盗版持普遍赞赏的观点包括 Peter Andreas, *Smuggler Nation: How Illicit Trade Made America* (New York, 2013), and Rodolphe Durand and Jean-Philippe Vergne, *The Pirate Organization: Lessons from the Fringes of Capitalism* (Boston, 2013).

⑤ Laurent Pfister, "L'auteur, propriétaire de son œuvre? La formation du droit d'auteur du XVIe siecle à la loi de 1957," (diss., Strasbourg, 1999), 247.

⑥ Ludwig Christian Kehr, *Vertheidigung des Bücher-Nachdruks* (Kreuznach, n. d. [1799]), 3-5 (BK).

⑦ *Hansard*, Commons, 9 April 1911, p. 2657.

单中的精华，通过对普遍识字、通识教育和平民主义民主需求的有力呼吁来证明自己的合理性。1837 年，杰克逊民主党人、记者威廉·勒格特（William Leggett）坚持认为，廉价书籍是人类的朋友。"如果没有版权法，所有文学作品都会以廉价的形式出现，所有人都会成为读者。"① 这样的声明在今天关于无限信息和普遍访问的免费网络的争论中得到了回应。

在数字时代经常听到关于盗版的一个理由是，未经授权的版本增加了作品的知名度和市场吸引力，实际上有利于原作者。信息要免费是数字的咒语。约翰·佩里·巴洛是感恩至死乐队（Grateful Dead）的词作家，同时也是一位牧场主和互联网幻想家，他认为作品的价值来自广泛传播。② 这种逻辑在印刷文字历史上一直是一个重要的主题。1824 年，利奥波德·诺斯特尔承认，廉价和残损的版本可能会激发人们对更好、更贵版本的需求，当盗版版本出现时，一部书也就得到推荐。③ 这是 19 世纪美国出版业的盛大妄想。尽管英国作家没有得到报酬，但美国版却提升了他们的声誉，提高了他们在国内的收入。④ 参议院在 19 世纪初的报告中称："很奇怪，书籍能够互相推销。每一本书的阅读都会为更多的同类产品创造市场。与物质不同，思想在其赖以生存的地方饥肠辘辘。"⑤

版权强化了人为的稀缺，为作者创造价值，但公众渴望廉价、便捷的访问。如何调和这种对立？数字时代的一个共同建议是授权作品，保证作者的版税和受众的访问权。这样的想法也并不新鲜。1878 年，路易斯·马莱特在英国皇家版权委员会作证时表示，强制许可和出版商之间的自由竞争对作者和公众都有好处，"第一种方式是扩大作品的发行量，第二种是降低其成本。"⑥ 1928 年，改革中的魏玛法学家尤利乌斯·科普施在纳粹统治下依然活跃，他很有预见性地解释了为什么数字化和

---

① William Leggett, "Rights of Authors," Plaindealer, 27 January 1837, in William Leggett, *Democratick Editorials: Essays in Jacksonian Political Economy*, ed. Lawrence H. White (Indianapolis, 1984), p. 394.

② John Perry Barlow, "Selling Wine Without Bottles: The Economy of Mind on the GlobalNet," in Peter Ludlow, ed., *High Noon on the Electronic Frontier: Conceptual Issues in Cyberspace* (Cambridge MA, 1996).

③ Leopold Joseph Neustetel, *Der Büchernachdruck, nach Römischem Recht betrachtet* (Heidelberg, 1824), p. 78.

④ Philip H. Nicklin, Remarks on Literary Property (Philadelphia, 1838), pp. 14-15; H. C. Carey, *Letters on International Copyright*, 2nd ed. (New York, 1868), pp. 56-57.

⑤ The Committee on Patents and the Patent Office, 25th Cong., 2nd session, 25 June 1838, Senate Report 494, p. 7.

⑥ Copyright Commission, *The Royal Commissions and the Report of the Commissioners*, c. 2036, li.

授权会成为完美的一对。他认为,授予出版商独家权利有违自然,因为作者更喜欢在许多版本中广泛传播他们的作品。但考虑到发行作品的成本,出版商需要暂时垄断收回成本。如果有一天,一项新技术允许以可忽略的成本进行传播,作者自然会想获得许可。①

近年来,内容行业经常被指责特别积极地重申拥有作品的所有权。② 就像 18 世纪所有者用篱笆围起公共土地,驱逐曾经耕种过这些土地的农民一样,这种现代工程的封锁被称为"第二次圈地运动"③。但是,目前对作品的占有并不比 19 世纪后期权利的大扩张时期规模更大,当时电影、摄影、留声机、广播和其他新媒体受到保护。如果说有什么不同的话,那就是与数字化普遍访问的承诺形成对比,这使得内容所有者今天重申的主张如此具有挑衅性。

许多后现代主义和数字化作品,其特定的美学理念主张通常也没有想象的那么新。观众对创造力的参与以及由此造成的作者与其接受者之间界限的模糊,也并非前所未有。想想从 18 世纪后半叶英国、法国和美国的廉价小册子和廉价报纸就开始出现。格拉布街(Grub Street)的每一家出版商都出版了大量作品,每个会写作的人都是作家,第一个公认的现代化和民主化的大众媒体出现在两个半世纪前。④ 那些以充斥着丑闻、性和煽动性内容的作品逗弄读者的黑客大军,至少在"读者性作者"中占了一半,而这类作者被认为是数字化时代的主流,他们可以与今天的博客写手进行合理的比较。随着木浆纸和蒸汽驱动的印刷机出版,信息的价格暴跌。在 19 世纪的美国,大量的作品传播——整部小说刊登在单一的、价格合理的报纸期刊上,狄更斯作品在铁路时刻表的背面连载——在纸制时代允许的范围内高效有效地传播启蒙运动。正如一位 19 世纪中叶的观察者所称赞的那样,廉价的媒体"让每个人都能与最伟大的人直接交流……它是伟大的平均主义者、提升主义者和民主主义者"⑤。

---

① Julius Kopsch,"Zur Frage der gesetzlichen Lizenz," *Archiv für Funkrecht* 1 (1928):205-6.
② Ronan Deazley, *Rethinking Copyright:History,Theory,Language* (Cheltenham,2006),pp.149-52.
③ James Boyle,"The Second Enclosure Movement and the Construction of the Public Domain," *Law and Contemporary Problems* 66 (2003),37-38;Christopher May, *The Global Political Economy of Intellectual Property Rights:The New Enclosures*,2nd ed. (London,2010).
④ Robert Darnton, *The Literary Underground of the Old Regime* (Cambridge MA,1982).
⑤ J. Parton, The Life of Horace Greeley, quoted in Oren Bracha,"The Ideology of Authorship Revisited:Authors,Markets,and Liberal Values in Early American Copyright," *Yale Law Journal* 118 (2008):245.

同时代人则将自己形容为生活在"广播出版时代"①。19世纪的英国出版商为富人发行皮革版、三层版图书,再与现在我们昂贵的CD(问问你的父母)和压缩音频(MP3)下载(似乎是免费的,但需要设备、宽带和电力)相比,贵与便宜之间的鸿沟并没有今天那么大。② 是的,数字性几乎消除了仍然困扰模拟技术复制的物理稀缺性,但是,处理廉价和大量非法产品的基本困境已经存在了一段时间。

实际上,作品的创作也是如此。华盛顿·欧文的随笔《文学的易变性》(*The Mutability of Literature*,1819年)的解说者开创了"过度繁殖"的时代,在这个时代,纸和新闻界结束了羊皮纸和羽毛笔时代的身体束缚,使"每个人都成为作家,使每个人都能倾注自己的思想,将自己的思想传播到整个知识世界"③。18世纪的人们对现代美学的主旨不会感到惊讶,比如作品是在读者接受过程中被部分创作的想法,甚至对于改善和改变作品的精神意识和公众也有影响等。我们现在所认为的后现代主义接受论的主题当时已经出现。卡姆登勋爵在唐森案(1774年)这一经典版权传统的源头案例中争论道:"知识对独居者没有价值,也没有用处,要想享受它,就必须与人交流。"④

1793年,费希特强调读者如何在自己的头脑中重新设想一个作品,使其与原作者的想法一样多。⑤ 对于1827年的克莱默来说,作品的接受比作品本身更重要。读者的想法,虽然是由作品引起的,却是他自己的,而不是作者的,而且往往很不一样。⑥ 历史学家、法国七月王朝的教育部部长纳西塞-阿齐勒·德·塞尔瓦迪(Narcisse-Aillle de Salvandy)在1839年宣布,"没有公众,文学财产就不存在了,诗人、剧作家创造了手稿[L'écrit],公众把它变成了一部作品"⑦。奥地利社会哲学家奥斯马尔·斯潘(Othmar Spann)坚持认为,如果没有一个群体来接受他的思想,个

---

① *An Address to the People of the United States on Behalf of the American Copyright Club* (NewYork, 1843), p. 9.
② Kent Anderson, "The Hidden Expense of Energy: Print Is Costly, Online Isn't Free," *Scholarly Kitchen*, 19 January 2012; Kent Anderson, "Not Free, Not Easy, Not Trivial: The Warehousing and Delivery of Digital Goods," *Scholarly Kitchen*, 13 June 2012.
③ Irving, "The Mutability of Literature," in his *The Sketch Book* (New York, n. d.), p. 107.
④ *Hansard*, Lords, 1, 17 (1774), p. 1000.
⑤ J. G. Fichte, "Beweis der Unrechtmäßigkeit des Büchernachdrucks," *Berlinische Monatsschrift* 21 (1793).
⑥ Wilhelm August Kramer, *Die Rechte der Schriftsteller und Verleger* (Heidelberg, 1827), pp. 128-29.
⑦ *Annales du Parlement français*, 5 January 1839, p. 122.

体创造者就什么都不是。① 正如纳粹所言:"一个没有听众的节目不能称为广播。"②

战斗升温

新技术改变了作品的制作和传播方式,但是在过去的三个世纪里,关于作者权利的基本争议一直保持着惊人的一致性。除了专有的版权和版税之外,其他奖励创作者的手段也得以生存。在社会主义国家,对官方受欢迎作家的赞助仍在继续。在资本主义的统治下,它也得以延续,甚至蓬勃发展。在西欧,文化官僚成为当今的"美第奇家族",从英国BBC到德国巴州电视电影促进基金会(Film Fernseh Fonds Bayern)都是如此。在瑞典,选定的艺术家和作家直接由国家支付工资。在美国,由于缺乏政府的主动行动,大学已经填补了空白。没有它们,我们奇怪地称之为"严肃"的音乐就几乎不存在了,更多的小说家和诗人——现在教创造性写作——将寻找白天的工作。对于科学来说,庞大的政府资金支持了一个价值10亿美元的全球研究机构。虽然在有效运作的文化市场中理论上是不必要的,但奖励创意的奖品与我们同在。单只想想诺贝尔奖(Nobel Prize)、菲尔兹奖(Fields)、普里兹克奖(Pritzker)、普利策奖(Pulitzer)、麦克阿瑟奖(天才奖)(MacArthur)、龚古尔文学奖(Goncourt)、布克奖(Booker)等就会明白。③

然而,作者市场仍然是一种选择体系。尽管有人声称财产以自然权利为基础,但在实践中,财产的占有完全取决于法律赋予所有人的权利。由于无形性,知识产权比传统产权更具人为性,因此对其债权的界定、确认和强制执行需要不断协商。除了最隐秘的私人乐趣外,知识产权的"所有者"不得不把它"倾吐"出去。对于有形财产,不存在对其使用的与生俱来的排他性权利。事实上,知识产权的本质目的是确保作品得到尽可能广泛的传播,而不是为了私人享受。但在实际中,知识产权所有者也想要对其进行足够的控制,以获得回报。

保护创造力的两种制度——作者权利和版权——在如何处理随后的传播问题上

---

① 任何思想或情感都不可能在个体中产生和持续,不被他人感觉或思考。Othmar Spann, "Universalismus" in Ludwig Elster et al., eds., *Handwörterbuch der Staatswissenschaften* (Jena, 1928), 8: 455.
② H. G. Pridat-Guzatis, "Grundlinien eines nationalsozialistischen Rundfunkrechts," *Deutsches Recht* 5 (1935): 377.
③ 可以说,现代赞助制度的成功使人们重新认识到奖励的重要性,因为不能反映努力程度的工资不能激发活力。Jerry Gaston, *The Reward System in British and American Science* (New York, 1978),他认为科学家们很少受到薪水的激励,而更多的是出于非金钱目的——名望激励指数、头衔、奖品等。

存在区别。如果作者要得到奖励，只需刺激他们做出进一步的努力，那么他们的权利要求将被最小化到最有效的层次——足以使他们保持生产效率，但没有更多的回报。相反，如果我们假设作者像农民拥有他们的土地一样拥有他们的作品，那么他们的主张将从永久性开始，只有对知识分子永恒主张的实践被击败才能勉强承认，在未来的某个时刻，作品也许应该从私人占有物变成共同遗产。

美国经常被指责受其内容产业的驱使（迪士尼是先锋），它在20世纪90年代推动了一种新的基于产权的作家权利处理方法。① 虽然20世纪末是这样，但从更长的历史角度来看，这似乎不正常。传统上，美国优先考虑的是公共领域，而不是作者。1989年加入《伯尔尼公约》时，美国采纳了欧洲关于强大的作者财产权的观念。无可否认，它也对精神权利持怀疑态度，但这并不比英国，甚至斯堪的纳维亚国家、荷兰和其他法国—德国核心以外的欧洲国家多。

从历史上看，最近几年的主要转变一直遵循伯尔尼传统所支持的方向，支持对作者和受让人的大力保护。尽管某些经济受益者为转变欢呼，但是英语国家——而不是法国或德国——调整了它们的总体方针。在20世纪90年代，英美内容产业设法劫持了一项国家议程，这一议程在传统上并不支持对权利所有者提出强有力的要求。在欧洲，伯尔尼思想自19世纪末以来一直占据主导地位，几乎不需要改变。正如法国观察家所言，美国人已经戏剧性地调整了自己的方向，从几乎全盘拒绝知识产权转向现在支持知识产权，以征服新的市场。② 欧洲支持作者主张的标准立场已成为新的常态，但当前时代的斗争对这种狭隘的伯尔尼共识有所质疑。

数字时代的创造力

首先，因为数字性艺术家从他独特的资源中创造独奏的浪漫思想遭到质疑。数字化时代作品的产生和传播，都被新技术所改变。文化不是由孤独的艺术家在阁楼里产生的，而是通过跨时间和跨国界的协作、共享和借用而产生的。观众不仅消费文化，还创造文化。由于个人电脑形成的远距离连接网络，曾经集中的大众媒体和它们的大型、高资本化的公司似乎过时了。今天的分布式网络胜过了昨天的全景式媒体。信息精英声称开放源代码工具、普遍可用的内容和自由表达作为恰当的概念

---

① Bernard Edelman, "Entre copyright et droit d'auteur: L'intégrité de l'œuvre de l'esprit," *Recueil Dalloz Sirey* 40 (1990): 295; Mireille Buydens, "L'Intérêt général, une notion protéiforme," in*L'Intérêt général et l'accès à l'information en propriété intellectuelle* (Brussels, 2008), pp. 30-33.

② Emmanuel Pierrat, *La Guerre des copyrights* (Paris, 2006), pp. 60-61.

正在取代知识产权和专有权利。①

在某些方面，这种后浪漫主义对作者和创造力的态度呼应了早期的观念。我们认为作者在社会上扎根于他的时代和社会，不会对文艺复兴感到惊讶。现在作者被视为艺术家，在团队活动中，他们很容易利用别人的想法，借鉴他们共同的文化遗产，他们很少靠出售自己的艺术品来维持生计。在信息精英看来，我们的文化也是协作、衍生的，是基于对现有材料的重组。挪用艺术与拼贴式音乐把剽窃提升为文化策略。②数字化的随机清除可以使现有作品的片段被捣碎、修改、评论和重新整理。拼贴连同集锦和戏仿，被誉为后现代美学的基石。③复制成为基本的创作行为。④

在20世纪70和80年代，从模拟时代的末期开始，这种社会化的创造力在数字时代得到了加强。通过数字化，在说唱音乐和嘻哈音乐中的音乐取样成为可能，至少容易很多。⑤苏萨在世纪之交对罐装音乐和文化衰落的指责——因为录音削弱了音乐制作的现象被扭转，法学教授们现在把混编（将最喜欢的音乐予以汇编）和其他的即兴表演作为数字民间创造力来宣扬。当音乐被创作而不仅仅收听时，它们代表了这个时代参与文化的回归。⑥取样的普及使它成为艺术家借用、催生判例法和

---

① Yochai Benkler, *The Wealth of Networks*: *How Social Production Transforms Markets and Freedom* (New Haven, 2006), pp. 469-70; Siva Vaidhyanathan, *The Anarchist in the Library*: *How the Clash Between Freedom and Control is Hacking the Real World and Crashing the System* (New York, 2004), chap. 2; John Tehranian, "Infringement Nation: Copyright Reform and the Law/NormGap," *Utah Law Review* 3 (2007): 540.

② Nick Groom, "Unoriginal Genius: Plagiarism and the Construction of 'Romantic' Authorship," in Lionel Bently et al., eds., *Copyright and Piracy* (Cambridge, 2010), pp. 293-96.

③ Rosemary J. Coombe, *The Cultural Life of Intellectual Properties*: *Authorship*, *Appropriation*, *and the Law* (Durham NC, 1998), 49; Thomas P. Heide, "The Moral Right of Integrity andthe Global Information Infrastructure: Time for a New Approach?" *UC Davis Journal of International Law and Policy* 2 (1996), 220.

④ Hillel Schwartz, *The Culture of the Copy*: *Striking Likenesses*, *Unreasonable Facsimiles* (NewYork, 1996), chaps. 6, 7; Markus Boon, *In Praise of Copying* (Cambridge MA, 2010).

⑤ David Anjek, "'Don't Have to DJ No More': Sampling and the 'Autonomous' Creator," in Martha Woodmansee and Peter Jaszi, eds., *The Construction of Authorship*: *Textual Appropriation in Law and Literature* (Durham NC, 1994), p. 343ff.

⑥ Lawrence Lessig, *Free Culture*: *The Nature and Future of Creativity* (New York, 2004), 1pp. 84-85; Lawrence Lessig, *The Future of Ideas*: *The Fate of the Commons in a Connected World* (NewYork, 2002), p. 9.

大量文学作品的试验场所。① 混音作品在书面和视频作品中使用类似的技术。② 拼贴书写挪用他人文本以组合新的作品。③ 弗拉夫派诗人在网上搜寻,把他们的搜索结果组织成小说作品。这种新的社会思潮可以在数字创意中找到。热爱者大量创作同人小说——重写、详细阐述原著、推出衍生作品,他们是如此活跃,以至于原作者有时被指责剽窃他们自己粉丝的情节主线。④ 混搭文化将剪切粘贴从软件命令提升到思维的文化习惯。大卫·希尔兹(David Shields)想知道,当世界提供了如此多的文学作品时,为什么还要费心去创造虚构的现实呢?⑤

不管这些关于创造力现代合作的说法是否真实,它们都是广泛而有影响力的。⑥ 新数字创意的倡导者们坚持认为,群众是明智的。数量庞大的细菌比黑猩猩聪明。⑦ 伟大的工程成就,无论是飞机还是软件,都是大型团队合作的结果。除了一些过时的类型作品,今天作品的主要创作很少由一个人来完成——无论是汽车、桥梁、建筑、医学、计算机程序还是电影。在自然科学、社会科学、工程甚至人文学科,作品都是由团队完成的,而不是单独的作者。以引文强度来衡量,团队工作的质量已经超过了个人作者。⑧ 在每一个领域,除了文学,可能还有经济学,诺贝尔奖委员会每年都要与最多三名候选人做斗争,而当时有几十人平等参与。

数字化也影响了作者,而不仅仅是作品。如果作者没有死,他已经从阁楼搬到了开放式办公室或网吧,他和受众分享聚光灯。瑞典盗版党在其 2010 年选举宣言中自信地宣布,创造者和公众之间的区别已经消失。今天新的参与者文化中,每个人都写博客,评论别人的帖子,并把剪辑作品上传到 YouTube。⑨ 消费者和作者似乎

---

① Lionel Bently and Brad Sherman, "Cultures of Copying: Digital Sampling and Copyright Law," *Entertainment Law Review* 5 (1992); Peter Dicola, "An Economic View of Legal Restrictions on Musical Borrowing and Appropriation," in Mario Biagioli et al., eds., *Making and Unmaking Intellectual Property* (Chicago, 2011), pp. 236-37.

② Mark Amerika, *Remix the Book* (Minneapolis, 2011).

③ Jonathan Lethem, "The Ecstasy of Influence: A Plagiarism," *Harper's Magazine*, February 2007.

④ Aaron Schwabach, *Fan Fiction and Copyright: Outsider Works and Intellectual Property Protection* (Farnham, 2011), pp. 5, 111-13.

⑤ David Shields, *Reality Hunger* (New York, 2010).

⑥ Martha Woodmansee, "On the Author Effect: Recovering Collectivity," in Woodmansee and Peter Jaszi, *The Construction of Authorship*, 24-25.

⑦ Howard Bloom, "Who's Smarter: Chimps, Baboons or Bacteria? The Power of Group IQ," in Mark Tovey, ed., *Collective Intelligence* (Oakton, 2008), pp. 251ff.

⑧ Stefan Wuchty et al., "The Increasing Dominance of Teams in Production of Knowledge," *Science* 316 (2007): 1036-39.

⑨ http://www.piratpartiet.se/kultur.

混合在一起。① 假设一个浪漫主义作家有视觉奇点，经典的精神权利——正如我们在前一章中所看到的——在我们的创造力合作时代似乎不合适。如果后浪漫主义作家像喜鹊做窝一样，将现有的材料拼凑成新作品，那么他的创作是原创的还是正宗的？如果艺术是艺术家实现自我表现的工具，那么当创造力意味着重组他人的自我表达时，谁的个性才会被表达出来呢？② 谢莉·莱文（Sherrie Levine）重新拍摄了沃克·埃文斯（Walker Evans）的照片，她践踏了他的披露权、归属权和诚信权，她是否期望拥有自己的权利？③

数字视觉以最弥足珍贵的方式预示着新的蜂巢思维（hive mind）创造力和对人群智慧的信仰。2006年，《连线》（Wired）杂志的联合创始人凯文·凯利（Kevin Kelly）用酒神之词（Dionysian terms）描绘了谷歌图书项目。世界文化遗产的普及将是一种幸福，但它也宣布了一种全新的内容处理方法。一旦所有作品都被数字化且可搜索，每个作品——书籍、章节、文章、诗歌、博客——的身份就会融入海洋文本的整体。由于每个参考文献与所有其他参考文献都有超链接，所以边界将会分崩离析，读者陷入沉浸、重组和重塑他们发现的个人拼贴。"一旦文字数字化，书籍就会从它们的装订中渗出，编织在一起。"通过数字组合，书籍将合并成"图书馆的集体智慧"。所有的书一起成为一部巨著，"一种由相互联系的作品和思想组成的单一的液态结构"④。

在信息精英看来，现代集体主义文化生产将取代过去个人出售其自主创作的作品的权利的模式。既然作品本身就是集体的，那么它们就是要被拿走的。新的传播模式建立在自由分享而不是市场交换的基础上。新的范例不再是房子，而是村落公

---

① Matthew Rimmer, *Digital Copyright and the Consumer Revolution: Hands Off My iPod* (Cheltenham, 2007), pp. 6-8.

② Jeremy Waldron, "From Authors to Copiers: Individual Rights and Social Values inIntellectual Property," *Chicago-Kent Law Review* 68 (1993): 877; Guy Pessach, "The Author's Moral Right of Integrity in Cyberspace: A Preliminary Normative Framework," *InternationalReview of Industrial Property and Copyright Law* 34 (2003): 252; *Industries culturelles et nouvelles techniques: Rapport de la commission présidée par Pierre Sirinelli* (Paris, 1994), p. 64.

③ Richard Schiff, "Originality," in Schiff and Robert Nelson, eds., *Critical Terms for Art History*, 2nd ed. (Chicago, 2003), pp. 145-59.

④ Kevin Kelly, "Scan This Book!" *New York Times Magazine*, 14 May 2006. An adumbrationin John Perry Barlow, "A Declaration of the Independence of Cyberspace," 8 February 1996, at https://projects.eff.org/~barlow/Declaration-Final.html. 一家名为Citia的初创公司现在将书籍重新分解成它们的基本创意，这样它们就可以和其他作品重新组合，就像凯利所提倡的那样，见www.citia.com.

地。创意共享和类似组织开发了版权个性化市场的替代方案。开放的渠道流传开来，尤其是在大学里，领薪水的创造者以名誉和追求真理为主要动机。① 数字千禧主义者对浪漫主义创造者没有多大安慰。就像在吟游诗人时代一样，数字文化是流动的，不属于任何一个人。和荷马一样，作者只是作品经过的人。巴洛在1994年警告说，随着数字的传播，作家们的社会重要性将会减弱。"有创造力的人可能不得不谦逊地重新认识他们。"② 独立作者被建议找一份固定工作。音乐家从表演中比从唱片中赚得多，卖东西的收入也比他们销售专辑的收入多。③ 作家也必须成为老师。④

改革派重新组合

数字技术使内容复制变得完美、简单、廉价。在分配、占有和使用方面，仍然存在的物质和经济限制与合法限制相比显得黯然失色。通过允许普遍传播，数字化迫使人们重新思考如何分发和奖励作品。在模拟时代，价格是一种分配稀缺资源的机制。除了复制的成本外，版权还强加了人为的稀缺性，为所有者创造了额外的、社会创造的价值。因此，传播几乎没有代价的数字媒体对版权的垄断行为提出了苛刻和毫不宽容的指责，揭露了它对普遍享受所设置的障碍。随着专辑、电影和书籍逐渐融入数字下载，粗略计算就可以把生产的实际成本折现，于是关注重点转移到不断下跌的再生产价格上。内容不应该是便宜的甚至是免费的吗？

然而从法律上讲，版权持有人在数字时代的地位大致上仍然是18世纪以来的状况。虽然所有权从来没有实现永久，但其所有者的要求已经增加。在20世纪末，他们比以往任何时候都更大。三个世纪前，书商独自面对政府。现在，大型内容产业为他们的特权进行游说。那些违反规则的人受到严厉惩罚，越来越多的版权侵犯被定义为刑事侵权。早些时候，只有那些为了盈利而复制数千副本的商业盗版者才有

---

① Peter Suber, *Open Access* (Cambridge MA, 2012).
② Barlow, "Selling Wine without Bottles," 21.
③ Raymond Shih Ray Ku, "The Creative Destruction of Copyright: Napster and the NewEconomics of Digital Technology," *University of Chicago Law Review* 69 (2002): 308-9. 虽然这个建议忽略了明显的矛盾。如果乐队不出售他们的专辑而是他们的T恤衫和其他品牌的商品，财产及其盗版的恶性循环难道不是又开始了吗？
④ Daniel Cohen, "La Propriété intellectuelle, c'est le vol," *Le Monde*, 8 April 2001.

被起诉的危险,现在,即使是那些为了私用而复制或免费分享拷贝的人也被追捕。①美国法律除允许追索实际损害赔偿外,还可追究侵权人法定损害赔偿,罚款可能高达六位甚至七位数,很少有其他国家如此效仿。②

但在刑法中,区别并不那么明显。在美国,盗版者可能被判处一到十年的监禁,最高可被处以百万美元的罚款,这取决于犯罪的严重程度和他们是否为惯犯。③ 法国对普通侵权者处以 3 年期监禁和 30 万欧元罚款,对有组织犯罪集团的处罚增加到 5 年期监禁和 50 万欧元罚款。④ 在法国,侵犯精神权利的人——比如说一位出版商遗漏了作者的名字——也要承担责任。⑤ 因侵犯精神权利而造成的 100 万欧元的民事惩罚并非闻所未闻。⑥ 2002 年,英国将侵犯版权的刑事处罚从最高 2 年监禁增加到 10 年,与殴打及其他暴力犯罪相同。⑦

但是,如果权利持有人坚决主张他们的权利,公众也会变得更加好斗。内容行业的极端立场遭遇了受众同样毫不妥协的坚持,因为数字化改变了规则。与 18 世纪一样,盗版行为成为一个政治问题。无论是在纽约的运河街,还是在香港的重庆大厦,传统的知识产权盗版者仍在从事他们的贸易,兜售盗版 CD 和 DVD,什么也比不上从别人的食物中分一杯羹。对于版权持有者来说,真正的危险随处可见,尤其是这种新颖的"自己动手"的盗版者。点对点网络允许每个人都成为他们自己的盗版者。⑧

由于过去的技术,盗版复制也需要一些投资,因此这也是一种利润激励。但在数字时代,其他动机占主导地位。盗版者很可能是一个十几岁的青少年,音乐欲望

---

① Information Infrastructure Taskforce, *Intellectual Property and the National Information Infrastructure: The Report on the Working Group on Intellectual Property Rights* (September 1995), 228-29; Benkler, *Wealth of Networks*, 441-42; Yochai Benkler, "Through the Looking Glass: Alice and the Constitutional Foundations of the Public Domain," *Law and Contemporary Problems* 66 (2003): 216-17.

② Pamela Samuelson et al., "Statutory Damages: A Rarity in Copyright Laws Internationally, But for How Long?" *Journal of the Copyright Society of the USA* 60 (2013).

③ 18 U. S. C. § 2319; 17 U. S. C. § 1204.

④ Code de la propriété intellectuelle, art. L 335-2.

⑤ David Lefranc, "The Metamorphosis of *Contrefaçon* in French Copyright Law," in Bently, *Copyright and Piracy*, 56-58.

⑥ Elizabeth Adeney, *The Moral Rights of Authors and Performers* (Oxford, 2006), pp. 209-10.

⑦ Bently, *Copyright and Piracy*, xvii.

⑧ Paul Goldstein, *Copyright's Highway: From Gutenberg to the Celestial Jukebox* (Stanford, 2003), p. 169.

超过了他的可支配收入。但其他的下载者可能是出于意识形态动机的盗版者，他们为更高尚的事业而战。艾伦·斯沃茨（Aaron Swartz）是第一位殉道者，他在2013年受到起诉威胁时自杀，他试图将英语社会科学期刊在线数据库（JSTOR）解码给数字墙外的学术界人士使用。在19世纪，美国重印出版商以盗取英国作品为生，同时也认为他们在启蒙一个新生的国家。唯利是图和有抱负的人混合成了一种自私但有社会正义感的混合物，这使得旧世界的作家和出版商们愤愤不平。在很大程度上，数字盗版者现在援引了普遍启蒙和无障碍这一崇高的道德立场，即便这样做的结果是，"第一世界"（First World）的青少年听"小甜甜"布兰妮·斯皮尔斯（Britney Spears）的声音就像听肯尼亚野外生物学家阅读《自然》（Nature）。

政治盗版者最明确的梦想是一个不依赖于财产权和经济激励的未来。亚当·斯密在18世纪末曾拒绝版权，他认为作者们在市场上的先发优势（first-mover advantage）已得到了充分回报。他坚持认为，每个人都有权利抄写他们所拥有的一本书，印刷"不过是一种快速的写作方式"①。因此，重印并未侵犯作者的权利。现代盗版者现在跟随自由放任的使徒的脚步：数字复制和传播只是一种更快的写作方式。法国当局认为，英语助长了"免费"（free）和"自由"（freedom）之间不合理的概念省略。②

就像20世纪80年代中期哈佛大学维登纳图书馆电梯里的涂鸦一样，盗版者们渴望"解放装订的书"。他们认为信息属于人民，因此盗版是一种公共利益，实际上是无害的，其本意是"一种图书馆服务"③。点对点服务的网络工作者得到了大学里其他同道中人的拥护，"不是海盗，而是私底下的信息时代的爱国者"④。但是，如果没有些微的利益，他们也不会成为盗版者。正如盗版湾（Pirate Bay）的创始团体之———瑞典的点对点下载中心所宣称的，"如果我想要它，我就会拿走它，因为我可以。对某些人来说，这可能是不道德的，但我认为这取决于我自己的决定"⑤。"知识产权就是盗窃"，丹尼尔·科恩（Daniel Cohen）在2001年的《法国世界报》（*Le Monde*）上宣布，他的观点与普鲁登的相呼应。科恩极为草率地把青少年音乐

---

① Adam Smith, *Lectures on Jurisprudence*, ed. R. L. Meek et al. (Oxford, 1978), p. 83.
② Sénat, Report 53, 22 October 2008, p. 74.
③ "So You Want to Be a Pirate?" in Ludlow, *High Noon on the Electronic Frontier*, 110.
④ Kathy Bowrey, *Law and Internet Cultures* (Cambridge, 2005), p. 155.
⑤ 引自 Robert Levine, *Free Ride: How Digital Parasites are Destroying the Culture Business, and How the Culture Business Can Fight Back* (New York, 2011), pp. 202-03.

下载者和为第三世界艾滋病患者提供廉价非专利药品的医生相提并论。①

在象牙塔里

美国法律教授也广泛支持削减强大的知识产权。2003 年发生的 Eldred 案对现有作品 70 年保护期提出质疑，显示了法律界对限制版权无情延伸的广泛认同。美国激烈的版权战争使欧洲感到惊讶，欧洲只有在法律界的边缘才发现了类似的观点。②总的来说，大学法学家支持改革过度扩张的版权保护，一个维护强大版权的人发现自己令人不安地在同事中捍卫着一种堕落的信念。③ 在改革共识中，温和派担心内容产业的保护主张过度强大，担心对文化和辩论的扼杀会随之而来，且在数字时代合理使用例外的范围会进一步扩大。④ 有些人认为应该反驳作者的私人财产言论，以类似的主张支持公有领域。⑤ 其他人提出后现代主义的逻辑结果，认为公众是所有作品的共同作者，因此有权在作者身上获得自己的版权。⑥ 最激烈的法学家拒绝了精神权利和其他强烈的权威要求，认为这完全是一种不合理的权力掠夺。⑦

---

① 他站不住脚的论点是："革命的本质往往是在同一面旗帜下统一根本不同的有利条件。" Cohen, "La Propriété intellectuelle."因为你永远不会有太多的好口号，重复提出。见 Christian Paul, *Journal Officiel*, Assemblée, 30 June 2006, p. 4680. And Didier Mathus, *Journal Officiel*, Assemblée, 11 March 2009, p. 2497. 其尖锐回答见 by Denis Olivennes, *La Gratuité, c'est le vol: Quand le piratage tue la culture* (Paris, 2007).

② Christophe Geiger, *Droit d'auteur et droit du public à l'information* (Paris, 2004), pp. 336-38.

③ Jane C. Ginsburg, "Authors and Users in Copyright," *Journal of the Copyright Society of the USA* 45, 1 (1997): 1.

④ Waldron, "From Authors to Copiers"; William Patry, *Moral Panics and the Copyright Wars* (New York, n. d.); Neil Weinstock Netanel, *Copyright's Paradox* (New York, 2008), chap. 4 andpassim; Stephen M. McJohn, "Fair Use and Privatization in Copyright," San Diego Law Review 35 (1998); Patricia Aufderheide and Peter Jaszi, *Reclaiming Fair Use: How to Put Balance Back in Copyright* (Chicago, 2011); Jason Mazzone, *Copyfraud and Other Abuses of Intellectual Property Law* (Stanford, 2011); Jessica Litman, *Digital Copyright* (Amherst, 2001); James Boyle, *Shamans, Software and Spleens: Law and the Construction of the Information Society* (Cambridge MA, 1996), chap. 11.

⑤ David Fagundes, "Property Rhetoric and the Public Domain," *Minnesota Law Review* 94 (2010): 691-92.

⑥ Lior Zemer, *The Idea of Authorship in Copyright* (Aldershot, 2007), chap. 4.

⑦ Amy M. Adler, "Against Moral Rights," *California Law Review* 97 (2009); Tom G. Palmer, "Are Patents and Copyrights Morally Justified? The Philosophy of Property Rights and Ideal Objects," *Harvard Journal of Law and Public Policy* 13, 3 (1990): 843-49.

教授协会的正直成员（upstanding members）主张公民不应服从于"越来越不公正"的版权法，因为这法律使得公民"别无选择，只能违抗"①。法学教授——他们的院长们可能认为他们的报酬是因为操心了更多的日常事务——发表了声明，大意是："在后文化千年……科技最终将扫除所有对意义的抵制，超越个人的所有约束。"② 或者，他们建议说，公共领域是"一个像家一样的地方，当你去那里时，他们必须接纳你，让你跳舞"③。法学院（那里有被重新授予人文学科博士的成员，有来自20世纪80年代和90年代学术衰退期的难民，以及刚毕业的期刊编辑）受到来自英语和比较文学领域文学理论的影响很大。④ 像往常一样，法学院的兴趣还是"预防原则对美国环境监管的影响"，法律期刊现在也仍对"罗马人、路径和浪漫主义者"进行学术研究。⑤

美国法学院的共识是版权过度侵犯公共领域。即使是温和派，虽然他们倾向于有权限的访问，但也不仅仅是维护作者的权利。从20世纪90年代开始，正如我们所看到的，法律和经济学理论家基于公共利益的考虑，提出了加强版权的论点。尽管他们对产权和市场有信心，但这仍然使他们有别于主张创作者拥有绝对所有权的大陆意识形态。他们的目的是在作者和观众之间取得平衡。他们声称，从长远来看，通过削弱激励措施，开放资源获取途径还是会损害公共利益。其他温和派同意对强大版权的批评，认为必须坚持合理使用，特别是对于变革性的新产品。但他们对后现代主义关于在观众和作者之间进行新分工的最深远的主张表示怀疑。他们质疑大多数数字受众是否积极参与了作品创作，仍然不相信信息精英的观点，即普通消费者应该得到自由的访问权限。⑥

在数字街上

这些争论在纽黑文、麦迪逊、伯克利和其他象牙塔中都有影响，因此在数字街道上——在聊天室、博客以及那些高谈阔论的电子宣言上——有时甚至在传统媒体

---

① Glynn S. Lunney, Jr., "The Death of Copyright: Digital Technology, Private Copying and the Digital Millennium Copyright Act," *Virginia Law Review* 87, 5 (2001): 821; Peter K. Yu, "The Escalating Copyright Wars," *Hofstra Law Review* 32 (2004): 940.
② David Lange, "At Play in the Fields of the Word: Copyright and the Construction of Authorship in the Post-Literate Millennium," *Law and Contemporary Problems* 55, 2 (1992): 151.
③ David Lange, "Reimagining the Public Domain," *Law and Contemporary Problems* 66 (2003): 470.
④ Ginsburg, "Authors and Users in Copyright," 7.
⑤ Both in *Law and Contemporary Problems* 66 (2003).
⑥ Ginsburg, "Authors and Users in Copyright," 1-11.

上都能听到轰鸣声。这是自 19 世纪以来，美国公众第一次直接介入有关版权的辩论。到了 1995 年，当法学教授詹姆斯·博伊尔在《华盛顿时报》上敲响了关于克林顿政府加强知识产权意图的警钟时，一场草根运动正组织起来准备捍卫公共领域。这是一个广教会派（broad church）。数字无政府主义者宣称互联网是一个新的政府外维度，是电子以太网的避风港，从任何地方都可以离岸。1996 年在达沃斯论坛，巴洛宣布了网络空间（cyberspace）的独立。他宣称，财产的法律概念在那里没有购买者，"在我们的世界里，无论人类的思想创造了什么，都可以无止境地复制和传播。全球的思想传递不再需要你的工厂去完成"①。

数字游击队的选择不仅仅是后退，还威胁要以牙还牙。正如我们在第七章中所看到的，20 世纪 90 年代末关于数字千年版权法的辩论大多涉及数字权利管理和保护技术。技术上对内容的封锁，加上禁止选择数字锁的法律，是否会允许版权所有者避开合理使用、首次出售和其他版权限制，从而形成一个按浏览量付费的世界？大多数对克林顿政府持温和批评态度的人都试图确保继续尊重传统的例外情况，从而限制保护性技术的作用。相比之下，更激进的反对者则认为，这些设备正是他们自己可以用来对抗内容所有者野心过度膨胀的工具。所谓的赛博朋克（cypherpunks）把保护技术化为己用。让我们为所有用户配备不可破解的加密，并从当局的监视中夺回隐私！网络中没有痕迹可寻，加密的公民将恢复数字世界的匿名性。电子驾驶执照可以在不透露其持有者姓名的情况下得到核实，数码现金不会留下任何痕迹。②

最极端的密码无政府主义者简单地承认，铁板一块的加密（encryption）既保护了公民，也保护了犯罪者。他们预测将进入一个政府被高科技隐私困扰以及公司被不可追踪的告密者破坏商业秘密的新时代。在主张开放获取资源者的眼中，同样的技术保护机制破坏了 DMCA，现在，黑客为数字数据创造了一个强流动性、开放的市场。③ 自相矛盾的是，纯粹的透明性会从不可逾越的秘密中浮现出来。黑客策划了针对反盗版行动执行者的攻击。2010 年报复行动（Operation Payback）的攻击对象不仅有美国电影协会、美国唱片行业协会（Recording Industry Associations）等组织，还有英国唱片学会（British Phonography Institute）、澳大利亚反盗版联盟（Australian Federation against Copyright Theft）、荷兰娱乐业权利保护组织（Stich-

---

① Barlow, "Declaration of the Independence of Cyberspace."
② Steven Levy, "Crypto Rebels," in Ludlow, High Noon on the Electronic Frontier, 186, 200-201.
③ Timothy C. May, "A Crypto Anarchist Manifesto," in Ludlow, High Noon on the Electronic Frontier, 238. 更多例子见 Peter Ludlow, ed., *Crypto Anarchy, Cyberstates, and Pirate Utopias* (Cambridge MA, 2001), section 2.

ting Bescherming Rechten Entertainment Industrie Nederland）和印度 AiPlex 软件公司（AiPlex Software），后者是与宝莱坞签约的一家印度公司，其目标是摧毁点对点盗版网站。2010 年维基解密（Wikileaks）和 2013 年美国国家安全局（National Security Administration）公布的数据显示，政府只有在其薪酬最低的员工都拥有最高安全许可的情况下才可靠。

网络无政府主义者对大媒体感到愤怒。黑客报复行动试图将内容从所有者手中解放出来，将其分发给那些必须付费才能访问的用户。他们把自己看作是与"极端资本主义"做斗争，这种资本主义将人类与生俱来的权利锁定。"每个人都应该有权听音乐的节奏，体验情节的曲折离奇，或者从现有的大量文献中学习。"① 数字街并不是一件容易对付的事。冒牌硅谷的波希米亚人可能会为他们的替代价值和对自由流动信息的承诺而辩护，但街上的人却小心翼翼地注视着他们。就像好莱坞的内容霸主一样，这些网络领主控制数据的主张与"绝大多数信息用户所追求的信息自由"，即使用、共享和修改这些信息，相冲突。②

数字下载者跟随黑客突击部队。当数以百万计的人在点对点下载网站上吸收数据时，他们威胁要让内容产业干涸——不仅仅是为了免费补充 MP3 播放器，而且还要以更高的原则为名。盗版者、小偷、民间不服从者和无政府主义者鱼龙混杂，目标、战术和原则的模糊，道德野心和金钱利益的无悔共存，所有这些都使与激进分子的斗争变得极其困难。由于下载主要是在家里进行，侦查、起诉和定罪意味着侵犯隐私。③ 在大多数人看来，普通的私人活动——浏览、下载、给朋友发邮件——成了侵权行为，政府反过来被迫在保护版权和保护隐私之间做出令人不快的选择。瑞典盗版党要求知道，当信件神圣不可侵犯的时候，当局为什么要通过下载和电子邮件来获取信息呢？④

数字原生代

开放获取的拥护者和权利拥有者之间的意识形态冲突因代沟而加剧。数字原生

---

① http://pastebin.com/kD52Af4N.
② Roberto Verzola, "Cyberlords: The Rentier Class of the Information Sector," in Josephine Bosma et al., eds., *Readme! Filtered by Nettime: ASCII Culture and the Revenge of Knowledge* (Williamsburgh Station, 1999), p. 95.
③ Christophe Geiger, "Right to Copy v. Three-Step Test: The Future of the Private CopyException in the Digital Environment," *Computer Law Review International* 1 (2005): 9; AnneBaron, "Copyright Infringement, 'Free-Riding' and the Lifeworld," in Bently, *Copyright and Piracy*, 126.
④ Levine, *Free Ride*, 204.

代（born-digital generation）根本就拒绝将内容视为任何类似于传统财产的东西。没有警察国家的方法，民主国家不可能执行与社会习俗大相径庭的法律。"一项故意让人违反的法律令人沮丧，必须执行或废除",《爱丁堡评论》在1878年讨论版权改革时坚称。一位法国代表在一个世纪后回应道，一个好的法律是被接受而不是被强加的。① 盗版仍然非法，但它是否仍然不道德？数字原生一代习惯于无处不在的宽带接入，并以一种新的精神对待侵权和盗版问题。② 数字内容应该免费和无成本，需求免费的一代群体——他们已经吮吸过网络的信息奶头，对其他选择感到困惑。③

越来越少的公民相信数字盗版是一种严重的犯罪。每年有4,000万美国人非法下载，在任何时间，法国非法分享文件的人数估计为460万人，50％的受访欧洲人对非法下载并不感到内疚。④ 英国2011年《哈格里夫斯报告》绝望地指出，如果仅仅因为把作品从一种设备转移到另一种设备，致使数以百万计的英国人每天都有侵犯版权的行为，那么现有的立法就不符合目的。法国治安法官也在思考着惩罚那些几乎不承认自己行为的年轻违反者的感觉。⑤

当法国著名的社会党参议员塞尔日·拉戈赫（Serge Lagauche）抱怨年轻人的习惯伤害了创造者时，代际的紧张关系就暴露出来了。网络是他们的"遥远西部"，法国人称之为"美国的狂野西部"（"Wild West"）。⑥ 萨科齐总统对下载的辩论和煽动性辩论中的"青年主义"（"Jeunisme"）深恶痛绝。⑦ 他的政府家长式地把法

---

① *Edinburgh Review* 304（October 1878）：305；*Journal Officiel*，Assemblée，11 March 2009，p. 2550.
② J. A. L. Sterling，"Creator's Right and the Bridge between Author's Right and Copyright," *International Review of Industrial Property and Copyright Law* 20（1998）：305-6.
③ Johann Söderberg，*Allt mitt är ditt：Fildelning，upphovsrätt och försörjning*（Stockholm，2008），p. 166.
④ Levine，Free Ride，46-47；Jane C. Ginsburg，"A Common Lawyer's Perspective on *Contrefaçon*," in Bently，*Copyright and Piracy*，81；Bernt Hugenholtz et al.，"The Recasting of Copyrightand Related Rights for the Knowledge Economy"（Institute for Information Law，University of Amsterdam，November 2006），pp. 203-4；Lefranc，"Metamorphosis of *Contrefaçon* in French Copyright Law," p. 55.
⑤ Ian Hargreaves，*Digital Opportunity：A Review of Intellectual Property and Growth*（May 2011），5；Assemblée Nationale，Rapport 2349，7 June 2005，p. 26.
⑥ *Journal Officiel*，Sénat，8 July 2009，p. 6804；*Journal Officiel*，Assemblée，30 June 2006，p. 4681. Sarkozy then used the same phrase in the speech quoted in the following footnote.
⑦ 然后又积极地表明年轻人比人们想象的更聪明。"Discours de M. le Président de la République. Accord en faveur du développement et de la protection des œuvres culturelles dans les nouveaux réseaux de communication," 23 November 2007. Available at http：//www. culture. gouv. fr/culture/actualites/index-olivennes231107. htm.

国的下载流行看作是一种"儿童网络疾病",认为法律很快就会治愈这种病。法国文化部长抱怨说,年轻人似乎更喜欢把网络当作无政府状态,而不是保护所有作者及其粉丝的权利。① 2012年,美国国家公共广播电台(National Public Radio)的一名年轻实习生艾米莉·怀特(Emily White)承认,尽管她只买了15张CD,但她自己有一个下载了11,000首歌曲的图书馆,这引起了美国作家和年长听众的愤怒。②

欧盟委员会在1995年指出,公众越来越多地认为,在网络上发现的任何东西都应该免费,他们对这种日益增长的权利意识对权利持有者的影响感到担忧。③ 在19世纪,美国人发现在政治上不可能把版权强加给外国书籍。现在,在新的数字聚居区实施老式的限制也变得同样困难。④ 4,000美国人是否应该为下载而被惩罚?每年有4,000张超速罚单,很少有人认为交通规则无关紧要、过时或无法执行。⑤ 当然,萨科齐总统知道他对无所不在的下载的治理想法引起了争议,因此讽刺地问法国是否也应该将暗杀合法化,因为谋杀已经广泛传播。⑥

如果下载变得越来越远离犯罪,抄袭也就越来越被视为一种简单的小过失。剽窃被重新定义为互文性混合,得到了后现代主义文学评论家斯坦利·菲什(Stanley Fish)和经济学社会科学家兼法官理查德·波斯纳(Richard Posner)等多位著名思想家的赦免。⑦ 在一种挥霍无度的消费风气下成长起来的中学生和大学生的剽窃观念正变得模糊起来。⑧ 剽窃、盗版和下载越来越多地交织在一起,形成了一种新兴的风气,网络被看作一家免费的内容商店,免费提供帮助。⑨ 青少年小说家,像德国的海伦妮·黑格曼(Helene Hegemann)一样,通过大量借用他人书籍内容而成

---

① Assemblée nationale, Commission des lois constitutionnelles, Report 1486, 18 February 2009, p. 75; *Journal Officiel*, Assemblée, 29 April 2009, p. 3740.
② Emily White, "I Never Owned Any Music to Begin With," 16 June 2012, http://www.npr.org/blogs/allsongs/2012/06/16/154863819/i-never-owned-any-music-to-begin-with.
③ Commission of the European Communities, "Green Paper: Copyright and Related Rights in the Information Society," COM (95) 382 final, 19 July 1995, p. 54.
④ Hugenholtz, "Recasting of Copyright and Related Rights," 197ff; Michael Kretschmer, "Digital Copyright: the End of an Era," *European Intellectual Property Review* 25, 8 (2003): 333-41.
⑤ Levine, *Free Ride*, 46-47. 同样类比见: Sénat, Report 53, 22 October 2008, p. 77, and in Ginsburg, "Authors and Users in Copyright," 18.
⑥ "Discours de M. le Président de la République."
⑦ Stanley Fish, "Plagiarism Is Not a Big Moral Deal," *International Herald Tribune*, 13 August 2010; Richard A. Posner, "On Plagiarism," *Atlantic*, April 2002.
⑧ Susan D. Blum, *My Word! Plagiarism and College Culture* (Ithaca NY, 2010).
⑨ Jon M. Garon, "Normative Copyright: A Conceptual Framework for Copyright Philosophy and Ethics," *Cornell Law Review* 88 (2003): 1291-93.

为文学的狂热者。①

剽窃数字化促进了占有，但也有助于剽窃行为被发现。年轻的文人借用别人的内容，政治家们也是如此。最近，一大批欧洲显赫的人物被抓获。2011年，德国国防部长卡尔-西奥多·祖·古滕贝格（Karl-Theodor zu Guttenberg）在他的大部分论文被证明剽窃后辞职。两年后，德国教育部长安妮特·沙文（Annette Schavan）也是如此。其他通过抄袭获得令人垂涎的博士学位（Doktortitel）而被抓获的还有匈牙利总理和罗马尼亚总理、罗马尼亚教育部长和德国下萨克森州文化部部长。②整个网络现在致力于发现德语论文中的抄袭。③

欧洲的辩论一触即发

直到最近，关于开放获取、网络自由、开放源码软件、强版权保护以及公众利益诉求最激烈的争论一直充斥于英语国家，主要是美国。在世纪之交，捍卫公共领域权益的最大群体是美国学者。④ 我们在上一章中看到，在20世纪90年代，克林顿政府开始为强有力的知识产权保护而欢呼。这一从美国本土版权传统的激进政策转变，有助于解释为什么美国人尤其反对伯尔尼意识形态。美国的内容产业自然欢

---

① Helene Hegemann's *Axolotl Roadkill*, published by Ullstein. Andrew Orlowski, "The Not-Invented-Anywhere-Syndrome," http://www.theregister.co.uk/2010/02/19/not_inventedanywhere/.

② 其他在同一时间因类似事件而陷入困境的德国政客包括：欧洲议会议员 Silvana Koch-Mehrin 和另一名欧洲议会议员 Jörgo Chatzimarkakis，他们希望获得博士学位来取消他们在对外交往中的虚称；贝恩德·阿尔都斯曼（Bernd Althusmann）是下萨克森州的文化部部长。*Dagens Nyheter*, 13 July 2011, p.14. 最近，社民党外交部长、前副总理弗兰克-沃尔特·施泰因迈尔（Frank-Walter Steinmeier）和基督教民主联盟资深成员诺伯特·兰默（Norbert Lammer）、匈牙利总理帕尔·施密特（Pál Schmitt）和罗马尼亚人维克托·庞塔（Victor Ponta）都受到审查。为了避免被认为这是一个特殊的数字化时代的问题，请记住，在20世纪70年代末，人们对赫尔穆特·科尔（Helmut Kohl）总理关于帕拉茨人（Palatinate）战后政治史的论文提出了类似的担忧。"Die politische Entwicklung in der Pfalz und das Wiedererstehen der Parteien nach 1945," Heidelberg, 1958. 德国人对博士学位的痴迷在很大程度上是由于德国大学中缺乏地位等级，它通常通过文雅的虚称来统一称呼，那么当英语国家人士在参加一流机构活动炫耀地亮出简历时，德国人必须增加博士这一额外的资格。因此，在德国顶级商人队伍中，博士的数量远远超过他们的英语同龄人。Egon Franck, "Kurse lassen sich kaufen, Signale nicht," *Neue Züricher Zeitung Online*, 8 May 2012.

③ http://de.vroniplag.wikia.com/wiki/Home.

④ Peter Drahos and John Braithwaite, *Information Feudalism: Who Owns the Knowledge Economy?* (London, 2002), p.16; Bowrey, Law and Internet Cultures, p.87.

迎甚至发起了类似于伯尔尼的改革，但他们这样做，推翻了19世纪初以来美国的基本方针。版权的公共目的曾经是美国讨论的焦点。20世纪90年代伯尔尼意识形态的全球化改变了这种状况，美国再次爆发了辩论。①

相比之下，欧洲的讨论脱节并缓慢，在新的千年才开始。1998年DMCA关于内容技术保护的建议在美国引起了激烈的争论，2001年后《欧盟与信息社会指令》相同的强制措施在很大程度上得到了默认。②关于数字时代作家权利的早期大陆文献通常被编撰为英语作品，为他们提供引介以吸引欧洲观众。③ 在德国，一位评论家从2002年起就开始了国内辩论。④ 两年后，另一位评论员报告说，对公共领域权益的讨论不再仅仅是一种美国现象。⑤ 但同一年，一位瑞典观察家指出，美国主导了这场辩论，欧洲人奇怪地缺席了。⑥ 2004年，一位见多识广的欧洲评论家对"美国正在采取的行动感到困惑，他们毫不犹豫地怀疑加强版权保护的必要性"⑦。欧洲的作家、内容行业、政府当局、法学家在伯尔尼的立场上大致一致地排成一列，主张为作者和权利持有者提供有力的保护。由于大陆意识形态模糊了作者和权利所有者之间的区别，公司传播者们沉浸在欧洲严格保护作者主张的支持态度所产生的善意中。

当他们的美国同行们支持广泛获取时，欧洲法律界教授普遍欢迎国际条约加强

---

① Jacqueline M. B. Seignette, *Challenges to the Creator Doctrine: Authorship, Copyright Ownership and the Exploitation of Creative Works in the Netherlands, Germany and the U-nited States* (Deventer, 1994), p. 36.

② May, *Global Political Economy of Intellectual Property Rights*, p. 130.

③ Olivier Blondeau and Florent Latrive, eds., *Libres enfants du savoir numérique* (n. p., 2000).

④ Pascal Oberndörfer, *Die philosophische Grundlage des Urheberrechts* (Baden-Baden, 2005), pp. 9-10. 一位法国观察员此时开始强调公共领域的重要性：Philippe Quéau, "Intérêt général et propriété intellectuelle," in Blondeau and Latrive, *Libres enfants du savoir numérique*. 另一位将精神权利的重要性作为为什么很少有法国经济学家就这一问题进行辩论的原因：Joëlle Farchy, *La Fin de l'exception culturelle?* (Paris, 1999), p. 215.

⑤ P. Bernt Hugenholtz, "Copyright and Freedom of Expression in Europe," in Rochelle Cooper Dreyfuss et al., eds., *Expanding the Boundaries of Intellectual Property* (Oxford, 2004), p. 343.

⑥ Eva Hemmungs Wirtén, *No Trespassing: Authorship, Intellectual Property Rights and the Boundaries of Globalization* (Toronto, 2004), pp. 143-44.

⑦ Martin Senftleben, *Copyright, Limitations and the Three-Step Test* (The Hague, 2004), p. 19.

财产主张。① 欧盟对权利持有人的保护有时受到温和的批评。一份非官方报告指出，欧盟认为强有力的保护刺激了投资和创造力，并担心所有者和用户之间的平衡会出现偏差。② 但总的来说，欧洲法学家坚决支持作者的财产权。一项研究赞扬德国将公平使用限制在少数特别需要帮助的案件中——然后让他们无论如何都要付出代价。③ 不需要对数字作品或多媒体作品的作者身份提出新规定或者使用欧洲共识的典型表达；不需要仅仅因为技术的改变就改革作者的权利。④ 大陆法系的目的是确保作者的权利，而不是在作者和公众之间取得平衡。⑤

在美国，许多声音抵制强版权保护，包括数字无政府主义者、图书管理员、研究人员、法律教授和硅谷巨头。但在欧洲，主要的反对声音来自尖锐而狭隘的、问题单一的盗版党们，这些政党只是为了打赢这场战斗而组建。即使它们没有发声，人们也开始发声。在正统观点（bien-pensant opinion）之间争论不多的时候，异见人士被迫走向极端。法国参议院 2008 年的一份报告说明了当局对下载的偏见，因此也说明了欧洲海盗所面临的僵硬局面。摩尼教的观点（Manichean view）认为，那些在互联网上提倡"文明"关系的作者和权利持有者反对绝对自由。它声称对于那些主张开放获取资源者来说社会的规则不适用于网络，试图说服年轻人认同"掠夺他人天赋和工作的成果"是"一项几乎神圣的权利"⑥。当国家间接地选出的代表采取如此毫不掩饰的态度时，反对党被迫采取严厉的措施就不足为奇了。

---

① Manfred Rehbinder and Alesch Staehelin, "Das Urheberrecht im TRIPs-Abkommen: Entwicklungsschub durch die New Economic World Order," *UFITA: Archiv für Urheber-Film-Funk-und Theaterrecht* 127 (1995): 33.

② Hugenholtz, "Recasting of Copyright and Related Rights," pp. 7-10.

③ Wencke Bäsler, "Technological Protection Measures in the United States, the EuropeanUnion and Germany: How Much Fair Use Do We Need in the 'Digital World'?" *Virginia Journalof Law and Technology* 8, 13 (2003): 28.

④ Thomas Dreier et al., *Urheberrecht auf dem Weg zur Informationsgesellschaft* (Baden-Baden, 1997), pp. 68-70. A largely similar approach in André Lucas, *Droit d'auteur et numérique* (Paris, 1998), p. 11 and passim.

⑤ Thus the summary of French opinion, and a survey of the very sparse literature thatdared to disagree: Séverine Dusollier, *Droit d'auteur et protection des œuvres dans l'univers numérique* (Brussels, 2005), pp. 232-33; Séverine Dusollier, "Le Domaine public, garant de l'intérêt public en propriété intellectuelle?" in *L'Intérêt général et l'accès à l'information en propriété intellectuelle*, 119.

⑥ Sénat, Report 53, 22 October 2008, p. 26.

盗版的扩张

于是,欧洲海盗启航。欧洲盗版党是一种潜入政治的亚文化。从技术上讲,他们是数字化、政治上无政府主义的共产主义,社会化的流氓资产阶级(lumpen bourgeois),美学上的先锋派、都市派和贵族派。他们的音乐是在欧洲歌唱大赛(Eurovision Song Contest)中蓬勃发展起来的技术流行音乐,他们的同龄人是社会运动者(social movements)——女权主义者、生态主义者、同性恋,他们的先知是法国心理哲学二重奏组合吉尔·德勒兹(Gilles Deleuze)和菲利克斯·瓜塔里(Félix Guattari)。① 他们的居民居住在他们认为的独立技术领域,即互联网宇宙。柏林盗版党的文化政策发言人克里斯托弗·劳尔(Christopher Lauer)坚称,网络的技术现实"对我们来说就像是自然规律"②。

盗版在斯堪的纳维亚地区和德国很盛行,但在美国和欧洲其他地方却没有,其原因超出了版权范围。在 20 世纪 90 年代,一个无版权政党(No-Copyright Party)在美国发起了反对延长博诺保护期法案的运动,但后来消失了。③ 它的命运是大多数新的政治行为者在既定的两党制(two-party political systems)中的命运,新的竞争者发现两党制中的问题很难破解。相反,多党民主,特别是如果他们具有比例代表性和低投票门槛进入的话则更容易。英国现在至少是两个半的政党体系,但也没有值得一提的盗版党,法国同样也没有。④ 在两党制下,现有的组织必须适应新的观点,而新的社会力量的整合一般都在党组织的层面上进行。然而在多党制中,新的问题往往会导致新的政党。瑞典和德国盗版党的激进主义和边缘性证明了现有机构不愿妥协。

瑞典人在藐视法律方面虽然不算声名狼藉,但也名列前茅。他们的盗版党成立于 2006 年。那一年 5 月,当警察突袭与盗版有关的文件共享网站时,人们广泛注意到了盗版党采取了一种激进的消费主义方式。他们 2010 年的竞选宣言认为,得益于

---

① 见 Richard Barbrook, "The Holy Fools: Revolutionary Elitism in Cyberspace," in Patricia Pisters, ed., *Micropolitics of Media Culture: Reading the Rhizomes of Deleuze and Guattari* (Amsterdam, 2001).

② Thomas Hüetlin and Philipp Oehmke, "Just Shut Them Down, Man," *Spiegel Online*, 20 April 2012.

③ Traces of it in Scott M. Martin, "The Mythology of the Public Domain: Exploring the Myths behind Attacks on the Duration of Copyright Protection," *Loyola of Los Angeles Law Review* 36 (2002): 316.

④ "Le Parti pirate français rêve de suivre l'exemple allemande," *Le Figaro*, 20 September 2011.

互联网，文化无限可用，不再受控制，所有非商业下载、使用、完善和分发的内容都应该合法。① 早些时候，海盗们躲在互联网的间隙里。他们低调含蓄地承认许多人指责他们行为非法或不道德。现在盗版党毫不掩饰自己的目标："我们认为盗版复制是一种积极的力量，应该在所有方面得到鼓励。我们不给唱片业带来什么麻烦。"② 2009 年，该党在瑞典欧洲议会选举中赢得了 7% 的选票，他们主要是在拒绝付费下载的平台上开展竞选活动。利用 2000 年废除路德教（Lutheranism）作为瑞典官方国教的机会，复制共享教会（Kopimism）于 2012 年登记为一种宗教。Kopimism（发音为"copy-me-ism"）将盗版神学化，使文件复制成圣礼，宣称独创性是一种幻想，并坚持认为世界建立在副本之上。③

继 2006 年瑞典盗版党成立之后不久成立的柏林盗版党在 2011 年 9 月赢得了几乎 9% 的选票和 15 个席位。在 2012 年的春天，德国其他州也取得了类似的胜利。柏林独特的政治圈是海盗的避风港。想象一下，有 300 万人的城市由东村、雾谷和底特律市中心组成，并与波希米亚人、流氓资产阶级（lumpenbourgeoisie）、公务员和前东德失业者，以及一个大型的、基本上没有被同化的土耳其社区结合，一起组成一个城市，所有这些都在一个社会独特的大城市熔炉中酝酿着。

不出所料，这个无政府主义政党兴盛起来。它的活动范围远远超出了瑞典人狭隘的下载议题。除了维护隐私、侵犯版权和对下载者的起诉感到愤慨外，柏林盗版党还主张三人结婚，并认为性别是一件私事，不应记录在人口普查表格上（因为它可能会改变）。他们反对管制危险的狗种，反对对公共交通进行收费和禁止第一人称射击游戏。他们希望将水电国有化，并将投票范围扩大到 14 岁的年轻人和外国人。他们相信直接的互联网民主，流动反馈（Liquid Feedback）是一种电子公民投票，它不断地对意见进行抽样，并通过算法对它们进行权衡，它承诺不经调解的大众决策。盗版党把环保运动的老派代言人绿党（Greens）赶走，成为新的建制党。④ 对于一群技术书呆子来说，它们大多数成员都是男性，这并不奇怪。⑤

当然，北欧的版权所有者、内容产业和中右派党团都对盗版党试图为数字盗窃是损害公共利益行为进行辩护而感到愤慨。但是以前的反体制左派认为自己是作家和创造力的自然捍卫者，他们对这些新的挑衅性的暴发户也同样怀有敌意。欧洲正

---

① http://www.piratpartiet.se/kultur.
② Anders Rydell and Sam Sundberg, *Piraterna: Historien om The Pirate Bay, Piratpartiet och Piratbyrån* (Stockholm, 2010), pp. 82, 91, 95.
③ Rollo Romig, "The First Church of Pirate Bay," *New Yorker*, 12 January 2012.
④ *Economist*, 22 October 2011, p. 62; 28 April 2012, p. 60.
⑤ Only 10 percent of the Swedish party was said to be women. Michael Brake, "Die Digital-Liberalen," taz, 11 September 2006.

统观点以老一辈人为代表，他们仍然坚定地站在马鞍上。愤怒的"68 一代"（'68 generation）不愿承认自己不再是年轻的反叛者，他们小心翼翼地走向网络。他们通过西奥多·阿多诺（Theodor Adorno）和马克斯·霍克海默（Max Horkheimer）20 世纪 30 年代对大众文化的批判来看待网络，并怀疑网络仅仅是一种技术上的狂热，对高雅文化和公民社会有着邪恶的影响。更糟糕的是，这是可供美国媒体公司推动全球化和文化同质化的一条途径，互联网传达了"美国式的思维方式"①。2006 年，德国最具影响力的哲学家尤尔根·哈贝马斯（Jürgen Habermas）表达了部分祝福，承认互联网可能会产生积极的民主效果。但即便如此，谨慎还是他的口号。哈贝马斯认为，只有在威权政体中，它才是一种永久的力量，因为它破坏了审查制度。在自由民主政体中，它将公民变成孤立的公众，每个人都在自己的聊天室里与自己的狭隘做斗争。②

尽管欧洲战后的文化精英们摆出了马克思主义的姿态，但他们仍然保持着非常传统的、高雅的、以印刷品为荣的态度，并怀疑大众媒体和流行文化是美式庸俗的特洛伊木马。在 20 世纪六七十年代，他们极力反对百老汇音乐剧、流行唱片、漫画和卡通、好莱坞、主题公园和大众旅游。现在，他们把这些观点转移到互联网上，而且很容易。互联网被指责为"充满深刻的反人文主义的价值观，被人类死亡的幽灵子弹射穿"③。

从 2009 年开始，两千多位显要的德国传统作家和学者签署了《海德堡宣言》（Heidelberg Appeal）。这份请愿书（不要与同名的反全球变暖宣言相混淆）是著名人文社会科学教授和作家对他们认为的两个最坏敌人——数字下载与硬科学的建立（digital downloaders and the hard science establishment）的强烈抗议。他们抱怨说，谷歌和 YouTube 窃取作品而不受惩罚，更糟糕的是科研机构竟敢坚持以广泛可获取的形式出版作品。当局应介入保护作者的权利，使其免受美国海盗和危险的现代化科学机构的侵害。④ 通常，欧洲知识分子和一定年龄的艺术家们，对左翼政党和那些热衷于追求平等主义及民主的新加入者抱有好感，但他们却发现，这些人实际上并不支持免费下载。下载者为什么不去面包师那里要求免费的面包，左派的老斗士汉斯·马格努斯·恩岑斯贝格尔（Hans Magnus Enzensberger）抱怨道："为什么要

---

① Lucas，*Droit d'auteur et numérique*，7.
② Jürgen Habermas，"Political Communication in Media Society：Does Democracy Still Enjoy an Epistemic Dimension？" *Communication Theory* 16（2006）：423，nt. 3.
③ Philippe Breton，*The Culture of the Internet and the Internet as Cult：Social Fears and Religious Fantasies*（Duluth，2010），p. 143.
④ "Für Publikationsfreiheit und die Wahrung der Urheberrechte，" http：//textkritik. de/urheberrecht/. 2636 very high-level signatories as of the moment it closed.

对我们作者不利呢?"① "偷窃不是社会主义",他的瑞典同僚杨·库卢(Jan Guillou)——他是侦探小说作者和克格勃线人——向下载者挥动拳头。②

在欧洲先辈们留下的真空中,网络公民(internauts)和盗版者们步履维艰。他们同意父母的观点,大众传媒可能是集中的、安抚性的和不民主的。网络也是如此,但是 Web2.0 在反馈和参与方面不同,它可能会有利于哈贝马斯的全球公民社会形成。③ 正如一位法国代表在 2006 年所说,网络公民正在发明一种新的民主形式,它将从根本上改变政治和公民之间的关系。④ 盗版党并没有德国人所谓的"接触"(Berührungsangst)的恐惧。他们拥抱它的瑕疵和全部,认为这是不可避免的未来的一部分。由于他们的无政府主义倾向,盗版党比欧洲大陆的经典左派更"美国化"。作为一个"网络嬉皮士的混乱乐队",他们为所谓的加利福尼亚州网络意识形态的主张者(Californian ideology of the web)提供了一个欧洲对应物。⑤ 法国怀疑论者发现左派和新保守主义的极端自由主义者结成了邪恶的联盟,前者希望彻底摧毁市场,后者是为了消灭它的外壳以适应创造性的破坏。⑥ 这两个群体——普伦茨劳堡(Prenzlauer Berg)和硅谷——将新左派、平等主义、解放主义和改革派的目标与自由主义和反政府立场结合在一起,传统的欧洲思想家迫于认知盲目性,被迫将其解读为一种新的右翼意识形态。⑦

大西洋两岸巨大差异的说明:在瑞典,盗版党是一群不礼貌的年轻黑客,他们的虚荣政治伪装掩盖了他们对折扣下载的一次性关注——主张文化和知识是公共产品,分享越多价值越高。在瑞典人中间,他们看到互联网可以创造有史以来最伟大的公共图书馆。⑧ 而在美国,谷歌这家价值几乎相当于通用汽车五倍的大公司准备创建新的亚历山大图书馆(library of Alexandria),尽管欧洲文化机构竭尽全力阻挠。

---

① Sven Becker et al., "Artists Turn against Pirate Party," *Spiegel Online*, 20 April 2012.
② Söderberg, *Allt mitt är ditt*, 217.
③ Stefan Münkler, *Emergenz digitaler Öffentlichkeiten: Die sozialen Medien im Web* 2.0 (Frankfurt, 2009), pp. 53-54; Bowrey, *Law and Internet Cultures*, 60-63.
④ *Journal Officiel*, Assemblée, 7 March 2006, p. 1612, Christine Boutin.
⑤ Nicholas Kulish, "Direct Democracy, 2.0," *New York Times*, 6 May 2012; Richard Barbrookand Andy Cameron, "The Californian Ideology," August 1995, http://www.hrc.wmin.ac.uk/theory-californianideology-main.html. A historical account of the countercultural roots of the web in Patrice Flichy, *The Internet Imaginaire* (Cambridge MA, 2007).
⑥ Olivennes, *La gratuité, c'est le vol*, 16-19.
⑦ Richard Barbrook, "The High-Tech Gift Economy," in Bosma, *Readme!*, 132.
⑧ Rimmer, *Digital Copyright and the Consumer Revolution*, 121.

欧洲加入战斗

20世纪90年代,强大知识产权意识形态在世界范围内盛行,其中包括 WCT 和 TRIPs 协议、DMCA、《欧盟信息社会版权指令》以及欧洲和美国延长保护期限的规定。尽管将精神权利控制在最低限度,《伯尔尼公约》为作者及其受让人提供了强保护原则。在欧洲,一切照旧。但对于英国,尤其是对于美国,天平已经向权利持有者的方向倾斜得太远了。在21世纪的第一个十年里,钟摆慢慢地开始倒退。美国对内容行业过度膨胀的野心发起了抵抗。我们已经触及寻求缓和 DMCA 最糟糕方面的法案,以及2012年有关 SOPA 和 PIPA 法案的争论。1999年,当唱片业的贸易协会 RIAA 成功游说国会修改雇佣作品的定义以纳入录音作品时,内容所有者也遇到了阻力。没有争论,录音艺术家发现他们被剥夺了35年后终止权利转让的权利。这漏洞允许自由职业者重新决定谈判条款,如果有些作品在35年后已经证明特别流行和有利可图,他们可以为之达成更好的协议。当人们清楚地看到唱片业正在暗中试图剥夺其艺术家的利益时,抗议变得如此激烈,以至于修正案很快就被废除了。①

欧洲在经历了20世纪90年代的沉默之后,也终于加入了数字辩论。在新千年里,欧洲大陆从没有异议的低语转向了比美国更加两极分化的对抗。创作者的权利捍卫者在他们的笔记本电脑上面对文身的数字精英,再也不能一如既往简单地宣布作者应该得到保护,新技术并没有改变的理由。在20世纪90年代,许多美国人痛苦地再次延长保护期限,缩减了合理使用的范围,并扩大对权利持有者的保护。现在大陆意识形态也受到了阻力。通过海盗团体表达的对代际转换的期盼不能再被忽视。英语版权的传统不仅是为内容行业竞标,而且还捍卫了一个广阔的公共领域,这一观点逐渐被认可。在新千年的早期,一些欧洲知识分子开始认为大陆法可能已经为作者提供了过度保护。②

就连欧洲天生保守的法律界也开始解冻,新一代大陆法学家慢慢采取了类似于盎格鲁-撒克逊的态度。对于英美法学家来说,难以想象的是,年长的法国律师仍然

---

① Tehranian, "Infringement Nation," 541-42. 2012年5月,the Village People 的主唱维克多·威利斯(Victor Willis)成为第一批重获作品版权的人之一。*New York Times*, 9 May 2012, p. B1.

② Christophe Geiger, "Constitutionalising Intellectual Property Law? The Influence of Fundamental Rights on Intellectual Property in the European Union," *International Review of Intellectual Property and Competition Law* 37, 4 (2006): 371.

坚持作者权利应该永久存在。① 但是年轻人开始怀疑保护期限太长了，也许可以实现版权和作者权利传统的愉快综合。② 一些与慕尼黑马克斯·普朗克知识产权和竞争法研究所（the Max Planck Institute for Intellectual Property and Competition Law in Munich）——欧盟内部改革思想的重要孵化器——有关联的学者称，注意不要把自己定位为积极分子。他们于2008年发表了一份声明，主张对《伯尔尼公约》的三步规则进行更平衡的解释。正如我们所看到的，这一规则严格限制了合理使用的例外情况。根据定义，合理使用不能损害作者的财产权。2008年《普朗克宣言》对此提出异议。③ 它采用经典的英美版权逻辑，平衡作者、传播者和受众之间的利益，支持例外，将其作为维护公众关切的重要工具。它打破了大陆意识形态的核心原则——作者和其他所有人一样应该得到市场提供的回报。相反，《普朗克宣言》现在认为，当公众（"第三方"）的利益要求"只要有足够的激励继续创造和传播作品"时，低于市场价格的支付就是合理的。这不是财产的内在逻辑，而是公共利益的内在逻辑。

本着同样的精神，2010年在荷兰发起的威特姆计划（Wittem Project）将欧洲法学家聚集在一起，倡导改革欧盟关于作家权利立法不透明的进程。这些律师明确寻求将作者权利和版权传统的原则结合起来，包括自然权利和功利主义。④ 盎格鲁-撒克逊的影响力体现在它们对欧洲合理使用例外的封闭方法的批评上。除了明确的例外目录，威特姆计划还提供了一个扩大其范围的开篇条款。尽管他们谨慎地解释说，他们并不是仅仅提出"没有任何指导方针"的美国模式的合理使用，但他们显然对《欧盟2001年信息社会指令》中列举的具体例外情况感到不耐烦，因为没有任

---

① Frédéric Pollaud-Dulian，Le Droit d'auteur (Paris，2005)，pp. 299-300. 更适度地说，将永恒性描述为"绝对观念"的一部分。Henri Desbois, Le Droit d'auteur en France，3rd ed. (Paris，1978)，p. 416.

② Geiger, Droit d'auteur et droit du public à l'information，10，36，42-43. 类似的对精神权利的怀疑走得太远，见 Françoise Benhamou and Joëlle Farchy, Droit d'auteur etcopyright，2nd ed. (Paris，2009)，p. 26. 更多的盎格鲁-撒克逊式的法国方法注入，见 Stéphanie Carre, "L'Interêt du public en droit d'auteur," (diss., Montpellier 1，2004)，他为法国体系辩护，认为尽管其名义上是维护作者权，实际上考虑的是公众权益，见17-18 and passim.

③ Max-Planck-Institut für Immaterialgüter- und Wettbewerbsrecht, "Declaration: A Balanced Interpretation of the 'Three-Step Test' in Copyright Law," at http://www.ip.mpg.de/files/pdf2/declaration_three_step_test_final_english1.pdf.

④ "The Wittem Project: European Copyright Code," April 2010，p. 7，www.copyrightcode.eu; P. Bernt Hugenholtz, "The Wittem Group's European Copyright Code," in T.-E. Synodinou, ed., Codification of European Copyright Law (Alphen aan den Rijn，2012)，p. 342.

何成员国可以扩大这些例外。① 值得注意的是威特姆计划中精神权利的丧失,这可是大陆版权意识形态的圣杯。如果精神权利威胁到传播者的合法利益,则不应强制执行。如果它们妨碍了公众的利益（例如在便利获得这项作品方面）也不应予以实施。作者可以放弃他的精神权利,而这些权利在他死后可能会被剥夺。还有一些观察家大胆建议,也许精神权利应该对网络上的数字作品更加灵活。②

在其他方面,伯尔尼给予权利持有者传统的优先权受到质疑,尽管在实践中还没有改变。2003 年,《柏林宣言》（Berlin Declaration）由德国的主要科研机构马克斯·普朗克学会（Max Planck Society）牵头签署（上面提到的知识产权研究所只是其 80 多个分支机构之一）,普朗克学会现在主张开放国家资助的研究。正是这些举措促使更多的人文社会科学领域的老派同行签署了《海德堡宣言》以示抗议。《柏林宣言》的目的是打破科学期刊出版商的价格垄断。③

最近欧洲法院的案件也表明了一种不太受作者至上的排他性权利甚至精神权利影响的信号。④ 正如我们所看到的,维克多·雨果的继承人最终未能说服法国法院阻止 1862 年首次出版的《悲惨世界》出版续集。两个两极分化的案件揭示了德国法律中持续的紧张关系——但也可能是有利于受众的转变。1998 年,慕尼黑一家法院发现了埃里希·卡斯特纳（Erich Kästner）的遗产,他是《埃米尔与侦探》（*Emil and the Detectives*）的作者。法院裁定好莱坞电影《好事成双》（*It Takes Two*,1995）侵犯了他 1949 年的小说《两个小洛特》（*Das doppelte Lottchen*）,因为两人都是面貌相同的 9 岁女孩,她们彼此交朋友并使两个成年人结合一起（一部作品中是父母

---

① Reto M. Hilty, "Declaration On the 'Three-Step Test': Where Do We Go From Here?" *Journal of Intellectual Property, Information Technology and E-Commerce Law* 1（2010）: 84. In contrast, during discussion of the Three-Step Declaration, Rainer Kuhlen suggested that the EU follow a fair use principle rather than the EU's 相比之下,在讨论"三步宣言"期间,雷纳·库伦（Rainer Kuhlen）建议欧盟遵循合理使用原则,而不是欧盟详尽列出的 20 个允许例外。Monika Ermert, "IP Experts Sign Declaration Seeking Balanced Copyright Three-Step Test," *Intellectual Property Watch*, 24 June 2008, http://www.ip-watch.org/.

② 尽管这位观察家所主张的不过是允许作者放弃他们的精神权利（在法国和德国这样的国家不可能）,并接受技术上的调整,将电影从电影院转移到电视屏幕。André Françon, "Protection of Artists' Moral Rights and the Internet," in Frédéric Pollaud-Dulian, ed., *The Internet and Authors' Rights* (London, 1999), pp.80-83. 类似态度见 Roland Dumas, *La Propriété littéraire et artistique* (Paris, 1987), p.199.

③ Reto M. Hilty, "Five Lessons about Copyright in the Information Society," *Journal of the Copyright Society of the USA* 53, 1-2 (2005-06): 124-29; Volker Stollorz, "Ein guter Ruf is Gold Wert," *Frankfurter Allgemeine Zeitung*, 17 June 2012, p.55.

④ Christophe Geiger, "Intérêt general, droit d'accès à l'information et droit de propriété," in *L'Intérêt général et l'accès à l'information en propriété intellectuelle*, 192-99.

离异，另一部作品是监护人和丧偶父亲）。① 作者因此赢回的不仅仅有他的表达，还有接近他故事的观点。法院还驳回了两部作品之间存在差异的观点，认为电影在很大程度上受到了美国娱乐电影的典型效果和夸张的叙事技巧的影响。被保护作品的核心被宣布为经典的德国小说（尽管卡斯特纳的作品在第三帝国时期首次被视为一部剧本）。②

如果这里的法院加强了传统作者的权利，那么新的案例很快就会出现。2000年，左派两位文学大师海纳·穆勒（Heiner Müller）和贝尔托特·布莱希特，他们后裔的诉求没有得到实现。③ 穆勒的剧本《日耳曼3：亡魂》（Germania 3：Gespenster am toten Mann）将两大布莱希特作品拼凑在一起。1930年，当布莱希特被指控将弗朗索瓦·维龙（François Villon）的许多诗句引入他的《三分钱歌剧》（Three Penny Opera）时，他本人就宣布版权属于中世纪，将被取代。④ 然而，他不那么崇高的继承人却以限制演绎者的权利而闻名。⑤ 当他们起诉穆勒时，最高法院裁定，由于布莱希特是《日耳曼3：亡魂》中的一个人物，穆勒有权详细引用他的话。法院对原告进行了训诫，这部作品一旦出版就不再只属于作者，它加入了社会的共同文化遗产，艺术家不得不容忍其他创作者侵犯他们的创作权利。⑥

法国有其麦考利时刻

甚至在数字时代，法国仍然自觉地担任大陆意识形态的主要捍卫者。在世纪之交，法国人的自我形象与更广泛的国家文化例外论的意义交织在一起。作为法国对英语日益增长的主导地位的部分反应，法国人也拒绝将知识产权纳入全球贸易体系。

---

① 一个类似的美国案例，Nichols v. Universal Pictures Corp.，282 U. S. 902（1931），对两部情节相似的电影进行了评估，得出了相反的结论，汉德法官（Learch Hand）做出的一项著名裁决维护了思想/表达上的区别，该裁决制定了"抽象鉴定法"（levels of abstractions test）。但另一方面，在 Animal Fair, Inc. v. AMFESCO Indus., 794 F. 2d 678 (8th Cir. 1986)，以及其他最近的案例中，一组"整体概念和感觉"被允许得到保护，更接近想法而不是表达。Netanel, *Copyright's Paradox*，58-62.

② Oberlandsgericht München, 29 U 3350/98, 17 December 1998, *Zeitschrift für Urheber-und Medienrecht* 2 (1999)：149-52.

③ 关于 Brecht 和 Müller 美学冲突的讨论见 David Bathrick, *The Powers of Speech：The Politics of Culture in the GDR* (Lincoln, 1995), chaps. 5, 6.

④ Bertolt Brecht, "Der Dreigroschenprozess," *Versuche* 1-12 (Berlin, 1959), p. 248.

⑤ Hauke Sattler, *Das Urheberrecht nach dem Tode des Urhebers in Deutschland und Frankreich* (Göttingen, 2010), p. 43.

⑥ Bundesverfassungsgericht, 1 BvR 825/98, 29 June 2000.

他们拒绝了他们所认为的盎格鲁-撒克逊式的文化商品化,而是寻求使文化免受国际贸易自由化的影响。① 20 世纪 90 年代末,法国对抗英语主导地位的斗争逐渐从"文化例外论"演变为"文化多样性"。② 法国人现在并没有把法国作为英语霸权的唯一例外,而是含蓄地接受其他文化和语言作为他们的盟友,试图击退盎格鲁-撒克逊人。作为一种口号,"多样性"使法国人免于将自己描绘成文化上独特的部分。因此,他们希望得到其他欧洲人和第三世界的更广泛支持,在那里,法国文化例外论似乎只是欧洲中心主义(Eurocentrism)的一个狭隘的次变体。③

法国人陷入自相矛盾的尴尬境地。欧盟努力协调欧洲经济,以应对日益激烈的全球竞争。凭借其出口内容产业和文化影响力的雄心壮志,法国在欧盟协调中享有既得利益。一个法国委员会在 2006 年报告说,如果法国渴望在新的全球知识产权市场中胜过其竞争对手,那么怀旧、固执和保护主义必须离开。④ 但法国的"文明使命"也被定义为捍卫欧洲文化,反对讲英语的野蛮人。支持全球化还是支持文化例外?这两个目标相互冲突。法国国内关于如何执行欧盟关于作者权利指令的斗争,成为一个更大的文化斗争(Kulturkampf)的一部分,让法国人(在较小程度上是欧洲人)与世界其他国家作对。在法国,最有说服力的战斗现在开始了。的确,这个国家的作者再次取得了胜利。但也许这是法国大革命以来的第一次,结局并未预先确定。

像 20 世纪 90 年代那样,美国在 DMCA 问题上的战争在新千年早期到达了欧洲。现在辩论更加尖锐,更加两极分化。法国的内容产业及其中间偏右的政治盟友试图通过加强作者的法律保护来保持法国的特殊地位。左翼政党也支持法国例外主义,他们也不是英美资本主义的支持者。但现在,他们也被平等主义的普及承诺所吸引,法国左派第一次开始怀疑作者的权利被推得太远了。即使考虑到法国议员的

---

① Serge Regourd, "Contradictions à la française," *Le Monde diplomatique*, February 2011, p. 27.

② 萨科齐政府文化部部长弗雷德里克·密特朗(Frédéric Mitterrand)这样说:"虽然互联网为传播知识和创造力提供了前所未有的机会,但维护和促进网络上的文化多样性,要求各国努力确保以英语以外的其他语言出版各种作品。" *Journal Officiel*, Assemblée, 19 January 2012, p. 276.

③ Serge Regourd, *L'exception culturelle*, 2nd ed. (Paris, 2004), 97-99; Françoise Benhamou, "L'exception culturelle, Exploration d'une impasse," *Esprit* 304 (2004): 104. 尽管在其最极端的提法中,例外主义的冲动成为其自身矛盾的受害者。因此我们确信,学习法语将有助于阻止世界无情的英国化,因此,恢复现已褪色的通用语言(以前的霸主)就成为多样性的保障。Claude Hagège, *Contre la pensée unique* (Paris, 2012).

④ Maurice Lévy and Jean-Pierre Jouyet, "L'économie de l'immatériel: La croissance de demain: Rapport de la Commission sur l'économie de l'immatériel," December 2006, p. 9.

夸大言辞，辩论也很喧嚣散乱，没有重点。中右翼政府及其社会主义反对者从讨论统一费率许可或 CD 价格谈起，转瞬间发展成对法国被美国传媒企业或极权意识形态所奴役的指责。①

法国的第一轮辩论是为了 2006 年的 DADVSI 法案而进行的，该法律执行了《欧盟 2001 年的信息社会指令》。② 媒体的报道非常激烈，充满了公众抗议和评论。作为对法国传统的一种慰藉，政府的第一项举措是将作者权利（"个人主义和自由主义的法国作家权利观"）扩大到所有人民，包括公务员。③ 这些规定主要是战术上的举动，在辩论中基本上被忽视。无论如何，它们都是精心制作的止痛药。例如，虽然被赋予了披露权，但政府雇员只有在与其职责不相抵触的情况下才可以行使。除上级授权外，他们也不能撤回作品。实际上几乎没有利益关系，承认公务员的精神权利在很大程度上仅仅是象征性的而已。④ 有趣之处在其他地方。

就像克林顿政府与 1998 年的 DMCA 一样，希拉克（Chirac）政府表现出了其对现行法律进行适度调整的雄心，以便将作者权利带入数字时代。规避保护技术是非法的，而作者专有权利有了两个新的例外：一是当作品在互联网上传播时在电脑内存中制作的拷贝，二是为残疾人改编的作品。⑤ 但政府在跨大西洋文化战中又发一击，甚至在互联网时代重申了法国的传统。法案草案的反对者希望进行更彻底的改革。他们认为，数字作品不应是传统的排他性版权，而应强制许可，允许不受限制地收取固定费率的费用。然而，政府坚持认为数字化追踪个人使用情况的能力加强了法国的人文传统，并允许法国继续与益格鲁-撒克逊发生版权冲突。法律是为了保护作者的专有权利而设的，因为它受到未经授权的拷贝和下载的威胁。⑥

出人意料的是，两院议会反对派强烈谴责这项据称是无害的法案，认为这一法案将点对点文件共享和私自复制定为刑事犯罪，自由获取被美化，内容产业受到诋毁，微软和苹果公司都是受害者。左翼政党——社会党、共产主义者和绿党——抨击保护性技术阻碍了私人复制的权利，更广泛地说是扼杀了开放的权利。他们警告说，法国即将实施欧盟国家中最具限制性的措施。⑦ 一位评论员指出："在一个所有

---

① 很多例子中的一个：*Journal Officiel*，Assemblée，20 December 2005，pp. 8551ff.
② Loi sur le Droit d'Auteur et les Droits Voisins dans la Société de l'Information，1 August 2006. 立法史见 http://www.assemblee-nationale.fr/12/dossiers/031206.asp.
③ *Journal Officiel*，Assemblée，20 December 2005，p. 8551.
④ Sénat，Report 308，12 April 2006，p. 207. Arts. 31-33.
⑤ Assemblée nationale，Projet de loi 1206，12 November 2003.
⑥ Assemblée nationale，Commission des lois constitutionnelles, de la législation et del'administration générale de la République，Compte rendu 37，31 May 2005.
⑦ *Journal Officiel*，Assemblée，20 December 2005，pp. 8553-54，8558，8563.

权仍然如此重要的国家，如此关注反版权的立场相当奇怪。"① 但这正是关键所在。在法国，对作者的屈膝行为早已凌驾于所有其他因素之上。现在观众终于开口说话了。一个半世纪后，维克多·雨果的家乡发生了 19 世纪 30 年代麦考利与塔尔福德的斗争。

与共产党人和绿党一起，在中间偏右政党叛逃者的偶尔支持下，人民运动联盟（UMP）——社会主义反对派——为法国的讨论引入了新的主题。议员们不出所料地攻击垄断的美国媒体和高科技公司。然而在传统的虚张声势背后，变革正在进行。法国人现在犹豫不决地接受了他所憎恨的盎格鲁-撒克逊人版权思想的元素。② 强制许可在法国通常被视为损害作者的专有权，却是社会主义代表克里斯蒂安·保罗（Christian Paul）在议会辩论期间主张的网络作品被侵权的解决办法。他还坚持认为，法国法律对学术、教学和私人抄袭做了例外规定，这种做法正是以美国的开放式公平使用做法为蓝本的。③ 作为如何处理点对点文件共享的一个例子，美国最高法院 1984 年的 Betamax 裁决得到了保罗的支持，该裁决允许潜在的侵权技术，只要这些技术也具有重要的合法用途。④

在辩论中，其他社会党议员重申了法国文化例外主义的惯常信条，即通过作者权利来表达法国文化例外主义，这是一种不可被稀释成盎格鲁-撒克逊版权的崇高成就，等等。⑤ 然而，他们也一致认为，现代知识生产提出了新的挑战，作者权利是社会给予的一部分。以前在法国被认为是对创作特权的削弱而回避的在创作者和受众之间取得平衡的想法，现在被确定为这个问题的核心——这一点无论是在美国还是在法国都被明确地表达出来。⑥ 即使是最神圣的法国信仰也受到质疑，因为受众的关注得到了重视。一位中间派代表想知道，作者死后版权被保护 70 年是否合乎逻

---

① Guido Westkamp, "The Implementation of Directive 2001/29/EC in the Member States," Queen Mary Intellectual Property Research Institute, February 2007, p. 207.
② *Journal Officiel*, Sénat, 29 October 2008, p. 6360.
③ Assemblée nationale, Commission des lois constitutionnelles, de la législation et del'administration générale de la République, Compte rendu 37, 31 May 2005.
④ Journal Officiel, Assemblée, 15 March 2006, p. 1913.
⑤ 为了避免我们高估这种突变，还请注意，在后来的一场辩论中，共产党参议员坚持认为法国应该抵制盎格鲁-撒克逊版权意识的侵犯，因为其重点是投资者而不是作者和他们的精神权利。*Journal Officiel*, Sénat, 29 October 2008, p. 6356; Sénat, 21 September 2009, p. 7737.
⑥ *Journal Officiel*, Assemblée, 21 December 2005, p. 8607, Patrick Bloche; Assemblée, 30 June 2006, p. 4689, Christian Paul. 这个目标是"利益平衡"，版权的基本概念，现在法国第一次在这些辩论中被听到。André Lucas, "L'Intérêt général dans l'évolution du droit d'auteur," in L'Intérêt général et l'accès à l'information en propriété intellectuelle, 85.

辑。也许是时候质疑这一点了。① 法国传统限制了作者权利的例外，在作者的控制之外的作品使用是否应该扩大范围？②

社会党代表提出了统一费率的许可问题，允许对宽带用户征收固定的（而且不切实际地低）数字内容的无限制访问费用（每月5欧元是一个经常提到的数字）。③ 他们认为，继承的制度系统主要使大型的美国媒体和计算机公司受益。④ 与其将下载定为犯罪，不如向上网者收取正规费用。他们继续说，作者专有权利的例外至关重要，尤其是制作私人拷贝。否则，在法国之前的辩论中很少受到关注的消费者利益将被忽视，使数字化的"文化民主化"无法实现。⑤ 是的，麦考利本可以说得更好，但对观众来说，这一新发现的要点完全相同。

然而，政府的支持者却要求拥有专属的版权。他们声称，只有少数表演者组织青睐许可。也许这种许可对于音乐有效，但这会扼杀电影，因为电影仍然是法国文化的瑰宝。数字技术不应该被一个过时的集体主义所挟持，相反，每个作者都应该因为他作品的使用而得到精确的奖励。⑥ 个性化跟踪承诺继续"个人主义的法律理念"，根据作品的吸引力公平地调整报酬。⑦ 这些支持者坚持认为，政府法案与法国的传统观点相一致，它宣扬了作品，坚持了法国的文化例外主义，并坚定了她的国

---

① *Journal Officiel*, Assemblée, 21 December 2005, p. 8588, Jean Dionis du Séjour of the UDF.
② *Journal Officiel*, Assemblée, 21 December 2005, p. 8614.
③ 以每月10欧元和所有互联网用户26%的参与率计算，所收资金仅占CD销售收入的1/10。*Journal Officiel*, Assemblée, 7 March 2006, p. 1607. 社会党在这一点上也没有一致意见。尽管议会团体支持这一想法，但党内的重量级人物，如前文化部部长杰克·朗（Jack Lang）和最终成为总统的弗朗索瓦·奥朗德（François Hollande）都没有支持。相反，他们倾向于政府对个别计量使用收取特许权使用费的做法。皮埃尔·西里内利（Pierre Sirinelli）的委员会计算得出，向1,400万订户征收5欧元的收入，大约相当于2010年CD市场的预期收入。但是总的来说，预计收入仅为专有权收入的6%。Sirinelli report, pt. 4.3.3, no date, no title, but available at http://eucd.info/documents/rapport-sirinelli.pdf.
④ *Journal Officiel*, Assemblée, 20 December 2005, p. 8547; 8 March 2006, p. 1666.
⑤ *Journal Officiel*, Assemblée, 16 March 2006, p. 1974.
⑥ Assemblée nationale, Commission des lois constitutionnelles, de la législation et del'administration générale de la République, Compte rendu 37, 31 May 2005, Christian Paul, Jean Dionis du Séjour, et al.; Assemblée nationale, Rapport 2349, 7 June 2005, pp. 29-31; *Journal Officiel*, Assemblée, 7 March 2006, p. 1607; 9 March 2006, p. 1768.
⑦ Journal Officiel, Assemblée, 7 March 2006, p. 1602; 9 March 2006, p. 1761.

家认同。①

　　法国人指责学术界和美国反主流文化关于互联网内容应该免费的观点。② 但法国人和美国人也在其他方面陷入了文化纠葛。在例外论中，法国文化受到严格管制。从国外作家到国内作家，从重要人物（blockbusters）到波希米亚人，法国政府都重新分配了资金。由于贸易保护主义壁垒和对外国电影进口征收关税，这个体系建立在一个肮脏的小秘密之上。法国知识分子可能会抨击好莱坞，但加利福尼亚州是拉动它们火车的火车头。挤满电影院的好莱坞大片越多，法国政府通过国家电影中心（the centre national du cinéma）——维希政权时期为促进地方电影制作而设置的机构——重新分配的钱就越多。③ 因此，下载者们正在锯掉法国文化机构所栖息的肢体。这种好莱坞"大电影"越多，意味着流向小电影公司的钱就越少。"网络赏金"（cyber gratuity）威胁要颠覆这一精心平衡的关税和税收生态系统。④

　　就好像是为了致敬两个世纪前开火的辩论，众议院和参议院的双方都追溯到了法国大革命时期。为了加强其继承法国例外论的主张，右翼政府引用了勒·沙普利埃 1791 年的陈词滥调，即没有任何财产像作者心目中的作品那样神圣、合法和个人化。⑤ 左派反对派援引了他后来的论点，即在发表作品之后，作者实际上已经放弃了作品权利（waivers: of authors' rights），他所保留的唯一权利是那些社会赋予他的权利。⑥ 在 19 世纪时欧洲大陆为了利于创作者，已经在很大程度上缓和了观众与作家之间的紧张关系，现在又完全回到了争论的中心。

　　但在法国议会中，中右派占多数，即使激烈的辩论也不能阻止 2006 年的立法结果走上传统路线。政府的操纵取消了一项有利于统一费率许可的修正案，相反，作者被允许选择他的报酬和分配方式。正如政府发言人鼓吹的那样，作者又回到了

---

① *Journal Officiel*, Assemblée, 21 December 2005, pp. 8591, 8595. 在后来的一场辩论中，一位社会党参议员对这一言论提出了更高的要求，他声称严格维护作者的权利是构建法国版权保护方式的必然要求，这种做法不仅在欧洲而且在整个世界都独一无二。*Journal Officiel*, Sénat, 29 October 2008, p. 6361.

② Joëlle Farchy, *Internet et le droit d'auteur: La culture Napster* (Paris, 2003), 47.

③ 国家电影中心是维希政权电影产业组织委员会（Comité d'organisation de l'industrie cinématographique）的接替者。Françoise Benhamou, *Les Dérèglements del'exception culturelle: Plaidoyer pour une perspective européenne* (Paris, 2006), p. 196.

④ Olivennes, *La gratuité, c'est le vol*, 13.

⑤ 原文见 Assemblée nationale, 13 January 1791, in *Archives Parlementaires de 1787 a 1860*, 1st series, 22: 212 or *Réimpression de l'ancien Moniteur* (Paris, 1847-1854), 7: 117. 最近的言论见 *Journal Officiel*, Assemblée, 20 December 2005, p. 8551.

⑥ *Journal Officiel*, Assemblée, 15 March 2006, p. 1883.

事件的中心。① 但是反对派也留下了它的印记。② 政府现在至少谈到要在互联网下载者和作者之间实现平衡。惩罚被缓和了，对侵权行为的逐步回应（警告后中断互联网接入），是对更为严厉的刑事制裁的替代。个人的、非商业的下载不再意味着坐牢。但是，当宪法委员会（Constitutional Council，France）后来裁定，即使是个人下载也违反了法律，并将被处以最高3年的监禁和30万欧元的罚款时，渐进的回应方式暂时失败。

2006年通过的这一新的DADVSI法律规定，数字作品应该可以跨越专有和不兼容的格式进行互操作，这也使法国受众从中受益。互操作性吸引了反对派向自由获取原则的转变，它还方便地允许中左翼议员通过抨击美国媒体公司来利用他们的核心选区。实际上，他们希望迫使苹果公司打开其不兼容的便携式播放器（iPod）格式。③ 不知疲倦、常常令人厌烦的社会主义自由准入倡导者克里斯蒂安·保罗争辩道，"互操作性是数字化的共和国"，它抵消了信息的共生性（informational clannishnes）。④ 右倾的人民运动联盟执政党同意了，并在代表们的祈求下通过了互操作性豁免规定。然而，它命运多舛。⑤ 参议院（Senate：France）首先淡化了它的条款，然后宪法委员会取消了互操作性的豁免，因为它太模糊了。⑥ 最终，该法律禁止为商业目的规避技术保护，从而默示豁免私人用户。但这也造成了一种新的刑事犯罪行为，即为未经授权访问作品提供软件（文件共享）最高可处以3年监禁和30万欧元罚款。⑦

尽管新获得的受众支持聚集在议会左派，DADVSI法律实际上通过严厉惩罚下载行为来支持作者。然而法国的年轻人对此却毫不在意。随着大量下载的继续，政客们迅速做出反应。法国人面临困境，因为在欧洲，法国人为他们有竞争性的音乐

---

① *Journal Officiel*，Assemblée，21 March 2006，p. 2101.
② Ibid., p. 2102.
③ 这方面占据了头条，并被广泛理解为针对苹果及其iTunes和iPod的专有格式。Nicolas Jondet, "La France v. Apple: Who's the DADVSI in the DRMs?" *SCRIPT-ed* 3, 4 (2006): 479-80.
④ *Journal Officiel*，Assemblée，20 December 2005，p. 8563.
⑤ Assemblée nationale, Rapport 2973，17 March 2006，pp. 3-4.
⑥ Constitutional Council, Decision 2006-540 DC，27 July 2006.
⑦ Code de la propriété intellectuelle，L 335-3-1，L 335-2-1.

和电影产业而骄傲,这也使得他们有值得偷的东西。① 文化产业占 GDP 的 2.5%,比大多数可比经济体都要大。② 内容很容易被偷。由于广泛而廉价的宽带,法国下载者幸运地发现盗版很方便和诱人。随着重要的内容产业和热切的下载,法国政客们被挤在两个要求很高的选区之间。法国的网络公民花在非法下载上的时间是美国、英国或德国人的两倍。③ 最近发行的电影中,近 94% 都可以在 DVD 出现之前通过点对点网络获得。④ 同时,法国公众也回避非物质化产品。⑤ 数字销售占美国市场的 1/4,但在法国仅占 7%。⑥ 尊崇作者是一个民族传统,但年轻人要求广泛接触作者,并帮助自己实现想法。现在,政治左派急切地迎合了他们的消费主义民粹主义。

萨科奇的前妻卡拉·布吕尼(Carla Bruni)是一位录音艺术家,在他竞选总统期间,她强烈要求严格执行知识产权。在他获胜后不久,2007 年 11 月,内容生产商和互联网提供商达成了一项协议,即《爱丽舍宫协议》(Elysée Agreement)。它的提案人丹尼斯·奥利文内斯(Denis Olivennes)是一个不那么公正的局外人。他曾是总统妻子的情人,也是法国最大的图书、媒体和电子零售商法国国家经理人采

---

① Assemblée nationale, Commission des lois constitutionnelles, Report 1486, 18 February 2009, p.19. 他们甚至对电子游戏抱有野心,在欧洲市场上,他们只被英国和德国超越。UMP, "Croissance: Révolution numérique: Le Meilleur reste à venir," June 2011, p.7, http://www.projet-ump.fr/wp-content/uploads/2011/06/ump_num%C3%A9rique_propositions_2012.pdf.

出于类似的原因,他们在 1985 年为他们的软件产业辩护:Jane C. Ginsburg, "Reforms and Innovations Regarding Authors' and Performers' Rights in France: Commentary on the Law of July 3, 1985," *Columbia-VLA Journal of Law and the Arts* 10 (1985): 87.

② *Journal Officiel*, Assemblée, 11 March 2009, p.2491.

③ Assemblée nationale, Commission des lois constitutionelles, Compte rendu 27, 17 February 2009, p.4.

④ "Le Developpement et la protection des œuvres culturelles sur les nouveaux reseaux: Rapport au Ministre de laculture et la communication. Mission confiée à Denis Olivennes," November 2007, p.5. Available at http://www.culture.gouv.fr/culture/actualites/index-olivennes231107.htm.

⑤ 德国也有类似的情况,那里有收集有形物品的文化偏好(Sammlerwut),这有助于解释为什么 CD 和 DVD 的销量仍然远远高于同类国家。2010 年,CD 在德国唱片销售总额中所占的比例为 81%,而美国为 49%。*Economist*, 7 July 2011.

⑥ *Journal Officiel*, Sénat, 29 October 2008, p.6341.

购联盟（FNAC）的负责人。① 这份协议挥舞着胡萝卜和大棒，让官方意识到，如果不给公众支付数字作品费用的机会，就不可能禁止公众非法下载。这一观点源于法国 DVDVSI 法的辩论。《爱丽舍宫协议》的签字人承诺，对消费者友好的数字作品，不需要一些有害的保护技术。音乐制作人同意取消对法国作品的技术限制；电影业承诺加快出台电影上映后合法下载的时间表。②

但这仅仅是一项协议，《爱丽舍宫协议》仍然需要法律的支持。一年后，在 2008 年，当局起草了一项法案，阻止未经授权的下载。③ 萨科奇政府的核心原则是，每位作者、表演者和制作人都以通常的方式获得工作报酬，不会有"遥远的西方"这样一个无法无天的互联网的幻想，法国必须抵制"作品可能是没有成本的幻想和谎言"这种观念，也不应该允许（用参议院报告的话）"某种意识形态"来提倡掠夺文化作品。④ 法国文化部部长夸耀说，这一新法体现了文化例外论，即使在互联网时代，法国也将继续为作家权利而进行长期的斗争。⑤

为了监管下载，该法建立了一个行政机构，即网络著作传播与权利保护高级机构（HADOPI）。该法律避免了刑事制裁，反而强制实施渐进反应，采取减缓下载速度并最终切断了非法下载者的互联网连接。这种温和的惩罚旨在展示官方对网络公民的关怀，诱使他们摆脱自由放任和"网络极端自由主义"的虚假意识形态。但当局也决心维护创作者的财产权和互联网上作者权利的"个人主义"愿景。⑥ 法国文化例外论是这个国家的骄傲，也是其身份的一部分。它的核心是尊重财产，特别是知识产权。⑦

旧的意识形态确定性现在已经部分地被重建。文化部部长在 2008 年坚持认为，没有任何党派分裂会破坏法国关于作家权利的伟大传统。⑧ 国会中的左派代表继续就开放存取展开辩论（open access debate）。但是参议院中的社会党和共产主义者争相支持法国的文化例外主义和作者的权利。他们生动地表达了对商业化的盎格鲁-撒

---

① 由于 FNAC 销售电脑赚的钱比音乐还多，所以还不清楚奥利文内斯的经济动机是出于内容还是互联网提供商。Assemblée nationale, Commission des lois constitutionelles, Compte rendu 27, 17 February 2009, p. 20.
② "Accords de l'Elysée," http://www.culture.gouv.fr/culture/actualites/dossiers/internet-creation08/Accords_Fiche%20explicative.pdf.
③ 此处文件可以获取：http://www.assemblee-nationale.fr/13/dossiers/internet.asp.
④ "Discours de M. le Président de la République," Sénat, Report 53, 22 October 2008, p. 12.
⑤ *Journal Officiel*, Assemblée, 11 March 2009, p. 2495.
⑥ Sénat, Report 53, 22 October 2008, pp. 61, 75-76; Assemblée nationale, Commission des-loisconstitutionnelles, Report 1486, 18 February 2009, p. 10.
⑦ *Journal Officiel*, Assemblée, 29 April 2009, p. 3742.
⑧ Sénat, 29 October 2008, p. 6362.

克逊人的厌恶，并压制了年轻网络公民免费获取的提议。社会主义和绿党参议员坚持认为，切断下载者的网络联系，与其说是侵犯了权利，不如说是关闭了那些没有支付账单的人的电话。① 共产党参议员试图增加一项修正案，重申法国的传统价值观，但徒劳无功，他们后来甚至考虑了一项议案，将精神权利锚定在宪法本身。② 但是在下议院，摩尼教的二分法仍然存在。令人激动的社会党议员克里斯蒂安·保罗要求他的议员们在开放互联网的无限可能性和封闭的现状世界之间做出选择。为内容付费已经过时，旧制度——通过镇压而造成的虚假稀缺——就像用捕蝶网舀水一样，流式传输很快会使下载过时，等等，数字幻想家现在熟悉的弥赛亚腔调再次响起。③

虽然态度尖锐，但抵抗是无效的。左派被至少三个相互矛盾的立场所束缚：它对作家的传统崇拜（与右派一样）和对媒体行业的厌恶（被政府巧妙地坚持认为，该法案将比那些厌恶美国的跨国公司更有利于当地的法国生产商），最后，它被一种新发现的有关消费者和观众的利益所刺激——互联网是民主和解放的，这可能是赢得网络公民投票的一种方式。④ 参议院的社会党人普遍支持政府。而在众议院中，语调充满喧闹和反对。

经过冗长而混乱的议会通过之后，《法国互联网知识产权保护法案》（HADOPI Law）终于在2009年春天出现——但后来又被宪法委员会部分废除。该委员会拒绝设立一个行政实体（HADOPI）以实施严厉的惩罚，例如切断互联网接入。为了通过宪法审议，政府在新的法律中增加了最后的调整，向法院移交强制实行服务中断的权力。⑤ 在这些漫长的辩论中，左翼人士在众议院上的不同意见表明，即使是法国也不能回避数字化的必要性。在这里，观众也在发表意见。然而，这一组法律（DADVSI、HADOPI 和 2009 年《法国版权法案》）重申了法国的传统观点。不管是不是数字时代，作者仍然牢牢地站在马鞍上。直接侵权行为仍意味着最高可处以 3 年监禁和 30 万欧元的惩罚，但是普通下载者受到了警告，然后他们的网络连接最终被

---

① Ibid., pp. 6361-62.
② *Journal Officiel*, Sénat, 13 May 2009, p. 4434; Sénat, 8 July 2009, p. 6809.
③ *Journal Officiel*, Assemblée, 11 March 2009, pp. 2512-15.
④ 政府为法国小型文化生产者辩护的一个例子，尽管法国国家文化委员会主席、法国文化部部长弗雷德里克·密特朗（Frédéric Mitterrand），他是前社会党主席的侄子）起草了《爱丽舍宫协定》：*Journal Officiel*, 21 July 2009, pp. 6673-74.
⑤ Law of 28 October 2009. The legislative history: http://www.assemblee-nationale.fr/13/dossiers/protection_penale_proplitt.asp.

暂停。左翼所希望的以更开放的访问和统一费率下载的有益受众的方式没有任何进展。①

历史学家很少犯比他们最近所讲述的故事不准确更严重的错误。法国解决数字问题的企图还没有得到实现。无论在这里写什么都会过时——当然是在出版日期以前。问题在于，这场辩论尽管还没有结束，仍然是19世纪30年代麦考利和塔尔福德完全可以识别的条款，甚至18世纪60年代的孔多塞和狄德罗也能完全识别。数字时代甚至挑战了法国对作家权利的独特坚持。一个半世纪以来，作者优势的传统虔诚第一次受到质疑，法国终于迎来了麦考利时代。就像19世纪30年代的英国一样，塔尔福德将保护作品延长到死后60年的希望被麦考利关于一个广阔公共领域的雄辩所击败，因此在法国，观众的愿望终于被表达出来，作家的特权也受到了挑战。但与英国和美国不同的是，在法国，塔尔福德击败了麦考利，作家仍然占上风，至少目前是这样。

从更广泛的角度看，欧洲内部正在开辟新的战线。当法国开始讨论数字化的必要性时，德国当局采取了镇压措施，拒绝让步。"著作权首先是作者的权利，"2010年德国文化部部长坚称，"没有理由代表消费者放松法律。公众的自由获取不能通过将它从保护创意阶层转变为服务消费者来实现。"② 更广泛的是，东欧与西欧之间出现了新的争端。就在2012年美国发生的SOPA和PIPA大战之后，当内容行业被消费者和新技术公司击败后，欧洲各地爆发了反对《反假冒贸易协定》（Anti-Counterfeiting Trade Agreement，简称ACTA）的抗议活动。ACTA在秘密的情况下制定，没有受到互联网活动人士的支持，它赋予了当局令人不安的广泛权力。它由30个国家签署，目的是建立一个惩罚伪造和盗版行为的国际制度。前东方集团的新欧盟国家现在尤其提出抗议。在那里，共产主义冲刷了文化景观，可信的报纸和出版商直到最近才重新出现。随着互联网政治时代的到来，新欧洲人比老欧盟成员更热衷于网络。在以前的东部，人们在博客上宣布了自由和普遍获取的口号，并在街上游行宣示。2012年7月，当欧洲议会否决ACTA时，东方人称赞这是他们的胜利。

ACTA的失败是欧盟机制中一次罕见的基层胜利。议会坚决反对欧盟委员会，缺乏可以影响当地政客的大型媒体企业的欧盟新国家战胜了拥有强大的公司内容所

---

① 对于2012年的总统选举，民主运动开始重新考虑分级反应。"Pour 2012, l'UMP veut faire oublier la riposte graduée," *Le Figaro*, 29 June 2011. And in July 2013 the HADOPI was revoked.

② " 'Ohne Urheber, keine kulturelle Vielfalt: ' Zwölf-Punkte-Papier des Staatsministers fürKultur und Medien zum Schutz des geistigen Eigentums im digitalen Zeitalter," 26 November 2010, p. 2, http://www.miz.org/artikel/2010_November_Kulturstaatsminister_Positionspapier%20geistiges%20Eigentum.pdf.

有者的西欧国家。① 波兰人尤其庆幸自己在严冬中集会抗议。相反，西方的政治精英们担心数字民粹主义已经疯狂了。德国文化部长认为，ACTA 应该得到支持，因为它为欧洲做了德国法律在国内已经完成的事情。② 意大利首屈一指的报纸《晚邮报》（*Corriere Della Sera*）指出，大多数 ACTA 规则已经写入了欧洲国家法律，因此在欧盟层面上的拒绝几乎没有什么意义。《德国金融时报》（*Financial Times Deutschland*）抱怨道，互联网活动人士都是说客，不亚于制药或能源公司的人。相比之下，斯洛文尼亚保守派报纸 *Večer* 宣称，拒绝 ACTA 意味着"欧洲对版权的理解战胜了美国"③。当然，那是胡说八道。新的裂纹不再只穿过大西洋，它也追随着社会主义国家。在少数投票支持 ACTA 的欧洲议会议员中，有一半是法国人。④ 这些反对者是年轻的西欧互联网一代和东方人，"他们知道限制他们的自由是什么，并对 ACTA 的实施方式表示了极大的关注"，该提案的报告起草人大卫·马丁（David Martin）表示。⑤

亚历山大重生？谷歌做图书

为什么作者和受众之间这些最新辩论是在晚些时候进行的，而且欧洲的论调与美国不同？我们最好从这里所勾勒出的漫长历史轨迹来理解。由于内容行业的游说，美国在 20 世纪 90 年代决定加入伯尔尼阵营。杰克·瓦伦蒂战胜了托马斯·杰斐逊。因为这是对继承的国内版权传统的重大转变，美国的辩论十分激烈。美国比欧洲更早对数字化的挑战做出了反应。但全球趋势无人幸免，欧洲也不得不面对新的世界。伯尔尼主义在 20 世纪 90 年代取得了胜利，现在欧洲发现了在数字时代强化作者特权的困难，同时假装没有任何改变。

---

① 在欧盟议会辩论中，一个反复出现的主题是，"公民社会"（如欧洲人所称的公众舆论）在很大程度上一致反对这一举措，而投票否决这一举措将是草根阶层的胜利。Gerard Batten, Paul Murphy, Sandrine Bélier, Martin Ehrenhauser, European Parliament, 3 July 2012, http://www.europarl.europa.eu/sides/getDoc.do?type=CRE&reference=20120703&secondRef=ITEM-010&language=EN&ring=A7-2012-0204.

② "Rede von Staatsminister Bernd Neumann zum Symposium 'Der Schutz des geistigen Eigentums—Urheberrecht in der digitalen Medienwelt,'" 8 March 2012, http://www.bundesregierung.de/Content/DE/Rede/2012/03/2012-03-08-neumann-urheberrecht.html.

③ *Corriere della Serra*, *Financial Times Deutschland*, *Gazeta Wyborcza*, *Večer*, 5 July 2012, citedin Eurotopics, 5 July 2012, http://www.eurotopics.net/en/home/presseschau/aeltere/NEWSLETTER-2012-07-05-Civil-society-wins-out-over-Acta.

④ "Le Parlement européen vote contre le traité anticontrefaçon ACTA," *Le Monde*, 5 July 2012.

⑤ European Parliament, 3 July 2012.

美国在数字学习曲线上先于欧洲，其商业利益起了带头作用。在网络时代，成为世界上最大、经济上一体化的单一语言文化市场是一个优势。网络逻辑表明，随着成员的增加，网络的价值呈指数增长。具有四个用户的电话系统比仅具有两个用户的电话系统价值高两倍。随着网络的发展和密集，美国的先发和规模优势有利于5亿英语人。更糟糕的是欧洲有许多语言不同的文化，很少有人（除了伊比利亚人和某种程度上的法国）在国外文化腹地具有市场深度。回到模拟时代，这只意味着被披头士（Beatles）和克林特·伊斯特伍德（Clint Eastwood）淹没。但网络化却给互联逻辑注入了活力。通过对网民的选择进行排名，谷歌的算法反映了鼠标点击的普遍投票权。不可避免的是，英语网站充斥顶端。可以理解的是，欧洲担心会被双重淹没：不仅被英语内容淹没，而且还因为这个系统的逻辑强化了数字马太效应（Matthew Effect），给那些已经拥有很多的人更多。①

随着欧洲对互联网的反应，民族主义和对美国人的敌意与日俱增。欧洲人并没有把网络看作是对所有国家的全球性挑战，而是把它看作是一个特别美国化的威胁。美国媒体尤其是好莱坞，被认为是掠夺者。也许这可以理解，自20世纪30年代以来，一股美国电影、电视和音乐浪潮席卷了整个欧洲，当地的电影制作充斥着廉价、质优的竞争，这让观众感到高兴，但却让政客和知识分子感到担忧。② 欧洲在20世纪初就实施了精心设计的保护主义限制：对广播和电视的本地内容要求、图书和电影市场的监管、政府补贴等。堡垒、栅栏、堤坝和运河：这就是欧洲对付英语模拟海啸曾经使用的技术。但现在，互联网的工具——越来越多地传递了大部分知识的搜索引擎——倾向于一种语言，而不考虑其他语言，威胁升级了。当2004年谷歌提议通过数字化世界图书，在现代规模上重新创建亚历山大图书馆的时候，将英语语音优势融入内容传递结构中的可能性激起了欧洲大陆的焦虑。

这不是欧洲人第一次对美国保护和传播文化的计划过敏。20世纪30年代中期，美国人提出了一种新的摄影技术，从欧洲档案馆复制文件，供美国研究使用。受罗伯特·C. 宾克利的启发，美国人当时认为缩微胶卷开辟了新的技术前景，与古腾堡的印刷发明相当。大规模缩微拍摄将采用福特制（Fordist）方法复制欧洲各大图书馆的文件，出版作品和未出版作品之间的旧区别将被克服。"这个图书馆，"宾克利

---

① Kevin Kelly, *New Rules for the New Economy* (New York, 1998), chap. 2; Bomsel, *Gratuit!*, 270-71. 关于谷歌页面排名偏差的讨论见 Alain Strowel, *Quand Google défiele droit: Plaidoyer pour un Internet transparent et de qualité* (Brussels, 2011), chap. 6.
② 尽管网络同样见证了当地文化生产的复兴及其长尾效应，但它预示着一个差异化更大的市场，更不用说美国化的说法常常被过分夸大了。Richard Pells, *Not Like Us: How Europeans Have Loved, Hated, and Transformed American Culture Since World War II* (New York, 1997), chap. 11.

预见道,"可能不仅是印刷材料的存放处,不仅是现有记录的收藏者,更是新记录的制造者。"① 缩微胶卷承诺使需要的人可以买得起晦涩的作品,美国学者可以不用旅行就能获取欧洲的文化财富。当时已经提到了许多我们认为数字化特有的增强可访问性的主题。在 20 世纪 30 年代和 70 年后,美国人都提出了欧洲文化的保存和扩展访问的计划。但是,新世界看到了信息自由流动,旧世界则担心这是一种对宝藏的邪恶攫取,它宁愿保管着锁和钥匙。

欧洲人以高尚的道德基调反对谷歌图书计划,现在声称要为文化多样性进行辩护,以"统治文明的超级力量"为借口,反对无情的世界英语化。② 他们指责,英美图书馆数字化将巩固英语文学的崛起,进一步边缘欧洲文化。③ 他们警告说,谷歌提出了一项浮士德协议(灵魂契约,Faustian pact),用免费提供的假象引诱欧洲人。④ 也许欧洲人的恐惧是可以理解的,他们的应对少之又少,尽全力关闭谷歌图书也使他们陷入困境。

欧洲人以令人恐惧的英语化为借口来抵制谷歌,实际上是在普及他们自己的地方主义。毕竟,谷歌的目标是传播已经存在的书目,它并不寻求将目前的文化平衡向任何特定方向倾斜。欧洲大陆与其设置障碍,最好还是赶紧参加,淡化他们所担心的英语国家的过度代表性。⑤ 为什么法国国家图书馆(Bibliothèque nationale)不与纽约公共图书馆(New York Public)、芝加哥大学图书馆(University of Chicago library)和牛津大学图书馆(Oxford)以及其他谷歌合作伙伴一起向世界分享自己的遗产,而是在场外咆哮?⑥ 答案在于欧洲对谁获得权利的基本假设。一位法国观察家对图书项目嗤之以鼻,"在谷歌的态度下,人们认识到盎格鲁-撒克逊人倾向于将公共利益置于作者的利益之上"⑦。

只要现在被数字化的英语图书馆藏书与欧洲大陆图书馆藏书一样的单一化,关于英语文化的欧洲收费短视行为就会持续下去。尽管准确的数字很少,但世界上最大的两个图书馆——哈佛大学的维登纳图书馆(Widener Library)或国会图书馆——拥

---

① Dommann, "Autoren und Apparate," 61-71, 141-49.
② Jean-Noël Jeanneney, *Google and the Myth of Universal Knowledge* (Chicago, 2007), p. 33.
③ "Schwatzen, Schrillen, Schreien," *Der Spiegel* 34 (2005).
④ *Journal Officiel*, Sénat, 16 November 2009, p. 10530.
⑤ 事实上,各种欧洲图书馆确实看到了与谷歌联手的优势:如慕尼黑的巴伐利亚国家图书馆、里昂市图书馆、洛桑州和大学图书馆。Sénat, Report 151, 30 November 2011, p. 12; Assemblée nationale, Report 4189, 18 January 2012, p. 11.
⑥ James Grimmelmann, "How to Fix the Google Book Search Settlement," *Journal of Internet Law* 12, 10 (2009): 18
⑦ Pierrat, *La Guerre des copyrights*, 166. 显然,他继续说,消费者喜欢这个想法,因为他们可以在非常模糊的"公众知情权"下自由和详尽地接触文化。

有的藏书中有一半以上是用英语以外的语言保存的。法国国家图书馆声称其 60% 的书籍是法语以外的语言。同样，数字是不完整和近似的，但似乎近几年出版的所有书籍中有 1/4 是用英语出版的，6% 是用法语出版的。① 当然，这样的比率在图书的漫长历史中不会一直保持下去。但随着 20 世纪出版业的大量增长，一个具有全球代表性和普遍性的图书馆所收集书籍的语言构成将更具广泛性。由于其母语图书拥有类似比例（约一半），法国图书在法国国家图书馆中的代表比例是美国国会图书馆中英文书籍的 4 倍。德文书籍占维登纳图书馆 1,400 万册图书的 12% 以上。一旦哈佛图书馆被数字化，许多德国书籍就会出现在网页上，就好像整个海德堡大学图书馆（University of Heidelberg library）都被扫描过一样。

到 2010 年，谷歌在 6 年内已经数字化了 1,200 万卷图书，到 2013 年就有 2,000 万卷。在扫描的前 1,000 万卷书中，有一半以上是用英语以外的语言写成的。② 在谷歌以合理使用为前提，没有向版权持有人请求许可就向前推进的情况下，欧洲官方试图以同样的方式做出回应，却因严格遵守作者的财产权而受到阻碍。因此它们很慢，昂贵且有限。法国国家数字图书馆（Gallica）成立于 1997 年，是法国官方对谷歌的反击，并被法国人称为"诚实人士的虚拟图书馆"，到 2010 年仅扫描了 14.5 万本图书。③ 德国同样如此，德意志数字图书馆（the Deutsche Digitale Bibliothek）直到 2009 年才开始运作此项工作。Europeana——全欧洲数字聚合平台截至 2010 年仅提供了 20 万本书。④ 甚至欧盟也意识到谷歌正在努力超越欧洲。⑤ 按照法国数字化的速度，如果人们要阅读所有图书的话，接下来两代人仍然需要跋涉到图书馆去。

---

① 根据 20 世纪 90 年代初的数字计算，英语为 23.65%，法语为 5.75%。来自教科文组织统计研究所的世界图书生产数字，"Book production: Number of titles by UDC classes; Total" available at http://stats.uis.unesco.org/unesco/TableViewer/tableView.aspx? ReportId＝202. 包括澳大利亚、比利时和中国在内的一些重要国家的信息在表格中缺失。除加拿大和瑞士外，一国的书籍以该国的主要语言书写。计算在瑞士的法语书籍的大约数量，可以用瑞士书籍的总数乘以 20.4%，也就是主要讲法语的瑞士人的数量。加拿大也做了类似的计算。印度没有被包括在内，因为没有明确的数字说明印度书籍中有多少用英语出版。

② Matthew Saltmarsh, "Google Loses in French Copyright Case," *New York Times*, 18 December 2009.

③ Sénat, Report 151, 30 November 2011, p. 5. New York Times, 15 January 2010; "Google Book Scanning: Cultural Theft or Freedom of Information?" CNN, available at http://www.cnn.com/2010/WORLD/europe/02/08/google.livres.france/index.html. 2011 年，法国报道，Gallica 出版了 150 万本书，但谷歌出版了 3,500 万本书。Sénat, Report 151, 30 November 2011, pp. 5, 11.

④ Sophie Hardach, "France Proposes Digital Book Swap with Google," *Reuters*, 12 January 2010, at http://www.reuters.com/article/idUSLDE60B20K20100112.

⑤ "i2010: Digital Libraries," COM (2005) 465 final, 30 September 2005, p. 5.

在美国，作家和出版商——那些在扩大的公共领域中损失最多的出版商——也抵制了谷歌的野心。另一些不感兴趣的反对者则担心将如此重要的公共功能——如通用数字图书馆——委托给私人存在危险。① 相比之下，欧洲最关注的是私人财产遭到侵犯的威胁。除了对文化边缘化的担忧外，欧洲人还试图挫败谷歌图书项目，以保护内容所有者的主张。"由于知识产权是激发创造力的关键工具，"欧洲共同体委员会坚持认为，"欧洲的文化材料应该被数字化、被提供和保存，但必须充分尊重版权和相关权利。"②

法国参议员将谷歌描绘成一个不道德的企业，具有巨大的破坏性和霸权主义意图。在数字技术带来的混乱的掩护下，它计划攻击和剥夺作者的权利。③ "把整本书都放在网上，即使被编码了，"前国家图书馆馆长让-诺尔·詹尼（Jean-Nol Jeanneney）警告说："这是一种危险的游戏。"④ 谷歌图书馆计划也因组织良好且随时准备战斗的欧洲出版业而面临风险。我们已经发现欧洲出版业有权在执行《欧盟信息社会指令》期间阻止或限制研究、教育或残疾人的重大例外情况，欧洲的内容产业也被保护主义壁垒屏蔽了外部竞争，并被国内市场上的公司主义定价安排强制支持。

在美国，谷歌、作家协会（Authors Guild）和一些出版商最终在2008年达成了和解协议。在美国与欧洲出版商、作者的大力游说下，2011年美国一家法院驳回了该法案。在欧洲，谷歌当时没有与相关国家达成和解。在法国，谷歌因侵犯作者的经济和精神权利而被起诉。法院裁定，无论美国合理使用决定什么，谷歌展示的书籍片段都非法。法国文化部长认为，美国的合理使用概念不过是谷歌用来掠夺数千名权利作者的法律漏洞。⑤ 是的，法国法律有简短的引文豁免，但谷歌的简短引文并不算在内，因为它们作为随机摘录，并没有传达任何连贯的信息。此外，法国法院还说，谷歌只提供书中的摘录（以免侵犯作者的经济权利），并将其作为一个连续的标志运行，这扭曲了作品的外观，从而侵犯了完整性的精神权利。法国还驳斥了谷歌的说法：出版商没有数字传播权，因此图书可以自由数字化。法院坚持认为，作者已经签署了任何有关未来用途权利授权合同。奇怪的是，这正是欧洲法律通常

---

① Robert Darnton, *The Case for Books* (New York, 2009), pp. 10-15.
② "Commission Recommendation of 24 August 2006 on the Digitisation and Online Accessibility of Cultural Material and Digital Preservation," 2006/585/EC, recital 10.
③ *Journal Officiel*, Sénat, 16 November 2009, pp. 10534-35.
④ Jeanneney, *Google and the Myth of Universal Knowledge*, 79.
⑤ *Journal Officiel*, Sénat, 16 November 2009, p. 10547.

拒绝的那种全面豁免。①

在一个大众数据库中将书籍进行集体数据化的行为——这种灵感来源于《连线》的创始人凯文·凯利——引起了法国的嘲笑。谷歌可以对图书进行排名，制定算法，选择要显示的内容以及显示时间。但这显然贬低了"那些把法国的独特文化传统区别开来的特殊因素，将书籍仅仅变成计算机数据库的工业副产品"②。法国的这种反对意见源于对书籍作为实物的传统的处理方法。"一本书不能沦为信息"，法国共产党员杰克·拉利特（Jack Ralite）在2009年坚称。"图书馆不是数据库，"他继续说，"在屏幕上阅读，不是作品的连贯性和完整性阅读。它把文本和阅读内容碎片化，分解了作品，残害了精神权利……谷歌对页面篇章感兴趣，而不是对整个作品感兴趣。"他得出结论——对大数据（big data）研究项目置之不理——将所有书籍数字化是荒谬的，国家图书馆的200万本书从未被查阅过，为什么要打扰他们？③

在谷歌图书和解案于2005年在纽约南部地区法院（Southern District Court）裁决以前，欧洲各国政府和出版商提交了无数份文件。法国和德国作为高雅文化的承载者（他们有着辉煌的文学史、诺贝尔奖的数量可观），都自称是全球第三大图书生产国（尽管引用的数字给德国人带来了优势），两国政府坚定地支持他们的出版业。④ 提交给法院的文件超过1,000份，其中至少有300份与欧洲出版商的信件基本相同，仅德国人就提供了一半。这些抗议活动的第一批结果之一是，为了安抚欧洲出版商，谷歌同意只展示在美国和其他英美法系国家出版的作品，并有足够有力的合理使用条款。法国和德国的书被移除。⑤ 正因为如此，法国国家图书馆前馆长

---

① *Editions du Seuil c. Google Inc.*, T. G. I. Paris, 79 PTCJ 226, 1/1/10 (Tribunal de Grande Instance de Paris 3ème Chambre, 18 December 2009). 法国法律允许作者签署对未知开发方式的权利，但前提是合同是书面的，并承诺备案1份。Code de la propriété intellectuelle, art. L. 131-6. German law held such agreementsnull and void. Pascal Kamina, *Film Copyright in the European Union* (Cambridge, 2002), p. 190.

② "Memorandum of Law in Opposition to the Settlement Proposal on Behalf of the French Republic," 8 September 2009, p.1, document 287, *Authors Guild et al. v. Google Inc.*, at http://dockets.justia.com/docket/new-york/nysdce/1:2005cv08136/273913/.

③ *Journal Officiel*, Sénat, 16 November 2009, pp. 10532-33.

④ "Memorandum of Law in Opposition to the Settlement Proposal on Behalf of the French Republic," p.5; "Memorandum of Law in Opposition to the Settlement Proposal on Behalf of the Federal Republic of Germany," 31 August 2009, p.3, document 179.

⑤ "Google lässt Auslandstitel aus Buchvergleich fallen," *Frankfurter Allgemeine Zeitung*, 16 November 2009, p.15; Robert Darnton, "Google and the New Digital Future," *New York Review of Books*, 17 December 2009, p.82.

詹尼将其描述为"不可避免的以美国人为中心的选择"的结果正在成为现实。① 谷歌图书确实成为一个主要的英语项目,但并不是因为美国的地方主义。这要归功于大陆出版商坚持保护他们喜欢描述为欧洲文化的东西,但这实际上相当于坚持他们自己作为权利所有者的主张。

德国和法国在其法庭呈件中警告称,接受和解将使美国尴尬,因为美国坚持为其他国家提供高标准的保护,而拒绝为自己坚持同样的标准。② 鉴于美国对国际条约的承诺,贸易伙伴无休止的诉讼肯定会接踵而至。国际标准化又一次提升了作者的权利。如果一个国家被全球条约的小圈子所束缚,无论它多么庞大和强大,都不能再自行其是了。

20世纪90年代好莱坞扮演的知识产权强者的角色,如今已转移到欧洲的出版商手中。2010年,世界上最大的八家出版公司中有七家在欧洲,而只有最小的一家麦格劳-希尔出版公司(McGraw-Hill)在美国,这绝非巧合。③ 最贪婪的是科学出版商。从20世纪80年代开始,在25,000份领先的英文科学期刊中,处于垄断地位(控制42%)的三家公司(里德·爱思唯尔、斯普林格和约翰·威利)中有两家在欧洲,没有其他出版商控制超过3%的市场份额。它们决定了价格,推高了订阅期刊的成本,并削减了大学图书馆的预算。它们的商业模式是一个奇迹:把学术成果卖给那些在很大程度上由其科学家免费制作、撰写、评审和编辑的大学。利润率在35%到40%之间是令人满意的结果。④ 由于他们的产品独一无二,没有任何替代的可能性威胁到他们的垄断。正如德意志银行(Deutsche Bank)在2005年对里德·爱思唯尔所说的那样,"如果这个过程真的像出版商所抗议的那样复杂、昂贵和增值,那么40%的利润率就无法获得"⑤。《卫报》(*Guardian*)在2011年指出,科学

---

① Jeanneney, *Google and the Myth of Universal Knowledge*, p. 11.

② "Memorandum of Law in Opposition to the Settlement Proposal on Behalf of the Federal Republic of Germany," p. 15; "Memorandum of Law in Opposition to the Settlement Proposal on Behalf of the French Republic," pp. 12, 17.

③ Counting Reed Elsevier as European. "Livres Hebdo's 2010 Ranking of the World's Leading Publishers," p. 4, http://www.publishersweekly.com/binary-data/ARTICLE_ATTACHMENT/file/000/000/127-1.pdf.

④ Glenn S. McGuigan and Robert D. Russell, "The Business of Academic Publishing: A Strategic Analysis of the Academic Journal Publishing Industry and Its Impact on the Futureof Scholarly Publishing," *Electronic Journal of Academic and Special Librarianship* 9 (2008): 1-11.

⑤ Deutsche Bank AG, "Reed Elsevier: Moving the Supertanker," Company Focus: *Global Equity Research Report*, 11 January 2005, p. 36.

出版商使鲁伯特·默多克看起来像社会主义者。① 《法兰克福汇报》（*Frankfurter Allgemeine Zeitung*）在 2012 年指出，除了钞票，科学论文是你能打印的最赚钱的东西。②

科学期刊出版商的丑闻众所周知。不那么公开但值得一提是欧洲出版业的另一个特点——论文出版。在英语国家的大学里，博士论文不是一本书。通常情况下，它是以打字稿或数字方式提交给大学，并且一般像美国和现在的英国一样，有一个集中的机构，以合理的成本提供纸张复制品。英语学者有时会把论文变成合适的书，这是另外的事情。然而，一篇德国博士论文（dissertations）在"发表"之前并不是正式的，也不是学位的一部分。从这个意义上讲，出版并不意味着把它提交给出版商，让它进行同行评审、修改、编辑和校对。直到最近，"出版"一篇德国论文意味着有一份所谓的论文出版社（Dissertationsdruckerei）复印的打字稿，用一些粘贴在脊椎上的胶水将它打在纸板之间，然后将其中的几份拷贝到大学图书馆。

今天的情况有些不同。一篇非常有趣的德国论文可能会被出版商接受，绕过大学出版仪式，直接进入正常的图书市场。有时，德国学生花钱让出版商出版他们的书，从而模糊了出版商和论文出版社之间的界限。为了避免诈骗，大学通常要求最低限度的商业印刷数。③ 对于坚持论文出版的博士生来说，情况也发生了一些变化。由于桌面出版，即使没有经过编辑，最终的产品看起来也很像一本合适的书。如果有的话，在完成的博士论文印刷出版之时可以增加一点儿内容。论文出版商不再对德国的出版市场毫无挑战地发号施令。自然科学领域的许多论文现在都是以数字方式或在期刊上发表的，但在社会科学和人文学科中，纸张和装订仍然是首选。目前尚不清楚这些专业出版社发表的德国论文的百分比，但即使这只是德国每年撰写的 25,000 篇论文中的一小部分，它也占每年出版的 78,000 本德国书籍的很大一

---

① George Monbiot, "Academic Publishers Make Murdoch Look like a Socialist," *Guardian*, 29 August 2011.
然而，从长远来看，这种模式似乎不可持续。开放存取期刊已经成功地与那些付费墙背后的人竞争，公众舆论正在与垄断者竞争。特别是里德·爱思唯尔的问题，金融界最近已经看淡该行业的前景。Jared Woodward, "RUK: The Maturing Threat of Open Access," The Street, 30 May 2012, http://www.the street.com/print/story/11560589.html.
② Jörg Albrecht, "Forscher, hört die Signale," *Frankfurter Allgemeine Zeitung*, 17 June 2012, p. 54.
③ 因此，柏林洪堡大学哲学学院要求提供至少 150 份商业出版物的 6 份。"Promotionsordnung der Philosophischen Fakultät II," *Amtliches Mitteilungsblatt* 19, 4 (20 January 2010): 7.

部分。①

事实上，在德国，即使不是几百家，也有几十家小型的、完全不知名的出版社只是为了"发表"论文而存在，它们是专为从论文出版要求所造成的垄断中获利而设立的企业。早些时候，费用完全由学生承担，就像为虚荣而自费出版（vanity presses）一样。今天，如果出版社能够从俘虏读者的学术图书馆那里收回开支，学生们偶尔也可以省下制作成本，但大多数都由学生负担费用。② 一些网站甚至为潜在作者提供了一个方便的计算器，以计算出他们的书将花费多少钱。③ 在数百家德国出版商向纽约法院递交的拒绝谷歌图书结算的简报中，无疑有那些利润来源于这种依赖学术底部而生的公司。当然，它们的利益与它们更为传统的同行一致。就法官丹尼·陈（Denny Chin）对欧洲出版商许多意见的关注而言，他还听取了外国寻租者的意见，这些寻租者在德国政府为传播纳税人资助的学术研究成果而设置的毫无意义的障碍中充实了自己，他们是挫败谷歌亚历山大野心的力量之一。

这一和解企图动摇谷歌在美国开放获取活动人士中的地位。与出版商达成的协议似乎是要把它的手伸进狮子的嘴里。然而，从我们的优势来看，重要的一点是，在美国，出版商和作者的反对是来自同一个利益集团的游说。在欧洲，政府当局再次与内容产业结盟，保护私有财产，同时又敲响了高雅文化原则的鼓点。

在欧洲出版商的压力下，谷歌放弃了在全球范围内实现数字化的雄心。谷歌、作者和出版商之间的和解在 2011 年 3 月被陈法官驳回。当三方之间的进一步谈判没有结果时，作者工会再次起诉侵犯版权。在上诉中工会败诉，2013 年 11 月，陈法官确定，因为谷歌把这些作品用于改造性的新目的，图书项目是合理使用。这使得谷歌可以继续数字化并显示作品片段，而用户可以搜索那些非完全在线显示的书籍（除非在公共领域内）。到 2013 年，谷歌的数字化已经成为网络文化一个根深蒂固的

---

① 1998 年最新数字：http：//stats. uis. unesco. org/unesco/TableViewer/tableView. aspx? ReportId=202. 德国的人均学位论文数量高于美国（2009 年为 6.7 万个博士学位），这在某种程度上是因为在德国必需的学位论文在美国并不需要，比如职业法律博士学位（JD）。

② 例如，Shaker 出版社自豪地宣布："我们的报价最重要的方面是我们不要求支付任何印刷费用，也就是说如果作者或编辑被我们的出版计划所接受，出版物本身就不需要任何费用。"这是一个有 2 万篇博士作品的出版商。见 Sehttp：//www. shaker. eu/en/content/publication/index. asp? lang=en&ID=50. 另一些则要求作者购买一定数量的拷贝，即自己出资。见 the Herbert Utz Verlag：http：//www. utzverlag. de/info_autoren. php. 还有一些人则清楚地说明了每百页学生要付多少钱，就像 Wissenschaftliche Verlag Berlin：http：//www. wvberlin. de/data/druckkostenzuschuss. htm.

③ 例如 773.99 欧元从 Dissertations-Druck-Regensburg 获得 100 本 350 页的书，见：http：//www. liskor. de/asp/css-0001. asp? strInput = 100&strInput2 = 0350&strInput3 = 0&strOutput=0+EUR.

组成部分，不再像十年前那样有争议。陈法官指出，搜索谷歌的书籍现在是一种必不可少的研究工具，产生了新的学术领域，如文本和数据挖掘（data mining）。它使人们能够更有效地发现鲜为人知的作品，并保护那些鲜为人知和濒危的作品。他警告说，即使是出版商也应该感谢销量的增加，谷歌还增加了残疾人和传统图书馆稀少地区的利益。①

与此同时，谷歌在 2012 年 6 月与法国出版业签署了美国和解协议的阉割版。版权持有人必须选择加入，而不是默认被包括在内。这使得大多数"孤儿"作品都无人关注。这些作品是绝版，但仍在版权范围内，它们的权利持有人身份不明，因此它们处于法律的边缘。（得益于《伯尔尼公约》自动保护作品的原则，20 世纪的大部分作品都是孤儿作品，因此其他人无法使用。）最初的出版商对谷歌可以数字化的作品也有最终决定权。② 实际上，如果他们自己不发行，该协议允许法国出版商将数字版本外包给谷歌。这个协议虽然可以接受，但与谷歌最初的雄心相去甚远。

值得称赞的是，法国也开始复制谷歌的尝试。这个故事的第一部是 2012 年 3 月 1 日的法国法律，它允许对仍在版权范围内但已绝版的作品进行数字化。③ 法国试图对抗谷歌在获取权利以前进行数字化的"野人"企图——受利益驱使而不尊重作者，于是任命了一个政府实体来完成类似的目的，从这家美国公司手中拯救欧洲文化遗产。④ 法国人对他们击败谷歌感到高兴，现在他们自豪地通过了世界上第一部关于绝版作品的法律——抢跑了半年后才出现的《欧盟孤儿作品指令》（Directive on Digitization of Orphan Works，EU，2012）。⑤ 该指令允许教育和文化机构在对权利持有者进行勤勉的搜查之后，将孤儿作品数字化。⑥ 当法国人再次讨论如何平衡作者和观众的利益时，早先的辩论现在显现出了痕迹。不过，数字化是以传统的高卢精神进行的。和往常一样，法国政治家认为他们的职责是维护"与盎格鲁-撒克

---

① Authors Guild v. Google, USDC S. D. N. Y., Case 1: 05-cv-08136-DC, Doc. 1088, 14 November 2013, pp. 9-12, available at https: //s3. amazonaws. com/s3. documentcloud. org/documents/834877/google-books-ruling-on-fair-use. pdf.

② *New York Times*, 17 November 2010, 7 August 2011, 25 August 2011, 11 June 2012.

③ 立法历史见 http: //www. legifrance. gouv. fr/affichLoiPubliee. do; jsessionid = 32929A0E1EB85624B326F7023A832355. tpdjo15v _ 3? idDocument = JORFDOLE000024946198&type = general.

④ Assemblée nationale, Report 4297, 1 February 2012, p. 3; *Journal Officiel*, Assemblée, 19January 2012, p. 273; Sénat, 13 February 2012, pp. 1049-50.

⑤ *Journal Officiel*, Assemblée, 19 January 2012, pp. 273-74, 277; Sénat, 13 February 2012, p. 1047.

⑥ Directive 2012/28/EU, 25 October 2012, *Official Journal*, L299 (27 October 2012): 5.

逊观点截然相反的书和文化的概念"①。法律允许绝版图书数字化，但不是任何人都可以这样做。如果权利所有者在提交作品的六个月内没有承诺自己数字化，一个由作者和出版商组成的组织就可以数字化其作品。

法国人希望能提供一些主要在巴黎国家图书馆阅读的书。但它们与谷歌不同。所有者的财产权仍然至高无上，合理使用并不是撬开所有权的楔子。确保作者和出版商在新媒体中的利益与提供作品一样，都是法律的重点。数字化的绝版图书将像其他书一样出售，收益由作家和出版商分享。政府赞许地指出，版权所有者在开发数字作品方面享有重要地位。一位参议员同意，数字化的问题是"普遍性的神话伴随着免费赠送的诱惑"②。这就是谷歌的谬论。

但是，得益于开放获取的新精神，谷歌式的方法在一方面获得了成功。一项修正案建议允许以数字方式免费传播所有者在十年内未提出反对的作品。萨科奇政府反对这一建议，认为这是"没收作者的权利"，也是对继承制度的"残酷决裂"。下议院以剥夺作者权利为由予以拒绝。③ 尽管如此，一个经过淡化的版本仍然保留到了最终的法律中，允许公共图书馆为他们的老主顾将找不到版权所有者的绝版图书数字化。④

法国传统在精神权利的继续作用中也受到尊重。作者保留了对新的电子版的最终决定权，它以撤销权为模式。如果他们觉得他们的荣誉或声誉受到威胁，他们可以拒绝对其进行数字化。⑤ 然而，这种关心是出于不那么高尚的感情。一位主要的参议员解释说，想象一下一个作家写了一些他现在后悔的东西，哦，比如说，在第二次世界大战占领期间创作的作品，当然他应该能够阻止它再次出现。⑥ 很少有人如此坦率地阐述精神权利中令人不快的方面。然而，参议院拒绝了一项更宽容的提议，即允许继承人在前言中表达他们对不喜欢或感到羞耻的作品数字化版本的厌恶。⑦

喋喋不休的阶级分化

由于不同的历史轨迹，美国关于数字效应的争论比欧洲更早。但是，知识分子

---

① *Journal Officiel*，Assemblée，19 January 2012，p. 281.
② *Journal Officiel*，Sénat，9 December 2011，pp. 9629-30.
③ *Journal Officiel*，Assemblée，19 January 2012，p. 276；Sénat，9 December 2011，pp. 9630，9645-49；Assemblée，22 February 2012，p. 1457.
④ Law 1 March 2012，art. 134-8.
⑤ Art 134-4；*Journal Officiel*，Sénat，9 December 2011，pp. 9626-27.
⑥ Ibid.，p. 9642.
⑦ Ibid.，p. 9643.

也在大西洋地区以不同的方式调整自己。在第四章中，我们讨论了浪漫主义作家的崇拜在英美世界中为何不兴盛。英国人和美国人抵制大陆的意识形态，部分是因为他们对作者所做的事情没有那么高调的看法。早在1762年，威廉·沃伯顿（William Warburton）就注意到作者们无耻地利用他人的努力，他反对作品被视为财产。① 在《造书艺术》（*The Art of Book-Making*，1819）中，华盛顿·欧文持有把文学创作视为更具寄生性的观点。就像鸟类一样，它们通过排泄果籽来服务大自然，所以作者只是一个传递者，他把旧作品中的思想传递到现在。② 如果传播他人的思想是他们的主要职能，那么保障作者对社会共同主题特定解释的不可剥夺的权利，几乎没有什么用处。作品是诗人的，也是读者的。沃尔特·惠特曼在1855年向听众保证："我的每一个原子都属于你。"③ 英语世界强调知识的社会性和对他人作品的借用和使用，而忽视了原创性和虚无主义的创造。"文学、科学和艺术方面的每一本书都是借用得来的，而且必须借用和使用以前众所周知和使用过的许多书"，斯托里大法官（Justice Story）在1845年宣布。④

20世纪的后现代主义关注的是作品如何被社会建构，以及作者如何依赖他们的文化遗产，这与长期以来美国国内的知识传统相吻合。后现代主义引发的争议比欧洲的浪漫主义倾向要少。⑤ 法国后现代主义哲学家阿尔都塞（Althusser）、巴特、福柯、利奥塔（Lyotard）、德里达（Derrida）和德勒兹（Deleuze）在美国的影响比在法国大得多，这是司空见惯的事。⑥ 后现代主义与美国19世纪的实用主义（pragmatism）学派在很多方面有着很好的契合。⑦ 实用主义者也认为这些想法由社

---

① [William Warburton], *An Enquiry into the Nature and Origin of Literary Property* (London, 1762), pp. 11-13.

② Irving, "The Art of Book-Making," in his *The Sketch Book* (New York, n. d.), p. 65.

③ Walt Whitman, "Leaves of Grass," in *Poetry and Prose* (New York, 1982), 27. More generally on Whitman and copyright, Buinicki, *Negotiating Copyright*, chap. 3.

④ *Emerson v. Davies*, 8 F. Cas. 615 (1845), 引自 Bracha, "The Ideology of Authorship Revisited," 202.

⑤ Antoine Compagnon, "Le Postmoderne," in Compagnon and Jacques Seebacher, eds., *L'Esprit de l'Europe* (Paris, 1993) 3: 297-98.

⑥ 虽然德里达是20世纪80年代初《现代语言协会记录与资料》（*The Proceedings of the Modern Language Association*）中被引用最多的作家，但他没有被列入1981年法国知识分子自己认为最具影响力的36位法国知识分子的名单。Jeffrey Mehlman, "Writing and Deference: The Politics of Literary Adulation," *Representations* 15 (1986): 8.

⑦ Katrin Amian, *Rethinking Postmodernism (s): Charles S. Pierce and the Pragmatist Negotiations of Thomas Pynchon, Toni Morrison and Jonathan Safran Foer* (Amsterdam, 2008); Larry A. Hickman, *Pragmatism as Post-Modernism: Lessons from John Dewey* (New York, 2007).

会产生,它们既不在外面等待被发现,也不是孤独天才的产物。① 这些实用主义者的概念影响了司法思想,为19世纪末的雇佣作品铺平了道路。② 一个世纪后,他们为后现代主义在美国高等教育和法学院的胜利流行奠定了基础。一位法学家将后现代主义引入美国法理学的历史追溯到2006年,杰夫·昆斯(Jeff Koons)曾在一幅画中使用广告照片以证明自己是一位现成品(bricolage)导演。③

因此,浪漫主义作家在英语世界中处于不利地位,从此开始弱势。欧洲知识分子动员起来支持独立作家,他们的英美同行更经常为公共领域而战。在这方面,传播者的作用至关重要。作为同一罐黄金的竞争对手,作者和传播者是天然的对手。作曲家夏尔·古诺(Charles Gounod)的出版商安东尼·乔登斯(Antoine Choudens)出去散步,穿着一件华丽的皮大衣和一顶破旧的旧帽子。古诺走到他跟前,盯着外套,痛苦地说:"啊,《浮士德》。""是的,但是,"乔登斯指着帽子回答说,"那是《萨莫拉的贡品》(Tribut de Zamora)。"乔登斯花了一万法郎买了《浮士德》,但花了十倍的价格买了萨莫拉。④ 然而,作者和传播者之间的相互敌意,与他们联合起来反对公众的方式相比,显得黯然失色。他们之间的利益密不可分,一致同意抵制公众对廉价启蒙的需求。

反过来,公众对作者和传播者的看法也受到版权和作者权利之间差异的影响。在网络时代,英语国家的消费者和版权持有者之间发生了激烈的冲突。由于作品的有形性,文化交易在早期似乎类似于其他商品的交换。现在,随着每增加一份数字拷贝的边际成本下降(表面上为零),消费者显然得到了前所未有的不公平待遇。随着数字技术提供越来越便宜的复制品,所有者的抱怨使他们显得贪婪。这些所有者——出版商和媒体公司——将公众视为罪魁祸首,作者不过是他们的附庸。在版权完全转让权利和雇佣作品中,公司充任作者一角,加剧了这一基本的市场不对称。

相反在欧洲大陆,很大程度上任何紧张关系都是在真正的作者之间,这当然他们被传播者和受众所支持。传播者受到了善意的保护,这种善意仍然延伸到作家身上。但在盎格鲁地区,主要的权利所有者——大部分是传播者——则被受众视为剥削者。⑤ 消费者在这里发泄了没有任何同情的愤怒,但仍然缓和了对欧洲作家的敌

---

① Louis Menand, *The Metaphysical Club* (New York, 2001), pt. 3.
② Catherine L. Fisk, "Authors at Work: The Origins of the Work-for-Hire Doctrine," *Yale Journal of Law and the Humanities* 15 (2003): 9.
③ Peter Jaszi, "Is There Such a Thing as Postmodern Copyright?" *Tulane Journal of Technology and Intellectual Property* 12 (2009): 112-13.
④ *Journal Officiel*, Chambre, Documents, Annexe 3222, 6 December 1937, p. 238.
⑤ Ysolde Gendreau, "Digital Technology and Copyright: Can Moral Rights Survive the Disappearance of the Hard Copy?" *Entertainment Law Review* 6 (1995): 216.

意。自然，美国的作者们排队支持传播者。但他们显然是好莱坞和纽约公司利益的傀儡，他们几乎没有得到多少同情。那些畅销书和名人作者都是国会听证会上的一员，付费广告对他们的事业没什么帮助。浮华城（对好莱坞贬称）的《泰坦尼克号》真的在他们的阁楼里被人当作艺术吗？如果摇滚明星要拍摄飞翔广告，谁会哭？美国对其作者的传统漠视，拒绝屈服于被折磨的天才的浪漫神话，再一次伤害了创造者。就像最初的书商之战一样，盎格鲁地区作家的数字防御是一种杜鹃育雏似的运动，传播者将他们超大的卵挤进创造者的巢穴。他们假装使作者受益，传播者提出的更强烈的财产要求的苦果被糖衣包裹着让消费者吞下。①

由于精神权利在英美世界中从未发挥过重要作用，公开讨论主要涉及作者的经济回报。只要他们得到公平的（也许不再是奢侈的）支持，受众就不太可能成为防御代表。但在欧洲，作者是焦点，传播者只是他们不可避免的帮凶。精神权利强化了作者支配地位的虚构性，甚至在签署开发权时也是如此。因此，欧洲知识分子发现支持作者更容易，而忽略了基于作者更强大权利的果实被其传播者所窃取。由于欧洲左翼放弃了传统上对作家无条件的支持，并开始考虑受众的主张，它自己的波希米亚派侧翼就以叛国罪为名攻击它。由于未能严厉惩罚数字下载，法国社会党被作家指责抛弃了文化，加入了肆无忌惮的资本主义阵营。作者阵营警告左翼政客，跨国互联网公司的首席执行官们可能会穿牛仔裤和 T 恤衫，但是他们仍然是贪婪的、野蛮的数字资本家。②

在欧洲，独立作家的神话仍然值得尊敬。然而在美国，是受薪知识分子主导着潮流。在 19 世纪的美国，没有一个组织良好的文人阶层出现。在这个初出茅庐的共和国里，作家们几乎没有影响力，这是一种普遍的哀叹。只有当国家用廉价的外国作品充斥市场时，国家才会对自己的作家授以版权。③ 科尼利厄斯·马修斯（Cornelius Mathews）于 1843 年提出申诉："在这里，作者是一种反常现象；一种自然的不必要的过度行为；一种制造麻烦和恶搞的阴谋仅仅是一种不礼貌的行为。一本书应该通过某种自发的过程在海洋之外长大，并且要通过甘蓝和啤酒花（Rootabaga

---

① Lucas, "L'Intérêt général dans l'évolution du droit d'auteur," 80; James Boyle, *Shamans, Software and Spleens: Law and the Construction of the Information Society* (Cambridge MA, 1996), p. 123.
② "Quand vous redeviendrez de gauche, vous saurez ou nous trouver," *Le Monde*, 5 May 2009.
③ Thomas Bender and David Sampliner, "Poets, Pirates and the Creation of American Literature," *New York University Journal of International Law and Politics* 29 (1996-97): 264-65.

and Yellow Hop）进口到这个国家。"① 从事日间工作的作家很常见。在 19 世纪上半叶，最多 1/5 的美国作家认为文学是他们的主要收入来源，② 直到詹姆斯·费尼莫·库珀成为美国第一位"专业"作家。正如他喜欢指出的那样，由于英国作品的贸易，在美国"印刷商在作者之前诞生"③。

亨利·沃兹沃思·朗费罗和詹姆斯·拉塞尔·洛威尔是教授，纳撒尼尔·霍桑是美国驻利物浦领事，华盛顿·欧文是商人，拉尔夫·沃尔多·爱默生给人讲课并是校长，埃德加·爱伦·坡是编辑，亨利·大卫·梭罗（Henry David Thoreau）是个多面手。④ T. S. 艾略特是一位银行家，威廉·卡洛斯·威廉姆斯（William Carlos Williams）是一位医生。威廉·福克纳（William Faulkner）在发电厂工作时写下《我弥留之际》（As I Lay Dying）。达希尔·哈米特（Dashiell Hammett）被巴尔的摩的平克顿全国侦探事务所（Pinkerton）和铁路公司雇用，纳撒尼尔·韦斯特（Nathanael West）是一家旅馆的夜班经理。华莱士·史蒂文斯（Wallace Stevens）是一位保险执行官，他拒绝了哈佛大学（Harvard University）的教职，继续担任哈特福德公司的副总裁。查尔斯·艾夫斯（Charles Ives）也是一位保险公司的主管，他帮助开发了现代房地产规划。⑤

1976 年的一项研究计算出，美国只有三百名作家可以靠他们的文学收入过日子（但有一千万志向远大的同行）。⑥ 1979 年对两千多名作家的调查发现，除了自由撰稿人之外，几乎有一半人担任过有偿工作。⑦ 无论准确的数字如何，成功的自雇作家数量都很小。另一方面，许多美国作家和作曲家在好莱坞表现出色。虽然他们大

---

① Quoted in Melissa J. Homestead, *American Women Authors and Literary Property*, 1822-1869 (Cambridge, 2005), p. 83.

② Lawrence Buell, *New England Literary Culture: From Revolution Through Renaissance* (Cambridge, 1986), p. 378.

③ *Notions of the Americans, Picked up by a Traveling Bachelor* (1828), quoted in Buinicki, *Negotiating Copyright*, 12. 1891 年引入国际版权后，一位观察家估计，专业作家的数量增加了十倍。G. Herbert Thring, "United States Copyright Law and International Relations," *North American Review* 181, 584 (1905): 74.

④ Max M. Kampelman, "The United States and International Copyright," *American Journal of International Law* 41 (1947): 412-14; Edward Eggleston, "The Blessings of Copyright Piracy," *Century Magazine* 1 (1881-82): 944.

⑤ 虽然他写了一本关于这一主题的书，但这本书显然更像一本小册子，在任何图书馆里都找不到。Vivian Perlis, *Charles Ives Remembered* (Champaign, 2002), p. 36.

⑥ John Tebbel, "The Book Business in the US," in David Daiches and Anthony Thorlby, eds., *The Modern World* (London, 1976), 3: 533.

⑦ Paul W. Kingston et al., "The Columbia Economic Survey of American Authors: A Summary of Findings," Center for Social Sciences, Columbia University, 1981, p. 14.

多是工薪阶层,但他们享受着这个星球上最强大的工会保护。① 另一方阵营代表——电影协会的发言人在 1988 年辩论说:"创意电影界绝不是束手无策。""正如我们所说的那样,好莱坞的作家们正在对涉及创造性权利的问题进行罢工或不罢工。"他们有高价的律师,有有经验的劳工谈判代表,他们并不慵懒无为。②

欧洲的情况是否不同呢?在 19 世纪末,英国的一位"可敬的文学家"能够赚取收入,并担任与医生或律师相当的职位。③ 在德国,作者待遇不如英国或法国,到了 18 世纪末,"读书流行"(Leseseuche)创造了一个庞大而热切的公众群体,但许多作者还不能仅依靠写作维持生活。戈塔德·莱辛(Gotthard Lessing)是图书管理员,克里斯托夫·威兰(Christoph Wieland)是教授。④ 歌德是一名律师,但作为一名公务员和魏玛法院的顾问,他更多地属于赞助者。弗里德里希·克洛普斯托克(Friedrich Klopstock)在丹麦的弗雷德里克五世(Frederick V)时代找到了一位赞助人。拉马丁也许在法国文学政治家的传统中得到了最好的理解,弗朗索瓦·密特朗、多米尼克·德维尔潘(Dominique de Villepin)和其他人都是如此。卡夫卡在成为一名工人补偿精算师之前曾在保险行业工作过,并没有试图以写作为生。于斯曼(J. K. Huysmans)在法国内政部工作了 30 年,普里莫·列维(Primo Levi)是一名化学家,卡洛·列维·平奇赫特(Carlo Levi pinchhit)在 20 世纪 30 年代流亡到卢卡尼亚时担任医生。易卜生(Ibsen)年轻时是一名药剂师,奥登曾短暂地当过校长,托尔金(J. R. R. Tolkien)和 C. S. 刘易斯(C. S. Lewis)是大学教师,菲利普·拉金是图书管理员。多萝西·塞耶斯(Dorothy Sayers)是一名教师和文案撰稿人。因此,大西洋两岸的对比或许并不是很明显。

不管社会学怎么解释,那些不以卖书为生的作家的意识形态与数字化所带来的前景完全吻合。这包括一些已经富裕的作家,但主要是领薪知识分子站在数字意识

---

① Jon A. Baumgarten, "On the Case against Moral Rights," in Peter Anderson and David Saunders, eds., *Moral Rights Protection in a Copyright System* (Brisbane, 1992), 193; Jon Baumgarten, et al., "Preserving the Genius of the System: A Critical Examination of the Introduction of Moral Rights into United States Law," *Copyright Reporter: Journal of the Copyright Society of Australia* 8, 3 (1990): 5; Rudolf Monta, "The Concept of 'Copyright' versus the 'Droit d'Auteur,'" *Southern California Law Review* 32 (1959): 185.

② "The Berne Convention: Hearings Before the Subcommittee on Patents, Copyrightsand Trademarks of the Committee on the Judiciary … on S. 1301 and S. 1971," Senate, 18 February and 3 March 1988, Serial No. J-100-49, p. 339, David Brown.

③ Guinevere L. Griest, *Mudie's Circulating Library and the Victorian Novel* (Bloomington, 1970), 4.

④ Martha Woodmansee, *The Author, Art and the Market: Rereading the History of Aesthetics* (New York, 1994), pp. 22-25, 40-41.

形态的后面。他们可以最方便地坚持数字教义的观点：创造力是集体的，分享比财产更能刺激生产力，自由流动的信息是最终的好处，等等。他们很容易就认为，广泛传播作品的"声誉资本"比真正卖书更有价值。或者那些作者会为演出和服务付费，而不是为营销作品付费。① 他们的立场很好，这使得他们可以推测作者是否出于市场动机以外的其他考虑因素。② 只有受薪的人才能建议用自我表达的礼物来代替销售作品——这相当于成人的孩子气游戏。③

少数几个站在传统"欧洲"作家权利一边的美国文人不知不觉地把自己描绘成优雅的恐龙，并因此而受到嘲弄。约翰·厄普代克非常虚弱地批判凯文·凯利对数字亚历山大图书馆的设想，怀旧地回忆起他在哈佛和牛津的特权和访问的日子，浏览格罗里尔公司（Grolier）和布莱克威尔集团（Blackwell）书架上的出版物。他用自己的独立书店唤起了他那古色古香的新英格兰小镇，以此作为他所认为的谷歌图书馆的标志。④ 旧式小说家、保守的拳击手马克·赫尔普林用一架小型钢琴给他的夹克拍照，他把自己描述为一种推动数字精英走向灭亡的文学纨绔子弟形象，他的散文散发着绅士俱乐部的气氛，以及对现代世界的冷嘲热讽。赫尔普林支持延长版权期限这一平淡无奇的论点激起了愤怒。他的第一篇文章刊登在《纽约时报》的专栏版上，这篇文章邀请他用他认为不会冒犯任何人的话题来弥补他的沮丧。⑤ 在十天内，文章就在网上得到了广泛的评论。赫尔普林于是决定，将文章扩展为一个反对现代世界的令人伤感的长篇故事，并将其出版以使事态平息下来。⑥ 在自嘲之风中，赫尔普林的策略是如此紧密，以至于我们无法排除他是第五纵队成员的可能性。但从表面上看，他论证了精神权利思想的经典假设，尤其是作品的完整权利和作者声称自己的声音能完全按预期被听到。他的观点在法国不会引起注意，但是在美国，

---

① David R. Johnson and David Post, "Law and Borders: The Rise of Law in Cyberspace," *Stanford Law Review* 48, 5 (1996): 1384; Barlow, "Selling Wine without Bottles," 29.

② Lewis Hyde, *The Gift: Imagination and the Erotic Life of Property* (New York, 1979); JeffBerg, "Moral Rights: A Legal, Historical and Anthropological Reappraisal," *Intellectual Property Journal* 6 (1991): 368-69.

③ Lange, "At Play in the Fields of the Word," 148; Bernard Edelman, "Une loi substantiellement internationale: La loi du 3 juillet 1985 sur les droits d'auteur et droits voisins," *Journal du Droit International* 3 (1987): 575.

④ John Updike, "The End of Authorship," *New York Times*, 25 June 2006.

⑤ The original piece was Mark Helprin, "A Great Idea Lives Forever: Shouldn't Its Copyright?" *New York Times*, 20 May 2007, p. 12.

⑥ 由于赫尔普林为自己缺乏技术知识而自豪，很难确切地知道其影响是什么。他声称他文章的3/4都有百万"点击率"，但接着又说没有一个是好的，暗示他指的是评论。Mark Helprin, *Digital Barbarians: A Writer's Manifesto* (New York, 2009), p. 31.

这些研究过的过时事物对于数字法令而言实在惹人生厌。

尽管如此,这些浪漫主义的老作家确实有道理。数字化摧毁了传统的商业模式,几乎没有新的谋生手段出现。凯文·凯利建议,作者应该以其他方式来赚取他们的收入。"他们可以出售表演,访问创建者,将其个性化,附加信息,通过广告在注意力稀缺的情况下获得关注,拉赞助,推出定期订阅,总之,所有的许多不能复制的价值都可以加以利用。"① 这份清单的草率、不现实、部分难以理解的性质证明了它尚未解决的矛盾。厄普代克可能有点古板,但他正确地指责了凯利这种天真的观点——一种作者为晚餐而唱歌的"可怕情景"。

另一位数字内部人士,可怕的计算机科学家、作曲家和虚拟现实的发明者杰伦·拉尼尔(Jaron Lanier)也同意厄普代克的观点,他不屑于任何人从网络的所谓"新"经济骗局中解脱出来,而不仅仅是少数音乐家。② 也许感恩至死乐队在模拟时代为盗版磁带录音机保留了一些特价票,终于找到了另一种商业模式。③ 但他们大多是孤身一人,独立的音乐家们经常大喊大叫。他们这代人自愿为公平贸易咖啡支付额外费用,并在一夜之间排队抢购苹果公司最新款时尚设备,但事实证明,他们不愿为内容付费。"恭喜你,"一位音乐家嘲讽道,"你们这一代人是历史上第一个反抗的人,而不是怪异的音乐家!"④ 由于下载,音乐家们现在面临的是"鲍伊理论"(Bowie Theory),即音乐家大卫·鲍伊(David Bowie)无情的三段论观点,他认为仅凭巡回演出和音乐会就能赚钱。⑤

为作者辩护的老学者们虽然装腔作势,却是数字矿山里的金丝雀(canaries)。他们的反对,在工薪阶层和自雇文人之间标示出一条基本上被忽视的断层线。"为什么总是那些工作轻松又有安全感的人告诉你想法应该免费?"超文本(hypertext)一词的创造者特德·纳尔逊(Ted Nelson)抱怨道。⑥ 赫尔普林坚持认为,独立作家是文明的堡垒。"学院、智囊团或其他各种公司机构"的无人驾驶飞机对其部门主

---

① Kelly, "Scan This Book!"
② Jaron Lanier, *You Are Not a Gadget*:*A Manifesto* (New York, 2010). Death Cab for Cutie and Phish 是研究成功的事例之一,见 Greg Kot, *Ripped*:*How the Wired Generation Revolutionized Music* (New York, 2009).
③ Alex Sayf Cummings, *Democracy of Sound*:*Music Piracy and the Remaking of American Copyright in the Twentieth Century* (New York, 2013), pp. 158-59.
④ David Lowery, "Letter to Emily White at NPR All Songs Considered," *Trichordist*, 18 June 2012, http://thetrichordist.wordpress.com/2012/06/18/letter-to-emily-white-at-npr-all-songs-considered/.
⑤ Alan B. Krueger, "The Economics of Real Superstars:The Market for Rock Concerts in the Material World," *Journal of Labor Economics* 23, 1 (2005):25-26.
⑥ Quoted in Johns, *Piracy*, 479.

管负有效忠义务。① 终身教授、《纽约客》（NewYorker）的作家们、智囊团（think tankers）——都在干涸的土地上行走。独立作家们对他们的同龄人出卖他们眼中开放获取的虚假偶像感到愤怒。在美国，这些最后几个浪漫主义的创作者（与老龄摇滚家一起）仍然是作家特权的坚定捍卫者。金属乐队 Metallica 的鼓手拉尔斯·乌尔里希（Lars Ulrich）和吻乐队（Kiss）的贝斯手吉恩·西蒙斯（Gene Simmons）积极支持版权和音乐家销售产品的主张。作为回报，激进的数字派黑了他们的网站，抵制了他们的音乐。西蒙斯的启示是："确保没有入侵，要打官司。起诉所有人，拿走他们的家、他们的车。不要让任何人越界。"② 2007 年，普林斯（Prince）指责 YouTube 完全能够过滤掉色情和恋童癖（pedophilia）内容，同时对受版权保护的音乐视而不见。③ 马克·赫尔普林和吉恩·西蒙斯联合起来捍卫年轻的浪漫主义创造力学校：我们很不舒服地接近了这一章的开头——一个可笑的可能。

欧洲霸权？

378 　　中间偏左的美国人经常支持和钦佩欧洲的政策：死刑、国家福利、医疗和公共教育。但是在版权问题上（就像另一个跨大西洋差异很大的问题——言论自由一样），自由意志主义和无政府主义的美国自由主义（libertarianism）意识形态盛行。④ 在美国只有很少的人——当然不是左派，甚至经常是右派——赞扬欧洲的强大作家权利模式。当然，内容产业在坚持伯尔尼思想的同时，也追求自己的利益。反过来，好莱坞的导演们也提倡精神权利，希望抑制该行业的企业私利，以及其他作家为增加他们的美学影响力而提出的建议。但是与他们的欧洲同行不同，许多美国自由主义者和知识分子认为这种作家中心主义是对精英主义的过时崇敬。无论如何，它被认为与数字时代及其多元化协作创新不同步。

　　因此，更引人注目的是，在 20 世纪 90 年代，美国的政策屈从于内容产业的迫切性，将版权传统上对公共领域的重视转移到了更欧式的对版权所有者主张的关注上。在新的合作文化努力和数字技术的驱使下，欧洲人确实对版权实践做出了一些

---

① Helprin，*Digital Barbarians*，83.

② http：//arstechnica. com/tech-policy/news/2010/10/kiss-frontman-we-should-have-sued-them-all. ars；Kot，Ripped，33-35.

③ *Billboard*，September 14，2007，at http：//www. billboard. com/articles/news/1049302/prince-to-sue-youtube-ebay-over-unauthorized-content.

④ Erik Bleich，"Freedom of Expression versus Racist Hate Speech：Explaining Differencesbetween High Court Regulations in the USA and Europe，" *Journal of Ethnic and Migration Studies*，2013.

让步，例如，对电影和软件采用了有限的雇佣作品形式。然而，从长远的历史角度来看，很明显，那些最聪明的模式更换者是美国人以及部分英国人。① 1954 年，美国参议院司法委员会列出了《伯尔尼公约》与"我们关于版权的基本理论和哲学"不一致的三个主要原因，美国因"不经任何手续自动承认版权，保护精神权利，以及对已经在公共领域的作品追溯适用保护"条款而不能加入《伯尔尼公约》。② 几年内——首先是在 20 世纪 70 年代末，然后是十年后——这些所谓无法克服的障碍都被扫除了。美国正在进行欧洲式的觉醒。

这怎么可能？显然，内容产业对克林顿政府满腹牢骚。但是，仅仅找出从美国大转弯政策中受益最多的经济利益体是不够的。企业利益很少在强大的知识产权问题上有统一的立场。在 19 世纪，重印出版商反对国际版权，而国内发行作品的出版商则表示支持。在 19 世纪 90 年代，录音行业在没有版权的情况下蓬勃发展，而乐谱出版商则呼吁加强保护。今天，好莱坞在 20 世纪 90 年代的霸主地位受到挑战，因为硅谷的互联网和计算机产业将他们的商业模式建立在网络数据免费获取的基础上。作者和受众都不可避免地与某些经济利益体保持一致。这场斗争很少发生在简单的企业和公众之间，不管他们多么容易诋毁那些仿佛是同一个阶级的、从强有力的保护中获利的人。尽管经济利益受到不同角色的关注，但其根本的争论点是理念：作者和受众的关切谁更应该占上风。

在一个大肆宣扬美国文化帝国主义的时代，谈论欧洲霸权也不好笑。与美国一样，欧盟也把它的模式作为一个普遍有效的例子，值得向海外国家推荐。③ 欧盟的协调一致推动了知识产权保护水平的提高。大西洋彼岸的权利也得到了加强。"近年来，"一位美国观察家在 2004 年抱怨道，"'劳动等于财产原则'（the labor-equals-property principle）已经成为主导。"④ 本章中所详述的战争是仍未解决的大众针对推行作者至上的伯尔尼教条时摇摆反应的结果。作家权利只是美国人效仿欧洲的一

① Susan K. Sell, *Private Power, Public Law: The Globalization of Intellectual Property Rights* (Cambridge, 2003), 60; "Situation actuelle du droit d'auteur: Entretien avec Alain Berenboom," in Jan Baetens, ed., *Le Combat du droit d'auteur* (Paris, 2001), pp. 172-73.

② "Amending the Copyright Law in Implementation of the Universal Copyright Convention," Senate Report No. 1936, 19 July 1954, Calendar No. 1931, p. 2.

③ Jan Zielonka, *Europe as Empire: The Nature of the Enlarged European Union* (Oxford, 2006), chap. 6.

④ Rochelle Cooper Dreyfuss, "TRIPs—Round II: Should Users Strike Back?" *University of Chicago Law Review* 71 (2004): 26; Robert P. Merges, "One Hundred Years of Solicitude: Intellectual Property Law, 1900-2000," *California Law Review* 88 (2000): 2239-40; Graeme W. Austin, "Does the Copyright Clause Mandate Isolationism?" *Columbia Journal of Law and the Arts* 26 (2002): 45-46.

项政策。随后，美国政策的欧洲化当然是美国经济利益的胜利。更重要的是，其结果是对美国悠久的政治和文化传统的重大改变。

版权并不是唯一全球化就意味着欧洲化的领域。美国的专利立法也已经被欧洲化了。可以说，美国宪法要求权利给予发明在先者。版权条款授权国会保证作者和发明者"对他们各自的著作和发现的专属权利"。直到最近，美国一直坚持发明在先原则，奖励创造者而不是他的公司雇主。但在欧洲人的压力下，情况发生了变化。申请在先提供了一些优势，通过消除对优先权的争议，它更简单、明确，它鼓励尽早将发明公之于众。① 但是，即使在美国，申请在先原则也取得了胜利，因为它已经成为全球标准。如果这位美国发明家也不是第一个提出申请的人，那么他就失去了国外市场。有一些在全球市场上销售的产品，比如生物技术和药品，没有先申请专利权的美国发明家可能会通过交叉授权的方式用美国的专利来换取外国的专利，从而收回他在国外放弃的权利。② 但显然大多数人都有这种优势。当《美国发明法案》（American Institutions Act，2011）首次通过时，欧洲的做法已经取得了胜利。

对破产法的修改是美国逐渐欧化的另一个例子。从历史上看，美国是一个债务国，传统上允许公民拥有第二次从破产中恢复过来的机会。这种传统在欧洲也被抛弃了，欧式做法仅仅是不情愿地将债务人从债务中解脱出来。在美国，破产一直比欧洲更有利于债务人，在某种程度上填补了社会政策的真空。③ 但是最近对消费者破产法的修改则不同，如学生贷款不再通过普通破产而被减免，学生们现在需要单独的诉讼程序和特困的证明。④ 最近一次房地产泡沫在 2008 年破裂，它导致了一个新的问题，也再次使从欧洲进口成为美国的讨论议题。拥有贷款的房主是否能够放弃抵押贷款，让银行以房产作为抵押品？或者，他们是否应该像大多数欧洲人一样，不管房屋发生了什么，还要继续承担个人付款责任？传统上，美国的债务可以通过社会主义的宽松破产法律摆脱，但随着欧洲风格的标准向美国蔓延，这变得越来越困难。

隐私也一直是大西洋两岸争论的焦点。的确，美国人在瑞士、列支敦士登、奥

---

① Thomas R. Nicolai, "Erstanmelder-oder Ersterfinderprinzip: Eine vergleichende Untersuchung des deutschen und amerikanischen Patentrechts," *Gewerblicher Rechtsschutz und Urheberrecht*, Int. Teil, 5 (1973): 170-71.

② Harold C. Wegner, "TRIPs Boomerang—Obligations for Domestic Reform," *Vanderbilt Journal of Transnational Law* 29 (1996): 544-46.

③ Dieter Stiefel, "The Policy of Insolvency EU-US," in Barry Eichengreen et al., eds., *The European Economy in an American Mirror* (London, 2008), p. 385.

④ 这一领域的一位专家认为欧洲在美国的立场上站不住脚，但这本书出版以来积累的证据表明，目的论的发展并不那么明确。David A. Skeel, Jr., *Debt's Dominion: A History of Bankruptcy Law in America* (Princeton, 2001), pp. 240-43.

地利和欧洲其他地方削弱了银行隐私以及随之而来的逃税可能性。但是德国、斯堪的纳维亚地区，甚至一些地中海国家的财政当局都欢迎美国在这里扮演坏警察的角色。出于对国家安全的担忧，美国人只在一定程度上成功地要求其提供有关航空乘客的信息。① 但更普遍的是，随着欧盟严格执行隐私监管，依赖于透明度和积累客户信息的美国公司——谷歌和Facebook——面临着越来越严重的障碍。传统上漫不经心的英国或美国人对隐私的看法与其说是一项基本权利，不如说是一种便利，而这种现实由于欧盟打击收集私人信息的决心而受到抑制。新的欧盟在互联网上的"被遗忘权"（right to be forgotten）违反了美国关于言论自由（free speech）的政策，并将要求互联网公司按照客户的要求删除广义的个人信息，无论这些信息在此期间传播到何种程度。②

美国欧洲化的例子数不胜数。由于欧洲人权法院（the European Court of Human Rights）对于美国最高法院法官产生"斯特拉斯堡效应"（Strasbourg effect），死刑变得不那么容易接受了。③ 更广泛地说，世界上最大的单一消费市场的地位使得欧盟能够制定美国企业必须遵循的产品和制造标准。④

20世纪90年代的版权改革适应了这一更大的西向大西洋的文化影响格局。在这种情况下，全球化意味着欧洲化。美国转向长期而有力的保护，摆脱了版权是有限垄断的传统版权观念，而更接近于欧洲的自然权利传统。版权律师和维权人士丹尼斯·卡亚拉（Dennis Karjala）在1995年国会辩论70年版权保护期时沮丧地喊道："美国应该引领世界走向数字时代的一致知识产权政策，而不仅仅是追随欧洲发生的事情。"⑤

然而，尽管伯尔尼在20世纪90年代赢得了这场战争，但战争还没有结束。数

---

① 2000年，美国和欧盟签署了"避风港协定"，同意参加的美国组织承诺按照欧盟规则处理欧洲公民的数据，从而避免了欧盟隐私标准的困难。见 http://export.gov/safeharbor/.
② Jeffrey Rosen, "The Right to Be Forgotten," *Stanford Law Review Online* 64, 88（2012）: 88-89.
③ Michael C. Dorf, "The Hidden International Influence in the Supreme Court Decision Barring Executions of the Mentally Retarded," *Find Law*, 26 June 2002, http://writ.news.findlaw.com/dorf/20020626.html.
④ 主题之一见 T. R. Reid, *The United States of Europe: The New Superpower and the End of American Supremacy*（New York, 2004）.
⑤ "The Copyright Term Extension Act of 1995: Hearing before the Committee on the Judiciary ... on S. 483," 20 September 1995, Senate Hearing 104-817, Serial No. J-104-46, p. 83. "欧洲和美国真正的冲突，是公众在更丰富的公共领域利益与版权所有者（可能是或可能不是亲属）控制其手中受版权保护的作品的经济剥削愿望之间的冲突。欧洲已经以一种方式解决了这场冲突，但并不意味着我们应该盲目效仿。" p. 88.

字技术在制作和传播作品方面产生了新的问题，需要法律做出回应。美国在数字学习方面弯道超车，并受到其市场规模、一体化和统一性的青睐，在这条道路上走在了欧洲人的前面。因此，对版权所有者实施新的法律和技术保护的尝试，以及针对作者和受让人过度要求的反应，在美国都早于欧洲大陆。但从更长远的角度来看，变革的必要性在任何地方都相似。

　　数字化带来了开放和广泛获取的承诺，在新千年早期，启蒙运动关于为全人类建立一个普遍图书馆的梦想被重新唤醒。不管最终是谷歌还是其他公司实现这一目标，亚历山大的愿景现在都成为可行的了。当然，下载者并不都是出于更高尚的原因，但下载与数字盗版和盗用相结合，也是对公共领域的坚定承诺。在20世纪90年代输给好莱坞和伯尔尼对强有力保护的坚持之后，版权作为一种有限垄断的传统观念——在让作者满意的同时从根本上为公众利益服务——重新成为一种愿望。在它从未完全死去的美国，它的复兴如今得到了盗版党、西欧年轻的下载者和前东方国家数字化公民的回响。作者和受众之间的斗争仍在继续。

结 论
重塑版权精神

英美版权和欧洲作家权利以明显不同的方式处理了创作者的社会角色、对作品的控制和对公众作品的访问要求。从历史上看，作者在版权系统中更多地服从于社会效用的要求，他们的作品在很大程度上被让与传播者并在很早的时候进入公共领域。在欧洲大陆，他们保留了更强大、更广泛的权利，时间更长，有时甚至永远存在。

这种区别的文化假设也各不相同。财产的自然权利观念和浪漫主义对孤独艺术家的崇拜在大陆上的根基比在英语世界中更为牢固。美国的诺亚·韦伯斯特和英国的塔尔福德提出了基于自然权利的文学财产，但盎格鲁-撒克逊很早就在版权上选择了有限法定垄断的道路，在英国体现为1774年的唐森案，在美国则是1834年的惠顿案。

大陆的反扑只是在后来才被阐述。当康德和费希特在18世纪末为哲学争论做出铺垫后，作者在作品中的个人权利在19世纪30年代和40年代的法国议会中开始被讨论。精神权利部分体现在1901年和1907年的德国法律中，1928年进入伯尔尼联盟，并最终在战后实现了完全的法定成果。浪漫主义可能为这种想法埋下了种子，但奇怪的是，他们最直接的法律实施是法西斯主义的结果：要么直接，正如1925年墨索里尼把意大利的精神权利付诸实施，以及1928年罗马的《伯尔尼公约》议程一样；要么是一种反应性的结果，就像法国和德国从20世纪30年代的极权共产主义转向1957年和1965年的法律文化高地一样。由于他们以自然（因此永恒）权利地位为借口，我们很容易忽视一个自负的作者权利实际上是多么近在咫尺。和所有传统一样，它们也是在特定的时间和地点被发明出来的。

1928年《伯尔尼公约》采纳了精神权利的核心原则，强大作者权利的大陆思想也继续主导全球的征程。20世纪中叶，欧洲人越来越把知识产权看作是以两种方式建立在自然权利上：既是以洛克劳动所有权为基础的准传统财产形式，也是作者人格的发扬光大。20世纪50和60年代，法国和德国采用以作者为中心的法律，他们试图重申其高雅文化背景。传统英语版权的功利主义聚焦于公共领域，现已明显被边缘化，甚至现在在其主要代表美国那里也越来越处于守势。

到了20世纪90年代，伯尔尼思想已经在世界范围内取得了胜利。英美人越来越多地受到伯尔尼联盟对文学和艺术权利国际保护的影响。即使知识产权的保护从伯尔尼转移到WIPO，然后到贸易立法并由WTO监督，基本的伯尔尼原则也完好无损。这一时期精神权利比以往任何时候都被边缘化——不仅仅是因为英语国家的怀疑主义。为了提高欧洲在全球市场上的竞争力，欧盟试图避免那些依赖知识产权行业的阻碍。法国和德国这两个 19 世纪的文化重量级选手和精神权利的主要倡导者，也没有在战后新的英语世界中享有他们惯有的影响力。

但精神权利只是伯尔尼意识形态的一个要素。更重要的是，它假定作品是一种以自然权利为基础的财产形式。因此，它的所有者几乎拥有绝对的权利要求，基本上不会受到社会优先事项或关注的影响。将作品视为财产并将其保护视为一种权利，而不是像版权体系的传统做法那样将其作为一种功利性交易的结果：这是美国内容产业对《伯尔尼公约》感兴趣的基本前提。这一因素也促使美国在 20 世纪 90 年代将政策从其对公共领域的传统关注中移开。相反，它们利用新的国际贸易条约来实施和执行强有力的财产权，从而推动其超越欧洲人。

英美国家在几个重要方面追随了欧洲的领导。它们延长了保护期，并总是追随大陆的先例：1911 年英国保护期为死后 50 年（重要的是 25 年后丧失独家版权），1976 年美国也是 50 年，然后在 20 世纪 90 年代达到 70 年。它们在很大程度上采用了伯尔尼联盟免除保护手续的做法，从而使所有作品的私有制成为默认立场。在精神权利问题上，它们正式确立了《伯尔尼公约》的界限，但确保很少出现对作者有任何实际意义或给传播者带来不便的东西。换言之，英美国家没有采纳作者权利思想的某些方面，特别是以牺牲传播者为代价而使作者受益匪浅的做法。但更普遍地，它们放弃了传统的杰斐逊主义和麦考利主义的版权观，即版权是出于社会功利目的授予权利所有者的一种有限垄断。相反，它们接受了欧洲知识产权的自然权利做法以及对作品有力的法律保护。

20 年后的今天，伯尔尼共识已经开始瓦解。不仅英美本土的有限版权传统再次被认为是对权利持有者过分权利要求的一种解毒剂，即使是在欧洲，数字普及的承诺与对创造力的集体理解和社会决定的新发现（不是孤独的浪漫天才的作品），也引发了对继承真理的反思。强大作者权利观不再赢得数字原生一代的普遍尊重。我们再一次陷入了像 18 世纪的书商之战或者 19 世纪 30 年代塔尔福德和麦考利之间那样激烈的争论中，更不用说 19 世纪美国在国际版权问题上的争端了。数字化的普及承诺会实现吗？或者这些新技术会被用来增加权利人的财产吗？尽管版权传统对公共领域的关注近年来一直倾向于所有者的主张，但我们有充分理由谨慎乐观地认为，回归其基本原则可能会引导我们通过数字革命的浅滩。

为什么会有差异？

当然，法国人是正确的，盎格鲁-撒克逊人采取了更多事实上可能是文化领域的商业方法——一般来说，在他们的版权立法方面也是如此。跨大西洋文化对抗的象征众所周知：英国人是一个店小二民族（拿破仑对英国人的贬称——译注），美国人是资本主义的野蛮人，法国人是波希米亚的艺术家，德国人是超凡脱俗的"诗人和思想家"（Dichter und Denker），至少当他们不是"法官和他的刽子手"（Richter und Henker）时是如此。这种陈词滥调并非源于版权辩论。但是，在这些纠纷中，它们受到法律的约束。19世纪，美国作家被牺牲在公共启蒙的祭坛上（直到1891年被无版权的外国文学淹没），这种漠视与法国和德国作家所享有的日益强大的保护形成了鲜明对比。

1842年，查尔斯·狄更斯在巡演中对美国人的"贸易之爱"（love of trade）做了拙劣的报道，解释了为什么文学永远不受保护。① 但是法国人（和狄更斯）误解了英美的态度，认为这仅仅反映了内容产业的影响力和对市场的盲目崇拜。英美版权是一种意识形态上的选择，就像大陆的文化观一样神圣不可侵犯，值得保护，不受市场变迁的影响。它是民主的、平民主义的，有意识地拒绝大陆对作者利益的高雅文化额外奖赏。这反映了一种政治判断，即为观众提供廉价和便捷的渠道与作者的创造力同样值得维护。版权和作者权利的争议因此成为更广泛的政治和文化议程的核心。

归根结底，英美国家特别关心受众的获取，因为它们的政治制度更加民主，它们的领导人适应了越来越有文化的公众需要和要求。在法国七月王朝时期，由于其选举权（suffrage）有限，许多文职人员担任代表和部长，因此作者主张占据主流。与此同时，受众已经在英语世界中占据了制高点。在19世纪的美国，普通民众完全可以坚持访问他们所选择的文学作品。当然，英国的投票权是有限的，尽管截至1832年，英国的选民人数是法国的四倍。在塔尔福德辩论中，英国国会议员们思考的问题与他们的法国同行所关注的问题相去甚远。

威廉·沃伯顿是一个自由贸易的激进分子，他反对塔尔福德关于加强作者特权的提议。1839年，他发出"作者权利的任何延伸都是对公众抢劫"的言论，这是受众宣传的一个极端例子，在当时的法国商会里不可想象。在同一场辩论中，财政大臣更加温和地坚持认为，塔尔福德提出的60年保护期可能"激起公众对该法案一定程度的反对情绪"，更接近于英国当局对过于明显偏爱作者引发公众骚乱的担忧。② 在整个19世纪，美国当局也经历了类似的焦虑。廉价书籍是必需的，1891年一位参议员引用散文家洛根·皮尔斯·史密斯的话作为警告，公众不会容忍价格暴涨。③

---

① Charles Dickens, *American Notes for General Circulation* (original ed: London, 1842), chap. 18.
② *Hansard*, Commons, 1 May 1839, p. 711.
③ *Congressional Record*, Senate, 9 February 1891, p. 2383. Pearsall Smith 的引文来自考克（Coke）参议员.

在我们这个时代，关于开放准入的辩论听起来与政治基调大同小异。"这是一场关于美国基本价值观的战争，"劳伦斯·莱西格坚持认为。他主张重新引入短期保护和重新办理登记手续，从而放弃伯尔尼原则，以确保作品迅速进入公共领域。① 今天，为伯尔尼意识形态的胜利而哀叹的美国改革者们，常常试图重新找回传统盎格鲁-撒克逊式方法失去的特点：更短的保护期、更多的手续、更广泛的公平使用。② 数字活动分子、黑客和下载者站在他们所认为的把人类共同的遗产开放给所有人的民主和启蒙运动的传统立场上。然而，与19世纪不同的是，现在大西洋两岸都出现了这一立场。虽然开放存取在新千年早期开始作为盗版党的边缘要求在欧洲出现，但它正逐渐变得更加主流，就像在美国一样。

所有国家的开放获取活动分子都把自己定位为权利所有人——特别是内容产业的敌人，他们寻求使私人财产成为他们认为应该属于所有人的东西。大学开放获取运动的力量不仅反映了广泛启蒙的普遍意识形态倾向（当然，还受到薪水、福利和保护期的支持），而且还反映了被学术期刊出版商——公共费用的寻租者——过分控制的痛苦经历。可悲的是，大学教授和学生们常常不知道大众最终如何开发这些宝藏，他们被锁定在象牙塔内的巨大数字财富中。吉尔·勒波尔（Jill Lepore）声称，"任何人都可以通过谷歌搜索找到大部分学术成果"，这完全是错误的认识。③ 她应该尝试在大学代理服务器羽翼丰满的巢穴外搜索。正是这种自满情绪驱使艾伦·斯沃茨向那些被排除在麻省理工学院（MIT）图书馆范围之外的人发布JSTOR的英语社会科学宝库。当然，所有这些都只与工业化世界有关。它忽略了今天可以为第三世界开放的数据闸门，而不是权利所有者的特权。

作者、受众、传播者：谁是行动者？

为什么英美国家在历史上不像欧洲大陆那样愿意保护作者，为什么它们在20世纪90年代改变了路线？好莱坞经常被指责其影响力增加了我们这个时代的内容封

---

① Lawrence Lessig, *The Future of Ideas: The Fate of the Commons in a Connected World* (New York, 2002), p. xvi.

② James Boyle, *Shamans, Software and Spleens: Law and the Construction of the Information Society* (Cambridge MA, 1996); Lessig, *Future of Ideas*, 240-61; Neil Weinstock Netanel, *Copyright's Paradox* (New York, 2008), p. 205; Lewis Hyde, *Common as Air: Revolution, Art and Ownership* (New York, 2010); Laurence R. Helfer and Graeme W. Austin, *Human Rights and Intellectual Property* (Cambridge, 2011), pp. 206-11.

③ Jill Lepore, "The New Economy of Letters," *Chronicle of Higher Education*, 3 September 2013.

锁。但为什么这些有文化的国家中的任何一个传播者都能发挥特别大的影响力呢？欧洲大陆出版业、音乐业和电影业同英美同行一样举足轻重。更重要的是，企业利益很少用一种声音说话。就经济利益推动发展而言，它们显得杂乱无章和复杂，很少追求明确或持久的野心。三个主要的行为者参与了知识产权问题的三人舞（pas de trois）讨论：作者、传播者和受众。但从历史上看，没有人有一致和统一的利益。让我们简单地考虑一下版权战争的各种战斗者。

当然，作者寻求名望，并将他们的名誉转化为版税。因为他们的作品很像传统的财产，他们认为自己应该享有长久而强大的权利和理想的永久权利。当被迫在声誉和奖励之间做出选择时，他们往往被证明是精确计算的高手（bean counters）。1842 年，狄更斯不顾美国拥趸的奉承，坚持外国作家版权，破坏了与美国粉丝的关系。有时，作者们会兼顾双方的利益。沃尔特·惠特曼要求严格的作者控制，尽管他假扮成普通人的朋友，声称作品不仅是作者的作品，也是读者的作品。①

作家们也没有齐声歌唱。版权最初建立在这样的假设之上，即主要作者无中生有（ex nihilo）地创造了作品，因此拥有并应该控制他们的作品。后现代主义美学现在质疑主要作者及其衍生同行之间的这种区别，否定自主作者身份，就连受众也被认为起到了作者的作用，我们现在都是演绎者。但从版权出现之初，远在浪漫主义时代，其他创作者就利用作品激发灵感和演绎派生，破坏了统一的作者地位。主要作者、派生作品的作者、为个人目的使用同行作品的作者以及其他作品的表演者（也是演绎意义上的作者），很少就作品是否应自由使用或作为其创作者天才不可侵犯的纪念碑达成一致。

作为一个群体，作者自然通过延长保护期限来寻求自己的直接利益。但在更广泛的意义上，他们也在与时间本身进行一场失败的战斗。除非保护期不断扩展，否则公共领域将不可避免地增长，与那些仍然受到保护的少数当代作品相比，公共领域最终会变得过于庞大。② 当他们的重心向后移动时，现代文化不仅会在人口统计学上，而且会在文化上老化。

而传播者则与一些作者有着广泛的共同利益。传播者支持在 18 世纪就已经拥有的文学财产自然权利，随着创造者利益得到加强，传播者盼望作者更有力地将权利转移给他们。当然，利益的精确划分一直有争议。延长保护期对作者来说似乎是一场胜利，但往往主要是让传播者受益。雇佣作品几乎总是将传播者与作者对立起来，两者在精神权利上发生了冲突。通过向作者承诺，即使他们转让了自己的经济权利

---

① Martin T. Buinicki, *Negotiating Copyright: Authorship and the Discourse of Literary Property Rights in Nineteenth-Century America* (New York, 2006), p. 107.
② 这是 1958 年意大利作家和出版商协会关注的问题。Claude Masouyé, "Vers une prolongation de la duree generale de protection," *Revue internationale du droit d'auteur* 24 (1959): 97.

仍将继续持有利益，精神权利就切断了受让人所得到的利益。精神权利使主要作者反对潜在的联盟——他们的衍生同行、传播者和希望广泛享受作品的公众。最主要的是，主要作者与传播者在强烈的权利中有共同的兴趣，而利用他人作品的作者在寻求快速而简单的访问时与受众的立场一致。

然而，传播者的利益也取决于他们在市场的利基（niche）。有些与作者结盟，比如19世纪美国国内作品的出版商。相比之下，除了表演者和衍生作者之外，19世纪转载外国作品的美国出版商们都反对主要作者的强大权利。还有一些出版商基本上不关心作者，他们靠向广大公众出售廉价的公共领域作品或盗版来赚钱。马克·吐温抱怨说，出版商像受众一样从公众领域获得了好处，"受众永远存在，出版商也一直这样做"①。在19世纪末，录音工业粗暴地凌驾于作曲家之上，公然在新媒体上复制他们的作品。鉴于电影的混合性质，好莱坞经常是一个模糊的角色：作者、表演者和传播者。它推动作家更好地拥有自己的作品，将其稳定的作家和艺术家视为雇员，但也希望有一个广阔的公共领域来从中挖掘其创作灵感。

最后，受众也与自己有着交叉的目的。他们想要便宜和好的作品，但往往不能两者兼得——至少不能同时拥有。在19世纪，美国流行的运动既支持将版权扩展到外国作者而又不实际这样做。②受众的利益很少被直接说出来，充其量，那些与之相关的行为者在任何特定时刻都声称代表了它。19世纪美国的转载出版商大肆宣扬他们对公众财源滚滚（all the way to the bank）的关切。19世纪90年代的录音行业更是无耻的民粹主义者，它在欺骗作曲家时问道，要不然，远离大都会音乐厅的普通民谣又会怎样享受呢？

这是一次出于经济利益为公众进行的机会主义演讲，而这恰好与观众的需求重叠。但是，权利所有者和受众之间爆发越来越激烈的斗争的根本原因在于，识字的公众以及其要求越来越高的需求一直徘徊在这个背景中。随着每一项新技术的发展，复制作品的便利性和广度都在增长，由此产生的受众扩张极大地放大了作者和传播者从中获利的市场，但这也放大了消费者对现成接入的需求。随着受保护作品市场的增长，潜在的公共领域也在增长。1933年，一位法国观察家警告说，现在所有的家庭都在日夜播放音乐录音，但是作者们并没有得到与这种巨大消费增长成比例的奖励。③唱片公司的消费者现在无处不在，意大利人同意这一点。他们坚持削减版

---

① *Arguments before the Committees on Patents of the Senate and House of Representatives, conjointly, on the Bills S. 6330 and H. R. 19853, to Amend and Consolidate the Acts Respecting Copyright*, 7，8，10，and 11 December 1906, p. 117.

② 尽管不愿明示但其实意如此。Steven Wilf, "Copyright and Social Movements in Late Nineteenth-Century America," *Theoretical Inquiries in Law* 12 (2011).

③ *Le Droit d'Auteur* (1933): 53.

税,在咖啡馆或城镇广场播放录音,而不考虑奖励作曲家。公众想要的,政府不能拒绝。① 我们现在认为,普遍接入的必要性定义了我们自己的数字时代,事实上很久以前它就开始了滚雪球般的进展。

随着数字革命,双方都变得更加喧嚣。权利拥有者已经动员起来保护他们的财产。但观众也在膨胀,他们的消费习惯越来越倾向于获得越来越大的访问权限。21 世纪初,法国左翼政党放弃了对作家的传统崇拜,暂时站在观众一边,这是意识形态上的一种扭曲。但下载一代的需求在政治上变得势在必行。2009 年瑞典当局对海盗湾的所有者处以罚款和监禁后,选民迅速将盗版党送进欧盟议会。② 敢于与下载者抗争的作家们遭到了谴责和嘲笑。当金属乐队 Metallica 的鼓手拉尔斯-乌尔里希坚持要求歌迷为乐队的音乐付费时,文件共享者宣布这是头号公敌(Public Enemy Number One)。③

反过来,政府当局也发挥了作用。它们调解了这些行为者之间的辩论,同时也表达了它们自己的关切。法国旧政权君主制试图加强巴黎出版商的权益以对抗其省级竞争对手,但 18 世纪英国当局结束了伦敦书商的垄断,向竞争开放市场。在 19 世纪,麦考利比塔尔福德更能代表自由政府的新自由贸易精神。在 19 世纪支持免费重印之后,美国当局在 20 世纪 90 年代改变了立场,同意战后的法国和德国同行支持强大权利的立场。但政府也可能像商业利益一样,内部产生野心冲突,政府的不同部门追求不同的目标。20 世纪 70 年代,尽管政策总体上朝着《伯尔尼公约》方向发展,但美国教育部门当局仍遵循其主要选区的做法,支持学校和大学获得广泛的合理使用豁免。就连军方(military)也有自己的利益,想要随心所欲地复制作品。④

随着知识产权治理的全球化发展,国际行动者也进入了舞台。⑤ 尽管随着地域授权的扩大,许多法律得到了更好的执行,但对于版权而言,联系至关重要,仅在一个地区实施的保护不能阻止盗版行为。在 19 世纪末统一之前,意大利和德国国家

---

① Roberto Forges Davanzati, "Solidarietà e necessarie cautele nell'esercizio del diritto d'autore," *Il Diritto di Autore* 3 (1932): 12-13; *Il Diritto di Autore* 2 (1931): 351-55.

② Anders Rydell and Sam Sundberg, *Piraterna: Historien om The Pirate Bay, Piratpartiet och Piratbyrån* (Stockholm, 2010), p. 233.

③ Greg Kot, *Ripped: How the Wired Generation Revolutionized Music* (New York, 2009), pp. 33-35.

④ William F. Patry, *The Fair Use Privilege in Copyright Law*, 2nd ed. (Washington DC, 1995), p. 452.

⑤ Isabella Löhr, *Die Globalisierung geistiger Eigentumsrechte: Neue Strukturen internationaler Zusammenarbeit* 1866-1952 (Göttingen, 2010), pp. 63, 233-36, 251-53.

体系的分裂有效地排除了文学财产的可能性。① 相反，美国在 1790 年的国家法规中嵌入版权，通过整合单一的最大保护市场直到《伯尔尼公约》签署解决了这个问题——所有区域都完全在版权应用范围内。欧洲对国际标准化的兴趣起步很早，也很紧迫，因为只有这样，欧洲的许多小国才有希望实施作者权利。

至少，跨国组织为利益集团推动其事业提供了一个论坛。各国希望建立规模经济，加入国际组织（international organizations），实现跨境程序的标准化。从 1886 年开始，其中的第一个国际组织——伯尔尼联盟，一直是一个广泛的教会。尽管大陆主要国家以作者为中心的议程最终占据了主导地位，但英联邦国家，加上荷兰和斯堪的纳维亚半岛等小型、民粹主义、文化输入型的政体，都在努力争取更多的可及性。② 随着 TRIPs 协定于 1994 年生效，知识产权成为贸易规则的一部分，国际化也加速了。现在，除了最专制的隐居国以外，任何一国都必须遵守华盛顿和布鲁塞尔制定的规则，如果它们希望在国外为自己的产品找到市场。

在 19 世纪，知识产权进出口商之间（盗版者和警察之间）的根本对立最明显地体现在美国反对旧世界上。一个世纪后，即 20 世纪 90 年代，随着发展中世界按照工业化国家规定的条件进入全球交换体系，这场冲突的范围在慢慢缩小。一旦中国和其他新兴经济体发展出值得保护的知识产权，跨国盗版就会消失。国际组织和协议的影响也有助于解释立法在政治变化和破裂方面的连续性，否则可能会留下更多的印记。纳粹德国虽然退出了国际联盟（League of Nations），但仍然是伯尔尼联盟的一员，就像欧洲大陆预期的霸主一样，甚至在战争的深渊里，德国仍在计划改革作者的权利。不管如何抵制其他国际组织，美国还是欣然签署了联合国的《世界知识产权组织版权条约》。

由于本能和训练，历史学家不赞成概括，在这种情况下，概括可能是冒险的。首先，尽管传统财产，尤其是不动产越来越受到社会支配，但在过去的三个世纪里，知识产权的范围、力量和法律支持都有所增加：在舞台上的三个主要角色中，其中两位——作者和传播者——在很大程度上同意了强有力的保护，并为此采取了有力的行动。与传统财产有无战斗取决于它们各自的实力。然而，随着作家们吹响自然

---

① *The Cases of the Appellants and Respondents in the Cause of Literary Property*, before the House of Lords (London, 1774), 24; Eckhard Höffner, *Geschichte und Wesen des Urheberrechts* (Munich, 2010), 1: 168; 2: 211-14, 253-58, 383.

② 新西兰和澳大利亚情况见：W. Harrison Moore, "The International Copyright Conference," *British Year Book of International Law* 11 (1930): 173-74; Sam Ricketson, "The Copyright Term," *International Review of Industrial Property and Copyright Law* 23 (1992): 759. 最近斯堪的纳维亚人坚持盎格鲁-撒克逊方面的例子见 European Parliament, 9 February 1999, *Official Journal*, 1999, pp. 4-533/66, 68.

权利的号角，平衡被打破并向传播者倾斜。与此同时，受众们只是以一种典型的寻求公共产品的不温不火和分散的方式来追求更广泛的访问利益。其次，文化出口商寻求对知识产权的有力保护，而进口商则对作品的自由流动和使用更感兴趣。

这两大原则的相互作用有助于解释更具体的历史结果。因此，直到19世纪末的美国，重印出版商主导了他们偏爱国际版权同行的行动，国内作家很少并且组织不善，受众通过强有力的民主制度表达自己的愿望，得到官方意见的赞成和支持。其结果可能是有史以来最自由和内容最丰富的聚宝盆的诞生。其他国家，如18世纪的奥地利，也因类似的原因而成为盗版者。相反，在19世纪的法国，作家利益——在政治上有很好的代表——通过对文学产权实行双边甚至更广泛的国际监管来保护其传播者的文化出口。除了普鲁登之外，很少有人在这里为受众讲话。

当美国开始输出文化，当作者及其传播者说服当局支持强有力的保护时，盗版者就成了警察。如今，对回归到更少保护和更多访问的方向的希冀，以传播者迄今独断专行的前沿——好莱坞和硅谷——的裂痕为基础，也以观众的能力为基础，他们现在拥有数字下载的影响力，并以新的消费精神组织起来，最终展现出自己的实力。

版权是一个政治问题吗？

历史分析能最清楚地揭示重视受众传统的英美版权观念与强调作家中心的大陆意识形态之间的对抗。由于知识产权规制的全球化，许多过去的反差现在已经消退。即使在美国，版权保护手续也基本取消了，大多数国家保护期大致相同，精神权利至少在形式上无处不在。只有很少的明显不同之处仍然存在：雇佣作品仍然是合作内容产业不会放弃的英美版权的核心原则；血肉之躯的作者继续在欧洲大陆上开辟更广阔的地带；在美国，合理使用仍然比在法国或德国更慷慨，在某种程度上英国也是如此。从历史上看，这种共识是通过将版权制度推向伯尔尼标准来实现的。由于欧洲人已经形成了第一个国际联盟，从而获得了网络优势，美国不得不走进伯尔尼联盟以保护其蓬勃发展的文化出口。在欧洲大陆，长时间的保护期总是比在美国和英国更早，而且没有那么麻烦。在伯尔尼联盟的命令下，手续被取消了。由于精神权利对作品自由转让的限制，被它部分地强加给不情愿的英美版权者。欧洲人对版权所做的唯一让步就是在一些有限的情况下采用雇佣作品的方式。

无论多么温和，版权和作者权之间的对抗仍然存在于政治意识形态的各个方面，远远超出了狭隘的技术范畴。版权是法律的一个特殊子集，受特定的法律程序和发展的制约，但它也是一个更大的文化斗争的舞台。

然而，法律史学家经常将法律看作独立于周围的社会、经济和文化环境而发展。

法律被视为以自己的方式进化,与当前明显影响其他人类努力的潮流和战争隔离开来。尽管这些说法在其他历史学家看来不可信,但还是有一些值得称赞的地方。随着版权从 18 世纪开始发展,很难将每一个具体的转折和转变看作是特定的政治变化、新意识形态或新行为的象征。法国旧政权开始改革,并在革命期间继续进行。尽管拿破仑有独裁倾向,他继续推行法国革命者所认为的世界历史上的民主新事物。战后的西德政府建立在纳粹的详细草案基础上,法国人详细阐述了维希政权提出的提案。直到今天,意大利人仍然对墨索里尼时期通过的法律感到满意。

当法国人第一次阐述精神权利时,他们受康德和费希特(或浪漫主义)的影响,要小于拿破仑时期由死亡和离婚财产分配程序所造成的困境的影响。共同财产和合法指定的继承人与作者权利的个人方面关系很差。因此,每个法律制度都有许多内部发展。它们是一个机构学习进程的一部分,在这个过程中,法规一旦适用,就会暴露出它的实际缺陷和随后需要调整的地方。历史上,绘画和雕塑通常只有在图书拥有版权之后才有版权。这证明版权的发展既不是新技术的冲击,也不是新的强大利益集团的崛起,而是为了最终解决疏漏。①

但版权和作者权利的改革也不仅仅是一种意识形态中立的技术调整,如从帝国标准向公制标准的转变。它们如何为更广泛的价值和优先权而表达,很难说某种方法是特定的左派和右派。的确,支持广泛的公众参与通常是一种民主立场,而作者的利益往往得到保守派和温和派的支持。但是,在保持历史准确的同时,也要尽可能精确。在 19 世纪 40 年代,辉格党像麦考利一样支持受众,像普鲁登这样的无政府主义者也是如此,像华兹华斯这样的保守党人(Tories)或像拉马丁这样的温和派共和党人也支持作者的长保护期主张。然而,左右两派的 19 世纪美国人都拒绝了版权。

在 20 世纪早期,保守的德国人出于高度文化自觉的原因支持保护作者,而社会民主党人同意则是因为他们认为这是工人保护的一种形式。② 由于纳粹试图限制作者的主张,战后的右翼和左翼德国人都支持强有力的保护。法国也是如此。1965年,德国路德维希·艾哈德(Ludwig Erhard)领导的基督教民主党政府热切地拥护精神权利,而英国玛格丽特·撒切尔(Margaret Thatche)领导的保守党在 1988 年坚决拒绝做更多的事情,只是勉强地向他们的方向点头示意。尽管一些人可能会认为强势作家权利保守地缩小了公共领域,但法国社会党人仍然认为这是对文化资本家和商业盎格鲁-撒克逊世界观的沉重打击。③ 但随着辩论的进展,即使是在欧洲大

---

① Oren Bracha, *Owning Ideas: A History of Anglo-American Intellectual Property* (http://www.obracha.net/), 375-76.
② Reichstag, *Stenographische Berichte*, 23 November 1906, p. 3858.
③ *Journal Officiel*, Sénat, 29 October 2008, p. 6360.

陆，左派和右派也开始认为，也许作者的权利可以明智地被削减。① 数字千禧主义者既被指责为社会主义者，也被指责为免费市场的新自由主义者。据说盗版党不承认左或右，只承认向右转舵和向左转舵（starboard and port）。②

虽然很难看出版权或作者权利的直接政治色彩，但在更一般意义的层面上，这些法律确实具有社会影响，而且在思想上具有渗透性。阿尔弗雷德·布罗克豪斯（Alfred Brockhaus）是纳粹德国最有趣的改革者之一，他认为版权允许洞察一个时代和一个社会的政治观念，尤其是对个人或社会的强调。③ 版权传统表明了对受众、教育和民主公民的关注。这一点在19世纪美国热衷于以廉价重印作品提供广泛的启蒙时最为明显。但英国人也比大陆国家更专注于大众教育，尽管德国人比法国人更关注这些问题。英国反对塔尔福德提案的人在1840年明确表示，长时间的版权保护将使书籍更加昂贵，并阻碍工人自我教育。④

版权的民粹主义色彩解释了为什么直到20世纪30年代法西斯时期，盎格鲁地区如此普遍的主题才最终在欧洲大陆得到认真讨论。尽管这听起来可能有违直觉，但麦考利比拉马丁在版权问题上与纳粹有着更多的共同之处。与民粹主义者和精英主义者——或者可能是集体主义者和个人主义者——相比，左翼和右翼不是版权和作者权利的意识形态终点。因此，法国人近年来有所困惑，因为它试图调和国家对高雅文化的传统崇拜，同时也需要关注普通民众的文化利益。

从一种财产到另一种财产

也许意识形态对版权和作者权的社会影响是错误的说法。左派和右派只解释了这两种方法之间对立的一小部分。事实上，每个位置都包含通常被认为是左右都有的元素。因此，版权观允许企业家传播者在文化市场中有效地利用作品，而其最终目的是加强公共领域的社会化公共财产。反过来，作者权利观又用不可剥夺的作者权利来限制市场的自由发挥。但同时也培养了文化保守主义，允许作者在一个化身中锁定作品，防止他人自由使用和开发。

因此，在这些国家中岌岌可危的是更深层次、更持久的文化态度或倾向，或许

---

① Florent Latrive, "Le Débat autour de l'appropriation de la pensée," in *L'Intérêt général et l'accès à l'information en propriété intellectuelle* (Brussels, 2008), p. 69.

② Michael Brake, "Die Digital-Liberalen," *taz*, 11 September 2006; Rydelland Sundberg, *Piraterna*, 122.

③ Alfred Brockhaus, *Gesamtheit und Einzelperson im faschistischen Urheberrecht: Ein Beitrag zur deutsch-italienischen Rechtsgemeinschaft* (Berlin, 1939), pp. 1, 5.

④ *Hansard*, Commons, 19 February 1840, p. 405.

最好将其描述为民粹主义与精英主义的对比，而不是左右翼的分裂。由于知识产权是问题所在，因此，在这些国家如何更普遍地对待财产方面也可以发现类似的差别，这一点也就不足为奇。事实上，在花了大量时间来研究知识产权的同时，它也在努力更广泛地审视传统财产。虽然这仅仅是一瞥，但我们在各国知识产权中发现的对比表明，更普遍地重新审视财产的价值也是值得的。不关心从知识产权中得出的结论如何解释传统财产这一更大主题的人，欢迎跳过以下一节。

盎格鲁-撒克逊世界，特别是美国，经常被认为是将财产理解为一种自然权利，这种权利在非政治时代作为一种主张而建立，比单纯的法规所传达的更为根本和不可侵犯。① 但是，事实上封建法和功利主义（utilitarianism）的有力结合，使财产成为一种概念，在讲英语的北大西洋两边都得到社会考量。与此同时，随着16世纪罗马法的复兴及其对寻求根除封建主义最后残余的19世纪法典的影响，欧洲大陆的成文法系国家实施了一种更加绝对和统一的财产概念。

多亏了1066年的诺尔曼征服（Norman Conquest），英国发现自己的处境与六个世纪后殖民时期的美国惊人地相似，从一开始就有大量的土地将被当局瓜分。在诺尔曼英格兰，几乎所有的土地最终都是由皇室所拥有，其他人仅通过更高权力的授予来暂时保留。直到17世纪末，恰逢洛克，法律词典才开始讨论直接拥有的土地，而不是国王的赠予。② 尽管这在欧洲大陆很常见，但在英国，拥有自由而清晰的专有不动产却罕见。封建制度（feudalism）赋予所有权的性质远远不是绝对的。任何特定的土地都可能成为多重交叉主张的主题，要求同时拥有使用权和所有权，其中许多权利在时间上有限。由于死亡时没有可强制执行的继承权，土地通过没收被重新归还给领主。只有财产主张而不是财产本身，几乎没有任何单一、绝对和永久所有权的意识。

中世纪，封建财产关系在海峡两岸发生演变。控制权越来越多地集中在占用者手中，而领主只收到现金或实物的应缴款作为对他更多理论上的所有权的承认。以前的所有和服从的人身关系，后来变成了主要的经济关系。占有者有权在土地上留存一辈子，然后在没有领主许可的情况下将其遗赠。③ 尽管如此，英国的物权法仍然比欧洲大陆更受封建主义的影响，而且更加复杂。一位英国学者列举了所有权概

---

① Will Hutton, *The World We're In* (London, 2002), pp. 61-63.
② G. E. Aylmer, "The Meaning and Definition of 'Property' in Seventeenth-Century England," *Past and Present* 86 (1980): 93-96.
③ S. F. C. Milsom, *Historical Foundations of the Common Law*, 2nd ed. (London, 1981), p. 103.

念的 11 个要素，一位美国哲学家声称，所有权概念可以 4,080 种不同的方式结合起来。① 奥斯卡·王尔德（Oscar Wilde）曾经抱怨说，神圣罗马帝国（Holy Roman Empire）的地图如此的拼凑，使他极不舒服。这种财产的"定义"很可能引起大陆法学家的类似反应。1925 年，英国法律简化了土地占有（land reform）的概念。尽管如此，在承认两种所有权形式时，它仍然保留着过去的痕迹：绝对年限（有限时间内的利益）和简单绝对占有的费用——或者会被大陆法学家认为是绝对所有权的近似值。即使如此，其他多种形式的所有权也只是从普通法转移到衡平法上。② 直到 2000 年，苏格兰的封建制度才最终被废除，随着土地所有权的转变，土地的使用变成了正确的所有权。③ 在海峡群岛、泽西岛、根西岛和萨克岛，旧的体制基本上仍然存在。④

在英国，土地不属于直接占有者，而属于财产所有者，也就是说，利益只在一定时间内存在：单纯不动产（estate in fee simple）、指定继承人的不动产（fee tail）、终身财产、租赁的财产，往往由于各种目的属于不同的人。法国人用来表示封建关系的"同时财产"（simultaneous property）的概念在英国仍然很流行。⑤ 使用的概念最终发展成信托，产生于平行的衡平法体系中，并将英国法律与欧洲大陆区分开来。一开始，它是僧侣们避免贫穷誓言所带来的最严重后果的一种手段。捐赠给寺院的财产可由一人通过普通法正式拥有，而其他人则可通过衡平法获得其成果。⑥ 信托分离了所有权、占有权和控制权——除了一些例外，比如德国的财团（Stiftungen）——这些在非洲大陆大部分都不受限制。⑦

虽然美国因天生没有封建主义而著名，但事实上殖民地的财产观念深受英国封

---

① A. M. Honoré, "Ownership," in A. G. Guest, ed., *Oxford Essays in Jurisprudence* (Oxford, 1961), pp. 113ff; Lawrence C. Becker, "The Moral Basis of Property Rights," in J. Roland Pennock and John W. Chapman, eds., *Property* (New York, 1980), p. 192.

② John H. Johnson, "The Reform of Real Property Law in England," *Columbia Law Review* 25, 5 (1925): 617.

③ Abolition of Feudal Tenures Act, 2000.

④ Sjef van Erp, "Comparative Property Law," *Oxford Handbook of Comparative Law* (Oxford, 2006), pp. 1048, 1058; Jean-Louis Halpérin, *Histoire du droit des biens* (Paris, 2008), p. 340.

⑤ Anne-Marie Patault, *Introduction historique au droit des biens* (Paris, 1989), pp. 15, 33-34.

⑥ Edward Jenks, *A Short History of English Law*, 6th ed. (London, 1949), pp. 97-101.

⑦ 一些与大陆法中信托相似之处也被指出，见 Hans W. Goldschmidt, *English Law from the Foreign Standpoint* (London, 1937), p. 105

建法和普通法继承的影响。即使到了 21 世纪，美国物权法仍然深受封建历史的影响。① 一些北美殖民地由商业公司拥有；有些由个人拥有，如威廉·佩恩（William Penn）；有些直接附属王权。像托马斯·杰斐逊和亨利·亚当斯（Henry Adams）这样的殖民者否认了跨越大西洋的封建法律的影响。② 但是一个普遍的假设认为所有的土地都是至高无上王室的让步。③ 该主权的征用权在大西洋两岸都得到承认，而英国普通法的遗产模式在殖民地占主导地位。路易斯安那州是个例外，那里绝对财产的概念来源于罗马法律，最终产生于《拿破仑法典》。④

当然，随着革命的发展，情况发生了变化。19 世纪，完全由所有者持有专有财产的观念在美国蔓延。1829 年，纽约州（在这里，为了换取英国模式的廉价租金而转租大量资产，其持续时间比其他地方要长）正式废除封建统治制度时，法律已不再有多大的实际影响。⑤ 殖民当局为实现社会目标而对财产实施的严厉管制，在 19 世纪让位于一种更为经典的放任主义方式。然而，按照联邦政府的命令分配土地的方式与乐观的说法相矛盾，就像杰西·鲁特（Jesse Root）在 1798 年所说的，"每个土地的所有人都是属于自己领地的王子，也是费用至高无上的领主"⑥。

独立后，美国新政府成为主要的地主。它将这一巨大的遗产放在塑造特定社会愿景的目的上，放弃数百万英亩的土地，以建立一个自由公民的社会。但是，以宽松的条件分配大量地产作为公共政策的行为本身就意味着，购买者是出于功利的社会目的成为让渡财产的接受者。他们按照政府的条件购买，是为了实现政府的社会抱负。正如大量的土地捐赠是为了实现特定的社会目标——排水沼泽、修建铁路、创建大学，因此，每个公民都成为更高目标的受益者。宅基地的豁免也是如此——不受债权人的保护，有多达 50 英亩的土地供债务人居住和使用，证明了"王子在他

---

① John Henry Merryman, "Ownership and Estate (Variations on a Theme by Lawson)," *Tulane Law Review* 481973-74): 923; Francis R. Crane, "The Law of Real Property in England and the United States Some Comparisons," *Indiana Law Journal* 36, 3 (1961): 282-83.

② Eugene C. Hargrove, "Anglo-American Land Use Attitudes," *Environmental Ethics* 2, 2 (1980): 131-35; Stanley N. Katz, "Thomas Jefferson and the Right to Property in Revolutionary America," *Journal of Law and Economics* 19 (1976): 476

③ Gregory Alexander, *Commodity and Propriety: Competing Visions of Property in American Legal Thought*, 1776-1970 (Chicago, 1997), pp. 50-52

④ Halpérin, *Histoire du droit des biens*, 268-69; Robert W. Gordon, "Paradoxical Property," in John Brewer and Susan Staves, eds., *Early Modern Conceptions of Property* (London, 1995), pp. 96-99.

⑤ Alexander, *Commodity and Propriety*, 114.

⑥ 引自 Lawrence M. Friedman, *A History of American Law*, 2nd ed. (New York, 1985), p. 234.

自己的领域"是多么依赖国家和它的规则来保护他不受愚蠢和不幸的影响。

在西方,传统的财产观念出现得很晚。由于大片很少下雨的土地有利于放牧,而围栏昂贵难以建造,农场主主张他们的产品权——通过标记他们的牛——而不是对土地要求权利。直到19世纪80年代,随着廉价带刺铁丝网的到来,篱笆才得以普及,从而扩大了传统意义上的土地所有权。① 当奴隶制在没有补偿的情况下被废除时,被视为财产的东西也受到社会目标的限制。相反,在大西洋彼岸,纳税人对奴隶主的损失给予了丰厚的补偿。在共产主义之前,这是有史以来最大的征收——唯一可比拟的是在宗教改革期间占领教堂土地和法国大革命中的贵族财产。②

在英国和美国,绝对所有权也受到另一股逆流的影响。除了封建制度和普通法提供的最好的权属主张之外,还有盎格鲁-撒克逊世界对财产的功利主义辩护倾向。功利主义破坏了将财产视为个人意志的排他性主体的任何绝对观点。

首先也是最重要的,尽管有洛克和一千个追随者,但这是英美概念的主题,即财产是一种严格的人为创造,没有什么自然基础。本杰明·富兰克林(Benjamin Franklin)认为,除了基本的生存必需品之外,所有财产都属于公众,"根据他们的法律,这些财产是由他们创造出来的,因此,他们可以通过其他法律来处理这些财产"③。就连同意洛克关于财产的政治起源的托马斯·潘恩也在1795年坚持认为,"个人财产受社会的影响"④。约翰·斯图亚特·密尔(John Stuart Mill)在1848年继续这个主题,认为财富的分配是由人类制度决定的,财产只有经社会同意才能处置。密尔写道:"即使是没有任何人帮助的个人劳动所产生的东西,除非得到社会的允许,否则他无法保持下去。"⑤

一旦这一点被承认,所有的确定性都被消解了。如果大自然没有命令谁拥有,那就让权利的争夺开始吧。从18世纪中叶的大卫·休谟(David Hume)开始,功利主义嘲笑所有权的自命不凡,而不关心财产何去何从。无论一个所有者提出的主

---

① Terry L. Anderson and P. J. Hill, "The Evolution of Property Rights: A Study of the American West," *Journal of Law and Economics* 18 (1975): 169-74.

② 奴隶占南方总财富的40%到60%,而革命的拨款影响了大约20%的土地。Claudia Dale Goldin, "The Economics of Emancipation," *Journal of Economic History* 33, 1 (1973): 73-74; Peter McPhee, *The French Revolution*, 1789-1799 (Oxford, 2002), p. 191.

③ Letter 1461 to Robert Morris, 25 December 1783, 引自 Richard McKeon, "The Development of the Concept of Property in Political Philosophy: A Study of the Background of the Constitution," *Ethics* 48, 3 (1938): 353-54.

④ Thomas Paine, "Agrarian Justice, Opposed to Agrarian Law, and to Agrarian Monopoly," in Paine, *Political Writings of Thomas Paine* (New York, 1830), 2: 412.

⑤ John Stuart Mill, *Principles of Political Economy* (New York, 1920), 1: 258, i. e., Book 2, chap. 1.

张是什么，如果另一个相互竞争的产权在社会上更有用，则优先考虑。问题不是问谁拥有一块土地，而是谁应该拥有它以实现社会效用最大化？亚当·斯密批准了一项殖民地法律，该法律剥夺了未开垦土地上的财产，洛克在1669年通过的《卡罗来纳州基本宪法》中纳入了这项规定。① 这种功利主义的逻辑让殖民者轻易地利用他们的优势征用了土著人——他们不使用土地。但它也适用于殖民者，人头权土地授予（headright grants）人们拥有土地并加以耕种要求。马克·吐温在《苦行记》（Roughing It）对内华达州的采矿法进行了令人印象深刻的描述，该法律允许探矿者在其他人的地窖和花园中行使权益，欧洲贵族也不安全。作为美国驻法国大使，托马斯·杰斐逊建议将贵族狩猎保护区重新分配给没有土地的农民。② 既然运用了经济合理性来征用一批所有者，为什么不对另一批人征收呢？

盎格鲁人的功利主义将社会优先权置于私有制之上。正如美国19世纪法律思想家奥利弗·温德尔·霍姆斯（Oliver Wendell Holmes）所清楚解释的那样，市场经济本质上损害了绝对财产权，谴责了一些完全合法的权利主张，在这场激烈的战斗中灭亡。③ 为了促进19世纪初的经济发展，美国法院以所谓的古老所有权主张为基础，破坏了财产权。正如一位观察家所言，美国人更喜欢"正在运行或处于危险中的财产，而不是安全和安息的财产"④。建造新房屋的业主被允许违反"古代灯光"（"ancient lights"）规则，这些规则使现有建筑采用其原始的自然光照。如果经济结果能给社区带来利益，尽管下游的旧河岸权利受到损害，那些试图在上游竖立磨坊的河岸房产所有者仍会获准将水用于工业目的。旧的妨害法惩罚有损附近财产增长的业主，邻居的权利被置于经济增长的优先地位。⑤ 社会对增加繁荣的兴趣优先于业主的主权。财产不属于那些有最坚定的正式权利主张的人，而属于那些能够最好地利用它的人。

相反，封建土地所有权在欧洲大陆上从来没有像英国那样广泛传播。从16世纪开始，罗马法被广泛复兴。现存的封建法律被法国大革命和奥地利、法国以及德国的大法典所摧毁。罗马法对财产的看法也许不如它有时所描绘的那样绝对和统一。

---

① Andrew Reeve, *Property* (Atlantic Highlands, 1986), p. 62.

② William B. Scott, *In Pursuit of Happiness: American Conceptions of Property from the Seventeenth to the Twentieth Century* (Bloomington, 1977), pp. 16, 42.

③ Morton J. Horwitz, *The Transformation of American Law*, 1870-1960 (NewYork, 1992), pp129-30.

④ J. Willard Hurst, quoted in James W. Ely, Jr., *The Guardian of Every Other Right: A Constitutional History of Property Rights* (New York, 1992), p. 6.

⑤ Morton J. Horwitz, *The Transformation of American Law*, 1780-1860 (Cambridge MA, 1977), pp. 42-47, 70-78.

它知道所有（拥有）和占有（享有）之间的区别，即使是完全的所有者也没有绝对的权利要求。① 然而，罗马所有权概念比所有权和占有权之间对更好和更差的主张的变动区别（这是封建法和英国普通法的特征）更为明显。② 在19世纪，欧洲大陆的罗马概念结合了黑格尔的观点，认为财产与人有着天生的联系，这是他将自己的意志投射到物质世界的能力的一部分。③ 个人在很大程度上是通过对自己拥有主权而自主，所以他以主人的身份安排自己的财产来展示自己的自由。④ 财产是人的个性的发扬光大。

19世纪欧洲的结果是罗马绝对财产观念的现代化。与凌乱的封建普通法财产关系不同，1804年拿破仑的民法典以其多重而分散的主张继承了财产所有权，它被宣布为"以最绝对的方式享有和处置事物的权利"⑤。拿破仑本人声称，即使他和他所有的军队也不能违反财产所有权这样神圣的权利。⑥ 1811年的奥地利法典更进一步，允许功利主义所禁止的内容：允许所有者非理性地（Sinnwidrig）使用他们的财产，根本不使用它甚至摧毁它。⑦ 在19世纪30和40年代，法国拉马丁辩论时期，这种完全属于所有者的绝对财产概念在欧洲达到了顶峰，它体现并扩展了所有者的人格。⑧

当这一概念扩展到知识问题时，财产归属一般也是正确的。欧洲人提出了一个更加绝对和私有化的概念。所有财产——精神财产和物质财产——都绝对、统一和永远归其所有人所有，只有迫切性的社会关注才能把它从主人的全部控制中移除。相比之下，在盎格鲁-撒克逊的财产概念中，所有者的权利要求取决于他人的权利，他的影响力服从于社会的需要和要求。黑格尔的财产观认为财产是人格不可分割的一部分，这一观点在大陆精神权利学说中得到了法律固化。欧洲大陆坚持作者对其作品的绝对主张，这反映了拿破仑法典中所有者对其财产的单一和绝对所有权的普遍信念。相比之下，在英美版权中，作者的主张从属于社会的要求。只有在必要时

---

① Barry Nicholas, *An Introduction to Roman Law* (Oxford, 1962), pp. 101, 140.
② W. W. Buckland and Arnold D. McNair, *Roman Law and Common Law*, 2nd ed. (Cambridge, 1952), pp. 63-81.
③ Richard Teichgraeber, "Hegel on Poverty and Property," *Journal of the History of Ideas* 38, 1 (1977); Margaret Jane Radin, *Reinterpreting Property* (Chicago, 1993), pp. 36, 44-46.
④ "Eigentum," in *Geschichtliche Grundbegriffe*, 2: 78.
⑤ Arts. 544, 537, 545. Richard Schlatter, *Private Property: The History of an Idea* (London, 1951), 232. In the German code, §903 was similar.
⑥ Quoted in François Terré, "L'evolution du droit de propriété depuis le code civil," *Droits* 1 (1985): 33.
⑦ *Allgemeines Bürgerliches Gesetzbuch*, 1811, §362.
⑧ Halpérin, *Histoire du droit des biens*, 214-19.

才给予作者临时垄断，以激发他们的创造力，所有权取决于谁的使用在社会上最可取。

无论如何这听起来与公认的智慧相反，当谈到财产时，无论是实物还是知识产权，英美人更多的是社会主义者，或者至少是社群主义者，而欧洲人则对私有财产给予更大的敬意。虽然法国革命者将财产提升为自然权利，一种不受约束、不可侵犯和神圣的权利，但他们的美国先行者更喜欢将幸福作为追求的目标。①

意识形态进口商

无论法律史学者如何看待法律庄严、令人窒息的进步，版权或作者权利立法的发展都会不断地对其他地方的发展保持警惕。准确的法律史只能通过比较和跨国界的方式来书写。法国革命者对英国 1710 年的《安妮法》表示敬意，美国殖民者也效仿了它。1878 年皇家版权委员会希望效仿美国的低价图书。1911 年，英国与 1910 年的德国人一样，迅速效仿美国强制发放录音许可的先例。希特勒政权采用了美国发明在先的专利模式。20 世纪 90 年代，美国改变了路线，效仿欧洲为作者提供强力的保护，这是伯尔尼的做法。

在所有国家，辩论的双方都举了外国的例子，说明应该避免什么。在法律条文上关于作者的民族差异被理解为广泛的文化差异表现。战后法国和德国通过蔑视商业盎格鲁-撒克逊版权的道路来定义他们自己对于高雅文化的忠诚。相反，许多美国人拒绝了欧洲强有力保护的榜样示范——不仅在 19 世纪，甚至在今天。

关于作者权利的大陆法律最早是在欧洲还是文化出口国的时代制定的。因此，利益和意识形态都是为了保护作者而联合起来。版权持有人的强烈主张使他们在国内外对销售和美学都有控制权。因此，法国与德国的经济和社会政策与其文化生产者的关切相吻合。

然而，英国却在欧洲大陆和殖民地之间徘徊。不管 19 世纪的英国人怎么看待美国对版权的漠视，他们都不能忽视它。他们作者的最大的文学市场是在美国。尽管他们在 1891 年以前直接从版税中获得的好处很少，但大西洋彼岸阅读的英国书籍的数量无法否认。这说明了"美国版权对英国作家的极端重要性"，贸易委员会在 1884 年发出信号，警告不要修改英国加入伯尔尼联盟所需的法律。② 英联邦国家急于继续进口廉价的美国重印版，而不是昂贵的英文版，这些国家只强调了美国在威

---

① Peter Garnsey, *Thinking about Property: From Antiquity to the Age of Revolution* (Cambridge, 2007), pp. 204-5, 222-25.
② "Correspondence Respecting the Formation of an International Copyright Union," *House of Commons Parliamentary Papers*, C. 4606 (1886), 34.

斯敏斯特的影响力。和大陆国家一样，英国也是一个文化出口国。尽管如此，它对美国市场的依赖，以及它需要以其美国式的利益来安抚广大的英联邦民众，却让英国无奈的（willynilly）决策者对对方的观点表示了赞赏。从传统和地缘政治的角度来看，英国和欧洲人一样是美国阵营中的一员。

在过去的一个半世纪里，跨国版权历史上最大的一次发展是美国从文化进口国向出口国的转变。在19世纪，美国的利益就像当今发展中国家的利益一样，在于廉价、容易、不受约束地获得世界遗产。然而，随着20世纪初美国内容开始向外流动，人们的态度发生了变化。美国的内容产业接纳了伯尔尼意识形态，这一思想长期以来一直表达了欧洲大陆文化民族（Kulturnationen）出口的目标。这巩固了发达国家对伯尔尼知识产权处理原则的明显共识，就像传统财产一样。但意识形态和兴趣并不相同。

美国的政治意识形态在它还是一个文化进口国的时候就形成了，它关心大众教育并容忍盗版行为，从而有效地实现了这一目标。因此，美国的意识形态并没有在其产业利益的某一部分中一刀切地改变立场。20世纪90年代，好莱坞大声疾呼要保护其出口，但它不能让所有其他角色都参与进来。普遍的启蒙并没有完全让位给独占的作家权利。一些美国人继续与保卫者作战，反对内容产业对强有力保护的坚持。来自硅谷的新的有权势的玩家与他们来自好莱坞的加州同胞意见不一致。在数字时代，当普遍可及性的圣杯突然神奇地触手可及时，游击行动再次爆发成一场全面战争，不可预料的是这场战争现在在欧洲也已开始。

作者及其财产

从一个跨国和长期的历史著作权的角度来看，关于我们现在的战争，有两点值得注意。首先，版权观和作者权利观都是基于把作者当作一个知识分子企业家，一个在文化市场上销售自己产品的自营职业的独立代理人。掌握自己的命运，他将自己从奴役中解脱出来，并期望他的工作更像是一种召唤而不是一种职业。但是不管18世纪和19世纪的现实是什么，这个假设与我们目前的情况越来越不一致。

当然，自由撰稿人仍在从事他们的行业。但是，如果我们广义地定义文化生产，不仅包括小说、音乐和视觉艺术，而且还包括科学、研究和技术，那么今天的大部分内容都是由在学术界、商界或政府工作的受薪员工制作的。如今，德国的人均大学教授人数是1835年的12倍。① 甚至小说家和诗人也经常从事日常工作，教授创意写作。交响乐团、芭蕾舞公司和博物馆也是如此——美国通过税收减免慈善活动间接资助，在欧洲则直接资助。一旦我们删除了所有文化生产者，即那些以各种方式靠公众的零花钱生活的人，那么除了少数小说家和娱乐业之外还留下了什么？无论好莱坞的产品多么受欢迎，无论它的顶级导演和大亨们的收入有多高，大学世界的规模注定都比电影大几个数量级。美国高校雇用的人数是电影和唱片行业的十倍，他们的收入至少是电影和唱片行业的五倍。②

我们生活在一个新的赞助时代。因此，我们是否还需要版权呢？在一定程度上，我们不是不应该局限于自由撰稿人或内容产业的雇佣者生产的商业内容的市场利基吗？至少，我们需要区分商业营销内容和大学及研究机构生产的内容。无论商业市场的规则如何，学术研究都必须分开对待。政府通过的直接补贴和对许多大学与研究资金采取的减免税收的方式，使学术作品的资金主要由纳税人提供。那么，通过商业运营甚至是垄断学术期刊及其数据库再次收费又有什么意义呢？更没有意义的是，学术研究被锁定，资助它们的公众无法获得。

另外一点，更广泛地说，历史也通过提醒我们财产的临时性来说明问题。三个世纪以来最持久和最基本的争议之一是知识产权建立在自然权利基础上，这种自然权利证明了强有力的甚至是永久的主张，或者它是否是社会授予作者刺激其生产力的暂时垄断。从历史上看，财产无疑是一种临时的、由社会创造的权利，受当时立

---

① 1835年每百万人40人，2010年每百万人为507人，见：Claude Diebolt, *Die langfristige Entwicklung des Schulsystems in Deutschlandim 19. und 20. Jahrhundert*, C. 3. Anzahl der Lehrer in Deutschland (1835-1940), Deutschland, Professoren an den Universitaten, 1997 [2005], Gesis, histat: HistorischeStatistik. Available at http：//www. gesis. org/histat/table/details/F19F3B6F210A682349F308D8618F1D0C/020000000000000000000000000000；Statistisches Bundesamt, H201—Hochschulstatistik, Professorennach Geschlecht, Insgesamt. Excel文件由Statistisches Bundesamt提供。

② 2009年，美国四年制大学拥有370万名员工。2009年入学人数接近1,300万人，平均学费为21,657美元，仅这一来源的年收入就达2,800亿美元。其中2011年包括大约600亿美元的联邦和私人研究与开发基金。2013年，388,000人在电影和唱片行业工作。2010年的总接纳人数为612亿人。数字来自：Institute of Education Sciences, Digest of Education Statistics, 2011 Tables and Figures, http：//nces. ed. gov/programs/digest/d11/tables/dt11_196. asp; Congressional Research Service memo from Sue Kirchhoff, 9 December 2011 at http：//www. techdirt. com/articles/20111212/02244817037/congressional-research-service-shows-hollywood-is-thriving. shtml; US Department of Labor, Bureau of Labor Statistics, *Industriesat a Glance*; Motion Picture and Sound Recording Industries: NAICS 512; Workforce Statistics: Employment, Unemployment, and Layoffs; Employment, all employees (seasonallyadjusted), http：//www. bls. gov/iag/tgs/iag512. htm♯workforce.

法者决定的束缚。是的，在过去的三个世纪里，对知识产权的要求变得越来越强大，现在已接近自然权利所要求的范围，这一点大致正确。每一次新媒体扩展和每一次期限的延长都创造了以前不存在的产权。但这些造物中没有一种是自然存在的，没有一种拥有比赋予它们生命的法律更坚实的基础。

有时，所有类别的权利持有人都被剥夺权利，以支持新的所有者或为公众着想。如果我们为我们这个时代的技术剧变及其可能的法律后果寻找一个历史前奏，那么19世纪90年代的录音服务很适合。随着新技术的发展，音乐逐渐以唱片形态出现。它不再抽象地存在，也不再是独立于纸上的符号，此过程切断了各种中间商。正如约翰·菲利普·苏萨在20世纪早期抱怨的那样，我们从业余音乐家——积极地合作制造和传播艺术——成为他人努力的被动消费者。作为参与者的受众在很大程度上被淘汰。乐谱出版商也是如此，他们曾经是作曲家和观众之间的传送带。当立法者们最终宣布新技术的时候，唱片业太大了，听众也太受欢迎了，以至于他们都不愿意回到自己的瓶子里去了。法律成果有效地没收了作曲家及其出版商的权利，以支持新的制造商和他们的消费者。具有讽刺意味的是，一个世纪前，人们为乐谱的合法摘录建立了一个行业，如今这个行业大声哀叹数字技术在它们的地盘上偷窃。但是，如果乐谱在1909年不是神圣不可侵犯的财产，那么为什么数字唱片在今天却可以呢？法律所给予的一切，都能带走。

最终的关键问题是政治与意识形态。自然对于知识产权的正当性没有什么可说的。虽然是用法律术语表述，但法律决定的是一种政治判断。我们想让现在和未来的作者感到高兴和富有成效，这一点明确无误。但是，为什么权利人对知识产权的主张应该无限期地扩大，而其他所有者的主张则没有同样扩大，而更多地受到社会关注的限制。而且，一笔已经支付和摊销的巨大现存文化遗产，受制于过时的财产观念，被关在法律墙后面，而当观念一切换，它就可能属于全人类——这简直就是荒唐。

致 谢

历史学家是社会科学的收藏家。我们自己没有明显的方法论，只是出于对已经发生事情的兴趣而将其整合在一起。我们也是万金油，根据需要选择必要的工具和专业知识。跨国历史和比较历史使我们远离实际，因为它们在许多国家中分散了人们的注意力。如果我们决定对大范围的发展进行展望的话，比如说在三个世纪内跨越四个国家，真是如履薄冰。我敏锐地意识到，只有带着兴趣和善意，才能在训练有素的专家的土地上偷猎他们自己精心打磨的方法和紧迫议题。但是法律史太重要且有趣，不能单独留给律师。我希望它的从业者能原谅我所犯的错误和误解，这些错误和误解不可避免地表现出我的渴望，而不是恶意。

我依靠了许多人的帮助，也有很多建议来指导我。最重要的是，我感谢由莱昂内尔·本特利（Lionel Bently）教授和马丁·克雷奇默（Martin Kretschmer）教授带领一组研究人员收集的 1900 年以前的精彩材料（《主要著作权来源：1450—1900》，www.coprorthistoror.org）。我确信，他们省去了我无数个小时的努力，我毫不掩饰地利用了那里的主要资源。我希望这就是他们的意图。作为一个小的感谢（Dankeschön），我尝试将该资料文档的每一次首次使用都标识为"BK"。

我还要感谢研究助理和同事们，他们让我顺利地获得了其他材料：最重要的是迈克尔·凯洛格（Michael Kellogg），以及朱莉·卡兹丹（Julie Kazdan）、马修·卢克特（Matthew Luckett）、黛博拉·鲍尔（Deborah Bauer）、丹妮拉·佩里（Daniella Perry）和玛丽·莫姆珍（Mary Momdjian）。伦敦高级法律研究所图书馆（The Library of the Institute of Advanced Legal Studies in London）允许我使用他们的藏书。很多专家们帮助我阅读并提供了建议：马克·罗斯（Mark Rose），尼尔·内坦内尔（Neil Netanel），海勒·波尔斯丹（Helle Porsdam），佐丽娜·汗（Zorina Khan）和奥林·布拉查（Oren Bracha）。洛朗·普菲斯特（Laurent Pfister）给我寄来了一些未发表的文章。作为好朋友和同事，彼得·曼德勒（PeterMandler）阅读了更早、更臃肿的手稿版本。出版社的布里吉塔·范·莱因伯格（Brigitta Van Rayinberg）就这一话题对更多读者的潜在吸引力给予了热情鼓舞。她不仅是一个优秀的手稿编辑，还允许我回避一个主要的道德困境，即虽然出版了一本关于不断加强版权保护的书，但同意一年后在创作共享许可下对所有人免费。安妮·霍伊（Anne Hoy）和艾梅·安德森（Aimee Anderson）给予这份手稿很多必需的编辑加工。

我在一些材料的介绍中得到了非常有用的反馈，非常感谢。感谢纽约大学的威廉·E. 纳尔逊（William E. Nelson）和劳伦·本顿（Lauren Benton）、南加州大学的诺米·斯托尔森伯格（Nomi Stolzenberg）、哈佛大学和剑桥大学麦格达林学院的艾玛·罗斯柴尔德（Emma Rothschild）、加拿大皇后区的蒂莫西·史密斯（Timothy Smith）、海勒·波尔斯丹在伦敦泰特现代美术馆（Tate Modern in London）的一次会议上的发言，以及柏林的安贾娜·什里瓦斯塔瓦（Anjana Shrivastava）和联邦政治教育中心（the Bundeszentrale für politische Bildung）。但最重要的是，我永远感谢我的妻子和同事李斯特·罗辛（Lisbet Rausing）。她删除不必要的词句，质疑了毫无根据的断言，又一次让废话成为散文。

索引

（索引页码均为英文原书页码，即本书边码）

À la recherché du temps perdus（Proust）《追忆似水年华》（马塞尔·普鲁斯特），246

abolitionism 废奴主义，116

abridgements 缩编，5，84，89，90-91，125，127，132，133-34

Academy of German Law 德国法学院，189，192

access, authors' to works 获取作者的作品，211

ACTA《反假冒贸易协定》，358-59

Adams, Henry 亨利·亚当斯，400

adaptation rights 改编权，43

adaptations 改编作品，156，film 电影改编，132

Addison, Joseph, and Richard Steele 约瑟夫·艾迪森和理查德·斯蒂尔，63

Adorno, Theodor, 西奥多·阿多诺，343

advertisement/advertising 广告/广告业，226，233，295

Aeneid（Virgil）《埃涅阿斯纪》（维吉尔），31

aesthetic control 审美控制，10，11，29-30，48，76，100，105，127，259；and compulsory licensing 强制许可，139；in copyright tradition 版权传统，93；in France 在法国，99；in Germany 在德国，106；and Kant 康德观点，78；and moral rights 精神权利，149-50；in the Statute of Anne《安妮法》中，89，90

    aesthetic theories, classic Greek and Roman 古典希腊和罗马美学理论，130

AiPlex Software Aiplex 软件有限公司（印度），335

Aix-en-Provence 普罗旺斯艾克斯市（法国），43

Aladdin（Disney）《阿拉丁》（迪士尼电影），275

Albert, Prince (consort of Queen Victoria) 阿尔伯特亲王（维多利亚女王丈夫），227

Alcott, Louisa May 路易莎·梅·奥尔科特，231

Alexander, Isabella 伊莎贝拉·亚历山大，428n50

Alexandria, library of 亚历山大图书馆，345，360，376，382

alienability of rights 权利转让，25，30，45，72，87，95-96，100，130，260；in digital era 数字时代的权利转让，306；in Gierke 权利转让的吉尔克观点，109；in Kant 权利转让的康德观

点，77；limits of 权利转让限制，83，96，106，127

Allegheny County 阿勒格尼县，40

Allen，Woody 伍迪·艾伦，48，49，237

Allgemeines Landrecht. 见 Civil Code：of Prussia

altering works 改编作品，314

Althusmann，Bernd 贝尔恩德·阿尔图斯曼，498n106

Amazon 亚马逊，268，293，295

America Invents Act，2011《美国发明法案》（2011），380

American Geophysical Union v. Texaco Inc. 美国地球物理联合会诉德士古公司案，298

American Repertory Theater 美国话剧团，2

American Revolution（1776）美国独立革命（1776），69

American System，of protectionism 美国的保护主义，115

analog era 模拟时代，330

analog technologies 模拟技术，265，266，284，323

anarchists/anarchy 无政府主义者/无政府状态，98，101，334-35，378

Andersen，Hans Christian 汉斯·克里斯汀·安徒生，6

Angélus（Millet）《晚祷》（让-弗朗索瓦·米勒），255

Anthologies 选集，124，137-38，212

anticapitalism：in Nazi ideology 纳粹意识形态中的反资本主义，178，182-83，187，191；in postwar German ideology 战后德国意识形态，210

Anti-Counterfeiting Trade Agreement. See ACTA 反假冒贸易协定

Anti-Machiavel（Frederick the Great）《反马基雅维利主义》（腓特烈大帝），36

Antiqua 西文粗体字，48

anti-Semitism 反犹太主义，35

Apocalypse Now（Coppola）《现代启示录》（弗朗西斯·福特·科波拉），40

Apollinaire，Guillaume 纪尧姆·阿波利纳尔，246

appellations of origin 原产地名称，279

Apple Corporation 苹果公司，268，295，354，377，502n191

Appropriation Art 挪用艺术，327

Archaeologia Philosophica（Burnet）《哲学考古》（托马斯·伯内），89

Architecture 建筑物，33，84，127，180

Armstrong，Louis 路易斯·阿姆斯特朗，46

art，social function 艺术的社会功能，19

Art Institute of Chicago 芝加哥艺术学院，249

art market 艺术市场，39

Artaud，Antonin 安东宁·阿托德，31

artistic quality 艺术品质，46，51，52

As I Lay Dying（Faulkner）《我弥留之际》（福克纳），374

ASCAP 美国作曲家、作者和出版商协会，215

Ascent of Man（Drummond）《人类的进步》（亨利·德拉蒙德），229

Asia 亚洲，19，276

Asphalt Jungle（Huston）《夜阑人未静》（约翰·休斯敦），1，45，48

Assignees 受让人，35

assignment of works, Germany 德国的作品让与，25

Aston, Richard, Justice 理查德·阿斯顿法官，59，63

Atlantic Monthly《大西洋月刊》，215

attribution right 归属权，29，31-32，78，91，105；in Berne，《伯尔尼公约》规定，165，168；of engravings 雕刻，90；in Germany 德国规定，106，172，180，190，209；and postmodernism, 后现代主义的观点，270；in UK 英国规定，227，228，234，258；in US 美国规定，228，229

Auden, W. H. 威斯坦·休·奥登，271，375

Audience 受众，14，391；as author 受众作为作者，79，323，328

Augustine, Saint 圣·奥古斯丁，35

Aupick, Caroline 卡罗琳·奥皮克，38

Australia 澳大利亚，2，167，182，277

Australian Federation against Copyright Theft 澳大利亚反盗版联盟，335

Austria 奥地利，55，113，179，184，381，394，403

auteur theories 导演作者论，189，222

Authenticity 真实意图，33，46，49，50，51，218，242，259

Author, death of 作者死亡，37，270，328；identity of 作者身份，26-27

authorial control 作者控制，46，78

authorial personality, coherent 一致性作者人格，35

authorial rights, personality-based 人格本位的作者权利 60，104-5，127，205

Authors 作者，American 美国人观点，121；British 英国人观点，117，118；fascist views of 法西斯观点，163；primary 初始作者，272，389，390；social position of 作者的社会立场，76

authorship, legal 合法作者，9

Authors Guild 美国作家协会，363，368

author's intentions 作者意图，270

Authors' League 创作者联盟，215

authors' rights: defined 作者权利定义，15-17；as property, 作为财产的作者权，94

Avant-garde culture 先锋派，168-69，170

"Ave Maria" 圣母马利亚，47

Ave Verum（Mozart）《圣体颂》（莫扎特），46

Avignon 阿维尼翁，2

Babelsberg 巴贝尔斯堡，50

Bach, Johann Sebastian 约翰·塞巴斯蒂安·巴赫，41

Baden 巴登，185

Bahr, Hermann 赫尔曼·巴尔，37

balancing interests in copyright 版权利益平衡，16，290，316，346；in France 在法国，352，369

Baldrige, Malcolm 马尔科姆·波多里奇，235，278

Baltimore 巴尔的摩，116

Balzac, Honor. De 奥诺雷·德·巴尔扎克，46，81，97，131，255

Balzo, Carlo del 卡洛·德尔·巴尔佐，123

Bambi (cartoon character) 小鹿斑比（卡通形象），272

Bankruptcy 破产，29，380

Barbarella (film character) 芭芭拉（电影角色），42

Barbie 芭比娃娃，272

Barcelona 巴塞罗那，47

Bardot, Brigitte 碧姬·芭铎，42

Barlow, John Perry 约翰·佩里·巴洛，18，322，329，334

Barrès, Maurice 莫里斯·巴雷斯，31

Barrie, J. M. 詹姆斯·马修·巴里，23

Barthes, Roland 罗兰·巴特，270，371

Basic Law, Germany 德国基本法（1949），130，165，208，213

Battle of the Booksellers 书商之战（18世纪），54，56-58，154，262，263，293；twentieth-century version 20 世纪版本，264，316，373，385

Baudelaire, Charles 查尔斯·波德莱尔，38，207

Baudouin, Manuel 曼努埃尔·鲍德温，152

Bayreuth 拜罗伊特，42，47，124

BBC 英国广播公司，325

Beatles 披头士，360

Beatty, Warren 沃伦·比蒂，48，237

Beaumarchais, Pierre 加隆·德·博马舍，75

Beaverbrook, 3rd Baron 比弗布鲁克第三男爵，233，258

Beck, James 詹姆斯·B. 贝克，71，161

Beckett, Samuel 塞缪尔·贝克特，2，5，272，413n6，413n12

Beethoven, Ludwig van 路德维希·凡·贝多芬，125

Beijing 北京，321

Belgium 比利时，29，32，40，113，195，202，274

Bell Telephone Company 贝尔电话公司, 114

Benefit Authors without Limiting Advancement or Net Consumer Expectations Act《增进作者利益且不限制进步或网络消费者需求法案》, 300

Bergdorf Goodman 波道夫·古德曼, 44

Berlin 柏林 2, 36, 47, 150; pirates and 柏林盗版党, 342-43

Berlin, Irving 欧文·柏林, 255

Berlin Declaration, Max Planck Society 马克斯·普朗克学会《柏林宣言》, 347

Berlin Wall 柏林墙, 150

Berman, Ben Lucian 本·卢西恩·伯曼, 226

Berne Convention Implementation Act, US (1988)《美国伯尔尼公约实施法案》(1988年), 250

Berne Convention/Union《伯尔尼公约》/伯尔尼联盟, 11, 19, 20, 112, 120, 129, 154-56, 302, 303, 393; and Britain 大不列颠, 11, 20; and compulsory licensing 强制许可, 144, 175; differences within 内部差异, 155; and France 法国, 11; and national treatment 国民待遇, 155, 249; and Nazi regime 纳粹政权, 178; and sound recordings 录音, 141-42; UK membership of, 英国加入 11, 154, 159; US membership of 美国加入, 11, 20, 115, 119, 122, 136, 154, 161, 202, 213-15, 231, 232, 235-35, 258, 277-78

Berne Union, 1908 Berlin Conference 伯尔尼联盟柏林会议(1908年), 125, 155, 156, 159, 160, 183, 258; and film 影视, 187

Berne Union, 1928 Rome Conference 伯尔尼联盟罗马会议(1928年), 125, 141, 172, 174-76, 185, 247; and film 影视, 187; and moral rights 人身权, 145, 163-64, 181

Berne Union, 1948 Brussels Conference 伯尔尼联盟布鲁塞尔会议(1948年), 202, 244

Berne Union, 1967 Stockholm Conference 伯尔尼联盟斯多哥尔摩会议(1967年), 203, 244, 277

Berne Union, 1971 Paris Conference 伯尔尼联盟巴黎会议(1971年), 203, 232, 277

Berté, Heinrich 海因里希·贝尔特, 185

Berville, Saint-Albin 圣·阿尔宾·贝尔维尔, 99

bestseller clause, Germany 畅销书条款(德国法), 211, 223

Betamax decision, US Supreme Court 美国最高法院 Betamax 案裁决(1984), 269, 292, 294, 351

Beuys, Joseph 约瑟夫·博伊斯, 34, 445n150

B. Gaudichot, dit Michel Masson, c. Gaudi-chot fils 米歇尔·马森, 151, 153

Biauzat, Jean-François Gaultier de 让-弗朗索瓦·高卢埃·德比奥扎特, 63

Bible《圣经》, 161, 275; King James translation 詹姆斯国王版本《圣经》, 23

Bibliothèque nationale, Paris 法国国家图书馆(巴黎), 362, 363, 364, 365, 369

Bicyclette bleue, La (Desforges)《蓝色的自行车》(雷吉娜·德佛尔治), 134

big data 大数据, 363, 364

bilateral copyright agreements 双边版权协议，112

Binkley, Robert C. 罗伯特·塞德里克·宾克利，214，361

Birth of a Nation（Griffith）《一个国家的诞生》（D. W. 格里菲斯）40

Bismarck, Otto von 奥托·冯·俾斯麦，276

Bizet, Georges 乔治·比才，5

Blackletter（font）黑体字，48

Blackstone, William 威廉·布莱克斯通，6，117，146

Blackwell's 布莱克威尔集团，376

Blanc, Étienne 艾蒂安娜·布兰科，255

Bliley, Thomas 托马斯·布利里，284

Blogs 博客，115，323，328，334

Bloomberg News 彭博新闻社，305

Board of Trade, England 英国贸易委员会，36，159，166，406

boat hull designs 船体设计，283

Böcklin, Arnold 阿诺德·博克林，150，167

Bohemians 波希米亚人，173，183，373

Bollywood 宝莱坞 301，335

Boncompain, Jacques 雅克·邦克本，426n20

Bonnard, Pierre 皮埃尔·邦纳德，102，271

Bono, Mary 玛丽·博诺，248，251

Bono, Sonny 桑尼·博诺，248

book market：US 美国书市，117；UK 英国书市，231

book prices 图书价格，85，111-12，119，231

books，UK，英国图书，51

Booksellers 书商，20，30，53，54，55；Parisian 巴黎地区，58，60，61，63，96；provincial 巴黎以外省，56，63；and rights to works, 作品权利，56，67，241，260

Boor, Hans Otto de 汉斯-奥托·德·博尔，193，202，209，463n64

Booth, Frederick 弗雷德里克·布斯，321，477n340

Boris Godunov（Mussorgsky）《鲍里斯·戈都诺夫》（M. P. 穆索尔斯基），40

born-digital generation 数字原生代，319，336-38，344，355，392

Boston 波士顿，2，118

Boswell, James 詹姆斯·博斯韦尔，38

Boucher, Rick 里克·鲍彻，299

Bourbon Restoration, France 波旁王朝复辟（法国），64，96，97，245

Boursin, Maria 玛丽亚·布尔辛，102

Bowie Theory 鲍伊理论，377

Boydell, John 约翰·博德尔，93

Boyle，James 詹姆斯·博伊尔，299，334

Bragance，Anne 安妮·布拉甘思，2，44-45

Brahms，Johannes 约翰内斯·勃拉姆斯，124，184

brand image 品牌形象，18，33

Brant，Sebastian 塞巴斯蒂安·布兰特，88

Brassens，Georges 乔治·布拉森，247

Braun，Karl 卡尔·布劳恩，123

Brazil 巴西，275，277

breaking and entering, laws against 防止偷盗和进入的法律 284

Brecht，Bertolt 贝托尔特·布莱希特，39，348

Brera Academy，Milan 米兰布拉拉学院，42

Breulier，Adolphe 阿道夫·布鲁略，241

Bricolage 拼贴，305，327

British Museum 大英博物馆，140

British Phonographic Institute 英国唱片学会，335

Broadband 宽带，337，355

Broadway 百老汇，201，321，343

Brockhaus，Alfred 阿尔弗雷德·布罗克豪斯，397

Brodsky，Joseph 约瑟夫·布罗茨基，271

Broglie，Victor de 维克多·德布罗意，242，298，436n117

Brother Jonathan（periodical）《乔纳森兄弟》（期刊），118

Brown，Dan 丹·布朗，4

Brown，David 大卫·布朗，221

Brown，Hank 汉克·布朗，252

Bruni，Carla 卡拉·布吕尼，355

Brussels 布鲁塞尔，见 EU

Buchanan，James 詹姆斯·布坎南，118

Buchel，Christoph 克里斯托夫·布切尔，419n80

Buffet，Bernhard 贝尔纳·布菲，149

Buffon，Georges-Louis 乔治斯-路易斯·布丰，69

Bullets over Broadway（Allen）《子弹横飞百老汇》（伍迪·艾伦），49

Bundestag，Germany 德国联邦议院，209

Burnet，George 乔治·伯内，89

Burnet，Thomas 托马斯·伯内，89

Busch，Wilhelm 威廉·布斯，172

Butcher，John 约翰·布彻，233，238

Buxton，Sidney 西德尼·布克斯顿，159

Byron, George Gordon 乔治·戈登·拜伦，90，117，229

cable：broadcasts 有线广播 139，307；companies 有线广播公司，236
Cage, John 约翰·凯奇，39，271
Calder, Alexander 亚历山大·卡尔德，40
Caldwell, Louis 路易斯·卡尔德维尔，214
calico, designs on 印花设计，85
California 加州（加利福尼亚），4，45，235，254，29-97
Californian ideology of the web 加州网络意识形态，344
Callas, Maria 玛丽亚·卡拉斯，247
Calmels, Edouard 爱德华·卡尔梅尔斯，122
Cambridge University 剑桥大学，23，68
Camden, 1st Earl (Pratt) 卡姆登第一伯爵（查尔斯·普拉特），68，131，324
Camoin, Charles 查尔斯·卡蒙尼，30
Camus, Albert 阿尔伯特·卡穆斯，39
Canada 加拿大，84，117，161，225，301
Canal. 见 *Dame Canal c. Jamin*
Canal, Marguerite 玛格丽特·卡纳尔，153，206
canned music 罐头音乐，143
Capital 资本，7；Intellectual 知识产权资本，8
Carey, Henry 亨利·凯利，115，116，118，123
caricature. 见 parody
Carlos, Wendy 温迪·卡洛斯，41
Carmen (Bizet)《卡门》（比才），5
Carmen Jones (Preminger)《卡门·琼斯》（奥托·普雷明格），5
Carmichael, Hoagy，255；霍奇·卡梅克尔，255
Carre, Stephanie 斯蒂芬妮·卡尔，425n196，500n146
Carrell, Norman 诺曼·卡雷尔，270
case law：French 法语国家判例法，144-45，151，162，258；Anglophone 英语国家判例法，226
Catholics 天主教徒，222
CDs 光盘，275，323，331，337，350
Céline, Louis-Ferdinand 路易-费迪南·塞利纳，35，169
Censorship 审查，66，217
Centre national du cinema 法国国家电影中心，353
Chace, Jonathan 乔纳森·查斯，120
Chagall, Marc 马克·夏加尔，270

Chaliapin, Feodor 菲德尔·夏里亚平, 424n169

Chamber of Deputies, France 众议院（法国七月王朝）, 83, 97, 98-103, 387

Chamber of Peers, France 参议院（法国七月王朝）, 298

Champs-Elysée 爱丽舍大街, 312

Chaplin, Charles 查尔斯·卓别林, 40; son of, 卓别林之子, 432n23

Chapman, Jake and Dinos 杰克和迪诺斯·查普曼兄弟, 272; chat rooms 聊天室, 297, 334

Chattels 动产, 58, 88, 101, 146, 152, 206

Chatzimarkakis, Jörgo 荣格·查兹马克基斯, 498n106

Cheever, Susan 苏珊·切弗, 271

Chin, Denny 丹尼·陈, 367, 368

China 中国, 19, 112, 275, 277, 393

Chirac, Jacques 雅克·希拉克, 350

Chirico, Giorgio de 乔治·德奇里科, 31, 271

Choderlos de Laclos, Pierre 皮埃尔·肖代洛·德拉克洛, 42-43

Chopin, Frédéric 弗里德里克·肖邦, 46

Choudens, Antoine 安东尼·乔登斯, 372

Christ 基督, 41

Christian Democratic Party, Germany 德国基督教民主党, 209, 397

Christian Socialism 基督教社会主义, 208-09

Christian, Edward 爱德华·克里斯蒂安, 146

Christian, Fletcher 弗莱彻·克里斯蒂安, 146

Christianity 基督教, 209

Church of Kopimism 复制共享教会, 342

Churchill, Winston 温斯顿·丘吉尔, 150

Cinderella (Disney)《灰姑娘》（迪士尼）, 274

cinema taxes 电影税, 301

Cinquin v. Lecocq 西钦诉莱科克, 151, 153

Citation 引用, 137

Citia CITIA 公司, 496n51

Citizen Kane (Welles)《公民凯恩》（奥森·韦尔斯）, 26, 48

Citroën 雪铁龙, 39

Civil Code: of Austria (1811)《奥地利民法典》(1811), 404 of Baden (1809)《巴登民法典》(1809), 80, 86, 106, 149, 218; of France (*see* Napoleonic Code)《法国民法典》见《拿破仑法典》; of Prussia (1794) 普鲁士民法典 (1794), 79-80, 106, 133, 137, 149, 218

civil law 大陆法, 9

civil servants, and moral rights 公务员的精神权利, 350

Civil War, US 美国内战, 218

Clarissa（Richardson）《克拉丽莎》（塞缪尔·理查森），38

Clay, Henry 亨利·克莱，115

Clinton Administration 克林顿政府 263, 296, 303, 308 and intellectual property 知识产权观，278-79, 298-99, 300, 318, 334; and WIPO 世界知识产权组织，280-82

Coalition to Preserve the American Copyright Tradition 维护美国版权传统联盟，237

Coble, Howard 霍华德·科布尔，285

Cochu（French lawyer）克楚（法国律师），60

Cohen, Daniel 丹尼尔·科恩，332

Coke, Richard 理查德·考克，162

Cold War 冷战，1, 50

Coleridge, Samuel Taylor 塞缪尔·泰勒·柯勒律治，270

collaborative cultural enterprises 合作文化产业，199, 203, 215-19, 225, 240, 258; and moral rights 精神权利，216, 236, 315, 378

collective works 集体作品，26, 93, 157, 181, 217-18, 221, 249, 305, 306

colonies：British, and copyright，英国殖民地版权 155, 166; US 美国殖民地版权，65

Colorado 科罗拉多州，117

Colorization 着色，1, 44-45, 46, 47-50, 237, 239

Coltrane, John 约翰·科特兰，41

ComedieFrançaise 法兰西喜剧院，2, 75

Comite d'organisation de l'industrie cinematographique 电影工业和组织委员会，502n185

Commentaries on the Laws of England（Blackstone）《英国法释义》（威廉·布莱克斯通），117

commercialization of culture 文化商业化，10

commercials, TV 电视广告，239

Commission on Intellectual Property, France 法国知识产权委员会，204

commissioned works. 见 work-for-hire 委托作品

commissioner of works 作品委托人，217, 218

Committee on Commerce, US House of Representatives 美国众议院商务委员会，285

Committee on Film Rights, Germany (1933) 德国电影权利委员会（1933），189

Committee on Patents, US Senate 美国参议院专利委员会，71, 118, 119, 131

Committee on the Library, US Congress 美国国会图书馆委员会，161, 251

commodity, culture as 文化作为商品，15, 201, 237

common good 共同利益，15

common law 普通法，10, 56, 128, 167, 203; and copyright 普通法版权，54, 62, 63, 65, 67, 68, 71, 72, 91-92, 219-20, 241, 252; and moral rights 普通法人身权，227; and property 普通法财产权，85, 404; US state 美国所在州普通法，228

Commonwealth nations 英联邦国家，156, 166, 167, 168, 176-77, 213, 406

Communists/Communism 共产党/共产主义，18，192，201，209，358，402；in France 法国共产党，351，356，364

community property 共有财产，100，102，151，152，153，206-7，396

Competition 竞争，17

Composers 作曲家，5，28，75，139，141，143，156，174，185，212，226，244，391；in film 电影作曲家，187，215

compulsory licensing 强制许可，27-28，111，123，126，138-41，224-25；and digital technology 强制许可数字技术，266-67，281，307；in France 法国强制许可，195，204，350-55；and new mass media 新大众媒体强制许可，170

computer games 电脑游戏，272，296，502n196

computer programs 见 software 计算机程序

Comte，Auguste 奥古斯特·孔德，149，150

Condorcet，Nicolas de 马奎斯·孔多塞，63，357

Confederacy，US 美联邦政府，116-17

Confédération Internationale des Sociétés d'Auteurs et Compositeurs 国际作者和作曲家协会联合会，175

Congress，US 美国国会，12，49，69，113，117，142，218，220，230，231，232，238，248，278，300

Conjectures on Original Composition（Young）《试论独创性作品》（爱德华·杨格），130

Conservatives 保守党，同见 right-wing parties 右翼党派

conservatives，cultural 文化保守派，320

Constituent Assembly，France 法国制宪会议，75，204

Constitution，Bavaria (1946)《巴伐利亚州宪法》(1946)，130

Constitution，EU (2003)《欧盟宪法》(2003)，130，303

Constitution，US 美国宪法，23，69，214，218，250；and copyright 版权规定，69，70，71，114，123，241；and limited terms 限制条款，243；and patents 专利规定，380

Constitutional Council，France 法国宪法委员会，354，357

consumer electronics 消费类电子产品，12，18

Consumer Electronics Association 消费电子产品协会，292

consumer interests 消费者权益，292，297-98，372

content，free 免费数字内容，337，353，356，370

content industries 内容产业，11，12，17，18，20，46，300；and authors 作者，259，263；and Berne《伯尔尼公约》，231，235，242，248，260，378；and Clinton administration 克林顿政府，278，291-93，379；in eastern Europe 东欧，358；economic importance of 经济重要性，275-76；as exporters 作为出口商，264；and formalities 手续，259；in France 法国，247，300，315，349，355；and moral rights 精神权利，231，233，260；under Nazism 在纳粹主义下，174；position on intellectual property 知识产权立场，379，389；in US 在美国，154，200，236，240，

263，316

context, of works 作品上下文，237，239，272

contracts，25-26 click-and shrink-wrap 拆封和点击许可合同，284；and literary property 文学产权，58，226，227，228，229，230

Cooper，James Fenimore 詹姆斯·费尼莫·库珀，231，374

Copenhagen 哥本哈根，6

Coppola，Francis Ford 弗朗西斯·福特·科波拉，40

copying artworks 复制艺术品，84；as creative act 复制成为创作基础，327；in digital age 数字时代，267

copyright：American views of 美国版权观，70-71，142-43；in art 艺术品版权，93；and citizenship 公民版权，70，83，109-10，113，119，122，125；in distinction to authors' rights 与作者权区分，21；in US 在美国版权，161；public benefit of 版权公共利益，50，252；renewal of 版权续期，218；social utility of 版权社会功能，68，251；utilitarian approach to 功利主义的版权方式，69，290，347

copyright，perpetual 永久版权，23，45，52，53-54，56，58，61，67，68，71，72，95，241-44；after 1945 在1945年后的版权，202，289，346；and compulsory licensing 版权强制许可，139，141；in France 法国版权，74，98，122，205，245-46；in Germany，德国版权 123，246；and International Literary Congress，国际文学大会 84，124；in UK 英国版权，110

Copyright Act，Austria（1846）《奥地利版权法案》（1846年），218

Copyright Act，Austria（1895）《奥地利版权法案》（1895年），141

Copyright Act，Austria（1936）《奥地利版权法案》（1936年），190

Copyright Act，Bavaria（1865）《巴伐利亚州版权法案》（1865年），129，156

Copyright Act，France（1791）《法国版权法案》（1791年），59，74，81，117

Copyright Act，France（1793）《法国版权法案》（1793年），59，74，75，81，144，258

Copyright Act，France（1941）《法国版权法案》（1941年），197

Copyright Act，France（1957）《法国版权法案》（1957年），17，25，35，130，138，204-8，218，242，257；and compulsory licensing 强制许可，144；and film 影视，222 moral rights in 精神权利，153

Copyright Act，France（1985）《法国版权法案》（1985年），26，200，211，224

Copyright Act，France（2006）《法国版权法案》（2006年），311，312，350-55

Copyright Act，France（2009）《法国版权法案》（2009年），357

Copyright Act，Germany（1870）《德国版权法案》（1870年），123，129，137，156-58，146；fair use in 合理使用，158

Copyright Act，Germany（1901）《德国版权法案》（1901年），124，137，141，157，158；fair use in 合理使用，158；and melodies 旋律，185

Copyright Act，Germany（1907）《德国版权法案》（1907年），124，137，157

Copyright Act，Germany（1965）《德国版权法案》（1965年），35，138，144，208-13，223-

24，247

Copyright Act，Germany（2003）《德国版权法案》（2003 年），310

Copyright Act，Germany（2006）《德国版权法案》（2006 年），310

Copyright Act，Italy（1925）《意大利版权法案》（1925 年），162，165，166，190，195，242

Copyright Act，Italy（1941）《意大利版权法案》（1941 年），190

Copyright Act，Massachusetts（1783）《马萨诸塞州版权法案》（1783 年），59，131

Copyright Act，New Jersey（1783）《新泽西州版权法案》（1783 年），69

Copyright Act，Norway（1930）《挪威版权法案》（1930 年），182，196

Copyright Act，Prussia（1837）《普鲁士版权法案》（1837 年），80，99，103，106，129，137，156，246；and copyright duration 版权保护期，183，240-52；and fair use 合理使用，158

Copyright Act，Romania（1923）《罗马尼亚版权法案》（1923 年），195

Copyright Act，Saxony-Weimar（1839）《萨克森-魏玛版权法案》（1839 年），156

Copyright Act，Switzerland（1992）《瑞士版权法案》（1992 年），33

Copyright Act，UK（1842）《英国版权法案》（1842 年），28，93，140，160，217，245

Copyright Act，UK（1906），141-42《英国版权法案》（1906 年）

Copyright Act，UK（1911）《英国版权法案》（1911 年），26，123，131，137，140，143，155，195，220，229；and duration 版权保护期，159-60，245；and formalities 手续，159，258；and work-for hire 雇佣作品，217-18，234

Copyright Act，UK（1956）《英国版权法案》（1956 年），137，221，232

Copyright Act，UK（1988）《英国版权法案》（1988 年），137，150，200，220；formalities in 手续，234，258

Copyright Act，US（1790）《美国版权法案》（1790 年），22，65，69，70，113，161，245，258

Copyright Act，US（1831）《美国版权法案》（1831 年），161，244，253

Copyright Act，US（1909）《美国版权法案》（1909 年），26，135，139，140，143，160，244，258；and work-for-hire 雇佣作品，218

Copyright Act，US（1976）《美国版权法案》（1976 年），26，135，136，139，200，218，219-20，227，228，230，244，252，298

Copyright Acts，France（1777）《法国版权法案》（1777 年），74，245

copyright and foreign authors. 见 copyright：and citizenship

Copyright Association，US 美国版权协会，119

copyright duration 版权保护期，4，11，21-24，36，54，65，66，67，72，385；and Berne Union 伯尔尼联盟，159，203，212，242；in France 法国，98，99，352；in Germany 德国，80，123，124，125，174，184，212-13，303；and Jefferson 杰斐逊，69；and lifespans 寿命，247，254；and Locke 洛克，55-56；in UK 英国，110-13，159；US 美国，136，200，248-52；wartime extensions of 战时延伸，212，246，249

copyright industries. 见 content industries 版权产业

索　引　449

Copyright Office，US 美国版权局，219

copyright protection，measured from death of author 作者死后的版权保护，219，244，253

copyright terms. 见 copyright duration 版权保护期

copyright tradition，Anglo-American 英美版权传统，12，14-15

Corn Laws《谷物法》，110

Corneille，Pierre 皮埃尔·高乃依，255

Corot，Jean-Baptiste-Camille 让-巴蒂斯·卡米耶·科洛，271

corporate authorship 企业作者，26，31，108，205，156；in Berne 伯尔尼公约，203；in Germany 德国，158，181，196

Corporatism 社团主义，59

Counterfeiting 假冒，19；in digital age 数字时代，275

Cour de Cassation. 见 Supreme Court，France 法国最高法院

Court of Appeals：New York 纽约上诉法院，136；Paris 巴黎上诉法院，133，150，151，152，187

Court of King's Bench 王座法庭，67

court records 庭审记录，72

Courts：France 法国法院，45；US 美国法院 50

Creative Commons 创造共享，293，329

creative personalities in Nazism 纳粹主义的创造性人格，172-73，178，183，193

Creativity：in digital age 数字时代创造力，314，318，327-28；incentives for 创造动机，51，251，253，261，289，290，306；mimetic view of 模仿观，130；reward for 奖励，251-52，261，288，289；stimulation of 刺激，46，52，53，242，251，288

creator，flesh-and-blood 血肉创造者，26，164，180，189，199，217；and Berne《伯尔尼公约》，203；in France 法国作者观，205-6，222，306；in Germany 德国作者观，211，222，223；and patents 专利创造者 192，219

creators，salaried 领薪水的创造者，329，373-75，377

creditors and copyright 债权人与版权，99-100，103，105，127，147，152，165，180，260

criminalizing infringement 刑事侵权，330-31，352，356

cultural conservatism 文化保守主义，15，47

cultural exceptionalism 文化例外主义，17；in France 法国，348-49，352-53，356

cultural pessimism 文化悲观主义，169

Curl，Edmund 埃德蒙·科尔，86

Curtis，George Ticknor 乔治·迪克纳·柯蒂斯，133-34

cut-and-paste 剪切粘贴，287，328

Cyberanarchists 网络无政府主义者，318

Cyberspace 网络空间，334

Cypherpunks 密码朋克，335

Czechoslovakia 捷克斯洛伐克，165

Dadaism 达达主义，271

DADVSI law, France (2006) 法国《信息社会作者权利和相关权利法案》（2006），312，350-55

Dali, Salvador 萨尔瓦多·达利，271

damage (s) 损失，31，32，104，107，148，150，207，222 损失

Dame Canalc. Jamin 卡纳尔诉雅明，153

Daniel, John 约翰·丹尼尔，162

Danish Film Institute 丹麦电影学院，41

D'Annunzio, Gabriele 加布里埃尔·邓南遮，169

Dante 但丁，242，270

Darras, Alcide 阿尔希德·达拉斯，128

Darwin, Charles 查尔斯·达尔文，118

data mining 数据挖掘，368

databases 数据库，224，247，279，304-05

David, King (author of Psalms) 大卫王（《圣经旧约》中《诗篇》作者），41

DDR 德意志民主德国，201，257，342

death and copyright 死后版权，105

Death of Chatterton (Wallis)《查特顿之死》（亨利·沃利斯），134

Death of General Wolfe (West)《沃尔夫将军之死》（本杰明·韦斯特），92

death penalty 死刑，165，378，381

Deazley, Ronan 罗南·迪兹利，428n50

Debt 债务，151，157；Government 政府，7；US 美国，236

Deerfoot series《鹿脚系列》，31

Defamation 中伤，37，167，226，227，228

Defoe, Daniel 丹尼尔·笛福，88，96，432n43

degenerate art, Nazi Germany 堕落艺术，171

de Grey, William, Lord Chief Justice 威廉·德·格雷，首席大法官，92

Deleuze, Gilles 吉尔·德勒兹，340

Delaware 特拉华州，69

Delprat (French journalist) 德尔普拉特（法国记者），103-4

democracy and copyright 民主与版权，49，386-87，397；and creativity 民主与创造，237-38

Denmark 丹麦，32，41，196

Depression, Great 大萧条，214

derivative works 衍生作品，5，127，132，134，135，144，157，194，228，272，318

Derrida, Jacques 雅克·德里达，371，506n275

索 引 **451**

descendants: moral rights of 人身权的继承人，127，152-53，166，232；suppressing works 压制作品，140，141，160

descendants' interest in works 后代作品权益，30，35，42，43，52，55，79，123；in Gierke 奥托·冯·吉尔克，109

descendants' rights 继承人的权利，74，99-103，253-57，152，228，260；in France 法国，195，206，211；in Germany 德国，211；two generations of 两代，247

Desforges, Régine 雷吉娜·德佛尔治，134

destruction of work 损害作品，33，150-51，235-36，240，420n101，471n236

Deutsche Bank 德意志银行，366

Deutsche Digitale Bibliothek 德意志数字图书馆，363

developing nations 发展中国家，19；and compulsory licensing 强制许可，28，139，274；and databases 数据库，305；and intellectual property 知识产权，274-77，291，393；and global trade 全球贸易，276-77

Deveria, Achille 阿齐勒·德维利亚，41

Dickens, Charles 查尔斯·狄更斯，7，51，116，117，121，323，386，389

Dickinson, Emily 艾米莉·狄金森，31

Diderot, Denis 德尼·狄德罗，59，60，61，63，357

digital content: marketing of 数字内容市场，266；sales of, 销售，355；second-hand, 二手市场，268

Digital Freedom Campaign 数字自由运动，293

Digital Future Coalition 数字未来联盟，299

digital millennialists 数字千禧一代，21，318，329，397

Digital Millennium Copyright Act. 见 DMCA《数字千年版权法案》

digital revolution 数字革命，12，265-69

digital rights management 数字版权管理，12，282，286，306，307-8，335

digital technology 数字技术，12，263，391；aesthetic effects of 美学效果，269-73；business models of 商业模式，266-67

digiterati 信息精英，322，327，329

digitization 数字化，307

dignity 尊严，165

Dill, Clarence 克莱伦斯·迪尔，214

Dingell, John 约翰·丁格尔，285

Directive on Digitization of Orphan Works，EU（2012）《欧盟孤儿作品指令》（2012年），369

disclaimers, for moral rights 精神权利豁免作品，234

disclosure right 披露权，29-31，105，147-49，167，206，419n78；in Berne 伯尔尼，168，203，309-10；in Germany 德国，180，209；in UK 英国，227

disco music 迪斯科音乐，46

Disney Corporation 迪士尼公司，11，37，248，272，291，326；cartoons 卡通，41

dissertation presses. 见 publishers，dissertation 论文出版

dissertations，Germany 德国博士论文，367

distributed networks 分布式网络，327

divorce 离婚，29，105；and copyright 版权，102，151，153

divulgation. 见 disclosure 披露

DMCA《数字千年版权法案》，283-88，293，298，307，335，339；put-back requirement 恢复要求，308

doctrine of waste 不动产毁损原则，227

Dogme school of filmmaking 道格玛电影共同体，41

Dognée，Eugene Marie 尤金·玛丽·多格内，123

Dogs 狗，93，227

domaine public payant 公共领域支付机构，204，213

domestic content rules 国内广播产业规定，301，360

Donaldson v. Beckett 唐森诉贝克特 67，68，69，71，71，74，91，92，94，128，160，241，324，383

doppelte Lottchen，*Das*（Kästner），348《两个小洛特》（埃里希·卡斯特纳）

dot-com sector 网络行业，294

downloading 下载，271，275，319，336，337-38，341；in France 法国，351，354-55；peer-to-peer 点对点，12，294，309，331，332，336

dramatizations 戏剧作品，97，127，132，156

Dreimäderlhaus，*Das*（Berté）《三女之家》（海因里希·贝尔特），185

Dresden 德累斯顿，47

Dreyfus Affair 德莱弗斯案件，152

Drinan，Robert 罗伯特·德里南，136

droit de suite 追续权，29，203，211，236，255，304

droit moral. 见 moral rights 精神权利

Drone，Eaton 伊顿·卓恩，134

Drummond，Henry 亨利·德拉蒙德，229

Dublin 都柏林，2

Duchamp，Marcel 马塞尔·杜尚，34，271

Duguit，Leon 莱昂·杜吉特，459n209

Dühring，Eugen 欧根·杜林，123

Dumas，Roland 罗兰·杜马斯，222

Dupin，André 安德烈·杜宾，75

DVDs 数字化视频光盘，267，283，293，294，320，331，355

Dwelshauvers, Georges 乔治·德韦尔肖弗斯, 40

Dylan, Bob 鲍勃·迪伦, 255

easements 地役权, 146

East Bloc 东方集团国家, 12, 193, 201, 313, 358, 382

East Coast, US 美国东海岸, 116, 119, 161

Eastwood, Clint 克林特·伊斯特伍德, 360

Eaton Centre, Toronto 多伦多伊顿中心, 40

e-books 电子书, 268, 272, 284

economic rights. 见 exploitation rights 财产权

Edelman, Bernard 伯纳德·埃德尔曼, 45, 426n20, 430n89, 492n271

Eden, Lord and Lady 伊登先生和夫人, 148

Edinburgh Review《爱丁堡评论》, 119, 231, 336

Edison, Thomas 托马斯·爱迪生, 276

editions, of books 书籍版本, 55, 80, 117

editors 编辑, 33, 157, 234, 235

education, mass 大众教育, 113-15, 124, 125, 397

educational institutions 教育机构, 252, 292, 296, 297, 371, 388, 408

Eggleston, Edward 爱德华·艾格斯通, 120

Egypt 埃及, 242

《8½》(Fellini)《8½》(费德里柯·费里尼), 40

Eldon, Lord 埃尔顿爵士, 90

Eldred v. Ashcroft 美国 Eldred v. Ashcroft 诉讼案, 23, 251, 290, 332

Eliot, T. S. 艾略特, 31, 169, 270, 374

Ellington, Duke 艾灵顿公爵, 46

Ellis, Edward S. 爱德华·埃利斯, 31

Elmgreen and Dragset 埃尔姆林和挪威人尹格尔·德拉塞特, 6

Elsevier 爱思唯尔, 296, 366

Elster, Alexander 亚历山大·埃尔斯特, 175, 193, 463n52

Elysée Agreement, France (2007) 法国《爱丽舍宫协议》(2007 年), 355

Emerson, Ralph Waldo 拉尔夫·沃尔多·爱默生, 231, 374

Emil and the Detectives (Kästner)《埃米尔与侦探》(埃里希·卡斯特纳), 348

employee rights to works 作品雇员权利, 158, 211

employer as author. 见 corporate authorship 企业作者

employers 雇主, 11, 158

enclosure movement 圈地运动, 323

encryption 加密, 335; research 加密研究, 292

encyclopedias 百科全书，93，217，218，221，234

Endgame（Beckett）《终局》（塞缪尔·贝克特），2

England, as model for French 法国以英格兰为模范，75

Engravers' Act, UK (1735)《英国雕刻法案》（1735年），86，90，227

engravings 雕刻，84，86-87，92，127，132，228，320

Enlightenment 启蒙运动，6，11，44，319，382，387

entertainment industry 娱乐产业，16。同见 content industries

Enzensberger, Hans Magnus 汉斯·马格努斯·恩岑斯贝格尔，344，421n117

equitable remuneration 见 compulsory licensing 公平报酬.

Erhard, Ludwig 路德维希·艾哈德，397

Eriksen, Edward 爱德华·埃里克森，6

EU 欧盟，19，138，230，252，301，303，381; extension of term in, 1993 欧盟版权保护延长期限（1993年），242，244，247，248，254，257，304; free market ideology of 欧盟自由市场，302; harmonization of rights within 欧盟内部权力意志，303-4，310，313，349，379; as initiator in intellectual property developments 欧盟作为知识产权运动发起者，302-3; as universal model 欧盟成为全球典范，379

EU Software Directive《欧盟软件指令》，28，224，304

Euripides 欧里庇得斯，270

Eurocentrism 欧洲中心主义，349

European Commission 欧盟委员会，50，257，305，306，337，358，363

European Court of Human Rights 欧洲人权法院，381

European culture, economic worth of 欧洲文化经济价值，305-6

European Parliament 欧洲议会，257，306，358，392

European Union. 见 EU 欧盟

Europeana 全欧洲数字聚合平台，363

Eurovision Song Contest 欧洲歌唱大赛，341

Evans, Walker 沃克·埃文斯，328

exceptions to author's exclusive rights 作者专有权例外. 见 fair use 合理使用

excerpts 摘录，137，310

exclusive rights, author's 作者专有权，27，138，160，182，267，351; in digital age 数字时代，281

Exhaustion of Rights 权利用尽。见 First Sale 首次销售

exhibition rights 展览权，211

exploitation rights 经济权利，29，72，76，88，94，100，108-9，127，228; in France 法国，145，151，206; in Germany 德国，145-46，211，223

Expressionism 表现主义，171

Fables（La Fontaine）《寓言》（拉·封丹），58，61

fair abridgement 合理缩编，135

fair dealing. 见 fair use 合理使用

fair use 合理使用，21，27，126，128，134，135-38；in Continental nations 大陆法系国家，137-38，144，347，363；copying 复制，137，298；in digital age 数字时代，280-81，289，306，308-13；and digital technology 数字技术，266；and DMCA《数字千年版权法案》，283-84，285-87，296；educational exceptions to 教育例外，138；exemptions in US to 美国例外，136，387；in France 法国，194，208，351，369；in Germany 德国，124，158，186，211-12；and GoogleBooks project 谷歌图书计划合理使用，368；and handicapped 残疾人合理使用，281，309，311-12，350，368；and performances 表演合理使用，135，212；in UK 英国，137，160；of unpublished works 未发表作品合理使用，220，312

family, authors'. 见 descendants' rights

fan fiction 同人小说，328

Fantasia（Disney）《幻想曲》（迪士尼），37

Farrer, Thomas 托马斯·亨利·法雷尔，36，84，112

Fascism 法西斯主义，10，29；and copyright 版权，50，168

fascist. 见 Nazi 法西斯

Fascist Italy, copyright laws 法西斯意大利的《版权法》，35，42，145，163，184，194

Faulkner, William 威廉·福克纳，374

Faust（Gounod），372《浮士德》（夏尔·古诺）

Feinstein, Diane 黛安娜·范斯坦，254

Feist Publications v. Rural Telephone Service Co 费斯特出版公司诉乡村电话公司案，28，251

Fellini, Federico 费德里柯·费里尼，40

Fenning, Karl 卡尔·芬宁，250

Fermoy, 1st Baron 第一代弗莫伊男爵（爱德蒙·罗什），33

Fern, Fanny 范妮·芬，229

feudalism, and property，封建制度下的财产观，399-400，403-4

Feuerbach, Ludwig 路德维希·费尔巴哈，184

fiber optics 光纤，293

Fichte, Johann Gottlieb 约翰·戈特利布·费希特，77-79，87，106-7，129，144，145，199，324，383

file sharing 文件共享。见 downloading 下载

Fille de Madame Angot, La（Lecocq），151《昂戈夫人的女儿》（查尔斯·莱科克）

film: as collective works, 作为集体作品的电影，93，221-22，228；and copyright ownership 版权所有权，48，187-91；economic importance of 电影的经济重要性，188；in France 法国，187；integrity right of 电影完整权，48；under Nazism 纳粹，163，180，186-91；as new medium 新媒介，169；producer as author 制片人作者，188-89，222-24；rental right of 电影出租权，268，

279，292；rights of producers 制片人权利，164，187-91，196，221-23，224；screenwriters 编剧，48，187-88；silent 默片，48，168；talkies 对白，187，222；3-D，三维立体 48；US 美国，215

film adaptation of works 电影改编作品，233

film director 电影导演，48，187-91；as author 导演作者，1，222；moral rights of 精神权利，221

FilmFernsehFonds Bayern 德国巴州电视电影促进基金会，325

film industry，in digital age 数字电影产业，296-97 参见 content industries 内容产业

Film Preservation Board，US 美国国家电影保护局，239

Fine Art Copyright Act，UK (1862)《英国美术版权法案》(1862)，33，90，93，227

Firebird（Stravinsky）《火鸟》（伊戈尔·斯特拉文斯基），37

First Sale 首次销售，267-68，281，284

First World War 第一次世界大战，169，201，246

first-mover advantage 先发优势，332，360

Fish，Stanley 斯坦利·菲什，338

Flarf poets 弗拉夫派诗人，328

Fleet Street 舰队街，233

Fleming，William 威廉·弗莱明，229

Fleurs du Mal，Les（Baudelaire），38《恶之花》（查尔斯·波德莱尔）

Flightstop（Snow），40《飞行停止》雕塑（迈克尔·斯诺）

FNAC 法国国家经理人采购联盟，355

Förster-Nietzsche，Elisabeth 伊丽莎白·弗斯特-尼采，38

Folklore 民间文学艺术，274

Folsom v. March 福索姆诉马什案，133，135

Fonda，Jane 简·方达，42

Fontane，Theodor 西奥多·冯塔纳，124

Ford，John 约翰·福特，226

Formalities 版权手续，4，21，24-25，136，387；in Berne 伯尔尼，156，159，160，257-59；in France 法国，194，207-8；in UK 英国，159；in US 美国，160-61，213，216，219，239，241，256

Forman，Milos 米洛斯·福曼，26，237

Foucault，Michel 米歇尔·福柯，31，371

founding fathers，US 美国开国元勋，114

Fountain（Duchamp）《泉》（马塞尔·杜尚），34

fountains，public 公共喷泉，33

4'33"（Cage）《4分33秒》（约翰·凯奇），39

Fourth Republic，France 法兰西第四共和国，204

Fraktur 德文黑体字，48

France, Anatole 阿纳托尔·法朗士，31，148

Franchises 特许经营权，8

Frank, Barney 巴尼·弗兰克，285

Frank, Hans 汉斯·弗兰克，192

Frankfurt 法兰克福，47

Frankfurt school 法兰克福学派，184，201，343

Franklin, Benjamin 本杰明·富兰克林，402

Frederick V of Denmark 丹麦弗雷德里克五世，375

Frederick the Great 腓特烈大帝，36

free speech 言论自由，378，381

free trade 自由贸易，110，115，123，291，387，392；in culture，301，321

French Revolution 法国大革命，7，17，44，73-76，102，109，123，132，164，173，353，402

frescos 壁画，150，167，312，240，312

Führerprinzip 领导原则，181，193

Full Metal Jacket（Kubrick）《全金属外壳》（斯坦利·库布里克），40

Furtwängler, Wilhelm 威廉·富特文格勒，171

Futurists 未来主义者，168-69

Gallica 法国国家数字图书馆，363

gaming. 见 computer games. 电脑游戏

Garcia Marquez, Gabriel 加布里埃尔·加西亚·马尔克斯，37

Gareis, Carl 卡尔·加里斯，107

GATT《关税及贸易总协定》，236，264，275，279，291，300，301

Gay-Lussac, Joseph 约瑟夫·盖-吕萨克，98

Geiger, Christophe 克里斯托弗·盖革，416n25

geistiges Eigentum 知识产权（德文），107，129，246

General Agreement on Tariffs and Trade. 见 GATT

genetically modified organisms 转基因生物，302

genius 天才，15，68，131，172，173，373

Gephardt, Richard 理查德·盖法特，46，48

Germania 3: Gespenster am toten Mann（Müller）戏剧《日耳曼 3：亡魂》，（海纳·穆勒），348

Germanic law 日耳曼法，172，176，193

German national anthem 德国国歌，185

Gershwin, George and Ira 伊拉·格什温和乔治·格什温，5；heirs of 两兄弟继承人，39

Getz, Stan 斯坦·盖茨，271

Ghostwriters 代笔者，30，232

Giannini，Amedeo 阿米德奥·吉安妮尼，449n9

Gierke，Otto von 奥托·弗里德里希·冯·吉尔克，108-9，459n229

Gilbert and Sullivan 史蒂夫·吉尔伯特和亚瑟·沙利文，113，226

Ginsburg，Jane 简·金斯伯格，49，233，333，334，427n29，435n112

Ginsburg，Ruth Bader 鲁斯·巴德·金斯伯格，251，290

Globalization 全球化，21；of intellectual property regulation 知识产权规则全球化，24，379

God 上帝，56，88

Goebbels，Joseph 保罗·约瑟夫·戈培尔，170，171，174，184，186

Goethe，Johann Wolfgang von 约翰·沃尔夫冈·冯·歌德，5，36，118，123，124，125，246，375

Goldbaum，Wenzel 温泽尔·戈德鲍姆，187

Goldman，Bo 博·戈德曼，238

Goldsmith，Kenneth 肯尼思·戈德史密斯，271

Goldstein，Paul 保罗·戈斯汀，416n34

Gone with the Wind（Mitchell）《飘》（玛格丽特·米切尔），134

Goodwill 商誉，8

Google 谷歌，287，293，295，343，364，369，381，382；Google Books project 谷歌图书计划，214，310，329，345，359-65，368，376；Google Books settlement 谷歌图书协议，363，367-68；in France 法国，368-69

Gospels of Matthew，Mark，Luke，and John 马太福音书、马可福音书、路加福音书和约翰福音书，41

Gounod，Charles，夏尔·古诺，371

Gowers Report，UK（2006）英国《高尔斯知识产权报告》（2006年），441n63

Goya，Francisco 弗朗西斯科·戈雅，272

graduated response to infringement，France 法国对侵权行为的逐步回应，354，356

graffiti 涂鸦，150

graphic arts 形象艺术，90

Grateful Dead 感恩至死乐队，322，377

Gray v. Russell 格雷诉罗素案，133

Great Dictator（Chaplin）《大独裁者》（卓别林），40

Great Expectations（Dickens）《远大前程》（查尔斯·狄更斯），7

Great Ormond Street Hospital for Children 伦敦大奥蒙德街儿童医院，23

Green Party 绿党，306，351，356；ideology of 意识形态，165，342

Greenberg，Clement 克莱门特·格林伯格，33

Gregory Committee，UK（1952）英国格雷戈里委员会（1952年），225，232

Grieg，Edvard 爱德华·格里格，46

索　引　459

Grieg Fund 格里格基金会，46

Griffith, D. W. 大卫·格里菲斯，39

Grimm brothers 格林兄弟，41，243，275

Grokster. 见 MGM Studios v. Grokster

Grolier's 格罗里尔公司，376

group work 团队作品，328

Grub Street 格拉布街，323

Guatemala 危地马拉，23，242

Guattari, Félix, 340 菲利克斯·瓜塔里，340

Gucci 古驰，18

Guilds 工会，59

Guillou, Jan 杨·库卢，344

Guinan, James J. 詹姆斯·J. 吉南. 485n130

Guino, Richard 理查德·吉诺，270

Guizot, François 弗朗索瓦·基佐，117

Gurtner, Franz 弗朗茨·古尔特纳，185

Gutenberg, Johannes 约翰·古腾堡，263，320，361

Guttenberg, Karl-Theodor zu 卡尔-西奥多·祖·古滕贝格，338

Gyles v. Wilcox 吉勒斯诉威尔考克斯，91

Habermas, Jurgen 尤尔根·哈贝马斯，343

Hackers 电脑黑客，12，21，318，335，336，387

HADOPI law, France《法国互联网知识产权保护法案》，356-57

Hajek, Otto Herbert 奥托·赫伯特·哈耶克，34

Hale, Mrs. Herbert Dudley 赫伯特·达德利·黑尔夫人，148

Hamilton, Ian 罗伯特·伊恩·汉密尔顿，220

Hamish Hamilton 哈米什·汉密尔顿有限公司（企鹅），39

Hammett, Dashiell 达希尔·哈米特，374

Hardinge, Lord 哈丁格勋爵，221

Hardwicke, Lord 哈德维克勋爵，91

Hardy, Thomas 托马斯·哈代，31

Hargrave, Francis 弗朗西斯·哈格雷夫，87

Hargreaves Report，UK (2011) 英国《哈格里夫斯报告》（2011年），309，337

harm. 见 damage（s）

Harper, publishers 哈珀出版公司，118，436n132

Harvard University 哈佛大学，374，376

Hatch, Orrin 奥林·哈奇，238，254

Hausmusik 家庭音乐（德语），125，186

Hawthorne, Nathaniel 纳撒尼尔·霍桑，231，374

Hegel, Georg W. F. 格奥尔格·威廉·弗里德里希·黑格尔，191；and property 财产，404

Hegemann, Helene 海伦妮·黑格曼，338

Heidelberg Appeal (2009)《海德堡宣言》(2009年)，343，347

Heine, Heinrich 海因里希·海涅，7，184

heirs. 见 descendants

Helprin, Mark 马克·赫尔普林，271，376，377

Hemingway, Ernest 欧内斯特·米勒·海明威，38

Hemingway, Seán, 希恩·海明威，38

Henriade (Voltaire)《亨利亚德》(伏尔泰)，87

Henry of Navarre 亨利四世，87

Herbert, Victor 维克托·赫伯特，139

Héricourt, Louis d' 路易斯·赫里科特，58，60

Hess, Gabriel 加布里埃尔·赫斯，216

Hesse, Grand Duchy of 黑森大公国，80

high culture 高等文化，16

high tech industries. 见 Silicon Valley 高科技产业

hip-hop 嘻哈，327

History of England (Macaulay)《詹姆斯二世以降英格兰史》(麦考利)，117

History of France (Guizot)《法国文明史》(弗朗索瓦·基佐)，117

Hitler, Adolf 阿道夫·希特勒，170，173，174，178，179，202，209，452n59

HIV drugs 艾滋病药物，274

hive mind 蜂巢思维，324，329

Hoffmann, Willy 威利·霍夫曼，143，175-76，179，180，182，185，189，193

Hogarth, William 威廉·霍加斯，86

Holland 荷兰，2，23，202，242，276，302，314，326，347，393

Hollande, François 弗朗索瓦·奥朗德，502n178

Hollywood 好莱坞，11，12，32，37，49，50，201，215，217，226，230，236，237，238，239，243，248，254，261，264，278，294，299，374，388，390；and France 法国，353；and intellectual property campaigns 知识产权运动，293，373；as smaller than university world 规模比大学小，408

Holmes, Oliver Wendell 奥利弗·温德尔·霍姆斯，403

Holst, Gustav 古斯塔夫·霍尔斯特，41

Holy Roman Empire 神圣罗马帝国，400

home electronics manufacturers 家用电子制造商，292

Home Recording Rights Coalition 家庭录音权利联盟，293

Homer 荷马，270，326，329

homestyle exception，TRIPs TRIPs 协议中的家庭例外，252，301，310

honor 荣誉，32，145，165，167，173，177，203，234；in digital age 数字时代，272；Nazi view of 纳粹观点，176-77，183

Horkheimer，Max 马克思·霍克海默，343

Horst Wessel song 《霍斯特·威塞尔之歌》，185

Hotten，John Camden 约翰·卡姆登·霍滕，121

House of Commons 下议院（英国），86

House of Lords 上议院，67，68，221，232，233，234

House of Representatives，US 美国众议院，120，250

Hubbard，Gardiner 加德纳·哈伯德，114

Hubbard，L. Ron L 罗恩·哈伯德，220

Hughes，Charles Evans 查尔斯·埃文斯·休斯，250

Hughes，Howard 霍华德·休斯，468n171

Hugo，Jean 让·雨果，43

Hugo，Marguerite 玛格丽特·雨果，43

Hugo，Pierre 皮埃尔·雨果，43

Hugo，Victor 维克多·雨果，5，35，36，43-44，75，123，141，154，243，347，351

human rights，authors rights as 作为人权的作者权利，44，166

Humboldt University，Berlin 柏林洪堡大学，505n253

Hume，David 大卫·休谟，402

Hungary 匈牙利，338

Hunterian Art Gallery，Glasgow 亨特博物馆（格拉斯哥），445n148

Huston，John 约翰·休斯敦，1，45，48

Huysmans，J. K. J. K. 于斯曼，375

Hypertext 超文本，377

IBM 国际商业机器公司，236

Ibsen，Henrik 亨里克·易卜生，375

idea/expression distinction 独特的思想表达 86-87，90，106，284；blurring of 模糊，126，132，134，348

ideas，ownership of 创意所有权，86；rights to，126 创意权利

Immigrants 移民，114；German 德国，118

immoral works 不道德的作品，89

impressions of books. 见 editions

inalienability of rights 不可转让，127，145，152，180，193，202，205，234

incidental use 附带使用，312-13

India 印度，117，155，275，277，301

industrial designs 工业设计，279

Information Infrastructure Task force 信息基础设施工作组，280

Information Society Directive，EU2001《欧盟信息社会指令》（2001），130，138，307，309，310，311，312，314，339；and fair Use 合理使用，347；implementation in France 在法国执行，350，364

Infringement 侵权行为，27，139

Inheritance 遗产继承，29，101-2，111，151；law，100-101

Injuria《伤害》，107

integrated circuit layouts 集成电路布局，279

integrity right 完整权 29，32-34，43，73，78，91，149-51；in Berne 伯尔尼，168；and compulsory licensing 强制许可，139；under fascism 法西斯，165，174；in France 法国，96-97，104，105，206；in Germany 德国，108-9，157，172，180，189，209；and globalization 全球化，272；and postmodernism 后现代主义，271-72；in UK 英国，227，228，234；US 美国，228

Intel 英特尔公司，295

intellectual property：assignable 知识财产转让，58，60，61；campaigns in defense of 抵抗运动，293；economic role 经济角色，18，232，235，275-76，278-29，300-302；enforcement of 实施，19；as expression of personality 人格表达，87，128-29；in Germany 德国，107；globalization of 全球化，264，273-78；importing and exporting of 进出口，161，231，235，238，274，275，278，291，393-94，406；as primary form of property 财产主要形式，58-59；trade in 贸易，273-80

Intellectual Property Protection Act，US（2006）《美国知识产权保护法案（2006年）》，300

intellectual property rights 知识产权，21，63-64，242，394

interactive works 互动作品，272，273

interest groups and copyright 版权利益群体，51

international copyright，in US 美国国际版权，114-17，119，120-22，124，125，160，162，231

International Film Congress（1935）国际电影大会（1935年），186

International Literary and Artistic Association 国际文学艺术协会，144

International Literary Congress，Paris（1878）1878年巴黎国际文学大会，35，43，84，95，123；and Berne Union 伯尔尼联盟，154

international organizations and copyright 版权国际组织，392-93

International Sanitary Conferences 国际卫生大会，155

International Telegraph Union 国际电报联盟，155

internauts. 见 born-digital generation 数字原生代

Internet 互联网，21，266，267，273，282，321，343，357，358

internet industries. 见 Silicon Valley 网络产业

internet providers, liability 互联网提供商责任, 281, 282, 286, 308

Interoperability 互操作性, 286, 354

Interpreters 翻译者, 30, 32, 40, 44, 46

Intertextuality 互文性, 270

Inventions 发明, 60, 63

Inventors 发明者, 131, 192

iPod 苹果便携式播放器, 354

Iran 伊朗, 296

Iron Curtain 铁幕, 359

Iron Curtain, The (film)《铁幕》(电影), 1

Irving, Washington 华盛顿·欧文, 120, 231, 324, 371, 374

It Takes Two (film)《好事成双》(电影), 348

Italian Society of Authors and Publishers 意大利作家和出版商协会, 247

Italy 意大利, 29, 32, 35, 165, 202, 242, 277

Ives, Charles 查尔斯·艾夫斯, 374

Jacksonian politics 杰克逊主义民主党, 115, 321

James, Henry 亨利·詹姆斯, 215

Jamin, Maxime 马克西姆·雅明, 206

Japan 日本, 19, 276, 280, 300

Jaszi, Peter 皮特·贾斯, 299

Jaws (Spielberg)《大白鲨》(斯皮尔伯格), 135

Jeanneney, Jean-Noel 让-诺尔·詹尼, 363, 365

Jefferson, Thomas 托马斯·杰斐逊, 64, 69, 245, 359, 400, 403; and property 财产观, 71

Jerrold, Douglas 道格拉斯·杰罗德, 90

Jews: and modernism 现代主义犹太人, 169; under Nazism 纳粹主义, 174, 188, 214-15

Joan of Arc 圣女贞德, 36

Johnson, Samuel 塞缪尔·约翰逊, 73

Journalists 记者, 138, 158, 194, 208, 233, 237, 257, 285, 323

journals. 见 periodicals

Joyce, James 詹姆斯·乔伊斯, 39, 256, 270

Joyce, Stephen 斯蒂芬·乔伊斯, 39, 259, 272

JSTOR 社会科学期刊在线数据库, 331, 388

Judiciary Committee: of the House of Representatives 众议院司法委员会, 285; of the Senate 参议院, 378

Jukeboxes 点唱机, 139, 238

July Monarchy, France 法国七月王朝（1830-1848），64，83，87，97，98，101，109，129，164，205，242，245，255，298，324，387

Jünger, Ernst 恩斯特·荣格，169

Juvenilia 少年时代作品，99，105，149

Juvisy, France 法国瑞维西，150

Kafka, Franz 弗兰兹·卡夫卡，31，375

Kant, Immanuel 伊曼纽尔·康德，77-78，03，106，108，129，144，145，199，383

Karjala, Denis 丹尼斯·卡亚拉，242，381

Kastenmeier, Robert 罗伯特·卡斯滕迈尔，235

Kästner, Erich 埃里希·卡斯特纳，348

Keats, John 约翰·济慈，230

Kehr, Ludwig Christian 路德维希·克里斯蒂安·凯尔，321

Keidan, Jonathan 乔纳森·基丹，39

Kelly, Kevin 凯文·凯利，329，364，376

Kennedy, Ted 泰德·肯尼迪，252

Kentucky 肯塔基州，161

Kilroe, Edwin P. 埃德温·P·基洛，231

kings of Cultureburg 文化三山，33

Kipling, Rudyard 鲁德亚德·吉卜林，37

Kiss 美国吻乐队，377

KKK 三K党（Ku Klux Klan），40

Klimt, Gustav 古斯塔夫·克里姆特，477n339

Klippenberger, Martin 马丁·基彭贝尔格，34

Klopstock, Friedrich 弗里德里希·克洛普斯托克，375

know-how 商业秘密，18

Koch-Mehrin, Silvana 锡尔弗纳·库奇·梅琳，498n106

Kohl, Helmut 赫尔穆特·科尔，498n106

Kohl, Herb 赫伯·科尔，255

Kohler, Josef 约瑟夫·科勒，107-8，128，129，141，146，459n229

Koons, Jeff 杰夫·昆斯，137，371

Kopsch, Julius 尤利乌斯·科普施，143，175-76，179，180，193，322

Kostabi, Mark 马克·科斯塔比，271

Kramer, Wilhelm August 威廉·奥古斯托·克莱默，106-7，324，479n17

Kubrick, Stanley 斯坦利·库布里克，40

La Fontaine, Jean de 让·德·拉·封丹，58，61

labor theory of property 劳动财产理论，53，55，58

Laboulaye, Edouard 爱德华·拉沃拉叶，81

Lacordaire, Jean-Baptiste 让-巴蒂斯特·拉科达尔，147

Lagauche, Serge 塞尔日·拉戈赫，337

laissez-faire 自由放任，110，356

Lakanal, Joseph 约瑟夫·拉卡纳尔，59，102，255

Lake Poets 湖畔诗人，89

Lamartine, Alphonse de 阿尔方斯·德·拉马丁，98-103，122，140，151，162，165，243，245，247，255，375，396

Lamennais, Hugues-Félicité 乌格斯·罗伯特·德·拉梅内，35

Lammer, Norbert 诺贝特·拉姆，498n106

Landelle, Guillaume de la 纪尧姆·德拉·兰德尔，95

land reform, England, 1925 1925年英格兰的土地改革，400

land. 见 real estate

Landseer, Charles 查尔斯·兰德希尔，227

Landseer, Edwin 埃德温·兰德希尔，227

Lang, Jack 杰克·朗，502n178

Lanier, Jaron 杰伦·拉尼尔，376

Larkin, Philip 菲利普·拉金，31，375

Latin 拉丁文，89，157

Lavenas 拉文亚斯，149

Lavergne, Leonce de 莱昂斯·德·拉弗涅，122

law and economics approach to copyright 版权的法律经济学方法，288-91，333

law of nature 自然法则，69

Law on Musical Performance Rights, Germany (1933)《德国音乐表演权利法案》，186

Law on Peasant Estates, Germany (1933)《德国土地遗产法案》，182-83

Law on the Digitization of Out-of-Print Works, France (2012)《法国绝版作品数字化法案》，35，369

Law on the Rights of Descendants, France (14 July 1866)《德国后代权利法案》，105，144

law professors 法学教授，45，299，319，327，332-33；in Europe 欧洲，339-40，346-47

Lea, Henry Charles 亨利·查尔斯·利亚，71

League of Nations 国际联盟，393

Leahy, Patrick 帕特里克·莱希，252

leasing of digital works 租赁（数字作品），268

Le Chapelier, Isaac 艾萨克·勒·沙普利埃，59，62，75，205，353

Leclerc, bookseller 书商莱克，60

Lecocq, Charles 查尔斯·莱科克，151

Lectures 演讲，137-38，208，258

Leeds Music Corporation 利兹音乐公司，37

left-wing partiesand copyright 左翼党派（版权观），201，306，319，342-44，349-57，373，378，391-92，396，398

legal profession. 见 law professors

Léger，Fernand 弗尔南·莱热，40

Leggett，William 威廉·勒格特，321

Legrand，Marc-Antoine 马克-安托万·勒格朗，75

Lehman，Bruce 布鲁斯·莱曼，280，299

Lemerre，Alphonse 阿尔方斯·勒梅尔，148

Lepore，Jill 吉尔·勒波尔，388

Lessig，Lawrence 劳伦斯·莱西格，23，387，475n313

Lessing，Gotthard 戈塔德·莱辛，375，430n96

letters 书信，86，127，133

Leverkusen，West Germany 西德勒沃库森，34

Levi，Carlo 卡洛·列维，375

Levi，Leone 利昂纳·莱维，51

Levi，Primo 普里莫·列维，375

Levine，Sherrie 谢莉·莱文，328

Lewis，C. S. 克利夫·斯特普尔斯·刘易斯，375

Lewis，Jerry 杰瑞·刘易斯，237

Lewis，Wyndham 温德姆·刘易斯，169

Lherbette，Armand Jacques 阿芒德·雅各·赫伯特，99

Liaisons dangereuses，Les（Vadim）《危险关系》（罗杰·瓦迪姆），42

Libel 诽谤，37，166，226

liberals 自由党，306

libertarianism, US 美国自由主义，378

Librarian/Library of Congress 国会图书馆馆员，219，239，285-86，310，362

Librarians 图书馆员，219，231，280，318，340

Libraries 图书馆，97，136，252，267，285，286，292，297，305，310-11，312；budgets of 预算，311，366；collective intelligence of 集体智慧，329；digitizing 数字化，361-63，368；and e-books 电子书，268；lending 借阅，437n140；as publishers 出版商，361；universal 全球，382

library deposit of works 作品图书馆版本缴送制度，159，258

Licensing Act，UK (1662)《英国出版许可法案》(1662年)，66

Lieber，Francis 弗朗西斯·利伯，133

Liechtenstein 列支敦士登，381

Lieder 德国民谣（德语），5，158

Life of Johnson（Boswell）《约翰逊传》，38

Light that Failed, The（Kipling）《消失的光线》（鲁德亚德·吉卜林），37

"Lili Marleen"《莉莉·玛琳》，164

Linda, Solomon 所罗门·琳达，481n55

Linguet, Simon 西蒙·林格特，61，96

Lion King（Disney）《狮子王》（迪士尼），275

Liquid Feedback 流动反馈，342

Lisbon Agenda, EU《里斯本议程》，302

Liszt, Franz 弗朗茨·李斯特，41

literacy 识字，113，117

literary property. 见 intellectual property 文学财产

literature, US 美国文学作品，119-20

Little Mermaid statue《小美人鱼》雕像，6

Locke, John 约翰·洛克，55-56，66，204，399；and ideas of property 财产观，66，76，146，217，384，402

logic of networks 网络逻辑，295，300，360

London 伦敦，2，39，55，118，119

Longfellow, Henry Wadsworth 亨利·沃兹沃思·朗费罗，231，374

Louisiana 路易斯安那州，401

Lowell, James Russell 詹姆斯·拉塞尔·洛威尔，120，374

lower middle classes and Nazis 独立中产阶级（纳粹时期），183-84

Lower Saxony 德国下萨克森州，338

Lucania, Italy 意大利卢卡尼亚，375

Lucas, George 乔治·卢卡斯，237

Luftmenschen 空想家（德语），25

Luftwaffe 空军（德语），40

Luther, Martin 马丁·路德，88

luxury brands 奢侈品牌，302

Lyon 里昂，55

Macaulay, Thomas Babington 托马斯·巴宾顿·麦考利，52，110，112，114，117，125，160，162，242，245，351，357-58，392，396

MacCarthy, Patrick 帕特里克·麦卡锡，39

Macleod, Henry Dunning 亨利·邓宁·麦克劳德，8

Macmillan, Alexander 亚历山大·麦克米伦，85

Mahler, Gustav 古斯塔夫·马勒，36

Maillard, Georges 乔治·麦拉德，144

Mainz, Germany 德国美茵茨，47

Mallet, Louis 路易斯·马莱特，111，322

Malskat, Lothar 洛萨·马尔斯卡特，270

Manet, Edouard 爱德华·马奈，41，270

Mansfield, 1st Earl of, Lord Chief Justice 曼斯菲尔德第一伯爵，首席大法官（威廉·默里），91，92

Mansfield, Katherine 凯瑟琳·曼斯菲尔德，31

manufacturing clause, US copyright 美国版权法的制造条款，122，160-61，213-15，219，231

Manuscripts 手稿，55，149，221，230

Manzoni, Alessandro 亚历山达罗·曼佐尼，35

Marinetti, Filippo 菲利波·马里内蒂，169

Marino Faliero, Doge of Venice (Byron)《威尼斯总督马里诺·法利埃罗》（拜伦），90

Marion, Simon 西蒙·马里昂，56

market, and works 作品市场，44，47，52，169，211，318，407

Martin, David 大卫·马丁，359

Marx, Karl 卡尔·马克思，320

Marxism/Marxists 马克思主义/马克思主义者，172，201，343

mash-ups 混搭，305，327

Masson. 见 B. Gaudichot, dit Michel Masson, c. Gaudichot fils

materialism, of modernity 现代性唯物主义，169，174，210

Mathews, Cornelius 科尼利厄斯·马修斯，373

Matignon Agreements《马提翁协定》，194

Matisse, Henri 亨利·马蒂斯，102

Mattel Corporation 美泰公司，272

Matthew Effect 马太效应，360

Maugham, Robert 罗伯特·毛姆，133

Max Planck Institute for Intellectual Property and Competition Law, Munich 马克斯·普朗克知识产权与竞争法研究所（德国慕尼黑），346

Max und Moritz (Busch)，172《马克斯和莫里茨》（威廉·布施）

McGill, Meredith 梅雷迪斯·麦吉尔，435n103

McGraw-Hill 麦格劳-希尔，365

meaning of works 作品的意义，270，272

media, mass 同样参见 content industries 大众媒体，169-70，194，197，201，323，344.

medleys. 见 potpourris, musical 混成曲

Mein Kampf (Hitler)《我的奋斗》（希特勒），173

Méligny, Marthe de 玛莎·德·梅里妮，102

melody 旋律，139，184-85，212

Memories of My Melancholy Whores（Garcia Marquez）《苦妓回忆录》（加西亚·马尔克斯），37

Menken，Alan 亚伦·孟肯，476n326

Metallica 金属乐队，377，392

Metamorphoses（Ovid）《变形记》（奥维德），31

Metzger，Gustav 古斯塔夫·梅茨格，34，271

Mexico 墨西哥，23，242

MGM Studios v. Grokster 米高梅诉罗斯特案，269，294

Miami 迈阿密，2

Michael of Greece，Prince 希腊王子迈克尔，2，25，44

Mickey Mouse 米老鼠，248，302

Microfilming 缩微胶卷，214，361

Micropayments 小额支付，266

Microsoft Corporation 微软公司，478n1

Middleton，George 乔治·米德尔顿，187

Midwest，US 美国中西部，116

military and copyright 军方和版权，392

Mill，John Stuart 约翰·斯图尔特·密尔，402

Millar v. Taylor，米勒诉泰勒案（1769），35，63，67，85，91

Millet，Jean-François 让-弗朗索瓦·米勒，255

Mills，E. C. E. C. 米尔斯，215

Ministry of Interior：France 法国内政部，375；Germany 德国内政部，178，244

Ministry of Justice，Germany 德国司法部，177，179，180，182，184，187，188，189，209，223

Ministry of Popular Enlightenment and Propaganda，Germany 德国人民教育与宣传部，178

Misérables，*Les*（Hugo）《悲惨世界》（雨果），6，43，243，347

Mitchell，Margaret 玛格丽特·米切尔，134

Mitterand，François 弗朗索瓦·密特朗，222，375

Mitterand，Frederic 弗雷德里克·密特朗，501n160，503n213

Modernism 现代主义，168

modernist art 现代派艺术，171，450n29

Molière 莫里哀，46，75

Molinari，Gustave de 古斯塔夫·德·莫利纳里，124

Mona Lisa《蒙娜丽莎》，32，41，179

Monde，*Le*《法国世界报》，332

Monet，Claude 克劳德·莫奈，221，249

monopolies, publishing 出版垄断，62，63，65，66，69，70，73，83，110-11，115；in France 法国，75

monopoly, copyright as 作为垄断形式的版权，136，252，330

Montaigne, Michel de 米歇尔·德·蒙田，270

Moore, William Harrison 威廉·哈里森·穆尔，167

moral rights 精神权利，9，10，11，15-16，20，28-40；as based on nature 基于本质，128；collectivist view of 集体主义观，169，190-91，193；different approaches to 不同方法，145-46；in digital age 数字时代，314-16，319；early useof term 早期使用期限，100，146，157；in EU 欧盟，315，347；as extending property rights 权利扩展，146；and fascism 法西斯主义，164-65，168-69，197-98；as form of property 作为财产形式，33；in France 法国，83，147，370；in Germany 德国，124，147，156-57，209-10；origins of 产生，103；perpetual 永久版权，37，41，127，146，174，205-6；and postmodernism 后现代主义，270-71，273-74；as progressive 进步，47；and public interest 公共利益，51；in UK 英国，24，200，225-35，241；in US 美国，200，225-30，235-41；in US states 美国州政府，235-36；as waivable 豁免，232

Morillot, André 安德烈·莫里洛，29，105-6，128，147

Morrill, Justin 贾斯汀·摩利尔，114

Morse, Samuel 萨缪尔·摩尔斯，120

mortality statistics 死亡率统计，69

Motion Picture Association 电影协会，231，243，335，374

Motion Picture Producers and Distributors of America 美国电影制片人和经销商，216，232

Motown 汽车城，201，230

movies. 见 film

Mozart, Wolfgang Amadeus 沃尔夫冈·阿马德乌斯·莫扎特，4，32，46，271

MP3 压缩音频，323，336

Müller, Heiner 海纳·穆勒，348

Müller, Wilhelm 威廉·米勒，5

multimedia 多媒体，306

Munich 慕尼黑，34

murals. 见 frescos 壁画

Murdoch, Rupert 鲁伯特·默多克，296，366

Muret, Marc Antoine de 马克-安托万·德·莫雷特，56

Musée du Luxembourg 卢森堡博物馆，272

music 音乐，127；adaptation of 改编，230；Baroque 巴洛克音乐，49；in film，223；in Nazi Germany 纳粹德国，184-85；popular 流行音乐，184，212，232，469n194

musical performances 音乐表演，139，156，158

music boxes 音乐盒，141-44，156

music industry 音乐产业，293，294，295-96. 参见 content industry；music publishers

Music of Changes（Cage）《变化的音乐》（约翰·凯奇），271

music publishers 音乐出版商，141-44

Music Publishers' Association, UK 英国音乐出版商协会，243

music scores 乐谱，128，311

Musikalisches Würfelspiel（Mozart）小步舞曲自动生成器（莫扎特），271

Mussolini, Benito 贝尼托·墨索里尼，163，164，165，396

Naples 那不勒斯，124

Napoleon I 拿破仑一世，245，404

Napoleon III 拿破仑三世，141，246，320

Napoleonic Code《拿破仑法典》，6，83，94，105，150，194，401，404，405; and property 财产，98，100-101，206，260，396

Napoleonic era 拿破仑时代，96

Napster 点对点下载网站，294

Narrenschiff, Das（Brant）《愚人船》（塞巴斯蒂安·布兰特），88

Nashville 纳什维尔，2，201，230，278

National Assembly, France 国民议会，59，195，353，357，370

National Association of Broadcasters 全国广播协会，214

National Cable Television Association 全国有线电视协会，236

National Convention, France, 法国国民大会 59，255

National Film Preservation Act, 1988, US《美国电影保护法》（1988年），48，239

National Liberals, Germany 德国民族自由党，123，125

National Library of Medicine 国家医学图书馆，298

National Literary Fund, France 法国国家文学基金会，43

National Public Radio 国家公共广播电台，337

National Security Administration 国家安全局，335

National Socialist Lawyers' Federation 全国社会主义律师联合会，179-81，188

natural rights 自然权利，10，11，16，20，23，28，45，53，56，58，75，81，95，109，127，219-20; as basis of copyright 版权基础，63，64，65，69，72-73，288; and fair use 合理使用，137; in France 法国，128，204-5; in Germany 德国，76，79，128，130，197; as property 作为财产，398-99; and publishers 出版商，53，57; and slavery 奴隶制，116; to works 作品，84，94，144，146，258，259，347，381，384; to works, argument reverses 作品撤回主张，103，205; to works in UK 英国作品，110-11; to works in US 美国作品，119

Nature（periodical）《自然》（期刊），331

Nazis 纳粹，18，39，42; aesthetics of 纳粹美学，170-71; and big business 大工业，178，459n226; and compulsory licensing 强制许可，143-44，175-76，181，186，191; and copyright duration 版权保护期，125，163，183-84; and copyright reform 版权改革，183; and copyright tradition 传统版权，164；and moral rights 精神权利，170-77；party 党派，178；Party Congress of (1934) 纽伦堡党代会（1934年），171. 同见 fascism

Nazism. 见 fascism 纳粹主义

Nelson，Ted 泰德·尼尔森，377

Neoconservatism 新保守主义，289，344

Neustetel，Leopold Joseph 利奥波德·约瑟夫·诺斯特尔，107，322

New Deal 新政，176

New Republic（periodical）《新共和》（杂志），33

New World（periodical）《新世界》（周刊），118

New York 纽约州，44，235，401

New Yorker《纽约客》，377

New York Public Library 纽约公共图书馆，362

New York Times《纽约时报》，376

news reporting 新闻报道，137-38，156；in France 法国，208，312-13；in Germany 德国，158，313

newspapers，US 美国报纸，115，240，295

Newsweek《新闻周刊》，237

New Zealand 新西兰，166，182

Nicaragua 尼加拉瓜，242

Nicolai，Friedrich 弗里德里希·尼科莱，80

Nietzsche，Friedrich 弗里德里希·尼采，38

Night of 4 August 1789, France 1789年8月4日之夜——法国历史上的"神奇一夜"，75

Night of the Long Knives, Germany (1934) 德国"长刀之夜"（1934年），178

Nike 耐克，18

Nobel Prize 诺贝尔奖，328，365，485n127

No-Copyright Party, US 美国"无版权政党"，341

Nolde，Emil 埃米尔·诺尔德，170

noninfringing uses 非侵权使用，294

non-literal copying 非文字抄袭，134

nonrivalrous property 非竞争性财产，64，265

Nord，Philip 菲利浦·诺德，459n212

Norman Conquest 诺尔曼征服，399

North American Free Trade Agreement《北美自由贸易协定》，291，301

Norway 挪威，46，169，182，194

Norwegian Academy of Music 挪威音乐学院，46

Nuit du sérail，La (Prince Michael of Greece)《后宫之夜》（希腊王子迈克尔），2

Nuremberg Laws, Germany (1935)《德国反犹太主义纽伦堡法案》（1935年），215

Obama administration 奥巴马政府，296，487n162

Old Regime, France 法国旧政权，56，59，73-75，255，392，396

Olivennes, Denis 丹尼斯·奥利文内斯，355

Olson, Theodore 西奥多·奥森，474n287，476n332

Oman, Ralph 拉尔夫·欧曼，278

"On the Illegality of Unauthorized Editions"（Kant）《关于未经授权版本作品的非法性》（康德），77

One Flew Over the Cuckoo's Nest（Forman）《飞越疯人院》（米洛斯·福曼导演），238

open access 开放存取，12，46，149，319，329，391；in Germany 德国，124，158，197，347

open access activists 开放存取倡导者，28，264，292，296，334-35，388

open access debate：in France 法国开放存取辩论，350-59，370；in Germany 德国，358；start of in Europe 欧洲，339，345-46。

open access movement 开放存取运动，297-300，334-36，358

Opera 歌剧，187，228

Operation Payback 报复行动，335

Originality 独创性，28，131，371

orphan works 孤儿作品，300，368，369

Ottoman Empire 奥斯曼帝国，112

Out of Africa（Pollack）《走出非洲》（西德尼·波拉克执导），2

Ovid 奥维德，31

ownership, family 家庭所有权，102

Oxford University 牛津大学，23，68，376；library of 图书馆，362

Ozawa, Seiji 小泽征尔，36

Paine, Thomas 托马斯·潘恩，227，402

painters 画家，75，92，108，157，320

Paintings 绘画，127，128，396

Palo Alto 帕罗奥图，278

Pamela（Richardson）《帕米拉》（塞缪尔·理查森），38

paracopyright "超版权权利"，283

Pardessus, Jean-Marie 让-玛丽·帕德斯索斯 149

Paris 巴黎，2，38，44，87

Parlement of Paris 巴黎最高法院，56

Parley, Peter 彼得·帕利，231

Parliament, UK 英国议会，66，68，60，93，110，243，321

Parody 戏仿，138，208，299，309，327

Parsifal（Wagner）《帕西法尔》（理查德·瓦格纳），42，47，174

passing off 假冒，167

pastiche. 见 parody

patchwriting 拼贴书写，327

Patent Committee, US Senate 美国参议院专利委员会，231

patent law, Germany (1936)《德国专利法案（1936年）》，181，191-92，196

Patent Law, US (1790)《美国专利法案（1790年）》，113

patents 专利，8，18，19，63，69，70，86，87，99，110，132，139，276，279；and developing nations 发展中国家，274；in Germany 德国，163；in UK 英国，276；in US 美国，113，379-80

paternity. 见 attribution 归属

Patronage 赞助，54，58，318，325，407-08

Patterson, James 詹姆斯·帕特森，271

Paul, Christian 克里斯蒂安·保罗，351，354，356

Paulus, Heinrich 海因里希·保卢斯，31

Peasant Revolt, England (1381) 英国农民起义（1381年），89

pedophilia 恋童癖，377

Peer Gynt suites (Grieg)《皮尔金组曲》（爱德华·格里格），46

penal sanctions. 见 criminalizing infringement 刑事侵权

Penn, William 威廉·佩恩，400

Pennsylvania 宾夕法尼亚州，8

penny press 便士报，51，323

Pension Reform, Germany (1957) 德国养老金制度改革（1957年），209

performance rights 表演权，90，127

performers 表演者，30，32，40，377，389

performing arts 表演艺术，32

periodicals 期刊，93，118，156，194，199，215，217，221，234，237；science 科学，296，347，366，388

personal computers 个人电脑，293

personal connection, author to work 作者与作品的个人联系，59-62，100，103

personal rights 个人权利，35，37，72，77，152，176

personal rights to works 作品个人权利，84，172；in Anglophone world 英语世界，226

personality 人格，8，29；authorial 作者真实，36，45

personality rights 人格权，11，20，104，107，108-9，128，145，259；under Nazis 纳粹统治下，181

Peter Pan（Barrie）《彼得·潘》（詹姆斯·巴里），23

Peters, Mary-Beth 玛丽-贝丝·彼得斯, 299

Peters, Richard 理查德·彼得斯, 71

petitions, on copyright 版权请愿书, 110, 117, 121

Pfeiffer, Pauline 波琳·费弗, 38

Pfister, Laurent 劳伦特·费斯特, 426n20

Pfizer 辉瑞制药公司, 236

Pharmaceuticals 药品, 18, 265, 274, 275, 276, 359, 380

Philadelphia 费城, 116, 133

Philippines 菲律宾, 275

Philips Corporation 飞利浦公司, 276

phonographs 留声机, 141-44, 170, 184, 323

photocopiers/copying 复印机/复制, 292, 293, 298

photographers 摄影师, 237

photography 拍摄, 84, 93, 127, 128, 132, 137, 156, 234, 323

Piaf, Edith 伊迪丝·琵雅芙, 247

Picasso, Pablo 巴勃罗·毕加索, 39, 270

Pinkerton's 巴尔的摩的平克顿全国侦探事务所, 374

Piola Caselli, Eduardo 爱德华多·皮奥拉·卡塞利, 166, 167, 168, 170, 190, 191, 193

PIPA《保护知识产权法案》, 296, 345, 358

piracy 盗版, 19, 76, 273-74, 275-76, 321; digital 数字, 265; as growing economic problem 经济问题, 236; as political issue 政治问题, 331; in US 美国, 83, 113-14, 321, 299

Pirate Bay 盗版湾, 332, 341, 392

pirate editions 盗版版本, 57, 79, 85, 88, 92, 107; in UK 英国, 121; in US 美国, 118, 123, 231

pirate parties 盗版政党, 12, 21, 51, 319, 340-45, 388

Pirate Party 盗版党: Berlin 柏林, 341-44; Sweden 瑞典, 328, 336, 341, 344-45, 392

pirates, commercial, 商业盗版 330, 331; ideologically motivated 意识形态动机, 331-32, 336

Pittsburgh 匹兹堡, 40

Place, Vanessa 瓦妮莎·普莱斯, 271

plagiarism 抄袭, 78, 132, 272, 327, 328, 338

Plaisant, Marcel 马塞尔·普莱森特, 195

Planets, The (Holst),《行星》组曲（古斯塔夫·霍尔斯特）, 41

plant varieties 植物品种, 279, 302

Playboy《花花公子》, 237

player pianos 自动式钢琴, 141-44, 291

playwrights 剧作家, 74, 75, 90

Plunderphonics 拼贴式音乐，327

Pluquet, François-André 弗朗索瓦·安德烈·普鲁奎特，61，63，87

Pocahontas（Disney）《风中奇缘》（迪士尼），275

Poe, Edgar Allen 埃德加·爱伦·坡，231，374

poet laureate 桂冠诗人，89

poetry 诗句，137，158，216，267

poets 诗人，5，157，212，407

Poland 波兰，36，165，169，202，242，359

political culture, American 美国政治文化，71

Pollack, Sydney 西德尼·波拉克，2，49，237

Ponta, Victor 维克托·蓬塔，498n106

Pontedera, Italy 意大利蓬泰代拉，2

Pope v. Curl 蒲柏诉科尔，86

Pope, Alexander 亚历山大·蒲柏，86

Popular Front government, France 法国人民阵线政府，25，141，169，194，204

populism and copyright 民粹主义和版权，49，397

Porgy and Bess（Gershwin）《波吉与贝丝》（格什温谱曲），5，39。

pornography 色情内容，189，377

Porsche 保时捷，164

portable property 便携式财产，7

Portalis, Joseph-Marie 约瑟夫·玛丽·波塔利斯，87

Porter, Vincent 文森特·波特，469n200

portraits 画像，108，148，150，157，218，234

Portugal 葡萄牙，23，165，169，242，247，360

Posner, Richard 理查德·波斯纳，338

postal system, US 美国邮政系统，115，240

posthumous rights 死后权利，167

posthumous works 死后作品，101，180，181，211

postmodernism 后现代主义，269-72，323，371，389

postmortem authors' rights 死后作者权，203

post-Romanticism 后浪漫主义，273，327，328

potpourris, musical 混成曲，184-85

Pound, Ezra 埃兹拉·庞德，28，169，270

Praga, Marco 马尔科·普拉加，42

pragmatism 实用主义，371

Prelude（Wordsworth）《序曲》（威廉·华兹华斯），255

Preminger, Otto 奥托·普雷明格，5

Prenzlauer Berg 普伦茨劳贝格，344

preservation codes 保护性法规，41

Preston，William 威廉·普雷斯顿，118

Prince 普林斯·罗杰斯·尼尔松，377

print runs 印数，117，119

printing，invention of 印刷术发明，54

privacy rights 隐私权，108，145，165，226，227，234，381；digital 数字，335

private copying 私人复制，138，139，144，208，292；in digitalage 数字时代，268-69，309；in France 法国，351，352

privileges，for inventions 发明特权，60

privileges，publishing 出版特权，20，30，53，54，55，56，62，65，69，80，104，205；in France 法国，74，97；in Germany 德国，76

Privy Council 枢密院，28，140，160

Prizes 奖励，325

propaganda 宣传，186，193

property：American views of 美国的财产观，71；capitalist 资本家，101；taxes，税收，4

property，conventional 传统财产，3-4，6，7，23，53，56，58，62-63，68，76，393；compared to intellectual 比较知识财产，62，107，128，152，242，253，260，282，398；

property，conventional (cont.) contradictions of 作品财产与传统财产的内在矛盾，82-83，95，146；history of 历史，398-405

property，intangible，immaterial，or incorporeal 无形财产，7-8，18，56，85-88；in France 法国，152；in Germany 德国，107，129；in UK 英国，128

property rights 财产权，20，28，76，129，242；and moral rights 精神权利，146

Protect Intellectual Property Act. 见 PIPA

protectionism 保护主义，115，118，119-20，160，230

Proudhon，Pierre-Joseph 皮埃尔-约瑟夫·普鲁登，101，122，125，241，332，394，396

Proust，Marcel 马塞尔·普鲁斯特，246

Prussia 普鲁士，36

Prussian Academy of Science 普鲁士科学院，124，246

pseudonym 笔名，31，210

public access. 见 open access 开放存取

public domain 公共领域，9，10，14-16，21，30，34，43，44，54，57，65，72，147；as communist concept 作为共产主义概念，124，438n173；and compulsory licensing 强制许可，139；in France 法国，75，122，123；in Germany 德国，184；inevitable growth of 公共领域不可避免的扩张，390-91；in US 美国，162，252；works removed from 从公共领域移除作品，256

Public Domain Enhancement Acts, US《美国公共领域增强法案》(2003 年)，259

public domain works 公共领域作品，216

public health 公共卫生，274

public interest in works 公众权益，30，50，51，71，95，111under Clinton administration 克林顿政府，280

public schools 公立学校，162

Publication of Lectures Act，UK（1835）《英国演讲法案》（1835年），258

publication right 出版权，79

publicity，rights of 公开权，227

publishers：authorized 授权出版商，57；dissertation 论文，Germany，366-67；European 欧洲，363，365-66，388；in France 法国，311，321，368，392；in Germany 德国，125，184，247，274，310；Kant's view of 康德观点，77；pirate 盗版，54，62，110，264，297；provincial 省，55，321；scientific 科学的，296；in Scotland 苏格兰，55；in Switzerland 瑞士，55；in UK 英国，51，85，110，111，117，119，140，233，274，323，392；in US，115-18，136，238，295，322，390；in US South 美国南部，117. 参见 booksellers

Pucelle d'Orleans，*La*（Voltaire）《奥尔良少女》（伏尔泰），36

Punch，116 英国杂志

Putnam，George Haven 乔治·黑文·普特南，119，253

Putnam，George Palmer 乔治·帕尔默·普特南，118，119

Qing Dynasty 清朝，321

quotation 引用，138

Rabaté，Jean-Michel 让-米歇尔·拉巴特，311

Rabelais，François 弗朗索瓦·拉伯雷，46

racial community and copyright, under Nazis 纳粹时代种族群体和版权，173-75 177，179，181，183，184，190，193

Racine，Jean 让·拉辛，36，75，97，255，270

radio 无线电广播，169，170，172，175，182，184，186，201，215，252，277，323

railway 铁路，8

Ralite，Jack 杰克·拉利特，364

rap music 说唱音乐，327

rapprochement between authors' rights and copyright 两种权利体系的和解，224，260，303

ratchet effect and copyright 棘轮效应和版权，156

Ray，Nicholas 尼古拉斯·雷，40

Raynal，Guillaume Thomas 纪尧姆·托马斯·雷纳尔，227

Ready-mades 现成品艺术，34，271

real estate 房产，4，7，58，146，393，399-401；expropriation of 征收，7，402

Rebel without a Cause（Ray）《无因的反叛》（尼古拉斯·雷），40

reception theory 接受论，324

recording industry 唱片业，21，379，391，408

Recording Industry Association of America 美国唱片行业协会，335，355

Recreation of First Public Demonstration of Auto-Destructive Art（Metzger）《重生的自毁艺术首次公展》（古斯塔夫·梅茨格），34

Redmond，Washington 华盛顿特区雷德蒙德，278

Reds（Beatty）《赤色分子》（沃伦·比蒂），48

Reichskulturkammer 帝国文化协会，170，181，209

Reichsmusikkammer 帝国音乐局，174，185

Reichsparsifalkommissar 帝国专员式，42

Reichstag，German 德国国会大厦，118，156，157，279

Reinbothe，Jörg 约格·莱因伯特，306

remix culture 混搭文化，328

remixology 混音作品，327

Renaissance 文艺复兴，130，327

Renault，editor 编辑雷诺，149

Renoir，Pierre-Auguste 皮埃尔-奥古斯特·雷诺阿，270

Renouard，Augustin-Charles 奥古斯丁·查尔斯·雷诺德，122，133，147

rental rights 出租权，301；to musical scores 乐谱，267，269

rent regulation 租赁法规，6，33

repenting. 见 withdrawal 撤回

reprint publishers. 见 publishers，US；publishers，pirate

reprinting of books 重印书，111，113，321

reproduction right，art 艺术品复制权，92，128，157

republication of books 再版，80

repurchase of artworks 艺术品回购，33

reputation 声誉，32，33，73，104，105，108，118，145，149-50，167，203，234，237；in digital age 数字时代，272；and Nazis 纳粹，176，180

resale right. 见 *droit de suite* 转售权

reservation of rights 权利保留，146

respect. 见 integrity

restoration of artwork 修复艺术品，32

reverse engineering 逆向工程，286，292

Richardson，Samuel 塞缪尔·理查森，38

Richter，Hans 汉斯·里希特，47

"Ride of the Valkyries"（Wagner）《女武神的骑行》（瓦格纳），39

Riefenstahl，Leni 莱尼·里芬斯塔尔，186

Rigamonti, Cyrill P. 西里尔·P·里加蒙蒂, 469n197

right of first publication 首次出版权, 227, 228

right of respect. 见 integrity right 完整权

rights, human 人权, 6, 17

rights owners 版权所有者, 15

right to be forgotten 被遗忘权, 381

right-wing parties and copyright 右翼政党和版权, 201, 349, 353-54, 378, 396

Rimbaud, Arthur 让·尼古拉·阿瑟·兰波, 38, 207

Rimbaud, Isabelle 伊莎贝拉·兰波, 38

Rite of Spring（Stravinsky）《春之祭》（伊戈尔·斯特拉文斯基）, 37

RKO Pictures 雷电华电影公司, 26

Roberts, George 乔治·罗伯茨, 131

Robinson, James 詹姆斯·罗宾逊, 134

Rodgers, Richard 理查德·罗杰斯, 255; and Hammerstein 奥斯卡·哈默斯坦, 41

Rogers, Ginger 金格·罗杰斯, 237

Romains, Jules 朱尔·罗曼, 441n64

Romania 罗马尼亚, 165, 338

Roman law 罗马法, 56, 76, 77, 85, 107, 172, 193; Nazi view of 纳粹观点, 176, 453n77; and property 财产, 399-400, 403-4

Romantic artists 浪漫主义艺术家, 8, 163, 179, 199, 237, 314, 326, 328, 377; and authorship 作者身份, 37, 370

Romanticism 浪漫主义, 15, 49, 94, 101, 103, 130-32, 168, 201; in digital era 数字时代, 269-70, 271; Roman traditions 罗马传统, 169

Rome 罗马, 56, 164, 165, 168

Roosevelt, Franklin D. 富兰克林·罗斯福, 176, 214

Root, Jesse 杰西·鲁特, 401

Rostropovich, Mstislav 马斯斯塔夫·罗斯特罗波维奇, 40

Rothschild family 罗斯柴尔德家族, 124

Rouen 鲁昂, 133

Royal Copyright Commission, UK (1878) 英国皇家版权委员会（1878年）, 5, 36, 84, 93, 111-12, 226, 322; and compulsory licensing 强制许可, 140

Royal Copyright Commission, UK (1909), 140, 226, 245, 253 英国皇家版权委员会（1909年）

royalties 版税, 27, 51, 111, 126, 138, 139, 143, 160, 195, 246, 325; in digital age 数字时代, 266, 307; for fairuse 合理使用, 212, 311; paid in US 美国支付, 113, 117-18

Ruffini, Francesco 弗朗西斯科·鲁菲尼, 193

Running Man, *The*（Schwarzenegger）, 135《过关斩将》（阿诺德·施瓦辛格）

Ruscha, Ed 爱德华·鲁斯查, 240

Ruskin, John 约翰·罗斯金, 51

Russia 俄罗斯, 37, 112

Ruth Hall（Fern）, 229《露丝·霍尔》（范妮·芬）

Sachs, Nelly 内莉·萨克斯, 36, 421n117

Sade, Marquis de 萨德侯爵, 38

Safe Harbor Agreement（2000）《避风港协议》（2000 年）, 508n320

Safe harbor provisions, DMCA《数字千年版权法案》的避风港条款, 286-87, 294, 308

Sainte-Beuve, Charles Augustin 沙尔-奥古斯丁·圣贝夫, 31

Saint-Exupery, Antoine de 安托万·德·圣埃克-卢佩里, 246

sales right 出售权, 79

Salinger, J. D. J. D. 塞林格, 220

Salvandy, Narcisse-Achille de 纳西塞-阿齐勒·德·塞尔瓦迪, 324

Salzburg, Austria 奥地利萨尔茨堡, 2

sampling（乐曲）节录, 271, 327

Sand, George 乔治·桑德, 31

Sarkozy, Nicolas 尼古拉·萨科齐, 303, 337, 338, 355, 370

satellite broadcasts 卫星广播, 307

Savigny, Friedrich 弗里德里希·萨维尼, 76, 423n150

Saxo Grammaticus 萨克索·格拉玛提库斯, 270

Sayers, Dorothy 多萝西·塞耶斯, 375

Scandinavian nations, and copyright 斯堪的纳维亚国家和版权, 155, 203, 302, 314, 326, 393

Scanning 扫描, 307

Scarlatti, Domenico 多梅尼科·斯卡拉蒂, 48

Schäffle, Albert 阿尔伯特·沙菲尔, 123

Schavan, Annette 安尼特·沙文, 338

Schelling, Friedrich 弗里德里希·谢林, 31, 270

Schiller, Friedrich 弗里德里希·席勒, 118, 123, 243, 246

Schlager, 184 施拉格

Schmitt, pál 帕尔·施米特, 498n106

Schoenberg, Randol 兰多尔·勋伯格, 477n339

Schöne Müllerin, Die（Müller）, 5《美丽的磨坊女》（威廉·米勒）5

school anthologies 学校选集, 137

Schopenhauer, Arthur 亚瑟·叔本华, 184

Schubert, Franz 弗朗茨·舒伯特, 5, 185

Schwarzenegger, Arnold 阿诺德·施瓦辛格, 135

schweigsame Frau，Die（Strauss）《沉默的女人》（理查德·施特劳斯），174

Scientology 科学教，220

Scott，Walter 沃尔特·司各特，37，89，111，118，119，321

scriptwriters 编剧，222，223

sculpture 雕塑，127，396

Sculpture Act，UK（1798）《英国雕塑法案》（1798 年），93，217

search engines 搜索引擎，360

Second Circuit Court of Appeals 第二巡回上诉法院（美国），286

Second Republic，France 法兰西第二共和国，98

Second Treatise on Government（Locke）《政府论（下篇）》（洛克），55，57

Second World War 第二次世界大战，35，125，145，200，236，370

Sédaine，Michel-Jean 米歇尔·让·塞德恩，255

Seine Tribunal 塞纳法庭，151

semiconductor chip 半导体芯片，18

Senate：France 法国参议院，353，356，370；US 美国，120，255

Seneca 塞涅卡，56

servitudes 役权，146

Shakespeare，William 威廉·莎士比亚，37，46，85，270，275

Shaw，George Bernard 萧伯纳，27，143

sheet music 乐谱作品，141，291，320，379，409

Sherman，Roger 罗杰·谢尔曼，119

Shields，David 大卫·希尔兹，328

Shostakovich，Dimitri 德米特里·肖斯塔科维奇，1，40

Siku Quanshu《四库全书》，321

Silicon Valley 硅谷，230，264，287，291-97，317，336，344，379，394；business model in 商业模式，295；economic importance of 经济重要性，293

Siméon，Joseph-Balthazar 约瑟夫·巴尔萨泽德·西蒙子爵，97

Simmons，Gene 吉恩·西蒙斯，377

Simon，Jules，朱尔·西蒙 438n173

Simon，Paul 保罗·西蒙，252

Singapore 新加坡，236，277

'68 generation，343-44　"68 一代"

slavery 奴隶，25，45，116-17，402，436n117

Smith，Adam 亚当·斯密，332，402，477n340。

Smith，David 大卫·史密斯，33

Smith，Logan Pearsall 洛根·皮尔斯·史密斯，162，387

Smith，Sydney 西德尼·史密斯，231

Smithee, Allen 艾伦·史密斯, 32

Smythe, Sydney, Lord Chief Baron 首席财政大臣西德尼·史密斯爵士（1705-1778），92

Snow White（Disney）《白雪公主》（迪士尼），274

Snow, Michael 迈克尔·斯诺, 40

Social Democratic Party, Germany 德国社会民主党, 34, 397

socialism and intellectual property 社会主义知识财产, 64

socialist nations 社会主义国家, 325

socialists 社会党，18，76，98，222，306；in France 法国, 350, 373, 397. 参见 left-wing parties

socially bound law：Nazi idea of 纳粹的社会约束法 175, 193, 195, 197, 246; in West Germany 西德, 208-9, 213

social movements 社会运动者, 340

social networks 社交网络, 297

social utility 社会效用, 11

social values, embodied in copyright 版权社会价值观, 46

Société des Gens de Lettres 法国作家协会, 42-43

society as the author 机构作者, 42

software 软件，18，28，137，200，211，233-34，236，249；patented 专利，276；pirated 盗版，275；TRIPs《与贸易有关的知识产权协定》, 279；rental right to 软件出租权，268，279

software industry：France 法国软件产业，224；US 美国，297

Song of Norway（Wright and Forrest）《挪威之歌》（乔治·福雷斯特和罗伯特·赖特），46

Sonny Bono Copyright Extension Act, US (1998)《桑尼·博诺版权扩展法案》（美国，1998年），248，252，254，259，298，341

Sony Corporation 索尼公司, 269, 292, 294

SOPA《反盗版法案》, 296, 345, 358

Sophocles 索福克勒斯, 41

Sorrows of Young Werther, The（Goethe）《少年维特之烦恼》（歌德），36，377

sound recordings 录音作品，48，128，132，139，141-44，156，215，224，320，391，409；rental of, 268, 279

Sousa, John Philip 约翰·菲利普·苏萨, 142, 143, 184, 327, 409

South, US 美国南部, 116-17, 135, 161

Southern District Court, NY 纽约州南部地区法院, 365, 367

Southey, Robert 罗伯特·骚塞, 89

South Korea 韩国, 236, 276, 277

Soviets 苏联, 168, 171, 172, 190, 194, 196

SPADEM 法国视觉艺术收藏协会, 312

Spain 西班牙, 202, 247, 360

Spann, Othmar 奥斯曼·斯潘, 324

Spears, Britney 布兰妮·斯皮尔斯, 331

specific performance 特殊表现形式, 148

Spectator《旁观者》, 63

Spencer, Herbert 赫伯特·斯宾塞, 118

Spielberg, Steven 斯蒂芬·斯皮尔伯格, 49, 237

Spitzweg, Car 卡尔·斯皮茨韦格l, 179

Spouses 配偶, 35

Springer 斯普林格, 296, 366

St. Petersburg 圣彼得堡, 47

Stagma 音乐著作权集体管理组织（德国音著协前身）, 186

Star Wars（Lucas）《星球大战》（乔治·沃尔顿·卢卡斯）, 237

state: and moral rights 政府与精神权利, 207, 211; and works 作品, 35, 41-42, 165, 181, 191, 193, 195

state copyright acts, US 州版权法案（美国）, 65, 69

State Department, US 美国国务院, 232

Stationers' Company, London 伦敦书商公会, 55, 66, 111, 284

Statue of Liberty 自由女神像, 81

statute, as basis for rights 基于法规的权利主张, 20, 53-54, 56, 62, 63, 64, 65, 68, 70-72, 81, 95, 220, 258; in France 法国, 74, 98

Statute of Anne, 1710《安妮法》（1710年）, 22, 65, 66, 67, 68, 69, 70, 88, 89, 91, 92, 132, 244, 258, 284; and public domain 公共领域, 65, 75; and translations 翻译, 133

statutory copyright 法定版权, 65

statutory damages 法定损害赔偿, 330

statutory licensing. 见 compulsory licensing 法定许可

Steamboat Round the Bend（Ford）《洗冤录》（约翰·福特）, 226

Steinmeier, Frank-Walter 弗兰克-瓦尔特·施泰因迈尔, 498n106

stenographers 速记员, 321

Stevens, Wallace 华莱士·史蒂文斯, 374

Stewart, Jimmy 吉米·斯图尔特, 237

Stichting Bescherming Rechten Entertainment Industrie Nederland 荷兰娱乐业权利保护组织, 335

Stieglitz, Alfred 阿尔弗雷德·斯蒂格里茨, 34

Stockholm 斯德哥尔摩, 36

Stop Online Piracy Act. 见 SOPA

Story, Joseph 约瑟夫·斯托里, 133, 371

Stowe, Harriet Beecher 哈莉叶特·比切·斯托, 121, 132, 134

Strasbourg effect 斯特拉斯堡效应，381

Strauss，Johann 约翰·施特劳斯，46

Strauss，Richard 理查德·施特劳斯，174，175，184，185，193，221

Stravinsky，Igor 伊戈尔·斯特拉文斯基，37

streaming 流媒体，268，356

Streicher，Julius 尤利乌斯·施特莱彻，174

Strength through Joy Program，Nazi Germany 德国纳粹"快乐创造力量"，201

Stresemann，Gustav 古斯塔夫·斯特雷斯曼，125

Strowel，Alain 阿兰·斯托维尔，415n1，416n34

Stürmer，*Der* 《先锋报》，174

suffrage 选举权，387

suicide 自杀，75；moral 精神，45

Sullivan，Arthur 亚瑟·萨利文，113，226

Superman 超人，229

Supreme Court：France 法国最高法院，6，43，104，152，153，312；Germany 德国，130，269，348；Italy，166；US 美国，23，72，248，250，251，269，294，381

Sutherland，Graham 格雷厄姆·萨瑟兰，150

Svarez，Carl Gottlieb 卡尔·戈特利布·斯瓦雷斯，79

Swarts，Louis 路易斯·斯沃茨，216，232

Swartz，Aaron 艾伦·斯沃茨，331，388。

Swayne，Noah H. 诺亚·海恩斯·斯韦恩，8

sweat of the brow doctrine 额头流汗理论，28

Sweden 瑞典，21，36，325

Switzerland 瑞士，141，156，202，276，381

Taiwan 中国台湾，276，277

Talfourd，Thomas Noon 托马斯·诺恩·塔尔福德，110-12，124，140，159，171，179，184，244，247，255，320，351，357-58，383，387，392

talks. 见 lectures

tape recorders 录音机，292

tattooing，electronic or digital. 见 digital rights management

taxation of copyright 版权税，4，414n16

technological protection of digital works 数字作品技术保障，263，265，284-85；circumvention of 规避，281-83，285-86，292，294，299，307；in France 法国，350，354

Tegg，Thomas 托马斯·泰格，110

telecom and internet 电信与互联网，292

telegraph 电报，8

telephone 电话，8

television 电视，135，215，265

temporary copies incomputer memory 计算机存储器临时复本，138，281-82，292，308，310；in France 法国，350

Tennyson，Alfred 阿尔弗雷德·坦尼森，118，231

termination of transfer 转让终止，26，228，345

Texaco. 见 American Geophysical Union v. Texaco Inc.

Texas，得克萨斯州 162

Thatcher，Margaret 玛格丽特·撒切尔，397

theatre 戏剧，228

theaters，France 法国剧院，59，140

Theatre Royal，Drury Lane 德鲁里巷皇家剧院，90

theologians，medieval 中世纪神学家，6

Thiercelin，Henri 亨利·蒂耶斯林，104

Thiollière，Michel 米歇尔·蒂奥利埃，305

Third Reich. 见 Nazis 第三帝国

Thoreau，Henry David 亨利·大卫·梭罗，374

Thorsen，Jens Jørgen 延斯·尤根·索森，41

Threepenny Opera（Brecht and Weill）《三分钱歌剧》（贝托尔特·布莱希特和库尔特·魏尔），348

three-step rule 三步规则，309-10，346

time shifting 时间转移，269，292

Tintin JJ（《丁丁历险记》主人公），302

Titanic（ship）泰坦尼克号（船名），159

Titian 提香，41

Tolkien，J. R. R. 约翰·罗纳德·鲁埃尔·托尔金，375

Tomita，Isao 富田勋，41

Tonson v. Collins 唐森诉柯林斯，62

Tonson，Jacob 雅各布·汤森，37，68

Tootsie（Pollack）《窈窕淑男》（西德尼·波拉克），2

Tories 英国保守党人，397

Toscanini，Arturo 阿图罗·托斯卡尼尼，174

Totalitarianism 集权主义，10，50

tourism 旅游，305

trade，international 国际贸易，19，236，349

trade courtesy 贸易礼节，117

trade deficit 贸易赤字，236，291

trademarks 商标，18，33

trade negotiations 贸易谈判，17

Trade Related Aspects of Intellectual Property Rights. 见 TRIPs

trade secrets 商业秘密，8

translation rights 翻译权，133，134，139；at Berne 伯尔尼，155-56；in Germany 德国，157

translations 翻译，4-5，78，84，89，90，125，127，132-34，227；and developing world 发展中国家，274，277，446n179

Treaty of the Meter《米制公约》，155

Trevelyan, Charles 查尔斯·特雷维扬，112

Tribut de Zamora（Gounod）《萨莫拉的贡品》（夏尔·古诺），372

Trier, Lars von 拉尔斯·冯·提尔，41

TRIPs《与贸易有关的知识产权协定》，264，268，275，277，279，291，198，301，393；and moral rights 精神权利，280

Trustee 受托人，189

Turgot, Anne-Robert 安-罗伯特·图戈，63

Turner, Ted 泰德·特纳，48

Turner Broadcasting 特纳广播公司，26

Turner Entertainment 特纳娱乐公司，2

Turow, Scott 斯科特·图罗，271

Twain, Mark 马克·吐温，28，118，121，227，229，253，255，390，403

Twitchell, Kent 肯特·特维切尔，240

two-party political systems 两党制，341-421

Ulbricht, Walter 瓦尔特·乌布利希，201

Ulrich, Lars 拉尔斯·乌尔里希，377，392

Ulysses（Joyce）《尤利西斯》（詹姆斯·乔伊斯），256

UMP 人民运动联盟，351，354

UN 联合国 277；Declaration of Human Rights《人权宣言》，26

unauthorized editions. 见 pirate editions

Uncle Sam 山姆大叔，41

Uncle Tom's Cabin（Stowe）《汤姆叔叔的小屋》（哈莉叶特·比切·斯托），121，132，231

unfair competition 不公平竞争，226，227

unfixed works 未固定作品，220

Universal Postal Union 万国邮政联盟，155

universities. 见 educational institutions 大学

Universities Act, UK (1775)《英国大学法案》（1775年），68，69

University of Chicago library 芝加哥大学图书馆，362

University of Heidelberg library 海德堡大学图书馆，362
University of Pennsylvania 宾夕法尼亚大学，311
unpublished works 未出版作品，101，137，165，219-20，252
Updike, John 约翰·厄普代克，271，375-76
Uruguay round, GATT negotiations《关贸总协定》乌拉圭回合谈判，236，279
use rights 使用权，79，107，149; in France 法国，194; in Germany 德国，146，188，210-11; socialization of 使用权社会化，139
utilitarianism, and property 功利主义财产观，399，402-03
Utrillo, Maurice 莫里斯·乌特洛，38，312

Vadim, Roger 罗杰·瓦迪姆，42
Valenti, Jack 杰克·瓦伦蒂，243，359
vanity presses 因虚荣而自费出版，367
Vargas, Alberto 阿尔贝托·巴尔加斯，229
Vaunois, Louis 路易·瓦诺瓦，41，207
Venezuela 委内瑞拉，23，242
Venice 威尼斯，23，54
verbatim copies 逐字复制，68，83，91，126，132，134
Vergne, composer 作曲家贝尔涅，147
Vermont 佛蒙特州，119
Verne, Jules 儒勒·凡尔纳，38
Vichy Regime, France 法国维希政权，197，204，353
Vickers, Brian 布莱恩·维克斯，270
Victoria, Queen 维多利亚女王，227
video recorders/recordings 录像机/录像，269，292，294，320，321
Vietnam 越南，40
Vigny, Alfred de 阿尔弗雷德·德·维尼，255
Villemain, Abel-François 阿贝尔-弗朗索瓦·维莱曼，64
Villepin, Dominique de 多米尼克·德维尔潘，375
Villon, François 弗朗索瓦·维龙，348
Virgil 维吉尔，31
Virginiafei 弗吉尼亚州，162
Visual Artists Rights Act, US (1990)《美国视觉艺术家权利法案》（1990年），239-40
visual arts 视觉艺术，235-36; artworks 艺术作品，151
Vlaminck, Maurice de 莫里斯·德·弗拉明克，270
Vogelweide, Walther von der 瓦瑟·冯·德·沃格尔韦德，243
Volksgemeinschaft. 见 racial community 种族群体

Voltaire 伏尔泰，36，87

Vuillard, Edouard 爱德华·维拉德，312

VW 大众汽车，164，201

Wagner, Richard 理查德·瓦格纳，35，39，40，42，47，124。

Waiting for Godot（Beckett）《等待戈多》（塞缪尔·贝克特），2，5，36

waivers: of authors' rights 放弃作者权 364; of moral rights 精神权利，234，235，238，240

Wallis, Henry 亨利·沃利斯，134

Walter, Bruno 布鲁诺·沃尔特，171，174

Warburton, William 威廉·沃伯顿，370，387

Warhol, Andy 安迪·沃霍尔，41，271 Warner Communications，229 华纳传播公司（1972-1990）

Washington, George 乔治·华盛顿，133

Washington DC 华盛顿特区，19，295，296，297

Washington Times《华盛顿时报》，299，334

Wat Tyler（Southey）《瓦特·泰勒》（骚塞），89

Water Lilies（Monet）《睡莲》（莫奈），249

Watts, Thomas 托马斯·瓦茨，140

Waverly（Scott）《韦弗利》（沃尔特·司各特），111

web. 见 internet

Webster, Daniel 丹尼尔·韦伯斯特，71，72

Webster, Noah 诺亚·韦伯斯特，71，72，253，383

Weimar, Court of 魏玛法院，375

Weimar Republic 魏玛共和国，125，143，169，183，179，191，193，246; Constitution of《魏玛宪法》，175，208

Welles, Orson 奥森·威尔斯，48

Wemmick, John 约翰·威米克，7

Wertheimer, Ludwig 路德维希·韦特海默，176，178

Werther. 见 *Sorrows of Young Werther*《少年维特之烦恼》

West, Benjamin 本杰明·韦斯特，92，93

West, Nathanael 纳撒尼尔·韦斯特，374

West, US 美国西部，161，401

West End 伦敦西区，201，321

West Germany, continuities with Nazi Regime 西德延续纳粹政权版权，170，208-9

West Side Story（Bernstein），41《西区故事》（莱昂纳多·伯恩斯坦）

What's Up, Tiger Lily?（Allen）《野猫嬉春》（伍迪·艾伦），49

Wheaton v. Peters 惠顿诉彼德斯案，71-72，94，220，383

Wheaton, Henry 亨利·惠顿, 71, 72

When a Country Falls in Love with Itself (Elm green and Dragset)《当一个国家爱上自己》(埃尔梅林和德拉奇), 6,

When It Starts Dripping from the Ceiling (Klippenberger)《当它开始从天花板滴下》(基彭贝尔格), 34

Whistler, James 詹姆斯·惠斯勒, 148-49

White, Emily 艾米莉·怀特, 337

Whitford Committee, 1977, UK, 英国惠特福德委员会（1977 年）, 232

Whitman, Walt 沃尔特·惠特曼, 121, 371, 389

Widener Library 维登纳图书馆, 332, 362

Wikileaks 维基解密, 335

Wikipedia 维基百科, 12, 266, 297, 321

Wieland, Christoph 克里斯托夫·威兰, 375

Wilde, Oscar 奥斯卡·王尔德, 399

Wilder, Thornton 桑顿·怀尔德, 271

Wild West 狂野西部, 337, 355

Wiley 威利 237, 296, 366

Will to Power (Nietzsche)《权力意志》(尼采), 38

Williams, William Carlos 威廉·卡洛斯·威廉姆斯, 374

Willis, Lord Edward Henry 爱德华·亨利·威利斯勋爵, 221

Winchilsea and Nottingham, 16th Earl of 第 16 任温切尔西和诺丁汉伯爵, 232

Winterreise, Die (Müller)《冬之旅》(威廉·米勒), 5

WIPO 世界知识产权组织, 277, 281, 302, 305, 309

WIPO Copyright Treaty, 1996《世界知识产权组织版权条约》(1996 年) 264, 275, 280-83, 292, 298, 301, 307, 310, 393

Wired《连线》杂志, 329, 364

withdrawal right 撤回权, 29, 34-37, 106, 108, 166, 228; in France 法国, 207; in Germany 德国, 210, 223; under Nazis 纳粹, 180

Wittem Project 威特姆计划, 347

Wodehouse, P. G. 佩勒姆·G. 沃德豪斯, 226

Wolfe, Tom 汤姆·沃尔夫, 33

Wolowski, Louis 路易斯·沃洛夫斯基, 122

women, married, France 法国已婚女性, 153, 194

Wordsworth, William 威廉·华兹华斯, 52, 110, 255, 267, 270, 396

work-for-hire 雇佣作品, 1, 9, 21, 25-27, 31, 93, 108, 199, 217-20, 238, 260, 390, 408; in digital age 数字时代, 273, 306, 315-16; and film 电影, 249; in France 法国, 211, 224, 315; in Germany 德国, 156, 158, 211; and pragmatism 实用主义, 371; sound recordings

录音，345；terms of 保护期，249；in UK 英国，159，227，234

　　working classes and cheap books 工人阶级和廉价书，112，161-62

　　works as expression of personality 作品是作者个性表达，87

　　World Intellectual Property Organization. 见 WIPO

　　World Trade Organization. 见 WTO

　　Wrangell，Constantin von 康斯坦丁·冯·兰格尔，123

　　Wright，Richard 理查德·怀特，220

　　Writers 作家，75

　　WTO 世界贸易组织，276，279，349；dispute settlement mechanism of 争端解决机制，279，301

　　Württemberg 符腾堡，132

　　Xeroxing 复印机，269

　　Yahoo 雅虎，295

　　Yates，Justice Joseph 大法官约瑟夫·雅茨，35

　　Young，Edward，130 爱德华·杨格，130

　　Young，Lord David 戴维·杨爵士，233

　　YouTube 视频网站，266，287，328，343，377

　　Zay，Jean 让·扎伊，25，141，194，204

　　Zelig 《西力传》，49

　　zoning codes 分区规范，6

　　Żuławski，Andrzej 安杰伊·茹瓦夫斯基，40

　　Zweig，Stefan 斯蒂芬·茨威格，174

图书在版编目（CIP）数据

版权战争：跨越大西洋三个世纪的争斗 /（美）彼得·鲍德温（Peter Baldwin）著；王志刚译. --北京：中国传媒大学出版社，2021.12
ISBN 978-7-5657-2877-8

Ⅰ.①版… Ⅱ.①彼…②王… Ⅲ.①版权-研究 Ⅳ.①D913.04

中国版本图书馆CIP数据核字（2021）第106206号

The Copyright Wars: Three Centuries of Trans-Atlantic Battle
Copyright © 2014 by Princeton University Press
Simplified Chinese edition copyright © 2021 by Communication University of China Press
All rights reserved. No part of this book may be reproduced or transmitted in any form or by any means, electronic or mechanical, including photocopying, recording or by any information storage and retrieval system, without permission in writing from the Publisher.

本书简体中文版由普林斯顿大学出版社授权中国传媒大学出版社有限公司独家出版。未经出版者许可，不得以任何方式复制本书内容。仅限于中华人民共和国境内（香港、澳门特别行政区和台湾地区除外）销售发行。版权所有，侵权必究。
著作权合同登记号 图字：01-2021-5080

版权战争——跨越大西洋三个世纪的争斗

BANQUAN ZHANZHENG——KUAYUE DAXIYANG SANGE SHIJI DE ZHENGDOU

著　　者	[美] 彼得·鲍德温（Peter Baldwin）
译　　者	王志刚
责任编辑	张莉莉　裴向敏
封面设计	闻江文化
责任印制	李志鹏
出版发行	中国传媒大学出版社
社　　址	北京市朝阳区定福庄东街1号　邮　编　100024
电　　话	86-10-65450528　65450532　传　真　65779405
网　　址	http://cucp.cuc.edu.cn
经　　销	全国新华书店
印　　刷	北京中科印刷有限公司
开　　本	787mm×1092mm　1/16
印　　张	31.5
字　　数	635千字
版　　次	2021年12月第1版
印　　次	2021年12月第1次印刷
书　　号	ISBN 978-7-5657-2877-8/D·2877　定　价　148.00元

本社法律顾问：北京李伟斌律师事务所　郭建平
版权所有　翻印必究　印装错误　负责调换